NomosStudium

Prof. Dr. Matthias Mahlmann
Universität Zürich

Konkrete Gerechtigkeit

Eine Einführung in Recht und
Rechtswissenschaft der Gegenwart

6. Auflage

Die Deutsche Nationalbibliothek verzeichnet diese Publikation in
der Deutschen Nationalbibliografie; detaillierte bibliografische
Daten sind im Internet über http://dnb.d-nb.de abrufbar.

ISBN 978-3-7560-0271-9 (Nomos Verlagsgesellschaft mbH & Co. KG, Baden-Baden, Print)
ISBN 978-3-7489-3161-4 (Nomos Verlagsgesellschaft mbH & Co. KG, Baden-Baden, ePDF)

ISBN 978-3-7190-4647-7 (Helbing Lichtenhahn Verlag, Basel)

6. Auflage 2022
© Nomos Verlagsgesellschaft, Baden-Baden 2022. Gesamtverantwortung für Druck und Herstellung bei der Nomos Verlagsgesellschaft mbH & Co. KG. Alle Rechte, auch die des Nachdrucks von Auszügen, der fotomechanischen Wiedergabe und der Übersetzung, vorbehalten.

Vorwort zur 6. Auflage

Das Buch führt in das Recht und die Rechtswissenschaft der Gegenwart ein. Es richtet sich an alle, die einen vertieften Einblick in die vielfältige Welt des Rechts suchen. Dies gilt gerade auch für diejenigen ohne fachjuristische Interessen, die sich aus politologischer, philosophischer, sozialwissenschaftlicher Perspektive oder einfach als interessierte, nachdenkliche Menschen mit Recht und Rechtswissenschaft vertraut machen wollen. Neben internationalen Rechtskreisen steht beispielhaft das Recht der Schweiz und Deutschlands im Zentrum der Erörterungen. Die durchgehend rechtsvergleichenden Perspektiven sind gerade für eine einführende Darstellung hilfreich, weil der Vergleich viele Rechtsgehalte und ihren Sinn sehr anschaulich macht. Die historischen, politischen, ökonomischen, religiösen und kulturellen Zusammenhänge, in denen Recht steht, werden dabei ebenso nachdrücklich reflektiert wie die philosophischen Fundamente zentraler Rechtsideen, weil nur so dieses faszinierende Phänomen menschlicher Zivilisation in seiner Komplexität erfasst werden kann.

Die Auseinandersetzung mit den Gehalten und der Legitimation wichtiger Errungenschaften der Rechtsentwicklung der Neuzeit, insbesondere des politischen Ordnungsmodells des demokratischen, grundrechtsgebundenen, international kooperierenden Rechts- und Verfassungsstaates ist von großer Wichtigkeit, nicht zuletzt, um sich in Zeiten weitreichender politischer Krisen und Herausforderungen der rechtszivilisatorischen Bedeutung dieses Ordnungsmodells kritisch zu vergewissern, um es gegen eine zunehmende Zahl von Feinden verteidigen zu können.

Auch die 5. Auflage dieses Buches aus dem vorletzten Jahr wurde mit großem Interesse aufgenommen. Es folgt nunmehr die 6. Auflage, die durchgesehen und aktualisiert wurde.

Ich danke meinen Mitarbeiterinnen und Mitarbeitern, Nicole Nickerson, Stefano Statunato sowie Youlo Wujohktsang für die inhaltlichen Auseinandersetzungen und die redaktionelle Arbeit am Manuskript. Besonderer Dank geht an Nebojsa Mijatovic als Koordinator der Redaktion.

Zürich, 2022   Matthias Mahlmann

Aus dem Vorwort zur 5. Auflage

Ich danke meinen Mitarbeiterinnen und Mitarbeitern Pascal Meier, Nicole Nickerson, Lena Portmann, Hanna Stoll sowie Youlo Wujohktsang für die inhaltlichen Auseinandersetzungen und die redaktionelle Arbeit am Manuskript. Besonderer Dank geht an Nebojsa Mijatovic als Koordinator der Redaktion.

Zürich, 2020 Matthias Mahlmann

Aus dem Vorwort zur 4. Auflage

Ich danke meinen Mitarbeiterinnen und Mitarbeitern Matthias Hächler, Nebojsa Mijatovic, Angela Müller, Julia Stern und Youlo Wujohktsang sowie Anne Kühler für die inhaltlichen Auseinandersetzungen und die redaktionelle Arbeit am Manuskript.

Zürich, 2018 Matthias Mahlmann

Aus dem Vorwort zur 3. Auflage

Ich danke meinen Mitarbeiterinnen und Mitarbeitern Matthias Hächler, Nebojsa Mijatovic, Angela Müller, Nicole Nickerson, Nils Reimann, Julia Stern, Hanna Stoll und Youlo Wujohktsang sowie Anne Kühler für die inhaltlichen Auseinandersetzungen und die redaktionelle Arbeit am Manuskript.

Zürich, 2016 Matthias Mahlmann

Aus dem Vorwort zur 2. Auflage

Die Vorauflage dieses Buches hat ermutigenden Anklang gefunden. Nach einem Nachdruck der ersten Auflage folgt jetzt die durchgesehene, aktualisierte und erweiterte 2. Auflage.

Ich schulde meinen Mitarbeiterinnen und Mitarbeitern Philipp Keller, Natalie Perino-Bowman, Gian-Flurin Steinegger, Julia Stern und Hanna Stoll sowie Matthias Hächler als Koordinator der Redaktion besonderen Dank für die Unterstützung bei der Erstellung des Manuskripts.

Zürich, 2015 Matthias Mahlmann

Aus dem Vorwort zur 1. Auflage

Ich danke meinen Mitarbeitern und Mitarbeiterinnen Marcel Boller, Matthias Hächler, Philipp Keller, Ilona Paulke, Gian-Flurin Steinegger, Julia Stern und Hanna Stoll herzlich für die sehr engagierte Hilfe bei Recherche und redaktioneller Mitarbeit am Manuskript.

Zürich, 2014 Matthias Mahlmann

Inhaltsübersicht

Abkürzungsverzeichnis		15
§ 1	Das sperrige Phänomen des Rechts	19
§ 2	Die unbequeme Notwendigkeit des Rechts	31
§ 3	Funktionen des Rechts	34
§ 4	Der Begriff des Rechts	40
§ 5	Die Architektur eines Rechtssystems	46
§ 6	Ordnungen des Rechts	64
§ 7	Das nationale Recht im internationalen Zusammenhang	144
§ 8	Methoden der Rechtswissenschaft	207
§ 9	Jura als Beruf	219
§ 10	Geschichte(n) und Zivilisationen des Rechts	221
§ 11	Recht als soziale Tatsache	230
§ 12	Recht, Wirtschaft, Politik, Religion	249
§ 13	Die Wissenschaftlichkeit der Rechtswissenschaft	259
§ 14	Gerechtigkeit	264
§ 15	Menschenrechte und der ethische Anspruch des Rechts	273
§ 16	Das Recht in der Kunst	286
Literaturverzeichnis		289
Stichwortverzeichnis		299

Inhalt

Abkürzungsverzeichnis		15
§ 1	**Das sperrige Phänomen des Rechts**	19
§ 2	**Die unbequeme Notwendigkeit des Rechts**	31
§ 3	**Funktionen des Rechts**	34
	I. Bewahrung des Friedens	34
	II. Schutz materialer Werte: Menschenwürde, Freiheit, Gleichheit	35
	III. Soziale Fürsorge und mitmenschliche Solidarität	36
	IV. Umweltschutz	36
	V. Gesellschaftliche Zusammenarbeit und effiziente Wirtschaft	36
	VI. Gesellschaftliche Integration und kollektive Identität	37
	VII. Rechtsfunktion und Rechtsform	38
§ 4	**Der Begriff des Rechts**	40
§ 5	**Die Architektur eines Rechtssystems**	46
	I. Der Begriff des Rechtssystems	46
	II. Rechtsquellen	46
	1. Der Begriff der Rechtsquelle	46
	2. Positives Recht	47
	3. Gewohnheitsrecht	47
	4. Richterrecht	48
	5. Rechtswissenschaft	48
	6. Private Rechtsetzung	49
	7. Allgemeine Rechtsgrundsätze	49
	8. Überpositives Recht und Rechtsethik	50
	III. Die Struktur des Rechts	52
	1. Objektives Recht und subjektives Recht, Kompetenznormen, Organisationsnormen und Wertaussagen	53
	2. Rechtssubjekt und Rechtsobjekt	56
	3. Rechtsverhältnis, rechtsgestaltende Akte und Realakte	57
	4. Zwingendes Recht und dispositives Recht	58
	5. Rechtsgüter	59
	6. Formelles und materielles Recht	60
	IV. Gesetz und Normenhierarchie	60
	V. Dogmatik und Grundlagen des Rechts	61
	VI. Die Sprache des Rechts	62
§ 6	**Ordnungen des Rechts**	64
	I. Ein Leitmodell des Rechts	64
	II. Staat	65
	1. Staat als Rechtsbegriff und soziale Wirklichkeit	65
	2. Staat und Staatsräson	66
	3. Staat, Nation und internationale Ordnung	67
	III. Souveränität	74
	1. Souveränität zwischen Macht und normativer Begrenzung	74

	2. Souveränität – Aspekte klassischer Begriffsbestimmung	75
	3. Normlogischer Kosmopolitismus – „Civitas maxima" statt Souveränität	78
	4. Souveränität und die Herrschaft über den Ausnahmezustand	79
	5. Normative Bändigung der Souveränität	81
	6. Was bleibt vom Souveränitätsbegriff?	84
IV.	Rechtsstaat	85
	1. Probleme der Rechtsstaatlichkeit und *rule of law*	85
	2. Die Zähmung der politischen Leidenschaften	86
	3. Rechtsstaat als Handlungsform	89
	4. Varianten der *rule of law*	91
	5. Der Sinn formaler Rechtsstaatsprinzipien	93
	6. Rechtsstaat und materiale Rechtsprinzipien	93
V.	Verfassungsordnung	95
	1. Was ist eine Verfassung?	95
	2. Einwände und Probleme	98
	3. Verfassungen in der Geschichte	100
	4. Gesellschaftliche Verfassungen?	100
	5. Verfassungsdurchsetzung	101
	6. Problemlagen	102
	7. Perspektiven	103
	a) Verteidigung des Verfassungsstaates	103
	b) Konstitutionalisierung internationaler Ordnung	104
VI.	Sozialstaat	105
VII.	Grundrechte	106
VIII.	Demokratie	108
	1. Die umkämpfte Idee der Demokratie	108
	2. Begriff der Demokratie	110
	3. Legitimation	112
	4. Strukturprinzipien der Demokratie	115
	5. Freiheit und die Vernunft der Urteilsbildung	120
	6. Erhaltungsbedingungen der Demokratie	122
	7. Perspektiven	124
	8. Demokratie als Lebensform	124
IX.	Föderalismus und Gewaltenteilung	126
	1. Föderalismus	126
	a) Schweiz	127
	b) Deutschland	127
	2. Gewaltenteilung	128
X.	Inhalte des Rechts	130
	1. Vielfalt und Rechtsprinzipien	130
	2. Die Materien des Rechts	130
	a) Öffentliches Recht	130
	b) Privatrecht	131
	c) Strafrecht	135
	d) Europa- und Völkerrecht, Internationales Privatrecht	138
	e) Abgrenzungen	139
XI.	Gerichtsbarkeit und das skeptische Projekt der Rechtsstaatlichkeit	139

§ 7 Das nationale Recht im internationalen Zusammenhang — 144
- I. Transnationales Recht als eigenes Recht — 144
- II. Der Begriff des Europarechts — 145
- III. Europarat — 146
  1. Geschichte und Struktur — 146
  2. Europaratsabkommen — 147
  3. Die EMRK — 148
     - a) Kerngehalte der grundrechtlichen Verbürgungen der EMRK — 148
     - b) Geltungsbereich — 149
     - c) Dynamische Auslegung der Konventionsgrundrechte — 150
     - d) Die EMRK im Mehrebenensystem des internationalen Menschenrechtsschutzes — 152
     - e) Durchsetzungsmechanismen der Konventionsrechte — 153
     - f) Beispielhafte Grundlinien der Rechtsprechung des EGMR — 154
     - g) Beschränkung der Konventionsgrundrechte — 157
     - h) Geltungsrang der EMRK — 158
     - i) Der EGMR und der nationalstaatliche Grundrechtsschutz — 159
- IV. Die supranationale Ordnung der EU — 162
  1. Politische Integration mit wirtschaftlichen Mitteln — 162
  2. Rechtsnatur — 165
  3. Die Institutionen der Europäischen Union — 165
  4. Kompetenzen der wichtigsten Organe der EU — 166
     - a) Europäischer Rat — 166
     - b) Rat der Europäischen Union — 166
     - c) Kommission — 167
     - d) Europäisches Parlament — 167
     - e) Gerichtshof der Europäischen Union — 168
  5. Grundbegriffe des Unionsrechts — 168
     - a) Unmittelbare Wirkung — 169
     - b) Anwendungsvorrang — 170
  6. Wesentliche Inhalte des Unionsrechts — 170
     - a) Die Grundrechtsordnung der Europäischen Union — 170
     - b) Grundfreiheiten — 173
        - aa) Grundfreiheiten und Unionsbürgerschaft — 173
        - bb) Normativer Gehalt der Grundfreiheiten — 174
        - cc) Adressaten der Grundfreiheiten — 176
        - dd) Grundfreiheiten und Grundrechte — 176
        - ee) Weitere Rechtsgebiete — 177
  7. Mitgliedschaft und bilaterale Assoziation — 177
  8. Warum Europa? — 179
- V. Völkerrecht — 180
  1. Begriff des Völkerrechts — 180
  2. Geschichte — 181
  3. Rechtsquellen des Völkerrechts — 183
  4. Monismus und Dualismus — 183
  5. Internationale Organisationen und die Vereinten Nationen — 184
     - a) Begriff und Gestalt — 184

				b) Die Vereinten Nationen	185

        b) Die Vereinten Nationen   185
           aa) Organe   186
               (1) Generalversammlung   186
               (2) Sicherheitsrat   186
               (3) Wirtschafts- und Sozialrat (ECOSOC)   186
               (4) Sekretariat   187
               (5) Internationaler Gerichtshof   187
               (6) Treuhandrat   187
           bb) Organgefüge und völkerrechtliche Institutionalisierung   187
     6. Menschenrechte   188
        a) Die Aporie der Menschenrechte?   188
        b) Durchsetzung von Menschenrechten   191
           aa) Charta-basierte Durchsetzungsmechanismen   191
           bb) Vertragsbasierte Durchsetzungsmechanismen   193
           cc) Durchsetzungsmechanismen und die vielfältigen Grundlagen von Recht   193
        c) Der Einzelne als Subjekt des Völkerrechts   194
        d) Die politischen und ethischen Wurzeln einer Menschenrechtskultur   194
  VI. Internationales Strafrecht   196
  VII. Internationales Wirtschaftsrecht   201
  VIII. Internationale Streitbeilegung und Gerichtsbarkeit   204

§ 8 Methoden der Rechtswissenschaft   207
  I. Norm und Verständnis   207
  II. Die Vagheit der Sprache, die Unvollkommenheit und Lückenhaftigkeit des Rechts   209
  III. Der Kanon der Auslegung   211
     1. Wortlaut   211
     2. Historische Auslegung   212
     3. Systematische Auslegung   212
     4. Teleologische Auslegung   212
     5. Auslegung von Rechtsakten   213
     6. Argumentationsformen und Auslegung   214
     7. Methodenhierarchie oder Methodenpluralismus?   214
  IV. Probleme der Rechtsfortbildung   214
  V. Methodentheorie und die Internationalisierung des Rechts   216
  VI. Methode und kritische juristische Argumentation   217

§ 9 Jura als Beruf   219

§ 10 Geschichte(n) und Zivilisationen des Rechts   221
  I. Recht und Rechtszivilisationen in der Geschichte   221
  II. Das Recht im Nachdenken über Geschichte – ein Beispiel   225
  III. Entwicklungslinien des Rechts   226
  IV. Geschichte, Tradition und Geltung   228

§ 11 Recht als soziale Tatsache ... 230
    I. Normen als soziale Tatsachen ... 230
    II. Aspekte und Bedeutung der Rechtssoziologie ... 231
    III. Entstehung der Rechtssoziologie ... 232
        1. Eugen Ehrlich ... 234
            a) Rechtssoziologie und lebendes Recht ... 234
            b) Rechtssoziologie und Rechtsanwendung ... 236
            c) Lebendes Recht und normative Orientierung ... 237
        2. Max Weber ... 237
            a) Methode und Begriff ... 237
            b) Weber und die Theorie der Moderne ... 240
        3. Funktionalismus und Systemtheorie: Von Parsons zu Luhmann ... 241
        4. Ambivalenz des Rechts: Habermas und die Theorie des kommunikativen Handelns ... 242
    IV. Recht und Machtanalyse ... 243
    V. Rechtspluralismus ... 243
    VI. Theoretische, empirische und normative Rechtssoziologie ... 244
    VII. Alternativen zum Recht ... 245
    VIII. Recht und gesellschaftlicher Wandel ... 246
    IX. Recht und gesellschaftliche Integration ... 246

§ 12 Recht, Wirtschaft, Politik, Religion ... 249
    I. Recht und Wirtschaft ... 249
        1. Drei Ansätze zum Verhältnis von Wirtschaft und Recht ... 249
            a) Ökonomische Bestimmtheit des Rechts ... 249
            b) Komplexe Beziehungen von Recht und Wirtschaft ... 250
            c) Die ökonomische Analyse des Rechts ... 251
        2. Die Ordnung von Wirtschaft durch Recht ... 252
            a) Das Beispiel Wettbewerbsrecht ... 252
            b) Menschenrechte und Ökonomie ... 253
    II. Recht und Politik ... 254
        1. Ein nüchterner Begriff des Politischen ... 254
        2. Recht als Grenze der Politik ... 254
        3. Recht als Ausdruck von Politik ... 255
    III. Recht und Religion ... 256
        1. Die Vielfalt der Beziehungen von Recht und Religion ... 256
        2. Gründe für die Trennung von Recht und Religion ... 256
        3. Recht als säkularisierte Religion? ... 257

§ 13 Die Wissenschaftlichkeit der Rechtswissenschaft ... 259
    I. Die Herausforderung ... 259
    II. Der wissenschaftstheoretische Rahmen ... 259
    III. Rationalitätsansprüche der Rechtswissenschaft ... 261

§ 14 Gerechtigkeit ... 264
    I. Gerechtigkeitserfahrung und Zweifel am Gerechtigkeitsbegriff ... 264
    II. Gerechtigkeit als Gleichheit ... 266
    III. Gerechtigkeit und Ungleichheiten ... 269
    IV. Verteilungsgegenstände ... 270

	V. Arten der Gleichheit	271
	VI. Gerechtigkeitstheorie und Praxis	272
§ 15	**Menschenrechte und der ethische Anspruch des Rechts**	273
	I. Recht und Ungerechtigkeit	273
	II. Grundrechte zwischen positivem Recht und ethischer Orientierung	273
	III. Freiheit, Gleichheit, Menschenwürde und Solidarität	275
	1. Freiheit	275
	a) Der Begriff der Freiheit	275
	b) Der Gehalt von Freiheitsrechten	276
	c) Der Sinn der Freiheit	277
	2. Gleichheit	277
	a) Dimensionen des grundrechtlichen Gleichheitsschutzes	277
	b) Formen der Gleichheit	278
	3. Menschenwürde und Solidarität	279
	IV. Relativismus oder Universalismus der Menschenrechte?	280
	V. Gerechtigkeit jenseits der Menschenrechte	284
§ 16	**Das Recht in der Kunst**	286
Literaturverzeichnis		289
Stichwortverzeichnis		299

Abkürzungsverzeichnis

AB	Amtliches Bulletin (Schweiz)
Abs.	Absatz
AEMR	Allgemeine Erklärung der Menschenrechte
AEUV	Vertrag über die Arbeitsweise der Europäischen Union
AJP	Aktuelle Juristische Praxis
AktG	Aktiengesetz (Deutschland)
Art.	Artikel
Aufl.	Auflage (= ed., edition/éd., édition)
Bd.	Band (= vol., volume)
BGB	Bürgerliches Gesetzbuch (Deutschland)
BGE	Bundesgerichtsentscheid (Schweiz)
BGer	Bundesgericht (Schweiz)
BGG	Bundesgesetz über das Bundesgericht (Schweiz)
BGH	Bundesgerichtshof (Deutschland)
BGHSt	Sammlung der Entscheidungen des Bundesgerichtshofs in Strafsachen (Deutschland)
BV	Bundesverfassung der Schweizerischen Eidgenossenschaft
BVerfG	Bundesverfassungsgericht (Deutschland)
BVerfGE	Entscheidung des Bundesverfassungsgerichts (Deutschland)
BVerfGG	Gesetz über das Bundesverfassungsgericht (Deutschland)
Can.	Canon
CAT	Convention against Torture and Other Cruel, Inhuman or Degrading Treatment
	(= Übereinkommen der Vereinten Nationen gegen Folter und andere grausame, unmenschliche oder erniedrigende Behandlung oder Strafe)
CEDAW	Convention on the Elimination of All Forms of Discrimination against Women
	(= Übereinkommen zur Beseitigung jeder Form von Diskriminierung der Frau)
CH	Schweiz
CIC	Codex Iuris Canonici
CRC	Convention on the Rights of the Child
	(= Übereinkommen über die Rechte des Kindes)
CRPD	Convention on the Rights of Persons with Disabilities
	(= Übereinkommen über die Rechte von Menschen mit Behinderungen)
D	Deutschland
D.	Digesten (des Corpus Iuris Civilis)
DDR	Deutsche Demokratische Republik
ders./dies.	derselbe/dieselbe
d.h.	das heisst
DSB	Dispute Settlement Body
E.	Erwägung
ECOSOC	Economic and Social Council
	(= Wirtschafts- und Sozialrat der Vereinten Nationen)
EFTA	European Free Trade Association
	(= Europäische Freihandelsassoziation)
EGMR	Europäischer Gerichtshof für Menschenrechte
EMRK	Konvention zum Schutz der Menschenrechte und Grundfreiheiten
et al.	et alii (= und andere)
ETS/SEV	European Treaty Series/Sammlung der Europaratsverträge

Abkürzungsverzeichnis

EU	Europäische Union
EuG	Gericht der Europäischen Union
EuGH	Gerichtshof der Europäischen Union
EUV	Vertrag über die Europäische Union
EWR	Europäischer Wirtschaftsraum
EZV	Eidgenössische Zollverwaltung (Schweiz)
f./ff.	folgende/und folgende
Fn.	Fussnote
fr.	fragment (= Fragment)
GATS	General Agreement on Trade in Services (= Allgemeines Abkommen über den Handel mit Dienstleistungen)
GATT	General Agreement on Tariffs and Trade (= Allgemeines Zoll- und Handelsabkommen)
GenG	Gesetz betreffend die Erwerbs- und Wirtschaftsgenossenschaften (Deutschland)
GenTSV	Verordnung über die Sicherheitsstufen und Sicherheitsmaßnahmen bei gentechnischen Arbeiten in gentechnischen Anlagen (Deutschland)
GG	Grundgesetz (Deutschland)
GmbHG	Gesetz betreffend die Gesellschaften mit beschränkter Haftung (Deutschland)
GO NRW	Gemeindeordnung für das Land Nordrhein-Westfalen (Deutschland)
GrCh	Charta der Grundrechte der Europäischen Union
GTG	Bundesgesetz über die Gentechnik im Ausserhumanbereich (Schweiz)
GVG	Gerichtsverfassungsgesetz (Deutschland)
Herv.	Hervorhebung
hrsg.	herausgegeben (= ed., edited)
Hrsg.	Herausgeber (= ed(s)., editor(s))
IACHR	Inter-American Court of Human Rights (= Interamerikanischer Gerichtshof für Menschenrechte)
i.c.	in casu (= im vorliegenden Fall)
ICERD	International Convention on the Elimination of All Forms of Racial Discrimination (=Internationales Übereinkommen zur Beseitigung jeder Form von Rassendiskriminierung)
ICPPED	International Convention for the Protection of All Persons from Enforced Disappearance (=Internationales Übereinkommen zum Schutz aller Personen vor dem Verschwindenlassen)
IGH	Internationaler Gerichtshof (= ICJ, International Court of Justice)
IGHSt	Statut des Internationalen Gerichtshofs
IKRK	Internationales Komitee vom Roten Kreuz
ILM	International Legal Materials
ILO	International Labour Organization (= IAO, Internationale Arbeitsorganisation)
IMG-Statut	Statut für den Internationalen Militärgerichtshof vom 8. August 1945
insb.	insbesondere
Inst.	Institutionen (des Corpus Iuris Civilis)
IPbpR	Internationaler Pakt über bürgerliche und politische Rechte (UNO Pakt II)
IPRG	Bundesgesetz über das Internationale Privatrecht (Schweiz)

IPwskR	Internationaler Pakt über wirtschaftliche, soziale und kulturelle Rechte (UNO Pakt I)
IStGH	Internationaler Strafgerichtshof
IStGH-Statut	Römisches Statut des Internationalen Strafgerichtshofs
i.S.v.	im Sinne von
i.V.m.	in Verbindung mit
IWF	Internationaler Währungsfond
lit.	litera (= Buchstabe)
MEW	Marx-Engels-Werke
m.w.H.	mit weiteren Hinweisen
N	Nationalrat (Schweiz)
NATO	North Atlantic Treaty Organization
n. Chr.	nach Christus
NGO	Non-governmental organization (= Nichtregierungsorganisation)
NJW	Neue Juristische Wochenschrift
no.	numero (= Nr., Nummer)
o.	oben
OECD	Organization for Economic Co-operation and Development (Organisation für wirtschaftliche Zusammenarbeit und Entwicklung)
OR	Obligationenrecht (Schweiz)
Org.	Original
OSCE	Organization für security and Co-operation in Europe (Organisation für Sicherheit und Zusammenarbeit in Europa)
Para.	Paragraf (= para., paragraph)
pr.	principium (= Anfang)
RES	Resolution
Rn.	Randnummer
Rs.	Rechtssache
S	Ständerat (Schweiz)
s.	siehe
S.	Satz/Seite
SchKG	Bundesgesetz über Schuldbetreibung und Konkurs (Schweiz)
SJZ	Schweizerische Juristen-Zeitung/Süddeutsche Juristenzeitung (seit 1950 JZ, JuristenZeitung)
Slg.	Sammlung der Rechtsprechung des Gerichtshofes und des Gerichts erster Instanz
sog.	sogenannt
SRG	Schweizerische Radio- und Fernsehgesellschaft
StGB-CH	Strafgesetzbuch (Schweiz)
StGB-D	Strafgesetzbuch (Deutschland)
StHG	Bundesgesetz über die Harmonisierung der direkten Steuern der Kantone und Gemeinden (Schweiz)
StIGH	Ständiger Internationaler Gerichtshof
StPO-CH	Strafprozessordnung (Schweiz)
StPO-D	Strafprozessordnung (Deutschland)
StVG	Straßenverkehrsgesetz (Deutschland)
SVG	Strassenverkehrsgesetz (Schweiz)
TRIPS	Agreement on Trade-Related Aspects of Intellectual Property Rights (= Übereinkommen über handelsbezogene Aspekte der Rechte am geistigen Eigentum)
u.	unten
u.a.	unter anderem

Abkürzungsverzeichnis

UN	United Nations (= Vereinte Nationen)
UNCh	Charter of the United Nations (= Charta der Vereinten Nationen)
UNESCO	United Nations Educational, Scientific and Cultural Organization (= Organisation der Vereinten Nationen für Erziehung, Wissenschaft und Kultur)
usw.	und so weiter
v.	versus (= gegen)/von
v. Chr.	vor Christus
vgl.	vergleiche
VStGB	Völkerstrafgesetzbuch (Deutschland)
VVDStRL	Veröffentlichungen der Vereinigung der Deutschen Staatsrechtslehrer
VwGO	Verwaltungsgerichtsordnung (Deutschland)
VwVfG	Verwaltungsverfahrensgesetz (Deutschland)
VwVG	Verwaltungsverfahrensgesetz (Schweiz)
WRV	Die Verfassung des Deutschen Reichs (Weimarer Reichsverfassung) vom 11. August 1919
WTO	World Trade Organization (= Welthandelsorganisation)
WÜD	Wiener Übereinkommen über diplomatische Beziehungen
WVK	Wiener Übereinkommen über das Recht der Verträge
z.B.	zum Beispiel
ZfRSoz	Zeitschrift für Rechtssoziologie
ZGB	Schweizerisches Zivilgesetzbuch
Ziff.	Ziffer
zit.	zitiert
ZPO-CH	Zivilprozessordnung (Schweiz)
ZPO-D	Zivilprozessordnung (Deutschland)
ZSR	Zeitschrift für Schweizerisches Recht
z.T.	zum Teil

§ 1 Das sperrige Phänomen des Rechts

Ein besonderes Merkmal menschlicher Kultur besteht darin, dass Menschen die Ordnung ihres Lebens an spezifischen, verbindlichen und mit Zwang durchgesetzten Regeln und damit an dem orientieren, was man gemeinhin *Recht* nennt. Recht bildet nichts weniger als ein Grundelement menschlicher gesellschaftlicher und geistiger Zivilisation.

Das Recht ist in der Geschichte verschiedenen Quellen entsprungen. Menschliche Gesellschaften waren den überwiegenden Teil der menschlichen Geschichte über nichtstaatliche Gesellschaften und so ist auch ihre verbindliche Ordnung durch nichtstaatliches Recht geprägt gewesen. Dieses Recht entstand aus praktischen Notwendigkeiten eines zu gestaltenden Lebens und geteilten Verbindlichkeitsüberzeugungen, wie Konflikte gelöst und in welchen Bahnen sich menschliches Leben zu entfalten habe. Die Ursprünge der Vorstellungen vom Gebotenen und Richtigen sind vielfältig. Eine historisch und gegenwärtig besonders wirkmächtige Quelle bilden religiöse Glaubenslehren: Zentrale Inhalte verschiedener Weltreligionen sind durch rechtliche Gebote geprägt, um deren Inhalte in schon manchmal Jahrtausende anhaltender Auslegungsarbeit gestritten wird. Aber auch aus innerweltlicher Perspektive wird seit langer Zeit über die Gehalte von Recht mit großer Eindringlichkeit nachgedacht, in immer neuen Anläufen, mit nicht zu verschweigenden, manchmal tragischen Rückschritten und dem wiederkehrenden Mut zum Neubeginn. Um manche Rechtselemente wurde dabei in der Vergangenheit, nicht zuletzt, aber auch nicht nur im religiösen Rahmen, mit letztem Ernst und manchmal sogar mit der Bereitschaft, für Rechtsüberzeugungen zu sterben und zu töten, gekämpft.

In der Neuzeit, aber auch schon in anderen Epochen, ist das Recht häufig mit staatlichen Ordnungen verbunden. In ihrem Rahmen wird es geschaffen, durchgesetzt und verändert. Diese staatlichen Ordnungen werden selbst durch Recht verfasst. In der Gegenwart sind überstaatliche Organisationsformen der internationalen Rechtsordnung von großer Bedeutung, wenn auch das Gemeinschafts- und Kulturübergreifende des Rechts keineswegs ein neues Phänomen ist, sondern eine Grundkonstante menschlicher Rechtszivilisation bildet.

In den entwickelten, einigermaßen rational gestalteten Rechtsordnungen stabiler Demokratien der Gegenwart wird der Existenz eines Rechtssystems nicht zu viel Aufmerksamkeit geschenkt. Das Recht ist ja, so scheint es, bestens vertraut und längst ein Stück kultureller Alltag geworden, sogar Teil der Populärkultur, von Fernsehserien und Filmen, eine Selbstverständlichkeit und deshalb eigentlich keines besonderen Aufhebens wert. Die Details mag man studieren müssen, wenn es der eigene Beruf oder ein bestimmter Anlass so will, aber das Ganze hat nichts weiter Geheimnisvolles: Solche Regeln müssen sein, die Menschen schaffen sie sich aus guten Gründen, wenden sie an und sorgen notfalls mit Zwang dafür, dass sie auch eingehalten werden. Der Prozess der Zivilisation aber, der Recht erzeugt hat, erscheint abgeschlossen.

Bei näherem Hinsehen erweist sich aber schnell, dass auch in entwickelten Rechtsordnungen der Gegenwart das Recht keineswegs ein so ganz umstandslos auszulotender, erledigter Gegenstand des Nachdenkens ist. Es schillert vielmehr manchmal in sehr überraschenden Farben. *Immanuel Kant* (1724–1804) hat in einem der einflussreichsten rechtsphilosophischen Beiträge der Moderne festgehalten: „Das Recht der Menschen muß heilig gehalten werden, der herrschenden Gewalt mag es auch noch so große Aufopferung kosten".[1] Wenn man über diese Einschätzung und ihren Wert für die Gegenwart nachdenkt, sollte man sie zunächst nicht als Ausdruck einer religiösen Konzeption des Rechts missverstehen. Kants Ethik ist säkular[2] und nichts anderes gilt für seine Rechtskonzeption. Sie stellt in keiner Weise eine Grundidee des modernen Rechts in Frage, dass nur ein religiös neutrales Recht einen Rahmen für verschiedene religiöse wie für agnostische oder atheistische Perspektiven schaffen kann, die in modernen pluralistischen Gesellschaften in großer Vielfalt unausweichlich nebeneinander bestehen. In der Formulierung geht es vielmehr darum, eine Metapher für höchste Wertschätzung zu bilden und in diesem Sinne ist sie für säkulare wie für religiöse Perspektiven auf das Recht von gleichem Belang.

6   Aber klingt sie nicht auch so verstanden für heutige Ohren merkwürdig altertümlich, pathetisch, komisch, vielleicht sogar ein wenig peinlich, als eine Übertreibung, eine Auffassung des Rechts aus einer anderen, ein wenig zur Verklärung von Dingen geneigten, aber längst und ohne Folgen für die Gegenwart vergangenen Zeit? Lassen sich nicht auch gute Gründe für eine zurückhaltende und skeptische Haltung gegenüber Kants Einschätzung der Bedeutung des Rechts ausmachen, jedenfalls aus heutiger Sicht?

7   Ein ganz offensichtlicher Grund dafür könnte sein, dass das Recht mit nüchternen Dingen befasst ist und sich durchaus nicht selten auf die Regelung von ganz banalen Gegenständen des menschlichen Lebens richtet. Dass die rechtliche Regelung des Straßenverkehrs, nützlich und unabdingbar wie sie zweifellos ist, herhalten könnte, eine Wertschätzung des Rechts wie von Kant ausgedrückt zu begründen, ist ganz sicher nicht ohne Weiteres ersichtlich. Auch Rechtsmaterien, die praktisch von großer Bedeutung sind, wie etwa das Kaufrecht, führen bei aller praktischen Bedeutung nicht zwangsläufig zu der Art von Hochachtung, wie sie Kant formulierte. Es geht im Alltag dieser Rechtsmaterien um vernünftigen Interessenausgleich, nicht um letzte und große, gar heilige Dinge.

8   Was ist an einer Norm wie Art. 110 Abs. 6 Satz 1 StGB-CH beeindruckend, der festhält: „Der *Tag* hat 24 aufeinander folgende Stunden". Musste man das regeln? War zweifelhaft, ob der Tag 25 Stunden hat und ob nur jede zweite zählt? Gehen ausgerechnet in der Schweiz die Uhren anders? Ist jetzt auch alles geklärt? Was ist denn eine Stunde, was eine Minute und eine Sekunde? Müsste man nicht auch konsequenterweise festlegen, wenn man schon einmal beim Definieren ist, was hiermit gemeint ist, vielleicht sogar, welchen Zeitbegriff man zu Grunde legen will: eine objektive oder jene eigensinnige subjektive Zeit, in der lange Jahre kurz und wenige Momente sehr lang erscheinen können, wie Hans Castorp in sieben Jahren auf dem Zauberberg erfährt?[3] Was ist mit Normen wie der Definition des Befalls einer Pflanze durch die San-Jose-Schildlaus nach § 4 Abs. 4 der deutschen San-Jose-Schildlaus-Bekämpfungsverordnung (SchildlV): „Eine Pflanze gilt als befallen, wenn sich an ihr mindestens eine San-Jose-

---

[1] *I. Kant*, Zum Ewigen Frieden, in: ders., Kant's gesammelte Schriften. Herausgegeben von der Königlich Preußischen Akademie der Wissenschaften. Bd. VIII, 1923, S. 380.
[2] *I. Kant*, Die Religion innerhalb der Grenzen der bloßen Vernunft, in: ders., Kant's gesammelte Schriften. Herausgegeben von der Königlich Preußischen Akademie der Wissenschaften. Bd. VI, 1914, S. 4: „Die Moral, sofern sie auf dem Begriffe des Menschen als eines freien, eben darum aber auch sich selbst durch seine Vernunft an unbedingte Gesetze bindenden Wesens gegründet ist, bedarf weder der Idee eines anderen Wesens über ihm, um seine Pflicht zu erkennen, noch einer anderen Triebfeder als des Gesetzes selbst, um sie zu beobachten."
[3] *T. Mann*, Der Zauberberg, 1924.

§ 1 Das sperrige Phänomen des Rechts

Schildlaus befindet, die nicht nachweislich tot ist"? Sind damit alle Fragen beantwortet? Was heißt z.B. „nachweislich"? Reicht der Augenschein („Das Biest rührt sich nicht mehr!") oder muss die Laus mit modernen Bildgebungsverfahren durchleuchtet werden, um aufzuspüren, ob noch irgendwo ein Funken Leben glimmt? Gewinnen solche Regelungen der Welt des Rechts neue Freundinnen und Freunde hinzu? Oder wird anhand von solchen Produkten rechtlicher Arbeit bei Vielen der Zweifel an der Berechtigung von Kants Bemerkung vielleicht schon mit einem Schulterzucken zur Gewissheit, dass man über die fremde Welt des Rechts eben doch nur den Kopf schütteln kann?

Diese Art von nüchterner Betrachtung von Recht wird womöglich noch offensichtlicher erscheinen, je mehr man sich mit den Details des Rechts beschäftigt und je mehr man erlebt, welche Fragen in diesen Details schlummern und wie schwierig es ist, von einem rechtlichen Text ausgehend zu bestimmten, rechtlich überzeugenden Lösungen für konkrete Einzelfälle zu gelangen. Man muss nicht nur Paragrafen und Artikel wälzen, sondern auch in häufig äußerst umfangreiche Kommentare von Gesetzen blicken, die deren Sinn erläutern und entfalten sollen, und sich in manchmal in über Jahrzehnte und vielleicht sogar darüber hinaus erstreckende Rechtsprechung vertiefen. Wer länger mit diesen Dingen befasst war, wer sich durch eine ganz gewöhnliche kaufrechtliche gerichtliche Streitigkeit, sei es als Anwalt, sei es als Richter oder Richterin, gekämpft hat, wird eine besonders wertschätzende Perspektive auf das Recht vielleicht nur mühsam mit seiner Alltagsarbeit verbinden können.

Das Recht ist zudem, auch das ist wichtig, nicht nur eine in seinen Regelungsbereichen und in der Art seiner Anwendung häufig sachlich-technische Materie. Es kann – auch in manchmal sehr wichtigen Fällen – ein unwirksamer Versuch bleiben, menschliche Verhältnisse wirksam zu beeinflussen. Ein gutes Beispiel ist die Regulierungskraft des Völkerrechts. Es ist keineswegs selten, dass dieser wichtige Rechtsbereich dann, wenn es nach seinem friedens- und ordnungsstiftenden Zweck darauf ankommen würde, die entsprechende Steuerungswirkung gerade nicht entfalten kann. Ein Beispiel mag die jüngste Auseinandersetzung um die Krim, ihre Loslösung von der Ukraine und ihren Anschluss an Russland bilden. Das Völkerrecht spielt hier in den internationalen Diskussionen eine wichtige Rolle, etwa im Hinblick auf die Souveränität von Staaten oder die Möglichkeiten der Abspaltung von Bevölkerungs- und Territoriumsteilen durch eine Sezession. Es ist aber bisher nicht ersichtlich, dass das Völkerrecht das entscheidende Instrument bilden würde, um diesen Konflikt tatsächlich friedlich zu lösen. Im Gegenteil scheint auch hier einmal mehr die Politik zu bestimmen sowie die in der Politik ausgehandelten Interessenkonflikte und Machtfragen. Zugang zu Gas kann deshalb ein faktisch einflussreicherer Gesichtspunkt sein als der Gehalt des Völkerrechts.

Diese Art von beschränkter Wirksamkeit von rechtlichen Regelungen kann man selbstverständlich auch für andere Regelungsmaterien festhalten. Eine sogar klassische Beobachtung zur Wirklichkeit des Rechts, die schon Anfang des 20. Jahrhunderts formuliert wurde, betont gerade diese nur relative Wirksamkeit von Recht und unterstreicht, dass andere gesellschaftliche Normen eine ebenso große oder vielleicht sogar bedeutsamere Rolle spielen können als Recht.[4]

---

4 Vgl. *E. Ehrlich*, Grundlegung der Soziologie des Rechts, durchgesehen und hrsg. v. M. Rehbinder, 4. Aufl., 1989.

12 Das Recht ist mithin in weiten Zügen mit Alltagsfragen befasst, in seiner Praxis häufig eine nüchtern technische Angelegenheit und es kann unwirksam sein. Und noch etwas kommt hinzu, das entscheidend wichtig zu sein scheint, um die hochtrabend wirkende Formulierung Kants zur Bedeutung von Recht in vernünftiges Licht zu rücken: Recht kann wechselnde Inhalte haben. Manchmal erscheint es sogar als Wesenseigenschaft des Rechts, dass jeder Inhalt zu Recht gemacht werden könne:

> „Yet law-abiding scholars write:
> Law is neither wrong nor right,
> Law is only crimes
> Punished by places and by times,
> Law is the clothes men wear
> Anytime, anywhere,
> Law is Good-morning and Good-night."

13 So hat es *W. H. Auden* (1907–1973) in einem bekannten Gedicht formuliert.[5] Recht kann deswegen auch ungerecht sein. Es kann Inhalte verkörpern, die einen Anspruch auf Gerechtigkeit gerade nicht verkörpern. Es ist keineswegs so, dass Recht zwangsläufig dem Gerechten und ethisch Guten dienen würde. Darüber gibt die menschliche Geschichte hinlänglich Auskunft, nicht nur durch derartige Phänomene wie die stalinistischen Schauprozesse mit ihrem Höhepunkt im Jahr 1937 und die Administration des sowjetischen Gulag mit rechtlichen Mitteln mit ihren vielen Opfern oder die vielfältigen Formen von Unrecht im Nationalsozialismus in den Jahren 1933–1945 in Deutschland – von den rassistischen Urteilen gegen Juden, der Liquidierung des Widerstandes gegen das Nazi-Regime bis zu den Justizmorden im Rahmen der Kriegsgerichtsbarkeit. Aus jüngerer Zeit ist etwa das Apartheidssystem ein Beispiel für derartig ungerechtes Recht. Das Apartheidssystem wurde nicht zuletzt von einem entwickelten Rechtssystem getragen, das zudem durch gut ausgebildete Juristinnen und Juristen angewandt wurde. Wie der ehemalige Vizepräsident des südafrikanischen Verfassungsgerichtshofes in einem Vortrag prägnant formuliert hat: „Apartheid judges did not lack sound legal training."[6]

14 Es gibt also eine ganze Reihe von Gründen, dem Recht mit einer gewissen skeptischen Zurückhaltung zu begegnen. Selbst da aber, wo es gerecht und inhaltlich wohl gerechtfertigt erscheint, Wirkung entfaltet und vielleicht sogar mit großen Dingen zu tun hat, wie etwa der Idee der Menschenrechte, der Demokratie und Rechtsstaatlichkeit oder dem Ziel der Errichtung einer internationalen Ordnung, in der nicht Macht, sondern Recht das letzte Wort hat, liegt aus der Sicht vieler sehr einflussreicher Strömungen des Nachdenkens über seine Eigenarten ein in mancher Hinsicht am Ende doch ernüchterndes Licht über dem modernen Recht.

15 Um nur einige Beispiele zu nennen: In den Augen einer einflussreichen soziologischen Sicht, die von manchen in der Rechtswissenschaft geteilt wird, geht es im Recht nur scheinbar um die Verwirklichung von Ideen der Gerechtigkeit oder anderer normativer Maßstäbe wie Menschenrechte oder – mit ihnen verbunden – Demokratie. Tatsächlich sei das Recht ein gesellschaftliches System, dessen Funktionen nicht dadurch bestimmt seien, Zielen wie dem Wohl der Menschen zu dienen, sondern dadurch, das System

---

5 *W. H. Auden*, Law Like Love, in: Collected Poems, 1991, S. 263.
6 Vgl. *D. Moseneke*, Beyond Apartheid – Prospects of South-African Constitutionalism, Podcast vom 19.12.2013 abrufbar unter <www.rwi.uzh.ch/mahlmann>.

als solches zu erhalten. Entscheidend für die Form und den Inhalt von rechtlichen Normen ist deshalb ihre Funktion für die Selbsterhaltung, die Autopoiese, des Systems, für die die Menschen nur eine „Umwelt" bildeten.[7]

Aus der Sicht der klassischen ökonomischen Analyse des Rechts geht es um die Realisierung ökonomischer Effizienz mit den Mitteln des Rechts. Nicht Ideen der Gerechtigkeit oder Würde sind aus dieser Sicht die wesentlichen Ankerpunkte der Gestaltung des Rechts, sondern die bestmögliche Verwirklichung von in Geldwerten ausdrückbaren Präferenzen von Individuen. Wenn Güter denjenigen zugutekommen, die am meisten für sie bezahlen würden, und zwar auch unter der Bedingung ursprünglich ungleicher Verteilung von finanziellen Mitteln, so eine Hauptthese, sei eine effiziente Güterverteilung erreicht.[8]

Eine neuere Strömung der ökonomischen Analyse des Rechts versucht, die Erkenntnisse einflussreicher psychologischer Theorien der Gegenwart zu rezipieren: Die menschliche Rationalität sei eine beschränkte Rationalität, die durch bestimmte systematisch begangene Irrtümer geprägt sei.[9] Diese Art von Irrtümern, so eine wichtige These, beeinflusse auch das Recht und seinen Gegenstand. Das Recht sei nicht besser als diese beschränkte Rationalität, mit der es von den Menschen gestaltet werde. Deswegen müsse sich das Recht Aufschluss über diese Mechanismen verschaffen und versuchen, sie für vernünftige Ziele zu nutzen.[10]

Aus anderer Sicht ist das Recht Teil einer zufälligen, vorübergehenden, historisch bedingten Erzählung der Menschen, eines Narrativs, das in seinem kulturellen und sozialen Werden verstanden werden könne.[11] Jede Alternative dieses Narrativs sei aber selbst nur eine andere Geschichte, die erzählt werde, ohne dass letzte Gründe für die Berechtigung ihrer Sicht auf das Recht gegeben werden könnten. Gewohnheit, zufällige Tradition kann als Grundlage des Rechts erscheinen, wie Pascal schon im 17. Jahrhundert prägnant formuliert hat: „La coutume fait toute l'équité, par cette seule raison qu'elle est reçue."[12]

Diese nicht nur, aber nicht zuletzt postmoderne Perspektive führt zu einer wichtigen These zu den Grundlagen von Recht und seiner wahren Natur, die immer wieder in der Geschichte des Nachdenkens über Recht als das Fundament angeführt wird, auf dem das Gebäude des Rechts errichtet werde, nämlich dass die letzte Grundlage von Recht die nackte Fähigkeit sei, sich gegen Widerstände von anderen in einer Gesellschaft durchzusetzen, sei es von Einzelnen, sei es von Gruppen von Menschen, sei es durch physische direkte Gewalt, sei es durch den Aufbau von Strukturen, in denen diese physische Gewalt verkörpert und institutionalisiert wird. *Hans Kelsen* (1881–1973) hat diesen Gedanken auf die berühmte Formulierung gebracht: Hinter der Maske des Rechts verstecke sich letztlich das „Gorgonenhaupt der Macht".[13]

---

7 Vgl. *N. Luhmann*, Das Recht der Gesellschaft, 1995.
8 Vgl. *R. Posner*, Economic Analysis of Law, 9th ed., 2014.
9 *D. Kahneman*, Thinking, Fast and Slow, 2011.
10 Vgl. z.B. *R. H. Thaler/C. R. Sunstein*, Nudge. Improving Decisions about Health, Wealth and Happiness, 2009, S. 20 f.
11 *J. Derrida*, Force of Law: The "Mystical Foundation of Authority", in: D. Cornell/M. Rosenfield/D. G. Carlson (eds.), Deconstruction and the Possibility of Justice, 1992, S. 3 ff.
12 *B. Pascal*, Pensées, 2010, fr. 294: „Die Gewohnheit schafft die Gerechtigkeit, aus dem einzigen Grund, dass sie angenommen wird."
13 *H. Kelsen*, Diskussionsbeitrag, VVDStRL Bd. 3 (1927), S. 55.

20 Aus diesem Blickwinkel ist nicht nur die Vernünftigkeit des Rechts ungewiss, seine Gehalte sind auch moralisch zweifelhaft. Das Recht erscheint als Ausdruck, vielleicht sogar als willige Magd von Machtstrukturen und Machtträgern der Gesellschaft. Nur die Auswahl der Machtträger, Einzelne in einer Diktatur, einige Wenige in einer politischen oder wirtschaftlichen Oligarchie oder die Gesamtheit der Bürgerinnen und Bürger in einer Demokratie, und die Art der politischen Ziele dieser Machtträger, wie auch immer orientiert, stehen dann zur Debatte, nicht aber die wohlbegründbare Legitimität dieser Ordnung. Recht ist nicht das, was aus guten Gründen überzeugt, sondern das, was sich in Machtkämpfen am Ende (regelmäßig allerdings nur eine Zeitlang) behauptet.

21 Ein Recht, das nicht dem Wohlergehen von Menschen dient, sondern der Selbsterhaltung eines Systems; ein Recht, das die Befriedigung von in Geldwerten ausdrückbaren individuellen Vorlieben von denjenigen, die am meisten für den Genuss von Vorteilen bezahlen können, als Leitziel von Rechtsordnungen erhebt; ein Recht, das unvollkommene menschliche Rationalität widerspiegelt und von ihr zu einem gewissen Grade vielleicht sogar unüberwindbar geprägt bleibt; ein Recht, das Ausdruck historisch gesponnener Geschichten ohne tieferen Grund oder gar schlichter nackter, abstoßender Macht ist – kann dieses Recht wirklich „heilig" genannt werden?

22 Der „Galilei der Geisteswissenschaften"[14] *Max Weber* (1864–1920) hat in einer weltberühmt gewordenen Formulierung von der „Entzauberung" der Welt gesprochen, die die Epoche der Moderne zwiespältig präge.[15] Durch die wissenschaftliche Rationalität habe die Welt, in der die Menschen lebten, ihren Zauber des Geheimnisvollen und Wunderbaren verloren, weil sie in wichtigen Zügen rational und nüchtern erklärt worden oder jedenfalls erklärbar geworden sei. Gilt dies nicht auch für das Recht? Sind die genannten Ansätze zur grundlegenden Erklärung von Recht nicht Beispiele (mehr könnte man anführen) für genau denselben Vorgang? Was in der Epoche der Aufklärung noch solche Bewunderung erregte, die Kant zu seiner Formulierung veranlasste, scheint heute seines besonderen Zaubers beraubt, weil nüchtern und rational erklärt als Funktion eines Systems, Mittel der effizienten Güterverteilung, Ausdruck unvollkommener Rationalität, historischer Prozess des zufälligen Werdens, träge übernommene Übung oder als Fassade von Macht und Gewalt.

23 Wie steht es also um das Recht? Was sind seine Grundlagen, was ist sein Kern, Ziel und Zweck? Teilt das Recht tatsächlich das Schicksal der ernüchternden Entzauberung mit der modernen Welt, deren Teil es ist, wie viele meinen?

24 Wenn man diese Fragen beantworten, wenn man sich dem Recht verstehend nähern und genauer begreifen will, was dieses bedeutende Zivilisationsphänomen ausmacht, muss man zunächst viele Einzelheiten genauer erfassen, Fachbegriffe kennenlernen und die mit ihnen ausgedrückten Ideen begreifen, konkrete Regelungen in großer Zahl aus dem Zivil-, Straf-, öffentlichen, dem Völker- oder dem Europarecht und anderen Rechtsmaterien studieren, die häufig genug sehr wichtige, intellektuell anspruchsvolle Fragen aufwerfen, und noch auf manchen anderen Wegen allmählich einen Überblick davon gewinnen, welche Regelungen das Recht einer Zeit eigentlich bilden – von den Gehalten eines Grundrechts wie der Meinungsfreiheit über die Voraussetzungen der Strafbarkeit für Diebstahl, die Bedingungen eines Vertragsschlusses bis zu den

---

14 *K. Jaspers*, Schicksal und Wille. Autobiographische Schriften, 1967, S. 33.
15 *M. Weber*, Wissenschaft als Beruf, in: ders., Gesammelte Aufsätze zur Wissenschaftslehre, hrsg. v. J. Winckelmann, 1988, S. 593 ff.

Rechtsfolgen eines Beschlusses des UN-Sicherheitsrats. Man muss auch die Methoden der Rechtsanwendung kennen und beherrschen lernen und so die zentrale Fähigkeit für jeden, der ernsthaft mit Recht arbeitet: nämlich sich mit neuen Rechtsmaterien vertraut machen zu können, denn das Recht ist nichts Unveränderliches, sondern im Gegenteil durch ständige Wandlung geprägt. Diese Methoden werfen sehr tiefgehende theoretische Herausforderungen auf, die am Ende zur Frage führen, ob Rechtsanwendung eigentlich eine rational beherrschte oder jedenfalls beherrschbare Tätigkeit ist oder nur mit dem hübschen Überzug von Vernünftigkeit kaschierte Willkür, Irrationalität und Politik. Das Recht ist dabei nicht nur ein Gedankengebäude, ein luftiges Gespinst von Begriffen und Ideen, sondern eine Praxis, die das menschliche Leben unmittelbar bestimmt. Auch Erfahrung mit der Praxis des Rechts ist deshalb für das Verständnis von Recht von großer Bedeutung.

Man muss bei diesem Gang durch die Wirklichkeit des Rechts aber die Grundsatzfragen nach seiner eigentlichen Natur im Auge behalten, um sich nicht in Einzelheiten zu verlieren und mit ihnen den Blick auf fundamentale Eigenschaften des Rechts zu verstellen. Dies ist schon aus ganz praktischen Gründen wichtig, denn Antworten auf Grundsatzfragen des Rechts sind nicht nur wichtig, um zu begreifen, worum es beim Recht insgesamt geht, sie beeinflussen entgegen dem ersten Anschein auch die Lösung von konkreten Rechtsfragen, wie sich noch deutlich zeigen wird.

Dieses kleine Buch wird versuchen, Antworten auf diese Fragen nach Kern, Ziel und Zweck des Rechts zu finden und damit eine einführende Auskunft über die Gestalt des modernen Rechts zu geben, schon aufgrund seines Umfangs nicht lückenlos und enzyklopädisch, aber nützlich für jeden, der sich mit dem Recht befassen will und einen Überblick über sein unübersichtliches und sehr ausgedehntes Gelände sucht. Dass Kenntnisse des Rechts dabei nicht nur für Juristinnen und Juristen von Bedeutung sind, ist offensichtlich: „Law is however too important a thing to leave to lawyers", wie einer der bedeutendsten Rechtswissenschaftler des 20. Jahrhunderts festgehalten hat.[16]

Eine leitende Einschätzung, die diesem kleinen Buch unterliegt, lautet dabei, dass Kants Bemerkung keineswegs eine historisch zu erklärende Drolligkeit eines naiven Denkers bildet, die sich in der Gegenwart nicht einmal mehr als Ornament für geschwollene Festreden an rechtswissenschaftlichen Abschlussfeiern eignet. Sie will deutlich machen, warum Kants Bemerkung, ihre Wortwahl, ihr Tonfall ganz sicher aus einer ganz anderen Zeit stammt, in dieser Bemerkung aber, wenn man einen Sinn für Zwischentöne hat, etwas Wichtiges erfasst wird, nämlich ein Gespür für die nicht leicht greifbare, sperrige, schwierige, aber für das menschliche Leben außerordentlich wichtige zivilisatorische Größe des Rechts und die Bedeutung, die diesem besonderen Teil menschlicher Kultur deshalb zukommt. Deswegen ist dieses Buch auch eine kleine Verteidigungsschrift eines anspruchsvollen und ethisch orientierten Begriffs des Rechts – des Rechts als Element der geistigen Kultur der Menschen, als Grundlage ihres gesellschaftlichen Zusammenlebens und als Praxis derjenigen Juristinnen und Juristen und vielen anderen, die mit dem Recht befasst sind und die in letzter Instanz das Recht verwirklichen.[17]

---

16 *H. L. A. Hart*, Essays on Bentham. Studies in Jurisprudence and Political Theory, 1982, S. 192.
17 Vgl. *M. Mahlmann*, Der politische Moment der Rechtsphilosophie, in: Rechtswissenschaft, 2017, 8(2), S. 181–220.

28 Dieses Buch versucht, in verschiedenen Schritten den angestrebten orientierenden Einblick in die Welt des Rechts zu liefern, ohne zu behaupten, einen umfassenden Abriss dessen zu liefern, was man auch aus einleitender Perspektive zum Recht alles sagen könnte. Es strebt aber an, einige zentrale Aspekte des Rechts aufzugreifen und im Zusammenhang moderner Rechtskulturen zu erläutern. Dabei sind bestimmte Perspektiven von besonderer Bedeutung: Zunächst geht es darum, überhaupt zu klären, was unter Recht eigentlich zu verstehen ist. Dazu muss man einige Grundbegriffe, -funktionen und -strukturen, die modernen Rechtssystemen eigen sind, verständlich machen. Um dieses Ziel zu erreichen, ist in der Gegenwart eine internationale Perspektive von großer Wichtigkeit. Eine Einführung in das Recht kann heute keine Einführung nur in ein spezifisches nationales Rechtssystem bleiben, wenn sie auch bestimmte Schwerpunkte setzen muss, was in dieser Einführung nicht zuletzt in Bezug auf das Rechtssystem der Schweiz und Deutschlands geschehen wird, wobei die vergleichende Perspektive auf zwei, auf ihre unterschiedliche Weise erfolgreiche Rechtsordnungen, wie sich zeigen wird, viele fruchtbare Einblicke liefern kann. Denn diese Rechtssysteme, und das wird deutlich zu machen sein, sind in einen bestimmten internationalen Zusammenhang eingebettet, z.B. in die Völkerrechtsordnung in ihren universalen oder regionalen Geltungsbereichen. Zu Ersteren gehören etwa das System der UN oder bestimmte Konventionen, die universale Geltung besitzen, oder auch bestimmte Rechtsgrundsätze des Völkerrechts, die für alle Staaten Wirkung entfalten. Ein regionales System im europäischen Kontext ist beispielsweise der Europarat mit der Europäischen Menschenrechtskonvention vom 4. November 1950 (EMRK). Die Schweiz und Deutschland sind Mitgliedstaaten des Europarates. Deutschland ist auch ein Mitgliedstaat der EU. Die Schweiz hat durch den eingeschlagenen bilateralen Weg ein sehr enges Netz von Beziehungen zur EU geknüpft, das eine besondere Art von Verhältnis mit dieser Ordnung begründet. Es soll vor Augen geführt werden, in welchem Sinne nationales Recht nicht nur neben internationalen Rechtskreisen existiert, sondern diese internationalen oder auch supranationalen Rechtsmassen das nationale Recht direkt formen. Das internationale Recht ist auf dem Weg verschiedener rechtlicher Mechanismen unmittelbarer Teil der nationalen Rechtsordnungen geworden. Recht ist heute substantiell internationalisiert und man wird die Realität, die Probleme und Perspektive des Rechts der Gegenwart nicht begreifen können, ohne diese substantielle Internationalisierung nachdrücklich zu reflektieren.

29 Ein weiterer wichtiger Gesichtspunkt besteht darin, die Verbindung von Recht mit anderen Bereichen der menschlichen Zivilisation im Auge zu behalten. Die Gesellschaft beeinflusst das Recht, wird aber auch von diesem Recht gestaltet. Die Wirtschaft ist von großer Bedeutung für das Recht, wie das Recht zentral für die Strukturierung der Wirtschaft ist. Die Politik beeinflusst Recht unmittelbar, umgekehrt spielt das Recht gerade in der Gegenwart in den Verfassungsstaaten eine zentrale Rolle für die Grundlagen, Möglichkeiten und Grenzen von Politik. Ein seit jeher besonders wichtiger Faktor für das Verständnis von Recht ist Religion. Religionen sind mächtige kulturbildende Faktoren innerhalb der menschlichen Geschichte und die Bedeutung der Religionen für das Recht ist in den letzten Jahren durch verschiedene Entwicklungen eher größer geworden. Es stellt sich heute aus der Sicht Vieler sogar sehr nachdrücklich die Frage, inwieweit etwa eine moderne Rechtsordnung tatsächlich konsequent säkular konzipiert werden kann und nicht im Inneren (wenn auch sich selbst säkular missverstehend) auf bestimmten religiösen Überzeugungen gegründet bleibt. Auch das Verhältnis von Recht und Religion wird deshalb zu klären sein. Das Recht

ist schließlich ein wichtiger Teil der menschlichen Kultur im engeren Sinne, nämlich als Teil der Kunstschöpfungen, in denen Menschen im ästhetischen Bild ihre eigene Existenz reflektieren, bewerten, hinterfragen und manchmal in Gegenentwürfen einer besseren Ordnung weiterzuentwickeln versuchen. Das Recht spielt dabei seit jeher, wie die großen Kulturschöpfungen der Antike zeigen, eine wichtige, herausgehobene Rolle und auch diese muss in einer Einführung in das Recht bedacht werden.

Das Recht ist eine historisch gewordene Zivilisationsleistung und deswegen ist seine Geschichte von großer Bedeutung für das Verständnis einer konkreten Rechtsordnung. Dabei geht es einmal um das konkrete Werden von bestimmten rechtlichen Phänomenen, aber auch darum, allgemein zu bedenken, in welcher Hinsicht Recht in den Gang menschlicher Geschichte eingeordnet werden kann. Ist das Recht womöglich ein Indiz dafür, dass die alte menschliche Hoffnung eingelöst werden könnte, dass die menschliche Geschichte unaufhaltsam in einem Fortgang zum Besseren begriffen sei?[18] Ist diese Hoffnung zumindest in der Gegenwart berechtigt? Ist etwa durch den in vieler Hinsicht bedeutsamen rechtszivilisatorischen Neuanfang nach 1945, nach den vielfältigen Katastrophen des Zweiten Weltkrieges und den barbarischen Verbrechen, die in seinem Rahmen begangen wurden, der erste Schritt eines solchen Fortschreitens zu einem Besseren gemacht worden oder lehrt die Rechtsgeschichte im Gegenteil eine andere Perspektive, die vielleicht zurückhaltender, vielleicht pessimistischer, vielleicht sogar hoffnungslos und mit zynisch wegwerfendem Achselzucken formuliert werden muss?

Welchen wissenschaftlichen Wert hat eigentlich die Rechtswissenschaft? Ist sie vielleicht nur eine Scheinwissenschaft, die parasitär vom Nimbus der harten Wissenschaften wie der Physik lebt, die den Erkenntnisanspruch von Wissenschaft tatsächlich einlösen? Ist das Bemühen um Begriffe, Ideen und Systematik seit der Antike (und noch davor) ein vielleicht sogar stolzes Kapitel der Wissenschaftsgeschichte oder nur eine uralte Selbsttäuschung derjenigen, die meinten, das Recht als Wissenschaft bearbeiten zu können? Auch das wird zu untersuchen sein.

Das Recht erscheint schließlich auf den ersten Blick selbstverständlich als eine ethisch orientierte menschliche Ordnung, eine Ordnung, die, wenn auch nicht in jeder womöglich pragmatisch und zweckrational orientierten Einzelregelung, aber doch im Großen und Ganzen auf das wie auch immer im Einzelnen genau bestimmte Gute und Gerechte ausgerichtet ist. Denn wer an Recht denkt, wird regelmäßig nicht nur an eine irgendwie geartete Ordnung menschlicher Verhaltensweisen denken, sondern an eine Ordnung, in der Gerechtigkeit eine konstitutive Rolle spielt. Das Recht ist die „Kunst des Guten und Gerechten" – das ist ein Anspruch, der mit Recht seit Beginn der Reflexion über Recht verbunden wird.[19] Damit wird eine große und schwierige Forderung formuliert. Es wird erstens ausgesagt, dass diese Art von ethischer Orientierung vom Recht eingelöst werden soll, und gleichzeitig angenommen, dass bestimmbar, erkennbar und rechtfertigbar sei, was denn eine gerechte Ordnung tatsächlich ausmache. Heute bilden Demokratie, Menschenrechte, Rechtsstaatlichkeit, Würde, Freiheit, Gleichheit oder sozialer Ausgleich zentrale Gesichtspunkte einer solchen ethisch orien-

---

18 *I. Kant*, Idee zu einer allgemeinen Geschichte in weltbürgerlicher Absicht, in: ders., Kant's gesammelte Schriften. Herausgegeben von der Königlich Preußischen Akademie der Wissenschaften. Bd. VIII, 1923, S. 15.
19 *Ulpian* in D. 1.1.1 pr.: „[... N]am, ut eleganter Celsus definit, ius ars boni et aequi.", zit. nach *O. Behrends/R. Knütel/B. Kupisch/ H. H. Seiler* (Hrsg.), Corpus Iuris Civilis. Text und Übersetzung auf der Grundlage der von T. Mommsen und P. Krüger besorgten Textausgaben. Bd. II: Digesten 1–10, 1995.

tierten Ordnung. Die Frage wird zu stellen sein, inwieweit diese Art von Verbindung von Ethik mit Recht als gedankliches System und soziale Praxis tatsächlich besteht oder ob diese Verbindung gerade gelockert, vielleicht sogar gelöst werden muss, um den Zweck des Rechts zu erreichen. Denn ist nicht das moderne Recht geprägt von positivem, gesetztem Recht, so dass für rechtsethische Überlegungen daneben eigentlich kein Platz ist? Ist es nicht gerade ein Sinn dieses positiven Rechts, verlässliche Orientierung zu schaffen, die die schwankenden, unsicheren Gehalte der Ethik nicht herstellen können? Muss das positive Recht deswegen nicht von allen Bindungen an die Ethik befreit und aus sich selbst heraus verstanden werden? Das erscheint plausibel – aber kann eine konsequente Trennung von Recht und Moral wirklich gelingen? Ist die Bindung von öffentlicher Gewalt und Privaten durch positives Recht nicht notwendig abhängig von Voraussetzungen, die nicht dem positiven Recht selbst entstammen? Eine Grundbedingung der Wirkung von positivem Recht ist ja, dass die Personen, für die das Recht gilt, als Adressaten ebenso wie als Anwender das positiv gesetzte Recht als Leitschnur des Handelns überhaupt respektieren. Dies ist keineswegs selbstverständlich. Viele Staaten dieser Welt kennen positives Recht, das nur höchst unvollkommen geachtet wird. Das Völkerrecht ist in mancher Hinsicht davon geprägt, dass sich zumindest mächtige Staaten nicht an seine Gebote gebunden fühlen, wenn wichtige Interessen auf dem Spiel stehen. Warum erhält sich also eine Kultur des Rechtsrespekts? Normen, die Recht für verbindlich erklären, beantworten diese Frage nicht – denn warum gehorcht man ihnen? Ist es die Sanktionsmacht, die hinter Recht steht? Reicht diese aus? Oder bedarf es normativer Gründe, sich an Recht zu halten und sich als Individuum oder als Staat auf das schwierige Projekt der Mäßigung eigener Willkür durch Recht einzulassen? Wenn ja – woher stammen diese überzeugenden normativen Gründe?

33 Muss das positive Recht nicht auch einen feststehenden, erkennbaren, nicht im Belieben der Rechtsanwender stehenden und insofern objektiven Gehalt haben, um seine Ordnungsfunktion zu erhalten? Das scheint selbstverständlich so zu sein: Deswegen wendet man sich an Anwälte und bittet um Rechtsauskunft. Deswegen bemüht man Gerichte: Sie sollen einen Fall bewerten und zwar auf Grundlage des Rechts, so wie es gilt. Dass positives Recht tatsächlich einen solchen bestimmbaren Gehalt hätte, wird von verschiedenen, hochangesehenen Theorien juristischer Auslegung aber gerade bezweifelt: Dekonstruktion, Verflüssigung und Relativierung der Bedeutung von Normen ist danach gerade das Ergebnis der aus mancher Sicht fortgeschrittensten Theorien der Interpretation von Normen.[20]

34 Im methodischen Teil wird dies näher zu erläutern sein, um dann eine Gegenthese aufzustellen, die Rationalitätsstandards juristischer Auslegung verteidigt. Gerade wenn diese Gegenthese aber plausibel erscheint, es also jedenfalls im Prinzip bessere oder schlechtere, nicht nur unterschiedliche Auslegungen gibt und sich dafür gute hermeneutische sowie sprach- und erkenntnistheoretische Gründe anführen lassen, entfaltet sich das eigentliche Drama des positiven Rechts. Warum nämlich – gesetzt, es gibt gute Gründe für ein bestimmtes Verständnis des Rechts – lässt man diese Gründe gelten, warum folgt man ihnen in der rechtlichen Arbeit auch gegen eigene oder fremde Interessen, Vorteile oder Machtdruck? Das sind keine nur theoretischen Fragen, denn

---

20 Vgl. z.B. zur Diskussion *H. Kantorowicz* (unter dem Pseudonym *Gnaeus Flavius*), Der Kampf um die Rechtswissenschaft, 1906; *D. Kennedy*, A Critique of Adjudication (fin de siècle), 1997; *F. Müller/R. Christensen*, Juristische Methodik. Bd. I: Grundlegung für die Arbeitsmethoden der Rechtspraxis, 11. Aufl., 2013.

§ 1 Das sperrige Phänomen des Rechts

die Praxis des Rechts lehrt in Geschichte und Gegenwart, dass auch schlechte Gründe für die Auslegung von Recht bestimmend werden können. Das Unheil beispielsweise, das mit dem Recht des Nationalsozialismus angerichtet wurde, wurzelt nicht zuletzt in Formen der Auslegung, die methodische Mindeststandards verletzten.[21] Die Folter von Gefangenen in modernen Auseinandersetzungen mit Terrorismus wurde durch rechtliche Auslegungen legitimiert, die ebenfalls, wenn auch auf ganz anderem Niveau, Mindeststandards rechtlicher Auslegung missachteten.[22] Um die Voraussetzungen der Wirksamkeit von positivem Recht zu schaffen, bedarf es deshalb entwickelter intellektueller Standards, die befähigen, gute Argumente zu erkennen, aber auch Gründe, die sicherstellen, dass guten Argumenten gefolgt wird. Das ist der Schlüssel zum Verständnis der Bedeutung eines Ethos der Rechtsanwendung, der wiederum nicht im positiven Recht selbst wurzelt, sondern es erst bedeutsam macht.

Ist die Rechtsethik zudem nicht auch für die Auslegung des positiven Rechts wichtig? Kann man eine Norm wie Art. 7 BV oder Art. 1 Abs. 1 GG, die beide die Menschenwürde schützen, auslegen ohne Rückgriff auf eine reflektierte Ethik, verstanden als normative Theorie des begründeten Werts der Menschen, die hilft, zu bestimmen, was diese, aus wenigen Begriffen bestehenden, aber allgemein als schlechthin konstitutiv für die betreffenden Rechtsordnungen insgesamt geltenden Normen eigentlich bedeuten? Ist es nicht hermeneutische Augenwischerei, zu behaupten, wie es manchmal geschieht, ohne solche theoretischen Fundamente rechtliche Gehalte gewinnen zu können, weil derartige Weichenstellungen der normativen Reflexion tatsächlich auch in solchen Ansätzen, die das Gegenteil versichern, für die Auslegung bestimmend sind, jedoch unausgesprochen bleiben? Gilt dies nicht auch für andere Normen des Rechts? Die Lösung strittiger, ganz konkreter Fälle, z.B. durch Interessenabwägungen, im Verwaltungs-, Straf- oder Privatrecht – erfolgt sie wirklich frei von Wertungen, die mehr oder minder offensichtlich immer wieder zumindest auch rechtsethisch orientiert sind? Nimmt man eine solche Verbindung ernst, heißt das nicht, dass Recht in unterschiedlichen persönlichen Moralvorstellungen aufgelöst werden dürfte. Respekt vor den Gehalten des positiven Rechts ist eine Grundbedingung eines Rechtsstaates und nicht zuletzt der Demokratie. Es geht nur darum, transparent und damit kritisierbar oder auch zustimmungsfähig zu machen, was in eine rechtliche Begründung an normativen Gesichtspunkten eingeht und welches ihr Ursprung ist.

Stellt sich nicht auch für das positive Recht die Legitimationsfrage, die Frage nach den Gründen, warum Rechtsnormen gerechtfertigt sind oder nicht? Die Inhalte des Rechts wechseln ohne Zweifel, aber besteht nicht der Anspruch, dass das Recht sinnvoll ist, nicht einfach „Good-morning and Good-night", eine Laune ohne tieferen Grund? Spielen für die Beurteilung der Legitimation des Rechts rechtsethische Prinzipien nicht unausweichlich eine Rolle? Es gibt deswegen viele Hinweise, dass für die innere Verbindung von Recht und Ethik ernstzunehmende Gründe sprechen. Damit ist vielleicht sogar eine Hoffnung verbunden: Die Hoffnung nämlich, dass es beim Recht im Kern nicht zuletzt um Gerechtigkeit geht, genauer, in geglücktem Recht Gerechtigkeit konkret geworden ist.

Die Darstellung nimmt im Einzelnen folgenden Gang: Zunächst soll über die Notwendigkeit des Rechts nachgedacht werden, was ein erster Grund sein wird, nicht zu

---

21 *I. Müller*, Furchtbare Juristen. Die unbewältigte Vergangenheit unserer Justiz, 1987; *B. Rüthers*, Die unbegrenzte Auslegung. Zum Wandel der Privatrechtsordnung im Nationalsozialismus, 8. Aufl., 2017.
22 *D. Cole*, The Torture Memos. Rationalizing the Unthinkable, 2009.

gering von den Schwierigkeiten zu denken, die sich im Recht stellen. Dann sollen die Funktionen, der Begriff und die Architektur des Rechts sowie die Disziplinen der Rechtswissenschaft im internationalen Zusammenhang erläutert werden. Im Bereich nationalen Rechts wird – wie bereits erwähnt – das Recht der Schweiz und Deutschlands im Mittelpunkt stehen. Dieser laufende Rechtsvergleich erscheint sinnvoll, weil beide Staaten eigenständige, hoch entwickelte Rechtsordnungen besitzen, die manche Ähnlichkeiten aufweisen, aber in Vielem auch unterschiedliche Wege gehen. Der Blick auf das jeweils andere Recht kann sehr hilfreich dabei sein, die Eigenarten des eigenen Rechts zu verstehen, da Gemeinsamkeiten nicht anders als Unterschiede diese Eigenarten stärker profilieren und ihren Gehalt deutlicher machen. Außerdem ist es wichtig, unterschiedliche Lösungswege gleichgelagerter Probleme kennen zu lernen, um anzuregen, den jeweils eigenen kritisch zu hinterfragen. Provinzialität besteht darin, eine eng umgrenzte Erfahrung, weil sie die bisher eigene ist, für die ganze mögliche Erfahrung zu halten. Rechtsvergleich und internationale Perspektiven sind ein Weg, die Provinzialität des Rechtsdenkens zu vermeiden.

38 Die Methoden der Rechtswissenschaft bilden ein wichtiges Kapitel, das in mancher Hinsicht zentral ist für das Verstehen desjenigen, was im Recht sich vollzieht. Ein Blick auf Jura als Beruf wird in einem nicht nur engen Sinne, als auf Unterhalt gerichtete Erwerbstätigkeit, geworfen. Dann wird zu den weiteren geschichtsphilosophischen Perspektiven Stellung bezogen werden. Recht als soziale Tatsache zu verstehen, weitet den Blickwinkel gesellschaftswissenschaftlich. Dem Zusammenhang von Recht, Wirtschaft, Politik und Religion gelten weitere Bemerkungen. Eine zentrale Frage bildet dann, inwieweit der Anspruch der Rechtswissenschaft auf Wissenschaftlichkeit eigentlich eingelöst werden kann. Schließlich sollen die rechtsethischen Fragen, die aufgeworfen wurden, diskutiert und genauer bestimmt werden, was unter Rechtsethik eigentlich zu verstehen sein könnte – zunächst anhand des Begriffs der Gerechtigkeit und dann anhand der durchaus nicht offensichtlichen und unstrittigen Fundamente der Menschenrechte.[23] Der Blick auf verschiedene nationale und internationale Rechtsmaterien wird viele, auch wichtige, Regelungen ansprechen, die von der Einlösung von Gerechtigkeitsprinzipien weit entfernt sind. Gerade die Grund- und Menschenrechte sind aber ein Bereich, in dem der gegenwärtigen Rechtskultur Gerechtigkeit, die rechtlich konkret geworden ist, geglückt ist. Dieser Befund strahlt auf diejenigen Prinzipien aus, die letztlich ihre Legitimation aus Grund- und Menschenrechten gewinnen, etwa Rechtsstaatlichkeit und die Organisation politischer Autonomie in der Demokratie.

39 Zum Abschluss sollen einige Ausblicke auf die unendlich faszinierende Rolle des Rechts in der Kunst das einführende Bild abrunden. Nicht zuletzt wird ja in der Kunst etwas von dem spürbar, was die schwierige, sperrige Größe des Rechts ausmacht.

---

23 *J. P. Müller*, Der politische Mensch – Menschliche Politik, 1999, S. 77 f.: Grundrechte sind „elementare Gerechtigkeitstopoi".

§ 2 Die unbequeme Notwendigkeit des Rechts

Eine grundlegende Problematik des Rechts ergibt sich aus dem Folgenden. Eine sehr alte Frage des Nachdenkens über Recht lautet: Kann eine Gesellschaft ohne Recht eigentlich existieren? Es ist keineswegs so, dass diese Frage immer zugunsten der Notwendigkeit der Existenz von Recht beantwortet wurde. Im Gegenteil gibt es eine starke und intellektuell höchst anspruchsvolle Tradition der radikalen Rechtskritik, die sich gerade darauf richtet, die Notwendigkeit von Recht innerhalb einer Gesellschaft zu bestreiten. Wenn diese Tradition die besseren Gründe auf ihrer Seite hätte, wäre jede weitere Diskussion über das Recht müßig. Als Beispiel für die ideengeschichtliche Wucht der Rechtsskepsis kann etwa schon *Platon* (428/27–348/47 v. Chr.) gelten, der in seinem Hauptwerk *Politeia* große Zweifel gegenüber der Gesellschaftsorganisation durch positives Recht formuliert. Stattdessen setzt Platon auf moralische Einsicht durch einige wenige besonders befähigte Lenker, die sprichwörtlichen Philosophenkönige, und eine gesellschaftliche Gestaltung entsprechend ihrer Einsicht in das moralisch Richtige, insbesondere in Hinblick auf den Gehalt der Gerechtigkeit.[1] Die Stabilität der moralischen Ordnung soll dabei nicht durch Recht, sondern vielmehr durch andere Maßnahmen, nicht zuletzt Erziehung, gewährleistet werden, in der sichergestellt wird, dass die Bürgerinnen und Bürger eines Staatswesens das Richtige nicht nur erkennen, sondern sich trotz verschiedener, gegenteiliger Antriebe entsprechend diesen Einsichten tatsächlich auch verhalten.[2]

Ein anderes Beispiel aus einer ganz anderen Zeit bildet die marxistische Rechtskritik, in der das Recht an eine historisch vorübergehende Epoche gebunden wird, deren letzter Abschnitt die Zeit des Kapitalismus mit seinen spezifischen politischen Ordnungen bilde. Jedenfalls aus der Sicht klassischer marxistischer Äußerungen zum Recht gilt, dass in der Gesellschaft des Sozialismus oder Kommunismus, die dem Kapitalismus folgen werde, Recht keine zentrale Rolle spiele, sondern, ähnlich wie bei Platon, die Standards menschlichen Verhaltens durch andere Mechanismen aufrecht erhalten würden. Das werde nicht zuletzt dadurch erleichtert, dass im kommunistischen System durch Aufhebung der Ordnung privaten Eigentums der Grund für verschiedene fundamentale Konflikte und Antagonismen in der Gesellschaft weggefallen sei.[3] Der Anarchismus in seinen verschiedenen Strömungen ist ein weiteres Beispiel, wenn es auch keineswegs so ist, dass alle anarchistischen Ansätze zu einem radikalen Rechtsnihilismus geführt hätten.

Nun ist es bemerkenswert, dass derartige Strömungen der radikalen Rechtskritik oder des Rechtsnihilismus selbst historische Erfahrungen machen können, die sie dazu zwingen, ihre Position aufzugeben. Das gilt schon für Platon, der nicht zuletzt durch die persönlichen Erlebnisse beim Versuch, eine Staatsordnung zu formen, die seinen Prinzipien entsprechend geregelt war, und dem Scheitern dieser Versuche dazu bewogen wurde, in seinen späteren Werken dem positiven Recht eine sehr wichtige Rolle zuzuweisen.[4] Das gilt auch für den Marxismus, in dem durchaus einflussreiche

---
1 *Platon*, Politeia, in: ders., Sämtliche Werke. Bd. 4, auf der Grundlage der deutschen Übersetzung v. F. Schleiermacher bearbeitet durch D. Kurz und hrsg. v. Gunther Eigler, 2005, 473c ff., 503b.
2 *Platon*, Politeia, 376c ff.
3 *K. Marx/F. Engels*, Manifest der Kommunistischen Partei, MEW 4, 1977, S. 474 ff.; *W. I. Lenin*, Staat und Revolution, 1917.
4 *Platon*, Nomoi, in: ders., Sämtliche Werke. Bd. 8, 1. und 2. Teil, auf der Grundlage der deutschen Übersetzung v. F. Schleiermacher bearbeitet durch K. Schöpsdau und hrsg. v. G. Eigler, 2005, 875a.

Autoren wiederum aufgrund der Erfahrung dessen, was Rechtsnihilismus im Stalinismus oder in den poststalinistischen autoritären Ordnungen des Staatssozialismus praktisch heißen kann, die Bedeutung von Recht neu überdenken. Eines der wichtigsten Werke der marxistischen Rechtstheorie, Ernst Blochs (1885–1977) „Naturrecht und menschliche Würde", ist ein Ausdruck einer derartigen, allerdings nur schon erreichte Erkenntnisse nachholenden Reflexionsleistung, in der gerade Grundrechte zu einem zentralen Element gelungenen menschlichen Zusammenlebens erhoben werden.[5] Diese Beispiele zeigen, wie der Sinn des Rechts vielleicht am deutlichsten erlebt werden kann: Er erschließt sich unübersehbar im häufig tragischen und sogar tödlichen Erlebnis der Folgen dessen, was Rechtsnihilismus für seine Opfer tatsächlich bedeutet.[6]

4 Recht ist deswegen, so scheint es, eine Grundbedingung menschlichen Zusammenlebens, die immer wieder radikal hinterfragt und deren Sinn bezweifelt wird und die ihre Notwendigkeit doch in der menschlichen Geschichte immer wieder auch im Bewusstsein ihrer radikalsten Kritiker nachhaltig beweist.

5 Allerdings – und das bildet den anderen Teil der Problematik des Rechts – ist das Recht nicht notwendig darauf gerichtet, eine anspruchsvolle Rechtszivilisation auch zu verwirklichen. Es gibt im Gegenteil, wie schon angedeutet, Ungerechtigkeit gerade auch in rechtlicher Form. Das beweisen etwa verschiedene berühmte Prozesse, in denen mit rechtlichen Mitteln Unrecht verwirklicht wurde. Berühmtes Beispiel bildet der Prozess gegen *Sokrates* (469–399 v. Chr.) im antiken Athen mit der Folge eines Todesurteils, dem sich Sokrates aus Verbundenheit zur attischen Ordnung nicht entzog, das er durch Trinken des Giftbechers sogar selbst an sich vollzog.[7] Ein anderes Beispiel ist der Prozess gegen *Jesus*. Auch hier wurde ein ebenfalls der Form nach rechtliches Verfahren gewählt, um einen bestimmten politischen Willen zu vollstrecken.[8] In der modernen Zeit bildet die Praxis der Schauprozesse im Stalinismus, nicht zuletzt im Jahr 1937, oder die nationalsozialistische Justiz von 1933–1945, wie bereits angedeutet, ein Beispiel, wie in sehr vielfältiger Form Recht missbraucht werden kann. Dass Recht Inhalte haben kann, die allen gerechtfertigten Rechtsprinzipien widersprechen, zeigt diese Zeit ebenfalls besonders deutlich. Gleiches gilt schließlich für das ebenfalls erwähnte Beispiel des südafrikanischen Apartheidregimes. Auch in der Gegenwart werden Schauprozesse geführt, die zeigen, dass diese Art von Missbrauch von Recht weiter zur Realität gehört. Das faktisch existierende Recht ist deswegen nicht notwendig richtiges, gerechtfertigtes, gerechtes Recht. Es gibt auch keine Garantie, dass die Verfahren, die das Recht für die Schaffung und Anwendung von Recht bereitstellt, nicht missbraucht werden, ganz andere als rechtlich legitime Zwecke zu verwirklichen, nicht zuletzt dazu, die Herrschaft einer illegitimen Gewaltordnung zu bestärken. Damit ist die Problematik des Rechts im Kern entfaltet. Menschliche Gesellschaften kommen ohne das Recht nicht aus, wollen sie sich zivilisiert konstituieren. Auf der anderen Seite garantiert nichts, dass das Recht, das eine notwendige Bedingung für menschliche Zivilisation ist, bestimmte inhaltliche Maßstäbe tatsächlich verwirklicht

---

5 *E. Bloch*, Naturrecht und menschliche Würde, 1985, S. 19.
6 Das Schicksal des Autors eines einflussreichen marxistischen Werks zur Rechtstheorie, *E. Paschukanis*, Allgemeine Rechtslehre und Marxismus, 2. Aufl., 1966, illustriert dies, der selbst Opfer der stalinistischen Säuberungen geworden ist.
7 *Platon*, Apologie, in: ders., Sämtliche Werke. Bd. 2, auf der Grundlage der deutschen Übersetzung v. F. Schleiermacher bearbeitet durch H. Hofmann und hrsg. v. G. Eigler, 2005, S. 1 ff.
8 *Mt* 26,57 ff.

und nicht umgekehrt das Mittel zur Zivilisationsbildung dazu benutzt wird, diese Zivilisation gerade zu untergraben.

Daraus ergibt sich ein erster wichtiger Schluss für die Beschäftigung mit Recht in der praktischen Anwendung, in der wissenschaftlichen Reflexion oder in der politischen Auseinandersetzung als Bürger oder Bürgerin. Recht muss kritisch bedacht und es muss immer wieder nachgefragt werden, ob das Recht, das gilt, den Maßstäben entspricht, die an eine anspruchsvolle Rechtsordnung zu stellen sind, gerade weil es keine Alternative zu einer rechtlichen Konstituierung menschlicher Gesellschaften gibt. Worin diese Maßstäbe liegen, hängt nicht zuletzt davon ab, welche Ziele mit der Etablierung von Recht in einer bestimmten Gesellschaft und, in der heutigen Welt, im globalen Zusammenhang verwirklicht werden sollen. Das führt zum nächsten Problembereich, nämlich den fundamentalen Funktionen von Recht.

§ 3 Funktionen des Rechts

Literatur: *G. Biaggini/T. Gächter/R. Kiener* (Hrsg.), Staatsrecht, 3. Aufl., 2021; *J. Braun*, Einführung in die Rechtswissenschaft, 4. Aufl., 2011; *K. Engisch*, Einführung in das juristische Denken, 12. Aufl., 2018; *P. Forstmoser/H.-U. Vogt*, Einführung in das Recht, 5. Aufl., 2012; *H. Hofmann*, Einführung in die Rechts- und Staatsphilosophie, 5. Aufl., 2011; *N. Horn*, Einführung in die Rechtswissenschaft und Rechtsphilosophie, 6. Aufl., 2016; *F. Mommendey*, Einführung in die Rechtskunde, 12. Aufl., 2015; *J. P. Müller*, Der politische Mensch – Menschliche Politik, 1999; *K. Seelmann*, Rechtsphilosophie, 7. Aufl., 2019.

1 Recht kann ganz verschiedene Funktionen innerhalb der Gesellschaftsordnung erfüllen, die es organisiert. Dazu können auch illegitime Funktionen gehören, wie die Absicherung der Macht von bestimmten Gruppen, etwa in einer Aristokratie, die Benachteiligung auch großer Personengruppen, wie beispielsweise von Frauen, oder die Ausgrenzung von Minderheiten. Jede Geschichte eines Rechtssystems enthält vielfältige Beispiele für solche ungerechtfertigten Inanspruchnahmen von Recht: Recht ist ein klassisches Herrschaftsinstrument. Es gibt aber auch legitime Funktionen von Recht, denen sich moderne Rechtssysteme mehr oder minder annähern und die die Grundlage des kritischen Bemühens um Verbesserung des jeweils gegebenen Rechts bilden. Zu diesen legitimen Funktionen gehören mindestens die folgenden von herausgehobener Wichtigkeit:

I. Bewahrung des Friedens

2 Eine zentrale Aufgabe, die sich jeder menschlichen Gesellschaft stellt, ist die Eindämmung physischer Gewalt. Es ist eine Grunderfahrung des menschlichen Daseins, dass die Ausübung physischer Gewalt nicht nur unmittelbare Opfer kostet, sondern auch darüber hinaus einen besonders schwerwiegenden Eingriff ins dauernde Gefüge menschlichen Zusammenlebens bildet. Dies gilt selbst dann, wenn die Ziele, denen sie dient, gerechtfertigt sind. Auch ein gerechter Krieg bedeutet für diejenigen, die ihn ausfechten müssen, wie etwa die Staaten, die das Deutsche Reich im Zweiten Weltkrieg angriff und die sich verteidigen mussten, trotz ihres auch für Deutschland rettenden Siegs einen hohen und bitteren Preis.

3 Der Friedenssicherung dienen verschiedene Mechanismen, nicht zuletzt die politischen Strukturen einer Gesellschaft, die Konflikte ausgleichen und vernünftigen Lösungen zuführen. Die Bewahrung des Friedens und der Sicherheit innerhalb einer staatlichen Gemeinschaft ist eine fundamentale Aufgabe des Rechts. Gewalt als Mittel zur Durchsetzung von Interessen, aber auch von berechtigten Ansprüchen, soll durch rechtliche Regelungen und entsprechende Institutionen zu deren Durchsetzung ersetzt werden. Diese Funktion ist ein Grundelement der historischen Entwicklung, die zur modernen Rechtszivilisation geführt hat. Sie wird nicht zuletzt gesichert durch das Gewaltmonopol der staatlichen Ordnung. Selbsthilferechte werden an diese übertragen und dort in geregelten Verfahren und Formen gemäßigt und verhältnismäßig ausgeübt.

4 Die Friedensfunktion des Rechts ist auch für das Verhältnis verschiedener (z.B. staatlicher) Gemeinschaften zueinander von großer Bedeutung. Auch hier sollen die Herrschaft der Gewalt und damit Kriege durch rechtliche Mechanismen abgelöst werden. Das ist eine Grundidee des Völkerrechts und der gegenwärtigen internationalen Orga-

nisationen. Sie verkörpert sich konkret im Gewaltverbot der UN-Charta in Art. 2 Ziff. 4.

II. Schutz materialer Werte: Menschenwürde, Freiheit, Gleichheit

Das Recht will aber nicht nur irgendeine friedliche Ordnung aufrechterhalten, wenn es auch in der Geschichte theoretische Ansätze gab, die das Recht allein aus dieser Ordnungsfunktion heraus meinten, legitimieren zu können. Klassisches Beispiel hierfür ist *Thomas Hobbes'* (1588–1679) Leviathan, eine politische Ordnungsvision, in der die Friedensordnung als solche unabhängig von ihren weiteren Inhalten zum zentralen Ziel gesellschaftlicher Organisation wird.[1]

Heute spielen Grundrechte bei der Bestimmung dessen eine zentrale Rolle, was die inhaltlich bestimmten, materialen Werte ausmacht, auf deren Schutz modernes Recht gerichtet ist. Hinter den Grundrechten stehen dabei bestimmte Grundwerte als normative Leitideen. Menschenwürde, Freiheit und Gleichheit spielen dabei eine herausgehobene Rolle ebenso wie die noch zu behandelnde Idee mitmenschlicher Solidarität. Modernes Recht ist deswegen kein kleinliches Unterfangen, sondern ein besonderes Kind großer Ideen der Menschheitsgeschichte. Grundrechtskataloge schützen diese Grundwerte, indem sie unmittelbar durch subjektive Rechte der Rechtsträger bewehrt werden. Damit bilden diese Werte nicht nur objektiv das Handeln der öffentlichen Gewalt anleitende Ideen, sondern werden zu rechtlich durchsetzbaren Ansprüchen der Rechtsträger geformt. Der Bezug auf solche Rechtswerte ist aber nicht auf Grundrechte allein beschränkt, auch die anderen Teile des Rechts müssen diesen Leitprinzipien modernen Rechts dienen, wenn sie Legitimität beanspruchen wollen. Ein zentrales Ziel des Privatrechts besteht darin, die Autonomie von Menschen zu gewährleisten, ihre sogenannte Privatautonomie, die sie in die Lage versetzt, ihre Rechtsbeziehungen selbstständig zu gestalten. Es geht im Privatrecht wie in anderen Rechtssphären dabei nicht um eine unbeschränkte, sondern eine rechtlich eingegrenzte und deswegen gemeinverträglich organisierte Autonomie der Individuen. Die rechtlich geschützten Freiheiten müssen universalisierbar, d.h. so zugeschnitten sein, dass sie gleiche Freiheit für alle Rechtsunterworfenen gewährleisten. Damit wird im wohlkonzipierten Privatrecht Freiheit mit Gerechtigkeit verwoben.

Ein rechtfertigungsfähiges Strafrecht ist in seinem Schutz ebenfalls auf derartige Wertprinzipien ausgerichtet. Wenn es um den Schutz persönlicher Rechtsgüter geht, ist dies unmittelbar offensichtlich, etwa beim Schutz körperlicher Integrität, Leben oder der Bewegungsfreiheit von Menschen. Aber auch beim Schutz von Gemeinschaftsgütern steht im Hintergrund der Schutz derartiger Rechtswerte, denn die Gemeinschaftsgüter werden in letzter Instanz ja um des Wohles von Menschen willen geschützt, jedenfalls in einer plausiblen Theorie der Rechtfertigung von derartigen Gütern.

Das öffentliche Recht ist in seinen verschiedenen Teilen unmittelbar an die Grundrechte gebunden, die in einem Verfassungsstaat diese Rechtswerte sichern. Ihrer Verwirklichung dienen die speziellen Teile des öffentlichen Rechts, wie etwa das Verwaltungsrecht oder das öffentliche Verfahrensrecht.

---

1 *T. Hobbes*, Leviathan, ed. by C. B. Macpherson, 1985.

III. Soziale Fürsorge und mitmenschliche Solidarität

9 In einer berühmten Periodisierung der Rechtsentwicklung in der Moderne wird von vier Verrechtlichungsschüben gesprochen, die am Ende zu einem bürgerlichen, demokratischen und sozialen Rechtsstaat geführt hätten.[2] Die letzte Stufe des bürgerlichen, sozialen Rechtsstaates impliziert, dass moderne entwickelte Staatlichkeit vielfältige Aufgaben der Daseinsvorsorge übernommen hat. Das bezieht sich auf die Bereitstellung von öffentlichen Infrastrukturen, vom Straßennetz bis zu Kommunikationsmitteln oder kulturellen Einrichtungen. Es bezieht sich auch unmittelbar auf soziale Fürsorge und mitmenschliche Solidarität, etwa durch ein Recht auf Existenzminimum wie es in der Schweiz aus Art. 12 BV oder in Deutschland aus Art. 1 GG gewonnen wird.[3] Dahinter steht die Einsicht, dass unter den Bedingungen der modernen Gesellschaft dem Staat eine zentrale Rolle dafür zukommt, die individuelle Entfaltung der Einzelnen auch durch Leistungen der Daseinsvorsorge zu sichern.

10 Das Ausmaß der gerechtfertigten staatlichen Maßnahmen ist dabei strittig, nicht zuletzt, aber nicht begrenzt in Bezug auf die unmittelbare soziale Fürsorge von Einzelnen in einem Sozialsystem. Es gibt jedoch einen breiten Konsens, dass kein moderner Staat, der sich an den genannten Werten der Menschenwürde, Freiheit und Gleichheit orientiert, gänzlich auf solche Maßnahmen der Daseinsvorsorge, auch der unmittelbaren Fürsorge von Einzelnen, verzichten kann, die deswegen durch Recht gestaltet werden müssen. Dabei geht es auch darum, dass eine bloße paternalistische Versorgung der Individuen verhindert wird und die Einzelnen Subjekte der entsprechenden Prozesse bleiben.

IV. Umweltschutz

11 In den letzten Jahrzehnten ist das Bewusstsein der weitreichenden ökologischen Probleme, die die moderne Welt zu lösen hat, gewachsen. Entsprechend ist dem Recht eine immer größere Bedeutung bei der Lösung der Probleme, die damit aufgeworfen werden, zugewachsen. Auch hier sind die Lösungsansätze vielfältig und die Fragen weitreichend, in welcher Weise das Recht diese komplexe Funktion erfüllen kann. Es besteht aber ein inzwischen weitverbreiteter Konsens, dass zu den Standardfunktionen des Rechts in der Gegenwart auch gehört, einen Beitrag zur Lösung dieser Problemlagen zu leisten. Dies gilt nicht nur für den nationalen, sondern auch den internationalen Rahmen, wie etwa die dynamische Entwicklung des Umweltvölkerrechts illustriert.

V. Gesellschaftliche Zusammenarbeit und effiziente Wirtschaft

12 Das Recht hilft dabei, die Kooperation von Menschen in einer Gemeinschaft allgemein zu organisieren. Menschen stimmen ihr Verhalten nicht notwendig aufeinander ab, wenn dies auch im Alltag in vielfältigen Formen immer wieder geschieht – von der Organisation eines Familienlebens bis zur Spontandemonstration oder Fanchoreografie. Ein Mittel, Kooperation zu ermöglichen, insbesondere spezifische Mittel dazu vorzusehen, ist das Recht. Im rechtlich konstituierten Staat werden die politische Entscheidungsfindung demokratisch und häufig in verfassungsrechtlichen Bahnen sowie entsprechendes Handeln der Staatsorgane organisiert. Die Rechtsordnung ist darauf ausgerichtet, gemeinschaftsverträgliches Handeln der Einzelnen sicherzustellen, z.B.

---

[2] *J. Habermas*, Theorie des kommunikativen Handelns. Bd. 1, 4. Aufl., 1988, S. 522 ff.
[3] BVerfGE 132, 134.

durch die Handlungsmöglichkeiten von Einzelnen konkretisierende verbindliche Einzelentscheidungen im Verwaltungsrecht, etwa eine Baugenehmigung oder einen Asylbescheid, oder durch Sanktionen des Strafrechts. Insbesondere im Privatrecht werden Kooperationsmöglichkeiten rechtlich vorgebildet – vom Verein bis zur Aktiengesellschaft, die Menschen nutzen können, wenn sie dazu dienlich sind, ihre Ziele gemeinsam zu erreichen.

Von zentraler Bedeutung ist dabei die Ermöglichung effizienter Wirtschaftsstrukturen, die im besten Fall den Wohlstand einer Gesellschaft schaffen, erhalten und weiterentwickeln. Dazu müssen geeignete rechtliche Formen bereitgestellt werden, damit die wirtschaftlichen Aktivitäten entfaltet werden können. Die Wirtschaftsabläufe müssen rechtlich wirkungsvoll organisiert und es muss Fehlentwicklungen der Wirtschaftsprozesse entgegengewirkt werden. Wie wichtig diese Funktion des Rechts ist und wie schwierig es ist, hier geeignete Mechanismen zu formulieren, zeigt die Finanzkrise, die seit 2008 in nachdrücklicher Weise die Volkswirtschaften im globalen Wirtschaftssystem erschüttert.

Seit Langem sehen sich menschliche Gemeinschaften mit der Aufgabe konfrontiert, in gemeinschaftsübergreifendem Rahmen das menschliche Zusammenleben zu gestalten. In der Gegenwart hat dieses Bedürfnis noch zugenommen: Die Welt ist in vieler Hinsicht und nicht zuletzt durch entwickelte Transportmöglichkeiten und Kommunikationsmedien zusammengewachsen. Sie muss zudem Aufgaben lösen, die nur gemeinsam gelöst werden können – von der Gestaltung einer international verflochtenen Wirtschaft bis zur Lösung von ökologischen Problemen, die an Landesgrenzen nicht Halt machen. Die durch Covid-19 verursachte Pandemie hat das nur unterstrichen. Die internationale Dimension der Organisation menschlicher Zusammenarbeit bildet deswegen einen wichtigen Aspekt dieser Funktion des Rechts.

VI. Gesellschaftliche Integration und kollektive Identität

Recht ist ein wesentliches Mittel, aus einer Vielzahl von unverbundenen Individuen eine normativ und institutionell verknüpfte, sich in bestimmten Strukturen erhaltende Gesellschaft zu erzeugen. Recht ist Modus und Instrument gesellschaftlicher Integration. Dabei geht es nicht nur um Integration überhaupt, sondern um eine Gesellschaftsbildung mit materialem Gehalt, genauer der Orientierung an den fundamentalen Wertpositionen der Würde, Freiheit, Gleichheit und mitmenschlicher Fürsorge, die bereits genannt wurden. Dafür gibt es funktionale Gründe, denn nur legitime Ordnungen sind langfristig stabile Ordnungen. Diese Ausrichtung ist aber nicht nur funktional sinnvoll, sondern auch normativ aufgrund der Bedeutung der genannten Werte ohne Alternative.

Deswegen muss die Herrschaftsausübung in einer Gesellschaft auch dieser normativ gebundenen Art der gesellschaftlichen Integration dienen. Das ist nicht selbstverständlich, sondern formuliert eine anspruchsvolle politische Aufgabe. Wie angedeutet, kann Recht ja gerade auch illegitime Machtausübung sicherstellen, sei es diejenige bestimmter Personen oder Gruppen als Träger der Staatsgewalt wie in einer Monarchie oder Diktatur, die sich der Mittel des Rechts bedienen, sei es zur Absicherung gesellschaftlicher Machtverhältnisse, etwa zwischen den Geschlechtern: Das Recht hat z.B. die Ungleichbehandlung von Frauen in Staat und Gesellschaft, vom Wahlrecht bis zum Familienrecht, in vielfältigen Formen abgestützt, um ein klassisches Beispiel erneut zu erwähnen.

17 Zur gesellschaftlichen Integration gehört die Schaffung kollektiver Handlungssubjekte, z.B. Staaten, unterstaatliche Einheiten wie Kantone oder Bundesländer oder auch internationale Organisationen. Das Recht verfasst solche Einheiten nicht nur, es bestimmt auch die Mitgliedschaften, z.B. durch Staatsbürgerschaftsrecht. Das ist eine unausweichliche Funktion, da menschliches Leben nicht nur durch eine solche Organisationseinheit, einen globalen Superstaat, gestaltet werden kann. Das wirft schwierige Fragen der Kriterien auf, die die Zugehörigkeit bestimmen, nicht zuletzt weil diese Zugehörigkeiten ein knappes Gut sein können. Die seit Jahren andauernde Flüchtlingskrise in Europa illustriert das in dramatischer Weise.

18 Eine Funktion, die dem Recht in der Gegenwart manchmal auch zugeschrieben wird, besteht darin, eine kollektive Identität einer Gemeinschaft zu schaffen. Der Vorschlag, einen „Verfassungspatriotismus" zu entwickeln, ist ein berühmtes Beispiel für diese Idee.[4] Aus dieser Perspektive soll gerade die Verfassung den Bezugspunkt der kollektiven Identität einer Gemeinschaft bilden, nicht etwa nationale Traditionen, Brauchtümer oder gar eine spezifische ethnische Zugehörigkeit. Diese Diskussion wird auch in Bezug auf politische Einheiten geführt, die den nationalen Rahmen überschreiten. Ein Beispiel dafür ist die Diskussion über die Identität der Europäischen Union und der in ihr zusammengeschlossenen Menschen. Ähnliche Fragen werden nachdrücklich auch auf nationaler Ebene durch die Prozesse einer vielfältigen Pluralisierung von Gesellschaften aufgeworfen. Was ist das einigende Band moderner Gesellschaften und in welcher Weise kann das Recht ein solches einigendes Band knüpfen? Kritiker wenden ein, dass das Recht die Last der Schaffung einer solchen Identität nicht tragen könne oder andere Quellen der kollektiven Identität vorzugswürdig seien, womöglich sogar kollektive Mythen. Die Debatte deutet an, wie man immer im Einzelnen zu ihr stehen mag, welche große politische und kulturelle Bedeutung Recht zugemessen wird, die weit über pragmatische Interessenregulierung im Einzelfall hinausreicht.

19 Elemente des Rechts von herausgehobener Bedeutung wie Grundrechte oder die Normen, die Rechtsstaatlichkeit und Demokratie garantieren, sind jedenfalls Teil der politischen Identität von vielen Menschen geworden und das ist zu erinnern, wenn man sich über die Rolle von Recht in der modernen Ordnung Rechenschaft ablegen will. Eine solche normative Identität hat dabei den Vorzug, sich nicht notwendig durch Ausgrenzung von Anderen bestimmen zu müssen, denn sie kann zwanglos mit anderen Menschen geteilt werden, mit denen man sich dann über Staats- und andere zufällige Grenzen hinweg gerade belastbar verbunden denken kann durch das gemeinsam geknüpfte Band geteilter Rechtsideen.

VII. Rechtsfunktion und Rechtsform

20 In der Reflexion über Recht wird manchmal die *Existenz* und *spezifische Form* von Recht durch die *Funktion* von Recht erklärt. Recht existiere überhaupt und in der spezifischen Weise von Normen, weil eine bestimmte gesellschaftliche Funktion zu erfüllen sei. Ein Beispiel bildet die These, dass gesellschaftliche Integration nur mit Moral nicht gelingen könne und deswegen das Recht entwickelt worden sei.[5]

21 An dieser These ist richtig, dass Rechtsinhalte und Rechtsordnungen, im Falle etwa von Verfassungsgebungsprozessen sogar in wesentlichen Teilen, bewusst geschaffen

---

[4] *D. Sternberger*, Verfassungspatriotismus, 1990; *J. Habermas*, Faktizität und Geltung, 1992.
[5] *J. Habermas*, Faktizität und Geltung, S. 43 ff.

werden. Dahinter steht das Ziel, dass das Recht mindestens einige der genannten Funktionen tatsächlich erfüllt. Um dieses Zieles willen wird Recht geschaffen und aufrechterhalten, beispielsweise um eine Friedensordnung zu sichern, wie etwa besonders bedeutsam im Fall der EU (vgl. u. § 7 IV.8).

In einem bestimmten Sinne kann aber die Rechtsform nicht aus den Funktionen des Rechts hergeleitet werden. Dass die genannten Ziele durch das Mittel des Rechts erreicht werden können, setzt nämlich eines voraus: Menschen müssen überhaupt mit normativen Begriffen und Kategorien wie Normen, Verbindlichkeit, Geltung oder Sollen denken und umgehen können. Das ist keineswegs selbstverständlich, sondern eine Besonderheit der menschlichen Lebensweise. Diese Einsicht wird durch die Erkenntnisse zu den Eigenarten des Geistes der Tiere nicht in Frage gestellt, sondern gerade bestätigt.

Damit stellt sich eine fundamentale Frage: Warum ist die Orientierung an Normen Teil der menschlichen Existenzform? Welche Voraussetzungen hat diese besondere Eigenart menschlicher Lebensweise? Sind sie kultureller, historischer oder sozialer Art? Oder muss man noch tiefer ansetzen und sich fragen, ob das manche Rätsel aufgebende Phänomen des Rechts womöglich mit bestimmten Eigenschaften der geistigen Natur der Menschen verbunden ist, also im Kern der humanen geistigen Identität seine versteckten Wurzeln hat?[6] Die Antworten auf diese Fragen, die letztendlich das Selbstverständnis von Menschen als Menschen betreffen, werfen aufregende Probleme auf und sind nicht leicht zu beantworten. Ein erster Schritt ist aber jedenfalls, sich Rechenschaft darüber abzulegen, was Recht eigentlich ausmacht und damit die Klärung des Gehalts des Begriffs des Rechts.

---

[6] Vgl. *M. Mahlmann*, Rechtsphilosophie und Rechtstheorie, 7. Aufl., 2022, § 41.

§ 4 Der Begriff des Rechts

Literatur: *R. Alexy*, Begriff und Geltung des Rechts, 1992; *R. Dworkin*, Taking Rights Seriously, 1977; *ders.*, Law's Empire, 1986; *L. Fuller*, The Morality of Law, 2nd ed., 1969; *H. L. A. Hart*, The Concept of Law, 3rd ed., 2012; *H. Kelsen*, Reine Rechtslehre, 2. Aufl., 1960; *M. Mahlmann*, Elemente einer ethischen Grundrechtstheorie, 2008; *G. Radbruch*, Rechtsphilosophie, in: ders., Gesamtausgabe. Bd. 2: Rechtsphilosophie II, hrsg. v. A. Kaufmann, 1993, S. 206 ff.; *J. Raz*, The Authority of Law, 2. Aufl., 2009.

1   Eine zentrale Erfahrung, die man bei dem vertieften Nachdenken über Recht macht, besteht darin, dass je mehr man auf diesem reflexiven Weg voranschreitet, es desto anspruchsvoller wird, genau zu bestimmen, was eigentlich Recht ausmacht. Der Rechtsbegriff ist einer jener Begriffe, die, je mehr man sie bedenkt, desto schwieriger zu erfassen und zu begreifen sind. *Augustinus'* (354–430 n. Chr.) Beobachtung, die er in Bezug auf die Zeit gemacht hat, dass es Begriffe gibt, die einem, wenn man nicht über sie nachdenkt, ganz klar und offensichtlich erscheinen, sich aber bei näherem Nachdenken als ungreifbar erweisen können,[1] trifft in gewisser Weise auch auf den Begriff des Rechts zu.

2   Auf den ersten Blick mag diese Einschätzung verwundern, denn ist nicht ganz klar, was Recht bildet? Muss man nicht nur in die entsprechenden Gesetzbücher blicken oder in der Gegenwart im Internet die entsprechenden Erlasse suchen? Was soll geheimnisvoll an diesem Phänomen sein? Eine klassische Perspektive auf den Begriff des Rechts scheint diese Einschätzung zu bestätigen. Aus Sicht einer positivistischen Rechtstheorie ist Recht das, was positiv in einem bestimmten Verfahren von einem Gesetzgeber gesetzt wurde. Es gibt eine große Anzahl von Varianten des Positivismus. Eine klassische Version hat *Hans Kelsen* formuliert. Aus seiner Sicht besteht eine Einheit eines Systems von Normen genau dann, wenn eine Grundnorm existiert, aus der sich diese Einheit ableiten lässt. In der Moral sei dies eine materiell statische Grundnorm, aus der sich besondere moralische Gebote gewinnen ließen, zum Beispiel das Gebot „Du sollst nicht Lügen" aus der materiellen Grundnorm der Wahrhaftigkeit.[2] Für das Recht gelte etwas anderes. Hier gebe es keine inhaltlich bestimmte statische, das heißt sich nicht verändernde Grundnorm, aus der besondere Rechtsnormen abgeleitet werden könnten. Vielmehr sei es so, dass Rechtsnormen nicht Kraft ihres Inhalts gölten:

> „Jeder beliebige Inhalt kann Recht sein, es gibt kein menschliches Verhalten, das als solches, kraft seines Gehalts, ausgeschlossen wäre, zum Inhalt einer Rechtsnorm zu werden. Deren Geltung kann dadurch nicht in Frage gestellt werden, dass ihr Inhalt einem irgendwie vorausgesetzten materiellen Wert, etwa der Moral, nicht entspricht. Als Rechtsnorm gilt eine Norm stets nur darum, weil sie auf eine ganz bestimmte Weise zustande gekommen, nach einer ganz bestimmten Regel erzeugt, nach einer spezifischen Methode gesetzt wurde. Das Recht gilt nur als positives Recht, das heißt: als gesetztes Recht. In dieser Notwendigkeit des Gesetzt-Seins und der darin gelegenen Unabhängigkeit seiner Geltung von der Moral und von ihr gleichartigen Normensystemen besteht die Positivität des Rechts; darin der wesentliche Unterschied zwischen dem positiven Recht und dem sogenannten Natur-Recht, dessen Normen so wie die der Moral aus

---

[1] *Augustinus*, Bekenntnisse. Elftes Buch, in: ders., Bekenntnisse. Lateinisch und Deutsch, eingeleitet, übersetzt und erläutert v. J. Bernhart, 1987, S. 629.
[2] *H. Kelsen*, Reine Rechtslehre, 2. Aufl., 1960, S. 198 ff.

einer Grundnorm deduziert werden, die kraft ihres Inhalts als Ausfluß des göttlichen Willens, der Natur oder der reinen Vernunft für unmittelbar evident gehalten wird. Die Grundnorm einer positiven Rechtsordnung ist dagegen nichts anderes als die Grundregel, nach der die Normen der Rechtsordnung erzeugt werden."[3]

Die Normativität einer spezifischen Handlungsweise ergibt sich aus Kelsens Sicht aus einem hierarchischen Stufenbau der Rechtsordnung. Ein spezifischer Zwangsakt – etwa die Strafsanktion gegen einen Bürger – sei ein Rechtsakt, insofern er sich auf eine individuelle Norm zurückführen lasse, etwa ein richterliches Urteil. Diese individuelle Norm gelte, weil sie auf der Anwendung eines Gesetzes, etwa des Strafgesetzbuches, beruhe. Das Strafgesetzbuch sei ein Gesetz, weil es mit der Staatsverfassung in Einklang stehe. Wenn man sich fragt, wieso die Staatsverfassung gelte, dann erreiche man die Ebene der Grundnorm, jedenfalls aus Sicht einer einzelstaatlichen Rechtsordnung. Diese Grundnorm laute: „Zwang soll gesetzt werden unter den Bedingungen und auf die Weise, die der erste Verfassungsgeber oder die von ihm delegierten Instanzen bestimmen. Das ist die schematische Formulierung der Grundnorm einer Rechtsordnung."[4]

Damit hat Kelsen ein Muster für eine positivistische Theorie geliefert, die bis heute eine der klarsten, gedankenreichsten Darstellungen dieser Perspektive auf das Recht bildet.

Es gibt aus positivistischer Sicht ein Kriterium zur Identifikation von Recht, ohne dass dabei inhaltliche, materielle Maßstäbe an das Recht angelegt würden. Es identifiziert faktisch gegebenes Recht. Dieses Kriterium kann etwa in Kelsens Grundnorm liegen: Was faktisch entsprechend den Grundnormen gesetzt wird, ist aus seiner Sicht Recht, egal welchen Inhalt dieses Recht annimmt.

Aus der Sicht eines anderen, ebenso einflussreichen Rechtspositivisten, *H. L. A. Hart* (1907–1992), diene als Kriterium der Identifikation von Recht keine Grundnorm, sondern eine sogenannte „rule of recognition", eine Rechtserkenntnisregel.[5] Die faktische Praxis der Anerkennung von Normen als Recht in einer Rechtsgemeinschaft kann in einer solchen Rechtserkenntnisregel zusammengefasst werden. Alles das, was als Norm dieser Anerkennungspraxis entspricht, ist als Recht anzusehen. Diese Anerkennungspraxis kann dabei ganz unterschiedliche Formen annehmen, zum Beispiel in einer Monarchie „Was der König als Recht gesetzt hat, ist Recht" oder in einer Demokratie „Was der demokratische Gesetzgeber nach den vorgegebenen Regeln als Recht gesetzt hat, ist Recht".

Die Debatte um den Positivismus wird auch in der Gegenwart intensiv weitergeführt. Exklusive Positivisten argumentieren dabei, dass Moral zwar wichtig für das Recht sein könne, auch für die ganz konkrete Rechtsanwendung – etwa in rechtlich nicht geregelten Fällen –, das Recht sei aber ohne Bezug auf Moral als Recht identifizierbar.[6] Nur auf diese Weise könne es einen unabhängigen Grund für menschliches Sozialverhalten bilden.[7] Inklusive Positivisten argumentieren, dass moralische Prinzipien durchaus Teil des Rechts werden könnten, aber nur dann, wenn das Recht diese ausdrück-

---

3 *H. Kelsen*, Reine Rechtslehre, 1. Aufl., 1934, S. 63 f.
4 *H. Kelsen*, Reine Rechtslehre, 1. Aufl., S. 65 f.
5 *H. L. A. Hart*, The Concept of Law, 3rd ed., 2012, S. 109 ff., 115 f., 152.
6 *J. Raz*, The Authority of Law, 2nd ed., 2009, S. 47.
7 *J. Raz*, The Authority of Law, S. 50 ff.

lich in das Recht inkorporiere. Die moralischen Maßstäbe seien dann deswegen für das Recht relevant, weil ein solcher ausdrücklicher Einbezug durch das Recht vorliege.[8]

8   Die Alternative zu dieser Perspektive auf das Recht sind sogenannte Verbindungstheorien oder auch materielle Rechtsbegriffe, wie sie Kelsen für die Moral formuliert hat. Recht ist aus dieser Sicht an bestimmte Mindeststandards der Moral gebunden. *Gustav Radbruch* (1878–1949) hat in einem berühmten Beitrag, in dem er den Umgang mit nationalsozialistischen Rechtsakten diskutiert, einen solchen Rechtsbegriff geformt. Aus seiner Sicht ist die Rechtssicherheit ein hoher Wert, ihr dürfe aber gegenüber Gerechtigkeitsprinzipien kein uneingeschränkter Vorrang eingeräumt werden. Er formuliert deswegen, um diesen Konflikt aufzulösen, die berühmte Radbruchformel:[9]

> „Der Konflikt zwischen der Gerechtigkeit und der Rechtssicherheit dürfte dahin zu lösen sein, dass das positive, durch Satzung und Macht gesicherte Recht auch dann den Vorrang hat, wenn es inhaltlich ungerecht und unzweckmäßig ist, es sei denn, dass der Widerspruch des positiven Gesetzes zur Gerechtigkeit ein so unerträgliches Maß erreicht, dass das Gesetz als ‚unrichtiges Recht' der Gerechtigkeit zu weichen hat. Es ist unmöglich, eine schärfere Linie zu ziehen zwischen den Fällen des gesetzlichen Unrechts und den trotz unrichtigen Inhalts dennoch geltenden Gesetzen; eine andere Grenzziehung aber kann mit aller Schärfe vorgenommen werden: wo Gerechtigkeit nicht einmal erstrebt wird, wo die Gleichheit, die den Kern der Gerechtigkeit ausmacht, bei der Setzung positiven Rechts bewusst verleugnet wurde, da ist das Gesetz nicht etwa nur ‚unrichtiges Recht', vielmehr entbehrt es überhaupt der Rechtsnatur. Denn man kann Recht, auch positives Recht, gar nicht anders definieren denn als eine Ordnung und Satzung, die ihrem Sinn nach bestimmt ist, der Gerechtigkeit zu dienen."

9   Für einen solchen materiellen Rechtsbegriff scheint zu sprechen, dass jene schon eingangs erwähnten Beispiele von Unrecht im rechtlichen Gewand einen zögern lassen, jede gesetzte Norm unabhängig vom Inhalt als Recht anzusehen. Waren die Nürnberger Rassengesetze und die sie konkretisierenden Verordnungen oder, um ein Beispiel aus der jüngeren Vergangenheit heranzuziehen, die Normen, die das Apartheidregime in Südafrika stützten, tatsächlich Recht? Wenn man hieran zweifelt, stellt sich allerdings die Frage, wo die Grenze zwischen Recht und Nichtrecht zu ziehen ist. Radbruch hat mit guten Gründen betont, dass die Rechtssicherheit einen zentralen Wert einer Rechtsordnung bildet. Offensichtlich kann einer Norm nicht nur deswegen die Geltung versagt werden, weil der befasste Rechtsanwender diese Norm für ungerecht hält. Ein Rechtssystem lebt davon, dass spezifisch gesetzte Normen unabhängig von derartigen Vorstellungen angewandt werden. Wie sind aber die Maßstäbe zu konkretisieren, die bestimmen, wann Recht keine Geltungskraft mehr besitzt, wann besteht ein tatsächlich unerträglicher Widerspruch zur Gerechtigkeit, wie etwa Radbruch formuliert hat? Lässt sich ein solches Unerträglichkeitskriterium tatsächlich einigermaßen rational handhaben? Welche normativen Maßstäbe spielen dabei eine Rolle? Gibt es dabei mehr als nur subjektive oder vielleicht kulturrelative Maßstäbe, universale Maßstäbe also, die für alle Menschen Geltung beanspruchen könnten? Mit diesen Fragen sind Grundprobleme der Rechtsphilosophie und Rechtstheorie angesprochen, die aber auch für die konkrete Rechtsanwendung von großer Bedeutung sein können. Es tauchen im-

---

8   Vgl. *W. J. Waluchow*, Inclusive Legal Positivism, 1994; *J. Coleman*, The Practice of Principle, 2001.
9   *G. Radbruch*, Gesetzliches Unrecht und übergesetzliches Recht, SJZ, 42 (1946), S. 105 ff., S. 107; vgl. auch *R. Dreier*, Der Begriff des Rechts, NJW, 39 (1986), S. 890 ff.; *R. Alexy*, Begriff und Geltung des Rechts, 1992.

mer wieder Probleme auf, in denen diese Fragen von einer Rechtsordnung beantwortet werden müssten. Alle historischen Beispiele von Regimeunrecht stellen diese Frage sehr eindringlich, der Umgang mit dem Recht des Nationalsozialismus nicht weniger als die sog. Mauerschützenprozesse[10] oder der Umgang mit den legalen Verbrechen des Apartheidregimes.[11] Aber auch in Rechtsstaaten kann dieses Problem von großer Bedeutung sein. Ein bekanntes Beispiel bildet der Polizeihauptmann *Paul Grüninger* (1891–1972), der hunderten jüdischen Flüchtlingen die Einreise in die Schweiz ermöglichte, um sie vor Verfolgungen im Dritten Reich zu schützen. Er wurde deswegen wegen Urkundenfälschung und Amtspflichtverletzung 1940 verurteilt[12] und erst 1995 in einem Wiederaufnahmeverfahren durch Freispruch rehabilitiert, weil die begangenen Rechtsbrüche aufgrund von Notstandshilfe gerechtfertigt gewesen seien.[13] Wie steht es mit dem Problem des *whistleblowing* – etwa durch *Edward Snowden* (*1983), der durch einen Rechtsbruch Rechtsbrüche des US-amerikanischen Geheimdienstes NSA aufdeckte?[14] Wie geht ein Rechtsstaat mit diesen Fällen um?[15]

Man findet in der Diskussion manchmal noch eine weitere Unterscheidung, nämlich diejenige zwischen einem juristischen, einem soziologischen und einem philosophischen Rechtsbegriff. Was hat es damit auf sich? Der juristische Rechtsbegriff soll alle die Normen erfassen, die nach den Verfahren der Rechtsetzung einer Rechtsgemeinschaft als Recht angesehen werden. Ein soziologischer Rechtsbegriff dagegen beziehe sich auf die Normen, die faktisch in einer Rechtsgemeinschaft als Recht gölten. Ein philosophischer Rechtsbegriff schließlich betrachte als Recht diejenigen Normen, die aufgrund ethischer Maßstäbe gerechtfertigt seien, das heißt, gerechtes, legitimes Recht bildeten. Auf den ersten Blick scheint diese Dreiteilung verschiedene Perspektiven auf das Recht zu erfassen. Bei näherem Nachdenken werden die Unterscheidungen aber unklar. Aus einer verbindungstheoretischen Perspektive gilt auch für den juristischen Rechtsbegriff, dass das Recht, das in einem streng juristischen Sinn gilt, nur durch Rückgriff auf bestimmte moralische Normen identifiziert werden kann. Nazirecht war aus dieser Perspektive eben gerade auch aus juristischer Sicht kein Recht, deswegen war die deutsche Nachkriegsjustiz berechtigt, bestimmte Sanktionen auch an das Handeln zu knüpfen, das entsprechend derartigen Normen vollzogen wurde. Ähnliches gilt auch für den soziologischen Rechtsbegriff. Wenn faktisch das als Recht gilt, was bestimmten Legitimationskriterien entspricht, also in diesem Sinne das tatsächlich gilt, was gelten soll, etwa weil das Rechtssystem von einer wertorientierten Rechtsprechung gekennzeichnet ist, die nur das als anwendbares Recht ansieht, was einen Test der Legitimation besteht, dann geht dieser soziologische Rechtsbegriff in einen philosophischen Rechtsbegriff über. Diese Begriffsbildungen liefern also nicht mehr als eine erste, für bestimmte Zusammenhänge durchaus sinnvolle, aber theoretisch nicht das Problem erschöpfende Orientierung.

---

10 BGHSt 39, 1; BGHSt 40, 241; BGHSt 41, 101; BVerfGE 95, 96.
11 Vgl. z.B. *F. du Bois/A. du Bois-Pedain* (eds.), Justice and Reconciliation in Post-Apartheid South Africa, 2009.
12 Vgl. Bezirksgericht St. Gallen, 23.12.1940, abgedruckt in: *W. Bickenbach*, Gerechtigkeit für Paul Grüninger, 2009, S. 312 ff. Vgl. zudem *S. Keller*, Grüningers Fall, 5. Aufl., 2013.
13 Bezirksgericht St. Gallen vom 30.11.1995, SJZ, 92 (1996), S. 259 ff. Die Schweiz hat durch das *Bundesgesetz über die Aufhebung von Strafurteilen gegen Flüchtlingshelfer zur Zeit des Nationalsozialismus* vom 20.6.2003 die Urteile gegen Flüchtlingshelfer aufgehoben und diese Personen rehabilitiert, Art. 3 f.
14 Vgl. *G. Greenwald*, No Place to Hide, 2014.
15 Vgl. zur Diskussion *D. Cole*, The Three Leakers and What to Do About Them, The New York Review of Books vom 6.2.2014.

11 Auf jeden Fall muss Recht als Norm von anderen sozialen Normen und faktischen Regelmäßigkeiten menschlichen Handelns abgegrenzt werden, wobei Letztere etwa durch bestimmte Interessen erzeugt werden können. Es bildet zum Beispiel nur eine faktische Regelmäßigkeit, dass viele Menschen über eine rote Ampel gehen, wenn kein Auto zu sehen ist. Es gibt keine Norm, die das gebieten würde, im Gegenteil, es gibt eine, die das gerade verbietet. Wie verschiedene Formen von sozialen Normen voneinander abgegrenzt werden können, ist ein altes Thema der Reflexionen über Recht. Ein klassisches Beispiel für einen Abgrenzungsversuch stammt von *Max Weber*. Er unterscheidet Brauch, Sitte, Mode, Konvention und Recht. Ein Brauch ist aus seiner Sicht gegeben, wenn und soweit die Chance des Bestehens einer „Regelmäßigkeit der Einstellung sozialen Handelns [...] innerhalb eines Kreises von Menschen lediglich durch tatsächliche Übung gegeben ist".[16]

12 Eine Sitte soll dabei dann ein Brauch sein, „wenn die tatsächliche Übung auf langer Eingelebtheit beruht". Sie ist interessenbedingt, „wenn und soweit die Chance ihres empirischen Bestandes lediglich durch rein zweckrationale Orientierung des Handelns der Einzelnen an gleichartigen Erwartungen bedingt ist".[17] Mode sei ein Brauch dann, „wenn [...] gerade die Tatsache der Neuheit des betreffenden Verhaltens Quelle der Orientierung des Handelns darin wird".[18]

13 Sitte ist eine nicht äußerlich garantierte Regel, d.h., es gibt keine Sanktionen, die an einen Regelbruch geknüpft werden, der Handelnde orientiert sich an der Sitte folglich gedankenlos, aus Bequemlichkeit oder aus anderen Gründen, jedenfalls aber nicht aufgrund einer möglichen Sanktionsfolge. Eine Konvention ist dagegen eine Norm, die durch äußerlichen Zwang, also Sanktionen, gewährleistet wird.

> „Eine Ordnung soll heißen: a) *Konvention*, wenn ihre Geltung äußerlich garantiert ist durch die Chance, bei Abweichung innerhalb eines angebbaren Menschenkreises auf eine (relativ) allgemeine und praktisch fühlbare *Mißbilligung* zu stoßen; b) *Recht*, wenn sie äußerlich garantiert ist durch die Chance [des] (physischen oder psychischen) Zwanges durch ein auf Erzwingung der Innehaltung oder Ahndung der Verletzung gerichtetes Handeln eines eigens darauf eingestellten *Stabes* von Menschen."[19]

14 Diese Definition ist ein Beispiel für einen Rechtsbegriff, der ohne materiale Bezüge auskommt. Das Recht wird durch formale Kriterien der Sanktionsdrohung und der spezifisch institutionalisierten und personell spezialisierten Art der Durchsetzung identifiziert.

15 In Anbetracht dieser bis heute lebhaft anhaltenden Diskussionen um den Rechtsbegriff sollte jedenfalls klar sein, dass die Frage nach seinem Gehalt alles andere als leicht zu beantworten ist. Man kann eine Antwort insbesondere nicht finden, ohne sich näher auf den Prozess der Rechtsauslegung eingelassen zu haben, um zu überprüfen, inwieweit Recht ohne Bezug auf außerrechtliche Maßstäbe tatsächlich angewandt werden kann. Und auch in weiterer theoretischer Perspektive muss über die Gehalte von Recht noch nachgedacht werden. Diese Frage wird uns deshalb noch weiter beschäftigen.

16 Zur Orientierung ist es aber sinnvoll, einen vorläufigen, annäherungsweise bestimmten Begriff des Rechts zu formulieren. Dabei sollte nicht vergessen werden, dass es nicht

---

16 *M. Weber*, Wirtschaft und Gesellschaft, 5. Aufl., 1972, S. 15.
17 *M. Weber*, Wirtschaft und Gesellschaft, S. 15.
18 *M. Weber*, Wirtschaft und Gesellschaft, S. 15.
19 *M. Weber*, Wirtschaft und Gesellschaft, S. 17.

nur wichtig ist, einen Begriff des Rechts zu bilden, sondern auch darzustellen, was eigentlich den Begriff der Moral ausmacht. Die Moral bildet ja gerade den normativen Gegenbegriff zu dem, was als Recht angesehen wird. Die Moral soll im Folgenden als eine für menschliche Subjekte verbindliche, inhaltlich wesentlich am Guten und an Gerechtigkeit orientierte Ordnung angesehen werden. Sie wird durch moralische Urteilsakte der einzelnen Menschen erkannt. Diese Urteilsakte schaffen den individuellen Willen unmittelbar bindende Sollensgebote. Durch diese Sollensgebote werden die Normen der Moral zu einer verbindlichen, jedenfalls psychisch sanktionierten Ordnung, die zu spezifischen moralischen Gefühlen führt.[20] Bei der Bestimmung des Gehalts des Begriffs der Moral ist es dabei wichtig, zwischen faktisch gegebenen Moralvorstellungen und kritisch reflektierten Moralgehalten zu unterscheiden. Faktisch bestanden und bestehen sehr vielfältige moralische Vorstellungen, die aber einer kritischen Reflexion keineswegs standhalten – von der sozialen Herabsetzung nichtehelicher Kinder bis zum Verbot, dass Frauen Hosen tragen. Nur die letztere Form, eine kritisch reflektierte Moral, kann in Frage kommen, wenn es um legitime moralische Einflüsse auf das Recht geht – wenn die erstere auch faktisch für die Rechtsetzung und -auslegung sehr einflussreich sein kann.

Das Recht ist dagegen eine spezifisch gesetzte, veränderliche, sozial wirksame und äußerlich durch Sanktionen bewehrte Ordnung. Sie besteht aus Normen, die sich auf äußeres Verhalten von Menschen richten. Die innere Verbindlichkeit dieser Normen für die Rechtsgenossen ist möglich, aber nicht zwingend notwendig für die Geltung von Recht. Recht wird regelmäßig durch einen speziellen Stab von Menschen ausgelegt und durchgesetzt. Die Schaffung von Recht kann dabei inhaltlich vielfältig, zum Beispiel auch zweckrational motiviert sein. Recht richtet sich aber grundsätzlich auf die Verwirklichung des ethisch Richtigen, insbesondere auf Gerechtigkeit. 17

Die weiteren Überlegungen werden zeigen, ob sich diese Begriffe von Moral und Recht in der Auseinandersetzung um die Gehalte modernen Rechts als nützlich und plausibel erweisen, wenn sie auch manche Elemente der vielfältigen Welt des Rechts nicht einfach und umstandslos erfassen. 18

---

20 *M. Mahlmann*, Rechtsphilosophie und Rechtstheorie, § 29 Rn. 5 ff.

§ 5 Die Architektur eines Rechtssystems

Literatur: *R. Dworkin*, Justice for Hedgehogs, 2011; *H. Grotius*, Drei Bücher über das Recht des Krieges und Friedens. Bd. I und II, hrsg. v. J. H. Kirchmann, 1869; *U. Häfelin/W. Haller/H. Keller/D. Thurnherr*, Schweizerisches Bundesstaatsrecht, 10. Aufl., 2020; *J. Raz*, The Concept of a Legal System, 2nd ed., 1980; *K. F. Röhl/H. C. Röhl*, Allgemeine Rechtslehre, 4. Aufl., 2018; *B. Rüthers/C. Fischer/A. Birk*, Rechtstheorie und Juristische Methodenlehre, 12. Aufl., 2022; *F. v. Savigny*, System des heutigen römischen Rechts. Bd. I und II, 1840, Nachdruck 1981.

I. Der Begriff des Rechtssystems

1. Unter einem Rechtssystem kann sehr Unterschiedliches verstanden werden.[1] In einem sehr weiten Sinne kann unter diesen Begriff alles gefasst werden, was mit Recht in irgendeiner Weise zu tun hat: Die Normen, die Recht in heute meist schriftlicher Form verkörpern, sei es in Büchern, Gesetzessammlungen oder im Internet. Die Menschen, die das Recht professionell anwenden, wie etwa Richter und Richterinnen, Rechtsanwälte und Rechtsanwältinnen oder Verwaltungsangehörige, oder sogar die Bauwerke, die in einer besonderen Weise mit dem Recht verbunden sind und die in einer gewissen Weise eine Voraussetzung für seine Anwendung bilden, wie etwa Gerichtsgebäude.

2. In einem engeren und aussagekräftigeren Sinn ist das System des Rechts ein Zusammenhang von normativen Aussagen, die einen spezifischen normativen Bedeutungsgehalt besitzen. Es ist insofern ein systematisch geordneter, geistig zu erfassender, präskriptiver Sinnzusammenhang.

3. Dass eine Rechtsordnung ein System in diesem Sinne bildet, ist keineswegs selbstverständlich oder notwendig. Das Recht einer Gemeinschaft kann aus unverbundenen Normen und Normkomplexen bestehen, denen der systematische Zusammenhang gerade fehlt. Recht kann in diesem Sinne bruchstückhaft, fragmentiert sein. Für bestimmte, wichtige Rechtsgebiete wie das Völkerrecht wird das etwa behauptet.

4. Von der Frage, ob eine Rechtsordnung ein System bildet, ist die Frage zu unterscheiden, ob es ein System bilden *soll*. Auch das ist nicht selbstverständlich. Verschiedene bedeutende Rechtstraditionen wie das römische Recht oder das *common law* waren jedenfalls nach gängigen Rekonstruktionen über weite Strecken ihrer Geschichte nicht auf Durchbildung zu einem System angelegt.

5. Immerhin erheben in der Gegenwart viele Rechtsordnungen den Anspruch, ein System in dem Sinne zu sein, dass die verschiedenen Normkomplexe der Rechtsordnung Wertungs- und Regulierungswidersprüche so weit wie möglich vermeiden. Einen Rahmen liefern dafür die Verfassungsordnung und im internationalen Bereich tragende Grundprinzipien des Völkerrechts.

II. Rechtsquellen

1. Der Begriff der Rechtsquelle

6. Woher stammen aber die Normen, die ein Rechtssystem bilden? Warum ist ein Tötungsverbot Teil des Rechts der Schweiz und Deutschlands? Diese Frage kann durch Rückgriff auf Rechtsquellen beantwortet werden: Eine Norm, z.B. das Tötungsverbot,

---

[1] Vgl. z.B. *J. Raz*, The Concept of a Legal System, 2nd ed., 1980. In der Systemtheorie ist ein Rechtssystem ein Zusammenhang von Kommunikationen, vgl. *N. Luhmann*, Das Recht der Gesellschaft, s. u. § 11 III.3.

II. Rechtsquellen

ist Teil des Rechts, wenn sie einer anerkannten Rechtsquelle entstammt. Rechtsquellen bilden nicht nur den „Erkenntnisgrund für etwas als Recht"[2], sondern als Geltungsgrund den normativen Ursprungsort des Rechts.[3] Was zu den Rechtsquellen gehört, ist eine der großen Fragen der Rechtswissenschaft. Sehr verschiedenartige Antworten wurden dabei vom antiken Recht[4] bis heute formuliert, die z.T. nur noch historische Bedeutung haben, wie etwa die berühmte Idee, eine Rechtsquelle sei ein im Bewusstsein des Volkes realisierter, historisch bedingter „Volksgeist".[5] Rechtssysteme können Normen enthalten, die Rechtsquellen benennen, z.B. Art. 1 Abs. 2 ZGB für das schweizerische Recht oder Art. 38 Statut des Internationalen Gerichtshofes (IGHSt) für das Völkerrecht. Viele Rechtsordnungen kennen solche Normen aber auch nicht, wie etwa Deutschland. Die Rechtsquellen müssen dann aufgrund von allgemeinen, nicht-positivierten, rechtstheoretischen Überlegungen identifiziert werden. Selbst wenn positive Normen Rechtsquellen benennen, sind solche Überlegungen wichtig, da sie bestimmen, dass diese positiven Normierungen von Rechtsquellen selbst verbindliches Recht sind.

2. Positives Recht

Wichtigste Rechtsquelle der Gegenwart ist das *positive Recht*. Positives Recht ist durch einen Recht schaffenden Akt in bestimmten Verfahren gesetztes, regelmäßig schriftlich fixiertes Recht.

7

Der Rechtsetzungsakt erfolgt in modernen Verfassungsstaaten durch ein zuständiges Organ in einem formellen Verfahren, das sowohl den Einbezug von Betroffenen, in Demokratien letztendlich aller Bürger und Bürgerinnen, sowie bestimmte materielle Grundwerte sichern soll. Das Tötungsverbot ist mithin ein Teil des Rechts, weil in Art. 111 StGB-CH und § 212 StGB-D ein solches Verbot im positiven Recht gemäß den rechtlichen Rechtsetzungsregeln geschaffen wurde. Positives Recht bilden die Verfassung, (formelle) Gesetze, Verordnungen und Satzungen. Die Verfassung schafft die Grundordnung des Staates oder überstaatlicher Gebilde. Formelle Gesetze sind Gesetze, die gemäß den verfassungsrechtlichen Verfahren durch die verfassungsmäßig zuständigen Gesetzgebungsorgane erlassen wurden. Verordnungen sind Rechtsnormen, die von Exekutivorganen gesetzt werden. Satzungen sind Rechtsnormen, die von einer juristischen Person erlassen werden, um die eigenen Angelegenheiten zu regeln.

8

3. Gewohnheitsrecht

Auch *Gewohnheitsrecht* bildet eine Rechtsquelle. *Gewohnheitsrecht* wird (im Gegensatz zum Gesetz) nicht durch einen staatlichen Akt geschaffen. Gewohnheitsrecht liegt vor, wenn eine länger andauernde, ununterbrochene Übung besteht (*longa consuetudo*), die aufgrund einer Rechtsüberzeugung der Rechtsanwender erfolgt (*opinio necessitatis*).[6] Gewohnheitsrecht hat heute vor allem im Völkerrecht eine auch praktisch große Bedeutung. Gewohnheitsrecht wird in Art. 1 Abs. 2 ZGB oder Art. 38 Abs. 1 lit. b IGHSt ausdrücklich als Rechtsquelle genannt.

9

---

2 A. Ross, Theorie der Rechtsquellen, 1929, S. 291. Der letzte Erkenntnisgrund liege im System, ebd. S. 309.
3 F. C. v. Savigny, System des heutigen römischen Rechts. Bd. I, 1840, S. 11, nennt Rechtsquellen die „Entstehungsgründe des allgemeinen Rechts".
4 Vgl. Inst. 1.2, zit. nach O. Behrends/R. Knütel/B. Kupisch/H. H. Seiler (Hrsg.), Corpus Iuris Civilis. Text und Übersetzung auf der Grundlage der von T. Mommsen und P. Krüger besorgten Textausgaben. Bd. I: Institutionen, 2. Aufl., 1997.
5 Vgl. F. C. v. Savigny, System des heutigen römischen Rechts. Bd. I, S. 13 ff.
6 Vgl. Inst. 1.2.9. zu einer klassischen Definition.

4. Richterrecht

10 Eine weitere Rechtskategorie ist *Richterrecht*, d.h. durch Richter geschaffenes Recht. Historisch ist Richterrecht, oder, allgemeiner formuliert, Recht, das von Rechtsanwendern geschaffen wird, von großer Bedeutung, wie die Beispiele des römischen Rechts oder des *common law* zeigen (vgl. u. § 10 I). Auch Richterrecht wird in Art. 1 Abs. 2 ZGB ausdrücklich neben dem Gesetzes- und Gewohnheitsrecht als (subsidiäre) Rechtsquelle anerkannt, in Art. 38 Abs. 1 lit. d IGHSt dagegen nicht. Im Völkerrecht ist danach Richterrecht nur eine Rechtserkenntnisquelle: Durch Gerichtsurteile kann bestimmt werden, was Recht ist, der Geltungsgrund liegt aber nicht im Urteilsspruch.

11 Wo Gesetzestexte planwidrig lückenhaft sind und kein Gewohnheitsrecht besteht, muss der Rechtsanwender lückenfüllend tätig werden. Das Richterrecht spielt in allen Rechtsordnungen eine große Rolle, auch wenn in ihnen keine explizite Regelung der Rechtsquellen wie in der Regelung des Art. 1 Abs. 2 ZGB zu finden ist oder sogar ausdrücklich wie in Art. 38 Abs. 1 lit. d IGHSt dem Richterrecht ein anderer Status zugewiesen wird. Wesentliche Teile modernen Rechts bestehen aus Konkretisierungen von Rechtsnormen, die durch Rechtsprechung geschaffen wurden. Dies wirft das schwierige Problem auf, wann diese Rechtskonkretisierung durch Gerichte eine Rechtsanwendung bildet, wann noch zulässige Rechtsfortbildung und wann Richterrecht gesetzgeberische Funktionen übernimmt, was in einem gewaltengeteilten Rechtssystem problematisch sein muss. Dazu wird in den methodischen Überlegungen noch einiges ausgeführt werden.

12 Auch weitere Fragen stellen sich. Vor allem: Woher schöpfen Richter und Richterinnen ihre Rechtserkenntnis, welches sind die Quellen ihrer Entscheidungsbildung, die bisherige Rechtsprechungslinien nicht nur bestätigen, sondern auch verändern kann und in kreativer Weise Recht anwendet? Was bindet Richter und Richterinnen in ihrer Rechtsfindung? Allgemeine Rechtsgrundsätze? Oder verwandeln sich einfach individuelle Rechtsmeinungen im Richterrecht zu Recht? Dass Richterrecht weithin als legitimer Teil von Rechtsordnungen angesehen wird, sollte deshalb nicht darüber hinwegtäuschen, dass solche Fragen nicht leicht zu beantworten sind.

5. Rechtswissenschaft

13 Auch die *Rechtswissenschaft* trägt zur Rechtsentwicklung entscheidend bei. „Lehre und Überlieferung", die in Art. 1 Abs. 3 ZGB genannt werden, bilden aber nur ein Hilfsmittel, den Gehalt des Rechts zu bestimmen, auch in Deutschland, wo eine entsprechende Norm fehlt. Auch im Völkerrecht sind die „Lehrmeinungen der fähigsten Völkerrechtler der verschiedenen Nationen"[7] eine Rechtserkenntnisquelle, Art. 38 Abs. 1 lit. d IGHSt, keine Rechtsquelle. Dass die Rechtswissenschaft nur diese Rolle spielt, ist aber keineswegs offensichtlich. Die wissenschaftliche Auseinandersetzung beeinflusst die Entwicklung des Rechts in hohem Maße. Dies war auch historisch so, wie das Beispiel des römischen Rechts zeigt, in dem Rechtsexperten eine wichtige und anerkannte Rolle bei der Entwicklung des Rechts spielten.[8] Viele Elemente der wissenschaftlichen Auslegung von Recht werden von Gerichten aufgegriffen oder von der Exekutive sowie den privaten Rechtsanwendern ihrem Handeln zu Grunde gelegt. Es

---

7 Die offizielle Übersetzung in der Schweiz weicht etwas von dieser Formulierung ab: „Lehren der anerkanntesten Autoren der verschiedenen Nationen".
8 Vgl. Inst. 1.2.8. und u. § 10 I.

ist deswegen keineswegs verwunderlich, dass bedeutende Stimmen in der Rechtswissenschaft die Rechtswissenschaft selbst für eine Rechtsquelle halten.[9] Ein guter Grund für die Zurückhaltung, die Wissenschaft in der Gegenwart als Rechtsquelle zu verstehen, besteht in ihrer mangelnden demokratischen Legitimation. Auch gute rechtliche Gründe sollen, in welcher Form auch immer, an demokratische Entscheidungen zurückgebunden werden. Die faktische, manchmal entscheidende Bedeutung der Rechtswissenschaft für die Rechtsentwicklung sollte aber dennoch nicht übersehen werden, wenn man einen realistischen Begriff der Einflüsse auf die Entwicklung des Rechts gewinnen will.

6. Private Rechtsetzung

Verträge entfalten rechtsetzende Wirkung zwischen den Parteien und können auch generell-abstrakte Regelungen schaffen, z.B. im Völkerrecht (etwa die EMRK) oder im Arbeitsrecht durch Gesamtarbeitsverträge (CH) oder Tarifverträge (D), d.h. Verträge mit Verbänden, die Rechte und Pflichten der Mitglieder der Verbände erzeugen. Die Kompetenz zum Vertragsschluss und die Bestimmung seiner Rechtsfolgen stammen regelmäßig aus dem positiven Recht. Das Beispiel des Vertragsrechts führt dennoch zum Bereich sog. privater Rechtsetzung, weil Verträge materielle Regelungen enthalten, die aus der Sicht einflussreicher Analysen der Gegenwart zu Recht erstarken können, z.B. im internationalen Warenverkehrsrecht, ohne dass diese Wirkung durch positives Recht autorisiert worden wäre. Die Existenz und der Umfang solcher *privater Rechtsetzung* sind strittig. Es bildet aber immerhin eine klassische These der Rechtswissenschaft, dass Recht in der Gesellschaft, unabhängig von staatlichen Strukturen und Verfahren, gewissermaßen urwüchsig und von unten her entstehen kann. Auf diese Frage wird zurückzukommen sein (vgl. u. zum Recht als sozialer Tatsache § 11).

7. Allgemeine Rechtsgrundsätze

In vielen rechtlichen Zusammenhängen wird auf *„allgemeine Rechtsgrundsätze"* Bezug genommen. Zu den allgemeinen Rechtsgrundsätzen des Allgemeinen Verwaltungsrechts der Schweiz gehört etwa der Grundsatz, dass öffentlichrechtliche Ansprüche verjähren, in Deutschland beispielsweise die Grundsätze der Ermessensausübung. Die Grundrechte des EU-Rechts bilden Teil seiner allgemeinen Rechtsgrundsätze (s. u. § 7 IV.6. a)). Rechtsgrundsätze können häufig mit bestimmtem positivem Recht in Verbindung gebracht werden. Der im Strafrecht geltende Grundsatz „kein Verbrechen ohne Gesetz" (*nullum crimen sine lege*) legt fest, dass nur jenes Verhalten kriminalisiert werden darf, welches auch vom Gesetz erfasst wird, Art. 1 StGB-CH, Art. 103 Abs. 2 GG. Zentral für das Funktionieren der gesamten Rechtsordnung sind das Rechtsmissbrauchsverbot und, eng damit verwandt, der Grundsatz von Treu und Glauben, Art. 2 Abs. 1 ZGB, Art. 9 BV, § 242 BGB. Solche Grundsätze verweisen letztlich auf die Bedeutung von materialen Rechtsprinzipien, die positivrechtliche Geltung durch ihre normative Überzeugungskraft gewonnen haben.

---

9 Vgl. *F. C. v. Savigny*, System des heutigen römischen Rechts. Bd. I, S. 45 ff.: Das „Juristenrecht" könne Ausdruck des Volksgeistes sein, besitze aber auch einen unabhängigen, aus der Wissenschaft selbst geschöpften Gehalt, ebd. S. 46 f.

8. Überpositives Recht und Rechtsethik

16 Diesen Rechtsbereichen steht überpositives Recht gegenüber. *Überpositives Recht* kann als Recht verstanden werden, das unabhängig von einem menschlichen Rechtsetzungsakt existiert. Überpositives Recht ist dem positiven Recht hierarchisch übergeordnet. Klassisches Beispiel für ein solches Recht bildet das Naturrecht. Naturrechtsvorstellungen gehen in die Antike zurück und werden bis heute einflussreich formuliert.[10] Naturrecht kann einen religiösen Ursprung haben (z.B. das christliche Naturrecht)[11], aber auch einen säkularen, wie etwa im Vernunftrecht der Aufklärung.

17 Naturrecht bildete über Jahrhunderte hinweg eine zentrale Rechtsquelle, die für die Entwicklung des Rechts von fundamentaler Bedeutung war. Das moderne (europäische) Völkerrecht etwa geht maßgeblich auf Naturrecht zurück.[12] Aber auch andere Rechtsbereiche wurden durch naturrechtliche Vorstellungen bestimmt. Fundamentale Rechtsprinzipien wie die Pflicht, Verträge zu halten (*pacta sunt servanda*), die nicht nur für das Völkerrecht relevant sind, wurden als Naturrecht aufgefasst.[13]

18 Die Existenz von Naturrecht ist aber in der Neuzeit allmählich fraglich geworden. Seine Bedeutung wurde im Laufe des 19. Jahrhunderts immer mehr zurückgedrängt. Gegen die Annahme von überpositivem Recht wird eingewandt, dass unklar bleibe, in welcher Weise dieses Recht existiere. Als objektive metaphysische Realität? Als menschliches Gedankenkonstrukt?

19 Weiter sei überpositives Recht gar kein Recht, da zum Recht die institutionelle Absicherung seiner Durchsetzbarkeit gehöre. Auch sei es ungewiss und von schwankendem Gehalt, unaufhebbar strittig und deswegen keine mögliche Grundlage einer verbindlichen Ordnung einer Gesellschaft.

20 Dem Problem von positivem Recht und überpositivem Recht entspricht das Problem von *Legalität* und *Legitimität*. Legalität bezeichnet die Übereinstimmung des Handelns der Bürgerinnen und Bürger sowie der Staatsgewalt mit dem jeweils geltenden Recht. Die Legitimität bezeichnet die Übereinstimmung des Handelns der Bürgerinnen und Bürger sowie der Staatsgewalt oder auch des Rechts selbst mit bestimmten, materialen ethischen Prinzipien und Anforderungen. Legitim ist, was den Anforderungen des angelegten inhaltlichen Maßstabes entspricht. Dieser Maßstab kann in den Prinzipien der Gerechtigkeit, des moralisch Guten, des Naturrechts einer religiösen Ordnung oder anderen Normen bestehen. Ob Recht legitim sein muss, um tatsächlich Recht zu sein, ist eine Frage des Rechtsbegriffs. Ein positivistischer Rechtsbegriff verneint dies, ein verbindungstheoretischer andererseits bejaht es, wie bei der Erörterung des Rechtsbegriffs deutlich geworden ist (vgl. o. § 4).

21 Legalität und Legitimität stehen sich durchaus nicht beziehungslos gegenüber. Eine berühmte These, die *Max Weber* formuliert hat, lautet, dass Legalität in der Moderne einen zentralen Modus der Begründung von Legitimität von staatlichem Handeln bilde. Die gesetzmäßige Form, die Bindung an gesetzliche Regelungen erzeugt aus dieser Sicht schon selbst die Legitimität der erschaffenen Regelungen und Anordnungen.[14]

---

10 Vgl. z.B. *J. Finnis*, Natural Law and Natural Rights, 2nd ed., 2011.
11 Vgl. z.B. im Kirchenrecht Can. 24 § 1 CIC (1983) zum Vorrang göttlichen Rechts.
12 Vgl. z.B. *H. Grotius*, Drei Bücher über das Recht des Krieges und Friedens. Bd. I, hrsg. v. J. H. Kirchmann, 1869, Einleitung, § 9 ff.
13 Vgl. z.B. *H. Grotius*, Drei Bücher über das Recht des Krieges und Friedens. Bd. I, Einleitung, § 15.
14 *M. Weber*, Wirtschaft und Gesellschaft, S. 124 ff.

In der Gegenwart wird die Frage nach überpositivem Recht vor allem als Problem der Existenz moralischer oder auch rechtsethischer Prinzipien diskutiert, die sich im Konfliktfall unter bestimmten Umständen auch gegen positives Recht durchsetzen können. Diese moralischen Prinzipien werden in ihrer Geltung als unabhängig vom positiven Recht verstanden. Legitimität geht nicht in Legalität auf. Ein klassisches Problem in diesem Bereich besteht darin, wie mit extrem ungerechtem Recht umgegangen werden soll. Angesichts der einleitend angerissenen Problematik des Rechts, die darin besteht, dass es Unrecht in Rechtsform geben kann, ist dies nicht nur eine theoretische, sondern auch praktisch höchst relevante Frage, die zu den schon erwähnten konkreten Rechtsfragen an Wegscheiden der Rechtsgeschichte wie den Nürnberger Kriegsverbrecherprozessen (1945–1949) führte. Konnte man die Hauptkriegsverbrecher wegen Delikten wie dem Führen eines Angriffskrieges belangen, für die es zum Zeitpunkt der Handlung weder im nationalen noch im Völkerrecht eine Verbotsnorm gab? Wie steht es mit den Grenzwachen, die Menschen an der innerdeutschen Grenze erschossen, legal nach DDR-Recht, die aber nach 1989 dafür in den sog. Mauerschützenprozessen von deutschen Gerichten belangt wurden?[15] Wie steht es mit dem legalen Unrecht unter dem Apartheidregime in Südafrika? Kann man Menschen dafür bestrafen, dass sie sich legal verhalten haben? Das Problem ist auch für das gegenwärtige internationale Strafrecht relevant geblieben (s. u. § 7 VI). Ein anderes Problem ist die Frage nach der Legitimität des Widerstandes gegen Recht in bestimmten Ausnahmefällen, auch in der beschränkten Form des zivilen Ungehorsams. Gibt es unter bestimmten Umständen eine moralische Legitimation, vielleicht sogar manchmal ein moralisches Gebot, rechtlichen Geboten nicht zu folgen? Ist das nicht eine Lehre, die aus Fällen wie dem von Paul Grüninger weithin gezogen wird? In Rechtsstaaten wird diesem Problem mit den vielfältigen Möglichkeiten begegnet, Rechtsschutz zu finden, nicht zuletzt den Mechanismen des nationalen und internationalen Grundrechtsschutzes, die Rechtsverletzungen eines Ausmaßes gerade verhindern sollen, die solche Fragen aufwerfen. Aber auch in anderen Bereichen können Legitimitätsfragen rechtlich relevant werden. Dies gilt etwa für die Frage, wie Rechtshierarchien in international verflochtenen Rechtsordnungen gebildet werden. Auf Grundlage welcher normativer Maßstäbe entscheidet man die Kollisionen verschiedener Rechtsregime, etwa von Völkerrecht und einzelstaatlichem Recht, wenn es – wie oftmals – an eindeutigen Regelungen mangelt? Spielen hierbei womöglich fundamentale Wertungen, etwa zur Bedeutung von Grundrechten, bei der Problemlösung eine Rolle, die anders als in rechtsethischem Rahmen nicht gerechtfertigt werden können, weil das positive Recht über die Lösung solcher Wertkonflikte gerade schweigt? (vgl. u. § 7 V.4. zum Verhältnis von Völkerrecht und einzelstaatlichem Recht).

Die Rechtsethik ist also für die Rechtswissenschaft keine Nebensache. Aber kann Rechtsethik eine Rechtsquelle bilden? In einem bestimmten Sinn ist das offensichtlich nicht möglich. Eine Richterin kann einen Fall nicht einfach aufgrund ihrer persönlichen ethischen Überzeugungen entscheiden. Es bildet ja gerade den Sinn von Recht, einen Ordnungsrahmen jenseits von anderen gesellschaftlichen Normen und auch jenseits der Moral zu schaffen. Ethische Prinzipien werden deswegen gemeinhin nicht als eigenständige Rechtsquelle angesehen.[16] Positivistische Theorien ziehen sogar den Schluss, wie erwähnt, dass Recht gerade ohne Rückgriff auf ethische Prinzipien aus-

---

15 BVerfGE 95, 96.
16 Es gibt sehr einflussreiche Theorien, die Recht aber als Teil der Moral verstehen, vgl. z.B. *R. Dworkin*, Justice for Hedgehogs, 2011, S. 404 ff.: Recht als Teil der „political morality".

gelegt werden müsse.[17] Ob dies gelingen kann, ob dies auch einer sich selbst als positivistisch beschreibenden Rechtspraxis entspricht, wenn man genauer untersucht, welche Maßstäbe diese Praxis tatsächlich und vielleicht entgegen ihrem Selbstverständnis anleiten, kann erst in der Methodenanalyse genauer bestimmt werden. Besondere Relevanz haben diese Fragen nach überpositiven Wertmaßstäben bei der Auslegung und dem Verständnis von Grundrechten. Inwieweit können bestimmte Verständnisse von Grundrechten ohne Rückgriff auf rechtsethische Prinzipien plausibel gebildet werden? Das Beispiel Menschenwürde als Rechtsbegriff wurde bereits genannt. Wie steht es mit anderen Grundrechten? Kann man etwa die Religionsfreiheit und ihre Anwendung wirklich auslegen ohne sehr grundlegende Rückgriffe auf Prinzipien religiöser Toleranz?

24 Das sind weitreichende Fragen, über die wenig Einigkeit besteht.[18] Hier sei aber schon festgehalten: Es spricht, wie angedeutet, viel dafür, dass rechtsethische Prinzipien für die Auslegung von positivem Recht und – als ihre Voraussetzung – die Wahl der Methoden der Auslegung wichtig bleiben. Es kann deshalb eine Lockerung der schlicht gegebenen Positivität des Rechts in der Rechtsquellentheorie durch Gewohnheitsrecht, Richterrecht, gesellschaftliches Recht und die möglichen rechtsethischen Einflüsse auf die Auslegung von Recht festgehalten werden. Dabei sollte man auch eine schon gemachte Bemerkung nicht vergessen: Auch die Akzeptanz der Positivität von Recht als Rechtsquelle kann in letzter Instanz nicht Produkt des positiven Rechts sein, und zwar auch dann nicht, wenn positive Normen zu Rechtsquellen wie in Art. 1 Abs. 2 ZGB oder Art. 38 IGHSt existieren – denn warum gelten diese positiven Normen selbst als Recht?

25 Wenn diese Beobachtung zutrifft – wie kann dann ein zentrales Ziel eines Rechtssystems erreicht werden, das darin besteht, Rechtssicherheit zu schaffen? Die weiteren Bemerkungen werden dieses Problem nicht aus den Augen verlieren, denn ein zentrales Anliegen dieser Überlegungen ist es gerade, die Gründe für die rationale Bindungskraft von Recht deutlich zu machen.

26 Diese Bemerkungen zeigen, dass die Geltungsgründe von Recht, die Rechtsquellen, vom Rechtsbegriff abhängen. Sie illustrieren auch, dass diese Grundfrage zum Ursprung von Recht, also eine Frage, die entscheidet, was überhaupt Recht und damit den Gegenstand aller weiteren Beschäftigungen mit Recht in Praxis und Wissenschaft bildet, nicht leicht und keineswegs einhellig beantwortet wird. Das gilt für die Geschichte, aber auch für die Gegenwart. Die Probleme, die dabei auftauchen, sind keineswegs nur akademischer Natur, sondern zentral für fundamentale Weichenstellungen des modernen Rechts. Diese Sachlage illustriert eine wichtige Beobachtung, die nicht nur für diesen Bereich gilt: Das Recht ist eine mächtige soziale Praxis, deren alltägliches Funktionieren nicht dazu verführen sollte, zu übersehen, welche großen und wichtigen Fragen sich hinter dieser Praxis verbergen.

III. Die Struktur des Rechts

27 Rechtssysteme unterscheiden sich in ihren Inhalten in vieler Hinsicht. Die Rechte, die ein Bürger oder eine Bürgerin in der Schweiz genießt, sind nicht die gleichen wie in

---

17 Zu Recht als selbstständigem Handlungsgrund *J. Raz*, The Authority of Law, S. 253 ff.
18 Vgl. z.B. zur Rechtsethik allgemein *D. v. d. Pfordten*, Rechtsethik, 2. Aufl., 2011, zur Rechtsethik in der Grundrechtsauslegung *M. Mahlmann*, Elemente einer ethischen Grundrechtstheorie, 2008.

III. Die Struktur des Rechts

Pakistan, das Deliktsrecht Indiens ist nicht mit dem Deliktsrecht Frankreichs identisch. Es gibt aber fundamentale Strukturelemente, die sich in der einen oder anderen Form in verschiedenen Rechtssystemen finden. Die moderne Analyse des Rechts weist sogar darauf hin, dass es einige universale Elemente von Rechtsstrukturen gibt, die in konkreten Rechtssystemen modifiziert werden. Einige Grundelemente von Rechtsordnungen sollen nun skizziert werden.

1. Objektives Recht und subjektives Recht, Kompetenznormen, Organisationsnormen und Wertaussagen

Ein rechtliches System in diesem engeren Sinn wird zuerst aus dem *objektiven Recht* gebildet. Das objektive Recht bildet die Gesamtheit aller Rechtsnormen einer Rechtsordnung. Zu diesen Rechtsnormen gehören zunächst Gebote, Verbote und Erlaubnisse, insbesondere *subjektive Rechte*. Art. 7 BV formuliert ein Gebot an die staatliche Gewalt: „Die Würde des Menschen ist zu achten und zu schützen." Gleiches gilt für Art. 1 Abs. 1 GG: „Die Würde des Menschen ist unantastbar. Sie zu achten und zu schützen ist Verpflichtung aller staatlichen Gewalt." Art. 4 Abs. 1 EMRK schafft eine Verbotsnorm: „Niemand darf in Sklaverei oder Leibeigenschaft gehalten werden." Alle drei Normen enthalten auch subjektive Rechte, nämlich das Recht auf Achtung der Menschenwürde bzw. das Recht darauf, nicht in Sklaverei oder Leibeigenschaft gehalten zu werden. Der Begriff des subjektiven Rechts bildet ein Grundelement von Rechtsordnungen. Sein Gehalt ist bis heute umstritten. Klassisch ist etwa die Vorstellung, dass ein subjektives Recht ein von der Rechtsordnung verliehener rechtlicher Herrschaftsbereich sei. Die Willenstheorie definiert ein subjektives Recht als „eine von der Rechtsordnung verliehene Willensmacht oder Willensherrschaft",[19] die Interessentheorie subjektive Rechte als „rechtlich geschützte Interessen".[20] Beide Elemente wurden auch definitorisch verbunden, z.B.: „Das subjektive Recht ist daher die von der Rechtsordnung anerkannte und geschützte auf ein Gut oder Interesse gerichtete menschliche Willensmacht".[21]

Im Hintergrund dieser Debatten steht die Frage, inwieweit die Rechtsordnung einem menschlichen Willen unabhängig von bestimmten schützenswerten Interessenslagen Durchsetzungsmacht einräumen soll. Das war der Grund, warum *Rudolf v. Jhering* (1818–1892) die Interessentheorie letztlich entwickelt hat. Es geht um eine Beschränkung der unumschränkten Willensherrschaft von Personen.[22] Mit diesen klassischen Annäherungen ist allerdings die Frage, was unter einem subjektiven Recht zu verstehen ist, keineswegs abschließend beantwortet worden. Die Diskussion um die Natur von subjektiven Rechten läuft ungehindert weiter, wobei die Bedeutung individueller Wahlfreiheit gegenüber der klassischen Interessentheorie betont, aber auch Bedürfnisse einbezogen[23] oder Rechte grundsätzlich an gewichtige Interessen gebunden werden.[24] Für die moderne Debatte konstitutiv ist die Analyse *W. N. Hohfelds* (1879–1918).[25]

---

19 *B. Windscheid*, Lehrbuch des Pandektenrechts. Bd. 1, 9. Aufl., bearbeitet durch T. Kipp, 1906, Neudruck 1963, § 37, S. 156.
20 *R. v. Jhering*, Geist des römischen Rechts auf den verschiedenen Stufen seiner Entwicklung. Teil III, 1924, S. 337 ff., 339.
21 *G. Jellinek*, System der subjektiven öffentlichen Rechte, 2. Aufl., 1905, S. 44.
22 *R. v. Jhering*, Geist des römischen Rechts auf den verschiedenen Stufen seiner Entwicklung. Teil III, S. 338 f.
23 Vgl. z.B. *H. L. A. Hart*, Essays on Bentham. Studies in Jurisprudence and Political Theory, S. 80 ff.
24 Vgl. *J. Raz*, The Morality of Freedom, 1986, S. 165 ff.
25 *WN Hohfeld*, Fundamental Legal Conceptions as Applied in Legal Reasoning, Nachdruck der Ausgabe von 1964, 2004.

Ausgehend von der Beobachtung, dass unter dem Begriff des (subjektiven) Rechts sehr Unterschiedliches verstanden wird, versucht er, Elemente einer präziseren Begriffsbildung zu bestimmen. Wenn man diese Analyse zu Grunde legt, kann man als ein Ergebnis der Gegenwartsdiskussion festhalten, dass subjektive Rechte ein Bündel von komplexen normativen Positionen umfassen:

30 Ein subjektives Recht schafft zunächst ein spezifisches Dürfen, eine Erlaubnis eines Rechtssubjekts gegenüber einem oder mehreren Adressaten in bestimmter sachlicher Hinsicht. Diese Erlaubnis kann sich auf ein Tun oder Unterlassen beziehen, etwa im Bereich der Meinungsfreiheit auf die Äußerung einer Meinung oder eben auch auf das Unterlassen einer Meinungsäußerung. Handelt es sich um ein Leistungsrecht, kann der Rechtsträger etwas fordern oder empfangen, etwa die Gewährung des Existenzminimums, die aus Art. 12 BV bzw. Art. 1 GG hergeleitet wird. Beim Statusrecht geht es darum, dass die Bewahrung eines Zustandes, etwa der körperlichen Integrität im Bereich des Rechts auf Leben, gefordert werden kann. Rechte stellen den Rechtssubjekten Handlungen frei: Sie müssen die rechtlich erlaubten Handlungen nicht vollziehen, sie können sie aber in normativer Hinsicht vollziehen, sie sind ihnen grundsätzlich erlaubt. Der Adressat des Rechts hat dabei keinen Anspruch darauf, dass die durch das Recht freigestellten Handlungen vollzogen oder auch nicht vollzogen werden.

31 Dieser Position des Dürfens entspricht ein *Anspruch* des Subjekts des Rechts, das heißt, die rechtliche Fähigkeit, vom Adressaten des Rechts ein bestimmtes Verhalten (Tun oder Unterlassen) fordern zu können.[26] Er kann sich z.B. darauf beziehen, in der erlaubten Handlung oder Unterlassung nicht gestört zu werden, den Vollzug einer Leistung, etwa der Kaufpreiszahlung, verlangen zu können, oder darauf, in einem bestimmten Zustand nicht verletzt zu werden.

32 Auf der anderen Seite etabliert ein subjektives Recht eine Verpflichtung beim Adressaten gegenüber dem Rechtssubjekt. Der Staat ist etwa aufgrund der Meinungsfreiheit verpflichtet, einen Bürger oder eine Bürgerin nicht in der Meinungsäußerung zu stören.

33 Die wichtigsten subjektiven Rechte in modernen Rechtsordnungen sind die in Verfassungen verkörperten Grundrechte, die auch durch supranationale und völkerrechtliche Rechtsinstrumente geschützt werden. Im Bereich der Grundrechte wird die Frage, welchen Inhalt sie besitzen, durch die Definition ihres Schutzbereichs, ihrer Schranken sowie der Grenzen möglicher Beschränkungen bestimmt. Aber auch in anderen Rechtsbereichen gibt es fundamentale subjektive Rechte.

34 Subjektive Rechte werden in absolute und relative unterteilt. Ein absolutes subjektives Recht richtet sich gegen jedermann. Klassisches Beispiel dafür ist das Eigentum, wie es etwa in Art. 641 ZGB oder § 903 BGB geregelt wird.

35 Ein relatives Recht richtet sich nur gegen eine oder mehrere bestimmte Person(en), etwa der Anspruch des Verkäufers auf Zahlung des Kaufpreises, Art. 184 Abs. 1 OR oder § 433 Abs. 2 BGB. Ein solches Recht wird durch einen Vertrag erzeugt.

36 Subjektive Rechte werden in modernen Rechtsordnungen durch das objektive Recht gewährleistet. Für das wichtige Beispiel der Grundrechte gilt dies etwa für die klassische Ebene der Verfassung, in der Grundrechtskataloge zu finden sind, aber auch für transnationale Rechtsinstrumente, etwa die Kodifikationen des regionalen Menschen-

---

[26] § 194 Abs. 1 BGB enthält eine Legaldefinition des Anspruchs. Er bildet danach, das „Recht, von einem anderen ein Tun oder Unterlassen zu verlangen". Damit wird allerdings vorausgesetzt, dass klar ist, was ein „Recht", ein Tun oder Unterlassen zu verlangen, eigentlich bedeutet.

rechtsschutzes wie die EMRK oder die Interamerikanische Menschenrechtskonvention sowie universelle Menschenrechtsverbürgungen.

Eine Grundannahme der modernen Rechtskultur besteht darin, dass die grundlegenden subjektiven Rechte von Menschen, die sich konkret in Grundrechtskatalogen verkörpern, durch das objektive Recht nicht originär geschaffen werden. Selbstverständlich hängt der konkrete Gehalt von spezifischen subjektiven Rechten von der konkreten, unterschiedlichen rechtlichen Fassung ab, die ihnen in Grundrechtskatalogen gegeben wird. In der EMRK gibt es keine ausdrückliche Verbürgung des Rechts auf Schutz der Menschenwürde, wie – in unterschiedlicher Fassung – in Art. 7 BV[27] und Art. 1 Abs. 1 GG.[28] Dabei spielt die Auslegung von Grundrechten durch Gerichte eine wichtige Rolle: In der Schweiz etwa ist keine allgemeine Handlungsfreiheit anerkannt worden,[29] während diese in Deutschland einen Teil des Grundrechtssystems bildet.[30]

Die Frage ist aber, ob die Rechte, die hinter solchen Konkretisierungen stehen, nicht auch unabhängig von den Verbürgungen des objektiven Rechts Geltung beanspruchen können. Sie existieren insofern als moralische oder auch rechtsethisch begründete Rechte. Dies führt zum Problem des Verhältnisses von positivem und überpositivem Recht zurück, auf das bereits eingegangen wurde.

Subjektive Rechte sind von zentraler Bedeutung für eine Rechtsordnung. Im modernen Recht werden Rechtsnormen nicht zuletzt von der Grundrechtsordnung her konkretisiert. An ihnen werden in letzter Instanz, gesichert durch verschiedene verfassungsrechtliche und internationale Instrumente des Grundrechtsschutzes, die übrigen Elemente der Rechtsordnung gemessen. Dahinter steht ein fundamentaler normativer Individualismus, der eine Rechtsordnung an den legitimen rechtlichen Ansprüchen der Individuen orientiert. Kern dieses Individualismus ist der Begriff der menschlichen Würde, der noch näher erläutert werden soll (vgl. u. § 15 III.3).

Ein weiterer Normtyp sind *Kompetenznormen*, d.h. Normen, die die Fähigkeit schaffen, bestimmte Rechtsfolgen zu setzen. Art. 19 Abs. 1 OR sowie §§ 145 ff. BGB regeln ein Grundprinzip einer Vertragsrechtsordnung, die Vertragsfreiheit. Damit wird die Befugnis für die Vertragsparteien eröffnet, bestimmte Rechtsfolgen als Vertragswirkungen zu schaffen: Die Rechtslage wird entsprechend dem in den übereinstimmenden Willenserklärungen ausgedrückten Parteiwillen gestaltet und damit rechtliche Ansprüche und Verpflichtungen für die Parteien geschaffen. In modernen Grundrechtsordnungen fließt die Vertragsfreiheit in letzter Instanz aus grundrechtlichen Verbürgungen, die im Privatrecht konkretisiert werden, Art. 2 Abs. 1 GG[31] und (jedenfalls) Art. 27 BV.[32] Diese Kompetenznormen können die durch sie erzeugten rechtlichen Möglichkeiten qualifizieren oder begrenzen, z.B. indem Verträge, die gegen normative Maßstäbe wie die guten Sitten verstoßen, nichtig sind, Art. 20 Abs. 1 OR, § 138 Abs. 1 BGB.

Wichtige Kompetenznormen für die Staatstätigkeit bilden die Gesetzgebungskompetenzen, Art. 42 BV, Art. 70 ff. GG.

---

27 Vgl. dazu näher *M. Mahlmann*, Die Garantie der Menschenwürde in der Schweizerischen Bundesverfassung, AJP, 22 (2013), S. 1307 ff.
28 Vgl. *M. Mahlmann*, Elemente einer ethischen Grundrechtstheorie, S. 179 ff.
29 BGE 108 Ia 59 E. 4a, S. 61.
30 BVerfGE 6, 32, 36.
31 Vgl. z.B. BVerfGE 89, 214, 231; BVerfGE 95, 267, 303 f.
32 Vgl. *J. P. Müller/M. Schefer*, Grundrechte in der Schweiz, 4. Aufl., 2008, S. 1054.

42 *Organisationsnormen* bestimmen die innere Struktur rechtlich erzeugter Entitäten, z.B. juristischer Personen. Art. 10 Satzung des Europarates bestimmt etwa: „Die Organe des Europarates sind: i. Das Ministerkomitee; ii. Die Beratende Versammlung. Diesen beiden Organen steht das Sekretariat des Europarates zur Seite." Organisationsnormen begründen häufig auch Kompetenzen von Organen und implizieren Gebote oder Rechte.

43 Rechtssysteme enthalten auch Wertaussagen, d.h. Aussagen, die etwas als normatives Gut ausweisen.[33] Diese Wertaussagen sind regelmäßig durch bestimmte Normen impliziert und müssen durch Auslegung gewonnen werden. Die Menschenwürde hat in der Schweiz etwa die „Bedeutung eines Leitsatzes für jegliche Staatstätigkeit".[34] In Deutschland ist die Menschenwürde oberster Verfassungswert und Konstitutionsprinzip der Rechtsordnung.[35] Dieses Beispiel zeigt auch, dass solche Wertaussagen mit einer Gewichtung des Gutes einhergehen. Ein Rechtsgut wird nicht nur als solches identifiziert, sondern es wird auch ausgesagt, wie bedeutsam es ist. Dies ist bei der Abwägung von Rechtspositionen, etwa bei der Prüfung der Rechtfertigung von Grundrechtseingriffen als einem zentralen Element der Entscheidung von Rechtsfragen, von fundamentaler Bedeutung, wie noch näher erläutert werden wird (vgl. u. § 6 VII).

2. Rechtssubjekt und Rechtsobjekt

44 In einem Rechtssystem werden die Verhältnisse von *Rechtssubjekten* zueinander und ihre Verhältnisse zu *Rechtsobjekten* normativ geordnet. *Rechtssubjekt* ist, wer Träger von Rechten und Pflichten sein kann. Dies wird auch als Rechtsfähigkeit bezeichnet, vgl. Art. 11 ZGB. Personen im spezifisch juristischen Sinn sind: natürliche Personen (Menschen) sowie die juristischen Personen, wobei zwischen Körperschaften, Anstalten und Stiftungen unterschieden, die Stiftung aber auch zu den Anstalten gezählt wird, so in der Schweiz, Art. 52 f. ZGB. Körperschaften sind Personenzusammenschlüsse mit mitgliedschaftlicher Struktur, die einen gemeinsamen Zweck verfolgen und einen autonomen Willen bilden. Anstalten sind bestimmten Zwecken gewidmete, in einer Organisationseinheit zusammengefasste Sach- und Personalmittel. Stiftungen sind ein einem bestimmten Zweck gewidmetes Vermögen, deren Stiftungshandeln dem Stiftungszweck dient. Juristische Personen existieren im Privatrecht,[36] öffentlichen Recht[37] und Völker-

---

33 Wie dieses Element einer Rechtsordnung genau gefasst werden kann, wird intensiv diskutiert. Einen einflussreichen Vorschlag bildet die Prinzipientheorie, vgl. *R. Dworkin*, Taking Rights Seriously, 1977, S. 22 ff.; *R. Alexy*, Theorie der Grundrechte, 1985.
34 BGE 127 I 6 E. 5b, S. 14.
35 Vgl. BVerfGE 5, 85, 204; BVerfGE 6, 32, 36; BVerfGE 70, 155, 170.
36 Dazu gehören in der Schweiz: der Verein (Art. 60 ZGB ff.), die Aktiengesellschaft (Art. 620 ff. OR), die Kommandit-AG (Art. 764 ff. OR), die Gesellschaft mit beschränkter Haftung (GmbH, Art. 772 ff. OR), die Genossenschaft (Art. 828 ff. OR) sowie, als Anstalt, die Stiftung (Art. 80 ff. ZGB); und in Deutschland: der eingetragene Verein (eV, § 21 BGB i.V.m. § 65 BGB), die Aktiengesellschaft (AG, § 1 Abs. 1 S. 1 AktG), die Kommanditgesellschaft auf Aktien (§ 278 AktG), die Gesellschaft mit beschränkter Haftung (GmbH, § 13 Abs. 1 GmbHG), die eingetragene Genossenschaft (eG, § 17 Abs. 1 GenG) sowie die Stiftung des bürgerlichen Rechts (§ 80 Abs. 2 BGB), neben weiteren Sonderformen.
37 Körperschaften des öffentlichen Rechts üben in der Regel Hoheitsgewalt aus, um eigenständig unter staatlicher Aufsicht öffentliche Aufgaben zu erfüllen. Sie werden durch Hoheitsakt, durch Gesetz oder aufgrund von Gesetz errichtet. Bei Gebietskörperschaften ergibt sich die Mitgliedschaft aus dem ständigen rechtmäßigen Aufenthalt auf einem bestimmten Territorium. Gebietskörperschaften bilden etwa die Bundesrepublik Deutschland und die Schweizerische Eidgenossenschaft. Bei Personalkörperschaften ergibt sich die Mitgliedschaft durch bestimmte Eigenschaften von Personen. Öffentlichrechtlich organisierte Studentenschaften bilden deshalb Personalkörperschaften. Rechtsfähige Anstalten des öffentlichen Rechts sind etwa die ETH in der Schweiz oder die öffentlichrechtlichen Rundfunk- und Fernsehanstalten in Deutschland (die

recht.[38] Sie wurden rechtliche Fiktionen[39] genannt, aber auch als „reale Verbandspersönlichkeiten"[40] angesehen. Sie sind rechtliche Kunstgebilde, die bestimmten Zielen dienen, die die Art ihrer rechtlichen Konstituierung bestimmen. Juristische Personen bezwecken, die Grundlage für das strukturierte gemeinschaftliche Handeln von Individuen, die Zuweisung von Verantwortung und ein Zuordnungssubjekt von Rechten und Pflichten zu schaffen. Dieser Charakter von juristischen Personen hat praktische Auswirkungen, etwa bei der Erstreckung von Grundrechten auf juristische Personen: Diese ist letztlich daran zu messen, ob sie einen Beitrag dazu leistet, die Grundrechte von natürlichen Personen zu verwirklichen, die in ganz unterschiedlicher Form hinter einer juristischen Person stehen. Juristische Personen handeln durch ihre *Organe*.

Rechtsobjekt ist jeder Gegenstand, der aufgrund der Rechtsordnung Gegenstand von Rechten und Pflichten sein kann. Dazu gehören Sachen, aber auch Immaterialgüter (z.B. Patente, Marken, Werke) und bestimmte Rechte (z.B. dingliche Rechte oder Forderungen). Tieren, die früher als Sachen angesehen wurden, wird in modernen Rechtsordnungen eine Sonderstellung eingeräumt (vgl. Art. 641a ZGB und § 90a BGB). Es gibt eine rege Debatte, ob Tieren nicht Rechtssubjektivität eingeräumt werden solle.

45

3. Rechtsverhältnis, rechtsgestaltende Akte und Realakte

Ein *Rechtsverhältnis* besteht in der rechtlichen Beziehung von zwei oder mehreren Rechtssubjekten zueinander in einem rechtlich gestalteten Lebensverhältnis. Rechtliche Beziehungen zu Rechtsobjekten – z.B. Eigentum an einem Fahrrad – implizieren rechtliche Beziehungen zu anderen Rechtssubjekten – z.B. die Pflicht Dritter, den Eigentümer in seinem Eigentumsgebrauch nicht zu stören.

46

Die Rechtsverhältnisse von Individuen können in bestimmten Bereichen durch *Rechtsakte* gestaltet werden. Im öffentlichen Recht kann dies durch Verwaltungsakte oder Verwaltungsverfügungen geschehen.[41] Rechtsverhältnisse können auch durch *Rechtsgeschäfte* gestaltet werden. Ein Rechtsgeschäft besteht in mindestens einer Willenserklärung (Willensäußerung) einer oder mehrerer Personen, die allein oder mit anderen Tatbestandsmerkmalen eine Rechtsfolge (die Begründung, Änderung oder Aufhebung eines Rechts oder Rechtsverhältnisses) herbeiführt. Bei einseitigen Rechtsgeschäften bedarf es lediglich der Willenserklärung eines Rechtssubjekts (z.B. Kündigung), bei zwei- oder mehrseitigen Rechtsgeschäften der Willenserklärungen mehrerer Rechtssubjekte (z.B. beim Abschluss eines Vertrages). Rechtsgeschäfte sind zentral für das gesam-

47

SRG ist ein Verein nach Art. 60 ff. ZGB). Stiftungen des öffentlichen Rechts sind etwa die Stiftung „Pro Helvetia" in der Schweiz oder die Stiftung „Preußischer Kulturbesitz" in Deutschland.

38 Z.B. internationale Organisationen wie die UN, der Europarat oder die WTO, vgl. dazu u. § 7.
39 Vgl. C. F. v. Savigny, System des heutigen römischen Rechts. Bd. II, 1840, S. 239, 278.
40 O. v. Gierke, Die Genossenschaftstheorie und die deutsche Rechtsprechung, 1887, S. 11; vgl. auch ders., Personengemeinschaften und Vermögensbegriffe im den Entwurfe eines Bürgerlichen Gesetzbuches für das Deutsche Reich, 1889, S. 6 („reale Gesamtpersönlichkeit"), 9 („Verbandsperson"), 40 („Verbandseinheit").
41 Vgl. Art. 5 Abs. 1 VwVG-CH: „Als Verfügungen gelten Anordnungen der Behörden im Einzelfall, die sich auf öffentliches Recht des Bundes stützen und zum Gegenstand haben: a. Begründung, Änderung oder Aufhebung von Rechten oder Pflichten; b. Feststellung des Bestehens, Nichtbestehens oder Umfanges von Rechten oder Pflichten; c. Abweisung von Begehren auf Begründung, Änderung oder Aufhebung oder Feststellung von Rechten oder Pflichten, oder Nichteintreten auf solche Begehren." § 35 VwVfG-D: „Verwaltungsakt ist jede Verfügung, Entscheidung oder andere hoheitliche Maßnahme, die eine Behörde zur Regelung eines Einzelfalls auf dem Gebiet des öffentlichen Rechts trifft und die auf unmittelbare Rechtswirkung nach außen gerichtet ist. Allgemeinverfügung ist ein Verwaltungsakt, der sich an einen nach allgemeinen Merkmalen bestimmten oder bestimmbaren Personenkreis richtet oder die öffentlich-rechtliche Eigenschaft einer Sache oder ihre Benutzung durch die Allgemeinheit betrifft."

te Vertragsrecht. Die Rechtsordnung räumt hier den Rechtssubjekten die Befugnis ein, über die rechtliche Bindung, die sie treffen, grundsätzlich selbst zu entscheiden. Das ist Ausdruck eines fundamentalen Elements menschlicher Freiheit, der Privatautonomie, die heute regelmäßig grundrechtlich gesichert ist, etwa durch entsprechende Freiheitsrechte, wie bereits angemerkt wurde. Die damit eingeräumte Gestaltungsmacht von Rechtssubjekten ist allerdings nicht unbegrenzt und kann es rechtstheoretisch nicht sein, denn in einer Rechtsordnung geht es unter anderem darum, den Rechtssubjekten nicht nur Freiheitssphären einzuräumen, sondern diese Freiheitssphären gemeinschaftsverträglich zu umgrenzen. Die Freiheit, die in einer Rechtsordnung gesichert werden soll, ist eine, die universalisiert werden, das heißt, auf alle Rechtssubjekte erstreckt werden kann. Auch die Privatautonomie von Individuen ist deswegen begrenzt, wie ebenfalls bereits angedeutet wurde (vgl. o. § 3 II). Ein Ausdruck dieser Begrenzung ist, dass es in jeder Rechtsordnung zwingendes Recht gibt, das der Dispositionsmacht der Einzelnen entzogen ist, worauf sogleich einzugehen ist.

48 Im modernen Verwaltungsrecht können auch *verwaltungsrechtliche Verträge* zwischen verschiedenen rechtsfähigen Verwaltungsträgern oder zwischen Verwaltungsträgern und Privaten geschlossen werden.

49 *Prozesshandlungen* setzen Rechtsfolgen in Gerichtsverfahren. *Realakte* sind Akte, die rechtlich relevant sein können, aber selbst keine Rechtsfolgen schaffen. Ein rechtlich relevanter Realakt ist z.B. eine Ohrfeige, weil sie u.a. strafrechtliche Folgen haben kann.

4. Zwingendes Recht und dispositives Recht

50 *Zwingendes Recht* gilt unabhängig vom Willen der Rechtssubjekte in jedem Fall. Es kann vom Einzelnen nicht abgeändert oder außer Kraft gesetzt werden. Ein Verstoß gegen zwingendes Recht führt regelmäßig zur Nichtigkeit des betreffenden Rechtsverhältnisses.[42] Aber auch andere Rechtsfolgen sind möglich, wie z.B. Anpassung[43] an zwingendes Recht.[44] *Dispositives* – oder auch nachgiebiges – *Recht* gilt nur, wenn von den Rechtssubjekten keine andere Regelung getroffen wurde. Es ist also privatautonom abänderbar. Es ist regelmäßig Frage der Auslegung, welches Recht zwingenden Charakter hat und welches dispositiv ist, wenn dies manchmal auch ausdrücklich in den Normen angeordnet wird.[45]

51 Um die angedeutete Umgrenzung von Freiheitssphären zu verwirklichen, aber auch zum Schutz von anderen Rechtsgütern sind viele Rechtsmaterien als zwingendes Recht ausgestaltet. Strafrechtliche Normen können etwa von Rechtssubjekten nicht nach Be-

---

42 Vgl. z.B. Art. 129 OR i.V.m. Art. 20 OR (Nichtigkeit einer vertraglichen Abänderung der Verjährungsfristen); Art. 9 Abs. 3 S. 2 GG: „Abreden, die dieses Recht [zur Wahrung und Förderung der Arbeits- und Wirtschaftsbedingungen, Vereinigungen zu bilden] einschränken oder zu behindern suchen, sind nichtig, hierauf gerichtete Maßnahmen sind rechtswidrig."
43 BGer vom 24.8.2011, 4A_261/2011: Lohnunterschiede zwischen Mann und Frau sind nur dann zulässig, wenn objektive und gewichtige Gründe für eine Ungleichbehandlung sprechen (i.c. rechtfertigten Deutsch- und Fachkenntnisse einen auf eine Vollzeitstelle gerechneten 50% höheren Lohn nicht, weshalb unter Berücksichtigung von Qualifikationsunterschieden eine Lohnangleichung erfolgte).
44 Vgl. z.B. bei einer Diskriminierung aufgrund des Alters die „Anpassung nach oben" an den Lohn der nichtdiskriminierten Arbeitnehmer, BAG 10.11.2011 – 6 AZR 148/09.
45 Vgl. z.B. Art. 34 Abs. 2 OR („Ein vom Vollmachtgeber zum voraus erklärter Verzicht auf dieses Recht [jederzeitige Beschränkung und Widerruf] ist ungültig.") oder § 547 Abs. 2 BGB („Bei einem Mietverhältnis über Wohnraum ist eine zum Nachteil des Mieters abweichende Vereinbarung [über die Erstattung von im Voraus entrichteter Miete] unwirksam.").

lieben abgeändert werden. Ihr Sinn ist es ja gerade, bestimmte sozial einzuhaltende Mindestnormen zu definieren und mit dem staatlichen Strafinstrumentarium durchzusetzen. Auch das öffentliche Recht bildet regelmäßig zwingendes Recht, wenn es auch bestimmte Bereiche gibt, in denen – etwa durch Verwaltungsverträge – spezifische Modifizierungen denkbar sind. Zentrale Normen sind aber nicht abänderbar. Offensichtlich können etwa Grundrechte weder vom Staat noch den Grundrechtsunterworfenen abgeändert oder aufgegeben werden, weil sie ja gerade rechtlich geschützte Mindestpositionen garantieren sollen. Auch auf überstaatlicher Ebene gibt es zwingendes Recht. Im Völkerrecht existiert die Rechtsfigur des *ius cogens*, das besonders wichtige und allgemein, d.h. von fast allen Staaten anerkannte Normen des Völkergewohnheitsrechts umfasst. Dazu gehören heute etwa das Verbot der Folter, der Sklaverei, des Völkermordes und der Rassendiskriminierung oder das Gebot des *Non-refoulement*. In der Schweiz sind die zwingenden Bestimmungen des Völkerrechts auch ein Begriff des nationalen Verfassungsrechts, Art. 139 Abs. 3, Art. 193 Abs. 4, Art. 194 Abs. 2 BV, der viele Auslegungsprobleme aufwirft, u.a. ob er deckungsgleich mit dem völkerrechtlichen Begriff des *ius cogens* ist oder einen autonomen Sinn besitzt. Er begrenzt die Möglichkeit der Verfassungsrevision.

In dem Begriff des *ius cogens* verkörpert sich die Idee, dass auch auf internationaler Ebene Normen existieren, die selbst ganze Staaten aufgrund von autonomer Entscheidung nicht abändern können. Die Souveränität der Staaten findet hier also eine normative Grenze, ebenso wie zwingendes Recht die Gestaltungsfreiheit anderer Rechtssubjekte im innerstaatlichen Recht einschränkt. Das bedeutet, dass selbstverständlich auch die Souveränität von demokratisch strukturierten Gesellschaften durch diese Normen inhaltlich beschränkt wird. Ein demokratischer Entscheid etwa, der die Folter in einem bestimmten staatlichen Gemeinwesen legalisieren würde, würde gegen das *ius cogens* auf völkerrechtlicher Ebene verstoßen. Ein Verstoß gegen *ius cogens* verletzt regelmäßig Pflichten gegenüber allen Staaten (*erga omnes*). Jeder Staat kann deshalb die Beendigung der Rechtsverletzung und Wiedergutmachung verlangen. Dieses Beispiel illustriert, dass auch eine demokratisch getroffene Entscheidung, sei sie direktdemokratisch durch die Mehrheit der Stimmbürger oder durch repräsentative legislative Organe gebildet worden, rechtswidrig sein kann. Demokratische Willensbildung enthebt nicht der Achtung vor grundlegenden Rechtsprinzipien.

5. Rechtsgüter

Das Recht schützt regelmäßig *Rechtsgüter*. Rechtsgüter sind diejenigen Güter, um deren Schutz oder Verwirklichung willen rechtliche Regelungen geschaffen und angewandt werden.[46] Die Tötungsdelikte des Strafrechts schützen beispielsweise das Rechtsgut Leben. Die nachvollziehbare Bestimmung von Rechtsgütern ist von großer praktischer Bedeutung. Ein wichtiger Aspekt der Weiterentwicklung von Recht besteht darin, zu überprüfen, ob bestehende oder neue Regelungen tatsächlich Rechtsgütern dienen, deren Schutz gerechtfertigt ist. Die Einsicht, dass z.B. die Strafbarkeit für einvernehmliche homosexuelle Handlungen von Erwachsenen kein Rechtsgut schützt, wohl aber die Autonomie der Betroffenen verletzt, hat etwa zur Abschaffung der entsprechenden Strafnormen geführt, in der Schweiz 1942, in Deutschland 1994.

---

46 Vgl. zur Diskussion um „legally protectable interests" *J. Feinberg*, The Moral Limits of the Criminal Law. Vol. I: Harm to Others, 1984, S. 61 ff.

6. Formelles und materielles Recht

54 Das Rechtssystem besteht aus *formellem* und *materiellem Recht*. Das materielle Recht legt fest, welche konkreten Rechte und Pflichten bestehen, beispielsweise durch das ZGB und OR bzw. das BGB in privatrechtlicher Hinsicht oder in den jeweiligen StGB der Schweiz und Deutschlands. Das formelle Recht legt fest, wer in welchen Verfahren Recht setzen kann und wie materielles Recht durchgesetzt wird. Die schweizerische Bundesverfassung regelt beispielsweise die Gesetzgebung des Bundes in Art. 163 ff., das deutsche Grundgesetz in Art. 70 ff. Die Rechtsdurchsetzung wird im Verfahrens-, Vollstreckungs- und Prozessrecht geregelt.[47]

IV. Gesetz und Normenhierarchie

55 *Gesetze* sind generell-abstrakte Normen, die Rechte und Pflichten begründen, ändern oder aufheben. Sie sind generell, weil sie nicht nur für bestimmte Personen, sondern für jedermann gelten. Sie sind abstrakt, weil sie nicht nur einen konkreten Sachverhalt, sondern eine Vielzahl von Fällen regeln.

56 *Formelle* Gesetze sind generell-abstrakte Rechtsnormen, die von der Legislative im (verfassungs-)rechtlich vorgeschriebenen Verfahren gesetzt worden sind (z.B. Art. 140 f., 163 ff. BV: Erlass der Bundesversammlung unter Mitwirkung des Volkes (obligatorisches/fakultatives Referendum); Art. 77 ff. GG: Beschlüsse des Bundestages unter Zustimmung des Bundesrates).

57 *Materielle* Gesetze sind generell-abstrakte Rechtsnormen, unabhängig davon, von wem sie erlassen wurden. Materielle Gesetze sind deshalb z.B. auch Verordnungen.

58 Es gibt aber auch andere terminologische Weichenstellungen: Nach Art. 164 Abs. 1 BV sind „alle wichtigen rechtsetzenden Bestimmungen in der Form des Bundesgesetzes", d.h., nach obiger Terminologie als Gesetz im formellen Sinn (und nicht etwa nur als Verordnung) zu erlassen. Diese Regelung wird auch als materieller Gesetzesvorbehalt bezeichnet und in ihrem Zusammenhang entsprechend von einem materiellen Gesetzesbegriff gesprochen, dessen Inhalt sich aber nicht mit der obigen Begriffsbestimmung von materiellen Gesetzen deckt, sondern auf die Regelung des Art. 164 BV bezogen ist. Man muss aufgrund dieser Bedeutungsunterschiede also deutlich machen, in welchem Sinn man den Begriff des materiellen Gesetzes verwendet. Diese unterschiedlichen Terminologien sind ein gutes Beispiel für die Schwierigkeiten der juristischen Sprache. Die Regelung in Art. 164 BV entspricht der in der Rechtsprechung des Bundesverfassungsgerichts (BVerfG) entwickelten Wesentlichkeitstheorie, wonach wesentliche, insbesondere grundrechtsrelevante Regelungen eines formellen Gesetzes bedürfen.[48]

59 Verschiedene Normen können Rechtsfolgen aussprechen, die nicht miteinander vereinbar sind. Eine Norm kann z.B. etwas erlauben, was eine andere verbietet. Man spricht dann von Normkollisionen. Normkollisionen werden durch Vorrangregeln gelöst, die die Normen in eine hierarchische Ordnung bringen (*Normenhierarchie*).

60 Die Normenhierarchie ergibt sich zum einen aus dem Geltungsrang der betreffenden Norm. Bundesrecht geht z.B. kantonalem Recht vor, Art. 49 Abs. 1 BV, Bundesrecht

---

[47] In der Schweiz regeln etwa die ZPO, StPO und das VwVG verfahrens-, vollstreckungs- und prozessrechtliche Fragen. Auf dem Wege der Schuldbetreibung werden die Zwangsvollstreckungen durchgeführt, welche auf eine Geldzahlung oder eine Sicherheitsleistung gerichtet sind, Art. 38 Abs. 1 SchKG. In Deutschland sehen ZPO, StPO, VwVfG, VwGO oder GVG Regelungen des Verfahrens-, Prozess- oder Vollstreckungsrechts vor.
[48] Vgl. z.B. BVerfGE 33, 125, 163.

bricht Landesrecht, Art. 31 GG. Auch die Art des Erlasses ist relevant: Die Verfassung ist normhierarchisch über dem Gesetz (im formellen Sinn), das Gesetz über der Verordnung angesiedelt. Das Verhältnis von Völkerrecht und nationalem Recht wirft besondere Probleme auf (vgl. u. § 7 V.4).

Es gibt aber auch zeitliche und sachliche Vorrangregeln: Neuere Normen gehen den älteren vor (*lex posterior derogat legi priori*), spezielle den allgemeineren (*lex specialis derogat legi generali*). Diese Regeln sind nur dann relevant, wenn nicht der Geltungsrang die Normenkollision klärt. Sie gelten nicht ausnahmslos, wie gerade das Verhältnis von einzelstaatlichem und supra- sowie internationalem Recht illustriert, worauf noch näher eingegangen werden soll.

V. Dogmatik und Grundlagen des Rechts

Das Recht wird in der *Rechtsdogmatik* entfaltet. Dieser Begriff ist durchaus umstritten, weil er die falsche Assoziation erwecken kann, dass es um unmittelbar gegebene und womöglich autoritativ gesetzte Inhalte geht, die nicht kritisch hinterfragt werden dürfen. In diesem Sinne ist juristische Dogmatik aber nicht zu verstehen. Der Begriff wird hier deswegen in einem anderen Sinne verwendet.

Juristische Dogmatik – oder auch Doktrin – bedeutet die systematische Entfaltung des Gehalts des positiven Rechts durch rechtswissenschaftliche Rationalität beanspruchende Argumente. Dieser technische Begriff der „Dogmatik" hat nichts mit einem Alltagsverständnis zu tun, das Dogmatik als Bezeichnung von gegen Kritik immunisierte Ideen und Gedankensysteme auffasst. In die juristische Dogmatik fließen eine Vielzahl von Argumenten ein, die die Bedeutung der konkreten Regelungen zu bestimmen versuchen. Diese Argumente sind grundsätzlich offen für Kritik. Es gibt kein von vornherein feststehendes oder nicht veränderbares Verständnis bestimmter Rechtsmaterien. Die juristische Dogmatik ist deshalb eine offene, auf der Kraft der überzeugenderen Argumente beruhende Disziplin.

Dass die Bestimmung von Rechtsinhalten das Ergebnis intensiver Auseinandersetzungen mit verschiedenen Rechtsverständnissen ist, dass die Inhalte von Recht nicht einfach klar und gegeben sind, dass zum Recht Begründung und Überzeugungskraft gehört, illustriert gerade die *Rechtsgeschichte* eindringlich. Es ist ein bemerkenswertes Charakteristikum der Geschichte der verschiedenen Rechtszivilisationen, mit welchem außerordentlichen intellektuellen Aufwand rechtliche Argumente entwickelt wurden (vgl. u. § 10). Der Inhalt von Recht wurde und wird selbstverständlich häufig genug nicht allein aufgrund von guten Gründen festgelegt, sondern aufgrund von anderen Faktoren wie einflussreichen Interessen und dem Willen mächtiger sozialer Akteure. Die Qualität der Argumente spielte aber in der Entwicklung des Rechts eine nicht zu vernachlässigende Rolle und war nicht nur vereinzelt ausschlaggebend für ihren praktischen Erfolg.

Juristische Dogmatik bemüht sich, die Auslegung von Recht widerspruchslos zu gestalten. Sie ist aber nicht nur auf formale Konsistenz gerichtet, sondern auch darauf, bestimmte fundamentale Wertungsgesichtspunkte in einem Rechtssystem konsequent zur Geltung zu bringen. Sie dient nicht zuletzt dem Gebot der Gerechtigkeit, gleich gelagerte Fälle auch gleich zu behandeln. Die Dogmatik gliedert sich entsprechend den verschiedenen Rechtsmaterien in privatrechtliche, öffentlichrechtliche, strafrechtliche sowie europarechtliche und völkerrechtliche Überlegungen. In der Rechtswissenschaft treten die Grundlagendisziplinen hinzu. Dazu gehört die Rechtsgeschichte, die die historische Entwicklung von Rechtsordnungen darstellt und reflektiert. Die *Rechtsphilosophie* und *Rechtstheorie* entfalten die Grundbegriffe und Grundstrukturen der Rechtsordnung systematisch und legitimieren normative Leitgesichtspunkte. Zu ihren Themen gehört auch, welche erkenntnistheoretischen Grundlagen normative Urteilsakte innerhalb eines Rechtssystems haben. Materiell sind die Rechtsphilosophie und Rechtstheorie deswegen heute insbesondere mit Fragen der Gerechtigkeit, der Begründung der Menschenrechte und Demokratie oder der internationalen Ordnung befasst.

66 Die *Methodenlehre* versucht, systematisch zu entfalten, wie Recht angewandt wird. Sie führt – wie zu zeigen sein wird (s.u. § 8) – zwangsläufig zu Rechtsphilosophie und Rechtstheorie, da in letzter Instanz methodisch abgesicherte Aussagen ohne philosophische und theoretische Vertiefung nicht gewonnen werden können. Die Rechtsphilosophie und -theorie sind deshalb reflexive Kerndisziplinen der Rechtswissenschaft.

67 Die *Rechtssoziologie* befasst sich mit den Wirkungen der Gesellschaft auf das Recht und den Wirkungen des Rechts auf die Gesellschaft. Sie bedeutet eine wichtige Perspektivenerweiterung. Das Recht wird hier nicht nur als ein substanzieller Sinnzusammenhang verstanden, sondern als soziale Realität. Es gibt auch noch andere wissenschaftliche Perspektiven auf das Recht, wie etwa die Rechtspsychologie oder Rechtsanthropologie, die sich mit weiteren Aspekten des Rechts befassen.

68 Die juristische Dogmatik ist eng mit den Grundlagendisziplinen verbunden, die insbesondere über die geschichtlichen Voraussetzungen des gegebenen Rechts aufklären und seine soziale Realität bedenken. Sie formulieren weiter Maßstäbe für eine richtige Rechtsanwendung in der Methodenlehre – oder, etwas moderner formuliert, Methodentheorie. Sie reflektieren die normativen Strukturen und Wertungen systematisch und liefern in der Rechtsphilosophie und -theorie die letztlich entscheidenden Gründe für die Grundwertungen des Rechts.

69 Um ein modernes Rechtssystem zu verstehen, ist es von zentraler Bedeutung, diese Rolle der Dogmatik zu erfassen. Es geht in der Rechtsanwendung nicht nur um das Auffinden von Rechtsnormen, die dann mechanisch angewandt werden. Es geht vielmehr darum, aufgrund von häufig unklaren, unbestimmten rechtlichen Normen in der rechtswissenschaftlichen Arbeit ein überzeugendes Verständnis dieser Rechtsnormen zu entwickeln. Rechtswissenschaftliche Arbeit und die praktische Rechtsanwendung sind deswegen ein kreatives, höchst anspruchsvolles und in hohem Masse wertungsgeladenes Unterfangen, dessen geistiger Anspruch manchmal unterschätzt wird.

VI. Die Sprache des Rechts

70 Die Sprache des Rechts ist gewöhnungsbedürftig und dies nicht nur im Deutschen. Sie ist manchmal von technischer, trockener Nüchternheit und beschränkt auf Wesentliches. Manchmal ist sie auch von ausladender Ausführlichkeit. Sie formuliert abstrakt und ist zuweilen voller Wiederholungen. Die Bedeutung von juristischen Fachausdrücken wird häufig nicht eindeutig bestimmt. Eine Ausnahme bilden *Legaldefinitionen*, d.h. die Definition eines Begriffs durch das Gesetz.[49] Solche Definitionen sind nicht selten zirkulär: Die erläuterten Begriffe werden durch sich selbst erklärt – ein Mangel,

---

[49] Bspw. Art. 21 Abs. 2 IPRG-CH („Als Sitz einer Gesellschaft gilt der in den Statuten oder im Gesellschaftsvertrag bezeichnete Ort. Fehlt eine solche Bezeichnung, so gilt als Sitz der Ort, an dem die Gesellschaft tatsächlich verwaltet wird."), Art. 5 Abs. 1 GTG-CH („Organismen sind zelluläre und nichtzelluläre biologische Einheiten, die zur Vermehrung oder zur Weitergabe von Erbmaterial fähig sind. Ihnen gleichgestellt sind Gemische, Gegenstände oder Erzeugnisse, die solche Einheiten enthalten.").

VI. Die Sprache des Rechts

der sich in der Kommentarliteratur manchmal wiederholt.[50] Die Bedeutung von juristischen Ausdrücken muss deshalb durch Auslegung erschlossen werden. Die juristische Fachsprache verwendet Wörter der Umgangssprache, aber nicht notwendig in der Bedeutung der Umgangssprache. Alltagsbegriffe wie Besitz, Betrug oder Mord haben als juristische Begriffe eine engere, spezifischere Bedeutung als im gewöhnlichen Gebrauch.

Nicht zuletzt *Spezialgebiete* des Rechts sind durch eine hohe Technizität der Ausdrucksweise[51] gekennzeichnet. Eine besondere Eigenschaft der Rechtssprache ist die Verwendung lateinischer Fachausdrücke, die durch den großen Einfluss des römischen Rechts auf die Entwicklung des europäischen Rechts und die Funktion des Lateinischen als internationale Verkehrssprache über Jahrhunderte hinweg erklärt werden kann. Eine lateinische Fassung eines Rechtsgedankens macht diesen nicht tiefsinniger oder überzeugender. Die Verwendung dieser Ausdrücke hat aber den Vorteil, in bestimmten Bereichen sogar international eine gemeinsame Rechtsterminologie zu gebrauchen.

71

Eine weitere Schwierigkeit besteht darin, dass ein und derselbe Rechtsbegriff in verschiedenen Rechtsgebieten eine unterschiedliche Bedeutung besitzen kann – z.B. die strafrechtliche Schuld i.S.v. Verantwortung, Art. 14 ff. StGB-CH, § 20 StGB-D, und iS einer Verbindlichkeit in Art. 68 ff. OR, §§ 241 ff. BGB.

72

Die Rechtssprache beansprucht einerseits, eine präzise Fachsprache zu sein, will andererseits aber auch verständlich sein. Es ist sogar ein Grundgebot von Rechtsstaatlichkeit, dass der Gehalt von Normen transparent ist, da sich sonst die Normadressaten nicht an ihnen orientieren können. Dieses Spannungsverhältnis ist nicht leicht aufzulösen. In der Praxis wird das Gebot transparenter Normsetzung nur unvollkommen eingelöst. Der konkrete Regelungsgehalt kaum einer Norm ist heute ohne Weiteres ohne juristische Kenntnisse verständlich. Unvertraute Rechtsnormen erschließen sich auch Fachjuristen oftmals nur nach gründlicher Beschäftigung mit einem Regelungsbereich. Das ist zu einem gewissen Grade in einem differenzierten und hochspezialisierten Rechtssystem unausweichlich. Das sollte offen eingeräumt werden; man kann vieles tun für die Verständlichkeit von Recht. Es ist aber eine Illusion, zu glauben, man könne modernes Recht durchweg so fassen, dass es unmittelbar für jedermann verständlich ist.

73

Die rechtliche Sprache ist nicht frei von der Gefahr, in einen prätentiösen Rechtsjargon zu verfallen. Solche sprachlichen Posen sollten aber vermieden werden, da in rechtlichen Argumentationen in letzter Instanz nur Gründe und nichts anderes zählen dürfen.

74

---

50 § 21 Abs. 1 GO NRW-D („Einwohner [der Gemeinde] ist, wer in der Gemeinde wohnt.") oder § 3 Abs. 1 der Ersten Verordnung zur Änderung der Ersten Bezügeanpaßungs-Übergangsverordnung, 1. BezAnpÜÄndV-D (außer Kraft seit 15.7.2016) („Die einmalige Zahlung wird für jeden Berechtigten nur einmal gewährt.").
51 Vgl. z.B. die Risikobewertung von Organismen in § 5 Abs. 2 GenTSV-D („Werden subgenomische Nukleinsäureabschnitte überführt, die für hochwirksame Toxine kodieren, ist bei der Zuordnung zu den Risikogruppen zu berücksichtigen, dass sich das Gefährdungspotential des gentechnisch veränderten Organismus gegenüber dem Spenderorganismus erhöhen kann.") oder auch Art. 28 Abs. 1 S. 1 StHG-CH: „Ist eine Kapitalgesellschaft oder Genossenschaft zu mindestens 10 Prozent am Grund- oder Stammkapital oder am Gewinn und an den Reserven einer anderen Gesellschaft beteiligt oder haben ihre Beteiligungsrechte einen Verkehrswert von mindestens einer Million Franken, so ermäßigt sich die Gewinnsteuer im Verhältnis des Nettoertrages aus den Beteiligungsrechten zum gesamten Reingewinn."

§ 6 Ordnungen des Rechts

Literatur: *Aristoteles*, Politik, übersetzt und mit erklärenden Anmerkungen versehen v. E. Rolfes, mit einer Einleitung v. G. Bien, 4. Aufl., 1981; *I. Berlin*, Nationalism. Past Neglect and Present Power, in: ders., Against the Current. Essays in the History of Ideas, ed. by H. Hardy, 1989, S. 333 ff.; *J. Bodin*, Les six Livres de la République, Nachdruck der Ausgabe von 1583, 1977; *A. V. Dicey*, Introduction to the Study of the Law of the Constitution, 8th ed., 1915; *R. Dworkin*, Justice for Hedgehogs, 2011; *U. Häfelin/W. Haller/H. Keller/D. Thurnherr*, Schweizerisches Bundesstaatsrecht, 10. Aufl., 2020; *G. W. F. Hegel*, Grundlinien der Philosophie des Rechts, 1986; *H. Heller*, Die Souveränität. Ein Beitrag zur Theorie des Staats- und Völkerrechts, in: ders., Gesammelte Schriften. Bd. 2, 1971, S. 31 ff.; ders., Staatslehre, 6. Aufl., 1983; *G. Jellinek*, Allgemeine Staatslehre, 3. Aufl., 1914, Nachdruck 1959; *I. Kant*, Die Metaphysik der Sitten, in: ders., Kant's gesammelte Schriften. Herausgegeben von der Königlich Preußischen Akademie der Wissenschaften. Bd. VI, 1914, S. 203 ff.; *H. Kelsen*, Das Problem der Souveränität und die Theorie des Völkerrechts, 2. Aufl., 1928; ders., Reine Rechtslehre, 2. Aufl., 1960; *R. Kiener/W. Kälin/J. Wyttenbach*, Grundrechte, 3. Aufl., 2018; *T. Kingreen/R. Poscher*, Grundrechte. Staatsrecht II, 37. Aufl., 2021; *J. Madison/A. Hamilton/J. Jay*, The Federalist Papers, ed. by I. Kramnick, 1987; *J. P. Müller/M. Schefer*, Grundrechte in der Schweiz, 4. Aufl., 2008; *Platon*, Politeia (Der Staat), in: ders., Sämtliche Werke. Bd. 4, auf der Grundlage der deutschen Übersetzung v. F. Schleiermacher bearbeitet durch D. Kurz und hrsg. v. G. Eigler, 2005; *J. Raz*, The Authority of Law, 2nd ed., 2009; *E. Renan*, Qu'est-ce qu'une nation?, 2e éd., 1882; *M. Rosenfeld/A. Sajó* (eds.), The Oxford Handbook of Comparative Constitutional Law, 2012; *F. v. Savigny*, System des heutigen römischen Rechts. Bd. I und II, 1840, Nachdruck 1981; *W. Vitzthum/A. Proelß* (Hrsg.), Völkerrecht, 8. Aufl., 2019.

I. Ein Leitmodell des Rechts

1 Recht ist nicht an Staatlichkeit gebunden, denn über weite Perioden der Geschichte ist das Recht nicht im Rahmen einer staatlichen Ordnung entwickelt worden. Recht ist auch ohne Demokratie durchaus denkbar und sogar überwiegend aus anderen als demokratisch rückgebundenen Quellen entstanden, etwa lang anhaltender, für verbindlich gehaltener Übung wie im Gewohnheitsrecht, durch die Entscheidungen einer Gruppe von autorisierten Rechtsspezialisten wie im römischen Recht oder im *common law*, durch als göttliche Setzungen verstandene Normen oder den Oktroi von Monarchen und anderen Autokraten. Ein Staat muss zudem kein Rechtsstaat sein, jedenfalls wenn man den Staatsbegriff hinreichend weit und den Rechtsstaatsbegriff entsprechend anspruchsvoll fasst. Staatliches Recht, wenn es existiert, ist schließlich nicht notwendig an eine Verfassung oder Grundrechte gebunden oder gar Zielen der sozialen Gerechtigkeit oder – die neueste Entwicklung – der Erhaltung der natürlichen Lebensgrundlagen der Menschen und der Integrität der Umwelt verpflichtet.

2 Dennoch ist in der Gegenwart das Ordnungsmodell des grundrechtsgebundenen, demokratischen Rechtsstaates, der ein Verfassungsstaat ist und sich sozialer und ökologischer Verantwortung verbunden weiß, zu einer Art Leitmodell oder Idealtyp einer vernünftigen rechtlichen Ordnung geworden. Dieses Ordnungsmodell ist zudem in eine internationale Rechtsordnung eingebunden, die selbst wiederum Grundideen von rechtlicher Bindung von Macht, der Verwirklichung menschlicher Autonomie, von politischer Mitbestimmung, des Schutzes von grundlegenden Rechten, der Verpflichtung zu einem Mindestmaß mitmenschlicher Solidarität und das Ziel der Erhaltung einer intakten Umwelt ihrem Anspruch nach verwirklichen will. Die Praxis vieler Staaten und der internationalen Gemeinschaft ist weit entfernt, diese Ziele einzulösen. Immerhin wurden sie aber formuliert.

Das wirft die Frage auf, warum die Idee einer Leitordnung gerade diese spezifische Form angenommen hat und ob dies gerechtfertigt ist. Diese Frage soll in zwei Schritten beantwortet werden. Zunächst geht es darum, die normativen Grundelemente der Idee eines demokratischen, grundrechtsgebundenen Verfassungsstaates nicht erschöpfend, aber soweit zu entfalten, dass ihr spezifischer und in langen und manche Opfer fordernden Auseinandersetzungen gewonnener Gehalt kenntlich gemacht wird. In einem zweiten Schritt sollen einige der tieferen normativen Fundamente der Kernideen genannt werden, was im Rahmen der späteren rechtsethischen Überlegungen geschehen wird (vgl. u. §§ 14, 15).

Wenn im Folgenden die normative Ordnungsidee des demokratischen, grundrechtsgebundenen Verfassungsstaates behandelt wird, ist damit nicht die Behauptung verbunden, den letzten denkbaren Gipfelpunkt der Suche nach einer gerechten Gesellschaft benannt zu haben. Rechtsordnungen verfolgen im Übrigen, wenn sie wohlberaten sind, nicht derartig hochgesteckte Ziele. Rechtsordnungen können nicht das Paradies auf Erden verwirklichen. Das Ziel der Überlegungen ist deshalb viel bescheidener. Es geht nur, aber immerhin darum, die diesem Modell zugrunde liegenden Ideen als Mindestbedingungen einer gerechtfertigten politischen Ordnung auszuzeichnen, hinter die nicht zurückgefallen werden darf. Die Zukunft ist politisch und rechtlich offen, man sollte sich aber davor hüten, bei den neuen Wegen, die eingeschlagen werden, die Bedeutung der Ideen zu unterschätzen, die demokratischer, grundrechtsgebundener Verfassungsstaatlichkeit unterliegen. Diese Ordnungsidee ist in einem langen historischen Prozess entstanden und kann in einer ihr ungewogenen Zukunft auch wieder untergehen. Der Preis, der dafür zu entrichten sein würde, wäre hoch.

II. Staat

1. Staat als Rechtsbegriff und soziale Wirklichkeit

Der Begriff Staat bezieht sich auf verfestigte, institutionalisierte Formen politischer Organisation. Aber welche Eigenschaften muss ein solcher Verband besitzen, um als Staat bezeichnet werden zu können? Ab wann kann man überhaupt von Staatlichkeit sprechen und welche politischen Verbände werden heute davon erfasst?

Das Muster der Begriffsbildung vieler Bestimmungen des Inhalts des Staatsbegriffs ist der spezifische politische Verband der Neuzeit, der sich insbesondere unter dem französischen Absolutismus ausprägt. Politische Organisationsstrukturen verfestigen sich, die Verwaltung wird effizienter gestaltet, der Staat wird nicht mehr als bloßer Personenverband verstanden. Allmählich entwickelt sich die Vorstellung unpersönlicher Herrschaft – wechselnde Personen füllen dauerhaft verankerte Ämter aus und üben Staatsgewalt aus, die aber nicht an ihre Person gebunden ist. Der Staat wird an ein bestimmtes, regelmäßig geschlossenes Territorium mit einer Gesamtheit von Personen gebunden, die der Staatsgewalt unterworfen sind. Personale Bindungen wie in der Lehensgesellschaft werden durch territorial umgrenzte unpersönliche, durch Staatsorgane ausgeübte Staatsgewalt ersetzt.

Die drei konstitutiven Elemente des Staates sind entsprechend nach klassischer Auffassung Staatsvolk, Staatsgebiet und Staatsgewalt.[1] Entsprechende Regelungen finden sich

---

1 Vgl. *G. Jellinek*, Allgemeine Staatslehre, 3. Aufl., 1914, Nachdruck 1959, S. 183.

im Völkerrecht.² Das Staatsvolk bildet die Gesamtheit der Staatsbürgerinnen und -bürger. Die Staatsgewalt wird dabei als souverän aufgefasst, d.h., sie ist keiner anderen Hoheitsgewalt unterworfen und kann die Reichweite ihrer eigenen Regelungsbefugnis bestimmen (Kompetenzhoheit oder auch Kompetenz-Kompetenz). Die Souveränität von Staaten wird allerdings in der Gegenwart durch die internationale Integration von Staaten in supra- und internationale Verbände unter Abgabe von Herrschaftsrechten rechtlich eingeschränkt. Faktisch wird die Souveränität durch die vielfältigen politischen und wirtschaftlichen Faktoren begrenzt, die den Handlungsspielraum auch der mächtigsten Staaten z.T. erheblich beschneiden. Der Begriff der Souveränität selbst wirft schließlich weitreichende, für das Verständnis der Grundlagen von Rechtsordnungen wichtige Fragen auf, auf die noch näher eingegangen wird (vgl. u. § 6 III).

8 Die Bildung von Mindestbedingungen für die Existenz eines Staates ist durchaus sinnvoll, nicht zuletzt weil in bestimmten Rechtsbereichen ein Staat von anderen Organisationszusammenhängen von Menschen abgegrenzt werden muss. Dies gilt etwa für das Völkerrecht, wenn es um die Staatenanerkennung geht. Ein bei ihm monopolisierte Hoheitsgewalt ausübender, auf Dauer angelegter, territorial beschränkter Verband einer Vielzahl von Menschen ist jedenfalls ein Staat.

9 Man kann sich aber fragen, ob die Begrenzung des Staatsbegriffs aus staatstheoretischer Sicht auf die Neuzeit sinnvoll ist. Auch in anderen Zeiten gab es politische Verbände, die derartig verfestigte und institutionalisierte Organisationsformen besaßen, dass man sie ohne historischen Anachronismus als Staat bezeichnen kann – etwa in der europäischen und außereuropäischen antiken Welt.

10 Die staatlichen Strukturen und Institutionen werden heute in entwickelten Staaten durch rechtliche Regeln erzeugt. Dies hat die Frage aufgeworfen, ob Staaten in diesen rechtlichen Regelungen aufgehen, Staaten also eigentlich nichts als Rechtsgebilde seien.³ Das ist insofern zweifelhaft, als Staaten auch einen faktischen Organisationszusammenhang von Menschen bilden, dem Territorien, Gebäude usw zugeordnet sind. Dieser Organisationszusammenhang wird durch das soziale Handeln von Menschen aufrechterhalten, was sich spätestens dann deutlich zeigt, wenn ein Staat untergeht (s. u. § 11).

2. Staat und Staatsräson

11 Ein Staat ist ein Machtgebilde. Staaten waren über lange Zeiten hinweg ein Instrument von Einzelpersonen wie Monarchen und sozialen Oligarchien, beispielsweise Aristokraten, um ihre persönliche Herrschaft auszuüben, und in ihrem Handeln den Zwecken dieser Interessenträger, nicht dem Gemeinwohl verpflichtet. Staaten wurden erst allmählich demokratisiert. Bis heute sind viele weit davon entfernt, im Grundsatz je-

---

2 Vgl. Montevideo-Konvention (http://www.oas.org/juridico/english/treaties/a-40.html) vom 26.12.1933, die im Art. 1 vorschreibt: „The state as a person of international law should possess the following qualifications: a) a permanent population; b) a defined territory; c) government, and d) capacity to enter into relations with the other states". Die ersten drei Bedingungen entsprechen auch Völkergewohnheitsrecht.
3 *H. Kelsen*, Das Problem der Souveränität und die Theorie des Völkerrechts, 2. Aufl., 1928, S. 11 f.: „Die grundsätzliche und wohl unanfechtbare Position, von der *hier* ausgegangen wird und deren Anerkennung vom Leser beansprucht wird, ist die: *daß der Staat, insoferne er Gegenstand der Rechtserkenntnis ist, insoferne es überhaupt eine Staatsrechtslehre gibt, von der Natur des Rechtes, d.h. entweder die Rechtsordnung selbst oder ein Teil derselben sein muß, weil eben „rechtlich" nichts anderes begriffen werden kann als das Recht, und den Staat rechtlich begreifen* (das ist wohl der Sinn der Staatsrechtslehre) *nichts anderes heißen kann, als den Staat als Recht begreifen.*" (Herv. i. Org.); vgl. auch ebd. S. 22 ff.

denfalls dem Gemeinwohl verpflichtete Demokratien zu sein. Staaten können auch als Selbstzweck erscheinen: Ein ideengeschichtlich bedeutendes Beispiel ist *Georg Wilhelm Friedrich Hegel* (1770–1831), der in seiner Rechtsphilosophie den Staat zur Realität der Sittlichkeit erhob. Der Staat ist aus seiner Sicht die Verkörperung des höchsten Gutes, objektiver Geist, der sich über die Interessen und normativen Ansprüche der Einzelnen weit erhebt.[4]

Ein Begriff, der in der politischen Geschichte und Theorie immer wieder eine Rolle gespielt hat und der mit einer solchen Überhöhung von Staatlichkeit verbunden sein kann, ist der Begriff der *Staatsräson*. Damit kann die genannte Idee verbunden sein, dass der Staat als solcher einen Eigenwert besitze, der sich gegen die Interessen von Einzelnen berechtigt durchsetze. In dieser Vorstellung lauern zwei Gefahren: Erstens besteht die Gefahr, dass sich hinter der vermeintlichen Staatsräson Partikularinteressen verbergen, die sich zu ihrer Durchsetzung dieser Idee bedienen, weil sie die Staatsmacht dauerhaft oder zum gegebenen Zeitpunkt kontrollieren. Zweitens ergibt sich das grundsätzliche Problem, dass individuellen Interessen und Rechten gegenüber anderen Zielen nicht entscheidendes Gewicht beigemessen wird, wie es gerade eine Grundrechtsordnung fordert.

Dass Staatsstrukturen in der Vergangenheit und Gegenwart als Machtinstrumente, z.B. in autoritären Regimen, missbraucht werden, heißt allerdings nicht, dass jede Staatlichkeit unausweichlich in Machtmissbrauch verstrickt und letztlich unvereinbar mit menschlicher Freiheit wäre, wie es von bestimmten anarchistischen oder von rechts-libertären Positionen aus behauptet wird. Mittel, dies sicherzustellen, sind gerade die hier durchdachten Elemente legitimer Rechtsordnungen wie Rechtsstaatlichkeit, Verfassung, Grundrechtsordnung, Gewaltenteilung oder Demokratie und ein politischer Gebrauch dieser Instrumente, der staatliche Gewalt menschenfreundlichen Zwecken zuwendet. Dies ist die zentrale These, die hier entfaltet wird.

3. Staat, Nation und internationale Ordnung

Im Laufe der Neuzeit wurden staatliche Strukturen in Europa mit der Idee von Nationen verbunden und die Idee des Nationalstaates geboren. Diese Idee war allerdings nie konkurrenzlos. Die Praxis politischer Verbandsordnungen blieb vielfältig und war keineswegs durchgehend an dieser Idee orientiert. Damit stellt sich die Frage nach dem Verhältnis von Staat und womöglich anderen überstaatlichen Rechtsordnungen und dem Nationenbegriff.

Die Idee von Nationen kann, muss aber nicht zu Nationalismus führen. Nationalismus bildet eine politische Bewegung, die Nationen zu politischer Geltung verhelfen will, häufig mit den Mitteln eines eigenen Staates. Es gibt aber auch andere Lösungen, etwa föderalistische oder solche, die als Nationen begriffenen Menschengruppen eine mehr oder minder entwickelte Autonomie in einem übergreifenden Verbandszusammenhang verleihen.

Der politische Nationalismus hat eine zwiespältige Natur. Auf der einen Seite richtet er sich in der Geschichte und Gegenwart auf die Emanzipation von bestimmten Menschengruppen, auch von Minderheiten, die sich in bestimmten Staaten nicht selbstbestimmt entfalten können oder gar – wie im Kolonialismus – von anderen Staaten beherrscht werden. Auf der anderen Seite hat der Nationalismus zu vielen gewalttätigen

---
4 Vgl. *G. W. F. Hegel*, Grundlinien der Philosophie des Rechts, 1986, § 258.

und kriegerischen Auseinandersetzungen geführt, im Ersten Weltkrieg nicht weniger als in den Kriegen im ehemaligen Jugoslawien in Europa vor nicht allzu langer Zeit.

17 Der Begriff der Nation kann dabei vieles meinen. Die Diskussion um seinen Inhalt und seine politische, moralische und rechtliche Bedeutung wird deshalb auch in der Gegenwart intensiv geführt, nicht zuletzt angeregt durch die neu ausgebrochenen nationalistischen, z.T. kriegerischen Konflikte.[5]

18 Auch Nationalismen sind heterogene Phänomene. Politisch besonders wichtig sind Formen des Nationalismus, in denen in der einen oder anderen Form die folgenden Leitideen eine prägende Rolle spielen: Grundannahme ist die Idee, dass es spezifische, durch benennbare Eigenschaften in wesentlichen Zügen unterschiedene Menschengruppen gebe, die eine Einheit bildeten und einen Wertträger verkörperten, der eine von den einzelnen Menschen unabhängige Existenz und einen intrinsischen, nicht von den Rechten von Personen abgeleiteten Wert besitze. Die Gruppenzugehörigkeit bestimme wesentlich die Eigenschaften der Gruppenangehörigen, insbesondere ihre Identitäten und Werte. Der Fortbestand oder die Entwicklung dieser Entität sei eine Quelle oberster moralischer und politischer Ziele. Diesem Wertträger gegenüber bestünden spezifische Verpflichtungen. Die Zugehörigkeit zur Gruppe schaffe gleichzeitig besondere Rechte. Regelmäßig wird eine Hierarchie von Nationen gebildet, in der die jeweils eigene der Nationalismen einen besonderen Rang einnimmt, was sie legitimiere, ihre Interessen privilegiert durchzusetzen. Dass eine bestimmte Handlung, ein Ziel, eine Wertung Ausdruck der Nationaleigenschaften sei, gilt bereits als Grund, diese Handlungen, Ziele oder Wertungen unabhängig von anderen Maßstäben, der politischen Rationalität oder moralischen Prinzipien etwa, für gerechtfertigt zu halten: „[T]his outlook entails the notion that one of the most compelling reasons, perhaps the most compelling, for holding a particular belief, pursuing a particular policy, serving a particular end, living a particular life, is that these ends, beliefs, policies, lives are *ours*."[6]

19 Um den Gehalt dieser Position genauer untersuchen zu können, stellen sich verschiedene Fragen. Die erste lautet: Was macht Nationen eigentlich aus? Biologistische Theo-

---

5 Vgl. z.B. E. *Gellner*, Nations and Nationalism, 1983; A. D. *Smith*, National Identity, 1991; R. *McKim*/J. *McMahan* (eds.), The Morality of Nationalism, 1997; N. *Miščević*, Nationalism and Beyond, 2001; D. *Miller*, On Nationality, 1995; *ders.*, National Responsibility and Global Justice, 2007.

6 Vgl. z.B. die vier bekannten Merkmale von Nationalismus bei I. *Berlin*, Nationalism. Past Neglect and Present Power, in: *ders.*, Against the Current. Essays in the History of Ideas, ed. by H. Hardy, 1989, S. 341 ff.: „By nationalism, I mean something more definite, ideologically important and dangerous: namely the conviction, in the first place, that men belong to a particular human group, and that the way of life of the group differs from that of others; that the characters of the individuals who compose the group are shaped by, and cannot be understood apart from, those of the group, defined in terms of common territory, customs, laws, memories, beliefs, language, artistic and religious expression, social institutions, ways of life, to which some add heredity, kinship, racial characteristics; and that it is these factors which shape human beings, their purposes and their values. Secondly, that the pattern of life of a society is similar to that of a biological organism; that what this organism needs for its proper development [...] constitutes its common goals; that these goals are supreme; in case of conflict with other values, which do not derive from the specific ends of a specific 'organism' – intellectual or religious or moral, personal or universal – these supreme values should prevail, since only so will the decadence and ruin of the nation be averted. [...] Thirdly, this outlook entails the notion that one of the most compelling reasons, perhaps the most compelling, for holding a particular belief, pursuing a particular policy, serving a particular end, living a particular life, is that these ends, beliefs, policies, lives are *ours*. [...] Finally, by a development which need cause no surprise, full-blown nationalism has arrived at the position that, if the satisfaction of the needs of the organism to which I belong turns out to be incompatible with the fulfilment of the goals of other groups, I, or the society to which I indissolubly belong, have no choice but to force them to yield, if need be by force." (Herv. i. Org.), Zitat S. 342.

rien, die von vererblichen Gruppeneigenschaften ausgehen und im 20. Jahrhundert zu gewalttätigem Rassismus führten, sind wissenschaftlich und politisch gründlich diskreditiert, wenn sie auch politisch wirkungsmächtig waren und geblieben sind. Nationen werden deshalb vor allem unter Rückgriff auf historische Hintergründe und spezifische sozio-kulturelle Eigenarten definiert. Sprachen spielen dabei eine gewisse Rolle, wobei allerdings die Definition von Sprachen von politischen Grenzziehungen selbst in hohem Masse abhängt.

Ein historisches Beispiel für Behauptungen von unterschiedenen Merkmalen von Nationen in diesem Sinn bildet etwa die behauptete Differenz von französischer politischer Zivilisation und deutscher Kultur, wobei Erstere eine gewisse oberfläche Geschliffenheit, Letztere geistige Tiefe bedeute, jedenfalls aus Sicht von deutschen Autoren selbst vom Rang *Thomas Manns* (1875–1955), der die zur französischen politischen Zivilisation gehörende „demokratische Aufklärung" für „psychisch widerdeutsch" hielt.[7] Solche Zuschreibungen haben Thomas Mann selbst allerdings schon bald nicht mehr überzeugt und er hat entsprechend seine Meinungen grundlegend revidiert. Er wurde deswegen in der Weimarer Republik zum Kritiker der „national-aristokratische[n] Naivität und Selbstgenügsamkeit", „der Enge, der Verstocktheit und des provinziellen Winkels" der Deutschtümelei und während der Herrschaft der Nationalsozialisten auch aus diesem Grund zu einem ihrer prominentesten Gegner.[8]

Solche Thesen zu vorgeblichen Nationaleigenschaften sind dennoch aufschlussreich. Sie illustrieren, wie gegenstandslos und vorurteilsgeladen die Zuschreibung von Weseneigenschaften zu Menschengruppen sein und dennoch zur Vertiefung von Konflikten beitragen kann, konkret den ideologischen Formationen, die zusammen mit anderen Faktoren Menschen in den Ersten Weltkrieg trieben.

Ein Problem bildet auch die Quelle der Zugehörigkeit zu einer Nation. Ist diese Zugehörigkeit unabhängig vom eigenen Wollen gegeben, ein Schicksal sozusagen, oder beruht sie auf einer freiwilligen Entscheidung? Menschen sind ja freie Akteure, die ihr Leben selbst gestalten. Eine berühmte Aussage zum Nationenbegriff verweist auf

---

7 Vgl. *T. Mann*, Betrachtungen eines Unpolitischen, in: ders., Gesammelte Werke. Bd. XII: Reden und Aufsätze 4, 1990, S. 31 f.: „Im Nachlaß Nietzsche's fand man eine unglaublich intuitionsvolle Bestimmung der ‚Meistersinger'. Sie lautet: ‚Meistersinger – Gegensatz zur Zivilisation, das Deutsche gegen das Französische.' Die Aufzeichnung ist unschätzbar. Im blendenden Blitzschein genialischer Kritik steht hier auf eine Sekunde der Gegensatz, um den dieses ganze Buch sich müht, – der aus Feigheit viel verleugnete, bestrittene und dennoch unsterblich wahre Gegensatz von Musik und Politik, von Deutschtum und Zivilisation. Dieser Gegensatz bleibt auf seiten des Deutschtums eine nur zögernd einzugestehende Tatsache des Gemütes, etwas Seelisches, nicht verstandesmäßig Erfaßtes und darum Unaggressives. Auf seiten der Zivilisation aber ist er politischer Haß: Wie könnte es anders sein? Sie ist Politik durch und durch, ist die Politik selbst, und auch ihr Haß kann immer nur und muß sofort politisch sein. Der politische Geist als demokratische Aufklärung und ‚menschliche Zivilisation' ist nicht nur psychisch widerdeutsch; er ist mit Notwendigkeit auch politisch deutschfeindlich, wo immer er walte."

8 Vgl. z.B. die Rede Thomas Manns zum sechzigsten Geburtstag seines Bruders Heinrich Mann, die neben einer Würdigung eine Selbstkritik bildet, weil Heinrich Mann während des Ersten Weltkrieges gerade als Beispiel eines französischen „Zivilisationsliteraten" erschienen war, *T. Mann*, Vom Beruf des deutschen Schriftstellers in unserer Zeit, in: ders., Gesammelte Werke. Bd. X: Reden und Aufsätze 2, 1990, S. 312: „Nur deutsch, das ist klein-deutsch, das ist nicht welt-deutsch, das ist Deutschtum geringer und verkümmerter Art. Keine Anti-universalistische Bewegung, und sei sie noch so populär für ein paar Jahrzehnte, kann daran etwas ändern, und mit höherem Fug dürfen wir ihren militanten Trägern den Vorwurf des Undeutschen zurückgeben. Wenn es ihn je gegeben hat, den deutschen Meister ohne Welt, ohne Europa im Blut – heute kann es ihn gar nicht geben; in einer Welt, die überall die Mauern national-aristokratischer Naivität und Selbstgenügsamkeit in vollem Abbau begriffen sieht, in einem geistig und bald wohl auch wirtschaftlich-politisch zusammenwachsenden Europa wäre ein Meistertum der Enge, der Verstocktheit und des provinziellen Winkels eine weinerliche Erscheinung." (Herv. i. Org.)

Letzteres: Keine der gängigen Gründe – weder Rasse, Sprache, Interessen, Religion, Geographie oder militärische Notwendigkeiten lägen einer Nation zugrunde. Geteilte humane Eigenarten dürften nicht vergessen werden: „il y a la raison, la justice, le vrai, le beau, qui sont les mêmes pour tous."[9] Das Sich-selbst-Einpferchen in nationalistische Enge sei auch wenig attraktiv: „On quitte le grand air qu'on respire dans le vaste champ de l'humanité pour s.'enfermer dans des conventicules de compatriotes".[10] Eine Nation werde tatsächlich nicht durch die behaupteten Merkmale, sondern durch ein tägliches Plebiszit, ein „plébiscite de tous les jours" erzeugt, das den Willen ausdrücke, das gemeinsame Leben in der Vergangenheit in der Zukunft fortzusetzen.[11]

23   Ein weiteres Problem bildet die Frage, ob Nationen einen Eigenwert besitzen und wenn ja, warum das der Fall und – wie häufig angenommen – dieser sogar grösser sein soll, als der Wert von Individuen. Im politischen Raum dienen solche Argumente nicht selten dazu, den Vorrang einer Gruppe zu begründen und Forderungen gegenüber anderen aus diesem Vorrang, z.B. auf Territorien, abzuleiten, die den Interessen dieser Gruppe dienen. Wenn man von der Gleichwertigkeit von Menschen ausgeht, spricht nichts für diese Argumente einer Vorzugsstellung bestimmter Gruppen. Es gibt aber auch andere, ernster zu nehmende Gründe, die für den Eigenwert von Nationen angeführt werden. Nationen seien insbesondere die Quelle von Identitäten und Werten.[12] Nur in nationalen Gemeinschaften könnten sich Menschen entfalten. Die Vielfalt der Nationen sei ein kultureller Gewinn, jede Nation deshalb ein intrinsischer Wert.

24   Forderungen nach der Anerkennung von Nationen und der Schaffung politischer Formen ihrer Fortexistenz werden auch durch die Idee kollektiver Selbstbestimmung begründet: Eine Frage politischer Gerechtigkeit und Autonomie steht damit zur Debatte.

25   Wie können diese aufgeworfenen, schwierigen Fragen beantwortet werden? Wenn man über Nation und Nationalismus sowie die Bedeutung dieser Ideen und Strömungen für eine zukunftsfähige Konzeption von Staat und internationalen Rechtsordnungen nachdenkt, muss man jedenfalls versuchen, berechtigte Anliegen, die sich in den Debatten um Nation und Nationalismus ausdrücken, ernst zu nehmen, ohne aber eine Saat für Gruppenhass zu säen.[13] Gleichzeitig darf nicht vergessen werden, dass Menschen auf

---

9   *E. Renan*, Qu'est-ce qu'une nation?, 2e éd., 1882, S. 18.
10 *E. Renan*, Qu'est-ce qu'une nation?, S. 21.
11 *E. Renan*, Qu'est-ce qu'une nation?, S. 27.
12 Dies ist insbesondere die Aussage der kommunitaristischen Tradition, vgl. z.B. *A. MacIntyre*, Is Patriotism a Virtue?, in: M. Daly (ed.), Communitarianism. A New Public in Ethics, 1994, S. 312: „Indeed the case for treating patriotism as a virtue is now clear. *If* first of all it is the case that I can only apprehend the rules of morality in the version in which they are incarnated in some specific community; and *if* secondly it is the case that the justification of morality must be in terms of particular goods enjoyed within the life of particular communities; and *if* thirdly it is the case that I am characteristically brought into being and maintained as a moral agent only through the particular kinds of moral sustenance afforded by my community, *then* it is clear that deprived of this community, I am unlikely to flourish as a moral agent. Hence my allegiance to the community and what it requires of me – even to the point of requiring me to die to sustain its life – could not meaningfully be contrasted with or counterposed to what morality required of me. Detached from my community, I will be apt to lose my hold upon all genuine standards of judgement." (Herv. i. Org.).
13 Vgl. *R. Dworkin*, Justice for Hedgehogs, S. 324: „Many people do believe, as I do not, that their racial, ethnic, religious, and linguistic connections bestow associational rights and obligations. [...] But the idea of these special rights and obligations has been and remains a powerful source of evil. Throw a dart at a spinning globe, and the odds are good that it will land where tribes of race, religion, or language are killing each other and destroying their communities in the name of some supposed group right or destiny. These hatreds may be as enduring as they are destructive, and we should have no illusions that they will disappear or even ebb from human affairs."

jeden Fall zu einer Gruppe gehören: der Menschheit, die ein Leben auf der Erde mit seinen Schwierigkeiten, Zwiespältigkeiten und Versprechen teilt.

Menschen sind in politischen Verbänden organisiert, in denen politische Entscheidungen getroffen und Leistungen erbracht werden, die Wirkungen haben, Verantwortungszusammenhänge, Verpflichtungen und Rechte schaffen und allmählich eine politische Geschichte schreiben, die Hintergrund der Entwicklungen der Zukunft ist. Kulturelle Faktoren schaffen einen Rahmen für den Fortgang der Dinge. Die Frage ist dabei nicht, ob das Leben in Gemeinschaften, in denen Bindungen und Rechte entstehen, für Menschen wichtig ist. Die Frage ist auch nicht, ob kulturelle Vielfalt ein Gewinn ist und es ein Anliegen sein muss, kulturelle Errungenschaften zu pflegen und am Leben zu erhalten. Erst recht muss nicht lange begründet werden, dass es viele verschiedene berechtigte Lebensformen gibt und es an den freien Entscheidungen der Menschen liegt, welche sie verfolgen. Dies ist alles ganz selbstverständlich. Die Frage ist vielmehr, ob ein bestimmtes Verständnis von Nation und ihres Wertes bei der Verwirklichung dieser Ziele hilfreich ist oder nicht und welche Folgen das für die Konzeption von Staat und internationalen Rechtsordnungen hat.

Wichtig ist zunächst, einen vielschichtigeren Begriff menschlicher Kulturen und Gemeinschaften zu bilden, als er manchen Formen des Nationalismus unterliegt. Menschliche Kulturen sind keine natürlichen, unveränderlichen Gegebenheiten, sondern historisch gewachsene veränderliche Ausdrucksformen menschlicher Kreativität. Selbstverständlich gibt es kulturelle Traditionen und Gemeinsamkeiten unter Menschen. Die Menschen, die in einem Staat zusammengeschlossen sind, bilden aber keine homogene Gemeinschaft, sondern sind selbst (zum Glück) durch unterschiedliche Lebensweisen ausgezeichnet. Individuelle Lebensweisen überschreiten zudem politische Grenzen von Staatsgebilden.

Menschliche Kulturen leben dabei vom Austausch. Dürer haben die Farben Bellinis, die er in Venedig kennenlernte, die Augen für neue ästhetische Möglichkeiten geöffnet. Shakespeare war eine zentrale Inspirationsquelle der Entwicklung des deutschsprachigen Dramas. Picasso wurde von afrikanischer Kunst zu Werken angeregt, die Meilensteine des Aufbruchs in die ästhetische Moderne bilden. Giacometti rezipierte altägyptische und etruskische Kunst auf seinem Weg zu Skulpturen, die das Menschenbild der Gegenwart prägen. Goethe dachte am Ende seines Lebens über den Begriff der „Weltliteratur" als Inbegriff von einer auf Austausch und wechselseitige Aneignung angelegten Literatur nach.[14] Keller lässt Heinrich Lee sagen: „Glücklich aber, wer in seinem Lande ein Spiegel seines Volkes sein kann, der nichts widerspiegelt, als dies Volk, indessen dieses selbst nur ein kleiner heller Spiegel der weiten lebendigen Welt ist!"[15] Die Wichtigkeit dieses Austausches gilt natürlich auch für andere Sphären des menschlichen Lebens als der Kunst, ja selbst für den Alltag der Menschen – von Sushi in Olten bis zur Pizza in New York.

Menschen werden selbstverständlich in einen Lebenszusammenhang hineingeboren, den sie sich nicht aussuchen. Was sie aus diesem persönlichen Hintergrund machen, ist aber ihre Angelegenheit. Seine gegebene Gestalt ist zudem keine unbeeinflussbare

---

14 Vgl. *J. W. v. Goethe*, Über Kunst und Altertum. Sechsten Bandes erstes Heft, 1827, in: ders., Werke. Hamburger Ausgabe. Bd. 12: Schriften zur Kunst und Literatur. Maximen und Reflexionen, textkritisch durchgesehen und kommentiert v. H. J. Schrimpf, S. 361 ff., sowie die folgenden Anmerkungen zum Begriff Weltliteratur.
15 *G. Keller*, Der Grüne Heinrich, hrsg. v. T. Böning und G. Kaiser, 2004, S. 889.

Grenze des eigenen Lebensentwurfs, sondern wird laufend neu gestaltet und verändert. Auch die Erhaltung – häufig sehr wichtig – von kulturellen Errungenschaften ist nur möglich, wenn die Einzelnen sich diese selbstständig aneignen, beispielsweise die eines demokratischen Rechts- und Verfassungsstaates, um die es hier geht.

30 Werte und Identitäten müssen am Ende von Individuen gebildet werden, auf häufig gar nicht leicht zu beschreitenden Pfaden. Sie können nicht von behaupteten Nationaleigenschaften geborgt werden. Menschliche Gemeinschaften können wichtige Werte in ihrem Alltagsleben verkörpern, vorleben und anziehend machen, etwa Respekt vor der Würde von Menschen, Toleranz, Sinn für Freiheit oder gegenseitige Unterstützungsbereitschaft. Wenn es gelingt, ist das eine große Errungenschaft. Damit diese Werte lebendig bleiben, müssen sie aber Menschen mit der Kraft der Gründe, die für sie sprechen, überzeugen können. Bloße Anpassung an das Gegebene reicht dazu nicht aus. Die Anpassung an Gruppeneigenschaften ist kein Ersatz für die Bildung von Werten durch die eigene autonome Urteilskraft und eine Identität, die aus dem eigenen Selbst und seinem inneren Leben stammt.

31 Menschliche Persönlichkeiten sind in vielem unterschieden. Manche Lebenswelt anderer Menschen kann einem zutiefst fremd bleiben. Manchmal gibt es sogar gute Gründe, alles zu tun, damit bestimmte Auffassungen von der richtigen Form menschlichen Lebens nicht die Oberhand gewinnen, z.B. die Visionen säkularer oder religiöser Autokratien der Gegenwart.

32 Man kann aber auch die bemerkenswerte Erfahrung machen, dass man Dinge, die man zu den wichtigeren Aspekten seiner eigenen Identität zählt, mit anderen teilen kann. Die Gegenwart hat den Vorzug, dass man aufgrund der internationalen Mobilität und der Kommunikationsmittel Verbindungen mit Menschen aus praktisch jeder Gegend dieser Welt knüpfen kann, die dieses interessante, den Horizont beträchtlich erweiternde Erlebnis bereit halten. Dazu gehören gerade Kernelemente des eigenen Wertehorizonts. Die Achtung vor der Würde der Menschen webt – wenn man es denn ernst mit ihr meint – über politische, kulturelle, soziale oder religiöse Grenzen hinweg zwischen Menschen ein festes Band. Die Möglichkeit dieser Erfahrung hat auch einen tiefen Grund: Menschen teilen eine – ihre, die humane – Existenzform, durch sie ermöglichte und bestimmte Grunderfahrungen sowie eine Urteilskraft, die ihnen den Raum der für alle gültigen Gründe erschließt. Die Betonung von Gruppenidentitäten läuft Gefahr, den Blick auf diese Erfahrung zu verstellen und aus schädlichen Gespinsten der politischen Imagination Grenzen zwischen Menschen zu errichten, wo keine unüberwindbaren bestehen müssen.

33 Gruppen werden durch einzelne Menschen gebildet, Gruppeneigenschaften sind Abstraktionen von den Eigenschaften der Menschen, die diese Gruppe bilden. Sie sind keine Eigenschaften einer realen Entität, die neben die einzelnen Menschen tritt. Wert und Rechte haben die einzelnen Menschen als Personen, nicht die Gruppen an sich. Das ist die Kernbotschaft der Idee der Menschenwürde, die den grundlegenden Ansprüchen der modernen Rechtskultur unterliegt (vgl. u. § 15 III.3).

34 Die Berechtigung von Forderungen nach kollektiver Selbstbestimmung ergibt sich deshalb im Grundsatz aus dem Recht der Selbstbestimmung der Individuen. Aus diesem Grund können diese Forderungen berechtigt sein, wie das historische Beispiel der Dekolonialisierung ebenso zeigt wie die Diskussion der Gegenwart um die Rechte von Minderheiten. Auf einen Eigenwert von spezifischen Kollektiven muss man zur Rechtfertigung solcher Anliegen nicht zurückgreifen.

Staaten sind mithin nicht natürlich, notwendig oder gar wesensmäßig auf Nationen im erörterten, spezifischen Sinn bezogen. Gerade die Schweiz liefert das bemerkenswerte Beispiel einer „Willensnation" – des Zusammenschlusses von Menschengruppen u.a. über Sprachgrenzen hinweg. Es ist letztlich eine historische und politische Frage, welche Arten von ethnischen Gruppen und Kulturen in einem bestimmten Staat zusammengefasst werden, wobei sich diese Zusammensetzung durch gesellschaftlichen Wandel zudem laufend ändert. Ein Staatsbegriff, der die gebotenen Konsequenzen aus diesen Befunden ziehen will, muss deswegen von einer Bindung an einen Nationenbegriff, verstanden im spezifischen Sinn als Bezeichnung von wesentlich unterschieden gedachten Wertträgern jenseits konkreter Individuen mit höherem Wert als diese selbst, entschlossenen Abschied nehmen.

Wenn hier weiter von Nationalstaat die Rede ist, ist er deshalb als gewohnter und deswegen beibehaltener Gegenbegriff zu internationalen Organisationen zu verstehen. Es ist ein nüchterner, politisch-rechtlicher Begriff, der eine spezifische Verbandsordnung bezeichnet, die eine Vielzahl von Menschen mit manchen Gemeinsamkeiten und vielen Unterschieden auf geteilter normativer Basis in Kooperation mit anderen Verbänden seiner Art dauerhaft, effektiv und friedlich organisiert. Solche Verbände haben eine spezifische Geschichte, die ihren Charakter in vielen Hinsichten bestimmt, aber keine Art der Zukunft verschließt, erst recht keine gemeinsame mit anderen Menschen.

Die moderne Welt ist durch Internationalisierung von Rechtsordnungen gekennzeichnet. Diese Entwicklung ist auch für den Staatsbegriff von Interesse. Eine Frage, die etwa im Rahmen der europäischen Integration relevant geworden ist, lautet, ob die EU als Staat aufgefasst werden könne oder nicht. Auch darüber hinaus kann die traditionelle Frage weiterverfolgt werden, ob womöglich ein Weltstaat möglich und wünschenswert sei. Hinter diesen Fragen stehen schwierige Probleme zur Struktur der internationalen Gemeinschaft, ihrer Rechtsordnung und Institutionen, die noch aufzugreifen sind. Dass man von Staaten gewohnte Organisationsformen nicht einfach auf die gegenwärtige Weltgemeinschaft übertragen kann, scheint dabei aber ebenso offensichtlich wie die Notwendigkeit internationaler Institutionen und Organisation.

Ein Staat als nackte, organisierte Herrschaftsordnung, die normativ nicht weiter gebunden an den Interessen bestimmter Machtgruppen, womöglich sogar einzelner Personen, ausgerichtete Ziele mit zweckrationaler Effizienz oder erratisch und irrational verfolgt, ist in der Gegenwart nicht mehr rechtfertigungsfähig, wenn auch in der politischen Realität manches Beispiel für die Existenz solcher Ordnungen gefunden werden kann. Es gibt gut begründete Kriterien legitimer Staatlichkeit, verstanden als Inbegriff einer institutionalisierten, auf Dauer angelegten politischen Ordnung, die eine bestimmte Gruppe von Menschen handlungsfähig mit den Mitteln des Rechts assoziiert. Diese Bedingungen legitimer Staatlichkeit – insbesondere Rechts-, Sozial- und Verfassungsstaatlichkeit, Grundrechtsbindung und Demokratie – werden nunmehr erörtert werden. Zuvor muss aber ein Blick auf ein zentrales Attribut von Staatlichkeit geworfen werden – den umstrittenen Begriff der Souveränität.

III. Souveränität

1. Souveränität zwischen Macht und normativer Begrenzung[16]

39 Der Begriff der Souveränität ist ein Kernbegriff der Rechts- und Staatswissenschaft und der politisch-praktischen Philosophie. Historisch wird er häufig mit dem Staat der Neuzeit verbunden. Erst mit der allmählichen Genese des neuzeitlichen Staates sei er sinnvoll zu gebrauchen, während er etwa der Antike fremd gewesen sei. Die Plausibilität dieser historischen Analyse ist durchaus zweifelhaft, wenn man an bestimmte Ideen politischer Selbstbestimmung einer Gesellschaft in der attisch-hellenistischen politischen Philosophie oder entsprechende Elemente der römischen Rechtstradition denkt,[17] die der Souveränitätsproblematik sachlich angehören.[18] Die Problematik ist ähnlich wie die Diskussion um den Beginn von Staatlichkeit gelagert.

40 Der Begriff ist dabei von großer politischer Brisanz, weil die Begriffsbestimmungen der Souveränität in der Geschichte nicht nur vom Wunsch nach wissenschaftlicher Klarheit, sondern in hohem Maße von politischen Parametern geleitet wurden. Dies gilt für die klassische Begriffsbestimmung bei *Jean Bodin* (1530–1596) und ihr Verhältnis zur politischen Doktrin des französischen Absolutismus ebenso wie für die Souveränitätsdiskussionen im US-amerikanischen Verfassungsrecht oder im deutschen Kaiserreich nach 1871, die durch die Notwendigkeit, einen politischen Ausgleich zwischen der *Federation* bzw. dem *Reich* und den Gliedstaaten zu finden, geprägt wurden.[19] Die Auseinandersetzungen der Staatsrechtslehre der Weimarer Republik um den Souveränitätsbegriff waren im Kern ihrer innerstaatlichen Dimension eine wissenschaftliche Auseinandersetzung um die Möglichkeit und Konzeption der ersten deutschen Republik, einer vernunftgeleiteten, praktisch-demokratischen Ordnung und des sozialen Ausgleiches zwischen wirtschaftlichen Macht- und Interessengruppen. Weiter wurde über die Maßstäbe der Einordnung des Staates in eine internationale Ordnung gestritten. Der Zusammenhang von Souveränitätsdiskussion und politischer Problematik gilt auch für das letzte aktuelle Beispiel, das genannt werden soll: Die gegenwärtige Diskussion um Souveränitätsbegrenzungen[20] durch bestimmte zwingende völkerrechtliche menschenrechtliche Normen oder Standards resp. die europäische Integration, sei es als Mitgliedstaat wie Deutschland oder durch besondere Formen der bilateralen Assoziation wie im Fall der Schweiz, worauf noch näher eingegangen wird.[21]

---

16 Die folgenden Bemerkungen bauen auf M. *Mahlmann*, Gründungsmythos und Autonomie – Aspekte der Souveränität, in: T. Stein/H. Buchstein/C. Offe (Hrsg.), Souveränität, Recht, Moral. Die Grundlagen politischer Gemeinschaft, 2007, S. 270 ff.

17 Etwa der Begriff der Autarkie, *Aristoteles*, Politik, übersetzt und mit erklärenden Anmerkungen versehen v. E. Rolfes, mit einer Einleitung v. G. Bien, 4. Aufl., 1981, 1252b, der die Unabhängigkeit einer Gemeinschaft in Reproduktion und Erhaltung von äußeren Bedingungen meint und als Ziel normativ auszeichnet. Auch der Idee der *maiestas populi romani*, die dann von den römischen Kaisern angeeignet wurde, gehört in diesen Zusammenhang.

18 Darauf hat mit Recht schon H. *Kelsen*, Das Problem der Souveränität und die Theorie des Völkerrechts, S. 4 ff., hingewiesen. Anders z.B. G. *Jellinek*, Allgemeine Staatslehre, S. 436: Autarkie als ethischer Begriff und Souveränität als Rechtsbegriff hätten z.B. nicht „die geringste Verwandtschaft".

19 Vgl. z.B. A. *Hamilton*, in: J. Madison/A. Hamilton/J. Jay, The Federalist Papers, ed. by I. Kramnick, 1987, XXXI f.

20 Art. 2 Ziff. 1 UNCh hält den „Grundsatz der souveränen Gleichheit" aller Mitglieder fest.

21 Die grundsätzliche Entwicklung, die dabei im Hintergrund steht, fasst knapp der programmatische Titel von P. *Kunig*, Das Völkerrecht als Recht der Weltbevölkerung, Archiv des Völkerrechts, 41 (2003), S. 327 ff., zusammen.

III. Souveränität

Neben dieser intrinsisch politischen Dimension hat der Souveränitätsbegriff eine weitere Eigenschaft: Seine Reflexion hat zumindest diejenigen, die sich mit ihm nicht nur in oberflächlicher Weise beschäftigt haben, zu Fragen der Grundlagen der Rechtsordnungen überhaupt geführt. Dies ist auch heute so. Die Antworten auf diese Fragen schillern dabei in manchmal überraschenden, herausfordernden und rätselhaften Farben. Der Souveränitätsbegriff wird bei manchen Autoren sogar zum Instrument der behaupteten Demystifizierung der Grundlagen des Rechts. Er führt zu Antworten, die beanspruchen, das zivilisatorische Selbstverständnis von Rechtsordnungen radikal in Frage zu stellen und als naive und selbstverliebte Selbsttäuschung zu enthüllen. Er ist deshalb etwas genauere Aufmerksamkeit wert.

41

Der Disput zwischen Kelsen und *Carl Schmitt* (1888–1985) hat diese Kernfragen der Souveränität in bemerkenswerter Weise thematisiert und Positionen entwickelt, die auch für andere Grundlagenwerke zur Souveränität bis in die Gegenwart Bezugspunkte bilden.[22] Auf die Grundpositionen soll deshalb ein rekonstruierender Blick fallen, bevor versucht wird, Antworten auf die Frage zu entwickeln, wie die Probleme der Souveränität konzeptionell womöglich einer Lösung näher gebracht werden könnten, die von der Auseinandersetzung zwischen Kelsens demokratie- und völkerrechtsfreundlicher normlogischer Konstruktion und Schmitts autoritärem, existentialistischem Rechtsdezisionismus und seinen Erben gelernt hat.

42

2. Souveränität – Aspekte klassischer Begriffsbestimmung

Der Souveränitätsbegriff hat verschiedene Bestimmungsversuche seines Inhaltes hervorgerufen. Viele gängige Definitionen knüpfen an Ideen der frühen Neuzeit, insbesondere Bodins, an. Souveränität ist nach seiner klassischen Formulierung „la puissance absolue & perpetuelle",[23] eine nicht von anderen Entitäten abgeleitete, real gegebene, höchste und dauerhafte Handlungsmacht eines bestimmten Subjekts.[24] Bei Bodin wur-

43

---

22 Ein wichtiges Beispiel ist *H. Heller*, Die Souveränität. Ein Beitrag zur Theorie des Staats- und Völkerrechts, in: ders., Gesammelte Schriften. Bd. 2, 1971, S. 31 ff. Heller entwickelt hier eine Art republikanisch-demokratischen Dezisionismus, der Kelsens Positivismus nachdrücklich deswegen kritisiert, weil er subjektlos sei, ebd. S. 42: „Die Heimatlosigkeit des Souveränitätsbegriffs im System der ‚reinen Rechtslehre' ergibt sich mit Notwendigkeit aus der Subjektlosigkeit dieser Lehre. Nie ist die Entpersönlichung der juristischen Weltbildes radikaler vollzogen, das Grundproblem jeder Normwissenschaft, das Problem Norm und Individualität radikaler verleugnet worden." Dies sei aber nur Ausdruck eines epochalen Trends, ebd. S. 40 f. Eine Rechtsordnung ohne Subjekt sei aber undenkbar, weil Normkonkretisierung eine Entscheidung durch ein konkretes Subjekt voraussetze, den Herren der konkreten Herrschaftsordnung: „Denn in jeder Herrschaft wird das Minimum an Befehlsentscheidung, die Grundgestalt der Herrschaft bestimmt, welche in allen Konkretisierungen nachwirkend erhalten bleiben muß, nur durch den Herrn bestimmt", ebd. S. 62. Da die Befehle auch wirksam sein müssten, ergibt sich: „Sowohl der Entschiedenheit wie der Wirksamkeit wegen setzt die Herrschaftsordnung einen realen Herren, eine historisch-individuelle Willens- und Wirkungseinheit innerhalb einer Willensvielheit voraus", ebd. S. 63. Demokratisch ist dieser Dezisionismus, weil das Subjekt der Souveränität das Volk bildet, ebd. S. 81 f., 99. Weiter ist die Entscheidung an überpositive, kulturkreisabhängig gedachte „Rechtsgrundsätze" gebunden, ebd. S. 107 f.
23 *J. Bodin*, Les Six Livres de la République, Nachdruck der Ausgabe von 1583, 1977, S. 122, formuliert die vielzitierte Standarddefinition: „La souveraineté est la puissance absolue & perpetuelle d'une République."; ebd. S. 124: „car celuy est absoluement souverain, qui recognoist rien plus grand que soy après Dieu".
24 Vgl. z.B. *G. Jellinek*, Allgemeine Staatslehre, S. 481: „In eine kurze Formel zusammengefaßt, bedeutet […] Souveränität die Eigenschaft einer Staatsgewalt, kraft deren sie der ausschließliche Fähigkeit rechtlicher Selbstbestimmung und Selbstbindung hat"; *H. Kelsen*, Das Problem der Souveränität und die Theorie des Völkerrechts, S. 10: Der Staat ist „eine höchste, d.h. von keiner höheren Ordnung ableitbar gedachte oder als oberste vorausgesetzte Ordnung"; *H. Heller*, Die Souveränität. Ein Beitrag zur Theorie des Staats- und Völkerrechts, S. 120: „Mit Souveränität bezeichnen wir die Eigenschaft der absoluten Unabhängigkeit einer Willenseinheit von einer anderen wirksamen universalen Entscheidungseinheit; positiv drücken wir damit

den dabei allerdings Maßstäbe des Naturrechts mitgedacht, die eine gewisse inhaltliche Bindung erzeugten.[25] Ähnlich argumentierte Grotius.[26] Die Souveränität hat neben der internen, z.B. gegenüber Teilordnungen des Souveränitätssubjekts wirkenden Dimension auch eine externe Dimension. Sie muss auch gegenüber gleichgeordneten Entitäten behauptet werden.[27]

44 Zwei Fragen führen in den politischen und rechtlichen Kern der Problematik des Souveränitätsbegriffs hinein: Erstens, wer das Subjekt der Souveränität sei, und zweitens, was den Inhalt seiner Handlungsmacht bilde, insbesondere, ob diese Handlungsmacht bestimmten ursprünglichen Grenzen unterworfen sei oder nicht.

45 Die Frage nach dem Subjekt der Souveränität wird zuweilen als die eigentlich zentrale Frage der Souveränitätsdiskussion verstanden.[28] Das ist nicht verwunderlich, denn unter dem Stichwort des Souveränitätssubjekts werden entscheidende Probleme der Verteilung gesellschaftlicher Macht verhandelt. Hier kann seit der frühen Neuzeit eine Depersonalisierung des Souveränitätssubjekts konstatiert werden. In einer monarchistischen Souveränitätskonzeption des Absolutismus konnte die Souveränität das Attribut einer natürlichen Person, des Monarchen, sein. Im Zuge der Konstitutionalisierung wurde Souveränität die Eigenschaft des Staates, in dem natürliche Personen nur Organstellungen einnehmen konnten, ohne selbst Subjekt der Souveränität zu sein. Schließlich wurde das Subjekt der Souveränität demokratisiert – politisch,[29] aber auch

---

aus, daß die betreffende Willenseinheit höchste universale Entscheidungseinheit in dieser bestimmten Herrschaftsordnung ist"; aus neuerer völkerrechtlicher Sicht vgl. z.B. *W. Vitzthum*, Begriff, Geschichte und Rechtsquellen des Völkerrechts, in: ders./A. Proelß (Hrsg.), Völkerrecht, 8. Aufl., 2019, Erster Abschnitt, S. 22, Rn. 46: *„Äußere Souveränität*, eine Eigenschaft der Staatsgewalt, bedeutet ‚Zuhöchstsein', nur dem Völkerrecht unterworfen zu sein und Völkerrechts-Unmittelbarkeit zu besitzen. Gleichheit und Souveränität verhindern Fremdbestimmung. So sind die Staaten z.B. internationaler Gerichtsbarkeit nicht automatisch unterworfen; sie müssen sie akzeptieren."; *J. Crawford*, Brownlie's Principles of Public International Law, 9th ed., 2019, S. 431: „If international law exists, then the dynamics of state sovereignty can be expressed in terms of law. If states (and only states) are conceived of as sovereign, then in this respect at least they are equal, and their sovereignty is in a major aspect a relation to other states (and to organizations of states) defined by law. The corollaries of the sovereignty and equality of states are: (a) a jurisdiction, prima facie exclusive, over a territory and the permanent population living there; (b) a duty of non-intervention in the area of exclusive jurisdiction of other states; and (c) the ultimate dependence upon consent of obligations arising whether from customary law or from treaties."
25 Es sind die „loix divines & naturelles", *J. Bodin*, Les Six Livres de la République, S. 133.
26 Vgl. *H. Grotius*, De Jure Belli ac Pacis libri tres, I, III, XVI.
27 *A. Randelzhofer*, Staatsgewalt und Souveränität, in: J. Isensee/P. Kirchhof (Hrsg.), Handbuch des Staatsrechts der Bundesrepublik Deutschland. Bd. II: Verfassungsstaat, 3. Aufl., 2004, § 17 Rn. 8, formuliert im Hinblick auf diese externe und interne Dimension: „Das Problem der Souveränität betraf und betrifft das tatsächlich-historische Problem der Ausschaltung privater Gewalten und ihrer Zusammenfassung und Ersetzung durch eine oberste staatliche Gewalt, zum einen zu dem Zweck, Frieden und Sicherheit nach innen zu gewährleisten, zum anderen, um nach außen mit einer Stimme zu sprechen und mit ebenso strukturierten Verbänden (d.h. Staaten) gleichberechtigt unmittelbar auf der Ebene des Völkerrechts in Beziehung zu treten."
28 Dabei kann es um die Identifizierung des Subjekts, aber auch um die Existenz dieses Subjekts überhaupt gehen, vgl. z.B. *H. Heller*, Die Souveränität. Ein Beitrag zur Theorie des Staats- und Völkerrechts, S. 81: „Auf Grund unserer bisherigen Ausführungen sind wir gezwungen, ein Souveränitätssubjekt zu fordern, das oberste Rechtssätze zu positivieren, unter allen Umständen also willentlich wertender Entscheidungen fähig sein muß. Das gesuchte Subjekt muß einmal reales Willenssubjekt, zum anderen unabhängige rechtsetzende Autorität sein. Ein mit diesen Eigenschaften ausgestattetes Subjekt ist aber unserer gegenwärtigen Staatsrechtslehre unbekannt."
29 Als zentraler politischer Theoretiker wird häufig *E.-J. Sieyès* (1748–1836) genannt, vgl. z.B. *ders.*, Qu'est-ce que le Tiers état?, 3e éd. de 1789, 2002.

philosophisch, explizit z.b. bei *Jean-Jacques Rousseau* (1712–1778)[30] oder Kant.[31] Die Idee der Volkssouveränität ist damit geboren und mit ihr der moderne Verfassungsstaat (vgl. u. § 6 V).

Der Inhalt des Souveränitätsbegriffs wird neben abstrakten Bestimmungen z.T. durch Einzelbefugnislisten erläutert, die auf die Einsetzung von Amtsträgern, Abgabenhoheit, Gnadenrecht, Kriegserklärung usw verweisen. Zentral ist jedoch die Gesetzgebungsbefugnis und die Fähigkeit, die Bereiche, auf die sich diese Gesetzgebungsbefugnis erstreckt, sowie die Bedingungen und Verfahren der Erzeugung von bindenden Normen selbst zu bestimmen – die Kompetenzhoheit oder sog. Kompetenz-Kompetenz. Für die modernen liberalen und demokratischen politischen Ordnungen spiegelt sich hier begrifflich ein epochaler Schritt der modernen Rechtszivilisation. Denn für die Ordnungen, die die Kompetenzen in einer Verfassung bündeln, heißt dies, dass Souveränität die verfassungsgebende Gewalt als Ausdruck der Kompetenzhoheit impliziert und Volkssouveränität damit die verfassungsgebende Gewalt des Volkes.

Die Kompetenzhoheit ist eine formale Kategorie. Sie besagt nur, dass die Ordnung selbst den Umfang ihrer selbstgeschaffenen Regeln bestimmen kann. Eine weitere Dimension der Souveränitätsproblematik eröffnet die Debatte um mögliche materiale Grenzen der Souveränität, also um die Fragen: Ist Souveränität ein formaler Inbegriff der unbeschränkten und unbeschränkbaren Machtvollkommenheit?[32] Bezeichnet der Begriff der Souveränität vielleicht sogar einen ursprünglichen Stiftungsakt aller Inhalte von Rechtsordnungen, so dass ausgeschlossen ist, dass der souveräne Akt inhaltlich gebunden sein könnte, weil jede inhaltliche Bindung mit ihm selbst erst in die Welt tritt? Oder ist die Souveränität ursprünglich inhaltlich begrenzt und verweist zwingend auf Fragen der Legitimität?

Wie erwähnt, ist Letzteres beim klassischen Souveränitätskonzept Bodins durch eine explizite Naturrechtsbindung der Fall (s. o. § 6 Fn. 29). Für eine moderne Konzeption der Volkssouveränität stellt sich die Frage, ob ihr die Grenzen eines Kernbestandes von Menschenrechten von vornherein gezogen sind[33] oder nicht, oder ob vielleicht ein dritter Weg offen steht – z.b. der geltungstheoretischen Gleichursprünglichkeit von Volkssouveränität und Menschenrechten.[34] Für eine internationale Ordnung ist damit das Problem aufgeworfen: Welche völkerrechtlichen normativen Grenzen werden der

---

30 J.-J. *Rousseau*, Du Contrat Social; ou, Principes du Droit Politique, in: ders., Œuvres complètes. Tome III: Du Contrat Social. Écrits politiques, 1964, I, 6.
31 I. *Kant*, Die Metaphysik der Sitten, in: ders., Kant's gesammelte Schriften. Herausgegeben von der Königlich Preußischen Akademie der Wissenschaften. Bd. VI, 1914, §§ 45, 46. Damit wird nur eine Tradition fortgesetzt. Elemente der Idee der Volkssouveränität kann man in vielen ideengeschichtlichen Epochen ausmachen – in der Antike oder der Scholastik nicht weniger als in der Philosophie der Neuzeit.
32 Diese Idee, zumindest in bestimmten Fassungen, ist durchaus moderner Kritik unterzogen worden. Vgl. z.b. H. *Arendt*, Über die Revolution, 1974, S. 199 f., 204 ff., zum Begriff des *pouvoir constituant* in der Französischen Revolution, der das Erbe des Absolutismus und damit die Doktrin der unbeschränkten Macht angetreten und damit die epochalen Errungenschaften der Amerikanischen Revolution verfehlt habe.
33 Diese Frage ist dabei eine durchaus traditionelle der Staatsrechtslehre. G. *Jellinek*, Allgemeine Staatslehre, S. 483 f., kritisiert z.b. die formale und unbeschränkt gedachte Kompetenz-Kompetenz aus verwandten Gründen: „Ausnahmslose Gleichstellung von Souveränität mit voller Rechtsmacht über die Kompetenz ist aber unzutreffend. An der Anerkennung der Einzelpersönlichkeit hat unter allen Umständen staatliche Kompetenzerweiterung ihre Grenze." Er nennt noch selbstgeschaffene völkerrechtliche Bindungen, eigenes Verfassungsrecht oder politische Unmöglichkeiten als weitere Begrenzungen. Den ersten Gedanken einer ursprünglich beschränkten Kompetenz-Kompetenz aufgrund zentraler Persönlichkeitsrechte verkörpert z.b. Art. 79 Abs. 3 GG i.V.m. Art. 1 Abs. 1 S. 1 GG und in der Schweiz die Regelung der Grenzen der Verfassungsänderung durch zwingendes Völkerrecht, vgl. dazu o. § 5 III.4. und u. § 7 III.3. h).
34 J. *Habermas*, Faktizität und Geltung, S. 112 ff.

staatlichen Souveränität gezogen, etwa wenn die Staatsgewalt schwere Menschenrechtsverletzungen begeht? Die Auseinandersetzung mit den zwei genannten Polen der klassischen, staatsrechtlichen Souveränitätsdiskussion kann helfen, diese Fragen zu beantworten.

3. Normlogischer Kosmopolitismus – „Civitas maxima" statt Souveränität

49 Kelsens Souveränitätsbegriff wird als Produkt normlogischer Analysen entwickelt. Er wendet sich dabei zunächst gegen die konventionelle und weitverbreitete Vorstellung, die Souveränität bezeichne eine faktisch gegebene Machtsphäre.[35] Eine Ordnung sei aus dieser Sicht souverän, wenn sie tatsächlich unbeeinflusst von anderen Faktoren selbstbestimmt agieren könne. Souveränität sei ein Machtphänomen, kein normativer Begriff. Kelsen argumentiert, dass diese Art von Souveränität erstens nie gegeben sei, da auch die größte Macht irgendwelchen, ihre Handlungen determinierenden Einflüssen ausgesetzt sei, und dass zweitens für eine normative Analyse derartige faktische Machtsphären irrelevant seien.[36]

50 Souveränität sei deshalb anders zu verstehen. Eine Ordnung sei souverän, wenn sie keiner anderen Norm als der notwendig für jede Ordnung vorauszusetzenden Ursprungsnorm entspringe, in diesem spezifischen Sinne also normativ unabgeleitet sei.[37] Nicht faktische Unabhängigkeit oder siegreiche Durchsetzungskraft gegen andere Mächte, sondern normative Letztinstanzlichkeit ist für Kelsen entscheidend. Diese Art der Souveränität sei ein notwendiges Attribut des Staates, den Kelsen gegen soziologische Staatsbegriffe oder Versuche, den Staat sowohl soziologisch als auch normativ zu begreifen, mit der Rechtsordnung vorbehaltlos identifiziert.[38]

51 Diese Art von Analyse wird nun für das Verständnis des Verhältnisses von staatlichem Recht und Völkerrecht fruchtbar gemacht. Kelsen kritisiert aus normlogischer Perspektive eine Vorstellung dieses Verhältnisses, das einzelstaatliches Recht und Völkerrecht als voneinander geschiedene Rechtsordnungen, also dualistisch, begreift. Stattdessen seien einzelstaatliches Recht und Völkerrecht als einheitliche Rechtsordnung, also monistisch, zu verstehen.[39] Die Souveränität der Staaten impliziert aus Kelsens Sicht ein Zuordnungsverhältnis von gleichen Rechtssubjekten, das nur existieren könne, wenn eine normative Ordnung vorausgesetzt werde, die die einzelstaatlichen Ordnungen transzendiere und die Gleichberechtigung der Staaten als Rechtsnorm begründe.[40]

52 Die Souveränität der Einzelstaaten weist damit über sich selbst hinaus und beweist die Notwendigkeit des Völkerrechts, das die Souveränität primär, wenn auch vielleicht in der rechtswissenschaftlichen Konstruktion übersehen, konstituiert. Die Idee der einzelstaatlichen Souveränität, die Kelsen mit der politischen Theorie des Imperialismus und des reinen „Machtstandpunktes" verbindet, müsse im Ergebnis zugunsten einer

---

35 *H. Kelsen*, Das Problem der Souveränität und die Theorie des Völkerrechts, S. 6 ff.
36 *H. Kelsen*, Das Problem der Souveränität und die Theorie des Völkerrechts, S. 6 ff.
37 *H. Kelsen*, Das Problem der Souveränität und die Theorie des Völkerrechts, S. 10.
38 *H. Kelsen*, Das Problem der Souveränität und die Theorie des Völkerrechts, S. 11, 22 ff.
39 *H. Kelsen*, Das Problem der Souveränität und die Theorie des Völkerrechts, S. 37 ff. Zu Dualismus und Monismus im Völkerrecht vgl. u. § 7 V.4.
40 *H. Kelsen*, Das Problem der Souveränität und die Theorie des Völkerrechts, S. 40.

völkerrechtlich konstituierten „civitas maxima"[41] rechtsethisch „radikal verdrängt" werden.[42]

Kelsen gelangt damit auf normlogischen Pfaden zu einem Kosmopolitismus, der das Völkerrecht achtet.[43] Später modifiziert er allerdings diese Position und zieht sich auf einen Standpunkt normlogischer Neutralität zurück – der Streit zwischen dem Primat des Einzelstaates und dem Primat des Völkerrechts, zwischen Imperialismus und Pazifismus, könne normlogisch nicht entschieden werden.[44]

4. Souveränität und die Herrschaft über den Ausnahmezustand

Kelsen hat mit diesen Ansätzen für die nationalstaatlich geprägte Realität der 20er Jahre des 20. Jahrhunderts bemerkenswerte, weil völkerrechtsfreundliche Überlegungen formuliert. Er umreißt gleichzeitig paradigmatisch eine wichtige Einsicht: Souveränität als normativer Begriff setzt einen normativen Rahmen voraus, der seinen Inhalt bestimmt, insbesondere wie die Souveränitätsansprüche verschiedener Souveränitätssubjekte eigentlich koordiniert werden. Souveränität kann nach außen hin nicht Allmacht heißen, weil dann die Allmachtsansprüche verschiedener Staaten einfach kollidieren würden, sobald staatliches Handeln Wirkungen erzeugt, die über staatliche Grenzen hinaus reichen.

Carl Schmitt hat im Gegenzug ganz andere Thesen zur Souveränität formuliert, die trotz seiner Unterstützung des nationalsozialistischen Regimes bis heute quer durch die verschiedenen politisch-weltanschaulichen Lager einflussreich weiterwirken.[45] Schmitt identifiziert aphoristisch knapp das Souveränitätssubjekt mit dem Gebieter über den

---

41 Zum Begriff und Idee der „civitas maxima" vgl. *C. Wolff*, Grundsätze des Natur- und Völkerrechts, 1754, § 1090. Aus diesem „größestem Staat" wird ein verbindliches Völkerrecht jenseits von Vertrag und Gewohnheit abgeleitet.
42 *H. Kelsen*, Das Problem der Souveränität und die Theorie des Völkerrechts, S. 307, 320.
43 In der Weimarer Staatsrechtslehre wurde diese Position grundlegend kritisiert, vgl. z.B. *H. Heller*, Die Souveränität. Ein Beitrag zur Theorie des Staats- und Völkerrechts, S. 51 f.: „Der heutigen Welt scheint der staatliche Gemeinwille als Subjekt der Souveränität sowohl in seiner Existentialität wie in seiner ethisch-politischen Rechtfertigung problematisch geworden. Die gleichen Gründe gelten für die völkerrechtliche wie für die staatsrechtliche Degeneration des Souveränitätsdogmas. Surrogate des universalistischen Naturrechts, pazifistische und ökonomische Sekuritätsideologien sind es, die dem heutigen Nationalstaate die Souveränität aberkennen und sie als Attribut einer Weltorganisation oder des internationalen Rechts teils fordern, teils behaupten." Die Souveränität der Einzelstaaten müsse daher unbeschränkbar in der Konzipierung des Völkerrechts behauptet werden, ebd. S. 141 ff.
44 Bei einer Konstruktion vom Völkerrecht aus ergibt sich die folgende Grundnorm, vgl. *H. Kelsen*, Reine Rechtslehre, 2. Auflage, S. 222: „Die Staaten, das heißt die Regierungen der Staaten, sollen sich in ihren gegenseitigen Beziehungen so verhalten, oder, Zwang von Staat gegen Staat soll unter den Bedingungen und in der Weise geübt werden, wie es einer gegebenen Staatengewohnheit entspricht. Das ist die – rechtslogische – Verfassung des Völkerrechts." Staaten sind danach souverän, wenn sie nur dem Völkerrecht unterstellt sind, also „völkerrechtsunmittelbar" sind, ebd. S. 223. „Damit ist der Staat, dessen wesentliche Elemente Staatsvolk, Staatsgebiet und Staatsgewalt sind, als relativ zentralisierte, in ihrem räumlichen und zeitlichen Geltungsbereich beschränkte, souveräne oder völkerrechtsunmittelbare, im großen und ganzen wirksame Rechtsordnung bestimmt", ebd. S. 293. Damit ist eigentlich das Völkerrecht souverän, die Staaten eben nur völkerrechtsunmittelbar, ebd. S. 338. Wird vom Einzelstaat aus konstruiert (einem, jedoch beliebigen), gewinnt das Völkerrecht seine Geltung aus seiner Anerkennung durch diesen Staat. Die normative Ordnung des Einzelstaates weist auf die andere mögliche Fassung der Grundnorm zurück, nämlich der letzten wirksamen Verfassung gemäß zu handeln, ebd. S. 333 ff. Der Staatssubjektivismus oder Staatssolipsismus, der der Konstruktion vom Einzelstaat aus unterliege, und die objektive Betrachtungsweise vom Völkerrecht aus seien verschiedene, austauschbare Perspektiven, von denen keine einen rechtslogischen Vorrang genieße, ebd. S. 345.
45 *C. Schmitt*, Politische Theologie, 2. Ausgabe, 1934. Zur Rezeption z.B. *G. Agamben*, Homo sacer. Die souveräne Macht und das nackte Leben, 2002.

Ausnahmezustand.⁴⁶ Dieses im Ausnahmezustand hervortretende und seine Identität offenbarende Souveränitätssubjekt stelle die faktische Homogenität der Ordnung als Voraussetzung der Anwendung von Normen her.⁴⁷ Dieses Subjekt treffe die aus keiner Norm abgeleitete und auch normlogisch nicht ableitbare, bestimmende Entscheidung über die politische Form des Gemeinwesens.⁴⁸ Die Dezision des Souveräns ist inhaltlich der ursprüngliche Schöpfungsakt der Rechtsordnung⁴⁹: „Die Entscheidung ist, normativ betrachtet, aus einem Nichts geboren."⁵⁰

56 Diese Entscheidung wird also normativ ungebunden gedacht. Dies ändert sich im Rahmen des konkreten Ordnungsdenkens⁵¹ nach 1933. Jetzt orientiert sich die normative Ordnung am „ruhenden Sein" geschichtlicher Fakten, genauer des Nationalsozialismus.⁵²

57 Ein weiterer wichtiger Aspekt der Souveränitätskonzeption von Carl Schmitt ist die Verbindung der Souveränität mit politischer Theologie.⁵³ Politische Theologie wird als die häufig unbewusste, aber immer folgenreiche Säkularisierung von ursprünglich theologischen Begriffen verstanden.⁵⁴ In Carl Schmitts Analysen verkörpert der Souveränitätsbegriff eine Überführung von Vorstellungen göttlicher Allmacht oder *creatio ex*

---

46 C. Schmitt, Politische Theologie, S. 11: „Souverän ist, wer über den Ausnahmezustand entscheidet". Vgl. schon ders., Die Diktatur, 2. Aufl., 1928, S. 18, 194.
47 C. Schmitt, Politische Theologie, S. 19.
48 C. Schmitt, Politische Theologie, S. 16: „Denn jede Ordnung beruht auf einer Entscheidung, und auch der Begriff der Rechtsordnung, der gedankenlos als etwas Selbstverständliches angewandt wird, enthält den Gegensatz der zwei verschiedenen Elemente des Juristischen in sich. Auch die Rechtsordnung, wie jede Ordnung, beruht auf einer Entscheidung und nicht auf einer Norm."; ebd. S. 20: „Der Ausnahmefall offenbart das Wesen der staatlichen Autorität am klarsten. Hier sondert sich die Entscheidung von der Rechtsnorm, und (um es paradox zu formulieren) die Autorität beweist, daß sie, um Recht zu schaffen, nicht Recht zu haben braucht."; vgl. auch ebd. S. 42.
49 C. Schmitts Theorien zeichnen sich nicht nur durch Unklarheit, sondern auch durch Wandel aus. H. Hofmann, Legitimität gegen Legalität, 6. Aufl., 2020, S. 7, hat deswegen zurecht auf die Wichtigkeit von entwicklungsgeschichtlichen Perspektiven auf Schmitt verwiesen und weiterhin zutreffend zwischen der Phase rationaler Legitimität (1912–1922), des politischen Existenzialismus (1923–1933), der rassischen Legitimität (1934–1936) und der geschichtlichen Legitimität (ab 1937) unterschieden. Dennoch gibt es Formulierungen, die gewisse bleibende Kerne des Schmittschen Denkens treffen. Dazu gehört sicher und für den verfolgten Zusammenhang zentral die folgende Definition in C. Schmitt, Verfassungslehre, 1928, S. 75 f.: „*Verfassungsgebende Gewalt ist der politische Wille, dessen Macht oder Autorität imstande ist, die konkrete Gesamtentscheidung über Art und Form der eigenen politischen Existenz zu treffen*, also die Existenz der politischen Einheit im Ganzen zu bestimmen." (Herv. i. Org.). Schmitt hebt schon in der Fußnote hervor, dass Autorität keine normativen Bezüge besitzt, sondern sich allein auf „Kontinuität" bezieht und damit eine „Bezugnahme auf Tradition und Dauer", ebd. S. 75 Fn. 1. Entsprechend hält er ausdrücklich fest: „Eine Verfassung beruht nicht auf einer Norm, deren Richtigkeit der Grund ihrer Geltung wäre. Sie beruht auf einer, aus politischem Sein hervorgegangenen politischen Entscheidung über die Art und Form des eigenen Seins.", ebd. S. 76. Vgl. u. § 6 V.
50 C. Schmitt, Politische Theologie, S. 42. Das Anormative des Rechtsursprungs wird so explizit gemacht. Vgl. schon o. § 6 Fn. 54.
51 Vgl. C. Schmitt, Über die drei Arten rechtswissenschaftlichen Denkens, 1934, S. 11 ff., wo er u.a. ausführt, dass eine Ordnung nicht durch Normen konstituiert würde, sondern umgekehrt Normen sich nur in einer gegebenen Ordnung finden könnten.
52 C. Schmitt, Politische Theologie, Vorbemerkung (o. S.). Auch im Spätwerk ist dieser Zug, die Schöpfung des Normativen durch ein faktisches Ereignis, prägend, hier ist es dann die „Landnahme", die eine normative Ordnung, einen Nomos der Erde, begründen soll. Ders., Der Nomos der Erde, 1950, S. 36 ff., 48 ff., wo ausgeführt wird, dass die Landnahme ein Ursprung von „Recht und Ordnung" sein solle, wobei Recht und Ordnung „an ihrem Anfang, wo Ortung und Ordnung zusammenfallen, nicht von einander getrennt werden". Die Landnahme bilde dabei einen konstituierenden Vorgang des Völkerrechts, ebd. S. 50.
53 C. Schmitt, Politische Theologie.
54 C. Schmitt, Politische Theologie, S. 49: „Alle prägnanten Begriffe der modernen Staatslehre sind säkularisierte theologische Begriffe."

III. Souveränität

nihilo, der Schöpfung der Welt aus dem vor der Schöpfung herrschenden Nichts, in die weltliche Sphäre.[55] Dies überrascht nicht, wenn man daran denkt, dass angenommen wird, die souveräne Entscheidung bilde die letzte Quelle der normativen Ordnung: Sie schafft aus Schmitts Sicht die normative Ordnung eines Staates aus dem Nichts, da vor dieser Entscheidung keine Normen bestanden hätten.[56] Die Verbindung des Souveränitätsbegriffs mit theologischen Vorstellungen, konkret dem Gottesbegriff, hat übrigens auch Kelsen[57] in seiner Untersuchung des Souveränitätsbegriffs[58] gezogen.[59]

5. Normative Bändigung der Souveränität

Es gibt also – zentral verkörpert durch Carl Schmitt und bis heute in die unmittelbar aktuellen Theoriebildungen hineinwirkend – eine Tradition der Souveränitätsdiskussion, die das verborgene Tor zum dunklen, weil irrationalen und normativ ungebundenen Grund des Rechts und der staatlichen Ordnung jenseits von vernunftbezogener normativer Legitimation im Souveränitätsbegriff sich öffnen sieht.[60] Der Souveränitätsbegriff führt deswegen zu einem Grundproblem jeder Auseinandersetzung mit Recht:

Ist durch Vernunft und Moral letztlich ungebundenes politisches Wollen der letzte Grund jeder normativen Ordnung? Oder steht im Gegenteil das politische Wollen unter normativen Prinzipien, die menschliche Vernunft als jede willentliche Selbstbestimmung bindend erkennen kann und die menschlichem Wollen nicht verfügbar sind?

Diese Grundfragen stellen sich beim Nachdenken über Recht in verschiedenen Zusammenhängen in unterschiedlicher Form – beim Rechtsbegriff, beim Verhältnis von Recht und Moral, beim Rechtsstaatsbegriff, beim Gehalt der Demokratie oder bei den Methoden des Rechts, wie bereits angedeutet wurde und noch deutlich werden wird. Die Antwort auf diese Grundfragen entscheidet darüber, wem man als politische Gemeinschaft, als ihr Bürger oder ihre Bürgerin, aber auch als Jurist oder Juristin eigentlich dient – politischem und ethischem Irrationalismus oder normativen Einsichten, die der freie Vernunftgebrauch erschließt.

---

55 *C. Schmitt*, Politische Theologie, S. 49 ff. Als Parallele zur *creatio ex nihilo* kann man wohl die Herausarbeitung der Bedeutung der aus dem „Nichts geschaffene[n]" Entscheidung werten, ebd. S. 42, 83.
56 Der normative Rationalismus sei dagegen Deismus ohne Begriff des Wunders durch die Konzipierung einer Rechtsordnung ohne Ausnahmezustand unter allgemeinen Rechtsgesetzen, *C. Schmitt*, Politische Theologie, S. 49.
57 *H. Kelsen*, Das Problem der Souveränität und die Theorie des Völkerrechts, S. 21 Fn. 1.
58 Kelsens Hinweis auf die methodische Verwandtschaft von Theologie und Jurisprudenz würdigt *C. Schmitt*, Politische Theologie, S. 54, als Verdienst.
59 Ein neueres Beispiel ist die Interpretation der Lehre vom *pouvoir constituant* bei Sieyès als politische Theologie: „Inhaltlich übertrug Sieyès – selbst Theologe – im Begriff des pouvoir constituant bestimmte Attribute Gottes, wie sie in der christlichen Theologie entwickelt worden waren, auf das Volk: potestas constituens, norma normans, creatio ex nihilo", *E.-W. Böckenförde*, Die verfassunggebende Gewalt des Volkes – ein Grenzbegriff des Verfassungsrechts, in: ders., Staat, Verfassung, Demokratie, 1991, S. 95.
60 *H. Heller*, Die Souveränität. Ein Beitrag zur Theorie des Staats- und Völkerrechts, S. 185, formuliert als zentrale These seiner Überlegungen: „Souveränität ist die Eigenschaft einer universalen Gebietsentscheidungs- und Wirkungseinheit, kraft welcher sie um des Rechts willen sich gegebenenfalls auch gegen das Recht absolut behauptet" (Herv. unterdrückt). Und weiter, ebd. S. 202: „Das Entweder-Oder der Entscheidung uns abzunehmen, dazu ist in alle Ewigkeit kein *ordre naturel* imstande. Solange deshalb menschliche Willensakte den Staat konstituieren, werden sie immer wieder Rechtssätze souverän zerbrechen, sei es, daß sie damit Rechtsgrundsätze verletzen oder zum Siege führen." (Herv. i. Org.) Hier wird zwar Souveränität mit Durchbrechung der Rechtsordnung in einen durchaus zweifelhaften Zusammenhang gebracht, aber eine normative Bindung an die „Rechtsgrundsätze" nicht übersehen.

61 Schmitts Antwort auf diese Frage im Rahmen der Auseinandersetzung mit Problemen der Souveränität entfernt sich weit von nüchternen und plausiblen Überlegungen zum Inhalt dieses Begriffs. Das erste Problem, das dabei erwogen werden muss, betrifft das Verhältnis von Souveränität, faktischer Macht und Normativität.

62 Der Begriff der Souveränität verweist allerdings durchaus auch auf die Sphäre der Macht. Keine Entität wird als souverän bezeichnet werden können, die ihre Ordnungsvorstellungen nicht zu einem Mindestmaß nach innen und außen durchsetzen kann, wie auch ein Individuum, das ethisch als selbstgesetzgebend angesehen wird, faktisch nicht autonom ist, wenn diese Selbstgesetzgebung nicht zu einem Mindestmaß verwirklicht werden kann. Ohne machtpolitische Dimension bleibt der Souveränitätsbegriff realpolitisch naiv, wie er ohne normativen Bezug auf Legitimation nichts als die Fassade normativ ungebundener Gewaltsamkeit ist.[61]

63 Damit ist mit der Legitimation des Rechts neben der Frage nach dem normativen oder faktischen Charakter der Souveränität das zweite und dritte zentrale Problem der Souveränitätsdiskussion aufgeworfen. Denn die Frage der Legitimität des Rechts wird sowohl hinsichtlich des Subjekts der Souveränität als auch hinsichtlich des Inhalts und der Reichweite seiner Befugnisse aufgeworfen. Beides ist zu trennen, denn ein legitimes Subjekt, z.B. die Bürger und Bürgerinnen einer Demokratie, können illegitime Handlungen vollziehen, z.B. sich eine Verfassung geben, die Minderheiten von zentralen Grundrechten ausschließt.

64 Die Zahl der Legitimationstheorien des Rechts ist groß. Keine überzeugende Theorie der Legitimation wird jedoch ohne einen Begriff der menschlichen Autonomie unter Gerechtigkeitsprinzipien auskommen können. Die Freiheit der selbstgewählten Lebensgestaltung ist ein zentraler Wert menschlicher Existenz, dem die Idee der Selbstzweckhaftigkeit jedes Menschen und damit seiner Würde unterliegt (vgl. u. § 15 III.3).

65 Individuelle Autonomie impliziert nicht subjektivistische Selbstherrlichkeit in Legitimationsfragen. Denn die Autonomie der Menschen steht unter moralischen Gesetzen. Die gleichberechtigte Autonomie der Menschen ist sogar selbst nur zu begründen, wenn jedenfalls grundlegende Gerechtigkeitsprinzipien herangezogen werden, die die Gleichheit der autonomieverbürgenden Rechtssphären der Menschen rechtfertigen. Die Praxis individueller Autonomie muss Gerechtigkeitsprinzipien verpflichtet bleiben. Nur eine universalisierbare Praxis der autonomen Lebensgestaltung kann den normativen Ehrentitel einer legitimen Praxis gewinnen.

66 Die zugrunde liegenden normativen Prinzipien kann man auf verschiedene Weisen zu begründen versuchen.[62] Die Begründung von Legitimität mit einer existentiellen Entscheidung, wie es Schmitt formuliert hat und wie es auch in der Gegenwart manchmal als einzig möglicher Ausweg aus dem Legitimationsproblem angesehen wird, ist keineswegs eine theoretisch überzeugende Lösung.[63] Der Dezisionismus, welcher Prägung auch immer, ist eine Pose der Enthüllung und Entzauberung vorgeblich letzter Wahr-

---

[61] Die Konzentration auf den Ausnahmezustand ist dabei juristisch und machtsoziologisch unzureichend. Darauf hat richtig *H. Heller*, Die Souveränität. Ein Beitrag zur Theorie des Staats- und Völkerrechts, S. 127, hingewiesen: „Souverän ist also, wer über den Normalzustand durch die geschriebene oder ungeschriebene Verfassung entschieden hat und dadurch, daß er sie willentlich in Geltung hält, dauernd weiter entscheidet. Und nur wer über den verfassungsmäßigen Normalzustand entscheidet, entscheidet juristisch auch über den Ausnahmezustand, gegebenenfalls *contra legem*" (Herv. i. Org.).

[62] Vgl. *M. Mahlmann*, Rechtsphilosophie und Rechtstheorie.

[63] Vgl. dazu näher *M. Mahlmann*, Law and Force: 20th century radical legal philosophy, post-modernism and the foundations of law, Res Publica, 9 (2003), S. 19 ff.

III. Souveränität

heiten über die Grundlagen des Rechts jenseits der Vernunfteinsicht, deren enttäuschender Kern das Verkennen der bestimmte Prinzipien hinreichend rechtfertigenden Kraft moralischer Gründe ist. Diese belastbaren Gründe machen die Legitimität tragender Rechtsprinzipien wie Grundrechte, Rechts- und Verfassungsstaatlichkeit oder Demokratie einsehbar und die Achtung dieser Prinzipien durch ihre Rechtfertigung verbindlich (vgl. u. § 6 V.2).

In modernen Gesellschaften, in denen die Gleichberechtigung von Menschen in vieler Hinsicht erkämpft und gesichert worden ist, ist jeder zur Mitwirkung an der Schaffung und Ausgestaltung der politischen Ordnung gleichermaßen berufen. Das ist der rechtsethische Kern der Volkssouveränität und der verfassungsgebenden Gewalt des Volkes (vgl. u. §§ 14, 15). Volkssouveränität als Kern der modernen Souveränitätsproblematik umfasst aber ebenfalls nicht ethisch ungebundene Entscheidungsmacht (vgl. u. §§ 14, 15). 67

Damit ist der rechtsethische Kern der Souveränität transparent geworden. Souveränität bedeutet nicht die vollständige, auch moralische oder rechtsethische Bindungslosigkeit, sondern die Möglichkeit der faktisch wirksamen und normativ geschützten Selbstbestimmung in der sozialen Assoziation im Rahmen grundlegender normativer Prinzipien. Es geht nicht darum, normative Bindungen von Entscheidungen zu verneinen, sondern darum, die Wohltat der Autonomie möglichst vielen Subjekten zu erschließen und ihre Urteilskraft selbst die normativen Grenzen erschließen zu lassen, denen ihre Selbstbestimmung unterliegt. Für Souveränität gilt das Gleiche wie für individuelle Autonomie: Normative Bindungen nehmen der Selbstbestimmung nicht ihren Kern, denn diese ist nicht auf eine Existenz jenseits von Gut und Böse angewiesen, um Selbstbestimmung im eigentlichen Sinne zu bleiben. 68

Grenzen der Souveränität nach Innen wie Grundrechte sind deshalb nichts, was dem Souveränitätsbegriff fremd wäre. Dass Staaten heute – wie noch erläutert werden wird – für solche Menschenrechtsverletzungen auch im Fall der eigenen Bürgerinnen und Bürger zur Rechenschaft gezogen werden können, ist Folge der gerechtfertigten normativen Grenzen, denen Souveränität unterliegt. 69

An diesem Ziel ist auch die Bestimmung ihres Verhältnisses zu anderen Gemeinschaften, womöglich in einer sie überwölbenden Ordnung, zu messen. Denn Autonomie, die unter Gerechtigkeitsprinzipien gedacht wird, kann nicht bei nationalstaatlicher Souveränität als ihrer Verwirklichung stehen bleiben, die in der Geistesgeschichte durchaus, etwa bei Hegel, sogar zum Endzweck der Rechtsformen erklärt wird.[64] Sie muss vielmehr in einer Ordnung universalisiert werden, in der sich die Selbstbestimmung einzelner Gemeinschaften nicht auf Kosten anderer vollzieht. 70

Durch diesen Bezug auf die Verwirklichung von Autonomie durch Souveränitätskonzeptionen wird ein Maßstab gewonnen, um Souveränitätsverluste zu bewerten, die heute häufig im Rahmen der Erörterung moderner Staatlichkeit konstatiert werden. 71

Die Forderung menschlicher Autonomie, verfassungsstaatlich entwickelt zur Idee der Volkssouveränität, benötigt den Staat als Organisationsform, um nicht als wirklichkeitsfernes normatives Postulat dahinzusiechen, sondern gesellschaftliche Realität zu gewinnen. Sie braucht darüber hinaus Organisationsformen, die diese (Natio- 72

---

64 *G. W. F. Hegel*, Grundlinien der Philosophie des Rechts, §§ 330 ff., insbesondere § 334 und die Kritik an Kants Vision in § 333.

nal-)Staatlichkeit überschreiten, um Probleme zu lösen, die sich jenseits dieser Grenzen stellen.

73 Richtig ist, dass die Souveränität des Nationalstaates – soweit sie jemals real reichte – durch verschiedene Einflüsse, die sich hieraus ergeben, faktisch und normativ beschränkt wird. Die wirklichen internationalen Machtverhältnisse begrenzen Entscheidungsspielräume von Staaten in vielfältiger und häufig weitreichender Weise. Supranationale Ordnungen wie die EU sind ein klassisches Beispiel für rechtlich geregelte Grenzen einzelstaatlicher Souveränität. Andere Grenzen werden durch das System der globalen Ordnung, durch das seine Gestalt wandelnde, zunehmend menschenrechtsorientierte Völkerrecht oder durch Akteure der globalen Zivilgesellschaft normativ oder faktisch gezogen. Soweit diese Souveränitätsbeschränkungen nichts sind als die Kehrseite neuer Mechanismen der menschlichen Autonomieverwirklichung, sind sie zu begrüßen – so z.B. im Falle des fragilen internationalen Menschenrechtsschutzes. Schaden sie ihr, sind sie das legitime Objekt der Kritik, wie z.B. ein machtpolitischer Unilateralismus, der die Idee gemeinschaftlicher und gleichberechtigter Autonomieverwirklichung der Menschen im Kern gefährdet.

6. Was bleibt vom Souveränitätsbegriff?

74 Der bleibende Kern des Begriffs der Souveränität liegt in der gesellschaftlichen, sozial wirksamen Organisation von individueller Autonomie, die den rechtsethischen Kern von Volkssouveränität und ihrer zentralen Manifestation bildet, der verfassungsgebenden Gewalt des Volkes.

75 Wie die individuelle Praxis der Autonomie steht auch ihre gesellschaftliche Ausübung unter dem Vorbehalt ihrer Universalisierbarkeit und damit dem Kern nach unter Gerechtigkeitsprinzipien. Keine Form der Selbstbestimmung kann ohne diesen Vorbehalt gerechtfertigt werden, denn er ist eines der wesentlichen Erkennungszeichen einer eigentlichen Zivilisation des Rechts.

76 Internationale Formen der Begrenzung, des „pooling" oder der Mediatisierung der Souveränität des klassischen Nationalstaates sind zu begrüßen, wenn sie die individuelle Autonomieverwirklichung unter Gerechtigkeitsprinzipien in der einen Welt befördern. Sie führen das Anliegen, das in individueller Autonomie und Volkssouveränität auf der Ebene des einzelnen Menschen und der gesellschaftlichen Assoziation formuliert wird, auf globalem Niveau weiter. Aus dieser Perspektive ist die internationale Rechtsordnung das entfernte Versprechen der materiellen Verwirklichung von Autonomie, die Gerechtigkeit wahrt.[65] Haben die Souveränitätsbegrenzungen diese Wirkung nicht, sind sie Teil der vielen Freiheitsgefährdungen der modernen Welt.

---

65 Dies ist ideengeschichtlich nichts anderes als das Anknüpfen an die kantianische Perspektive einer friedlichen Völkerrechtsordnung, *I. Kant*, Zum Ewigen Frieden, Akademie Ausgabe Bd. VIII, S. 341 ff., und die Ablehnung eines antagonistischen Kulturessentialismus, paradigmatisch verkörpert in Hegels Metaphysik des Krieges. Wie relevant diese Debatte für die Gegenwart ist, zeigt ihre moderne Fassung, z.B. um die Realität und Überwindbarkeit eines „clash of civilizations", wie ihn *S. P. Huntington*, The Clash of Civilizations and the Remaking of World Order, 1998, in die Debatte eingeführt hat.

IV. Rechtsstaat

1. Probleme der Rechtsstaatlichkeit und *rule of law*

Ein Rechtsstaat ist ein Staat, in dem die Ausübung der Staatsgewalt in jeder Form nach Maßgabe des Rechts erfolgt. Gleichzeitig zielt ein Rechtsstaat auf soziale Ordnung ab, in der Recht wichtige normative Fragen des sozialen Lebens entscheidet. *Immanuel Kant* formulierte sogar programmatisch: „Ein Staat (civitas) ist eine Vereinigung von Menschen unter Rechtsgesetzen."[66] Damit wird ein Staat begrifflich mit der Unterstellung der Bürgerinnen und Bürger und seiner Gesamtheit als Organisationszusammenhang unter Rechtsgesetze identifiziert. Für Kant ist der Rechtsstaat auf die Etablierung einer umfassenden sozialen Ordnung des Rechts gerichtet.

Diese Identifikation von Staatlichkeit mit Rechtsstaatlichkeit verdeutlicht die Bedeutung der Rechtsstaatsidee: Sie erscheint schon in der Aufklärung als einzig legitime Form organisierten Zusammenlebens von Menschen in einem Staat. Die Identifikation von Staatlichkeit mit Recht ist in der Staatstheorie lebendig geblieben, wie die Auseinandersetzung mit dem Staatsbegriff deutlich gemacht hat, manchmal schon aus normtheoretischen Gründen wie bei Kelsen (vgl. o. § 6 III.3). Rechtsstaatlichkeit ist ein zentrales Strukturelement moderner Gesellschaften und ihrer Rechtsordnungen. Rechtsstaatlichkeit ist auch ein wichtiger politischer Begriff, allerdings kein parteipolitisch begrenzter. Es geht vielmehr um einen normativen Grundzug moderner politischer Selbstorganisation von Menschen, der eine konstitutive Bedingung dafür ist, dass diese politische Selbstorganisation tatsächlich gelingt.

Rechtsstaatlichkeit ist nicht nur ein Begriff, der in den Rechtsordnungen von einzelnen Staaten eine wichtige Rolle spielt, sondern auch ein Begriff des Völkerrechts. Wichtige völkerrechtliche Regelwerke machen Rechtsstaatlichkeit zu einem Leitbegriff: Die Präambel der Allgemeinen Erklärung der Menschenrechte vom 10. Dezember 1948 (AEMR) hält fest, dass es entscheidend sei, die Menschenrechte mittels der „rule of law" zu schützen (AEMR, Präambel). Denn nur so werde verhindert, dass Menschen gezwungen würden, zum Aufstand als letztem Mittel gegen Tyrannei und Unterdrückung zu greifen. Respekt vor Rechtsstaatlichkeit ist eine Voraussetzung für Beitritt und Mitgliedschaft im Europarat (Art. 3 Satzung des Europarates vom 5. Mai 1949). In der Präambel der EMRK wird Rechtsstaatlichkeit zum gemeinsamen Erbe der Vertragsstaaten erhoben (EMRK, Präambel). Rechtsstaatlichkeit ist ein wichtiger Begriff, der für die Auslegung von Grundrechten der EMRK, wie Art. 6 EMRK, herangezogen wird.

In der EU wird in der Präambel zum Vertrag über die Europäische Union vom 13. Dezember 2007 (EUV) Rechtsstaatlichkeit zusammen mit den unverletzlichen und unveräußerlichen Rechten des Menschen, der Freiheit, Demokratie und Gleichheit als „universeller Wert" ausgezeichnet, also als Wert, der für alle Menschen Gültigkeit habe (EUV, Präambel; vgl. auch Art. 2 EUV). Die Präambel der Grundrechtscharta der EU misst Rechtsstaatlichkeit einen ähnlichen Rang zu (GrCh, Präambel).

Aber was ist genau mit Rechtsstaatlichkeit gemeint? Es gibt Stimmen, die vertreten, Rechtsstaatlichkeit sei ein nicht nur vieldeutiger, sondern letztlich inhaltsleerer Begriff, ein politischer Kampfbegriff, der vage auf etwas Gutes weise, aber keinen feststehenden Gehalt besitze. Ist das richtig? Verschiedene Rechtssysteme unterscheiden sich in der konkreten Ausgestaltung rechtsstaatlicher Strukturen. Gibt es dennoch einen

---
66 *I. Kant*, Die Metaphysik der Sitten, Akademie Ausgabe Bd. VI, S. 313.

identifizierbaren Kerngehalt von Rechtsstaatlichkeit, wovon das internationale Recht ersichtlich ausgeht? Wenn ja – bezieht er sich auf die Anwendung von irgendwelchem Recht gleich welchen Inhalts oder auf Recht mit bestimmtem Gehalt? Rechtsstaatlichkeit besitzt nach weitverbreitetem Verständnis eine formelle Dimension, die etwa die Gesetzmäßigkeit des Staatshandelns (Legalitätsprinzip), die Garantie von Rechtsschutz, die Bestimmtheit von Normen, das Rückwirkungsverbot oder die Gewaltenteilung umfasst. Es wird aber auch argumentiert, dass Rechtsstaatlichkeit darüber hinaus eine materielle Dimension habe, die sich auf substantielle Wertpositionen beziehe. In modernen Verfassungsstaaten werden diese Werte vor allem in den Grundrechten niedergelegt gesehen, die letztendlich der menschlichen Würde dienen.

82   Ist das eine überzeugende Konzeption? Sind mit Rechtsstaatlichkeit zudem bestimmte Institutionen verbunden? Warum soll Rechtsstaatlichkeit überhaupt als zentrales Strukturelement von politischer Organisation gelten? Ist das nicht eine überholte Vorstellung und sollte durch andere Ideen ersetzt werden? Wird die Idee der Rechtsstaatlichkeit so nicht überbewertet? Wie steht es schließlich mit anderen Rechtstraditionen? Zuweilen wird behauptet, dass einzelne dieser Traditionen einen besonderen, mit anderen Überlieferungszusammenhängen unvereinbaren Gehalt hätten, etwa die Rechtsstaatlichkeit, wie sie in Deutschland entwickelt wurde.[67] Auch für den Begriff *rule of law* der angelsächsischen Tradition wird Ähnliches behauptet, z.B. dass dieser formal zu verstehen sei.[68]

83   Wie sich zeigen wird, ist die historische Realität vielfältiger als solche Thesen vermuten lassen. Grundanliegen von Rechtsstaatlichkeit lassen sich in ähnlicher Weise in verschiedenen Traditionen entdecken, unterschiedliche Positionen werden innerhalb dieser Traditionen formuliert. Aus der historischen Entwicklung lassen sich deshalb keine Argumente gegen Aussagen wie diejenige in der Präambel eines bedeutenden völkerrechtlichen Vertrags wie dem EUV entwickeln, die Rechtsstaatlichkeit als universellen Wert bezeichnet und damit keine exotischen Aussagen trifft, sondern eine Grundwertung des internationalen Rechts ausspricht. Was ist aber der Gehalt dieser völkerverbindenden Rechtsstaatsidee?

2. Die Zähmung der politischen Leidenschaften

84   Menschen finden sich unausweichlich unter vielen anderen Menschen vor, so dass ein Zusammenleben organisiert werden muss – glücklicherweise, darf man hinzufügen: Denn außerhalb sozialer Ordnungen können Menschen die grundlegendsten Bedürfnisse nicht befriedigen. Menschen sind für eine erfüllte Existenz auf das gemeinsame Leben mit anderen Menschen angewiesen, die ihnen die Erfahrung des möglichen Reichtums einer menschlichen Existenz eröffnen, den jeder Einzelne sich nur in Bruchstücken erschließen könnte – von persönlichen Beziehungen bis zur Komposition des Lieblingsmusikstückes, das man selbst nie zustande gebracht hätte. Andere Menschen sind nicht nur eine störende Grenze der eigenen Freiheit, sondern die Bedingung dafür, dass der eigene Freiheitsgebrauch überhaupt einen anziehenden Inhalt hat. Ein

---

67 Vgl. z.B. *L. Stein*, Die Verwaltungslehre. Erster Theil: Die vollziehende Gewalt, 2. Aufl., 1869, S. 296 f.: „Man muß zunächst davon ausgehen, daß Wort und Begriff des ‚Rechtsstaates' *spezifisch* deutsch sind. Beide kommen weder in einer nicht deutschen Literatur vor, noch sind sie in einer nicht deutschen Sprache correct wieder zu geben" (Herv. i. Orig.).
68 Vgl. klassisch *A. V. Dicey*, Introduction to the Study of the Law of the Constitution, 8th ed., 1915.

IV. Rechtsstaat

einsames Leben ist ein Leben, das verarmt.[69] Moralische Gründe verlangen zudem den Eintritt in eine geregelte Gesellschaftsordnung, denn nur in einer solchen können die berechtigten Ansprüche anderer Menschen und Forderungen der politischen Gerechtigkeit verwirklicht werden.[70] Zur Begründung einer sozialen Ordnung und zur Akzeptanz bestimmter Regeln und Entscheidungen dafür betrauter Autoritäten und damit zur Errichtung einer öffentlichen Gewalt zu ihrer Aufrechterhaltung gibt es deshalb keine Alternative.

In der sozialen Realität bestehen Herrschaftsverhältnisse allerdings regelmäßig nicht allein aus und begrenzt durch die Notwendigkeiten sozialer Organisation und schon gar nicht nur in legitimer Form, sondern bereits aus ganz anderen Gründen: Menschen haben Interessen und wollen diese Interessen durchsetzen. Dies geschieht häufig genug mit wenig oder ohne Rücksicht auf andere und in den verschiedensten Sozialformationen, von antiken Despotien über Monarchien der Neuzeit bis in die Gegenwart durch schlichte Beherrschung oder sogar Unterwerfung von Menschen. Dies kann durch Anwendung oder Drohung von physischem Zwang oder anderen Machtmitteln, wie ökonomischen Abhängigkeiten, geschehen. Macht ist selbst ein Zweck politischen Handelns, wird aber auch zur Nutzung der Güter, Kreativität und Arbeitskraft der beherrschten Menschen ganz oder in Teilen für eigene Zwecke ausgeübt. 85

Die Grundidee der Rechtsstaatlichkeit besteht nun darin, die Herrschaftsausübung durch Regeln anzuleiten, so in ihren Äußerungsformen voraussehbar zu machen und – von zentraler Bedeutung – auf das Geregelte zum Wohle der Herrschaftsunterworfenen zu begrenzen. Die Versuche, diese Idee mit Leben zu erfüllen, setzen naturgemäß in einer historischen Realität an und damit den jeweils konkret gegebenen Machtverhältnissen in einer Gesellschaft. Das ist in einer absolutistischen Monarchie nicht anders als in einer postkommunistischen Transformationsgesellschaft, die zur Rechtsstaatlichkeit aufbricht. Die Bändigung dieser realen sozialen Gewalten ist ein erstes Anliegen der Forderung nach rechtsstaatlichen Strukturen. Die Rechtsstaatsidee ist grundsätzlich aber auch darüber hinaus darauf angelegt, die Herrschaftsausübung auf das tatsächlich zur Gesellschaftsorganisation Notwendige und normativ Legitime zu begrenzen. Das ist insbesondere die Grundtendenz eines Rechtsstaates, der ein Verfassungsstaat geworden ist (s. u. § 6 V). 86

Diese Grundidee der Bindung von Herrschaft an Recht ist sehr alt. Man kann bereits antike Bemühungen in das Umfeld dieser Idee zählen, die darauf gerichtet waren, die Regierungsgewalt an bestimmte Regeln zu binden und dies auch zu kontrollieren.[71] 87

Die bewusste politische Organisation und Reform setzt Reflexion voraus, die in der griechischen Antike zu klassischen Entwürfen der politischen Philosophie führte, auch in Bezug auf die Rechtsstaatsidee. *Platon* hat in seinem Entwurf eines Idealstaates die gesellschaftliche Ordnung vom Begriff der Gerechtigkeit aus entworfen und damit einen Gedanken konkret auszuführen versucht, der sicher schon die Menschen vor ihm beschäftigt hatte und der für die ganze weitere menschliche Geschichte von prägender Bedeutung war. In diesem Entwurf wurde dem Recht keine entscheidende Bedeutung 88

---

69 *M. Mahlmann*, Rechtsphilosophie und Rechtstheorie, § 35 Rn. 19 ff.
70 Vgl. *I. Kant*, Religion innerhalb der Grenzen der blossen Vernunft, Akademie Ausgabe Bd. VI, S. 96: „Der Mensch soll aus dem ethischen Naturzustande herausgehen, um ein Glied eines ethischen *gemeinen Wesens* zu werden." (Herv. i. Org.).
71 Vgl. z.B. die Ansätze dazu in den Gesetzen Solons, *Aristoteles*, The Athenian Constitution, in: ders., The Athenian Constitution, The Eudemian Ethics, On Virtues and Vices with an English Translation by H. Rackham, VIII f.

eingeräumt (s. o. § 2). In seinem Spätwerk änderte sich dies aber. Hier erscheint das Recht in einem ganz anderen Licht. Es ist die wichtigste Erhaltungsbedingung des Staates als gerechtigkeitsorientierter Ordnung: „Die Leute aber, die heutzutage ‚Herrscher' genannt werden, habe ich Diener der Gesetze genannt, nicht um neue Ausdrücke zu prägen, sondern ich glaube, mehr als von allem andern hängt davon für einen Staat seine Erhaltung und das Gegenteil ab. Denn einem Staat, in welchem das Gesetz geknechtet und machtlos ist, einem solchen sehe ich den Untergang bevorstehen. In welchem es aber Gebieter über die Herrschenden und die Herrschenden Sklaven des Gesetzes sind, dem Staat sehe ich Fortbestand und alle Güter zuteil werden, welche die Götter je Staaten verliehen haben."[72]

89 Aristoteles (384–322 v. Chr.) hat diesen Gedanken aufgegriffen und weitergeführt. Wenn alle als gleich angesehen werden (was nicht in jedem politischen System der Fall ist), ist das Gesetz ein Mittel, Gerechtigkeit zu schützen, „denn die Ordnung ist Gesetz. Folglich ist es wünschenswerter, daß das Gesetz herrsche, und nicht irgendein einzelner Bürger."[73] Vernunftherrschaft sei nur durch Gesetze zu haben: „Wer also verlangt, daß die Vernunft herrsche, der scheint zu verlangen, daß Gott und die Gesetze herrschen; wer aber den Menschen zum Herrscher haben will, fügt das Tier hinzu. Denn die Lüsternheit ist etwas Tierisches, und der Zorn setzt auch die besten Männer unter den Regenten in Verwirrung. Daher ist das Gesetz die reine, begierdelose Vernunft."[74] Herrschaft der Gesetze sei mit Unparteilichkeit und damit mit Gerechtigkeit verbunden: „Man sieht also, daß der Gerechtigkeitssinn es ist, der einen nach einer unparteiischen Instanz suchen lässt, wie es das Gesetz ist."[75]

90 Diese Kritik der wechselnden politischen Leidenschaften, die Regierungshandeln bald in die eine, dann in eine andere Richtung drängen, setzt die Existenz einer Alternative und damit die Möglichkeit politischer Vernunft voraus. Sie weist gleichzeitig nicht nur auf das Interesse von Menschen hin, nicht von den unsicheren Leitfäden politischer Leidenschaften regiert zu werden, sondern auch auf die Rechte auf Freiheit und Gleichheit der Menschen, die durch eine Herrschaft von Recht geschützt werden sollen und die im Laufe der historischen Entwicklung ausdrücklich formuliert wurden.[76]

91 Damit ist ein Grundgedanke geformt, der in der Folgezeit verfeinert und in seinen Konsequenzen weitergedacht wurde. Durch die Bindung von Herrschaftsgewalt wird die Gleichheit von Menschen gewahrt, da sie einem für alle gleich geltenden Gesetz unterstehen. Damit werden gleichzeitig bestimmte Rechte dieser Menschen geschützt. Der Voraussehbarkeit von Handeln der öffentlichen Gewalt dienen rechtliche Bindungen so sehr wie dem Schutz von Rechten, die zuallererst durch Willkür bedroht werden. Die erhoffte Bändigung von Leidenschaften zielt auf eine Rationalisierung politischer Herrschaft. Rechtliche Regelungen garantieren keine politische Vernunft, schaffen aber einen größeren Raum für ihre Wirksamkeit.

92 Platons Überlegungen waren ebenso wie die von Aristoteles durch Misstrauen gegenüber Herrschaft geprägt, das durch die Erfahrung des Missbrauchs von Herrschaft genährt wurde. Beide haben unterschiedliche Lösungen gesucht, um das Problem des

---

72 *Platon*, Nomoi, 715c, d.
73 *Aristoteles*, Politik, 1287a.
74 *Aristoteles*, Politik, 1287a.
75 *Aristoteles*, Politik, 1287a.
76 Vgl. zur umstrittenen Frage, ob man von Grundrechten in der Antike sprechen kann, *M. Mahlmann*, Rechtsphilosophie und Rechtstheorie, § 39 Rn. 25 ff.

möglichen Missbrauchs von Macht zu lösen. Dieses Misstrauen ist durch die Jahrhunderte ein wesentliches Element aller ernsthaften Überlegungen geblieben, die sich mit dem Recht und nicht zuletzt der Rechtsstaatlichkeit auseinandergesetzt haben.[77] Aus guten Gründen – die Menschen haben in ihrer Geschichte auch nach den politischen Tragödien der Antike zu viele weitere Erfahrungen mit Missbrauch von Macht gemacht, um riskieren zu können, Mittel zu ihrer Verhinderung gering zu schätzen. Gerade die Gefahr mächtiger politischer Leidenschaften ist in keiner Weise gebannt – das 20. Jahrhundert war sogar eines, in dem diese Leidenschaften besonders zerstörerisch wüteten –, von den kriegsbereiten Nationalismen des Ersten Weltkrieges bis zum Abgrund des Dritten Reichs.

3. Rechtsstaat als Handlungsform

Alle Auffassungen zum Rechtsstaat sind sich darin einig, dass der Rechtsstaatsbegriff eine formelle Dimension hat. Das Grundelement wurde in der Antike, wie angedeutet, bereits erkannt und reflektiert, wenn man auch streiten mag, inwieweit diese rechtliche Bindungen politische Gebilde betrafen, die den Namen „Staat" verdienen: die Bindung des Handelns der Regierungsgewalt an das Recht. Damit geht einher, dass auch das Handeln der Einzelnen gegenüber anderen durch das Recht bestimmt wird, weil eine wesentliche Handlungsform des Rechtsstaates generell-abstrakte Gesetze sind. Die rechtliche Bindung der öffentlichen Gewalt definiert zudem gleichzeitig mindestens auch wesentliche Rechte und Pflichten der Einzelnen. Diese werden durch die rechtliche Regelung der öffentlichen Gewalt und ihr Handeln auf dieser Grundlage bestimmt. Eine verwaltungsrechtliche Entscheidung im Baurecht definiert z.B. die Rechte und Pflichten eines Bauherrn. Eine Ordnung, in der nur die öffentliche Gewalt an das Recht gebunden wäre, die Privaten aber tun könnten, was sie wollten, wäre im Übrigen kaum sinnvoll als rechtsstaatliche Ordnung zu bezeichnen, die ja gerade die rechtliche Bewältigung von Konflikten erstrebt, auch der privaten.

Weitere Elemente formeller Rechtsstaatlichkeit sind insbesondere Vorrang und Vorbehalt des Gesetzes, Bestimmtheit der Gesetze, Willkürverbot, Öffentlichkeit der Gesetze, Rückwirkungs- oder Analogieverbot im Strafrecht und der Eingriffsverwaltung. Die Rechtsstaatsidee hat auch eine sehr bedeutsame prozedurale Seite: Verfahrensgrundsätze von Regierungs- und Verwaltungshandeln sind ebenso wichtige Elemente wie die Prinzipien, die die gerichtliche Entscheidungsfindung und ihre Kontrolle normativ strukturieren, z.B. die Unschuldsvermutung. Auch die Möglichkeit, überhaupt das Handeln der öffentlichen Gewalt einer gerichtlichen Kontrolle zu unterwerfen sowie bei sonstigen Rechtsstreitigkeiten mit Privaten gerichtlichen Rechtsschutz zu finden, ist von großer Bedeutung.[78] Die Rechtsweggarantie ist ein wichtiger Baustein der Rechtsstaatlichkeit.

In den letzten Jahrzehnten ist auch das Verhältnismäßigkeitsprinzip zu zentraler Bedeutung für entwickelte Rechtsstaatlichkeit gelangt.[79] Die Grundgedanken dieses Prinzips reichen weit in die Ideengeschichte zurück. Für das Handeln der öffentlichen Gewalt bedeutet es, dass diese nur ausgeübt werden darf, wenn ein legitimes Ziel verfolgt wird, geeignete Mittel ergriffen werden, keine in Rechtspositionen weniger

---

77 Vgl. dazu im Rahmen eines „liberalism of fear" z.B. *J. N. Shklar*, The Liberalism of Fear, in: dies., Political Thought and Political Thinkers, ed. by S. Hoffmann, 1998, S. 18.
78 Vgl. dazu z.B. *M. Boller*, Rechtsstaat und Rechtsweggarantie, 2016.
79 Vgl. zur internationalen Entwicklung z.B. *A. Barak*, Proportionality, 2012.

eingreifende Alternativen zur Verfügung stehen und in der Abwägung der durch die verfolgten Ziele erreichten Rechtsgüter mit den betroffenen Rechtsgütern die Maßnahme nicht unangemessen erscheint.

96 Das Verhältnismäßigkeitsprinzip ist Ausdruck einer komplexen Wertung: Es sagt erstens aus, dass staatliches Handeln nicht legitim sein kann, wenn illegitime Zwecke verfolgt werden. Gleiches gilt zweitens, wenn keine geeigneten oder unnötig belastende Maßnahmen ergriffen werden, um ein Ziel zu erreichen, selbst wenn dieses Ziel an sich legitim sein sollte. Wenn, drittens, Rechtsgüter von Rechtssubjekten in einem Maße verletzt werden, das durch die angestrebte Rechtsgutsverwirklichung nicht gerechtfertigt werden kann, ist die Handlung der öffentlichen Gewalt zu unterlassen. Hinter der letzteren Wertung steht ein fundamentaler Gerechtigkeitsgedanke, der auch im Alltag selbstverständlich gilt: Nicht einmal ein Kind würde es als gerecht akzeptieren, für eine kurze Störung des Unterrichts durch das fröhliche, aber in der Mathematikstunde nicht gewünschte Trällern eines Lieds von der Schule verwiesen zu werden.

97 Ein wichtiger Hintergrund einer formellen Rechtsstaatskonzeption ist die Entlastung der rechtsstaatlichen Ordnung vom Anspruch, religiöse Ziele und solche einer spezifischen Sozialmoral mit staatlichen Herrschaftsmitteln durchzusetzen. Im aufkeimenden Konstitutionalismus des 19. Jahrhunderts wird von verschiedenen Seiten argumentiert, dass es nicht Aufgabe des Rechtsstaates sei, derartige Zwecke zu verfolgen.[80] Der Rechtsstaat verweise auf eine Form des Staatshandelns,[81] wenn auch das Recht inhaltlich an sittlichen Ideen auszurichten sei.[82]

98 Ein Beweggrund der Konzipierung des Rechtspositivismus ist das Ziel, das Recht und gerade auch das Staatsrecht von den Fesseln bestimmter festgefügter normativer Ideen zu befreien und damit der politischen Gestaltungsmacht der Menschen zu übergeben: „Die Rechtsstaatsidee wird, wenn man es so ausdrücken will, preisgegeben, insoweit

---

80 Vgl. z.B. *C. T. Welcker*, Letzte Gründe von Recht, Staat und Strafe, 1813, S. 26 ff.: Der Rechtsstaat des angebrochenen Vernunftzeitalters solle Freiheit garantieren, ohne religiöse oder moralische Gebote durchsetzen zu wollen; *R. v. Mohl*, Das Staatsrecht des Königreichs Württemberg. Erster Theil, das Verfassungsrecht, 1829, S. 8 f.: „Die Rechtsstaats-Gattung beruht auf der unter dem Volke allgemein herrschenden Ueberzeugung, daß das Leben allerdings einen bestimmten Selbstzweck habe, der künftige Zustand ungewiss und unbekannt sey, und also die Einrichtungen für das irdische Zusammenleben der Menschen nur auf dieses Leben und seine Zwecke berechnet seyn müssen. Da nun, vom Verstandespunkte aus betrachtet, der einzige denkbare irdische Gemeinzweck der Menschen die möglichst allseitige Ausbildung seiner Naturkräfte, und folglich der Erwerb und Genuß der dazu dienlichen Mittel ist, so müssen auch die Einrichtungen des Rechtsstaates die Erreichung dieses Zweckes zu erstreben suchen. [...] Die übersinnlichen Tendenzen des Menschen, Sittlichkeit und Religion, liegen außerhalb des Befugnißkreises des Rechtsstaates."
81 *F. J. Stahl*, Die Philosophie des Rechts, Bd. II/2, 1878, Nachdruck 2000, S. 137 f.: „Der Staat soll *Rechtsstaat* seyn, das ist die Losung und ist auch in Wahrheit der Entwicklungstrieb der neueren Zeit. Er soll die Bahnen und Gränzen seiner Wirksamkeit wie die freie Sphäre seiner Bürger in der Weise des Rechts genau bestimmen und unverbrüchlich sichern und soll die sittlichen Ideen von Staatswegen, also direkt, nicht weiter verwirklichen (erzwingen), als es der Rechtssphäre angehört, d.i. nur bis zur nothwendigen Umzäunung. Dieß ist der Begriff des Rechtsstaates, nicht etwa daß der Staat bloss die Rechtsordnung handhabe ohne administrative Zwecke, oder vollends bloß die Rechte der Einzelnen schütze, er bedeutet überhaupt nicht Ziel und Inhalt des Staates, sondern nur Art und Charakter, dieselben zu verwirklichen. Der Rechtsstaat steht daher im Gegensatz vor Allem zum *patriarchalischen*, zum *patrimonialen*, zum bloßen *Polizey*-Staate, in welchem die Obrigkeit darauf ausgeht, die sittlichen Ideen und die Nützlichkeitszwecke in ihrem ganzen Umfang und nach jeder arbiträren Würdigung eines jeden Falles zu realisiren, er steht nicht minder aber auch im Gegensatze zum *Volksstaate* (Rousseau, Robespierre), wie ich ihn nennen möchte, in welchem das Volk die vollständige und positive politische Tugend von Staatswegen jedem Bürger zumuthet und seiner eigenen jeweiligen sittlichen Würdigung gegenüber keine rechtliche Schranke anerkennt." (Herv. i. Org.).
82 Vgl. *F. J. Stahl*, Die Philosophie des Rechts, Bd. II/2, S. 138 f.

sie den Staat unter irgendein menschlicher Satzungsgewalt spottendes, absolutes Recht beugen will, sie wird um so entschiedener erfaßt, insofern sie unterhalb der Gesetzgebung die vollkommene Rechtmäßigkeit und Gesetzmäßigkeit der Staatsverwaltung und Rechtsprechung postuliert."[83]

4. Varianten der *rule of law*

Die englische Rechtsgeschichte kennt eine lange und keineswegs homogene Auseinandersetzung mit den Grundanliegen der *rule of law*. Die Magna Charta enthält etwa Garantien von Rechten von Adeligen, die wichtige Elemente von Rechtsstaatlichkeit enthalten, etwa Formen des Grundsatzes „Keine Strafe ohne Gesetz", *nulla poena sine lege*, oder die Bindung von Eingriffen in Rechte an gerichtliche Urteile.[84]

Die Bindung des Königs oder der Königin an Recht wurde im Mittelalter postuliert: „the law maketh the king".[85] Eine zentrale Frage wurde dabei, ob auch die Souveränität des Parlaments eingeschränkt werden könne – berühmte Stimmen verteidigten diesen Vorrang des Rechts,[86] was als Vorläufer moderner verfassungsstaatlicher Ideen aufgefasst wird. Andere traten für die Souveränität des Parlaments ein, verstanden als normativ uneingeschränkte Entscheidungsmacht[87] – eine Doktrin, die das Staatsrecht Großbritanniens bis in die Gegenwart bestimmt, inzwischen aber wesentlich verändert durch die Begrenzung dieser Entscheidungsmacht, beispielsweise durch die EMRK.

Das klassische Werk der englischen Verfassungstheorie verfolgt vor diesem vielschichtigen Hintergrund einen formalen Begriff der *rule of law*, entwickelt nicht zuletzt in Auseinandersetzung mit dem andere Wege gehenden Modell der US-amerikanischen Verfassung, dem letztendlich die politische Zukunft gehörte, die unsere Gegenwart ist.

---

83 R. *Thoma*, Rechtsstaatsidee und Verwaltungsrechtswissenschaft, in: M. Tohidipur (Hrsg.), Der bürgerliche Rechtsstaat. Bd. 2, 1978, S. 504. Allerdings wird damit nicht der ganze Gehalt der Rechtsstaatsidee ausgeschöpft: „Dieses Prinzip der Gesetzmäßigkeit der Verwaltung ist das Fundament des modernen Rechtsstaats, keineswegs seine Erfüllung. Noch ist mit ihm die Gesetzgebung nicht geschaffen, welche die Bahnen und Grenzen der staatlichen Wirksamkeit, wie die freie Sphäre des Bürger *genau* abgrenzt, noch sind die Garantien nicht errichtet, welche diese unverbrüchlich *sichern*: nach rückwärts gegenüber einer in den Gewohnheiten des Absolutismus großgewordenen Bureaukratie, nach vorwärts gegenüber der Möglichkeit parteiischer Majoritätsherrschaft", ebd. (Herv. i. Org.).
84 Magna Charta, Version von 1215, Nr. 39: „No free man shall be seized or imprisoned, or stripped of his rights or possessions, or outlawed or exiled, or deprived of his standing in any way, nor will we proceed with force against him, or send others to do so, except by the lawful judgment of his equals or by the law of the land.", abrufbar unter <http://www.bl.uk/magna-carta/articles/magna-carta-english-translation#>.
85 Vgl. *H. d. Bracton*: „The king ought not to be subject to man, but to God, and to the law; for the law maketh the king. Let the king therefore render to the law, what the law has invested in him with regard to others; dominion and power for he is not truly king, where will and pleasure rules, and not the law.", zit. nach *W. Blackstone*, Commentaries on the Laws of England in Four Books. Vol. 1, ed. by T. M. Cooley, 3rd ed., 1884, Book I, S. 233.
86 *E. Coke*, Thomas Bonham v. College of Physicians, 1610, 77 Eng. Rep. 638, S. 652: „And it appears in our books, that in many cases, the common law will controul Acts of Parliament, and sometimes adjudge them to be utterly void: for when an Act of Parliament is against common right and reason, or repugnant, or impossible to be performed, the common law will controul it, and adjudge such act to be void." Vgl. zum Kontext z.B. *D. C. Smith*, Sir Edward Coke and the Reformation of the Laws, 2014.
87 *W. Blackstone*, Commentaries on the Laws of England in Four Books. Vol. 1, Book I, S. 90: „But if the parliament will positively enact a thing to be done which is unreasonable, I know of no power in the ordinary forms of the constitution that is vested with authority to control it; and the examples usually alleged in support of this sense of the rule do none of them prove, that, where the main object of a statute is unreasonable, the judges are at liberty to reject it; for that were to set the judicial power above that of the legislature, which would be subversive of all government."

102 Erstes Element der *rule of law* ist die Vorherrschaft von *ordinary law*: „We mean, in the first place, that no man is punishable or can be lawfully made to suffer in body or goods except for a distinct breach of law established in the ordinary legal manner before the ordinary Courts of the land. In this sense the rule of law is contrasted with every system of government based on the exercise by persons in authority of wide, arbitrary, or discretionary powers of constraint."[88]

103 Zweitens geht es bei der *rule of law* um die Gleichheit vor dem Gesetz: „We mean in the second place, when we speak of the 'rule of law' as a characteristic of our country, not only that with us no man is above the law, but (what is a different thing) that here every man, whatever be his rank or condition, is subject to the ordinary law of the realm and amendable to the jurisdiction of the ordinary tribunals."[89]

104 Drittens bilde der Schutz von Rechten, insbesondere Freiheitsrechten durch Rechtsprechung, die Quelle der Verfassung Großbritanniens: „We may say that the constitution is pervaded by the rule of law on the ground that the general principles of the constitution (as for example the right to personal liberty, or the right of public meeting) are with us the result of judicial decisions determining the rights of private persons in particular cases brought before the Courts; whereas under many foreign constitutions the security (such as it is) given to the rights of individuals results, or appears to result, from the general principles of the constitution."[90]

105 Die Identifikation von Rechtsstaatlichkeit und *rule of law* mit bestimmten formalen Prinzipien hat in der Rechtsreflexion des 20. Jahrhunderts viele Anhänger gefunden. Rechtsstaatliche Bindung wird etwa von *Friedrich August v. Hayek* (1899–1992) als Fundament des Freiheitsschutzes angesehen.[91] Grundelemente seien die zukunftsgerichtete Allgemeinheit und Abstraktheit der Gesetze, die Öffentlichkeit und Bestimmtheit des Rechts sowie die Rechtsgleichheit[92]: „The importance which the certainty of the law has for smooth and efficient running of a free society can hardly be exaggerated. There is probably no single factor which has contributed more to the prosperity of the West than the relative certainty of the law which has prevailed here."[93]

106 *Lon L. Fuller* (1902–1978) hat acht Elemente identifiziert, die den Kern von Rechtsstaatlichkeit ausmachten: Die Allgemeinheit der Gesetze, ihre Öffentlichkeit, das Rückwirkungsverbot, die Verständlichkeit von Recht, die Widerspruchslosigkeit des Rechtssystems, das Verbot, Unmögliches zu gebieten, die Beständigkeit von Recht und das Fehlen einer Diskrepanz zwischen Regeln und Anwendung. Diese Prinzipien bildeten die innere Moral des Rechts, die letztlich der Freiheit der Menschen diene.[94]

107 Für *Joseph Raz* (*1939) dient die *rule of law* nicht normativen Ideen wie Menschenwürde oder Gerechtigkeit: „It is not to be confused with democracy, justice, equality (before the law or otherwise), human rights or any kind of respect for persons or for the dignity of man. A non-democratic legal system, based on the denial of human

---

[88] A. V. Dicey, Introduction to the Study of the Law of the Constitution, S. 110.
[89] A. V. Dicey, Introduction to the Study of the Law of the Constitution, S. 114.
[90] A. V. Dicey, Introduction to the Study of the Law of the Constitution, S. 115.
[91] F. A. Hayek, The collected works of F. A. Hayek. Vol. 2: The Road to serfdom, ed. by B. Caldwell, 2008, S. 112 ff.: „Nothing distinguishes more clearly conditions in a free country from those in a country under arbitrary government than the observance in the former of the great principles known as the Rule of Law.", Zitat S. 112.
[92] F. A. Hayek, The Constitution of Liberty, 1960, S. 207 ff.
[93] F. A. Hayek, The Constitution of Liberty, S. 208.
[94] L. Fuller, The Morality of Law, 2nd ed., 1969, S. 33 ff.

rights, on extensive poverty, on racial segregation, sexual inequalities, and religious persecution may, in principle, conform to the requirements of the rule of law better than any of the legal systems of the more enlightened Western democracies. This does not mean that it will be better than those Western democracies. It will be an immeasurably worse legal system, but it will excel in one respect: in its conformity to the rule of law."[95]

Die *rule of law* habe deswegen mit gewissen formalen Elementen zu tun.[96] Sie sei nicht an bestimmte materiale Prinzipien gebunden. Verstöße gegen die Menschenwürde seien keine Verstöße gegen die *rule of law*, Verstöße gegen die *rule of law* seien aber Verletzungen menschlicher Würde: „The law can violate people's dignity in many ways. Observing the rule of law by no means guarantees that such violations do not occur. But it is clear that deliberate disregard for the rule of law violates human dignity. It is the business of law to guide human action by affecting people's options. The law may, for example, institute slavery without violating the rule of law. But deliberate violation of the rule of law violates human dignity."[97]

5. Der Sinn formaler Rechtsstaatsprinzipien

Die formelle Konzeption von Rechtsstaatlichkeit wird, wie die Beispiele zeigen, aus unterschiedlichen Blickwinkeln formuliert, ebenso in der manchmal für substantiell unterschieden gehaltenen deutschsprachigen Rechtsstaatstradition wie im Rahmen der Diskussion der *rule of law*. Hier wie anderswo sind nicht die verwendeten Begriffe entscheidend, sondern die damit bezeichneten Konzeptionen.

Die Beispiele machen zudem einen Grundzug der formalen Konzeption der Rechtsstaatlichkeit und *rule of law* deutlich: Der formale Rechtsstaatsbegriff ist nicht wertneutral. Rechtsstaatlichkeit ist niemals eine wertfreie Effizienzmaxime. Die Aufrechterhaltung der Rechtsstaatlichkeit dient dem Schutz der Würde der Menschen als freien, gleichen und autonomen Personen.[98] Damit verlieren zentrale Argumente für einen formalen Rechtsstaatsbegriff ihre Überzeugungskraft. Die Schwierigkeiten der Beantwortung von Wertfragen oder die Pluralität von Gesellschaften müssten ja auch Gründe gegen die Annahme eines gerechtfertigten Schutzes menschlicher Freiheit und Autonomie liefern, die aber selbst den letzten Grund für die Verteidigung eines formalen Rechtsstaatsbegriffs bilden. Der materiale Rechtsstaatsbegriff erweitert die Menge der Elemente, die Rechtsstaatlichkeit ausmachen, deswegen mit guten Gründen, um den Zweck der Verwirklichung von Freiheit, Gleichheit und Autonomie zu erreichen.

6. Rechtsstaat und materiale Rechtsprinzipien

Ein materialer Rechtsstaatsbegriff bindet die Idee der Rechtsstaatlichkeit inhaltlich an die Verwirklichung bestimmter Rechtsinhalte. Dabei spielen Grundrechte eine zentrale Rolle.

---

95 J. Raz, The Authority of Law, S. 211.
96 J. Raz, The Authority of Law, S. 214 ff.
97 J. Raz, The Authority of Law, S. 221 f.
98 Man sollte nicht übersehen, dass Vertreter, die gewöhnlich einem formalen Rechtsstaatsprinzip zugerechnet werden, materiale Rechte und Rechtsprinzipien als Bezugspunkt der Argumentation benennen, z.B. Dicey persönliche Freiheiten, vgl. o. § 6 IV.4. Raz hält sogar „principles of natural justice" für Elemente der *rule of law*, J. Raz, The Authority of Law, S. 217.

112 Auch Demokratie ist von besonderer Bedeutung. Diese Ideen haben verschiedene ideengeschichtliche Wurzeln. Zwei einflussreiche Beispiele sollen das verdeutlichen.

113 Das erste ist die neuzeitliche Gesellschaftsvertragstheorie, insbesondere in der Fassung von *John Locke* (1632–1704). Locke nimmt die Existenz von naturrechtlichen Grundrechten der Personen an, die sich in einer Gesellschaft zusammenfinden und eine politische Ordnung gründen: *Life, liberty and property* liegen der staatlichen Ordnung voraus. Die öffentliche Gewalt ist deshalb an den Schutz dieser Rechte gebunden.[99] Auch andere Elemente der Rechtsstaatlichkeit bleiben relevant, wie die Gesetzesbindung der öffentlichen Gewalt oder die Öffentlichkeit der Gesetze.[100] Diese Konzeption ist – neben anderen, nicht zuletzt naturrechtlichen Gedanken – in das Ideenreservoir eingeflossen, aus dem sich die amerikanische Verfassungsgebung speiste.

114 Eine andere wichtige Quelle von Rechtsstaatsideen ist das Vernunftrecht der Aufklärung. Kant als zentraler Autor dieser Epoche identifizierte, wie bereits erwähnt, den Staat mit einem Zusammenschluss von Menschen unter Rechtsgesetzen. Diese Rechtsgesetze sind an bestimmten Inhalten ausgerichtet: Der Universalisierung von Freiheit, der Gleichheit der Menschen und dem Schutz ihrer Würde als Personen.[101] Diese Rechtsordnung ist für Kant ein zentrales Element der durch praktische Einsicht gebotenen Vernunftordnung. Der Inhalt der Rechtsordnung wird als letzter Zweck auf die einzelne Person und ihre Würde ausgerichtet[102] und damit die Tür endgültig zu einem Rechtshumanismus aufgestoßen.

115 Die theoretischen Debatten um die Grundlagen von Rechtsstaatlichkeit sind mit diesen Ideen nicht beendet worden.[103] Materiale Theorien der Rechtsstaatlichkeit oder *rule of law* werden in verschiedenen Varianten vertreten.[104] Die normative Kernaussage wird damit aber unzweideutig formuliert. Rechtsstaatlichkeit ist ein Element in der historisch allmählich real gewordenen zivilisatorischen Architektur des Schutzes der Autonomie und Würde der Person. Der materiale Rechtsstaatsbegriff zieht die richtigen Konsequenzen aus diesem Ziel und bindet Rechtsstaatlichkeit an genau die Grundrechte und Wertprinzipien, denen das Projekt rechtlicher Bindung von menschlichem Handeln seit seinen Anfängen dient. Der Bindung der Rechtsstaatsidee an bestimmte materiale Inhalte wohnt deshalb keine freiheitsfeindliche Tendenz inne. Das Ziel, das wichtigen Konzeptionen formeller Rechtsstaatlichkeit zugrunde liegt, der Schutz von Freiheit, z.B. vor einer religiöse Glaubenssätze oder Vorstellungen zum gebotenen Verhalten durchsetzenden Obrigkeit, wird gerade durch die Ausrichtung rechtsstaatlicher Strukturen auf den Schutz menschlicher Autonomie unter universalisierbaren Rechtsgesetzen erreicht.

---

99 *J. Locke*, The Second Treatise, in: ders., Two Treatises of Government, ed. by P. Laslett, 1988, § 6; *M. Mahlmann*, Rechtsphilosophie und Rechtstheorie, § 5 Rn. 22 ff.
100 *J. Locke*, The Second Treatise, § 137.
101 *I. Kant*, Die Metaphysik der Sitten, Akademie Ausgabe Bd. VI, S. 230 ff.; dazu *M. Mahlmann*, Rechtsphilosophie und Rechtstheorie, §§ 9, 36.
102 Bei Hegel dagegen bildet der Staat den Gipfelpunkt der Entwicklung des Rechts und die Gegenwart vollkommener Sittlichkeit, *G. W. F. Hegel*, Grundlinien der Philosophie des Rechts, § 258.
103 Vgl. z.B. *J. Habermas*, Faktizität und Geltung, S. 166 ff.: „Aus der gleichursprünglichen Konstituierung und begrifflichen Verschränkung von Recht und politischer Macht ergibt sich ein weitergehender Legitimationsbedarf, nämlich die Notwendigkeit, die staatliche Sanktions-, Organisations- und Exekutivgewalt selber rechtlich zu kanalisieren. Das ist die Idee des Rechtsstaates", Zitat S. 166. Diese Idee wird proceduralistisch gefasst, ebd. S. 169.
104 Vgl. z.B. *M. Krygier*, Rule of Law, in: M. Rosenfeld/A. Sajó (eds.), Oxford Handbook of Comparative Constitutional Law, 2012, S. 233 ff.; *R. Dworkin*, Law's Empire, 1986, S. 93; *B. Z. Tamanaha*, On the Rule of Law, 2004, S. 140 f.

Damit ist eine letzte zu erörternde Frage aufgeworfen: Gibt es auch eine Verbindung von Rechtsstaat und Demokratie? Dies mag nicht auf den ersten Blick deutlich sein, denn Rechtsstaatsgedanken müssen nicht demokratische Ziele verfolgen. Es kann bloß um die Regulierung von Regierungsmacht gehen, ohne diese Macht demokratisch zurückzubinden. Rechtsstaatsargumente können sogar genutzt werden, um auf subtile Weise demokratische Gestaltungsmöglichkeiten illegitim einzuschränken.

Ein Beispiel dafür ist die bis heute einflussreiche Rechtsstaatstheorie von Carl Schmitt. Verfassung und formales Verfassungsgesetz seien zu unterscheiden. Die Verfassung bilde eine politische Grundentscheidung, in deren Rahmen das Verfassungsgesetz gelte und angewandt werden müsse. Der Rechtsstaat sei Verteilungs- und Organisationsprinzip: Das rechtsstaatliche Verteilungsprinzip bestehe darin, dass die Freiheit des Einzelnen vorstaatlich gegeben sei, mit grundsätzlich unbeschränkbarer Wirkung. Das Organisationsprinzip sei die Gewaltenteilung. Grundrechte und Gewaltenteilung gehörten zu immanenten Prinzipien des modernen Verfassungsstaates, welcher sich als bürgerlicher Rechtsstaat verstehe, auch wenn entsprechende Garantien nicht positiv verankert seien.[105]

Diese scheinbar liberale Theorie hat eine illiberale Pointe: Demokratie hat ihren Ort in der gesetzten Verfassungsordnung. Wenn deren Relevanz zugunsten einer angenommenen höheren eigentlichen Verfassung relativiert wird,[106] wird gleichzeitig die Demokratie geschwächt. Es liegt deshalb durchaus in der Fluchtlinie dieser Theorie, dass Schmitt politisch auf der Seite der Gegner der Demokratie von Weimar stand und schließlich den Nationalsozialismus begrüßte sowie in verschiedenen Formen zu unterstützen suchte.

Antidemokratische Fassungen von Rechtsstaatlichkeit überzeugen aber letztendlich schon deshalb nicht, weil sie nicht die genannten naheliegenden Konsequenzen aus den normativen Grundlagen von Rechtsstaatlichkeit ziehen: Wenn es im Kern der Rechtsstaatsidee um den Schutz menschlicher Autonomie und Würde geht, verweist die Rechtsstaatsidee auf Demokratie (vgl. u. § 6 VIII).

V. Verfassungsordnung

1. Was ist eine Verfassung?

Eine spezifische Form des Rechtsstaates ist der Verfassungsstaat. Die meisten Staaten dieser Welt haben nunmehr eine Verfassung.[107] Das heißt allerdings nicht, dass das Leben in diesen Gesellschaften notwendig wesentlich durch diese Verfassung bestimmt wäre. Verfassungen können existierende Machtverhältnisse bloß wiedergeben, ohne sie zu beeinflussen oder einen ideologischen Schein von Verfassungsstaatlichkeit errichten, der nur ein Mittel ist, um die politische Realität zu verhüllen. Immerhin zeigt selbst die Notwendigkeit einer solchen Fassade, welchen Einfluss die Idee von Verfassungsstaatlichkeit hat.

Um den genaueren Inhalt des Verfassungsbegriffs wird eine intensive Debatte geführt, nicht anders als um andere Grundbegriffe des Rechts, manchmal nicht weit von Begriffsessentialismus, d.h. der Vorstellung, entfernt, ein Wort habe eine einzige wesentliche Bedeutung. Einen sinnvollen Ausgangspunkt von Überlegungen zum Gehalt des

---

105 C. Schmitt, Verfassungslehre, S. 126 ff.
106 C. Schmitt, Verfassungslehre, S. 1 ff., insbesondere S. 23 ff.
107 Für einen ersten Überblick vgl. <http://comparativeconstitutionsproject.org/chronology/>.

122 Verfassungen richten sich erstens auf die originäre Kreation, Organisation und Begrenzung hoheitlicher, monopolisierter Gewalt mit Mitteln des Rechts durch eine autonome politische Entscheidung der verfassungsgebenden Gewalt. Legitime öffentliche Gewalt wird nicht vorgefunden, etwa eine göttlich legitimierte Monarchie, sondern durch den Verfassungsgebungsakt ursprünglich geschaffen.[108] Die verfassungsgebende Gewalt liegt dabei beim Volk insgesamt – das ist der Kern der Volkssouveränität (vgl. u. § 6 VIII.2). Öffentliche Gewalt soll zweitens durch eine Verfassung umfassend eingebunden werden. Eine Verfassung ist darauf gerichtet, rechtsfreie Machtprärogative zu beseitigen. Wenn immer öffentliche Gewalt ausgeübt wird, soll dies nicht aufgrund von nackter Durchsetzungskraft, sondern aufgrund und im Rahmen der geschaffenen Verfassung geschehen.[109] Diese Verfassung besteht in der Regel in der Form geschriebenen Rechts, wobei nicht nur ein Dokument denkbar ist, sondern auch andere Rechtsakte als Verfassung verstanden werden können, z.B. der *bloc de constitutionnalité* in Frankreich.[110] Auch eine ungeschriebene Verfassung ist denkbar, wie in Großbritannien.[111]

Verfassungsbegriffs bilden Grundgedanken des Konstitutionalismus, dessen Epoche mit der Amerikanischen und Französischen Revolution eingeleitet wurde. Die folgenden Elemente sind dabei von Bedeutung:

123 Verfassungen sind vorstellbar, die keine demokratischen Regierungsformen schaffen, sondern sich darauf beschränken, eine Oligarchie zu organisieren oder gar eine Diktatur in ihrer Funktionsweise zu rationalisieren. Derartige Ordnungen verfehlen aber den Kern der Verfassungsidee.[112] Der Konstitutionalismus ist nicht aus bloßem historischem Zufall mit der Idee der Demokratie verbunden, sondern aus guten, inneren Gründen, die schon im Rahmen der Diskussion des Verhältnisses von Rechtsstaatlichkeit und Demokratie angedeutet wurden: Eine Verfassung bildet mehr als ein Organisationsstatut demokratisch nicht legitim ausgeübter Macht. Die Verfassung soll im Gegenteil sicherstellen, dass die staatliche Ordnung den Interessen und Rechten der Staatsbürgerinnen und -bürger dient. Die Verfassungsidee richtet sich auf die Schaffung begrenzter Regierungsgewalt zum Zwecke des Schutzes menschlicher Freiheit, Gleichheit und Autonomie. Letzteres – wie noch genauer erläutert werden wird – ist auch der Kern der Demokratie (vgl. u. § 6 VIII.3). Verfassungsstaatlichkeit und Demokratie verfolgen das gleiche anspruchsvolle normative Ziel. Drittens wird deshalb durch eine Verfassung eine doppelte demokratische Rückbindung erzeugt: Durch die demokratische Schaffung der Verfassung selbst und die demokratische Willensbildung im Rahmen der Verfassungsordnung (vgl. u. § 6 VIII).

124 Eine Verfassung bestimmt und begrenzt, viertens, die Möglichkeiten der Schaffung neuen Rechts. Sie ist also – vorbehaltlich weiterer, z.B. völkerrechtlicher, Bindungen – normhierarchisch höchstes Recht.[113]

125 So wie die Frage aufgeworfen werden kann, ob Verfassungen demokratisch strukturiert sein müssen, kann gefragt werden, ob sie einen bestimmten Inhalt haben müssen.

---

108 Vgl. *D. Grimm*, Types of Constitutions, in: M. Rosenfeld/A. Sajó (eds.), The Oxford Handbook of Comparative Constitutional Law, 2012, S. 103.
109 *D. Grimm*, Types of Constitutions, S. 103.
110 Constitution de 1958, Déclaration des Droits de l'Homme et du Citoyen de 1789, Préambule de la Constitution de 1946, Charte de l'environnement de 2004.
111 A. V. Dicey, Introduction to the Study of the Law of the Constitution.
112 Zutreffend *D. Grimm*, Types of Constitutions, S. 115.
113 *D. Grimm*, Types of Constitutions, S. 103.

V. Verfassungsordnung

Das Problem, dass sich für die Idee der Rechtsstaatlichkeit stellt, stellt sich auch für die Verfassung als spezifische Ausformung von Rechtsstaatlichkeit. Die Frage ist ähnlich wie bei der Frage ihrer demokratischen Strukturierung zu beantworten. Ein formaler Verfassungsbegriff ist ohne Weiteres denkbar, der Verfassungen für jeden möglichen Inhalt offen hält, z.B. für die verfassungskräftige Verankerung der Superiorität einer bestimmten ethnischen oder religiösen Gruppe. Es gibt auch entsprechende Beispiele in der Verfassungsgeschichte. Zumindest die Verfassungsinterpretation machte etwa die US-amerikanische Verfassung durch die Diskriminierung von afroamerikanischen Menschen zu einer in wichtigen sozialen Sphären rassistische Prinzipien verwirklichenden Verfassung,[114] bis die Ungleichbehandlung von Menschen angenommener unterschiedlicher „Rassen" auch verfassungsrechtlich beseitigt wurde.[115]

126 Eine rassistische Verfassung verfehlt aber wie undemokratische Verfassungen ein wichtiges normatives Anliegen der Verfassungsidee. Diese richtet sich, wie bereits erwähnt, darauf, Regierungsgewalt einzugrenzen und dauerhaft nach bestimmten Prinzipien zu organisieren. Das Grundanliegen ist dabei, eine politische Ordnung zu schaffen, die die Interessen und Rechte der in ihr assoziierten Menschen wahrt. Begrenzte Regierungsgewalt setzt, wie besprochen, einen normativen Grund der Begrenzung dieser Gewalt voraus, der letztendlich in den Rechten von Menschen liegt.

127 Den normativen Fluchtpunkt dieses Grundanliegens von Verfassungsstaatlichkeit bilden deshalb notwendig bestimmte Grundrechte von Menschen. Verfassungen richten sich mithin, fünftens, darauf, eine bestimmte materiale Ordnung zu errichten, die friedliches Zusammenleben ermöglicht und Autonomie, Freiheit und den gleichen Subjektstatus der Menschen schützt.[116]

128 Verfassungen wurden solchen Maßstäben häufig nicht gerecht, z.B. durch den Ausschluss versklavter Menschen oder Frauen von politischen und anderen Rechten. Die Überwindung solcher Ausschlüsse entspricht aber den eigentlichen normativen Anliegen des Verfassungsprojekts. Demokratische Strukturierung und Ausrichtung auf die Sicherung bestimmter Rechte sind deshalb keine bloß akzidentellen Eigenschaften von Verfassungsordnungen, sondern erfüllen die normative Kernwertung der Verfassungsidee. In jüngerer Zeit wurden zudem Vorstellungen gebotener mitmenschlicher Fürsorge durch die Idee der Sozialstaatlichkeit in das Projekt des Konstitutionalismus aufgenommen (vgl. u. § 6 VI). Das Gleiche gilt für Prinzipien des Umweltschutzes als Grundlage von menschlichem Überleben und zum Schutz von Natur an sich.

129 Eine Verfassung regelt, sechstens, die öffentliche Gewalt, die politisch umfassende Gestaltungsaufgaben hat, d.h., nicht auf bestimmte Teilbereiche des gesellschaftlichen Lebens begrenzt ist. Dies ist wichtig, weil es politische Instanzen geben muss, die strukturell gemeinwohlorientiert handeln können, wenn sie es im Einzelfall auch nicht tun mögen. Diesen Instanzen stehen gesellschaftliche Organisationen und Machtträger gegenüber, die dazu weder die Kompetenz haben noch dazu geschaffen wurden, da sie Partikularinteressen dienen, z.B. ein Wirtschaftsunternehmen.

130 Eine Verfassung bildet, siebtens, damit einen Rahmen für einen offenen politischen Prozess, der gleichzeitig bestimmte normative Grundpositionen diesem Prozess ent-

---

114 Vgl. zur Verfassungsinterpretation, dass Afroamerikaner gleich seien, aber getrennt zu leben hätten („separate but equal"), 163 U.S. 537 (1896) (Plessy v. Ferguson).
115 Vgl. 347 U.S. 483 (1954) (Brown v. Board of Education).
116 Vgl. *U. Volkmann*, Grundzüge einer Verfassungslehre der Bundesrepublik Deutschland, 2013, S. 41: Verfassung als „politische Gerechtigkeitsordnung".

zieht (vgl. u. § 12 II). Sie eröffnet den Raum für pluralistische politische Perspektiven und verpflichtet alle im offenen politischen Prozess auf die Einhaltung bestimmter normativer Mindeststandards. Eine demokratische, grundrechtsorientierte Verfassung ist damit Ausdruck einer anspruchsvollen Mischung von Skepsis gegenüber letzten politischen Wahrheiten und dem Anspruch, hinsichtlich bestimmter normativer Grundprinzipien wie Rechten und Demokratie eine belastbare praktische Erkenntnis gewonnen zu haben, die deshalb für alle verbindlich ist, durchgesetzt wird und verteidigt werden muss.

2. Einwände und Probleme

131 An der Überzeugungskraft dieses Verfassungsbegriffs kann durchaus gezweifelt werden. Die Idee einer Verfassungsgebung durch eine freie Entscheidung der (zukünftigen) Bürgerinnen und Bürger ist eine Idealisierung häufig ganz anders verlaufender historischer Abläufe der Verfassungsentstehung. Und nicht nur das: Eine klassische Kritik der Idee der demokratischen Verfassungsgebung lautet, dass Verfassungen als fundamentale Ordnungen von Gesellschaften tieferen Quellen der Legitimität entsprängen als den Entscheidungen bestimmter Personengruppen. Die eigentliche verfassungsgebende Gewalt sei der historische Prozess. Aus Hegels Sicht etwa ist originäre Verfassungsgebung durch bestimmte Personengruppen eine Illusion eines sich groß dünkenden subjektiven Meinens. Andere Kräfte setzten sich im Verfassungsgebungsprozess durch, oftmals entgegen den Plänen der Verfassungsschöpfer und ihres welthistorisch gesehen kraftlosen Wollens: „Überhaupt aber ist es schlechthin wesentlich, daß die Verfassung, obgleich in der Zeit hervorgegangen, *nicht als ein Gemachtes* angesehen werde".[117] Die Art der Verfassung sei mit dem tieferen Wesen eines Volkes verbunden: Verfassungen seien mehr als ein „Gedankending": „Jedes Volk hat deswegen die Verfassung, die ihm angemessen ist und für dasselbe gehört".[118]

132 Dieser Einwand verweist auf ein tatsächliches, wichtiges verfassungssoziologisches Problem: Die Verbindung der Verfassung als normativer Ordnung mit einer bestimmten sozialen Wirklichkeit und ihrer besonderen Geschichte. Daraus ergeben sich schwierige Fragen: Wieviel Veränderung kann eine Verfassung eigentlich in der Gesellschaft bewirken? Welche umgestaltende Kraft hat die normative Ordnung einer Verfassung? Auf wie viele entgegenkommende Lebensverhältnisse sind Verfassungsgebung und Verfassungsverwirklichung angewiesen? Wie kann man an eine gegebene historische, kulturelle und soziale Ausgangslage so anknüpfen, dass Verfassungsideen mit wirklichem Leben erfüllt werden?

133 Es hieße sicherlich, die Widerstandskraft sozialer Wirklichkeit zu unterschätzen, würde man glauben, Verfassungen allein könnten die soziale Realität umfassend neu gestalten. Solche Veränderung wird häufig auch gar nicht gewollt. Verfassungsgebung heißt nicht Sozialrevolution. Ein gutes Beispiel ist die epochemachende Verfassung der USA, die keine sozialrevolutionären Ambitionen hatte, im Gegenteil. Es ging gerade um die Absicherung gegebener sozialer und wirtschaftlicher Verhältnisse, eingeschlossen die Sklaverei. Die Wirksamkeit von Verfassungen hat auch anspruchsvolle Voraussetzungen in der politischen Kultur. Ein gutes Beispiel sind die Schwierigkeiten, die in

---

117 *G. W. F. Hegel*, Grundlinien der Philosophie des Rechts, § 273 (Herv. i. Org.). In Hegels geschichtsoptimistischer Sicht ist der historische Prozess Ausdruck einer sich listig durchsetzenden Vernunft.
118 *G. W. F. Hegel*, Grundlinien der Philosophie des Rechts, § 274.

V. Verfassungsordnung

manchen postsozialistischen Gesellschaften bestehen, demokratische Rechtsstaatlichkeit durchzusetzen.

Auch wenn man deshalb ein realistisches Bild der tatsächlichen historischen Entstehung von Verfassungen und der vielen Voraussetzungen und Grenzen ihrer Wirksamkeit zeichnet, bleibt das Leitbild einer für die Grundordnung der politischen Gemeinschaft ausschlaggebenden politischen Entscheidung ein wichtiges Charakteristikum der Verfassungsidee: Damit wird die Gestaltung der normativen Grundordnung des eigenen Zusammenlebens nicht anonymen Kräften der Geschichte überlassen, sondern als Aufgabe der in dieser Ordnung lebenden Menschen begriffen, für die sie deshalb auch die Verantwortung übernehmen müssen. Die Verfassungsidee ist ein wichtiges Element politischer Selbstbestimmung von Menschen. Durch Verfassungsgebung und Verfassungsweiterentwicklung nehmen Menschen mit berechtigtem Selbstbewusstsein als urteilsfähige Wesen ihr eigenes politisches Leben in die Hand. Man darf dabei nur die Wirkungen von Verfassungen nicht über- und den Voraussetzungsreichtum ihrer Verwirklichung und damit die Aufgaben, die sich in Hinblick auf die Schaffung und Erhaltung einer verfassungsstaatlichen politischen Kultur stellen, nicht unterschätzen. Dass solche politischen Entscheidungen über Verfassungsfragen in diesem Rahmen aber durchaus weitreichende Folgen haben können, illustriert die Verfassungsgeschichte häufig genug. Der Verfassungsgebung muss der Anschluss an die gesellschaftskulturelle Ausgangslage gelingen, sie ist aber an faktische geschichtliche Umstände nicht einfach gebunden. Die „Knechtschaft der Gegebenheit"[119] ist auch für Verfassungen überwindbar. Eine Verfassung kann den Rahmen und einen Grund für das Einschlagen neuer politischer und kultureller Wege bilden. Ein gutes Beispiel ist die Geschichte Deutschlands nach 1945, der grundlegenden, ja dramatischen Neuordnung der deutschen Gesellschaft, in der das Grundgesetz in Westdeutschland und ab 1990 in Gesamtdeutschland eine wesentliche Rolle spielte. Ähnliches gilt für die Verfassung Südafrikas nach Ende des Apartheidregimes.

134

Ein interessantes Phänomen der letzten Jahrzehnte ist die Universalisierung der Verfassungsidee. Mit dem Zusammenbruch der staatssozialistischen Systeme ist dabei ein normativ durchaus anspruchsvoller Verfassungsbegriff zu einem weithin akzeptierten politischen Ordnungsmuster geworden. Diese Ordnungsidee überschreitet in ihren normativen Grundelementen bestimmte kulturelle Traditionen und weist auf Prinzipien hin, die für alle Menschen Gültigkeit und politische Anziehungskraft haben, wenn sich auch die konkreten Verwirklichungsweisen unterscheiden.

135

Politische Entscheidungen, die die Verfassungsgebung und -gestaltung bestimmen, werden manchmal ohne normative Grenzen konzipiert, als dezisionistisches Wollen, das aus dem normativen Nirgendwo entspringt, wie dargelegt wurde.[120] Das missversteht aber den Begriff der Volkssouveränität so sehr wie den Begriff der Souveränität all-

136

---

119 G. Radbruch, Einführung in die Rechtswissenschaft, 7./8. Auflage 1929, in: ders., Gesamtausgabe. Bd. 1: Rechtsphilosophie I, hrsg. v. A. Kaufmann, 1987, S. 219.
120 Vgl. C. Schmitt, Verfassungslehre, S. 9: „In Wahrheit gilt eine Verfassung, weil sie von einer verfassungsgebenden Gewalt (d.h. Macht oder Autorität) ausgeht und durch deren Willen gesetzt ist. Das Wort ‚Wille' bezeichnet im Gegensatz zu bloßen Normen eine seinsmäßige Größe als den Ursprung eines Sollens. Der Wille ist existentiell vorhanden, seine Macht oder Autorität liegt in seinem Sein." Ebd. S. 22: „Jede existierende politische Einheit hat ihren Wert und ihre ‚Existenzberechtigung' nicht in der Richtigkeit oder Brauchbarkeit von Normen, sondern in ihrer Existenz. Was als politische Größe existiert, ist, juristisch betrachtet, wert daß es existiert."

gemein, der keineswegs normativ völlig bindungslos gedacht werden kann, wie sich gezeigt hat.

137 Der rechtlich verkörperten Verfassung wird manchmal eine Verfassung im Sinne einer existentiellen Grundentscheidung des Volkes über die eigene politische Daseinsform entgegengestellt und Letzterer ein höherer Geltungsrang eingeräumt.[121] Derartigen Relativierungen der Verfassungsnormen sollte skeptisch begegnet werden, wie ebenfalls schon angedeutet wurde. Welche benennbaren politischen Handlungen solche Entscheidungen bilden sollen, ist so unklar wie ihr konkreter Gehalt. Die rechtlich maßgeblichen politischen Entscheidungen verkörpern sich in den Normen des Verfassungsrechts, die solange bindend sind, bis sie geändert werden.

3. Verfassungen in der Geschichte

138 Ein weiteres Problem betrifft die Frage, ob der Begriff der Verfassung weiter verstanden werden sollte als das historische Vorbild des modernen Konstitutionalismus nahelegt. Den Verfassungsbegriff – wie den Staatsbegriff – nicht auf die Neuzeit zu begrenzen, ist dabei sinnvoll. Auch andere Zeiten kannten Verfassungen im Sinne einer spezifischen Festlegung der politischen Grundordnung, der dauerhaften, normativ bestimmten Organisation der Ausübung öffentlicher Gewalt mit gegenüber anderen Normen herausgehobener Bedeutung. Deswegen kann man durchaus ohne Anachronismus von der demokratischen Verfassung Athens sprechen und dies umso mehr, als in der Antike politische Auseinandersetzungen um die richtige Ordnung ausgetragen wurden und eine differenzierte Diskussion über die Vorzüge und Nachteile bestimmter politischer Ordnungsformen wie Demokratie, Tyrannis, Monarchie, Oligarchie oder Aristokratie geführt wurde, die das Muster für die folgenden Jahrtausende bildete.[122] Dabei muss man sich der Unterschiede zu den Verfassungen, die seit dem 18. Jahrhundert den Konstitutionalismus prägen, allerdings bewusst bleiben. Auch um solche Unterschiede zu identifizieren, ist das vorgestellte Modell einer Verfassung hilfreich. Es bildet – wie andere Begriffe ähnlicher Natur – eine Art Idealtypus, ein epistemisches Mittel der begrifflich vernünftig strukturierten Diskussion.

4. Gesellschaftliche Verfassungen?

139 Die Verfassung wird aber noch weiter in der Gegenwartsdiskussion ausgedehnt und die Existenz gesellschaftlicher, sozialer Verfassungen angenommen.[123] Solche sozialen Verfassungen sollen etwa die vertraglichen Regelungen, die internationalem Handel unterlegt werden, bilden oder die normativen Prinzipien, die die Nutzung des Internets bestimmen.

140 Selbstverständlich kann man den Verfassungsbegriff auch in dieser Weise ausdehnen. Allerdings lauert hier ein Problem: Diese expansive Begriffsverwendung kann die Pointe der Verfassungsidee verwischen. Diese besteht darin, die normative Grundordnung

---

121 *C. Schmitt*, Verfassungslehre, S. 20 ff.
122 Vgl. z.B. *J. Bleicken*, Die athenische Demokratie, 4. Aufl., 1995, S. 64 ff. Der Begriff Verfassung meint hier nicht nur einen bestimmten Zustand der athenischen Polis, sondern ihren normativen, rechtlichen Ordnungsrahmen. *Platon*, Politeia, 544e ff.; *Aristoteles*, Politik, 1288a ff.; zur Diskussion um den Verfassungsbegriff z.B. *H. Mohnhaupt*, Verfassung I. Konstitution, Status, Leges fundamentales von der Antike bis zur Aufklärung, in: ders./D. Grimm, Verfassung, 2. Aufl., 2002, S. 5.
123 Vgl. z.B. *G. Teubner*, Constitutional Fragments. Societal Constitutionalism and Globalization, 2012; *C. Thornhill*, A Sociology of Constitutions. Constitutions and State Legitimacy in Historical-Sociological Perspective, 2011.

der politischen Integration einer Vielheit von Menschen festzulegen. Dies soll nicht nur vorübergehend, sondern dauerhaft geschehen und jedenfalls prinzipiell mindestens die Leitentscheidungen zu den wesentlichen Rahmenbedingungen der politischen Herrschaftsausübung betreffen.

Man kann deshalb sicherlich von Internetverfassung sprechen und dabei interessante und wichtige Erkenntnisse gewinnen. Man sollte nur klarstellen, dass damit etwas ganz anderes gemeint ist als das, was hier idealtypisch als Verfassungsbegriff skizziert wurde. Dieses begriffliche Problem hat wichtige theoretische Dimensionen: Ein weiter Verfassungsbegriff bringt nämlich die doppelte Gefahr mit sich, unbegründete Legitimationsleihe zu betreiben und die ungerechtfertigte Legitimationserosion der politischen Verfassungsordnung zu befördern.

Das Problem der Legitimationsleihe tritt auf, wenn angenommen wird, die so bezeichneten gesellschaftlichen Verfassungen nähmen an der Legitimation der politischen Verfassung der staatlichen Ordnung teil. Dies ist nicht der Fall, denn diese gesellschaftlichen Ordnungen und Organisationszusammenhänge entstehen regelmäßig urwüchsig, von unten, durch faktisches Handeln und ohne jede demokratische Rückbindung oder Verpflichtung auf die Sicherung grundlegender normativer Standards wie z.B. von Grundrechten. Ein bestimmter Brauch, der internationale Handelsbeziehungen durch seinen faktisch häufigen Einbezug durch international operierende Anwaltsfirmen in Verträge strukturiert, mag sinnvoll und interessengerecht sein – demokratisch legitimiert ist er jedenfalls nicht.

Die Erosion der Legitimation der politischen Verfassungen der staatlichen Ordnungen kann sich dagegen ergeben, wenn diese mit wenig oder gar nicht legitimierten gesellschaftlichen Ordnungen einfach gleichgesetzt werden. Damit werden die eigentlichen Legitimationsquellen von Verfassungen verwischt.

5. Verfassungsdurchsetzung

Die Verfassung bildet, wenn sie normativ tatsächlich wirksam ist, die normative Grundordnung einer politischen Gemeinschaft. Das einfache Recht muss dieser Grundordnung entsprechen. Es muss gemäß den Regeln der Rechtsetzung erlassen worden sein und dem materiellen Verfassungsrecht entsprechen, vor allem den Grundrechten.

In modernen Verfassungsstaaten wird diese Übereinstimmung gerichtlich sichergestellt, sei es durch ein spezialisiertes Verfassungsgericht (so z.B. das *Bundesverfassungsgericht* (BVerfG) in Deutschland) oder durch verfassungsgerichtliche Kompetenzen des obersten Gerichts (so z.B. im Fall des *US Supreme Courts* oder des *Bundesgerichts* (BGer) der Schweiz). Solche Überprüfungskompetenzen können beschränkt sein. Im Vergleich zu anderen Verfassungsordnungen wie etwa Deutschland sieht die Schweizerische Bundesverfassung die Besonderheit vor, dass auch verfassungswidrige Bundesgesetze verbindlich sind (Art. 190 BV). Diese Regelung wird manchmal auf eine stärkere Gewichtung des Demokratieprinzips gegenüber dem Rechtsstaatsprinzip zurückgeführt. Die von der Volksvertretung erlassenen – und allenfalls in einem Referendum vom Stimmvolk angenommenen – Gesetze sollen nicht durch ein Gericht für verfassungswidrig und nichtig erklärt werden können.

Bei der Begründung derartiger Einschränkungen der Überprüfung von Gesetzen anhand von Verfassungen ist aber zu bedenken, dass auch die Verfassung demokratisch legitimiert ist. Ihre Durchsetzung durch Gerichte dient also gerade dem Respekt vor den demokratischen, verfassungsgebenden Entscheidungen des Volkes. In den Auseinandersetzungen um die US-amerikanische Verfassung wurde dieser Gedanke der demokratischen Funktion der Verfassungsdurchsetzung durch Gerichte so gefasst: „A constitution is, in fact, and must be regarded by the judges as, a fundamental law. It therefore belongs to them to ascertain its meaning as well as the meaning of any particular act proceeding from the legislative body. If there should happen to be an irreconcilable variance between the two, that which has the superior obligation and validity ought, of course, to be preferred; or, in other words, the Constitution ought to be preferred to the statute, the intention of the people to the intention of their agents."[124] Gerichtlicher Verfassungsdurchsetzung fehlt es keineswegs an demokratischer Legitimation.

147 Als Vertragspartei der EMRK ist Deutschland wie die Schweiz zudem auch der Kontrolle durch den *Europäischen Gerichtshof für Menschenrechte* (EGMR) unterworfen, mit Rechtsfolgen, die auch die Pflicht zu Gesetzesänderungen umfassen.

6. Problemlagen

148 Die Verfassungsstaatlichkeit steht heute vor grundlegenden Herausforderungen. Einige Beispiele sollen das veranschaulichen. Eine erste Problemlage besteht in der Migration von Kompetenzen, der Verlagerung von Hoheitsrechten auf internationale Organisationen. Ein klassisches Beispiel sind die Kompetenzen des UN-Sicherheitsrates, der verbindliche Entscheidungen treffen kann, die die Souveränität der Staaten begrenzen (s. u. § 7 V.5. b) aa) (2)). Im spezifisch europäischen Kontext ist der Europarat ein weiteres Beispiel: Durch das Menschenrechtsschutzsystem der EMRK wird die Handlungsfähigkeit der Mitgliedstaaten begrenzt. Die EU ist eine supranationale Organisation, die eine unmittelbar wirksame Rechtsordnung auszeichnet, die Anwendungsvorrang vor nationalem Recht genießt (vgl. u. § 7 IV.5. b)).

149 Weitere Fragen werfen Tendenzen auf, bestimmte, bisher staatliche Aufgaben zu privatisieren oder gemeinsam mit Privaten zu erfüllen, z.B. in Public-Private-Partnerships. Es geht um Kooperation und Übertragung von Verantwortung. Dabei können einerseits effiziente Lösungen gefunden werden, diese Aufgaben zu erfüllen. Andererseits kann es zu einer Lockerung oder Beseitigung von Rechtsbindungen führen, denen die öffentliche Gewalt nicht zuletzt von Verfassungs wegen unterliegt, und es können Standards verletzt werden, die dieser gesetzt sind. Die Übertragung von bestimmten öffentlichen Aufgaben an Private kann in gewissen Fällen zu einer Verschiebung von Machtverhältnissen in der Gesellschaft führen: Verfasste staatliche Macht ist in einer Demokratie die Macht aller. Es ist deshalb genau zu überlegen, welche Kompetenzen und Tätigkeiten in den Händen der öffentlichen Gewalt bleiben müssen und wie andere so ausgeübt werden können, dass eine demokratische Machtstruktur erhalten bleibt. Das kann – wie die Beispiele verschiedener Verfassungsstaaten zeigen – exekutive Tätigkeiten wie die Gefängnisverwaltung ebenso betreffen wie sogar militärische Gewalt, etwa bei der Nutzung von Söldnern von internationalen Sicherheitsfirmen bei militärischen Einsätzen, oder die Kontrolle von Schlüsselressourcen, wie etwa die Wasser- oder Energieversorgung.

150 Ein grundsätzliches Problem ist die Erhaltung der politischen Anziehungskraft der Verfassungsidee. Verschiedene Bewegungen bekämpfen weltweit die Grundprinzipien,

---

124 *A. Hamilton*, in: J. Madison/A. Hamilton/J. Jay, The Federalist Papers, LXXVIII, S. 439.

die sich in der Verfassungsstaatlichkeit verkörpern, zum Teil mit terroristischer Gewalt. Aber auch die Terrorbekämpfung selbst bildet eine Herausforderung.[125] Überwachungs- und Schutzmaßnahmen sind einerseits geboten, können aber andererseits das Prinzip begrenzter Regierungsgewalt in Frage stellen, das dem Konstitutionalismus zugrunde liegt. Die Sicherheitspolitik erweitert tendenziell die Befugnisse der Staatsgewalt. Präventivmaßnahmen laufen Gefahr, zu weit im Vorfeld von möglichen Taten anzusetzen und Grundrechte zu beschneiden, wenn dies noch nicht nötig ist. Die Exekutivgewalt wird so entgrenzt, die die Verfassung angetreten ist, gerade zu begrenzen.

Auch die demokratische Struktur von Verfassungsstaatlichkeit ist nicht selbstverständlich. Häufig wird der Demokratieverlust im Rahmen der Verlagerung von Hoheitsrechten auf internationale Organisationen diskutiert. Damit wird aber die Komplexität der Lage nur unvollkommen erfasst. Die Probleme demokratischer Rückbindung internationaler Organisationen sind von großer Bedeutung. Es gibt aber auch eine Gefährdung der Demokratie aus den Nationalstaaten heraus und Effekte supra- und internationaler Strukturen wie der EU oder des Europarates, die demokratiesichernd wirken, wie im Rahmen der Auseinandersetzung um den Demokratiebegriff noch deutlicher werden wird (vgl. u. § 6 VIII).

151

Diese Entwicklungen fallen nicht vom Himmel. Hinter der internationalen Einbindung von Staaten stehen sachliche Problemlagen, die den nationalstaatlichen Rahmen überschreiten, von Umweltproblemen bis zur Migration und ihrer Organisation. Privatisierungen wurzeln häufig im Wunsch nach effizienten Problemlösungen, die neuere Sicherheitspolitik in sehr realen Bedrohungslagen. Die Art der Lösung dieser unausweichlichen Herausforderungen hängt von den legitimationstheoretischen Parametern ab, auf deren Basis sie angegangen wird, deren man sich deshalb vergewissern muss.

152

7. Perspektiven

a) Verteidigung des Verfassungsstaates

Die genannten Problemlagen geben keinen Anlass, die Idee des Verfassungsstaates aufzugeben. Alternativen, z.B. die Verlagerung von Entscheidungsmacht zu gesellschaftlichen Ordnungen im Zeichen eines viele gleichgeordnete Normordnungen annehmenden Rechts- und Verfassungspluralismus,[126] sind nicht attraktiv. Kritik von Staatlichkeit, ein Vertrauen in gesellschaftliche Selbstorganisation kann viel heißen, die Achtung von politischen und persönlichen Freiheiten ebenso wie die Ermächtigung bestimmter Akteure, politische Entscheidungen ohne demokratische Rückbindung zu treffen. Dass man sich allein auf Selbstorganisation der Gesellschaft verlassen kann, dafür spricht historisch nichts. Man braucht einen ordnenden Rahmen, der die Gemeinwohlorientierung des Handelns des Staates schützt und ihr zur Wirksamkeit verhilft. Man benötigt Institutionen, die hoheitliche Gewalt rechtsgebunden ausüben und demokratisch so weit wie möglich zurückgebunden sind. Es bedarf reflektierter, öffentlicher Entscheidungen statt evolutionärer Veränderungen in den Hinterzimmern vernetzter Expertokratien. Für die Weiterentwicklung verfassungsstaatlicher Strukturen gibt es keine unbezweifelbare Vorlagen, wohl aber kritische Maßstäbe, die sich aus der normativen Ausrichtung des Projekts des Konstitutionalismus ergeben.

153

---

125 Vgl. z.B. *D. Cole*, Must Counterterrorism Cancel Democracy?, The New York Review of Books vom 8.1.2015.
126 Vgl. dazu *P. Gailhofer*, Rechtspluralismus und Rechtsgeltung, 2016.

b) Konstitutionalisierung internationaler Ordnung

154 Neben der Erhaltung von verfassungsstaatlichen Strukturen geht es um die Entwicklung neuer Formen der Bändigung transnationaler hoheitlicher Gewalt. Eine Möglichkeit, mit der Verflechtung der internationalen Staatenwelt und der Übertragung von Hoheitsrechten umzugehen, liegt in der Erstreckung der Verfassungsidee auf die internationale Ordnung. Diese Ordnung soll selbst verfasst werden: Dies ist der Kern der Debatte um die Konstitutionalisierung der internationalen Ordnung.[127]

155 Eine grundsätzliche Schwierigkeit liegt dabei darin, dass die internationale Gemeinschaft von tiefen Gegensätzen geprägt ist. Eine politische Gemeinschaft im Sinne einer bestimmte Grundwerte teilenden, auf Kooperation angelegten Vielheit von Menschen besteht nur in sehr beschränkter Form. Eine Verfassungsordnung auf staatlicher Ebene wird immer auch politisch gegensätzliche Kräfte vereinen, die sich in bestimmten historischen Situationen sogar offen feindlich gegenüberstehen können. Sie schafft aber ein Mindestmaß substantieller normativer Übereinkunft. Das Gewaltmonopol des Staates dient dazu, die rechtlichen Lösungen von Konflikten durchzusetzen und die Gewaltlosigkeit der Auseinandersetzungen zu gewährleisten. Die realen Konfliktlinien zwischen Staaten reichen dagegen in den internationalen Beziehungen tief, nicht zuletzt, weil demokratische Regierungsformen nicht der Regelfall der Staatengemeinschaft sind. Trotz der UN-Strukturen existiert ein Gewaltmonopol auf internationaler Ebene selbst im Bereich der Kompetenzen des UN-Sicherheitsrates (vgl. u. § 7 V.5. b) aa) (2)) faktisch nicht.

156 Ein weiteres Problem liegt in der sektoralen Organisation der internationalen Ordnung, soweit sie immerhin besteht. Das Völkerrecht regelt bestimmte Bereiche in spezifischer Weise, z.B. das Welthandelsrecht oder das Umweltvölkerrecht, schafft aber keine umfassende, mit einem Staat vergleichbare Ordnung. Das Verhältnis dieser Bereiche ist häufig ungeklärt – die Fragmentierung des Völkerrechts wird intensiv diskutiert.[128] Eine wichtige Ausnahme bildet in dieser Hinsicht die EU, in der ein hoher Grad an internationaler Integration erreicht wurde. Die demokratische Rückbindung der internationalen Organisationen und Institutionen ist zudem wie erwähnt schwach. Eine globale demokratische Kultur zu entwickeln, die den Namen verdient, ist eine entfernte Hoffnung, wenn die neuen Medien auch manche neue Möglichkeit eröffnet haben.

157 Die Idee der Konstitutionalisierung der internationalen Ordnung bezeichnet insofern in ihrem haltbaren Kern weniger einen politisch verdichteten Prozess als das berechtigte Einfordern der Geltung und Umsetzung bestimmter Leitideen der Verfassungsstaatlichkeit auch für die internationale Gemeinschaft: Es geht auch hier um die rechtliche Schaffung und Bindung von Hoheitsgewalt, ihre Kontrolle und Rückführung auf die politischen Entscheidungen der von ihr Betroffenen und die Ausrichtung ihrer Ausübung an den Grundrechten von Menschen. Dass damit für die Weltgesellschaft

---

[127] Vgl. dazu etwa *J. Klabbers/A. Peters/G. Ulfstein*, The Constitutionalization of International Law, expanded ed., 2011; *O. Diggelmann/T. Altwicker*, Is There Something Like a Constitution of International Law?, ZaöRV, 68 (2008), S. 623 ff.; *A. Tschentscher*, Verfassung im Völkerrecht – Konstitutionelle Elemente jenseits des Staates?, VVDStRL Bd. 75 (2016), S. 407 ff.; *H. Krieger*, Verfassung im Völkerrecht – Konstitutionelle Elemente jenseits des Staates?, VVDStRL Bd. 75 (2016), S. 439 ff.

[128] Vgl. z.B. Fragmentation of International Law: Difficulties arising from the diversification and expansion of International Law, Report of the Study Group of the International Law Commission, Finalized by *M. Koskenniemi*, General Assembly, A/CN.4/L.682, 13.4.2006; vgl. u. § 7 V.2.

außerordentlich schwierige Aufgaben formuliert werden, liefert keinen Grund, diese Aufgaben nicht so gut es geht anzugehen.

VI. Sozialstaat

Sozialstaatlichkeit ist in der Gegenwart zu einem nicht unumstrittenen, aber weithin und quer durch die politischen Lager akzeptierten Merkmal moderner Staatlichkeit geworden. Dass ein Staat keinerlei politische Verantwortung dafür trage, dass Menschen gegen grundsätzliche Lebensrisiken wie Krankheit, Unfall, Arbeitslosigkeit, Alter oder Bedürftigkeit abgesichert werden, wird kaum vertreten. Die politischen Debatten drehen sich um die im Einzelfall unzweifelhaft schwierige und oft nicht eindeutig zu lösende Problematik, wie diese Ziele erreicht werden können.

Der Grund für diesen gewonnenen, wenn auch sicher beschränkten Grundkonsens ist nicht schwer zu entdecken: Im 19. Jahrhundert wurde das Problem des Umgangs mit der im Rahmen der Industrialisierung geschaffenen Armut vieler Menschen eines der drängendsten gesellschaftlichen Probleme überhaupt, das Politik, Wissenschaft und Kultur intensiv beschäftigte. Die Vorschläge reichten von Hegels Idee, den „Pöbel" „dem öffentlichen Bettel" anzuweisen[129] bis zur mitreißenden literarischen Kritik an der moralischen Niedertracht des Umgangs mit Armen in der ersten Hälfte des 19. Jahrhunderts im Kernland der Industrialisierung in Dickens' *Oliver Twist* oder *David Copperfield*, in der schon die Schilderung der Bedeutung, die die Einkleidung eines Neugeborenen hatte, das als Waise in einem Arbeitshaus groß werden würde, ein Kernproblem eines ganzen Zeitalters mit trockener, empörter Ironie umriss:

> „What an excellent example of the power of dress, young Oliver Twist was! Wrapped in the blanket which had hitherto formed his only covering, he might have been the child of a nobleman or a beggar; it would have been hard for the haughtiest stranger to have assigned him his proper station in society. But now that he was enveloped in the old calico robes which had grown yellow in the same service, he was badged and ticketed, and fell into his place at once – a parish child – the orphan of the workhouse – the humble half-starved drudge – to be cuffed and buffeted through the world – despised by all, and pitied by none."[130]

Mächtige soziale Bewegungen formierten sich, die das Anliegen sozialer Gerechtigkeit teilten, sich aber radikal in den Mitteln unterschieden, dieses Anliegen zu verwirklichen (vgl. u. § 6 VIII).

Die Errichtung von Sozialstaaten ist der Versuch verschiedener politischer Systeme, im Rahmen von Rechtsstaatlichkeit, Verfassung und Demokratie die sozialen Konflikte zu lösen. Damit ist das Ziel gesellschaftlichen Friedens durch sozialen Ausgleich verbunden. Es sollte nicht vergessen werden, dass die Unfähigkeit des Russischen oder des Deutschen Reiches, dieses Ziel zu erreichen, wesentliche Gründe für die unterschiedlichen Tragödien der Russischen Revolution und des Stalinismus sowie den Erfolg des Nationalsozialismus bildete. Elend treibt Menschen zur Verzweiflung und Verzweiflung führt zu politischen Verzweiflungstaten.

Sozialstaatlichkeit dient aber auch der Freiheit und Autonomie der Einzelnen, weil sie darauf ausgerichtet ist, Menschen jedenfalls grundsätzlich die materiellen Voraus-

---
129 *G. W. F. Hegel*, Grundlinien der Philosophie des Rechts, §§ 243 ff.
130 *C. Dickens*, Oliver Twist, 2008, S. 3.

setzungen zu verschaffen, in Freiheit zu leben. Das sind Ziele, die den normativen Kern der Rechts- und Verfassungsstaatsidee ausmachen. Sozialstaatlichkeit kann nicht einfach aus Prinzipien der Rechts- und Verfassungsstaatlichkeit deduziert werden, ein Widerspruch zwischen ihren Grundanliegen besteht deshalb aber nicht.

162 In normativer Hinsicht verkörpert sich in der Sozialstaatlichkeit die Einschätzung, dass wenigstens ein gewisses Maß an gegenseitiger Hilfe geboten ist, nicht zuletzt aufgrund sozialer Gerechtigkeit und mitmenschlicher Solidarität.

VII. Grundrechte

163 Grundrechte sind die grundlegenden subjektiven Rechte des Einzelnen. Grundrechte regeln nach traditioneller Auffassung das Verhältnis des Einzelnen zum Staat. Sie garantieren die Integrität eines Status (Menschenwürde, Leben, Gesundheit), schaffen Freiheitssphären (z.B. Meinungs-, Religionsfreiheit) und garantieren Gleichheit (z.B. Gleichheit vor dem Gesetz, Diskriminierungsverbote). Grundrechte werden in modernen Grundrechtsordnungen auch als Ausdruck prägender Wertprinzipien des objektiven Rechts verstanden.

164 Grundrechte sind ein Sieg des Humanismus im Recht. Mit ihnen werden die einzelnen Menschen unabhängig von anderen Eigenschaften und sozialer Stellung allein aufgrund ihres geteilten Menschseins als freie und gleichberechtigte Personen zum letzten Zweck des Rechts erhoben. Das ist der Kern der Idee der Menschenwürde und Menschenrechte und ihrer Rolle im modernen Recht. Spätestens mit der Allgemeinen Erklärung der Menschenrechte hat die Weltgemeinschaft das verbindliche Ziel gesetzt, menschliche Zivilisation auf der ganzen Erde mit den in den Menschenrechten verkörperten Rechtsprinzipien vereinbar zu machen. Ein solches Projekt gab es in der Geschichte der Menschheit noch nie.

165 Wie sich gezeigt hat, und noch weiter verdeutlicht werden wird, sind Grundrechte in verschiedener Form ein Angelpunkt moderner Rechtsordnungen geworden. Rechts- und Verfassungsstaatlichkeit dienen dazu, die Grundrechte von Menschen gegen Maßnahmen der öffentlichen Gewalt, aber auch von Dritten zu schützen. Auch demokratische Strukturen verweisen letztlich, wie zu zeigen sein wird, auf die Grundrechte von Menschen.

166 Grundrechte sind dabei nicht nur abstrakte Rechtsprinzipien, sondern haben eine differenzierte und vielschichtige Struktur als praktisch wirksame Rechtsnormen gewonnen. Der Schutzgehalt von Grundrechten wird zunächst durch ihren Schutzbereich bestimmt, d.h. den Lebensbereich, den sie erfassen. Die Meinungsäußerungsfreiheit, Art. 16 Abs. 1 und 2 BV, Art. 5 Abs. 1 GG, schützt etwa die Äußerung von Meinungen. Zentral sind aber auch die Möglichkeiten und ihre Grenzen, Grundrechte zu beschränken. Dies geschieht durch Eingriffe, die in der Gegenwart nicht nur durch klassisches hoheitliches Handeln, das auf einen Grundrechtseingriff gerichtet ist, rechtliche Verpflichtungen erzeugt und sanktionsbewehrt ist, erfolgen können, sondern auch durch andere Formen hoheitlichen Handelns.

167 Heute hat sich in vielen Grundrechtsschutzsystemen der folgende Maßstab für Beschränkungen durch Grundrechtseingriffe herausgebildet: Grundrechtsbeschränkungen müssen ein legitimes Ziel verfolgen, regelmäßig durch ein Gesetz oder aufgrund eines Gesetzes erfolgen und dürfen den Verhältnismäßigkeitsgrundsatz nicht verletzen. Der Verhältnismäßigkeitsgrundsatz besitzt, wie schon angedeutet, drei Elemente: Die be-

schränkende Regelung muss geeignet sein, das angestrebte Ziel zu erreichen. Sie muss erforderlich sein, d.h., es darf kein weniger belastendes Mittel zur Verfügung stehen, um das gleiche Ziel zu erreichen. Sie muss schließlich verhältnismäßig im engeren Sinn oder angemessen sein, was dann der Fall ist, wenn die Belastung durch den Eingriff nicht außer Verhältnis zu dem durch den Eingriff bewirkten Vorteil steht. Schließlich wird in manchen Rechtssystemen auch ein Wesens- oder Kerngehalt von Grundrechten vor jedem Eingriff geschützt. Diesem System der Grundrechtsbeschränkungen folgen sowohl die Schweiz als auch Deutschland.[131] Ebenso ist es in anderen Verfassungsstaaten. Ein gutes Beispiel ist die Verfassung Südafrikas, die als ein Exempel für eine moderne Verfassung gilt und weltweit großen Einfluss hat.[132] Auch im internationalen Grundrechtsschutz hat sich weithin dieses Schrankenregime durchgesetzt. Wichtige Beispiele sind die EMRK und das Interamerikanische Menschenrechtsschutzsystem.[133]

In der modernen Grundrechtsdogmatik wirken Grundrechte zudem auf das Verhältnis von Privaten untereinander ein: Grundrechte können unmittelbar Private berechtigen und verpflichten (direkte, unmittelbare Drittwirkung, z.B. in Art. 8 Abs. 3 S. 3 BV, Art. 9 Abs. 3 S. 2 GG). Sie können aber auch die Interpretation von einfachem Recht beeinflussen und über diesen Weg die Rechtsverhältnisse der Rechtssubjekte gestalten. Diese Wirkung wurde vom BVerfG entwickelt[134] und hat auf andere Rechtsordnungen ausgestrahlt (indirekte oder mittelbare Drittwirkung, z.B. Art. 35 Abs. 3 BV). Auch positive Schutzpflichten des Staates werden heute aus Grundrechten gewonnen, die ebenfalls das Verhältnis der Privaten untereinander gestalten können. 168

Grundrechte sind Menschenrechte in einem technischen Sinn, wenn sie allen Menschen zukommen. Grundrechtskataloge behalten bestimmte Rechte (politische Rechte) aber auch den Mitgliedern von bestimmten politischen Gemeinschaften vor, regelmäßig z.B. das Wahlrecht den Staatsbürgerinnen und -bürgern (vgl. z.B. Art. 136 BV, Art. 38 Abs. 2 GG i.V.m. Art. 116 GG i.V.m. § 12 BWahlG). In der EU wird durch Art. 22 AEUV das kommunale Wahlrecht aber für alle EU-Bürger auch in Mitgliedstaaten gewährleistet, deren Staatsangehörigkeit sie nicht besitzen. 169

Grundrechte werden in den Grundrechtskatalogen von Verfassungen und internationalen Menschenrechtsverbürgungen (EMRK, UN-Menschenrechtspakte u.a.) durch positives Recht gewährleistet. Sie entspringen auch dem Richterrecht, z.B. lange Zeit die Grundrechte des europäischen Unionsrechts (s. u. § 7 IV.6. a)). 170

Verfassungsgeschichtlich sind sie durch die Menschenrechtskataloge erst der Amerikanischen (z.B. *Virginia Bill of Rights*, 1776), dann der Französischen Revolution (*Déclaration des Droits de l'Homme et du Citoyen*, 1789) mit dem politischen Aufbruch in die demokratische Verfassungsstaatlichkeit verbunden. Grundrechte sind darüber hinaus zentraler Teil der modernen Rechtsethik (s. u. § 15 II). Aufgrund der Bedeutung von Grundrechten für den normativen Charakter des Rechts der Gegenwart und seine Legitimation wird die Frage nach den Gründen für ihre Rechtfertigung als eine der abschließenden Perspektiven aufgegriffen werden, um zu klären, ob und in welcher Hinsicht gerade Grundrechte bestimmt gewordene Gerechtigkeit verwirklichen. 171

---

131 In der Schweiz wird dies in Art. 36 BV festgehalten, in Deutschland gibt es dazu nur partielle ausdrückliche Regelungen, etwa Art. 19 Abs. 2 GG.
132 Vgl. Art. 36 Constitution of the Republic of South Africa.
133 Zur EMRK s. u. § 7 III.3. Zum Interamerikanischen System IACHR, Series C no. 170, 21.11.2007, paras. 55 ff., 93 (Chaparro Álvarez and Lapo Íñiguez v. Ecuador).
134 BVerfGE 7, 198.

VIII. Demokratie

1. Die umkämpfte Idee der Demokratie

172 Die Fäden seines Lebens in den eigenen Händen zu halten, nicht nur im privaten Leben, sondern auch als Teil einer politischen Gemeinschaft, hier wie dort frei zu sein, vor keiner Macht ungewollt das Knie beugen zu müssen, gleich den Anderen der Gemeinschaft, die ihre Angelegenheiten regeln muss und will, mitentscheiden zu können und selbst zu bestimmen, wohin die Reise geht und wer dabei am Steuer sitzt, auch die Möglichkeit zu haben, sich bewerben zu können, selbst Verantwortung zu übernehmen, wenn der Wunsch dazu aufkommt und die anderen einem vertrauen – das bildet eine alte Sehnsucht der Menschen. Der Ausdruck dieser Sehnsucht ist die Idee der Demokratie.

173 Diese Idee der Demokratie spielt in der Gegenwart eine bedeutende normative Rolle. Demokratie ist eine Mindestbedingung legitimer Entscheidungsfindung in politischen Gemeinschaften und der Ausübung von Herrschaft über Menschen geworden. Die Entscheidungen, die das Leben der Mitglieder einer Gemeinschaft gestalten, die Regeln, die das Verhalten bestimmen, sollen von diesen selbst ausgehen, sie als eigentliche und letzte Urheber haben, jedenfalls soweit es geht. Jede institutionalisierte, politische Macht soll abhängig von den Entscheidungen der dieser Macht Unterworfenen gebraucht werden, eine Herrschaft des Volkes bestehen. Außerdem hat die demokratische Idee andere Lebensbereiche als die politische Machtausübung ergriffen und demokratische Prinzipien werden auch für sie eingefordert – von der inneren Organisation der Universität bis zur „Aktionärs-" oder sogar umfassenden „Wirtschaftsdemokratie".

174 Die Idee der Demokratie hat in der menschlichen Geschichte sehr tiefe Wurzeln. Sie war aber nur ausnahmsweise und in höchst begrenzter Form unter Ausschluss großer Menschengruppen, insbesondere von Sklaven und Frauen, einmal Wirklichkeit, in früher klassischer Form etwa im Athen des 5. Jahrhunderts v. Chr. Die menschliche Geschichte wird durch autoritäre Ordnungen bestimmt, in denen einige Wenige über die Geschicke der Vielen in wesentlichen Zügen entscheiden und nicht zu deren, sondern zum eigenen Wohl. Der Normalfall der Geschichte ist selbstsüchtige Heteronomie, nicht gemeinwohlfreundliche, gleichberechtigt geteilte politische Autonomie. Erst seit dem 18. Jahrhundert steht die Idee der Demokratie ernsthaft auf der politischen Tagesordnung, auf ihr unübersehbar verankert durch die Amerikanische und die Französische Revolution.

175 Der Weg zur Demokratie ist auch danach nicht einfach: Lange, schwere und nicht selten blutige Auseinandersetzungen werden ausgefochten, die europäischen Monarchien und mächtige gesellschaftliche Interessengruppen bekämpfen demokratische Bewegungen mit oftmals brutalen Mitteln. Sogar erst ein katastrophaler Weltkrieg bereitet in Deutschland den Boden dafür, dass eine lange überlebte autoritäre politische Ordnung wie das deutsche Kaiserreich einem demokratischen Verfassungsstaat in der Weimarer Republik Platz macht, und selbst dann ist der Sieg der Demokratie nicht gesichert: Neue barbarische Formen der Diktatur wie im Nationalsozialismus erschüttern die menschliche Zivilisation bis ins Mark.

176 Noch eine weitere Entwicklung ist bemerkenswert: die Entstehung politischer Utopien jenseits der Demokratie. Demokratie war lange ein selbstverständlicher Teil sozialreformerischer und sozialrevolutionärer Bewegungen, nicht nur der bürgerlichen Revo-

lutionen, sondern auch der Bestrebungen, die im 19. Jahrhundert Lösungen für die Probleme und gravierenden Ungerechtigkeiten suchten, die die Industrialisierung und ihre gesellschaftliche Organisation hervorgerufen hatten – von der Kinderarbeit bis zur Verelendung der Arbeiterschicht. Demokratie wurde als zentrales Mittel angesehen, auch Fragen sozialer Gerechtigkeit zu lösen. Wenn die ökonomisch Schwachen erst eine politische Stimme hätten, so die Annahme, würden ihre Anliegen auch zur Geltung kommen; politische Gerechtigkeit wurde als ein Schlüssel zu sozialer Gerechtigkeit angesehen.

Mit dem Bolschewismus und der Spaltung der sozialreformerischen und sozialrevolutionären Bewegungen in Sozialdemokratie, Formen des libertären Sozialismus oder Anarchismus und kommunistische Parteien änderte sich dies: Die Diktatur des Proletariats wurde von Letzteren als Herrschaft einer kleinen Gruppe von Parteiführern verstanden, die Forderung sozialer Gerechtigkeit von der klassischen Idee der Demokratie getrennt. Die Folge war die Tragödie des Stalinismus und Systeme eines autoritären Sozialismus, die für sich neben der Einlösung von Gerechtigkeitsforderungen eine höhere Form der Demokratie in Anspruch nahmen, die faktisch aber sozial ungerechte Parteioligarchien bildeten, bis auch sie in den friedlichen Revolutionen nach 1989 zusammen mit ihren politischen Lebenslügen untergingen. 177

Auch außerhalb Europas und Nordamerikas ist der Weg zu demokratischen Ordnungen, wenn sie überhaupt entstehen, weit und schwierig, nicht zuletzt, weil europäische Staaten und die USA im Kolonialismus und in anderer Form undemokratische Herrschaftsformen erhalten und manchmal einsetzen. Aber auch aus diesen Gesellschaften selbst heraus entstehen autokratische Herrschaftsformen. Selbst nach der Erfahrung und dem Abschütteln des kolonialistischen Unrechts ist Demokratie für viele Gesellschaften eine Hoffnung, keine Selbstverständlichkeit. 178

Sehr unterschiedliche Formen der Demokratie wurden dabei in der Geschichte entwickelt. Die Institutionengeschichte der Demokratie hat viele Kapitel. Auch in der Gegenwart ist die Auseinandersetzung um die Demokratie nicht verstummt. Weder ihre Formen noch ihre Rechtfertigung sind selbst für diejenigen unstreitig, die sich demokratischen Werten verbunden fühlen. In der Gegenwart sind zudem weiter Bewegungen trotz aller mit derartigen Ordnungen gemachten Erfahrungen lebendig, die die Idee der Demokratie ablehnen und – manchmal unter einem demokratischen Deckmantel, manchmal ohne – an der Schaffung von anderen Ordnungen arbeiten. Die Autokratie entwickelt auch heute eine in Anbetracht der Trümmerhaufen, die autoritäre Systeme hinterlassen haben, überraschende Anziehungskraft. Demokratische Formen können auch missbraucht werden, um politische Zwecke zu verfolgen, die mit der Grundidee der Demokratie nicht vereinbar sind. Demokratien sind nicht erst in Gefahr, wenn Menschen ihr Stimmrecht verlieren. Hinter demokratischen Fassaden können Machtstrukturen entstehen, die mit den Anliegen der Demokratie, mit menschlicher Selbstbestimmung politisch ernst zu machen, nichts zu tun haben. Es geht in diesen Auseinandersetzungen um viel, letztendlich um die Möglichkeit eines politisch mündigen Lebens und damit um ein wesentliches Stück menschlicher Zivilisation, das viele Menschen Jahrhunderte lang als wesentlicher Teil eines menschenwürdigen Lebens mit Hoffnung erfüllte und noch heute in seinen Bann zieht. 179

2. Begriff der Demokratie

180 Zur Organisation eines friedlichen Zusammenlebens in einer menschlichen Gesellschaft ist die Ausübung von legitim errichteter, öffentlicher Gewalt in bestimmtem Grade notwendig. Mit der Notwendigkeit von gesellschaftlicher Organisation stellt sich aber das Problem, das Rousseau bündig so gefasst hat: „Wie findet man eine Form der Gesellschaft, die die Person und die Güter jedes Gesellschaftsmitgliedes mit der ganzen gemeinschaftlichen Kraft verteidigt und schützt und – obwohl sich durch sie jeder mit allen vereinigt – doch nur sich selbst gehorcht und so frei bleibt wie zuvor?"[135]

181 Die Antwort auf diese zentrale Frage der Demokratie ist vielschichtig, wie sich zeigen wird: Zu ihr gehören bestimmte Verfahren der Entscheidungsfindung ebenso wie der Respekt vor individuellen Rechten oder eine politische Kultur, die der Demokratie Luft zum Atmen gibt.

182 Das Grundanliegen einer demokratischen Gesellschaftsordnung besteht dabei darin, dass die Gehalte der Gesellschaftsordnung von den in ihr erfassten Menschen selbst bestimmt werden. Die Einzelnen sind Subjekte und Adressaten der Herrschaftsordnung.[136] Die Forderung nach demokratischer Strukturierung und Kontrolle nicht nur der verfassten Gewalt (*pouvoir constitué*), d.h. der öffentlichen Gewalt in allen ihren Erscheinungsformen vom Verwaltungsakt bis zum Regierungshandeln, sondern auch der verfassungsgebenden Gewalt (*pouvoir constituant*), d.h. der Schöpfung der Verfassungsordnung durch die Bürger und Bürgerinnen, die sich in ihr politisch vereinigen, ist der zentrale Gehalt der Volkssouveränität.[137] In der Volkssouveränität kulminiert die demokratische Idee: Menschen sollen nicht nur im Rahmen einer gegebenen Ordnung über die Gestaltung ihres Lebens bestimmen können, sondern den Charakter dieser Ordnung selbst festlegen dürfen, auch in dieser Hinsicht Urheber und Adressat der verbindlichen Regeln sein. Mit der Idee der Volkssouveränität ist kein Mandat zur politischen Willkür verbunden: Auch die Ausübung der verfassungsgebenden Gewalt muss sich an bestimmten materialen Prinzipien, wie etwa dem Respekt vor Menschenwürde, orientieren, um legitim zu handeln (vgl. bereits o. § 6 V.1).

183 Wer ist aber das Subjekt dieser demokratischen Selbstbestimmung, wer gehört berechtigterweise zu der Gruppe der Entscheidungsträger? Dies ist alles andere als klar. Demokratie ist Volksherrschaft – aber wer ist das Volk?

184 Auf diese Frage wurden und werden unterschiedliche Antworten gegeben. Ein wesentliches Problem lautet dabei, ob es eine vorgegebene, durch spezifische Kriterien, wie etwa ethnische oder kulturelle Charakteristika, abgrenzbare Gruppe von Menschen gibt,

---

135 *J.-J. Rousseau*, Du Contrat Social; ou, Principes du Droit Politique, I, 6, S. 360: „Trouver une forme d'association qui défende et protege de toute la force commun la personne et les biens de chaque associé, et par laquelle chacun s.'unissant à tous n'obéisse pourtant qu'à lui-même et reste aussi libre qu'auparavant?" (Übersetzung MM).

136 *I. Kant*, Zum Ewigen Frieden, Akademie Ausgabe Bd. VIII, S. 349 f.; *H. Kelsen*, Vom Wesen und Wert der Demokratie (2. Aufl. 1929), in: ders., Verteidigung der Demokratie, ausgewählt und hrsg. v. M. Jestaedt/O. Lepsius, 2006, S. 162: „Demokratie ist der Idee nach eine Staats- oder Gesellschaftsform, bei der der Gemeinschaftswille, die soziale Ordnung durch die ihr Unterworfenen erzeugt wird: durch das Volk. Demokratie bedeutet Identität von Führer und Geführten, von Subjekt und Objekt der Herrschaft, bedeutet Herrschaft des Volkes über das Volk."

137 Vgl. *E.-J. Sieyès*, Qu'est-ce que le Tiers état, Chap. V, S. 53: „Dans chaque partie la constitution n'est pas l'ouvrage du pouvoir constitué, mais du pouvoir constituant. Aucune sorte de pouvoir délégué ne peut rien changer aux conditions de sa délégation. C'est ainsi et non autrement que les lois constitutionnelles sont *fondamentales*."

die die natürlichen Subjekte der demokratischen Entscheidungsfindung einer bestimmten politischen Ordnung bilden. Das wird manchmal behauptet, besonders im Rahmen verschiedener Formen des Nationalismus (vgl. o. § 6 II.3). Im Gegensatz dazu stehen Theorien, die die Subjekte der Demokratie und damit das Volk durch rechtliche Zugehörigkeitsverhältnisse definieren, etwa die Staatsangehörigkeit.

Zu diesem Problem ist zunächst festzuhalten, dass demokratische Strukturen nicht im luftleeren Raum entstehen. Die Amerikanische Revolution schuf einen demokratischen Verfassungsstaat für die in der amerikanischen Föderation zusammengefassten Einzelstaaten, Demokratie wurde in der Schweiz im 19. Jahrhundert in Bezug auf einen historisch und politisch bestimmten Bevölkerungskreis in der Bundesverfassung verankert, die Weimarer Verfassung galt für das durch den Ersten Weltkrieg neu zugeschnittene Deutsche Reich, das Grundgesetz bis 1989 für die westdeutschen Bundesländer und Westberlin, danach auch für das Gebiet der untergegangenen DDR, nicht aber für Frankreich oder Portugal. Diese historischen Voraussetzungen bestimmter demokratischer Systeme und ihre komplexen Auswirkungen auf das rechtliche und politische System dürfen, wie im allgemeinen Rahmen der Verfassungsstaatlichkeit, nicht übersehen werden, wie schon betont wurde (vgl. o. § 6 V.3). 185

Etwas anderes ist es aber, ein demokratisches System dauerhaft von einem homogen gedachten, durch gemeinsame Identitäten ausgezeichneten, unveränderlichen, substanzhaften, unabhängig von den Einzelnen existierenden Kollektivsubjekt abhängig zu machen. Wie bei der Erörterung der Idee der Nationalstaatlichkeit bereits festgehalten wurde, sind menschliche Gesellschaften heterogen und durch tiefgehende unterschiedliche politische und weltanschauliche Perspektiven gekennzeichnet, die sich in der Geschichte manchmal sogar zu tragischen Bürgerkriegen steigerten. Sie wandeln sich auch beständig. Eine demokratische Gemeinschaft schafft sich deshalb notwendig ausgehend von einer bestimmten historischen Ausgangslage immer wieder neu. Dies gilt auch für die Personen, die zum Staatsvolk als Gesamtheit der demokratischen Subjekte gehören: Es ist keine unveränderliche Einheit, sondern wird durch die politischen Entscheidungen zur Zugehörigkeit definiert, etwa durch die Festlegung der Kriterien für den Erwerb der Staatsangehörigkeit, die vielfältig sein können, aber legitime Anforderungen aufstellen müssen, z.B. eine bestimmte Mindestaufenthaltszeit, die die hinreichende Verfestigung der Beziehungen zu der betreffenden Gemeinschaft zeigt. 186

In der Gegenwart wird in verschiedenen rechtlichen Zusammenhängen die demokratische Mitwirkung auch auf Nichtbürger ausgedehnt. Dahinter steht die Frage, ob in Zeiten erheblicher Mobilität eine dauerhafte Wohnbevölkerung (wie auch immer definiert) von demokratischen Rechten ausgeschlossen werden kann, ohne die Legitimität dieser Ordnung zu gefährden. 187

Die Angehörigen eines demokratischen Gemeinwesens teilen wichtige politische Entscheidungen und ihre Folgen, im Guten wie im Schlechten. Sie bilden aber keine Schicksalsgemeinschaften, wie ebenfalls manchmal formuliert wird, jedenfalls wenn damit gemeint ist, dass ein unpersönliches und unbeeinflussbares Geschick ihr Leben bestimme. Demokratien machen Menschen zu Subjekten, zu Urhebern und Autorinnen ihres eigenen politischen Lebens. Diese eigene Verantwortung für die politische Gestaltung der Gesellschaft, nicht zuletzt mit den Mitteln des Rechts, sollte durch Hinweis auf unbestimmte Kräfte eines Schicksals nicht verdeckt werden. 188

Auch autonom handelnde Menschen sind aber nicht die alleinigen Meister ihres Schicksals. Ob eigenes Handeln die angestrebten Ziele erreicht, hängt nicht nur von 189 den Wünschen der Handelnden ab. Ähnliches gilt für die politische Sphäre: Selbst große und mächtige Staaten sind keine von allen anderen politischen Gemeinschaften unabhängige Inseln, die sich nicht darum scheren müssten, was um sie herum geschieht (vgl. o. § 6 III.3).

190 Eine realistische Einschätzung der Abhängigkeit der Einzelstaaten von internationalen Entwicklungen (von der Strukturierung der Finanzmärkte bis zum Umweltschutz) wirft auch demokratietheoretische Fragen auf: Die Idee der Einheit von politischen Subjekten und Adressaten der politischen Entscheidungen wird in Frage gestellt – Entwicklungen jenseits der Landesgrenzen, auf die die Bürgerinnen und Bürger keinen Einfluss hatten, können erhebliche Auswirkungen auf ihre Lebensgestaltung haben. Die demokratische Mitwirkung an den politischen Entscheidungen in einem anderen Staat ist undenkbar, wenn sie einen auch betreffen mögen. Schweizerische oder deutsche Wahlberechtigte können nicht die Auswahl des Präsidenten der USA bestimmen, wenn dessen Entscheidungen auch große Bedeutung für ihr Leben haben können. Dieses Problem kann deshalb nur durch eine internationale Rechtsordnung gelöst werden, die die möglichen negativen Folgen auf andere Staaten soweit wie möglich begrenzt und kollektive Entscheidungsmechanismen jenseits des Staates etabliert, die das Handeln verschiedener Staaten koordinieren helfen.

3. Legitimation

191 Warum haben Menschen für demokratische Ordnungen verbissen gekämpft? Warum ist Demokratie ein politischer Hoffnungsbegriff?

192 Ein Grund, der für demokratische Ordnungen immer wieder angeführt wird, ist, dass mit ihnen bessere politische Entscheidungen verbunden seien: Die Wahrscheinlichkeit von richtigen Entscheidungen nehme bei Entscheidungen in Gruppen gegenüber Entscheidungen von Einzelnen zu.[138]

193 Mit Demokratie wird zudem eine inhaltliche Gemeinwohlorientierung verbunden.[139] Eine berühmte Kurzformel für Demokratie stammt von *Abraham Lincoln* (1809–1865). Ziel sei „government of the people, by the people, for the people".[140] Damit ist Demokratie nicht nur dadurch ausgezeichnet, dass die Regierungsgewalt vom Volk ausgehen und ausgeübt werden muss, es wird auch eine *Gemeinwohlorientierung* demokratischer Herrschaftsausübung zu ihren wesentlichen Merkmalen erhoben. Beides scheint zusammenzuhängen – wenn alle Menschen mitbestimmen können, scheint zwangsläufig eine Gemeinwohlorientierung der Entscheidungen die Folge zu sein, da die Menschen nicht gegen ihre Interessen stimmen werden.

194 Demokratien – so eine berühmte, diesen Zusammenhang von demokratischer Entscheidungsfindung und Gemeinwohlorientierung für ein existentielles Anliegen der

---

[138] Das ist das (umstrittene) sog. Condorcet-Theorem, entwickelt von *J. Condorcet*, Essai sur l'application de l'analyse à la probabilité des décisions rendues à la pluralité des voix, 1785.
[139] Es ist durchaus nicht unstrittig, ob es ein Gemeinwohl eigentlich gebe und worin es bestehe. Richtig ist, dass Gemeinwohlfragen politisch umstritten sind. Das ändert aber nichts daran, dass man bestimmte Gemeinwohlbelange durchaus plausibel begründen kann: Eine intakte Umwelt ist ohne Zweifel ein Gut für alle Menschen. Gleiches gilt für einen funktionierenden Rechtsstaat oder eine Ordnung, die sozialen Frieden garantiert und damit alle vor den womöglich schweren Folgen sozialer Auseinandersetzungen schützt. Gemeinwohlbelange umfassen Grundgüter, die für alle Mitglieder einer Gesellschaft unabhängig von sonstigen Präferenzen von Bedeutung sind.
[140] Vgl. *A. Lincoln*, Gettysburg-Address vom 19.11.1863; handschriftliche Versionen der Rede sind abrufbar unter <https://www.loc.gov/exhibits/gettysburg-address/exhibition-items.html>.

VIII. Demokratie

Menschen aufgreifende These – neigten auch zum Frieden. Weil die Menschen, die über Krieg und Frieden in einer Demokratie entschieden, nicht sicher in ihren Palästen säßen, sondern selbst von den oftmals verheerenden Folgen von Kriegen betroffen seien, würden sie nicht für Krieg stimmen. Eine Bedingung für dauerhaften Frieden sei deshalb die republikanische Struktur der Staatenwelt.[141]

Gegen diese Thesen zur Gemeinwohlorientierung demokratischer Entscheidungen kann eingewandt werden, dass Demokratien gerade auch Raum für Fehlentscheidungen schaffen. Viele Entscheidungen dienen auch schlicht der Durchsetzung von Partikularinteressen, die gerade Mehrheiten besitzen oder gewinnen. Demokratische Entscheidungen sind deshalb faktisch keineswegs notwendig gemeinwohlbezogen. Demokratien haben auch Kriege geführt, die nicht nur Verteidigungskriege waren – etwa Frankreichs Krieg in Algerien oder der Krieg der USA in Vietnam oder in jüngerer Zeit gemeinsam mit Großbritannien 2003 im Irak.

Insofern wird man nicht behaupten können, dass demokratische Entscheidungen notwendig dem Richtigen und Guten dienen. Sie sind grundsätzlich so fehlbar wie die individuellen Entscheidungen, die letztlich ihre Grundlage sind. Dennoch können sie demokratisch legitimiert sein. Allein schon die Tatsache, dass etwas dem Willen der Entscheidenden entspricht, schafft im Regelfall diese demokratische Legitimation, aus Gründen, die mit den normativen Kernprinzipien zusammenhängen, die Demokratie zugrunde liegen und auf die sogleich einzugehen sein wird.

Das macht die genannten Argumente aber nicht wertlos. Die eigentliche Frage ist nämlich nicht, ob demokratische Entscheidungen immer das Richtige treffen, sondern ob andere Entscheidungsformen zu vernünftigeren, friedlicheren und gemeinwohlfreundlicheren Ergebnissen führen würden. Nach allen Erfahrungen mit Autokratien ist dies offensichtlich zu verneinen. Demokratie bietet zwar keine Garantie für vernünftige Entscheidungen, die Möglichkeit der Mitwirkung aller erhöht aber die Wahrscheinlichkeit, dass die Interessen und Stimmen aller einbezogen werden und es zu einer einigermaßen vernünftigen politischen Urteilsbildung kommt. Unter den Bedingungen internationaler Verflechtung muss dabei allerdings über die Landesgrenzen hinaus gedacht werden – die Folgen eigenen politischen Handelns für die Angehörigen anderer politischer Gemeinschaften müssen berücksichtigt werden, wenn Gemeinwohlbelange ernst genommen werden sollen. Auch Demokratien sind nicht vor der Versuchung gefeit, negative Folgen ihres Handelns auf andere abzuwälzen – man denke etwa an die Folgen der Agrarsubventionen der EU für die Agrikultur der Dritten Welt oder des Energieverbrauchs und des CO_2-Ausstoßes der Industriestaaten für die ökologischen Lebensbedingungen aller Menschen auf dieser Welt.

Mit der Demokratie wird auch die Hoffnung verbunden, eine Ordnung zu schaffen, die Unabhängigkeit, Selbstständigkeit und Freiheit bestärkt und insofern förderlich für den Charakter von Menschen ist. Dieser Gedanke ist mehr als Sonntagsrhetorik: Die Auswirkungen von Diktaturen auf die Lebenshaltung von Menschen sind kein nebensächliches Phänomen. Die Folgen von Autoritätsorientierung, Angst, Anpassung an Konformitätsdruck und Ähnlichem können fortwirken, selbst wenn diese Diktaturen nicht mehr bestehen.

Die politischen Auseinandersetzungen um Demokratie richteten sich aber nicht nur darauf, eine zweckrational vorzugswürdige, effiziente, gemeinwohlorientierte Ordnung

---

141 *I. Kant*, Zum Ewigen Frieden, Akademie Ausgabe Bd. VIII, S. 351.

zu schaffen. Demokratie ist im Kern ein anspruchsvolles ethisches Projekt. Der Kern der normativen Legitimität der Demokratie ist dabei die Verwirklichung menschlicher Autonomie, freier Selbstbestimmung, die der Kern humaner Freiheit ist. Diese autonome Selbstbestimmung ist ein Recht, das aus menschlicher Würde folgt: Menschen bilden einen Selbstzweck, ihr Wert leitet sich nicht von ihrer Nützlichkeit zur Verwirklichung der Ziele anderer ab.[142] Weil sie einen solchen Selbstzweck bilden, ist ihre Selbstbestimmung ein Recht. Selbstbestimmung unter der Bedingung der politischen Verbindung mit anderen Menschen ist Demokratie. Demokratie ist keine unverdient von irgendwem gewährte Gnade, sondern ein Recht der Menschen, das aus ihrer Würde folgt.

200 Dieses Recht auf politische Autonomie ist das gleiche Recht aller Menschen, unabhängig von ihren Eigenschaften. Die Gleichheit des Rechts auf Selbstbestimmung ist ein Grundprinzip politischer Gerechtigkeit. Nur im gleichen Recht auf politische Selbstbestimmung nimmt man die Gleichheit der Würde autonomer Subjekte ernst. Demokratie versucht nichts weniger, als den alten Menschheitstraum gerechter Lebensverhältnisse im politischen Raum der Selbstbestimmung zu verwirklichen.

201 Weil es um Selbstbestimmung geht, ist menschliche Freiheit nicht von vornherein an bestimmte Inhalte gebunden. Demokratische Freiheit ist grundsätzlich die Freiheit, selbst zu entscheiden, was gut und richtig ist. Die Entscheidungsmöglichkeit an sich ist bereits ein wichtiges Gut, nicht nur die Vorteile, die aus dieser Entscheidung fließen mögen (vgl. u. zum Freiheitsbegriff § 15 III.1. c)). Das ist der Grund, warum nicht nur vernünftige, rechtfertigbare Entscheidungen demokratisch legitimiert sind, sondern auch solche, die sich (vielleicht schon schnell) als fehlerhaft erweisen. Es sind auch die Einzelnen selbst, die berufen sind, zu entscheiden, was für sie gut ist, wenn Autonomie ernst genommen werden soll. Erst wenn bestimmte, noch näher zu erläuternde Grenzen, die insbesondere durch die Rechte anderer, aber auch weitere Prinzipien gezogen werden, überschritten werden, kann diese Freiheit beschränkt werden. Das Verbot der Sklaverei verkörpert etwa die Wertung, dass niemand andere, aber auch nicht sich selbst, verdinglichen darf, selbst wenn er es wünscht.

202 In der Demokratie geht es um Anerkennung als gleiche politische Subjekte, es geht aber auch um reale politische Einflussmöglichkeiten.[143] Die politische Ermächtigung der Menschen ist ein zentrales Anliegen der Demokratie. Die Legitimität demokratischer Strukturen hängt deshalb auch davon ab, ob sie in der politischen Wirklichkeit faktisch bedeutsame Einflussmöglichkeiten schaffen oder nur Fassaden der Selbstbestimmung errichten. Zuschauer- oder Akklamationsdemokratie ist keine Demokratie.

203 Demokratie lebt von der Annahme, dass jeder die Fähigkeit zur Mitbestimmung hat, dass also nicht nur wenige besonders Kluge oder Einsichtsvolle politische Entscheidungen treffen können. Das ist keine selbstverständliche Annahme, die nicht nur Platon mit seiner Idee eines weisen Philosophenkönigs ablehnte.[144] Auch in der modernen Demokratietheorie finden sich Anklänge an die Idee, dass der Menge der Menschen demokratische Entscheidungsfindung nicht zuzutrauen sei. Dies gilt etwa für Elitentheorien, die die demokratische Entscheidung auf die Auswahl von politischen Führungsgruppen beschränken wollen, die die wirkliche Macht in den Händen halten

---

142 Vgl. *M. Mahlmann*, Rechtsphilosophie und Rechtstheorie, § 36.
143 *R. Dworkin*, Justice for Hedgehogs, S. 390, hält das „standing", nicht „political power" für entscheidend. Das unterschätzt ein zentrales Anliegen der Demokratie.
144 *Platon*, Politeia, 473c ff., 503b.

sollen.¹⁴⁵ Für eine solche Geringschätzung der politischen Urteilskraft der Bürgerinnen und Bürger spricht wenig. Die Notwendigkeit der Arbeitsteilung ist kein schlagkräftiges Argument für eine andere Sicht, denn zentrale politische Wertungsfragen sind jedermanns (und jederfraus) Geschäft. Faktisch laufen derartige Theorien die Gefahr, die Durchsetzung gerade der Partikularinteressen zu sanktionieren, die die betreffenden, als „Eliten" nicht immer überzeugend aufgefassten Machtgruppen verfolgen.

Demokratie ist durch ihre Begründung im gleichen Wert der Menschen darauf gerichtet, den Interessen aller und dem Gemeinwohl zu dienen. Politische Positionen müssen mit Gründen überzeugen können. Demokratie ist deshalb kein Markt, auf dem die Kaufkraft der Verbraucher oder das Preis-Leistungs-Verhältnis der Angebote über die Zuweisung der Ware politischer Macht entscheidet, sondern lebt von der Argumentation mit Gründen. Die demokratische Legitimation einzelner Entscheidungen hängt nicht notwendig von ihrer Vernünftigkeit ab, wie bereits angemerkt wurde. Demokratische Legitimation kann aber durch politischen Irrationalismus in Frage gestellt werden, wie noch deutlich werden wird. Das Projekt der Demokratie ist mit politischer Aufklärung verknüpft. 204

4. Strukturprinzipien der Demokratie

In der Demokratie sollen die Einzelnen gleichberechtigt darüber bestimmen, in welchen Formen das gemeinsame Leben gestaltet, wie politische Entscheidungsgewalt und Durchsetzungsmacht in einer Gesellschaft verteilt und kontrolliert wird und in wichtigen Hinsichten zu dieser Kontrolle selbst befugt bleiben – nicht zuletzt durch Abwahl von Entscheidungsträgern. Zur Demokratie gehören Verfahren der Entscheidungsfindung in Gruppen von Personen, die jedem Einzelnen den gleichen Anteil an der Willensbildung einräumen sollen. Dabei kann es sich um Sach- oder Personalentscheidungen handeln. Die Sachfragen können Einzelprobleme betreffen, generell-abstrakte Regelungen, z.B. Gesetze, oder im Fall einer Verfassungsgebung die Struktur der normativen Ordnung insgesamt. 205

In der politischen Ordnung der Demokratie ist das Volk Träger der Herrschaftsgewalt, im Verfassungsstaat verfassungsrechtlich verbürgt. In der *direkten Demokratie* entscheiden die Staatsbürgerinnen und -bürger direkt durch Abstimmung über anstehende Fragen. In der *repräsentativen Demokratie* wählen die Staatsbürgerinnen und -bürger Repräsentationsorgane (insb. ein Parlament), die Staatsgewalt ausüben, vor allem Gesetze beschließen und die Regierung bilden. In einer *Präsidialdemokratie* wird der Präsident direkt oder indirekt vom Volk gewählt (z.B. Frankreich oder USA). In der Verfassungswirklichkeit werden diese Elemente in verschiedenen Mischformen verwirklicht. Die schweizerische Demokratie ist ein Beispiel für eine Mischform von direkter und repräsentativer Demokratie. Instrumente für die direkte Mitgestaltung sind Volksinitiative und Referendum (Art. 138 ff. BV). Deutschland ist durch eine repräsentative Demokratie geprägt, wobei zunehmend direktdemokratische Elemente aufgenommen werden. 206

Grundelemente der Demokratie sind freie, allgemeine, gleiche, geheime, periodisch stattfindende Wahlen, ein Mehrparteiensystem, die Möglichkeit einer legalen Opposi- 207

---

145 *J. A. Schumpeter*, Kapitalismus, Sozialismus, Demokratie, 8. Aufl., 2005, S. 428: „[D]ie demokratische Methode ist diejenige Ordnung der Institutionen zur Erreichung politischer Entscheidungen, bei welcher einzelne die Entscheidungsbefugnis vermittels eines Konkurrenzkampfes um die Stimmen des Volkes erwerben".

208 Moderne Demokratien haben dabei stets ein repräsentatives Element: Die vielfältigen Geschäfte einer Demokratie können nur in einzelnen Fällen von den Stimmbürgern und Stimmbürgerinnen entschieden werden, auch in einem kleineren Land mit langer direktdemokratischer Tradition wie der Schweiz, erst recht in mittelgroßen Staaten wie Deutschland. Das repräsentative Element von Demokratien wirft demokratietheoretische Fragen auf, die kontrovers diskutiert werden. Das zentrale Problem ist die Eigenständigkeit der Entscheidungsfindung der Repräsentanten.[146] Die Entscheidungen werden von den Bürgerinnen und Bürgern nicht direkt selbst getroffen, sondern von Delegierten, die nur indirekt durch Parteiprogramme oder den Wunsch auf Wiederwahl in ihrer Entscheidungsfreiheit eingeschränkt werden. Eine Alternative sind gebundene, imperative Mandate, die aber nicht die Flexibilität schaffen, die die Erledigung des politischen Tagesgeschäfts verlangt. Auch im Bereich der politischen Entscheidungsfindung ist Arbeitsteilung unausweichlich. Mit der relativen Eigenständigkeit der Abgeordneten wird auch eine Rationalisierungserwartung verbunden: Ihnen wird zugetraut, sich bei ihren Entscheidungen durch ihre Unabhängigkeit durch Sachgründe leiten zu lassen. Moderne föderalistisch strukturierte Staaten kennen dabei häufig mehrere Kammern, deren Mitglieder jeweils demokratisch bestellt werden und die bei der Gesetzgebung zusammenwirken, in Deutschland Bundestag und Bundesrat, in der Schweiz National- und Ständerat (s. u. § 6 X.2. a)).

tion, Minderheiten, die die Möglichkeit besitzen, Mehrheit zu werden, Minderheitenschutz, die Gleichheit aller Menschen vor dem Gesetz und geschützte Grundrechte (insb. Meinungs-, Vereinigungs- und Versammlungsfreiheit) – warum gerade auch Letzteres, wird sogleich näher entfaltet werden.

209 Ein zentrales Strukturelement der Demokratie ist das *Mehrheitsprinzip*. Es wird in demokratischen Systemen in verschiedenen Formen modifiziert, etwa durch bereichsspezifisch qualifizierte Mehrheiten, regelmäßig beispielsweise bei der Verfassungsänderung. Es können auch Einstimmigkeitserfordernisse aufgestellt werden, allerdings vor allem in bestimmten Kollegialgremien. Es können zudem praktische Übungen bestehen, die für die Verfassungswirklichkeit große Bedeutung haben, etwa die schweizerische Konkordanzdemokratie, in der die Landesregierung nach einer zwischen den großen Parteien ausgehandelten „Zauberformel" mit Mitgliedern aller dieser Parteien besetzt wird.

210 Moderne Demokratien sind durch Parteien und andere Verbände als wesentliche Elemente des politischen Prozesses ausgezeichnet, manchmal mit durch die Verfassung geregelter Rolle wie in Art. 21 GG. Das ist nicht selbstverständlich. Parteien schienen etwa Rousseau ein Fremdkörper in der Demokratie zu sein.[147] Auch nach ihm gibt es eine Kritik von Parteien, insbesondere vom Standpunkt einer Auffassung von politischer Ordnung als organischem Ganzen, in dem die organisierte Vertretung von Partikularinteressen keinen Ort habe. Derartige Formen der Parteikritik bilden aber regelmäßig nur die Verhüllung von anderen Spezialinteressen. Die beanspruchte Überparteilichkeit ist in der politischen Realität meistens parteilich genug.[148]

---

[146] Art. 38 Abs. 1 GG schafft ein „freies Mandat", in dem die Abgeordneten nur ihrem Gewissen verpflichtet sind. In Art. 161 Abs. 1 BV ist eine ähnliche Regelung enthalten.
[147] *J.-J. Rousseau*, Du Contrat Social; ou, Principes du Droit Politique, II, 3.
[148] Die Parteienkritik spielte etwa in der Weimarer Republik eine wichtige Rolle, nicht zuletzt von nationalkonservativer Seite. Die Parteienkritik war ein staatstheoretisches Mittel, diese politische Ausrichtung gegen die Konkurrenz durch andere Parteien, insbesondere der Sozialdemokratie, zu immunisieren.

Das Wahlrecht kann sehr unterschiedlich ausgestaltet sein: Beim *Mehrheitswahlrecht* ist derjenige in einem Wahlkreis gewählt, der die Mehrheit der Stimmen auf sich vereinigt, wie in etwa in Grossbritannien. Im *Verhältniswahlrecht* werden Mandate proportional zu den Stimmenanteilen der Parteien vergeben. Es liefert deshalb ein differenzierteres Bild der politischen Meinungen. Der gleiche *Zählwert* einer Stimme ist erreicht, wenn jede Stimme voll gezählt wird. Der gleiche *Erfolgswert* einer Stimme ist dann gegeben, wenn die abgegebene Stimme den gleichen Einfluss auf die Auswahl von Mandatsträgern oder auf Sachentscheidungen hat. Zählwert und Erfolgswert müssen nicht übereinstimmen, insbesondere um föderalistischen Interessen entgegenzukommen. Der Zählwert von Stimmen für das EU-Parlament ist deshalb beispielsweise bei kleinen und großen EU-Staaten gleich, der Erfolgswert aber unterschiedlich – die Stimmen aus kleineren Staaten haben einen höheren Erfolgswert, weil sie im Verhältnis zu ihrer Einwohnerzahl überproportional viele Abgeordnete stellen.[149] Ähnliches gilt für die schweizerischen Kantone im Ständerat (vgl. Art. 150 BV).

211

Das zentrale Problem des Mehrheitsprinzips liegt in den Gründen der Bindung auch der Nichtzustimmenden. Eine klassische Antwort lautet dabei, dass diese Bindung daraus stamme, dass der Mehrheitsentscheid beweise, dass sich die Minderheit geirrt habe.[150] Solcher Optimismus wird heute nirgendwo mehr geteilt. Mehrheiten können selbstverständlich irren und es ist Teil des demokratischen Prozesses, dass solche Irrtümer eingesehen und korrigiert werden. Es gibt auch strittige Wertungsfragen, bei denen nicht leicht auszumachen ist, welches die beste Lösung ist, man also zu einem gewissen Grade mit guten Gründen unterschiedlicher Meinung sein kann. Die Ursachen für Mehrheitsbildungen sind auch vielfältig und nicht einfach das Produkt interesselosen Vernunftgebrauchs der Entscheidenden – mächtige Interessengruppen üben Einfluss aus, korrumpieren manchmal sogar Entscheidende, Ideologien verstellen den Blick auf die Realität, nicht immer gut gerechtfertigte Leidenschaften bestimmen den politischen Prozess, Medien haben manchmal keine aufklärende, sondern eine manipulative Agenda, etwa durch direkte ökonomische Bindung an bestimmte politische Kräfte.

212

Der Grund für die Bindung der Überstimmten liegt darin, dass das Mehrheitsprinzip das Grundanliegen der Demokratie, die gleiche Mitbestimmung unter den realen Bedingungen der Entscheidungsfindung in einer großen Gruppe von Menschen, am weitesten verwirklicht. Würde und Selbstbestimmung sind auch für die Begründung des Mehrheitsprinzips zentral: Respekt vor dem Recht zur Selbstbestimmung drückt sich nicht allein dann aus, wenn Konsens zur Bedingung der Bindung aller gemacht wird, sondern unter Bedingungen realer Entscheidungsfindung, in der dieser Konsens praktisch nie erreicht werden kann, auch in der gleichberechtigten Mitwirkung an der Entscheidungsfindung, in der Chance, dass die eigene Stimme Teil der Mehrheit wird. Grundlage des Mehrheitsprinzips ist die Bereitschaft aller, an die Ergebnisse der Abstimmung gebunden zu sein, als Mehrheit oder als Minderheit. Der normative Grund dieser Bereitschaft ist keine reale oder gedachte weitere Abstimmung über das Abstimmungsverfahren (usw, im infiniten Regress), sondern ein Prinzip der Verfahrensgerechtigkeit – wenn man die Chance hat, als Mehrheit anderen Bindungen aufzuerlegen, muss man auch Bindungen als Minderheit ertragen. Das Mehrheitsprinzip verwirklicht

213

---

149 Vgl. Art. 14 Abs. 2 S. 3 EUV zur degressiv proportionalen Vertretung der Bürgerinnen und Bürger im Europäischen Parlament.
150 *J.-J. Rousseau*, Du Contrat Social; ou, Principes du Droit Politique, IV, 2.

so nicht vollständige Freiheit und Gleichheit, wohl aber größtmögliche Freiheit und Gleichheit und das ist alles, was zu seiner Legitimation nötig ist.

214 Demokratie setzt die Möglichkeit des Wechsels der Mehrheitsverhältnisse voraus. Die Akzeptanz dieses Wechsels kann aus machtpolitischem Pragmatismus motiviert sein. Man findet sich mit dem Wechsel ab, weil es keine Alternative gibt. Eine demokratische Kultur lebt aber letztlich von tieferen Gründen.

215 Dazu gehört zunächst die Fähigkeit, andere politische Ansichten ernst nehmen zu können, auch wenn man sie nicht teilt. Die Bereitschaft, die Möglichkeit eigener Fehleinschätzungen einzuräumen, vielleicht durch Erfahrung eigener Irrtümer gewonnen, also ohne Selbstüberschätzung und Selbstgerechtigkeit zu urteilen, anderen genau zuzuhören, ob sie vielleicht die besseren Gründe anführen können, ist ein wesentlicher Teil einer demokratischen Kultur. Selbstkorrektur ist keine Schande, sondern ein sich selbst ausgestelltes politisches Reifezeugnis, wie Heinrich Lee feststellt:

216 „‚Aber die Mehrheit' rief er vor sich her, ‚ist die einzige wirkliche notwendige Macht im Lande, so greifbar und fühlbar, wie die körperliche Natur selbst, an die wir gefesselt sind. Sie ist der einzig untrügliche Halt, immer jung und immer gleich mächtig; daher gilt es, unvermerkt sie vernünftig und klar zu machen, wo sie es nicht ist. Dies ist das höchste und schönste Ziel. Weil sie notwendig und unausweichlich ist, so kehren sich die übermütigen und verkehrten Köpfe aller Extreme gegen sie in unvermögender Wut, indessen sie stets abschließt und selbst den Unterlegenen sicher und beruhigt macht, während ihr ewig jugendlicher Reiz ihn zu neuem Ringen mit ihr lockt und so sein geistiges Leben erhält und nährt. Sie ist immer liebenswürdig und wünschbar, und selbst wenn sie irrt, hilft die gemeine Verantwortlichkeit den Schaden ertragen. Wenn sie den Irrtum erkennt, so ist das Erwachen aus demselben ein frischer Maimorgen und gleicht dem Schönsten und Anmutigsten, was es gibt. Sie läßt es sich nicht einfallen, sich stark zu schämen, ja die allgemein verbreitete Heiterkeit läßt den begangenen Fehltritt kaum ungeschehen wünschen, da er ihre Erfahrung bereichert, diese Freude hergerufen hat und durch sein schwindendes Dunkel das Licht erst recht hell und fröhlich erscheinen läßt.'"[151]

217 Demokratie ist eine gemeinsame Antwort von das Richtige suchenden Menschen auf die Erfahrung eigener Fehlbarkeit und der Grenzen der eigenen Erkenntnisfähigkeiten: Jede Antwort ist eine vorläufige, steht unter dem Vorbehalt besserer Einsichten und ist damit dem tastenden Suchen der Wissenschaften verwandt.[152]

218 Demokratie ist eine wechselseitige Anerkennungsgemeinschaft. Man akzeptiert sich wie die anderen in ihr als gleichberechtigte Urheber der für alle geltenden Ordnung. Man nimmt die Urteilskraft der anderen derartig ernst, dass man sie gleichberechtigt mit der eigenen das Leben in wichtigen Zügen bestimmen lässt. Demokratie fordert die Fähigkeit zum Kompromiss. Man missversteht diese Fähigkeit, wenn man sie als laue Halbherzigkeit auffasst, die auf halber Strecke zum eigentlichen Ziel schon zufrieden ist. Die Fähigkeit zum Kompromiss ist eine Voraussetzung der Möglichkeit eines gemeinsamen politischen Lebens. Der Interessenausgleich in der Demokratie ist ein Schlüssel zu sozialem Frieden. Aber nicht nur das: Sie zeigt, dass man die Anderen so sehr respektiert, dass man auch ihren Überzeugungen, Wünschen und Interessen

---

[151] G. Keller, Der Grüne Heinrich, S. 888 f.
[152] Vgl. H. Kelsen, Wissenschaft und Demokratie, in: ders., Verteidigung der Demokratie, 2006, S. 238 ff.

den Raum lässt, wenigstens in Teilen verwirklicht zu werden. Ein Kompromiss ist eine kleine praktische Verbeugung vor dem als Menschen respektierten Anderen.

Das heißt nicht, dass die meisten Kompromisse faktisch nicht aus ganz anderen, machttaktischen Gründen geschlossen würden oder dass ein Durchschnittspolitiker in ihnen etwas anderes als Machtpoker sehen könnte. Das heißt nur, dass man die eigentliche Rechtfertigung von Kompromissen nicht erfasst, wenn man sie allein als notwendig widerwillige, abgezwungene Konzession missversteht.

Diese intrinsische Respektstruktur der Demokratie impliziert bereits die Akzeptanz grundlegender Rechte der Anderen. Damit ist gleichzeitig aus dem Grund der Demokratie heraus eine Grenze von Mehrheitsentscheidungen gesetzt. Wenn Respekt vor den Anderen bei der Verwirklichung des Anliegens der politischen Autonomie der Kern der Demokratie ist, kann demokratische Entscheidungsbildung sich nicht darauf erstrecken, die Rechte zu beseitigen, deren Einräumung dieser Respekt verlangt.

Viele Grundrechte sind für eine Demokratie zudem überlebensnotwendig. Schon das Stimmrecht als Kernelement der Demokratie wird in der Form eines Grundrechts verwirklicht. Zu den zentralen Grundrechten in einer Demokratie zählt auch die Meinungsfreiheit. Zur Demokratie gehört, dass man sicher sein kann, seine Meinung ohne staatliche Sanktionen äußern zu können und zwar auch in scharfer, strittiger und angreifbarer Weise.[153] Genauso wichtig ist, dass die Meinungsfreiheit auch davor schützt, dazu gedrängt zu werden, bestimmte Meinungen kundzutun. Wenn man zu irgendwelchen Regierungsverlautbarungen ein Fähnchen schwenken muss, kann von Demokratie keine Rede sein.

Für die Meinungsbildung sind Medien entscheidend wichtig – die Presse- oder, heute weiter, die Medienfreiheit ist deshalb ein demokratisches Urgrundrecht. Voraussetzung der Meinungsbildung sind Informationen, nicht zuletzt über die Tätigkeiten von Regierung und Behörden – auch der Zugang zu diesen ist für die Demokratie von entscheidender Bedeutung.

Eine Demokratie lebt heute von zivilgesellschaftlichem Engagement, nicht zuletzt von Nichtregierungsorganisationen, die bestimmte Themenfelder bearbeiten, wichtige, womöglich unbekannte Informationen beschaffen und verbreiten. Meinungen müssen auch öffentlich vertreten werden können. Neben der Vereinigungsfreiheit ist deswegen auch die Versammlungsfreiheit von demokratisch großer Bedeutung. Ein wichtiger Bereich demokratischer Entscheidungsbildung betrifft ökonomische Fragen. Das Recht, sich in Gewerkschaften oder Wirtschaftsverbänden zusammenzuschließen, ist deswegen ein auch demokratisch wichtiges Recht.

In der Demokratie geht es häufig um Alltagsfragen zu sehr konkreten Fragestellungen. Es geht aber auch um Richtungsentscheidungen, wie sich ein Gemeinwesen gestalten will, welchen Platz es für sich in der internationalen Gemeinschaft sieht, wie es die großen Aufgaben angehen will, die sich dieser Welt stellen. Diese Fragen müssen die Bürgerinnen und Bürger aufgrund von Grundüberzeugungen treffen, die auch ethische Prinzipien umfassen. Welche Verpflichtungen empfinden wir gegenüber anderen Menschen, auch denen, die nach uns kommen werden? Was ist unsere Vorstellung von Gerechtigkeit?

---

153 EGMR, Application no. 5493/72, 7.12.1976, Rn. 49 (Handyside v. UK): „offend, shock or disturb".

225 Diese Überzeugungen gewinnt man nicht allein in Vorlesungen oder durch Bücher, sondern aus einem Leben, in dem sich ein Charakter formt. Die Freiheit, sich selbst zu entfalten, die die Bedingung dafür ist, ist deshalb eine wesentliche Voraussetzung einer Demokratie, die den Namen verdient. Sie erlaubt *experiments in living*, versuchte Arten zu leben, wie es einer der Zentralautoren der Freiheitsphilosophie, *John Stuart Mill* (1806–1873), im 19. Jahrhundert formuliert hat,[154] die eine wesentliche Bedingung dafür sind, eine ethische Orientierung zu gewinnen. Auch diese Freiheit, sich zu entfalten, ist deshalb von zentraler Bedeutung für eine Demokratie. Die leitenden, vielleicht religiös, vielleicht säkular gewonnenen Überzeugungen müssen gebildet und praktiziert werden können, was die Religions- und Gewissensfreiheit sicherstellt. Kunst und Wissenschaft leisten dabei einen wesentlichen Beitrag, sich in grundsätzlicher Weise in der Welt zu orientieren, nicht zuletzt, weil beide keine Mägde von Politik und Interessen sind, sondern allein vor zwanglos herrschenden Gewalten das Knie beugen oder genauer beugen sollten – den unterschiedlichen Wahrheiten des Kunstschönen und der wissenschaftlichen Theorie.

226 Schließlich bildet eine nicht unerhebliche Voraussetzung der Demokratie, dass die Demokraten überhaupt am Leben bleiben. Wenn man an verschiedene Todesfälle von Kritikern in bestimmten Staaten, die sogar Mitglied des Europarates sind, denkt, sind auch das Recht auf Leben und seine modernen Ausprägungen, wie das Recht auf eine unparteiliche Aufklärung von Todesfällen, eine wichtige Voraussetzung der Demokratie.

227 Alle diese Rechte sind gerade für Minderheiten von großer Bedeutung, nicht zuletzt, um sich bemühen zu können, im politischen Prozess womöglich einmal die Mehrheit zu werden.

228 Eine Demokratie setzt also ein feingesponnenes Gewebe von Rechten voraus. Grundrechte sind eine Bedingung der Wirklichkeit der Demokratie. Der Schutz dieser Bedingungen der Erhaltung von Demokratie kann eine legitime Grenze für einzelne demokratische Entscheidungen setzen. Auch eine Mehrheit hat kein demokratietheoretisches Mandat, etwa die Meinungsfreiheit abzuschaffen.[155] Und noch etwas ist wichtig: Demokratie wurzelt in letzter Instanz, wie dargelegt, im Recht aller auf die Anerkennung ihrer Würde als sich autonom selbstbestimmende Personen. Dieser Eigenwert von Menschen setzt politischen Entscheidungen auch aus anderen als demokratiefunktionalen Gründen eine Grenze. Grundrechte von Menschen müssen nicht nur geachtet werden, um Demokratie zu erhalten. Demokratie wurzelt aber in Grundrechten und wird durch sie ermöglicht. Das gilt es im Blick zu behalten. Demokratie und Grundrechte sind keine Gegensätze – es besteht ein innerer Zusammenhang von Grundrechten und Demokratie.

5. Freiheit und die Vernunft der Urteilsbildung

229 Eine weitere wichtige Frage des Nachdenkens über Demokratie lautet: Geht Demokratie in bestimmten Abstimmungsverfahren und formalen Stimmrechten auf?[156] Die Bemerkungen zum inneren Zusammenhang von Grundrechten und Demokratie weisen

---

154 *J. S. Mill*, On Liberty, in: ders., On Liberty and other Essays, ed. by J. Gray, 1991, S. 89, vgl. dazu u. § 15.
155 Dies ist ein klassischer Gedanke der neuzeitlichen politischen Theorie. Im Gewand der Gesellschaftsvertragstheorie erscheint er als fehlende Zustimmung der Vertragschließenden zu ihrer eigenen Entrechtung durch Mehrheitsentscheidungen, vgl. z.B. *J. Locke*, The Second Treatise, §§ 135 ff.
156 Dafür z.B. *J. A. Schumpeter*, Kapitalismus, Sozialismus, Demokratie, S. 416 f.

bereits darauf hin, dass Demokratie gehaltvoller ist, als ein schwacher, formaler Demokratiebegriff vorschlägt. Eine weitere Voraussetzung neben formalen Mitbestimmungsrechten für eine Demokratie, die ihren Namen verdient, ist Gleichheit nicht nur im Wahlakt, sondern auch im politischen Prozess.

Wenn der politische Prozess so gestaltet ist, das faktisch bestimmte Interessengruppen oder sogar einzelne Personen erheblich mehr Einfluss haben, etwa weil sie ihre Ansichten mit viel öffentlichkeitswirksameren Mitteln zur Geltung bringen können oder – gerade in der Gegenwart eine entscheidende Frage der Demokratie – bestimmte einflussreiche Medien beherrschen, besteht die Gefahr, dass die demokratische Meinungsbildung verzerrt wird. Ökonomische Ungleichheiten können eine Gefahr für die Demokratie bilden, was Aristoteles schon in der Antike festgehalten hat.[157] Eine demokratische Gesellschaft kann zu Gegenmitteln greifen – z.B. dem gemeinsamen Finanzieren von sichtbaren politischen Stellungnahmen durch viele Einzelspenden oder durch alternative Medien –, die sehr wirksam sein können. Die grundsätzliche Gefahr wird damit aber nicht beseitigt. Diese Problematik kann unmittelbar rechtliche Konsequenzen haben, etwa im Rahmen der Regulierung der Finanzierung von Wahlkämpfen oder des Einflusses von Interessengruppen auf die Wahlwerbung.[158]

230

Der demokratische Prozess, der in Wahlen mündet, kann formal gefasst und deswegen auf die Forderung reduziert werden, eine gelungene Aggregation von politischen Präferenzen der Wahlbürger zu ermöglichen. Ein auf Verwirklichung von Autonomie ausgerichteter politischer Prozess verlangt aber mehr als solche Abstimmungsmechanismen. Es geht auch um Anforderungen an den Inhalt der demokratischen öffentlichen Auseinandersetzung und die Art der Gründe, die in ihr entscheidend sind. Autonomie zielt nicht auf selbstgewonnenen Irrtum und entsprechende Handlungen ab. Die Idee der Autonomie ist mit der Idee der Einsicht verwoben. Autonomie wird gewonnen, wenn man selbstbestimmt aus guten Gründen handelt. Verfangenheit in Wahn dient der Selbstbestimmung nicht.

231

Aufklärung ist dabei ein anspruchsvolles Projekt. So wie sich politische Autonomie auf das Abschütteln von äußerer Fremdherrschaft richtet, zielt Aufklärung darauf, auch innerlich, geistig und moralisch unabhängig, selbstbestimmt auf eigenen Beinen zu stehen. Dazu muss der Mut und die Kraft aufgebracht werden, selbstständig, vorurteilslos und ohne auf Autoritäten hilfesuchend zu schielen zu denken und zu urteilen. Politische Autonomie bedeutet das gerechtfertigte Einfordern der mit derjenigen der anderen Menschen gleichberechtigten Entscheidungsmacht über das eigene Leben, geistige Autonomie die Achtung der eigenen Urteilskraft als entscheidende, freie, nur Gründen verpflichtete Quelle der Bestimmung des eigenen Lebensentwurfs. Innere Freiheit des Denkens ist der Beginn politischer Autonomie.

232

Eine Demokratie verlangt deshalb auch eine politische Kultur, die sich an Vernunftmaßstäben orientiert. Politische Irrationalität kann die Demokratie entleeren. Worin diese Vernunftmaßstäbe im Einzelfall liegen, kann aus guten Gründen strittig sein. Diese Maßstäbe liegen aber auch nicht völlig im Dunkeln.

233

---

157 *Aristoteles*, Politik, 1295b.
158 Vgl. das Urteil des *US Supreme Court* 588 U.S. 310 (2009) (Citizens United v. Federal Election Commission): Die Entscheidung leitet aus der Meinungsäußerungsfreiheit das Verbot der Begrenzung von Wahlkampfausgaben von politischen Nichtregierungsorganisationen ab. Diese Entscheidung hat international viel Aufmerksamkeit und Kritik erregt, weil damit demokratische Gleichheit gefährdet werde, vgl. z.B. *R. Dworkin*, The Decision That Threatens Democracy, The New York Review of Books vom 13.5.2010.

234 Eine wesentliche Voraussetzung besteht in der Möglichkeit der Auseinandersetzung mit und des Hinterfragens von Gründen. Nackte Macht oder traditionelle Autorität ist kein Argument in der Demokratie. Es bedarf einer kritischen politischen Kultur, pluralistischer Medien mit möglichst großer politischer und auch ökonomischer Unabhängigkeit ohne Selbstzensur und ohne gehorsame Übernahme von Ideologie und einer reflexiven, pluralistischen Öffentlichkeit, um demokratische Ansprüche einzulösen.

235 Gründe müssen dabei überhaupt zählen, was selbstverständlicher klingt, als es ist. Gute Argumente können unbequeme Wahrheiten enthalten. Das kann die Versuchung schaffen, politischen Botschaften Glauben zu schenken, die in eine angenehmere politische Märchenwelt entführen. Ein drastisches Beispiel mit globalen Folgen ist die Leugnung der Existenz des Klimawandels durch wesentliche Akteure nicht nur, aber gerade auch in den USA.

236 Dieses Beispiel weist auf einen weiteren politischen Vernunftmaßstab hin: Wissenschaftliche Erkenntnisse sollten in der politischen Auseinandersetzung zählen, ohne zu verkennen, dass sie regelmäßig nicht die entscheidenden politischen Wertungsfragen beantworten. Historische oder sozialwissenschaftliche Fakten und Einsichten müssen ernst genommen werden. Wenn etwa historische Ereignisse verschwiegen oder falsch dargestellt werden oder mit tendenziösen Statistiken Emotionen geschürt werden, werden Regeln demokratischer Rationalität verletzt. Auch die Wertungsfragen selbst müssen kritischer Überprüfung standhalten. Das verweist auf schwierige Fragen der Begründbarkeit von normativen Aussagen, die noch einmal vertieft aufgegriffen werden.[159] Wertungsfragen sind aus guten Gründen strittig. Schon hier kann jedoch festgehalten werden, dass jedenfalls bestimmte Wertaussagen besser begründet werden können als andere, Wertbegründungen nicht einfach politische Geschmacksurteile sind: Eine Politik, die z.B. Frauen nicht als gleichberechtigt behandelt, hat keine guten Gründe für sich, wenn es auch noch nicht lange her ist, dass andere Ansichten vorherrschten.

237 Eine solche auf öffentliche Auseinandersetzung angelegte Demokratie wird heute häufig *deliberative* Demokratie genannt. Die Verfahren der Auseinandersetzung sind aber nur eine Bedingung der Demokratie. Insbesondere darf die Idee der Deliberation wegen der damit verbundenen Missbrauchsgefahr und der Verletzung des Gleichheitsprinzips nicht gegen Zählgleichheit von Stimmen ausgespielt werden.

6. Erhaltungsbedingungen der Demokratie

238 Aus Respekt vor der Autonomie der Einzelnen und fehlenden besseren Alternativen wird in der Demokratie das Risiko von Fehlentscheidungen eingegangen. Ein Mittel, die schädlichen Folgen solcher Fehlentscheidungen zu begrenzen, ist die politische Selbstkorrektur (vgl. o. § 6 VIII.4).

239 In weiterem Rahmen kommt es auf eine politische Kultur an, in der die jeweilige Mehrheit nicht auf Kosten wesentlicher Interessen und Rechte einer Minderheit ihren Vorteil verfolgt, mithin also „selbst den Unterlegenen sicher und beruhigt macht".[160] Dies ist für alle Mitglieder einer Demokratie wichtig, die sich selbst als Minderheit wiederfinden könnten, erst recht aber, weil es auch dauerhafte Minderheiten gibt, die geringe Chancen haben, ihre Ansichten zu politischen Mehrheiten zu machen.

---

159 S. u. §§ 14, 15; *M. Mahlmann*, Rechtsphilosophie und Rechtstheorie, § 39 Rn. 40 ff.
160 *G. Keller*, Der Grüne Heinrich, S. 888.

VIII. Demokratie

Eine solche politische Kultur kann auch durch rechtliche Mittel gesichert werden. Ein zentrales Mittel ist eine Verfassung, die nur durch qualifizierte Mehrheiten geändert werden kann. Bestimmte Normen werden dem politischen Diskurs jedenfalls im Alltagsgeschäft entzogen, weil sie als hinlänglich gesichert, unstrittig und grundlegend gelten. Verfassungen können noch einen Schritt weiter gehen und Normen ebenfalls der Möglichkeit der Verfassungsänderung entziehen – etwa in Art. 79 Abs. 3 GG, der auch das Demokratieprinzip erfasst. Die Schweizerische Bundesverfassung greift diese Regelungsmöglichkeit auf, indem sie Verfassungsänderungen ausschließt, die zwingendes Völkerrecht verletzen, was mit bestimmten Grundrechten auch Teile der normativen Infrastruktur der Demokratie betrifft (vgl. o. § 5 III.4. und u. § 7 III.3.h)).

240

Da Grundrechte zu den Bedingungen einer funktionierenden Demokratie gehören, ist auch der Grundrechtsschutz durch Gerichte ein Element des Schutzes der Demokratie. Je nach Ausgestaltung der Reichweite der Verfassungsgerichtsbarkeit kann diese auch die Befugnis umfassen, demokratisch erzeugte Gesetze für grundrechts- und verfassungswidrig zu erklären. In Deutschland gilt dies für das Bundesverfassungsgericht, in der Schweiz für das Bundesgericht in Bezug auf kantonales Recht, für den EGMR funktional auch für Bundesrecht (vgl. genauer u. § 7 III.3. i) und § 12 II.2).

241

Die Richterbestellung ist regelmäßig selbst direkt oder indirekt demokratisch rückgebunden. Immerhin aber entscheidet ein kleines Kollegialorgan über weitreichende Fragen. Dieser Befund steht jedoch nicht in einem einfachen Gegensatz zur Demokratie, wenn man im Blick behält, dass der Rechtsschutz gerade ein Mittel der Erhaltung demokratischer Strukturen ist. Dazu benötigt es Institutionen, insbesondere unabhängige Gerichte; die auch gegen einen wechselnden Zeitgeist Grundrechte verteidigen. Dieser Grundrechtsschutz liegt in erster Linie bei nationalen Gerichten. In der Gegenwart ist aber auch der internationale Grundrechtsschutz wichtig geworden, der in verschiedener Form den nationalen Grundrechtsschutz ergänzt. Außerdem ist die Verfassung, wovon die Grundrechte, die gerichtlich durchgesetzt werden, einen Teil bilden, selbst demokratisch legitimiert (vgl. o. § 6 V.5).

242

Es gibt gute Gründe, sich nicht nur für die Voraussetzungen und Mittel der Erhaltung der Demokratie im eigenen Gemeinwesen zu interessieren, sondern auch für die Erhaltung der Demokratie jenseits unserer Grenzen. Ein wichtiger Grund ergibt sich aus Folgendem:

243

Demokratie dient nicht nur der Selbstbestimmung. Mit ihr ist, wie erläutert, die Hoffnung verbunden, zumindest häufiger als in autoritären oder diktatorischen Regimen vernünftige Entscheidungen hervorzubringen. Demokratische Strukturen sind ein institutionalisiertes Mittel zur Erhöhung der Wahrscheinlichkeit vernünftiger Entscheidungen. Wenn es aber zutrifft, dass antidemokratische Strukturen, Autokratie und Diktatur Unvernunft gebären, muss einem nicht nur die demokratische Struktur des jeweils eigenen Staatswesens, sondern auch die demokratische Struktur anderer Staaten sehr wichtig sein. Denn man wird häufig von den Folgen solcher Unvernunft in einer vielfältig verwobenen Staatenwelt betroffen.

244

Der Schutz demokratischer Strukturen auch jenseits unserer Grenzen ist deshalb ein Beitrag zum Schutz politischer Vernünftigkeit, der einen in einer verflochtenen Welt brennend interessieren sollte. Dabei ist – wie erläutert – Grundrechtsschutz von großer Bedeutung. Auch auf europäischer Ebene werden sich demokratische Strukturen ohne funktionierenden rechtsstaatlichen Grundrechtsschutz nicht erhalten. Nicht nur die Rechte einzelner Menschen, auch die Demokratie in Europa wird deswegen nicht zu-

245

letzt durch die Systeme europäischen Grundrechtsschutzes, insbesondere der Europäischen Menschenrechtskonvention, verteidigt (vgl. u. § 7 III.3).

246 Schließlich gibt es die Idee einer „militant democracy", einer „wehrhaften Demokratie"[161], also von Mechanismen, die davor schützen, dass die Demokratie mit demokratischen Mitteln beseitigt wird – z.B. durch Parteiverbote, wie in Art. 21 Abs. 2 GG geregelt, oder Normen zur Verhinderung des Rechtsmissbrauchs, wie in Art. 17 EMRK.

7. Perspektiven

247 Demokratische Strukturen stehen vor vielen Herausforderungen. Internationale Organisation ist alternativlos und das wirft die bisher im Kern unbeantwortete Frage auf, wie eine Demokratie jenseits des Staates organisiert werden kann.[162] Die EU und ihr schwieriger Weg zu mehr demokratischen Mitwirkungsrechten ist durch ihre Leistungen und Unzulänglichkeiten das international vielleicht wichtigste, weil am weitesten entwickelte Beispiel dafür (s. u. § 7 IV).

248 Aber auch die Völkerrechtsordnung steht vor diesem Problem. Kann die Völkerrechtsordnung demokratisiert werden? Welche Perspektiven eröffnet hier etwa die UN? (vgl. dazu u. § 7 V.5. b)) Wie steht es mit anderen internationalen Organisationen wie der WTO? (vgl. dazu u. § 7 VII) Ist Demokratie ein Rechtsprinzip des Völkerrechts? Art. 21 AEMR enthält immerhin ein Menschenrecht auf Demokratie mit freien Wahlen.[163] Gibt es darüber hinaus demokratiebezogene Normen des Völkerrechts?

249 Eine andere klassische Frage der politischen Theorie betrifft die Verwirklichungsbedingungen von menschlicher Autonomie in anderen Lebensbereichen als dem Staat, insbesondere der Wirtschaft, aber auch anderswo, etwa in (nicht notwendig staatlich organisierten) Bildungsinstitutionen wie Universitäten oder religiösen Gemeinschaften. Hier stellen sich schwierige Fragen, die mit den Eigengesetzlichkeiten dieser Lebensbereiche zusammenhängen. Es gibt aber vielfältige, historische und aktuelle, mehr oder weniger überzeugende Ansätze, mit der Forderung nach menschlicher Autonomie auch in diesen Zusammenhängen ernst zu machen, die manchen Gedanken anregen können.[164]

8. Demokratie als Lebensform

250 Demokratie ist nicht bloße Institutionenmechanik. Demokratie setzt eine hinlänglich große Zahl von Menschen mit demokratischen Orientierungen voraus, die sie erhalten. Dem Charakter und Ursprung dieser demokratischen Haltungen wird zuweilen nicht genug Aufmerksamkeit geschenkt. Gerade aus rechtlicher Sicht stehen häufig institutionelle Fragen, rechtliche Regelungen und Verfahren im Vordergrund der Überlegun-

---

161 K. Loewenstein, Militant Democracy and Fundamental Rights, American Political Science Review, 31 (1937), S. 417 ff., 638 ff.
162 Vgl. z.B. zur „cosmopolitan democracy" D. Held, Models of Democracy, 3rd ed., 2006, S. 290 ff.
163 Vgl. Art. 21 AEMR:
   1. Jeder hat das Recht, an der Gestaltung der öffentlichen Angelegenheiten seines Landes unmittelbar oder durch frei gewählte Vertreter mitzuwirken.
   2. Jeder hat das Recht auf gleichen Zugang zu öffentlichen Ämtern in seinem Lande.
   3. Der Wille des Volkes bildet die Grundlage für die Autorität der öffentlichen Gewalt; dieser Wille muß durch regelmäßige, unverfälschte, allgemeine und gleiche Wahlen mit geheimer Stimmabgabe oder einem gleichwertigen freien Wahlverfahren zum Ausdruck kommen.
164 Von Konzeptionen der Wirtschaftsdemokratie (vgl. z.B. F. Naphtali (Hrsg.), Wirtschaftsdemokratie, 1928) bis zu Formen der betrieblichen Mitbestimmung.

VIII. Demokratie

gen. Diese Perspektiven sind wichtig, erfassen aber nicht das Ganze einer demokratischen Kultur, die ohne innere Haltungen, die demokratische Überzeugungen nähren, nicht existieren kann. Eine Demokratie ohne Demokraten stirbt ab.

Demokratische Orientierungen setzen Anspruchsvolles voraus. Demokratie ist keine Ordnung für schwache Charaktere mit schlichtem Innenleben. Demokratie, und was sie abverlangt an Selbstrücknahme, muss man aushalten können. Das mag paradox klingen, denn in der politischen Ideengeschichte gibt es viele Strömungen, die autoritäre Ordnungen mit Härte, Durchsetzungswillen und Stärke gleichsetzen. Das Gegenteil ist aber der Fall. Demokratie ist nichts für Menschen, die schon den Boden unter den Füssen verlieren, wenn sie ihre Wünsche nicht vollständig verwirklicht sehen. Sie setzt die Fähigkeit voraus, zu ertragen, mit Kompromissen zu leben. Demokratie bedeutet Teilung von Macht – die einzelne Person ist nur eine von vielen Gleichen, die politische Macht ausüben. Der Grund für diese Selbstrücknahme ist nicht Schwäche, die sich von anderen in den Hintergrund drängen lässt, sondern die Bescheidenheit von Menschen, die sich nicht für den Nabel der Welt und unfehlbar halten und andere als Gleiche anerkennen. Die Kraft zur Bescheidenheit setzt Selbstsicherheit voraus. Man bescheidet sich nicht mit demokratisch geteilter Macht, weil man von sich gering denkt, sondern weil man hoch genug von allen denkt, auch von sich selbst, um das Teilen politischer Macht für selbstverständlich zu halten. Es ist ein Sinn für die Würde der gemeinsamen Humanität, der die Gleichheit der Demokratie entspringen lässt.[165]

Schwach sind autoritäre Charaktere, die die freie Gleichberechtigung mit anderen nicht ertragen und deshalb allein dominieren wollen oder, wenn dies nicht möglich ist, sich mit den Mächten identifizieren, die sie beherrschen, um wenigstens so ein wenig an der Macht teilzuhaben, wie es für autoritätsverliebte Charaktere merkwürdigerweise wohl zutrifft. Die Teilnahme an Macht durch Identifikation ist Illusion, so wie es eine Illusion ist, dass man selbst Weltmeister geworden ist, wenn die eigene Nationalmannschaft den Titel errungen hat, nur dass das Letztere ein harmloser Spaß, das Erstere aber die Wurzel von großen politischen Tragödien ist. Auch andere Motive liegen autoritären Neigungen zu Grunde: Bemerkenswert ist der in den totalitären Bewegungen des 20. Jahrhunderts bewiesene Wunsch zur Auflösung des Ichs, des Aufgehens in der autoritär unterworfenen Masse, nicht Selbstbewusstsein, sondern Ichverlust. Demokratie setzt dagegen eine Persönlichkeit voraus, die fähig ist, zu teilen, und genug hat, auch wenn sie nicht alles besitzt, ohne Wunsch nach herbeigeträumter, von anderen geborgter Bedeutung, ohne Bedürfnis nach Brosamen der Macht.

Demokratie ist eine offene, fragende, letzten Wahrheiten mißtrauende, auf gemeinsame politische Suche bauende gesellschaftliche Ordnungsform. Diese Haltung muss nicht Relativismus entspringen, also der These, dass es Wahrheiten in normativen Fragen nicht geben kann.[166] Man kann mit guten Gründen von der Möglichkeit echter Einsicht auch in Wertungsfragen ausgehen, ohne deswegen auch nur eine Sekunde lang daran zu denken, man dürfe anderen dasjenige, was man selbst für Einsicht hält, ohne Weiteres aufzwingen. Für diese Zurückhaltung gibt es überzeugende Argumente. Man sollte zunächst selbstverständlich skeptisch sein, dass – auch wenn es sie gibt – gerade

---

165 Vgl. *H. Kelsen*, Wissenschaft und Demokratie, S. 238 f.: „Es ist der tiefste Sinn des demokratischen Prinzips, daß das politische Subjekt die Freiheit, auf die es abzielt, nicht nur für sich selbst, sondern auch für die andern, daß das Ich die Freiheit auch für das Du will, weil das Ich das Du als wesensgleich empfindet. Eben darum muß die Idee der *Gleichheit* zu der Idee der Freiheit, diese beschränkend, hinzutreten, damit demokratische Gesellschaftsform zustandekommen kann" (Herv. i. Org.).
166 So aber z.B. *H. Kelsen*, Vom Wesen und Wert der Demokratie, S. 223 ff.

man selbst die richtige Einsicht gefunden hat. Selbst wenn es in bestimmten Teilen so wäre, müssen Menschen Zeit und Gelegenheit haben, solche Einsichten selbst zu gewinnen. Oktroyierte Meinungen sind keine Einsichten. Im Übrigen geht es um die Anerkennung von Autonomie, die Respekt vor Vielfalt gebietet.

254 Demokratie ist ihrer Idee nach eine anderen Menschen zugewandte Gesellschaftsordnung. Demokratie ist, wie dargelegt, nicht nur ein Ensemble von Verfahren, sie ist nicht nur Ausdruck von Egoismus, der zum Schutz der eigenen Freiheit die Freiheit anderer widerwillig als Konzession gewährt, die einem die eigene Schwäche abringt, sondern stammt aus einer Haltung, die selbst nicht in Anspruch nimmt, was sie nicht anderen gönnt. Demokratie ist auf Austausch und Zusammenarbeit angelegt und schafft gesellschaftlichen Zusammenhalt durch Respekt. Demokratische Mitbestimmung führt im besten Fall zur manchmal gar nicht so kleinen Freude am Teilen eines wichtigen Gutes. Es kann sehr befriedigend sein, zu erleben, dass etwas Wichtiges in einer Ordnung gegenseitiger Achtung auch anderen zugutekommt, nicht anders als bei geteilten Rechten, aus denen die demokratische Idee erwächst. In der Demokratie scheint eine Möglichkeit des Zusammenlebens auf, in der Verbundenheit durch gleichberechtigt geteilte Lebensgüter entsteht.

255 Demokratie ist eine großartige Idee. Entsprechend enttäuschend ist der Missbrauch der Strukturen der Demokratie: Wenn mit Bürgern und Bürgerinnen gespielt wird, wenn sie nicht ernst genommen werden, weil man sich erlaubt, sie in Wahlkämpfen und Abstimmungskampagnen zu täuschen und zu manipulieren, durch Fehlinformationen oder emotionale Appelle, die Angst schüren, wo es dazu keine Gründe gibt, zum Hass gegen andere, Minderheiten, Schwache, niemals Starke, aufstachelt, Probleme behauptet, wo es keine gibt, wenn politische Energien und Leidenschaften auf Scheinprobleme gelenkt werden, während andere existentielle in den Hintergrund treten, wenn durchsichtige Identitätspolitik mit imaginierten Gemeinschaften getrieben wird, wenn die Manipulationsmöglichkeiten moderner Massenmedien ausgenutzt werden, durch finanzielle Kampagnenfähigkeit, ökonomische Beeinflussung von Medien oder einfach ihren Erwerb, dann drückt das eine demokratieferne Haltung gegenüber anderen Menschen aus: So behandelt man Menschen nämlich nur, wenn man sie gering achtet und sich deshalb erlaubt, sie zu täuschen und zu manipulieren. Der Versuch, sich einer manipulativen Akklamationsdemokratie zu nähern, in der Menschen auf schlechter Informationsbasis Ziele verfolgen, deren Erreichung sich nicht lohnt, ist kein Ausdruck geachteter Autonomie. Eine Demokratie, die andere Wege geht, ist dagegen Ausdruck von humanem Anstand, der sich nicht nur in Schönrednerei gefällt, sondern auch unter den schwierigen Bedingungen des politischen Alltags greifbar und bestimmend wird.

IX. Föderalismus und Gewaltenteilung

1. Föderalismus

256 Ein Bundesstaat ist ein Staat, der aus einzelnen Gliedstaaten besteht. Ein Staatenbund ist dagegen der Zusammenschluss von einzelnen Staaten, der selbst keinen eigenen Staat bildet. Die Grenzen zwischen den verschiedenen Erscheinungsformen sind manchmal nur schwer zu ziehen. Neue Wortprägungen wie Staaten*ver*bund, die die Struktur der EU erfassen sollen, liefern deshalb nur beschränkten Erkenntnisgewinn. Im Föderalismus soll die Eigenständigkeit der Gliedstaaten bewahrt und gleichzeitig ein Mindestmaß an staatlicher Einheit des Bundes gepflegt werden.

IX. Föderalismus und Gewaltenteilung

a) Schweiz

In der Schweiz als Bundesstaat hat nicht nur der Bund Rechtsetzungskompetenzen, sondern auch die Kantone, Art. 3 BV. Darüber hinaus können auch die Gemeinden Recht schaffen, Art. 50 Abs. 1 BV. Das schweizerische Rechtssystem ist also dreistufig aufgebaut: Bund, Kantone und Gemeinden.

Art. 3 BV formuliert als Grundsatz, dass die Kantone alle Rechte ausüben, die nicht dem Bund übertragen sind (subsidiäre Kompetenz). Nach Art. 42 BV erfüllt der Bund die Aufgaben, die ihm die Bundesverfassung zuweist. Der Bund kann nur Recht erlassen, soweit er sich auf eine Einzelermächtigung in der Bundesverfassung stützen kann, die ihm die Rechtsetzungszuständigkeit verleiht. Im Übrigen sind die Kantone zuständig (originäre Zuständigkeit), wobei sie nach Art. 43 BV selbst bestimmen, welche Aufgaben sie erfüllen. Art. 5a BV verankert das Prinzip der Subsidiarität, das Art. 43a Abs. 1 BV näher konkretisiert. Der Bund übernimmt danach nur die Aufgaben, welche die Kraft der Kantone übersteigen oder einer einheitlichen Regelung durch den Bund bedürfen. Damit wird eine Bedingung der Ausübung bestehender Bundeskompetenzen formuliert, es werden keine neuen Kompetenzen begründet. Das Subsidiaritätsprinzip findet sich übrigens auch in der Rechtsordnung der EU, Art. 5 Abs. 3 EUV.

Viele wichtige Zuständigkeiten sind beim Bund angesiedelt (z.B. Art. 122 Abs. 1 BV: Zivilrecht, Zivilprozessrecht; Art. 123 Abs. 1 BV: Strafrecht, Strafprozessrecht).

Nach Art. 50 Abs. 1 BV wird die Autonomie der Gemeinden nach Maßgabe des kantonalen Rechts gewährleistet. Gemeinden sind öffentlichrechtliche Selbstverwaltungskörperschaften, die kommunale öffentliche Aufgaben wahrnehmen. Zu den autonom wahrzunehmenden Aufgaben der Gemeinden zählen etwa die Organisation der Gemeinde und ihrer Behörden, Bau- und Straßenrecht oder kommunale Versorgungsbetriebe.

b) Deutschland

Auch in Deutschland besteht eine föderale Ordnung, die sich in Bund, Länder und Gemeinden gliedert. Laut Art. 70 Abs. 1 GG haben die Länder das Recht der Gesetzgebung, soweit das Grundgesetz nicht dem Bunde Gesetzgebungsbefugnisse verleiht. Nach Art. 70 Abs. 2 GG bemisst sich die Abgrenzung der Zuständigkeit zwischen Bund und Ländern nach den Vorschriften des Grundgesetzes über die ausschließliche und konkurrierende Gesetzgebung, die näher bestimmen, welche Materien vom Bund geregelt werden können und in welchem Umfang dies erfolgen kann. Nach Art. 28 Abs. 2 S. 1 GG muss den Gemeinden das Recht gewährleistet werden, alle Angelegenheiten der örtlichen Gemeinschaft im Rahmen der Gesetze in eigener Verantwortung zu regeln. Damit ist in der deutschen Verfassung die Gemeindeautonomie gewährleistet. Diese Kompetenzordnung zeigt, dass auch in Deutschland die Länder die grundsätzliche Kompetenz besitzen, Materien zu regeln, soweit nicht Bundeskompetenzen bestehen und soweit der Bund diese Kompetenzen nicht genutzt hat. Faktisch wirken aber seit Jahrzehnten Unitarisierungstendenzen in Deutschland, ebenso wie in anderen föderalen Staaten, die zu einer immer stärkeren Gewichtung der legislativen Tätigkeit auf Bundesebene geführt haben. In Deutschland wurde versucht, durch eine Reform des Föderalismus im Jahr 2006 dieser Tendenz entgegenzuwirken, um die Eigenständigkeit der staatlichen Untergliederungen, insbesondere der Länder, zu gewährleisten. Dieses Problem taucht auch in anderen föderalen Staaten auf. Um ein politisch besonders umstrittenes Beispiel zu nennen: Die Auseinandersetzung um den „Affordable Healthcare Act" von Barack Obama, der ein Krankenversicherungssystem in den USA eingeführt hat, wurde wesentlich als ein Streit um Bundeskompetenzen geführt.[167]

2. Gewaltenteilung

262 „Gewaltenteilung" ist der staatswissenschaftliche und -philosophische Begriff für die funktionale Unterscheidung von Gesetzgebung (Legislative), Regierung (Exekutive) und Rechtsprechung (Judikative) und das normative Gebot, diese Funktionen der Staatstätigkeit mindestens in Kernbereichen staatsorganisatorisch unabhängig voneinander zu verwirklichen. Sie meint keine vollständige Gewaltentrennung, sondern ist auf ein System der Wechselwirkungen angelegt, dessen Eigenart ihren zentralen Funktionen insgesamt dienen soll: der Kontrolle, Mäßigung und Rationalisierung der Staatsgewalt, dem Schutz der Menschen- und Bürgerrechte und damit insgesamt der Bewahrung der Freiheit der Individuen in der Staatsordnung bei effizienter Bewältigung der Staatsaufgaben.

263 „Gewaltenteilung" ist ein Kernbegriff der neuzeitlichen Staatstheorie. Die Wurzeln des Begriffs reichen allerdings bis in die Antike zurück. Klassischer Anknüpfungspunkt in der Ideengeschichte ist das neuzeitliche Vernunftrecht und die aufgeklärte Philosophie des Staates, wobei die Unterscheidung der Gewalten und ihre Funktion variieren – häufig in deutlichem Bezug zu konkreten Organisationsproblemen der Zeit und den politischen Orientierungen des Autors, der sie reflektiert.

264 Als „Vater" der Gewaltenteilungslehre wird häufig *Montesquieu* (1689–1755) angesehen. Er unterscheidet die gesetzgebende (*puissance législative*), vollziehende (*puissance exécutrice*) und richterliche Gewalt (*puissance de juger*). Ihre Vereinigung in einer Person bedeute das Ende der Freiheit. Konkret strebt Montesquieu eine repräsentative Demokratie mit erblich besetzter, einflussreicher Adelskammer, eine Regierung, die nicht aus dem Parlament heraus gebildet wird und ein Vetorecht gegenüber der Gesetzgebung besitzt, sowie gewählte Richter an. Dieses System führe zu einer gegenseitigen Kontrolle der Gewalten.[168]

265 1787 wird das Prinzip der Gewaltenteilung in der Verfassung der USA rechtlich konkret positiviert (Art. I–III). Freiheitsschutz durch getrennte, aber verschränkte Gewalten spielt dabei eine zentrale Rolle.[169] In der Französischen Menschenrechtserklärung, der *Déclaration des Droits de l'Homme et du Citoyen*, von 1789 wird apodiktisch in Art. 16 formuliert, dass eine Gesellschaft ohne Gewaltenteilung keine Verfassung habe.[170]

---

167 Vgl. das Urteil des *US Supreme Court* 567 U.S. 519 (2012) (National Federation of Independent Business v. Sebelius).
168 *Montesquieu*, De l'Esprit des Lois, 1748.
169 *J. Madison*, in: ders./A. Hamilton/J. Jay, Federalist Papers, XLVII, S. 303: „The accumulation of all powers, legislative, executive, and judiciary, in the same hands, whether of one, a few, or many and whether hereditary, self-appointed, or elective, may justly be pronounced the very definition of tyranny." Ebd. XLVIII, S. 308: „I shall undertake, in the next place, to show that unless these departments be so far connected and blended as to give to each a constitutional control over others, the degree of separation which the maxim requires, as essential to a free government, can never in practice be duly maintained."
170 „Toute société dans laquelle la garantie des droits n'est pas assurée, ni la séparation des pouvoirs déterminée, n'a point de constitution"; „Jede Gesellschaft, in der die Verbürgung der Rechte nicht gesichert und die Trennung der Gewalten nicht festgelegt ist, hat keine Verfassung."

IX. Föderalismus und Gewaltenteilung

In Bundesstaaten tritt neben die horizontale Gewaltenteilung im Staat die vertikale Gewaltenteilung zwischen Bund und Gliedstaaten. Ähnliches gilt für supranationale Organisationen wie die EU, in der ein „institutionelles Gleichgewicht" aus Sicht der Rechtsprechung herrscht.[171]

Nicht nur die Ideengeschichte zeigt eine große Vielfalt der Vorstellungen, auch die Verwirklichungsformen in unterschiedlichen Verfassungen unterscheiden sich beträchtlich.[172] Gemeinsames Merkmal der gewaltenteilenden Systeme ist neben der analytischen Trennung der Staatsgewalten der Versuch, durch organisatorische und z.B. durch Ämterinkompatibilitäten, wie etwa in Art. 144 BV (Nationalrat, Ständerat, Bundesrat, Bundesrichter) oder Art. 94 Abs. 1 S. 3 GG (Bundesverfassungsrichter), gesicherte personelle Verselbstständigung bei gleichzeitiger Verzahnung und Verschränkung der Gewalten dem Missbrauch von Macht vorzubeugen, ihre rationale Ausübung zu befördern und menschliche Freiheit zu sichern. Typische Gewaltenverzahnungen sind Rechtsetzungsbefugnisse der Exekutive (Verordnungen) oder ihr Gnadenrecht, Exekutivkompetenzen der Legislative, die tatbestandliche Bindung von Richtern an administrative Verfügungen, die richterliche Rechtsfortbildung oder die Prüfungs- und Verwerfungskompetenz legislativer Akte durch die Judikative.

In der Schweiz sind die Gewalten der Legislative, Exekutive und Judikative komplex verschränkt. Beispielsweise ist die Bundesversammlung neben legislativen Tätigkeiten auch mit Einzelakten befasst, z.B. in der Form von Bundesbeschlüssen aufgrund eines Bundesgesetzes, Art. 173 lit. h, Art. 163 Abs. 2 BV, oder mit Entscheidungen über die Gültigkeit zustande gekommener Volksinitiativen, Art. 173 lit. f BV. Sie spricht Begnadigungen aus, Art. 173 lit. k BV. Der Bundesrat kann bei einer entsprechenden Ermächtigung durch Gesetz oder Verfassung durch Verordnungen rechtsetzend tätig werden, Art. 182 Abs. 1 BV. Das Bundesgericht ist mit seiner Selbstverwaltung betraut, Art. 188 Abs. 3 BV.

In Deutschland ist beispielsweise der Bundestag zur erstinstanzlichen Wahlprüfung, Art. 41 Abs. 1 GG, bei Möglichkeit einer Beschwerde an das BVerfG berufen. Die Bundesregierung kann zum Erlass von Rechtsverordnungen durch Verfassung oder Gesetz ermächtigt werden, Art. 80 Abs. 1 Satz 1 GG. Der Bundespräsident hat ein Gnadenrecht, Art. 60 Abs. 2 GG. Gewisse Entscheidungen des BVerfG besitzen Gesetzeskraft, Art. 94 Abs. 2 S. 1 GG, § 31 Abs. 2 BVerfGG.

Der Sinn solcher Regelungen ist an den Zielen der Gewaltenteilung zu messen, die bereits genannt wurden und die letztlich in kontrollierter, effizienter und rationaler Machtausübung und der Bewahrung menschlicher Autonomie bestehen.

Die Gewaltenteilungslehre steht vor wichtigen Herausforderungen. Herausgehoben zu werden verdient erstens das Problem der Erosion der intendierten Gewaltenteilung, z.B. indem in parlamentarischen Regierungssystemen die Kontrolle der Regierung durch das Parlament vereitelt wird, weil parteipolitische Allianzen zwischen Parlamentariern und Regierung diese Kontrollfunktion aushebeln. Ein weiteres Problem sind Entscheidungsträger wie unabhängige Notenbanken, die sich nicht ohne Weiteres in das Gewaltenteilungsschema klassischer Form einfügen lassen, oder Machtträger sozi-

---

171 Vgl. EuGH, Rs. C-21/94, Slg. 1995, I-1827, Rn. 17 (Parlament/Rat).
172 Vgl. z.B. *J. S. Martinez*, Horizontal Structuring, in: M. Rosenfeld/A. Sajó (eds.), The Oxford Handbook of Comparative Constitutional Law, 2012, S. 547 ff.

al-informaler Natur wie Parteien und Verbände oder – mit oftmals entscheidender gesellschaftlicher Macht – Medien.

X. Inhalte des Rechts

1. Vielfalt und Rechtsprinzipien

272 Moderne Rechtssysteme werden gewöhnlich und einer langen Tradition folgend in öffentliches Recht, Privatrecht und Strafrecht aufgeteilt. Diese Rechtsgebiete sind durch positives Recht geprägt. Dieses Recht ist von großer Komplexität. Die Differenzierung ist so groß, dass es keine juristischen Experten und Expertinnen gibt, die alle Rechtsgebiete beherrschen würden.

273 Dieses positive Recht regelt viele technische Details und ist durch – manchmal grundlegenden – Wandel geprägt. Rechtsvergleichend sind viele Unterschiede zwischen Rechtssystemen auszumachen – im Folgenden wird gerade der durchgehend gemachte Vergleich der Rechtsordnungen Deutschlands und der Schweiz interessante Unterschiede illustrieren.

274 Moderne Rechtsordnungen verbindet aber – bei allen Unterschieden – mancher Grundzug und viele Grundwertungen auch in den einzelnen Rechtsgebieten. Das hängt mit der Geschichte des Rechts zusammen, die durch vereinheitlichende Traditionen und Kulturen geprägt ist. In der Gegenwart ist der verfassungsrechtliche Rahmen des Rechts bedeutsam, der in mancher Hinsicht, gerade in Bezug auf Grundrechte, ähnliche Vorgaben macht. Auch Einflüsse transnationaler Rechtsordnungen spielen hier eine wichtige Rolle, die zuweilen auf Rechtsvereinheitlichung angelegt sind. Neben diesen Faktoren ist aber noch eine weitere Beobachtung von Bedeutung. Man kann in manchen grundlegenden Gehalten des Rechts eine überraschende Übereinstimmung und Konvergenz feststellen. Es ist eine Behauptung, die an der Oberfläche des Rechts verbleibt, nur auf die (offensichtlich vorhandenen) Unterschiede von Rechtsordnungen hinzuweisen. Die eigentlich interessante Frage lautet auch für die weite Welt des positiven, einfachen Rechts: Woher stammen die Gemeinsamkeiten? Warum scheinen bestimmte Grundideen des Rechts universale Bedeutung zu haben? Diese Frage stellt sich also für diese Rechtsgebiete ebenso wie bei den Grundbegriffen von Rechtsstaat, Verfassung, Grundrechten oder Demokratie. Beantworten kann man sie nur, wenn man etwas tiefer über die Grundlagen von Recht und die Eigenart rechtlicher Erkenntnisbemühungen nachgedacht hat.[173]

2. Die Materien des Rechts

a) Öffentliches Recht

275 Öffentliches Recht regelt die Aufgaben und Organisation des Staates und seiner Gliederungen sowie das Handeln der Staatsorgane und anderer Träger hoheitlicher Gewalt. Es organisiert und institutionalisiert die Ausübung von hoheitlicher Gewalt.

276 Organe der Schweizerischen Eidgenossenschaft sind beispielsweise ihre Bundesbehörden, Art. 143 ff. BV. Die Bundesversammlung übt unter Vorbehalt der Rechte von Volk und Ständen die oberste Gewalt im Bund aus, Art. 148 Abs. 1 BV. Sie besteht aus zwei Kammern, dem Nationalrat und dem Ständerat. Beide Kammern sind einander gleichgestellt, Art. 148 Abs. 2 BV. Die Bundesversammlung bildet die parlamentarische Le-

---

[173] Vgl. *M. Mahlmann*, Rechtsphilosophie und Rechtstheorie, § 37 und 39.

X. Inhalte des Rechts

gislative, Art. 163 Abs. 1 BV, und fasst Bundesbeschlüsse, Art. 163 Abs. 2 BV. Sie wählt die Mitglieder des Bundesrates, Art. 175 Abs. 2 BV, und die Bundespräsidentin oder den Bundespräsidenten sowie den Vizepräsidenten oder die Vizepräsidentin aus den Mitgliedern des Bundesrates auf die Dauer eines Jahres, Art. 176 Abs. 2 BV, und besitzt weitere Aufgaben und Befugnisse, Art. 173 BV. Der Bundesrat bildet die Exekutive mit der Bundesverwaltung, die er leitet, Art. 178 Abs. 1 BV. Das Bundesgericht ist die oberste rechtsprechende Behörde des Bundes, Art. 188 Abs. 1 BV, neben die weitere richterliche Behörden des Bundes treten, Art. 191*a* BV.

Entsprechende Organstrukturen bestehen auf kantonaler Ebene in föderaler Vielfalt. 277

Die Organe der Bundesrepublik Deutschland sind der Bundestag, Art. 38 ff. GG, und der Bundesrat, Art. 50 ff. GG, sowie als Notparlament der Gemeinsame Ausschuss, Art. 53a GG. Diese Organe nehmen legislative Funktionen war, sind aber auch mit weiteren Aufgaben betraut. Der Bundestag hat etwa Kreationsbefugnisse bei der Schaffung der Bundesregierung: Er wählt den Bundeskanzler, Art. 63 GG, der die Mitglieder der Bundesregierung dem Bundespräsidenten zur Ernennung vorschlägt. Die Bundesversammlung wählt den Bundespräsidenten, Art. 54 ff. GG, der die Gesetze ausfertigt, Art. 82 Abs. 1 GG, den Bund völkerrechtlich vertritt, Art. 59 Abs. 1 GG, und die Bundesrichter, Bundesbeamten, Offiziere und Unteroffiziere ernennt, Art. 60 Abs. 1 GG, sowie ein Begnadigungsrecht ausübt, Art. 60 Abs. 2 GG. Die Bundesregierung, Art. 62 ff. GG, mit dem Bundeskanzler an der Spitze, Art. 63 Abs. 1, Art. 65 GG, bildet die Exekutive. Das Bundesverfassungsgericht übt die Verfassungsgerichtsbarkeit aus, Art. 92 ff. GG. Die rechtsprechende Gewalt wird im Übrigen durch die Bundesgerichte wahrgenommen, Art. 92 GG. Auf Länderebene gibt es entsprechende Organstrukturen. 278

Das öffentliche Recht bestimmt durch Grundrechte die Rechtsstellung der Bürgerinnen und Bürger gegenüber der hoheitlichen Gewalt. Durch die Grundrechte wirkt es auch auf die Rechtsbeziehungen der Bürgerinnen und Bürger zueinander ein (z.B. mittels staatlicher Schutzpflichten, indirekter oder mittelbarer Drittwirkung). Das Verfassungsrecht strukturiert die Organisation, Ausübung und Begrenzung der Staatsgewalt, die demokratische Willensbildung und begründet die Grundrechtsordnung, wie ausgeführt wurde (vgl. o. § 6 V). 279

Im Allgemeinen Verwaltungsrecht werden die Grundformen des Handelns der Verwaltung (z.B. Verfügung oder Verwaltungsakt) und die Prinzipien, Begriffe, Regelungen sowie Institute beschrieben, die für alle Bereiche der Verwaltungstätigkeit ausschlaggebend sind. Im Besonderen Verwaltungsrecht geht es um Spezialmaterien wie das Wirtschaftsverwaltungs-, Sozial-, Schul-, Umwelt-, Aufenthalts- oder Asylrecht. Durch das Besondere Verwaltungsrecht wird normativ vorgegeben, wie die Verwaltung Lebensbereiche einer Gesellschaft konkret zu gestalten hat. Diese Materien betreffen häufig für Individuen besonders wichtige Rechtsverhältnisse – vom Zugang zum Bildungssystem bis zum Aufenthaltsstatus. Grundrechte spielen dabei eine zentrale Rolle, die das Verwaltungsrecht deshalb in vielfältiger Weise prägen. 280

b) Privatrecht

Das Privatrecht – auch Zivilrecht genannt – regelt die Rechtsbeziehungen der Bürgerinnen und Bürger untereinander. Auch zum Privatrecht gehören verschiedene Unterbereiche. Ein grundlegender Begriff wie die Rechtsfähigkeit wurde bereits erläutert. Die Geschäftsfähigkeit, §§ 104 ff. BGB, oder Handlungsfähigkeit, Art. 12 ff. ZGB, be- 281 trifft die Fähigkeit, selbst Rechtsgeschäfte vornehmen zu können bzw. Rechte oder Pflichten zu begründen. Geschäftsfähigkeit tritt im Grundsatz mit Volljährigkeit ein, Art. 14 ZGB, § 2 BGB, und ist vorher beschränkt möglich, Art. 19 ZGB, § 106 BGB.

282 Ein wichtiger Teil des Privatrechts befasst sich mit juristischen Personen, die bereits angesprochen wurden (vgl. o. § 5 III.2). Auch andere Grundbegriffe wie Rechtsgeschäft, Rechtsverhältnis und Willenserklärung oder -äußerung wurden erwähnt (vgl. o. § 5 III.3). Die Rechtswirkungen des Handelns von Dritten für einen Anderen im Rahmen von Rechtsgeschäften werden im Recht der Stellvertretung geregelt, Art. 32 ff. OR, §§ 164 ff. BGB.

283 Das Vertragsrecht regelt das Entstehen und die Beendigung von Verträgen sowie die Rechte und Pflichten, die aus ihnen erwachsen. Das Vertragsrecht ist ein Herzstück jeder Rechtsordnung. Es schafft die Möglichkeit für die Menschen, die eigenen Rechtsverhältnisse selbstbestimmt zu gestalten, indem sie selbst in wichtigen Lebensverhältnissen darüber entscheiden, welche Rechte und Pflichten bestehen. Damit wird das Prinzip der Privatautonomie mit Leben erfüllt. Dieses Prinzip ist ein Teil grundrechtlich geschützter Freiheit. Es drückt die Wertung einer Rechtsordnung aus, dass die einzelnen Personen selbst in der Lage sind und begründeterweise auch den Anspruch erheben können, zu bestimmen, welche Ansprüche sie gegenüber anderen haben und welche Verpflichtungen sie eingehen, welche Leistungen sie unter welchen Bedingungen zu erbringen bereit sind und welche Gegenleistungen sie dafür fordern. Diese Weichenstellungen bilden eine wichtige, auch politisch bedeutsame normative Ermächtigung von Individuen und eine Absage an ihre Bevormundung. Der Staat verzichtet darauf, die Rechte und Pflichten selbst umfassend zu regeln und überlässt es den Individuen, dies zu tun.

284 Wie der Blick auf verschiedene Rechtstraditionen und ihre Geschichte zeigen wird, ist es gerade im religiösen Rahmen keineswegs selbstverständlich, dass diese Freiheit besteht. Religiöses Recht beansprucht manchmal, menschliches Leben sehr umfassend zu regeln und die Freiheit der Selbstbestimmung in bedeutsamen Hinsichten unveränderbar zu begrenzen, die in anderen Rechtsordnungen privatautonomer Gestaltung unterliegen.

285 Die Privatautonomie ist unstreitig ein Ausdruck von wichtigen Grundrechtspositionen. Das Privatrecht ist mit der Aufgabe konfrontiert, ein System wirklicher Selbstbestimmung auch tatsächlich zu verwirklichen. Dazu müssen rechtliche Reaktionen gefunden werden, wenn Rechtsgeschäfte und insbesondere Verträge eben nicht auf echter Selbstbestimmung, sondern auf Willensmängeln beruhen, beispielsweise hervorgerufen durch Irrtum, Drohung oder Ausbeutung einer Notlage, Unerfahrenheit oder Leichtsinn, Art. 21, 23 ff. OR, §§ 119, 121 f., 138 BGB. Solchen Verträgen wird die Verbindlichkeit durch das Recht versagt.

286 Weiter müssen Regelungen geschaffen werden, die einen typisierten, gerechten Interessenausgleich ermöglichen, z.B. wie mit einer mangelhaften Kaufsache umgegangen werden soll, wenn die berechtigten und im konkreten Fall möglicherweise widerstreitenden Interessen zu einem Ausgleich gebracht werden sollen. Dies geschieht dann z.B. durch entsprechende Regelungen im Kaufrecht, Art. 197 ff. OR, §§ 434 ff. BGB. Solche Regelungen des typisierten Interessenausgleichs können dispositiv sein, aber auch als zwingend von der Rechtsetzung ausgezeichnet werden (s. o. § 5 III.4).

X. Inhalte des Rechts

Die normative Ermöglichung, aber auch die Begrenzung der Möglichkeit privatautonomen Handelns im Privatrecht steht seit jeher vor der Aufgabe, auf faktische Machtgefälle in der Gesellschaft zu reagieren, nicht nur, aber gerade auch um der Erhaltung der Privatautonomie selbst willen, wie bereits angemerkt wurde. Entsprechende Schutzregelungen, z.B. im Arbeitsrecht, sind deswegen ein wichtiger Teil privatrechtlicher Verwirklichung der Privatautonomie und ihr nicht entgegengesetzt.

287

Allgemeine Regelungen des Schuld- oder Obligationenrechts betreffen Rechtsfragen, die sich für alle Schuldverhältnisse stellen, Art. 1 ff. OR, §§ 241 ff. BGB. Dazu gehört das Entstehen und Erlöschen von Schuldverhältnissen (Art. 1–17, 114–126 OR, §§ 311–311c, 362–397 BGB), die Bestimmung der Auslegung von Verträgen (Art. 18 OR, § 157 BGB), der Leistungsort (Art. 74 OR, § 269 BGB), die Art der Leistung (Art. 68–73 OR, §§ 242–248 BGB), die Verantwortung für Dritte, die bei der Erfüllung des Vertrags mitwirken (Art. 101 OR, § 278 BGB), der Forderungsübergang (Art. 164–174 OR, §§ 398–413 BGB), der Umgang mit einer Mehrheit von Schuldnern und Gläubigern oder ihr Wechsel (Art. 143–150 OR, §§ 420–432 BGB) sowie der Einbezug von Dritten (Art. 110–113 OR, §§ 267 f., 317–319, 328–335 BGB). Auch Fragen des Ersatzes von Schäden, die im Rahmen einer Vertragsbeziehung entstanden sind, werden geregelt (Art. 99 f. OR, §§ 280–285 BGB). Leistungsstörungen aufgrund von Unmöglichkeit der Erfüllung der Verpflichtungen (Art. 97 OR, §§ 265, 275 BGB i.V.m. 280, 283–285, 311a, 326 BGB) oder der Verspätung bei ihrer Erfüllung (Verzug, Art. 91–95, 102–109 OR, §§ 286–304 BGB) bilden einen weiteren wichtigen Regelungsbereich. Auch die zeitliche Begrenzung der Durchsetzbarkeit von Ansprüchen durch Regelungen der Verjährung gehört in diesen Sachzusammenhang (Art. 127–142 OR, §§ 194–218 BGB). Schließlich werden auch die Privatautonomie einschränkende materiale Grundsätze festgelegt, insbesondere durch die Bindung an die traditionellen, vielleicht auf manche heute altertümlich wirkenden Begriffe der guten Sitten und von Treu und Glauben, Art. 2 Abs. 1 ZGB, Art. 19 Abs. 2 OR, § 242 BGB, die materiale normative Mindeststandards der Rechtsgeschäftsgestaltung bezeichnen, heute insbesondere durch Grundrechte konkretisiert, die allerdings selbst viele Auslegungsfragen aufwerfen, die rechtsethische Orientierung verlangen (vgl. o. § 6 VII).

288

Das Vertragsrecht sieht Regelungen für bestimmte, in der Praxis ständig verwendete Vertragstypen voraus. Es können aber auch neue entwickelt werden, die zuweilen ihren Weg ins Gesetz finden. Zu diesen Vertragstypen gehören etwa Kauf (Art. 184–236 OR, §§ 433–479 BGB), Schenkung (Art. 239–252 OR, §§ 516–534 BGB), Miete (Art. 253–273c OR, §§ 535–580a BGB), Pacht (Art. 275–304 OR, §§ 581–597 BGB), Leihe (Art. 305–311 OR, §§ 598–606 BGB) oder Darlehen (Art. 312–318 OR, §§ 488–505d, 607–609 BGB), Dienst- oder Arbeitsvertrag (Art. 319–362 OR, §§ 611–630 BGB), Werkvertrag (Art. 363–379 OR, §§ 631–650o BGB) oder Auftrag (Art. 394–418v OR, §§ 662–674 BGB). Einen Spezialfall bildet die Geschäftsführung ohne Auftrag (Art. 419–424 OR, §§ 677–687 BGB).

289

Das Deliktsrecht oder außervertragliche Haftungsrecht bestimmt die Voraussetzungen für Schadensersatzansprüche für Schädigungen an Rechtsgütern, die nicht aus Verträgen erwachsen, Art. 41 ff. OR, §§ 823 ff. BGB. Dem Deliktsrecht liegt ein weiteres Grundprinzip von Rechtsordnungen zu Grunde: Aufgrund ihrer Privatautonomie können Menschen über viele Rechte und Pflichten, die sie betreffen, selbst bestimmen, nicht aber über alle Verpflichtungen, die sie treffen. Eine solche unabdingbare Verpflichtung betrifft den Ersatz von schuldhaft verursachten Schäden. Damit wird keine

290

Bestrafung, sondern Schadensausgleich angestrebt, wenn auch in anderen Rechtsordnungen eine Straffunktion zu diesem Rechtsgebiet gehört.[174] Im modernen Recht spielt die Gefährdungshaftung eine wichtige Rolle: Dahinter steht der Gedanke, dass derjenige, der eine Gefahr und damit ein Risiko einer Schadensverwirklichung schafft, auch im Schadensfall zu haften hat und nicht derjenige, der geschädigt wird, den Schaden zu tragen hat. Ein Beispiel dafür ist die Gefährdungshaftung von Fahrzeughaltern, Art. 58 Abs. 1 SVG, § 7 Abs. 1 StVG.

291 Das Bereicherungsrecht richtet sich auf den Ausgleich rechtsgrundloser Verschiebung von Vermögenswerten, Art. 62 ff. OR, §§ 812 ff. BGB. Dies kann z.b. der Fall sein, wenn jemand irrtümlich eine Schuld erfüllt, die nicht (mehr) besteht.

292 Das Sachenrecht regelt die Rechtsverhältnisse in Bezug auf Sachen. Dazu gehören Regelungen zur tatsächlichen Sachherrschaft, des Besitzes, und ihres Schutzes. Die privatrechtliche Regelung des Eigentumsrechts bildet den Kern des Sachenrechts, Art. 641 ff. ZGB, §§ 903 ff. BGB. Mit dem Eigentum wird eine Herrschafts- und Verfügungsgewalt über Sachen und andere eigentumsfähige Gegenstände geschaffen. Das Eigentum ist neben dem Vertragsrecht ein wesentlicher Grundpfeiler des Privatrechts. Es ist für die Wirtschafts- und Sozialordnung ebenso wie die Vertragsfreiheit konstitutiv. Entsprechend bewegt ist die Geschichte der Eigentumskonzeptionen und -begründungen. Die vielleicht zentrale Frage lautet dabei, welche Belange anderer oder des Gemeinwesens rechtfertigen können, diese Herrschafts- und Verfügungsgewalt vom Nachbarrecht bis zum Denkmalsschutzrecht einzuschränken und bei Enteignung auch endgültig zu entziehen sowie unter welchen Bedingungen dies geschehen kann.

293 Unter modernen Grundrechtsordnungen ist die grundrechtliche Eigentumsgarantie von großer Bedeutung, um den Gehalt von Eigentumsrechten genau zu bestimmen und diese Frage zu beantworten. In vielen Grundrechtsordnungen, und so auch in Deutschland und der Schweiz, bildet die Eigentumsgarantie in der Auslegung der Gerichte ein vielschichtiges Grundrecht, in dem Individual- und Gemeinwohlinteressen in einen verhältnismäßigen Ausgleich gebracht werden sollen, Art. 26 BV, Art. 14 GG. Dabei stellen sich zentrale Fragen der Gerechtigkeit und Legitimität der Macht- und Wohlstandsverteilung innerhalb einer Gesellschaft.

294 In Deutschland ebenso wie in der Schweiz wird zwischen Verpflichtungs- und Verfügungsgeschäft unterschieden. Verpflichtungsgeschäfte schaffen schuldrechtliche Verpflichtungen, Verfügungsgeschäfte übertragen oder ändern Rechte oder heben sie unmittelbar auf. Einem Eigentumsübergang liegen deshalb zwei Rechtsgeschäfte zu Grunde: Ein Vertrag, z.B. ein Kaufvertrag, und ein Rechtsgeschäft, das sich auf den Eigentumsübergang bezieht. In Deutschland gilt dabei das Abstraktionsprinzip: Das Verfügungsgeschäft ist gültig, auch wenn das Verpflichtungsgeschäft unwirksam ist. In der Schweiz gilt vielmehr das Kausalitätsprinzip: Das Verpflichtungsgeschäft ist der Grund für das Verfügungsgeschäft. Ist deshalb das Verpflichtungsgeschäft unwirksam, gilt dies auch für das Verfügungsgeschäft und ein Eigentumsübergang findet nicht statt. Dies ist ein Beispiel für feine Unterschiede in der Konstruktion einer Rechtsordnung, die praktisch allerdings nur geringe Auswirkungen haben: Der Kauf eines Computers in der Schweiz läuft nicht anders als in Deutschland ab.

---

[174] Vgl. z.B. die Rolle von *punitive damages* im US-amerikanischen *tort law*.

Das Sachenrecht regelt auch beschränkte dingliche Rechte, die bestimmte Verwendungsmöglichkeiten des Eigentums für den Rechtsinhaber, der nicht Eigentümer ist, eröffnen, insbesondere Nutzungs-, Sicherungs- und Verwertungsrechte.

Das Familienrecht regelt die Rechtsverhältnisse, die innerhalb einer Familie bestehen, etwa von Ehepartnern zueinander oder der Kinder zu ihren Eltern, Art. 90 ff. ZGB, §§ 1297 ff. BGB. In der Gegenwart ist das Familienrecht manchen Veränderungen ausgesetzt, die ein gutes Beispiel für die Bindung von Recht an gesellschaftliche Entwicklungen, hier an die Entwicklung neuer Vorstellungen zur normativ richtigen Gestaltung der Familienbeziehungen, bilden.

Das Erbrecht bestimmt die rechtlichen Grundlagen des Übergangs von Vermögenswerten eines Erblassers auf andere Personen, Art. 457 ff. ZGB, §§ 1922 ff. BGB. Wesentliche Prinzipien sind die Grundsätze der Testierfreiheit, der Universalsukzession und der Familienerbfolge. Die Testierfreiheit ermöglicht es dem Erblasser, in den Grenzen der gesetzlichen Regelungen selbst über das Erbe nach seinem Tod zu bestimmen. Die Universalsukzession lässt die Erben kraft Gesetzes die Erbschaft im Ganzen, d.h. alle Rechte und Verpflichtungen, erwerben. Die Familienerbfolge räumt Familienmitgliedern eine herausgehobene Stellung in der Erbfolge ein, die auch die Testierfreiheit nur begrenzt beschränken kann. Das Erbrecht ist neben seiner Rolle für Erblasser und Erben auch eine für die Vermögensverteilung in einer Gesellschaft wichtige Materie. Die Verteilungseffekte bestimmter Regelungen und die Frage ihrer Gerechtigkeit werden deshalb immer wieder intensiv diskutiert.

Das Arbeitsrecht befasst sich mit dem Recht der Arbeitsverhältnisse. Das Gesellschaftsrecht umfasst die Normen, die das Recht der Personenvereinigungen regeln. Das Handelsrecht erfasst Handelsbeziehungen. Das Immaterialgüterrecht behandelt Schutzrechte, wie etwa Patente oder Urheberrechte, an nicht verkörperten Gütern, wie z.B. technischen Erfindungen oder Werken. Im Immaterialgüterrecht werden für die Gesellschaft wichtige Rechtspositionen bestimmt, die die Verfügungsgewalt über für die Allgemeinheit z.T. entscheidende Güter umgrenzen, z.B. bei der Herstellung von Arzneimitteln. Es gibt Beispiele von Staaten, die wie Brasilien und Südafrika gegen derartige Rechte handelten oder es zumindest androhten, um etwa im Rahmen der Aidsbekämpfung Zugang zu Medikamenten zu erhalten, die für bestimmte Bevölkerungsgruppen ansonsten unerschwinglich gewesen wären.[175] Das Wertpapierrecht als letztes Beispiel von Unterbereichen des Privatrechts umfasst schließlich das Recht von Wertpapieren wie z.B. Aktien.

c) Strafrecht

Das Strafrecht regelt die Bedingungen für die Verhängung von Strafsanktionen. In Deutschland und der Schweiz wird es wie andere Rechtsgebiete in einen Allgemeinen und einen Besonderen Teil unterteilt, was in anderen Strafrechtssystemen nicht der Fall ist. Im Allgemeinen Teil des Strafrechts werden die grundlegenden Bedingungen der Strafbarkeit entwickelt. Grundlage der Strafbarkeit ist die Verwirklichung des vor Tatbegehung gesetzlich geregelten Tatbestandes einer strafrechtlichen Norm durch ein zurechenbares Handeln einer Person. Dass der Tatbestand vor Tatbegehung gesetzlich bestimmt ist (*nullum crimen sine lege*), gehört zu den Grundbestimmungen der Rechts-

---

[175] In den beiden genannten Ländern wurden 1996 resp. 1997 entsprechende Gesetze erlassen, die in der Folge den Mittelpunkt von rechtlichen Auseinandersetzungen bildeten.

staatlichkeit, in Deutschland wie in der Schweiz ein verfassungsrechtliches Prinzip, in Deutschland ausdrücklich in Art. 103 Abs. 2 GG, in der Schweiz durch Auslegung gewonnen und in Art. 1 StGB-CH verankert. Mit den Anforderungen der Bestimmtheit und des Verbots der Rückwirkung wird die Autonomie von Menschen geschützt: Voraussetzung der Selbstbestimmung ist, dass man die Folgen seiner Handlungen kennt, zu denen strafrechtliche Sanktionen gehören können.

300   Modernes Strafrecht ist Tatstrafrecht, kein Täterstrafrecht: Strafrecht richtet sich auf die Sanktionierung von Handlungen, nicht von Gesamtcharakteren von Menschen oder Tätertypen wie im Strafrecht des Nationalsozialismus. Das ist ein wesentliches Element. Das Unwerturteil wird begrenzt auf eine Handlung, die rechtlichen Ansprüche richten sich nicht auf ein bestimmtes Personsein insgesamt, wodurch Freiheitsräume erweitert werden.

301   Eine Handlung kann nicht bestraft werden, wenn der Handelnde keine Schuld trägt, d.h., wenn ihm als Individuum der Vollzug der Handlung nicht vorgeworfen werden kann. Das Schuldprinzip macht die Verantwortlichkeit für eine Handlung zur wichtigsten Bedingung ihrer Strafbarkeit. Es ist ein höchst voraussetzungsreiches Prinzip und Ausdruck eines bestimmten Begriffs des Menschen: Bedingung seiner Begründbarkeit ist, dass Menschen tatsächlich Urheber ihres Handelns sind, sie selbstbestimmt handeln können – mithin einer der umstrittensten Begriffe der Selbstreflexion der Menschen, ihre Willensfreiheit. Ob eine solche Freiheit tatsächlich besteht, menschliches Handeln nicht vielmehr wie andere Ereignisse in der Welt kausal vorherbestimmt ist, wird in der Geschichte immer wieder bezweifelt, heute insbesondere im Rahmen der Neurowissenschaften. Die besseren, gerade auch wissenschaftstheoretisch informierten Gründe sprechen aber für die Annahme der Willensfreiheit der Menschen.[176] Dieser Sachverhalt ist ein wichtiges Beispiel dafür, dass Recht anthropologisch nicht neutral ist. Es setzt bestimmte Annahmen zum Menschsein voraus, etwa die Fähigkeit, Urheber des eigenen Handelns und deswegen verantwortlich zu sein. Das Schuldprinzip richtet das Strafrecht auf die Menschenwürde aus: Menschen werden als Subjekte nur ernst genommen, wenn eine Sanktion an eine Handlung gebunden bleibt, deren Urheber sie sind. Andernfalls werden sie zu Objekten der Staatsgewalt.

302   Voraussetzung der Strafbarkeit ist die Tatbestandsverwirklichung, die Rechtswidrigkeit und die Schuld. Die Tatbestandsverwirklichung betrifft die Übereinstimmung einer Handlung mit den gesetzlichen Voraussetzungen der Strafbarkeit. Die Handlung muss kausal für die Verwirklichung des Tatbestandes gewesen und dem Handelnden zurechenbar sein. Letzteres ist etwa bei einem Reflex, der einen anderen verletzt, nicht der Fall. Eine Tat kann durch aktives Tun (das Aufbrechen der Tür), aber auch durch Unterlassen (Verhungernlassen eines Kindes) begangen werden, Art. 11 StGB-CH, § 13 StGB-D. Im letzteren Fall ist eine spezifische Verantwortungsposition notwendig, die Garantenstellung, z.B. des Vaters gegenüber seinem Kind.

303   Objektive Tatbestandsmerkmale betreffen Merkmale der Handlung, subjektive die innere Haltung des Handelnden zur Tat. Dabei wird ein Wissens- von einem Willenselement und ihre verschiedenen Ausprägungen unterschieden. Regelmäßig setzen Straftatbestände Vorsatz, d.h. Wissen und Willen bzw. Wollen der Tatbestandsverwirklichung, voraus, Art. 12 Abs. 1 StGB-CH, § 15 StGB-D. Wird der Erfolg der Handlung für

---

[176] Vgl. dazu M. *Mahlmann*, Rechtsphilosophie und Rechtstheorie, § 33, dort auch zur in der Gegenwart häufig vertretenen These, man könne strafrechtliche Sanktionen auch begründen, wenn man die menschliche Willensfreiheit verneint.

möglich oder sogar gewiss gehalten und angestrebt, handelt es sich um eine Absicht (*dolus directus* ersten Grades). Wird er für sicher gehalten, aber nicht angestrebt, sondern nur in Kauf genommen, handelt der Täter mit Wissen (*dolus directus* zweiten Grades). Wird der Erfolg nur für möglich gehalten und billigend in Kauf genommen, liegt bedingter oder Eventualvorsatz vor. Grobe oder einfache Fahrlässigkeit liegt bei einer vorwerfbaren Sorgfaltspflichtsverletzung vor, legal definiert in Art. 12 Abs. 3 StGB-CH.

Personen können als Täter oder als Teilnehmer handeln, Letzteres wenn sie Beihilfe leisten oder zur Tat anstiften, Art. 24 f. StGB-CH, §§ 25–27 StGB-D. Die Tat kann vollendet sein, d.h. den Tatbestand verwirklichen, oder ein Versuch bleiben, der ebenfalls strafbar sein kann, Art. 22 StGB-CH, §§ 22 f. StGB-D. 304

Die Rechtswidrigkeit einer Tat drückt aus, dass nach den Wertungen der Rechtsordnung eine Handlung Unrecht bildet. Dies ist regelmäßig der Fall, wenn ein gesetzlich bestimmter Tatbestand verwirklicht wurde. In bestimmten Fällen kann eine derartige Handlung aber auch den Prinzipien der Rechtsordnung entsprechen, weil bestimmte normative Gesichtspunkte für ihre Erlaubtheit sprechen. Die Rechtswidrigkeit kann durch Rechtfertigungsgründe ausgeschlossen werden. Die Notwehr etwa rechtfertigt bei Angriffen Rechtsgutsverletzungen beim Angreifer, Art. 15 StGB-CH, § 32 StGB-D. Der rechtfertigende Notstand erlaubt sonstige Rechtsgutsverletzungen, wenn eine Abwägung ergibt, dass diesen ein höheres Gewicht zukommt, Art. 17 StGB-CH, § 34 StGB-D. Weitere Gründe, z.B. die Einwilligung des Rechtsgutsträgers in eine Verletzung, z.B. durch Beginn eines gemeinsamen Fußballspiels in übliche Verletzungen, können ein sonst rechtswidriges Handeln rechtfertigen. Sowohl im deutschen als auch im schweizerischen Recht wird angenommen, dass Leben gegen Leben nicht abgewogen werden kann, die Rettung mehrerer also nicht die Tötung eines Menschen rechtfertigt, wenn es auch keine ausdrückliche Regelung dazu gibt. Damit wird ein grundlegendes (und umstrittenes) ethisches Prinzip durch Auslegung im Strafrecht inkorporiert. 305

Die Schuld drückt die individuelle Vorwerfbarkeit aus. Sie kann durch Entschuldigungsgründe entfallen, wie dem entschuldigenden Notstand, Art. 18 StGB-CH, § 35 StGB-D, der in Deutschland enger gefasst ist als in der Schweiz und sich nur auf die Rechtsgüter Leben, Leib oder Freiheit des Handelnden, seiner Angehörigen oder anderen ihm nahestehenden Personen, in der Schweiz auf eigene Rechtsgüter oder Rechtsgüter einer anderen Person allgemein bezieht. Das ist ein interessantes Beispiel für unterschiedliche Feinjustierungen geteilter Rechtsprinzipien in verschiedenen Rechtssystemen. Klassisches Beispiel ist ein moralisches Dilemma der antiken Philosophie, das Brett des *Karneades* (214/213–129/128 v. Chr.): Ist es erlaubt, dass ein Schiffbrüchiger einen anderen von einem Brett stößt, das nur einen tragen kann? Ein berühmter Fall illustriert das Problem in der Realität: Darf ein Schiffbrüchiger, der das Bewusstsein verloren hat, von anderen Schiffbrüchigen zur Rettung des eigenen Lebens verspeist werden?[177] Beim entschuldigenden Notstand kann ein Handeln, das bezweckt, das eigene Leben oder das Leben anderer (in Deutschland nahestehender) Personen zu retten, auch die Tötung eines Anderen erlauben. Die Tat bleibt rechtswidrig, der Täter handelt aber ohne Schuld, weil angenommen wird, dass man einem Menschen nicht zumuten kann, anders zu handeln. 306

---

177 Vgl. R v. Dudley and Stephens (1884) 14 QBD 273 DC.

307 Auch die Frage, wie mit Irrtümern umgegangen werden soll, wird im Allgemeinen Teil des Strafrechts behandelt. Dabei sind Irrtümer über Tatsachen von Irrtümern über rechtliche Gebote, Verbote oder Erlaubnisse zu unterscheiden. Wer am Strand ein Handtuch einsteckt, weil er meint, es sei sein eigenes, macht sich nicht wegen Diebstahl strafbar. Es liegt ein Tatbestandsirrtum vor, Art. 13 StGB-CH, § 16 StGB-D. Wer meint, ein tatsächlich verbotenes Handeln sei erlaubt, begeht einen Verbotsirrtum, der die Tat entschuldigen kann, Art. 21 StGB-CH, § 17 StGB-D. Auch über das Vorliegen von Umständen, die eine Rechtfertigung oder Entschuldigung begründen würden, kann man sich irren. Ersteres ist z.B. der Fall, wenn man einen Angriff annimmt, der gar nicht gegeben ist, und sich dagegen wehrt.

308 Im Besonderen Teil des Strafrechts werden die einzelnen Straftatbestände geregelt, die die spezifischen Handlungen bestimmen, die in der Rechtsgemeinschaft als strafbares Unrecht angesehen und entsprechend sanktioniert werden. Strafrechtsnormen sind zudem in verschiedenen Gesetzen enthalten, mit denen sie in einem bestimmten Sachzusammenhang stehen. Das Strafrecht legt auch fest, welche Strafarten verhängt werden. Die Strafe soll bestimmten Strafzwecken dienen, die im Einzelnen umstritten sind. Generalprävention richtet sich auf die abschreckende Wirkung von Strafen gegenüber anderen, Spezialprävention soll den Täter von weiteren Straftaten abhalten, insbesondere durch Wiedereingliederung in die Gesellschaft. Ob auch Vergeltung ein legitimer Strafzweck ist, ist besonders umstritten. Andere erörterte Strafzwecke bilden der Ausdruck eines Unwerturteils über eine Handlung oder der Normschutz durch die Verteidigung der Rechtsordnung. Die Anwendbarkeit des Strafrechts kann sich territorial, etwa aus dem Ort der Tatbegehung, oder personal in Anknüpfung an Täter oder Opfer ergeben, wobei das Strafrecht auch dem Schutz des Staates selbst dienen kann, Art. 3 ff. StGB-CH, §§ 3 ff. StGB-D. Das Weltrechtsprinzip sieht die Verfolgung von bestimmten Taten vor, auch wenn kein Bezug zu einem bestimmten Staat besteht, z.B. bei Völkermord, aber auch anderen Delikten.

309 Strafrechtliche Systeme unterscheiden sich in vieler Hinsicht. Es gibt aber auch interessante Gemeinsamkeiten, etwa bei Fragen der Zurechnung, in Hinblick auf die Bedeutung des inneren Verhältnisses zur Tat, bei Rechtfertigungs- oder Entschuldigungsgründen oder zu Strafzwecken. Bemerkenswert ist auch, dass Grundkategorien der Verantwortlichkeit für bestimmte Handlungen keine neuen Entdeckungen bilden, sondern Universalien der Reflexion des Rechts seit der Antike und vermutlich darüber hinaus sind.[178]

d) Europa- und Völkerrecht, Internationales Privatrecht

310 Das Europarecht im weiteren Sinne erfasst alle Rechtsmaterien, die die europäischen Staaten und ihre spezifischen Institutionen betreffen. Europarecht wird manchmal auch in einem engeren Sinne verstanden und allein auf das Recht der EU bezogen (s. u. § 7 II, IV). Das Völkerrecht regelt schließlich die Rechtsbeziehungen der Staaten und anderer supra- und internationaler Rechtssubjekte untereinander, zu denen heute auch Personen gehören. Öffentliches Recht in einem weiteren Sinne umfasst das öffentliche Recht, das Strafrecht, das Europarecht und das Völkerrecht. Das internationale Privat-

---

178 Ein gutes Beispiel ist etwa die Zurechnungsanalyse von *Aristoteles*, Nikomachische Ethik, auf der Grundlage der Übersetzung v. E. Rolfes hrsg. v. G. Bien, 1985, 1109b ff.

recht als Kollisionsrecht bestimmt, welches Recht auf Fälle anwendbar ist, bei denen die Verbindlichkeit verschiedener Privatrechtssysteme möglich erscheint.

e) Abgrenzungen

Die Abgrenzung von öffentlichem Recht und Privatrecht bereitet häufig praktisch keine Schwierigkeiten, weil traditionell bestimmte Rechtsmaterien offensichtlich dem einen oder anderen Rechtskreis zugeordnet werden können. Zuweilen treten aber auch Probleme auf und in diesem Rahmen ist eine rege Diskussion entstanden, wie eigentlich öffentliches und privates Recht voneinander abgegrenzt werden könnten.

311

Die Unterscheidung ist wichtig für die Zuständigkeit für die Rechtsetzung, die Bestimmung anwendbarer Rechtsnormen oder den Rechtsschutz (etwa die Zuständigkeit von Gerichten). Bei der Rechtsetzung muss klar sein, welche Instanz zur Setzung von Recht befugt ist, und diese Kompetenz ist regelmäßig abhängig davon, ob es sich um Privatrecht oder öffentliches Recht handelt. Bei der Bestimmung anwendbarer Normen geht es im konkreten Fall darum, festzustellen, ob eine öffentlichrechtliche oder privatrechtliche Streitigkeit vorliegt. Der Rechtsschutz kann ebenfalls abhängig von dieser Unterscheidung sein, weil es differenzierte Gerichtsbarkeiten gibt – etwa die Verwaltungsgerichtsbarkeit, welche für öffentlichrechtliche, nicht aber privatrechtliche Streitigkeiten zuständig ist. Verschiedene Theorien werden zur Abgrenzung formuliert. In der Schweiz und in Deutschland wird etwa auf die durch die Regelung verfolgten Interessen (Interessentheorie),[179] die Funktion der Normen (Funktionstheorie) oder das Bestehen eines Über-/Unterordnungsverhältnisses (Subordinationstheorie), insbesondere in Deutschland auch auf die Zuordnungstheorie, wonach bei öffentlichem Recht Zuordnungssubjekt ein Träger hoheitlicher Gewalt ist und für diesen besondere Rechte und Pflichten begründet werden, abgestellt. Das Bundesgericht zieht die Kriterien heran, die den Gegebenheiten im Einzelfall am besten gerecht würden: „Es sind dafür verschiedene Theorien entwickelt worden, deren grundsätzliche Abgrenzungskriterien sich nicht ausschließen und die im Einzelfall herangezogen werden, soweit sie sich am besten zur Lösung der konkreten Fragestellung eignen. In Betracht fallen vornehmlich die auch Subjektionstheorie genannte Subordinationstheorie, welche das Gewicht auf die Gleich- oder Unterordnung der Beteiligten bzw. die Ausübung von hoheitlichem Zwang legt; daneben werden aber auch die Interessen- und Funktionstheorie herangezogen, die danach unterscheiden, ob private oder öffentliche Interessen verfolgt bzw. öffentliche Aufgaben erfüllt werden. Bei der Anwendung dieser theoretischen Kriterien ist dem Umstand Rechnung zu tragen, dass der Unterscheidung zwischen privatem und öffentlichem Recht ganz verschiedene Funktionen zukommen, je nach den Regelungsbedürfnissen und den Rechtsfolgen, die im Einzelfall in Frage stehen."[180] In Deutschland wird praktisch in ähnlicher, fallorientierter Weise verfahren.[181]

312

XI. Gerichtsbarkeit und das skeptische Projekt der Rechtsstaatlichkeit

Ein zentrales Element eines Rechtssystems ist die Existenz von neutralen Dritten, die Rechtsstreitigkeiten entscheiden. Dazu werden in entwickelten Rechtssystemen spezifische Institutionen gebildet, die Gerichte, in denen Spruchkörper die rechtlichen Ent-

313

---

179 Klassischer Bezugspunkt ist *Ulpian* in D. 1.1.1.2: „[P]ublicum ius est quod ad statum rei Romanae spectat, privatum quod ad singulorum utilitatem […]."
180 BGE 128 III 250 E. 2a, S. 253.
181 Vgl. *H. Maurer/C. Waldhoff*, Allgemeines Verwaltungsrecht, 20. Aufl., 2020, § 3 Rn. 14.

scheidungen treffen. Diese Spruchkörper können unterschiedlich zusammengesetzt werden in Bezug auf Anzahl der Richter und Richterinnen (Einzelrichter oder Kollegium) und ihre Qualifikation: Gerichte können aus juristisch geschulten Berufsrichtern oder Laienrichtern oder durch eine Mischung von beidem gebildet werden. Die Entscheidungen wirken zwischen den Parteien (*inter partes*), manchmal auch darüber hinaus. Die Entscheidungen des BVerfG binden etwa die Verfassungsorgane des Bundes und der Länder sowie alle Gerichte und Behörden, § 31 Abs. 1 BVerfGG. Die Rechtswirkung von Gerichtsurteilen bildet ihre Rechtskraft.

314 Es gibt aber auch andere Mechanismen der Streitbeilegung, etwa informale wie Vermittlung oder Mediation, aber auch gerichtsähnliche. Eine Schlichtung ist dann möglich, wenn die Parteien übereingekommen sind, eine Schlichtungsstelle einzurichten und sie über die Streitigkeit befinden zu lassen. Dabei werden Empfehlungen formuliert, ohne dass diese verbindlichen Charakter hätten. Sie schaffen aber einen gewissen Druck auf die Parteien, den Empfehlungen des Schlichters auch zu folgen und damit den Konflikt zu lösen. Ein Schiedsverfahren ist ein quasi-gerichtlicher Konfliktlösungsmechanismus, weil bindende Entscheidungen ergehen. Das Schiedsgericht oder die Schiedsstelle ist kein ständiges Gericht, sondern eines, das durch Parteivereinbarung geschaffen wird. Die Zustimmung der Parteien zur Zusammensetzung, Verfahrensordnung und zum anwendbaren Recht ist die Voraussetzung für die Tätigkeit im Schiedsverfahren. Schiedsverfahren sind praktisch höchst relevant. Viele Rechtskonflikte werden etwa im internationalen Wirtschaftsrecht vor Schiedsgerichten ausgetragen. Die Spruchpraxis der Schiedsgerichtsbarkeit wird als ein Beispiel für die Entwicklung von nichtstaatlichem Recht angesehen.

315 Die moderne Gerichtsbarkeit ist vor allem durch folgende Merkmale gekennzeichnet: Instanzenzug, fachliche Differenzierung und Spezialisierung sowie Internationalisierung.

316 Moderne Rechtssysteme sehen einen mehrstufigen Instanzenzug vor. Häufig folgt einer Eingangsinstanz eine Kontrollinstanz, die auch Sachverhaltsfragen überprüft, sowie eine weitere Instanz, deren Kontrollkompetenz auf Rechtsfragen beschränkt ist. Dazu treten in verschiedener Form Elemente einer Verfassungsgerichtsbarkeit, in der Schweiz insbesondere eröffnet durch das Instrument der subsidiären Verfassungsbeschwerde, Art. 113 ff. BGG, in Deutschland etwa in der Form eines dazu spezialisierten Gerichts, des Bundesverfassungsgerichts, das durch verschiedene Klage- und Verfahrensarten mit einem Verfassungsrechtsstreit befasst werden kann.

317 Die Gerichtsbarkeiten sind regelmäßig spezialisiert. Das gilt nicht nur für die großen Rechtsmassen des öffentlichen Rechts, des Strafrechts und des Privatrechts, sondern auch für Untergebiete wie etwa das Arbeits- oder das Sozialrecht. Damit soll der Differenzierung des materiellen Rechts auch in der Gerichtsbarkeit entsprochen werden, nicht zuletzt, um entsprechenden Sachverstand auf Richterseite zu garantieren, die häufig hochspezialisierten Anwälten gegenübersteht.

318 Die Gerichtsbarkeit ist internationalisiert, in Europa etwa durch das Schutzsystem der EMRK und durch die Rechtsordnung der EU. Die Gerichtsbarkeit des EGMR und des Gerichtshofes der Europäischen Union (EuGH) wirken nachdrücklich in die einzelstaatlichen Rechtsordnungen hinein. Die unterschiedlichen Weisen, in denen dies in der Schweiz als Mitgliedstaat des Europarats, nicht aber der EU, und in Deutschland, das beiden internationalen Organisationen angehört, geschieht, werden unten näher erläutert werden (s. u. § 7).

XI. Gerichtsbarkeit und das skeptische Projekt der Rechtsstaatlichkeit

Diese Strukturen erzeugen einen sehr komplexen Entscheidungsfindungsprozess, der kostenintensiv, arbeitsaufwendig und zeitraubend ist. Man mag sich deshalb fragen, warum diese Strukturen geschaffen und aufrechterhalten werden. Könnten schlankere, schnellere Entscheidungsweisen nicht bessere Dienste leisten? Wozu diese vielen Verfahrenshürden, die aufgerichtet werden? Entsprechende politische Debatten mit der Stoßrichtung, vereinfachte Verfahrensweisen zu schaffen, die auf übertrieben erscheinende rechtsstaatliche Garantien verzichten wollen, flammen immer wieder auf. Deshalb ist es wichtig, sich vor Augen zu führen, warum dieser rechtsstaatliche Aufwand betrieben wird, warum sich rechtlich entwickelte Gesellschaften den Weg zu einer bestandskräftigen Entscheidung rechtlicher Konflikte so schwer machen. Der vielleicht beste Grund für diese komplexen Strukturen der Streitentscheidung ist der Zweifel an der Unfehlbarkeit menschlicher Entscheidungsfindung. Dieser Zweifel wird in der gegliederten Gerichtsbarkeit durch Kontrollinstanzen praktisch gemacht. Das Recht schafft ein komplexes Gefüge der Kontrolle von Entscheidungen, um deren Richtigkeit so gut wie möglich sicherzustellen, weil mit guten Gründen angenommen wird, dass menschliche Entscheidungen fehlbar sind und deswegen ihre kritische Überprüfung auch institutionell gewährleistet werden muss. Konkrete Gerichtsbarkeiten sind, wie alle menschlichen Institutionen, in vieler Hinsicht verbesserungsfähig und leben davon, dass ihre Strukturen sich neuen Herausforderungen und Einsichten immer wieder anpassen. Man verkennt aber die tieferen Gründe für solche Strukturen, wenn man grundsätzliche Kritik am schwierigen Gang durch ein solches System der Gerichtsbarkeit äußert und in der Folge Kontrollmöglichkeiten abbauen will. Die Legitimität des Rechts speist sich nicht zuletzt aus der Richtigkeit gerichtlicher Entscheidungen und man sollte große Sorgfalt darauf verwenden, diese so gut wie möglich sicherzustellen.

Diese Gründe für die Schaffung und Aufrechterhaltung einer komplex gegliederten Gerichtsbarkeit sind für das Verständnis einer rechtsstaatlichen Ordnung insgesamt wichtig. In einer rechtsstaatlichen Ordnung macht sich eine politische Gemeinschaft selbst bewusst das Leben schwer. Vielfältige und schwierig zu überwindende Hürden für gemeinsames Handeln werden errichtet, sowohl durch einzuhaltende Verfahren als auch in Hinblick auf bestimmte materiale Grundsätze, denen das Gemeinschaftshandeln zu entsprechen hat. Der Sinn solcher rechtsstaatlicher Selbstbindungen ist deshalb erläuterungsbedürftig. Warum macht man es sich nicht lieber einfacher, wozu die Bewegungsfreiheit selbst durch diese Klötze am eigenen Bein beschränken? Der beste Grund für die Idee der strukturierten Selbstbindung durch Rechtsstaatlichkeit ist wiederum Zweifel: Zweifel nicht nur gegenüber der Richtigkeit von gerichtlichen Entscheidungen, sondern darüber hinaus daran, dass menschliches Wollen und Handeln insgesamt ohne solche Sicherungen häufig genug Mindestansprüchen von Zweckrationalität und ethischer Richtigkeit entspricht. Dieser Zweifel ist keine intellektuelle Luftgeburt, sondern das Produkt von Erfahrungen in der menschlichen Geschichte, die zeigen, welche Folgen Ordnungen ohne solche rechtsstaatlichen Sicherungen haben können. Die diktatorischen Regime des 20. Jahrhunderts liefern allein genug Beispiele in dieser Hinsicht, bis hin zu Zivilisationskatastrophen wie der Pervertierung der Rechtsordnung im Dritten Reich. Der moderne verfasste Rechtsstaat ist eine politische Ordnung institutionalisierter anthropologischer Skepsis, errichtet, weil die Menschen aufgrund vielfältiger tragischer Erfahrungen gelernt haben, sich selbst und den Gründen für das eigene Handeln nicht mehr ohne Weiteres über den Weg zu trauen. Deshalb soll durch Verfahren und den Schutz von Leitwerten, insbesondere von Grundrechten und Demokratie, gesichert werden, dass das gesellschaftliche Handeln unhintergehbaren Ansprüchen praktischer Vernünftigkeit jedenfalls soweit entspricht, dass zivilisiertes Zusammenleben möglich bleibt. Rechtsstaatlichkeit ist Ausdruck zivilisatorischer Reife, die bereit ist, Konsequenzen aus bitteren Lehren der Vergangenheit und Gegenwart zu ziehen, die deswegen immer wieder in ihren konkreten rechtlichen Ausdrucksformen kritisch bedacht, aber nicht grundsätzlich in Frage gestellt werden darf, will man ein bestimmtes, erträgliches Zivilisationsniveau nicht aus Kurzsichtigkeit und Erfahrungslosigkeit unterschreiten.

Gerichtsbarkeit in der Schweiz (vereinfachte Darstellung)

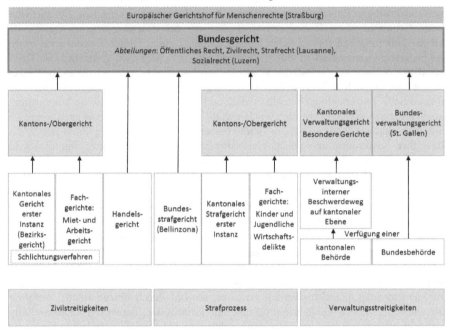

XI. Gerichtsbarkeit und das skeptische Projekt der Rechtsstaatlichkeit

Gerichtsbarkeit in Deutschland (vereinfachte Darstellung)

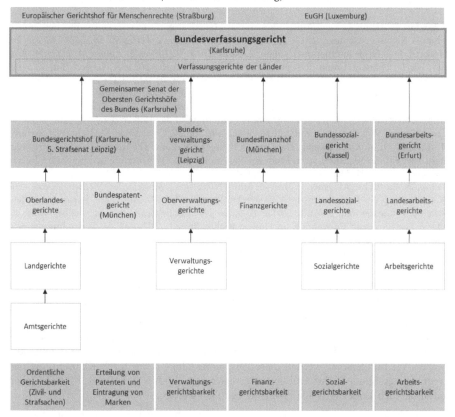

§ 7 Das nationale Recht im internationalen Zusammenhang

Literatur: *P. Alston/R. Goodman*, International Human Rights. The Successor to International Human Rights in Context, 2013; *S. Besson/S. Breitenmoser/A. Petrig/M. Sassòli/A. R. Ziegler*, Völkerrecht – Droit international public, 3. Aufl., 2019; *R. Bieber/A. Epiney/M. Haag/M. Kotzur*, Die Europäische Union. Europarecht und Politik, 14. Aufl., 2021; *A. Cassese*, International Criminal Law, 3rd ed., 2013; *P. Craig/G. de Búrca*, EU Law, 7th ed., 2020; *J. Crawford*, Brownlie's Principles of Public International Law, 9th ed., 2019; *C. Grabenwarter/K. Pabel*, Europäische Menschenrechtskonvention, 7. Aufl., 2021; *M. Herdegen*, Europarecht, 23. Aufl., 2022; *ders.*, Völkerrecht, 21. Aufl., 2022; *S. Hobe*, Einführung in das Völkerrecht, 11. Aufl., 2020; *K. Ipsen* (Hrsg.), Völkerrecht, 7. Aufl., 2018; *W. Kälin/J. Künzli*, Universeller Menschenrechtsschutz, 4. Aufl., 2019; *M. Koskenniemi*, The Gentle Civiliser of Nations. The Rise and Fall of International Law 1870–1960, 2001; *ders.*, From Apology to Utopia. The Structure of International Legal Argument, 2005; *M. Mazower*, Governing the World. The History of an Idea, 2012; *A. Peters/A. Petrig*, Völkerrecht. Allgemeiner Teil, 5. Aufl., 2020; *dies.*, Jenseits der Menschenrechte. Die Rechtsstellung des Individuums im Völkerrecht, 2014; *A. Peters/T. Altwicker*, Europäische Menschenrechtskonvention, 2. Aufl., 2012; *B. Rainey/P. McCormick/C. Ovey*, Jacobs, White & Ovey: The European Convention on Human Rights, 8th ed., 2020; *M. N. Shaw*, International Law, 9th ed., 2021; *T. Stein/C. v. Buttlar/M. Kotzur*, Völkerrecht, 14. Aufl., 2017; *W. Vitzthum/A. Proelß* (Hrsg.), Völkerrecht, 8. Aufl., 2019; *G. Werle/F. Jeßberger*, Völkerstrafrecht, 5. Aufl., 2020.

I. Transnationales Recht als eigenes Recht

1 Föderale Staaten wie die Schweiz oder Deutschland sind klassische Beispiele für Mehrebenensysteme, d.h. für Systeme, in denen verschiedene, föderal generierte Rechtsschichten existieren, die in einem manchmal schwierigen Zusammenhang miteinander stehen. Im Bundesstaat werden diese Zusammenhänge etwa durch Klauseln, die den Vorrang des Bundesrechts etablieren, geregelt (Art. 49 Abs. 1 BV, Art. 31 GG), wenn dadurch auch keineswegs alle Probleme behoben werden.

2 In der Gegenwart existieren Mehrebenensysteme aber auch jenseits des Staates und werden gerade hier besonders intensiv diskutiert. Das hat gute und praktisch wichtige Gründe. Eine moderne Rechtsordnung kann dabei ohne diese internationale Perspektive nicht begriffen werden. Transnationales Recht, d.h. alles Recht, das jenseits des Nationalstaates entsteht, ist für die Rechtspraxis in vieler Hinsicht sehr bedeutsam. Selbst Rechtsgebiete wie etwa das Strafrecht, die weniger als andere von der Internationalisierung des Rechts betroffen sind, sind heute regelmäßig ohne transnationale Bezüge in wichtigen Zügen nicht zu erfassen. Der Einfluss transnationalen Rechts kann ganz unterschiedliche Formen annehmen. Wichtig ist dabei nicht zuletzt Folgendes: Die transnationalen Rechtsschichten, die dem Völkerrecht oder supranationalen Rechtsordnungen wie der EU entspringen, treten nicht einfach neben das nationale Recht. Das nationale Recht wird vielmehr in vieler Hinsicht direkt durch diese transnationalen Rechtsnormen geformt und inhaltlich gestaltet. Dieser Transformationsprozess des Rechts wird keinem Staat aufgezwungen, sondern beruht letztlich auf dem politischen Willen der Einzelstaaten, die sich aus guten Gründen transnational rechtlich binden, um der tatsächlichen ökonomischen, politischen und kulturellen Verflechtung der Welt gerecht werden zu können. Das transnationale Recht ist nichts Fremdes, sondern in wichtigen Bereichen eigenes Recht der Nationalstaaten geworden. Das nationale Recht ist substantiell internationalisiert. Das transnationale Recht in seinen verschiedenen Erscheinungsformen ist dabei nicht in fernen Weiten der Rechtswelt aus dem Nirgend-

wo entstanden, sondern selbst das Produkt der Rezeption verschiedener Einzelrechtsordnungen und ihrer Lösungen spezifischer Problemlagen. Es besteht eine intensive Wechselwirkung der verschiedenen Rechtsordnungen, die simple Gegenüberstellungen unterschiedlicher Rechtsschichten unmöglich machen.

Für europäische Staaten ist dabei der europäische Rechtskontext zentral. Der Vergleich Schweiz/Deutschland ist in dieser Hinsicht besonders aufschlussreich, weil Deutschland ein Mitglied der EU ist, die Schweiz aber nicht. Letztere wird vielmehr durch einen spezifischen Sonderweg, den Bilateralismus, mit Europa in einer sehr qualifizierten Weise verbunden – nicht überraschenderweise, wenn man an die ökonomische, politische und kulturelle Verbundenheit aller europäischen Staaten miteinander denkt. Aus schweizerischer Perspektive kann man am Beispiel Deutschlands illustrieren, was EU-Mitgliedschaft eigentlich bedeutet, aus deutscher Perspektive kann man am Schweizer Beispiel lernen, welche Alternativen zur Mitgliedschaft von anderen Staaten gewählt werden und welche Vor- und Nachteile sie mit sich führen.

Beide Beispiele zeigen, welche Auswirkungen Mehrebenensysteme im europäischen Kontext haben. Man muss die Struktur dieser Systeme begreifen, um zu verstehen, auf welchen Wegen modernes Recht substantiell internationalisiert ist, und sich damit eine entscheidende Eigenschaft nicht nur des europäischen Rechts der Gegenwart zu erschließen. Die Kenntnis der europäischen Rechtsordnung ist an sich wichtig für eine Einführung in das Recht, die Orientierung liefern will. Sie ist aber auch deswegen von großer Bedeutung, weil sie ein fundamentales und neues Charakteristikum gegenwärtigen Rechts verstehen lehrt. Der europäische Kontext ist dabei in mancher Hinsicht ein Versuchsfeld für die Lösung von Problemen, die sich auch in anderen Regionen der Welt stellen. Es ist nicht zu erwarten, dass sich kulturelle Weiterentwicklung, ökonomischer Wohlstand und die Lösung vieler drängender Probleme durch ein Weniger an internationaler Zusammenarbeit langfristig werden erreichen lassen. Die Versuche in Europa, hier Fortschritte zu machen, sind deshalb auch als Beispiel der Möglichkeiten und Schwierigkeiten internationaler Zusammenarbeit über klassische Formen des Völkerrechts hinaus von hohem Interesse. Diesem Kontext gilt deswegen jetzt zunächst die genauere Aufmerksamkeit.

II. Der Begriff des Europarechts

Unter Europarecht können verschiedene Dinge verstanden werden. Im umfassendsten Sinne erfasst Europarecht alles Recht, das – in welcher Weise auch immer – die spezifische rechtliche Verbindung der europäischen Staaten gestaltet. Die Zusammenarbeit der Staaten in Europa erfolgt in vielfältiger Weise. Wichtige Institutionen bilden dabei der *Europarat*, die *Europäische Union*, die *Organisation für Sicherheit und Zusammenarbeit in Europa* (Organization for Security and Co-operation in Europe, OSCE), die *Organisation für wirtschaftliche Zusammenarbeit und Entwicklung* (Organisation for Economic Co-operation and Development, OECD), aber auch die *Europäische Freihandelsassoziation* (European Free Trade Association, EFTA) und der *Europäische Wirtschaftsraum* (EWR). Organisationen wie die OECD sind dabei nicht allein auf den europäischen Länderkreis beschränkt.

Diese verschiedenen Ordnungen bestehen im Grundsatz unabhängig voneinander, sind aber auf eine sehr komplexe Weise miteinander verbunden.[1] Dabei spielen in der Ent-

---
1 Die EU bekennt sich z.B. in Art. 21 Abs. 2 lit. c EUV zu den OSCE-Prinzipien.

wicklung der letzten Jahre die europäischen Grundrechte bei der inhaltlichen Verbindung und Koordinierung der verschiedenen Rechtsordnungen eine zentrale Rolle, wobei gerade die Bedeutung der EMRK zugenommen hat. Es entsteht so ein gemeineuropäischer Grundrechtsstandard. In der Schweiz sind die Grundrechte der EMRK unmittelbar geltendes Recht. Auch Deutschland hat die EMRK in sein Landesrecht inkorporiert. In beiden Fällen handelt es sich nicht nur um einfaches Gesetzesrecht. Die EMRK genießt normhierarchisch auf durchaus komplexe Weise einen höheren Status, was noch genauer zu erläutern ist (vgl. u. § 7 III.3. h)). In der Schweiz hat die EMRK die Gestaltung des Grundrechtskatalogs in der Bundesverfassung von 1999 in vielen Hinsichten geprägt.[2]

7 Nach Art. 6 Abs. 3 EUV sind auch die Grundrechtsstandards der EU unter Beachtung der EMRK zu konkretisieren. Es besteht eine Beitrittsverpflichtung der Union zur EMRK nach Art. 6 Abs. 2 EUV. Die Grundrechtscharta der EU (GrCh) ist zudem in vieler Hinsicht inhaltlich an der EMRK orientiert. Die Kongruenz von Grundrechten, die innerhalb der EU gesichert werden, und denjenigen, die durch die EMRK geschützt werden, wird durch Art. 53 GrCh sichergestellt.

8 Für das Verständnis des gegenwärtigen europäischen Mehrebenensystems ist der Europarat sowie die Ordnung der EU von zentraler Bedeutung, die deswegen näher dargestellt werden.

III. Europarat

1. Geschichte und Struktur

9 Der Europarat ist eine 1949 gegründete, internationale Organisation mit 46 Mitgliedstaaten mit insgesamt etwa 676 Millionen Einwohnern. Der Europarat bildet die erste Organisation, die mit dem Ziel gegründet wurde, einen Zusammenschluss der europäischen Staaten zu erreichen. Dabei spielen, wie der Präambel der Satzung des Europarates und ihrem Art. 3 zu entnehmen ist, Grundrechte, Rechtsstaatlichkeit und Demokratie eine zentrale Rolle. In der Gründungszeit des Europarates, unmittelbar nach Ende des Zweiten Weltkrieges, bildete der Europarat auch ein Element der Politik des Kalten Krieges, insbesondere des Zusammenschlusses westeuropäischer Staaten und ihrer Selbstdefinition durch Grundrechte, Rechtsstaatlichkeit und Demokratie, im Unterschied zu den staatssozialistischen Systemen im Machtbereich der damaligen Sowjetunion, deren Ideologie andere Schwerpunkte setzte.

10 Die Mitgliedschaft des Europarates wird durch Einladung des Ministerkomitees erworben, Art. 4 Satzung des Europarates. Die Gründungsmitglieder des Europarates waren Belgien, Dänemark, Frankreich, Irland, Italien, Luxemburg, die Niederlande, Norwegen, Schweden und Großbritannien. Nach dem Zusammenbruch des Systems sozialistischer Staaten nach 1989 haben auch diese die Mitgliedschaft im Europarat erworben, dessen Größe dadurch stark angewachsen ist und nunmehr tatsächlich den Großteil der europäischen Staaten umfasst. 27 der Mitgliedstaaten des Europarates sind auch Mitglieder der Europäischen Union. Jedes Mitglied des Europarates kann aus diesem austreten, Art. 7 Satzung des Europarates. Nach Art. 8 Satzung des Europarates kann jedem Mitglied des Europarates, das sich eines schweren Verstoßes gegen die Bestimmungen des Art. 3 schuldig macht, sein Recht auf Vertretung vorläufig abge-

---

[2] Vgl. z.B. *U. Häfelin/W. Haller/H. Keller/D. Thurnherr*, Schweizerisches Bundesstaatsrecht, 10. Aufl., 2020, Rn. 225.

sprochen werden und es kann vom Ministerkomitee aufgefordert werden, gemäß den Bestimmungen des Art. 7 Satzung des Europarates auszutreten. Wenn dieser Aufforderung nicht Folge geleistet wird, kann das Ministerkomitee beschließen, das betreffende Mitglied aus dem Europarat auszuschließen, was mit der Russischen Föderation 2022 nach 26 Jahren Mitgliedschaft aufgrund des völkerrechtswidrigen Angriffs auf die Ukraine geschehen ist.[3] Dieser Ausschluss illustriert die tiefe Erschütterung der internationalen Rechtsordnung durch den Krieg in der Ukraine.

Die Organe des Europarates sind nach Art. 10 Satzung des Europarates das Ministerkomitee und die Beratende Versammlung. Das Sekretariat unter dem Generalsekretär des Europarates steht diesen beiden Organen zur Seite. Der Generalsekretär wird von der Beratenden Versammlung für eine Amtszeit von fünf Jahren gewählt. Er ist zuständig für die Planung und Leitung der alltäglichen Geschäfte des Europarates. Das Ministerkomitee bildet die Exekutive des Europarates. Jedes Mitglied des Europarates hat einen Vertreter im Ministerkomitee, wobei dieses Amt durch die Außenminister wahrgenommen wird. Die Beratende Versammlung ist nach Art. 22 Satzung des Europarates das beratende Organ des Europarates. Ihre Beschlüsse werden dem Ministerkomitee in Form von Empfehlungen übermittelt. Die Beratende Versammlung besteht aus 306 Abgeordneten. Sie wird aus Vertretern der Parlamente der Mitgliedstaaten gebildet. Deutschland hat in der Beratenden Versammlung 18 Sitze, die Schweiz sechs. An der Entscheidungsfindung des Europarates wirken deshalb nicht nur Vertreter der Exekutive, sondern auch solche der Legislative mit. Diese Einflussmöglichkeiten der Vertreter von Parlamenten bilden einen besonderen Zug der Struktur des Europarats. Die Beratende Versammlung bildet insofern ein Forum zur pluralistischen Politisierung einer internationalen Organisation.

Die Beratende Versammlung wählt den Generalsekretär auf Empfehlung des Ministerkomitees, Art. 36 lit. b Satzung des Europarates. Auch der Menschenrechtskommissar und die Richter am Europäischen Gerichtshof für Menschenrechte werden von der Beratenden Versammlung gewählt. Weitere Organe umfassen den Kongress der Gemeinden und Regionen, der etwa 200'000 Gemeinden und Regionen in Europa repräsentiert. Der EGMR ist für die justizielle Interpretation und Durchsetzung der Europäischen Menschenrechtskonvention zuständig. Der Menschenrechtskommissar ist eine unabhängige Einrichtung des Europarates, der die Einhaltung von Menschenrechtsstandards in Europa überwacht. Schließlich gibt es eine Konferenz der internationalen Nichtregierungsorganisationen, die den Europarat mit der europäischen Zivilgesellschaft verbinden soll.

2. Europaratsabkommen

Im Rahmen des Europarates wurde eine Vielzahl multilateraler Verträge abgeschlossen, etwa die Europäische Sozialcharta vom 18. Oktober 1961 (ETS/SEV Nr. 35), revidierte Fassung vom 3. Mai 1996 (ETS/SEV Nr. 163); das Europäische Übereinkommen zur Verhütung von Folter und unmenschlicher oder erniedrigender Behandlung oder Strafe vom 26. November 1987 (ETS/SEV Nr. 126), das Rahmenübereinkommen zum Schutz nationaler Minderheiten vom 1. Februar 1995 (ETS/SEV Nr. 157), das Übereinkommen zum Schutz der Menschenrechte und der Menschenwürde im Hinblick auf

---

3 Vgl. Resolution CM/Res(2022)2 on the cessation of the membership of the Russian Federation to the Council of Europe, adopted by the Committee of Ministers on 16 March 2022 at the 1428ter meeting of the Ministers' Deputies.

die Anwendung von Biologie und Medizin vom 4. April 1997 (ETS/SEV Nr. 164), mit einem Zusatzprotokoll über das Verbot des Klonens von menschlichen Lebewesen vom 12. Januar 1998 (ETS/SEV Nr. 168) neben anderen Ergänzungen oder die Europäische Charta der Regional- oder Minderheitensprachen vom 5. November 1992 (ETS/SEV Nr. 148). Zur Durchsetzung dieser Abkommen gibt es besondere Vertragsorgane, etwa das Europäische Komitee zur Verhütung von Folter und unmenschlicher oder erniedrigender Behandlung, das durch das Europäische Übereinkommen zur Verhütung von Folter und unmenschlicher oder erniedrigender Behandlung geschaffen wurde, das von allen 46 Mitgliedstaaten des Europarates ratifiziert worden ist. Die *European Commission against Racism and Intolerance* arbeitet seit 2002 als Organ des Europarates, um Rassismus, Diskriminierung, Fremdenfeindlichkeit, Antisemitismus und Intoleranz in Europa zu bekämpfen. Das wichtigste Abkommen, das im Rahmen des Europarates beschlossen wurde, bildet aber ohne Zweifel die Europäische Menschenrechtskonvention, genauer die Konvention zum Schutz der Menschenrechte und Grundfreiheiten (ETS/SEV Nr. 5), die am 4. November 1950 unterzeichnet wurde und am 3. September 1953 in Kraft getreten ist.

14   Alle Mitgliedstaaten des Europarates sind gleichzeitig Vertragsstaaten der EMRK. Die EMRK wurde über die Jahre durch verschiedene Zusatzprotokolle, die eigenständige völkerrechtliche Verträge bilden, in ihrem Schutzbereich ergänzt und erweitert. Das Schutzsystem, das durch die EMRK geschaffen wurde, hat eine herausgehobene Rolle im internationalen Menschenrechtsschutz gewonnen. Das ist vor allem auf zwei Faktoren zurückzuführen. Erstens hat der EGMR die in der EMRK und ihren Zusatzprotokollen verankerten Grundrechte dynamisch ausgelegt und ihren Schutzgehalt insgesamt in einer Weise konkretisiert, die bei aller Kritik im Einzelnen international hohe Anerkennung gefunden hat. Das gilt sowohl für den Gehalt substantieller Verbürgung als auch für die grundrechtsstrukturellen Weichenstellungen, die diese Rechtsprechung vollzogen hat. Zweitens besteht seit 1998 ein Individualbeschwerdesystem, das es Bürgerinnen und Bürgern der Mitgliedstaaten des Europarates ermöglicht, sich unmittelbar an den EGMR zu wenden, um die eigenen Rechte durchzusetzen. Dadurch ist das Schutzsystem der EMRK zu einem echten internationalen System der justiziellen Durchsetzung von Grundrechten geworden und hat eine führende Rolle in der Entwicklung des internationalen Menschenrechtsschutzes gewonnen.

3. Die EMRK

a) Kerngehalte der grundrechtlichen Verbürgungen der EMRK

15   Die EMRK schützt Kerngehalte einer modernen Grundrechtsordnung. Das Statusrecht auf Leben wird in Art. 2 EMRK geschützt, die fundamentalen Verbote von Folter und unmenschlicher und erniedrigender Behandlung werden in Art. 3 EMRK, die der Sklaverei und Zwangsarbeit in Art. 4 EMRK verbürgt. Die EMRK kennt keinen ausdrücklichen Schutz der Menschenwürde, der in vielerlei Hinsicht grundlegenden Norm modernen Grundrechtsschutzes. Das Verbot der Folter oder auch das der Sklaverei und Zwangsarbeit weisen aber bereits auf die grundlegende Idee des notwendigen Schutzes menschlicher Würde hin. Der EGMR hat deswegen nicht überraschenderweise festgehalten, dass der Schutz menschlicher Würde, neben dem Schutz menschlicher Freiheit, zu den fundamentalen Zielsetzungen des ganzen Systems der EMRK gehört.[4] Die

---

4 EGMR, Application no. 2346/02, 29.4.2002, Rn. 65 (Pretty v. UK).

III. Europarat

EMRK sichert in Art. 5 das Recht auf persönliche Freiheit sowie vor allem in Art. 6 EMRK justizielle Grundrechte. Grundlegende, geschützte Freiheiten umfassen das Recht auf Achtung des Privat- und Familienlebens in Art. 8 EMRK, die Gewährleistung der Gedanken-, Gewissens- und Religionsfreiheit in Art. 9 EMRK, das Recht der Freiheit der Meinungsäußerung in Art. 10 EMRK, der Versammlungs- und Vereinigungsfreiheit in Art. 11 EMRK und auf Eheschließung in Art. 12 EMRK.

Art. 14 EMRK enthält ein Diskriminierungsverbot, das jedoch akzessorisch ausgestaltet ist, d.h., eine Diskriminierung ist nur im Anwendungsbereich eines der übrigen von der Konvention garantierten Rechte verboten. Der EGMR hat dieses Diskriminierungsverbot allerdings weit ausgelegt. Das 12. Zusatzprotokoll vom 4. November 2000 (ETS/SEV Nr. 177) schafft im Übrigen ein allgemeines Diskriminierungsverbot.[5]

16

Bestimmte Rechte können auch im Notstandsfall nicht derogiert werden. Dazu gehören insbesondere das Folterverbot, das Verbot der Sklaverei sowie der Grundsatz, dass eine Strafe ein zuvor erlassenes Gesetz voraussetzt, Art. 15 Abs. 2 EMRK.

17

b) Geltungsbereich

Nach Art. 1 EMRK sichern die Vertragsparteien allen ihrer Hoheitsgewalt (*jurisdiction/juridiction*)[6] unterstehenden Personen die genannten Rechte und Freiheiten zu. Damit sind jedenfalls alle Hoheitsakte innerhalb des Territoriums der Mitgliedstaaten erfasst. Die Rechtsprechung des EGMR hat den Geltungsbereich der Konventionsgrundrechte über das Territorium der Mitgliedstaaten hinaus erstreckt. Die Konventionsrechte wirken deshalb extraterritorial. Zu derartigen, von den Konventionsgrundrechten erfassten Gebieten gehören jedenfalls die von Mitgliedstaaten faktisch kontrollierten Gebiete, etwa das von der Türkei besetzte Gebiet in Nordzypern.[7] Schwieriger zu beurteilen sind Fälle, in denen eine solche territoriale Anknüpfung fehlt. Im Fall *Bankovic*, wo es um die Bombardierung eines serbischen Fernsehsenders im Frühjahr 1999 durch die NATO ging, hatte der EGMR noch verneint, dass in diesem Falle die EMRK anwendbar sei. Die militärischen Maßnahmen hätten sich außerhalb des rechtlichen Raumes der Vertragsstaaten abgespielt.[8]

18

Der EGMR hat dann allerdings in einem Fall, bei dem es um die Verletzung von Rechten von Personen durch britisches Militär im Irak im Rahmen des zweiten Irakkrieges ging, eine mögliche Verletzung von Konventionsrechten festgestellt, weil im konkreten Fall von den britischen Truppen Hoheitsgewalt im Sinne einer faktischen Verfügungsgewalt über Personen (wenn auch nicht Territorien) ausgeübt wurde.[9] Damit wurde eine territoriale Anknüpfung vom EGMR aufgegeben, wie auch der Fall illustriert, in dem die Kontrolle über eine Person als ausreichend angesehen wurde, um die Eröffnung des Anwendungsbereichs der Konventionsrechte anzunehmen.[10] Mit dieser jüngeren Rechtsprechung bewegt sich der EGMR im Einklang mit internationalen Entwicklungen, die tendenziell auf die Anforderung einer faktischen Kontrolle eines Territoriums verzichten, wie etwa die Entscheidungspraxis des Menschenrechtsausschusses,

19

---

5 Während Deutschland das 12. Zusatzprotokoll unterzeichnet, aber noch nicht ratifiziert hat, wurde es von der Schweiz weder unterzeichnet noch ratifiziert.
6 Der englische und französische Text ist maßgeblich.
7 EGMR, Application no. 15318/89, 23.3.1995 (Loizidou v. Türkei).
8 EGMR, Application no. 52207/99, 12.12.2001, Rn. 80 (Bankovic v. Belgien).
9 EGMR, Application no. 55721/07, 7.7.2011, Rn. 149 (Al-Skeini v. UK).
10 Vgl. EGMR, Application no. 46221/99, 12.5.2005, Rn. 91 (Öcalan v. Türkei) sowie EGMR, Application no. 27765/09, 23.2.2012, Rn. 73–82 (Hirsi Jamaa und andere v. Italien).

der die Anwendung des Internationalen Paktes für bürgerliche und politische Rechte (IPbpR) sicherstellt, zeigt.[11] Damit wird die Bindungskraft von Grundrechten auch in diesen Konstellationen erhöht und sichergestellt, dass rechtliche Verpflichtungen nicht deswegen keine Wirkung entfalten, weil in Rechte außerhalb des Territoriums der Staaten eingegriffen wird, die der Ursprung derartiger Menschenrechtsverletzungen sind.

c) Dynamische Auslegung der Konventionsgrundrechte

20 Die Grundrechtsverbürgungen im Rahmen des Systems der EMRK sind nicht nur durch Zusatzprotokolle ergänzt worden. Besondere Bedeutung hat die Rechtsprechung des EGMR. Eine fundamentale Weichenstellung besteht darin, die EMRK als *living instrument* anzusehen, als einen Rechtsakt, der offen dafür ist, neue Einsichten in die Auslegung von Grundrechten aufzunehmen, nicht zuletzt weil neue Problemlagen zu entscheiden sind und sich das neue Grundrechtsverständnis in einer gewandelten Staatenpraxis niedergeschlagen hat.[12] Die Auslegung der Konventionsrechte hat sich an veränderten Umständen und einem gewandelten, überzeugenden Verständnis von Rechten zu orientieren. Diese Ausrichtung ist keineswegs selbstverständlich. Eine aufschlussreiche Strömung etwa des amerikanischen Verfassungsrechts, der sogenannte *originalism*, fordert im Gegenteil die Bindung von Richtern gerade bei der Auslegung von Grundrechten an den *original intent*, also die ursprüngliche Intention des Gesetzgebers zum Zeitpunkt der Schaffung von Grundrechten (vgl. dazu u. § 8 III.2). Die Doktrin des *living instrument* fordert im Gegensatz zu einer solchen Position gerade die lebendige Fortentwicklung einer Grundrechtsgarantie. Auch der *effet utile*, die praktische Wirksamkeit, spielt in der Auslegung von Konventionsrechten eine große Rolle. Diese methodische Ausrichtung wurde auch von anderen internationalen Gerichten rezipiert, etwa durch den *Inter-American Court of Human Rights*.[13] Grundrechten soll die Interpretation gegeben werden, die ihre Wirkungskraft am meisten erhöht.

21 Die Auslegung der Konventionsgrundrechte ist damit in letzter Instanz am Zweck ihrer Garantie, dem möglichst umfassenden und effektiven Schutz fundamentaler Rechtspositionen von Menschen, orientiert. Diese Auslegungslinie bildet ein Beispiel für die sehr häufig entscheidende Kraft teleologischer, zweckbezogener Argumente in der Auslegung von Normen, worauf in den Überlegungen zur Methodenlehre zurückzukommen sein wird (vgl. u. § 8 III.4).

22 Ein wichtiges Beispiel für das Ergebnis einer derartigen Auslegung ist etwa, dass die Grundrechte nicht nur negative Abwehrrechte bilden, sondern auch positive Schutzpflichten schaffen. Sie dienen nicht nur dazu, den Einzelnen vor Eingriffen von Hoheitsträgern zu bewahren, sie schaffen auch den Anspruch des Einzelnen darauf, dass

---

11 Vgl. Human Rights Committee, Lopez Burgos v. Uruguay, Communication no. 52/1979, UN Doc. CCPR/C/OP/1 at 88 (1984); Human Rights Committee, Celiberti de Casariego v. Uruguay, Communication no. 56/1979, UN Doc. CCPR/C/OP/1 at 92 (1984); Human Rights Committee, General Comment no. 31, The Nature of the General Legal Obligation on States Parties to the Covenant, UN Doc. CCPR/C/21/Rev.1/Add. 13 (2004), para. 10: "[A] State Party must respect and ensure the rights laid down in the Covenant to anyone within the power or effective control of that State Party, even if not situated within the territory of the State Party."; IACHR, Case 11.589, Report no. 86/99, 29.9.1999, para. 25 (Armando Alejandre Jr., Carlos Costa, Mario de la Peña and Pablo Morales v. Cuba).
12 EGMR, Application no. 5856/72, 25.4.1978, Rn. 31 (Tyrer v. UK).
13 IACHR, Series C no. 140, 31.1.2006, para. 120 (Pueblo Bello Massacre v. Columbia).

die Staaten aktive Maßnahmen ergreifen, um die Grundrechte durchzusetzen. Das heißt auch, dass diesen Grundrechten gegenüber privaten Akteuren Wirksamkeit verschafft werden muss. Dies hat zu einer differenzierten Rechtsprechung geführt, die den Grundrechtsschutz erheblich erweitert hat. Das Schutzsystem der EMRK hat damit eine ähnliche Entwicklung wie die der nationalen Grundrechtsschutzsysteme genommen, in denen Schutzpflichten ebenfalls eine wichtige Rolle spielen. Solche Schutzpflichten können unmittelbare Schutzmaßnahmen verlangen, die Setzung von bestimmten Rechtsnormen, aber auch prozeduralen Schutz gebieten, etwa durch Untersuchungs- und Aufklärungspflichten. Auch Organisationspflichten können die Mitgliedstaaten treffen. Diese Auslegung hat Anhaltspunkte im Text der EMRK. Art. 1 EMRK spricht davon, dass die Vertragsparteien allen ihrer Hoheitsgewalt unterstehenden Personen die verbürgten Rechte (und Pflichten) „zusichern". Art. 2 EMRK hält fest, dass das Recht auf Leben „gesetzlich geschützt" wird. Dass aus solchen Formulierungen allerdings zwingend die Vorstellung von aus Grundrechten erwachsenen Schutzpflichten mit dem Gehalt, der ihnen heute gegeben wird, folgen würde, kann nicht behauptet werden. Ein anderes Beispiel ist die – wie die oben genannten Beispiele wie das NATO-Bombardement in Serbien oder der Einsatz britischer Streitkräfte im Irak zeigen – nicht nur rechtlich, sondern auch politisch brisante Frage, was „Hoheitsgewalt" (*jurisdiction/juridiction*) eigentlich bedeutet. Auch hier ist die textliche Grundlage, genauer ein Wort, „Hoheitsgewalt" (*jurisdiction/juridiction*), kein Schlüssel zur eindeutigen und unzweifelhaften Auslegung der Norm – „Hoheitsgewalt" (*jurisdiction/juridiction*) kann in verschiedenen Kontexten vielmehr ganz Unterschiedliches bedeuten.[14] Der Normtext liefert deswegen nicht die Antwort auf eine Rechtsfrage, sondern stellt vielmehr eine Auslegungsaufgabe, die mit juristischen Methoden gelöst werden muss. Auf diese entscheidende Einsicht, die nicht nur für Art. 1 EMRK gilt, sondern für Rechtsnormen allgemein, wird im methodischen Teil zurückzukommen sein (vgl. u. § 8). Schon hier soll aber festgehalten werden: Es geht im Recht nicht um ein schlichtes Auffinden von Normen, die Rechtsprobleme sofort durch ihren Wortlaut beantworten. Es geht vielmehr bei der rechtlichen Problemlösung um einen höchst anspruchsvollen geistigen Konstruktionsprozess, der ausgehend von positiven Normen und unter Rückgriff auf sehr unterschiedliche Ressourcen der Argumentation zu akzeptablen Lösungen der Rechtsprobleme führt. Der Normzweck ist dabei ein entscheidendes Hilfsmittel. Diese Argumente müssen – wie sich noch näher zeigen wird – vielfältig und nicht zuletzt ethisch, philosophisch, politiktheoretisch, ökonomisch und soziologisch informiert sein. Ob man Grundrechten mit Schutzpflichten zu größter Wirksamkeit verhilft oder ob es aus dem Zweck der EMRK folgt, dass sie extraterritorial, auch z.B. bei Handlungen von Vertragsparteien im Irak, gilt, kann nur durch sehr komplexe Überlegungen zur Funktion und zum normativen Gehalt von Grundrechten und ihrer Wirksamkeit in modernen gesellschaftlichen, auch internationalen Zusammenhängen beantwortet werden. Die rechtliche Arbeit ist deshalb keine graue Paragrafenreiterei, sondern führt oft mitten in die großen geistigen Auseinandersetzungen hinein, in denen Menschen um die richtige Ordnung und ihre normativen Prinzipien in der Gegenwart streiten.

Der EGMR ist mit der Herausforderung konfrontiert, auf der einen Seite mit der Aufgabe betraut zu sein, einen einheitlichen Grundrechtsstandard für die Mitglied-

---

14 Zur vielfältigen Bedeutung des Begriffs „jurisdiction" im internationalen Recht M. *Milanovic*, Extraterritorial Application of Human Rights Treaties, 2013, S. 21 ff.

staaten des Europarates zu schaffen, gleichzeitig aber in seinen Bestimmungen des Gehalts der EMRK hinlänglich flexibel zu bleiben, um den Mitgliedstaaten jedenfalls im Grundsatz einen eigenen grundrechtlichen Spielraum zu belassen. Diese Frage ist nicht nur eine rechtliche, sondern entfaltet auch eine politische Dimension, denn es geht dabei um das Austarieren von Souveränitätsansprüchen der Mitgliedstaaten und ihres Anspruchs, zentrale rechtliche Angelegenheiten selbst zu gestalten, zu denen die eigene Grundrechtsordnung ohne Zweifel gehört. Ein Mittel, um die Universalität des Geltungsanspruchs der EMRK-Rechte mit dem berechtigten Anspruch der Mitgliedstaaten auf autonome Selbstbestimmung im rechtlichen Bereich zu versöhnen, ist die sogenannte *margin of appreciation*-Doktrin.[15] Damit wird den Mitgliedstaaten ein Einschätzungsspielraum eingeräumt, wie rechtliche Regelungen im Bereich der Grundrechte gestaltet werden können. Diese *margin of appreciation*-Doktrin ist im Höchstmaß umstritten. Es ist alles andere als klar, was sie im konkreten Fall genau bedeutet. Es gibt Fälle, in denen der EGMR einen sehr weiten Einschätzungsspielraum gewährt, während er in anderen diesen praktisch auf null reduziert. Besteht kein Konsens der Mitgliedstaaten in einem bestimmten Regelungsbereich, so verzichtet der EGMR regelmäßig auf die Formulierung einheitlicher Standards in dieser Hinsicht.

d) Die EMRK im Mehrebenensystem des internationalen Menschenrechtsschutzes

24 Ein Charakteristikum des modernen Grundrechtsschutzes der Gegenwart ist es, dass die einzelnen Staaten sich in einem Geflecht von Grundrechtsverbürgungen verschiedener Ebenen bewegen. Dazu gehören eigene nationale verfassungsrechtliche Grundrechtsverbürgungen, überregionale Systeme wie die EMRK, supranationale Systeme wie die EU und der universelle Menschenrechtsschutz, etwa durch die UN-Pakte zum Schutz der Menschenrechte. Dieses Geflecht stellt jede einzelne dieser Ordnungen vor die Aufgabe, die eigene Stellung in diesem Normgeflecht zu bestimmen. Der EGMR hat im Verhältnis zur Übertragung von Hoheitsrechten von Mitgliedstaaten auf die Europäische Union festgehalten, dass eine solche Übertragung nicht von der Einhaltung von Konventionsstandards entbindet.[16] Er überprüft die unionsrechtlichen Regelungen aber nicht, solange das Rechtssystem der Europäischen Union einen hinreichenden Grundrechtsschutz gewährleistet.[17] Tritt die Europäische Union wie vorgesehen dem EMRK-System bei, ist die Union auch selbst an die Rechte der EMRK gebunden, die schon jetzt eine große Bedeutung für ihr Recht hat.[18]

25 Im Verhältnis zum Völkerrecht hat der EGMR festgehalten, dass die Bindung an Resolutionen des UN-Sicherheitsrates einen Konventionsstaat nicht von der Notwendigkeit der Beachtung der Rechte der EMRK befreit. Auch bei der Durchführung derartiger Resolutionen seien deswegen die Standards der EMRK zu beachten.[19]

26 Das Problem, das der EGMR dabei zu lösen hat, stellt sich in ähnlicher Weise auch in anderen Zusammenhängen. Es ist ein Grundproblem moderner Rechtssysteme, die sich dadurch auszeichnen, dass verschiedene Rechtsmassen in einem zum Teil spannungsreichen Verhältnis zueinander stehen. Die Rechtsprechung verschiedener Gerichtshöfe nationaler, supranationaler und internationaler Art deutet dabei an, dass

---

15 Vgl. z.B. EGMR, Application no. 5493/72, 7.12.1976, Rn. 48 (Handyside v. UK).
16 EGMR, Application no. 24833/94, 18.2.1999, Rn. 32 (Matthews v. UK).
17 EGMR, Application no. 45036/98, 30.6.2005, Rn. 155 (Bosphorus v. Irland).
18 S. u. § 7 IV.1. Zu den Rechtsfragen eines solchen Beitritts vgl. EuGH, Gutachten 2/13 (Plenum), 18.12.2014.
19 EGMR, Application no. 27021/08, 7.7.2011, Rn. 102 (Al-Jedda v. UK).

die Lösung zunehmend nicht in starr definierten Normenhierarchien gesucht wird, sondern in differenzierten Ansätzen, die einen Vorrang von anderem Recht nur unter bestimmten Voraussetzungen einräumen. Es entstehen so bedingte Rechtshierarchien, die auf die Verwirklichung fundamentaler, material besonders wichtiger Rechtspositionen ausgerichtet sind, insbesondere Grundrechte und Rechtsgrundsätze, die in letzter Instanz aus diesen Grundrechten abgeleitet werden können, wie Rechtsstaatlichkeit, Demokratie und Gewaltenteilung.[20]

e) Durchsetzungsmechanismen der Konventionsrechte

Das System der EMRK sah zunächst zwei Konventionsorgane vor, die Europäische Kommission für Menschenrechte und den nicht ständigen EGMR. Das 11. Zusatzprotokoll zur EMRK vom 11. Mai 1994 (ETS/SEV Nr. 155) hat einen ständigen Gerichtshof errichtet, Art. 19 EMRK. Der Gerichtshof wird aus einem Richter oder einer Richterin aus jedem Konventionsstaat zusammengesetzt, Art. 20 EMRK. Das Plenum des Gerichtshofes wählt den Präsidenten und regelt organisatorische Fragen. Spruchkörper bilden Kammern und Große Kammer, Einzelrichter und Ausschüsse, Art. 26 EMRK. Ausschüsse umfassen drei Richter, die Kammer sieben Richter und die Große Kammer siebzehn Richter. Die Existenz von Einzelrichtern und Ausschüssen dient der Verfahrensvereinfachung. Einzelrichter können Beschwerden für unzulässig erklären, wenn eine solche Entscheidung ohne weitere Prüfung getroffen werden kann, Art. 27 EMRK. Ausschüsse können eine Beschwerde einstimmig für unzulässig erklären, wenn dies ohne weitere Prüfung geschehen kann, oder für zulässig erklären und ein Urteil über die Begründetheit fällen, wenn es eine gefestigte Rechtsprechung in diesem Bereich gibt, Art. 28 EMRK. Kammern beschließen in erster Instanz über Beschwerden, die nicht durch Einzelrichter oder Ausschüsse bereits abschließend entschieden wurden. Die Kammer kann, wenn es sich um eine schwerwiegende Frage der Auslegung oder eine Abweichung von vorherigen Urteilen des Gerichtshofes handelt, eine Sache an die Große Kammer abgeben. Jede Partei kann die Verweisung an eine Große Kammer beantragen, die von einem Ausschuss von fünf Richtern der Großen Kammer angenommen oder abgelehnt wird, Art. 31 lit. a EMRK i.V.m. Art. 30, 43 EMRK.

Vor dem Gerichtshof können Staatenbeschwerden, Art. 33 EMRK, erhoben werden, sowie, praktisch von zentraler Bedeutung, Individualbeschwerden, Art. 34 EMRK, ein Recht das seit 1998 besteht und das zu einer großen Fülle von Beschwerden – am 30. Juni 2022 waren 72'750 Beschwerden hängig[21] – geführt hat, die den Gerichtshof an die Grenzen seiner Belastbarkeit und vielleicht schon darüber hinaus gebracht hat. Der Gerichtshof ist auch für die Erstattung von Rechtsgutachten zuständig, wenn ein vom Ministerkomitee gestellter Antrag vorliegt, Art. 47 f. EMRK.

Der EGMR stellt in seinem Urteil eine Verletzung oder Nichtverletzung von Konventionsrechten fest. Gleichzeitig kann er nach Art. 41 EMRK eine gerechte Entschädigung der verletzten Partei zusprechen. Ausnahmsweise kann nach der Rechtsprechung des EGMR auch eine Verpflichtung der Gegenstand des Urteils sein, insbesondere wenn sich das Ermessen des Vertragsstaates zur Beseitigung der bestehenden Konventionsrechtsverletzung auf null reduziert hat. Dies kann beispielsweise dann der Fall sein,

---

20 M. Mahlmann, Conditioned Hierarchies of Law in Europe. Content, Legitimacy and Default Lines, in: A. Epiney/S. Diezig (Hrsg.), Schweizerisches Jahrbuch für Europarecht 2012/2013, 2013, S. 395 ff.
21 Vgl. dazu die Daten auf der Homepage des EGMR: <https://www.echr.coe.int/Documents/Stats_pending_month_2022_BIL.PDF>.

wenn nur durch die Freilassung eines Festgenommenen dessen Konventionsrechte gewahrt werden können.[22] Zur Lösung von systematischen Problemen greift der EGMR auf das richterrechtlich entwickelte Piloturteilsverfahren zurück, das dem Mitgliedstaat, der die EMRK systematisch verletzt, in bestimmter Frist allgemeine Maßnahmen zur Herstellung eines konventionsgemäßen Zustandes aufgeben kann.[23]

30   Nach Art. 46 EMRK sind die Vertragsparteien der EMRK verpflichtet, in allen Rechtssachen, in denen sie Partei sind, das endgültige Urteil des Gerichtshofes zu befolgen. Das Ministerkomitee überwacht dabei die Durchführung des Urteils. Die Rechtskraft des Urteils des EGMR bezieht sich allerdings nur auf den konkret betroffenen Sachverhalt. Aber auch darüber hinaus bestehen Bindungen aufgrund der Verpflichtung der Mitgliedstaaten, ihre Rechtsordnung und ihr hoheitliches Handeln an den Maßstäben der EMRK auszurichten. Bei einem bereits gefällten, rechtskräftigen Urteil in einem Mitgliedstaat gibt es regelmäßig Wiederaufnahme-[24] oder Revisionsgründe[25]. Es gibt aber keine Zwangsmittel zur Durchsetzung von Urteilen im Sinne eines unmittelbaren Vollzuges ihres Tenors. Einzig mögliche Sanktion ist die Suspendierung von Mitgliedschaftsrechten beziehungsweise der Ausschluss aus dem Europarat nach Art. 8 Satzung des Europarates, was nur in Ausnahmefällen denkbar ist. Der Angriff der Russischen Föderation auf die Ukraine hat einen solchen Ausnahmefall geschaffen.[26]

31   Auch ohne einen Durchsetzungsmechanismus, wie er nationalen Rechtsordnungen zur Verfügung steht, ist das EMRK-System in überraschender Weise effektiv. In letzter Instanz ist dabei der politische Wille der Mitgliedstaaten des Europarates entscheidend, Teil dieser menschenrechtsorientierten Rechtsgemeinschaft zu bleiben und nicht aus ihrem Zusammenhang ausgeschlossen zu werden. Dieser Befund ist sowohl rechtstheoretisch als auch rechtssoziologisch interessant. Er zeigt, dass Recht auch ohne vollständig ausgebildete formale Sanktionsmechanismen wirksam sein kann. Solche Sanktionen bilden also keine notwendige Bedingung der Existenz von Recht. Gleichzeitig illustriert diese Beobachtung, wie wirksam andere Instrumente der Sicherstellung der Normbefolgung sein können, hier politische Mechanismen der internationalen Staatenintegration. Damit wird die grundlegende These der Rechtssoziologie bestätigt, dass Recht auch ohne derartige formale Sanktionsmechanismen wirken kann, worauf unten noch näher eingegangen werden wird (vgl. u. § 11).

f) Beispielhafte Grundlinien der Rechtsprechung des EGMR

32   Die in der EMRK aufgelisteten Grundrechte werden letztlich durch die Rechtsprechung des EGMR mit Leben erfüllt. Einige Grundlinien sollen deswegen nachgezogen werden.

33   Ein zentrales Grundrecht bildet das Recht auf Leben, das in der EMRK in Art. 2 geschützt wird. Das Recht schützt einerseits abwehrrechtlich gegen Tötung, gezielt oder unabsichtlich, durch die hoheitliche Gewalt. Darüber hinaus etabliert es Schutzpflichten, die verschiedene Dimensionen in der Rechtsprechung des EGMR angenommen

---

22 EGMR, Application no. 71503/01, 8.4.2004, Rn. 202 f. (Assanidze v. Georgien).
23 Vgl. z.B. EGMR, Application no. 31443/96, 22.6.2004, Rn. 188 ff. (Broniowski v. Polen).
24 Vgl. zum Beispiel § 359 Ziff. 6 StPO-D.
25 Revisionsgründe, Art. 410 Abs. 2 StPO-CH.
26 Schon zuvor gab es Massnahmen. Beispiel Krimkrise: Entzug des Stimmrechts und der Ausschluss der russischen Abgeordneten aus Führungsgremien der Versammlung und Beobachtermissionen des Europarates nach dem Einmarsch der Russen auf der Krim am 1. März 2014, Resolution 1990 (10.4.2014); früher schon im Zusammenhang mit dem Krieg gegen Georgien, Resolution 1631 (1.10.2008).

haben, wie bereits angedeutet. Es kann sich um die Pflicht zu konkreten (polizeilichen) Schutzmaßnahmen handeln, um Rechtsetzungspflichten oder um Verfahrenspflichten, wie beispielsweise eine Untersuchungspflicht bei Tötung durch Staatsorgane oder Private. Die staatliche Gewalt kann auch eine Organisationspflicht treffen, etwa bei der Organisation des Polizeieinsatzes bei Großdemonstrationen. Auch Informationspflichten können aus dem Recht auf Leben abgeleitet werden, z.B. in Bezug auf Hinweise auf mögliche Quellen von Gefahren für Leib und Leben. Die Schutzpflicht kann sich auch zu einer konkreten Leistungspflicht verdichten, etwa wenn eine Person bei ihrer Geburt durch eine Bluttransfusion vom Pflegepersonal eines öffentlichen Krankenhauses fahrlässig mit HIV infiziert worden ist und deswegen auf weitere Behandlungsleistungen angewiesen ist.[27]

In Art. 2 EMRK ist vorgesehen, dass die Todesstrafe in bestimmten Fällen konventionskonform sein kann. Durch das 6. Zusatzprotokoll vom 28. April 1983 (ETS/SEV Nr. 114) und das 13. Zusatzprotokoll vom 3. Mai 2002 (ETS/SEV Nr. 187) ist die Todesstrafe aber im Bereich des Europarates praktisch vollständig abgeschafft. Das 6. Zusatzprotokoll ist für alle Vertragsstaaten in Kraft getreten. Das 13. Zusatzprotokoll wurde von 44 von 46 Vertragsstaaten ratifiziert. Die Ratifikation durch Armenien steht noch aus, Aserbaidschan hat das Protokoll nicht unterzeichnet. 34

Ein weiteres wichtiges Konventionsrecht bildet das Verbot der Folter sowie der unmenschlichen und erniedrigenden Behandlung, Art. 3 EMRK. Die Rechtsprechung des EGMR hat dabei einen wichtigen Beitrag dazu geleistet, dass fundamentale menschenrechtliche Standards in dieser Hinsicht von den Vertragsstaaten der EMRK gewahrt bleiben. Insbesondere hat er unterstrichen, dass Folter unter keinen Umständen gerechtfertigt werden kann, auch nicht zur Rettung von Dritten, z.B. konkret eines entführten Kindes.[28] 35

Art. 8 EMRK, der die Achtung des Privat- und Familienlebens der Person, ihrer Wohnung und ihrer Korrespondenz schützt, ist durch die Rechtsprechung des EGMR zu einem umfassenden Schutzrecht personaler Entfaltung ausgebaut worden. Es schützt unter anderem die physische und psychische Integrität einer Person, ihre physische und soziale, insbesondere ihre geschlechtliche Identität, ihren Namen, sexuelle Orientierung und die Bestimmung über das eigene Geschlechtsleben. Der Schutzbereich erfasst auch ein Recht auf persönliche Entwicklung, nicht zuletzt durch die Entfaltung von Beziehungen mit anderen Menschen im Zusammenhang mit der eigenen Beziehung zur äußeren Welt. Kern des Schutzbereiches ist immer deutlicher der Schutz der menschlichen Autonomie und der menschlichen Würde geworden, die in der EMRK nicht ausdrücklich garantiert wird. Nicht überraschenderweise hat der EGMR gerade im Kontext der Auseinandersetzung mit Art. 8 EMRK festgehalten: „The very essence of the Convention is respect for human dignity and human freedom."[29] 36

Eine wichtige Weichenstellung in der Rechtsprechung zur Gedankens-, Gewissens-, und Religionsfreiheit, verankert in Art. 9 EMRK, besteht darin, den Religionsbegriff weit zu fassen und damit auch neue – allenfalls nur von Minderheiten vertretene – Religionen zu erfassen. Wichtige Problemlagen, mit denen sich der EGMR in diesem Bereich auseinanderzusetzen hatte, betreffen etwa die Präsenz von religiösen Symbolen in der Öffentlichkeit. Dazu gehört beispielsweise das Tragen von religiösen Symbolen 37

---

27 EGMR, Application no. 4864/05, 23.3.2010, Rn. 77, 102 (Oyal v. Türkei).
28 EGMR, Application no. 22978/05, 1.6.2010, Rn. 87 (Gäfgen v. Deutschland).
29 EGMR, Application no. 2346/02, 29.4.2002, Rn. 65 (Pretty v. UK).

durch öffentliche Bedienstete, etwa Lehrer und Lehrerinnen. Hier hat der EGMR ein Verbot des Kopftuches in verschiedenen Fällen für möglich gehalten[30] und ein Verbot einer Gesichtsverschleierung gebilligt.[31]

38 Die Präsenz eines Kruzifixes in einem Klassenzimmer verstößt aus der Sicht der Großen Kammer des EGMR, entgegen der Ansicht einer zuvor befassten Kammer, nicht gegen das aus der Religionsfreiheit erwachsene Gebot der Neutralität des Staates.[32] Auch die Reichweite des Selbstbestimmungsrechts von Religionsgemeinschaften, nicht zuletzt im Bereich des Arbeitslebens, ist von großer Bedeutung, weil in Europa regelmäßig Religionsgemeinschaften wichtige Arbeitgeber sind. Hier wird das Selbstbestimmungsrecht von Religionsgemeinschaften geachtet, aber gewisse Grenzen angedeutet, die allerdings noch nicht in deutlicher Weise konturiert wurden.[33]

39 Von großer Bedeutung ist auch die Auslegung der Meinungsfreiheit durch den EGMR geworden, Art. 10 EMRK. Der EGMR betont dabei, dass auch solche Äußerungen vom Schutzbereich erfasst werden, die kränken, schockieren oder beunruhigen.[34] Einschränkungen werden einer strengen Verhältnismäßigkeitsprüfung unterworfen, wobei nicht dem Beispiel des US-amerikanischen Verfassungsrechts gefolgt wird, grundsätzlich auf eine Inhaltskontrolle zu verzichten. Deswegen wird das Verbot von *Hate speech* (Hassreden) für mit der Konvention vereinbar angesehen.[35] Die Pressefreiheit bildet zwar kein ausdrücklich genanntes Recht der EMRK, wird aber als durch Art. 10 EMRK geschützt angesehen. Der EGMR hat die Pressefreiheit grundsätzlich als besonders wichtiges Recht ausgezeichnet und sie in mancher Hinsicht gestärkt.

40 Die EMRK sieht kein eigenständiges, umfassendes Diskriminierungsverbot vor, sondern ein bloß akzessorisches in Art. 14 EMRK. Dieses kann nur Wirkung entfalten, wenn eine Handlung in den Schutzbereich eines anderen Konventionsrechts fällt. Der EGMR hat die Anwendbarkeit des Art. 14 EMRK in seiner Rechtsprechung ausgedehnt, um Schutzlücken zu vermeiden. Das Diskriminierungsverbot umfasst direkte Diskriminierungen, d.h. solche Diskriminierungen, die unmittelbar an bestimmte Merkmale wie zugeschriebene Rasse oder Religion anknüpfen. Es erfasst auch indirekte Diskriminierungen, also solche Praktiken und Regelungen, die zwar dem Anschein nach neutral formuliert wurden, aber faktisch unverhältnismäßig eine bestimmte Gruppe von Merkmalsträgern nachteilig treffen. Eine indirekte Diskriminierung liegt etwa vor, wenn eine unverhältnismäßig große Zahl von Romakindern auf Sonderschulen unterrichtet wird. Direkt wird an ihre ethnische Zugehörigkeit nicht angeknüpft. Sie werden aber überdurchschnittlich oft in Bezug auf ihre Ausbildungsmöglichkeiten benachteiligt. Wenn es keinen objektiven Grund für diese Ungleichbehandlung gibt, liegt eine Diskriminierung vor, was, da der betroffene Staat keine sachliche Erklärung für diese Ausbildungsmuster liefern konnte, vom EGMR angenommen wurde.[36]

41 Eine Diskriminierung kann auch durch Unterlassen erfolgen, etwa wenn bestimmte Gruppen nicht angemessen – trotz bestehender Schutzpflichten – geschützt oder gewis-

---

30 EGMR, Application no. 42393/98, 15.2.2001 (Dahlab v. Schweiz) sowie EGMR, Application no. 44774/98, 10.11.2005, Rn. 104 ff. (Sahin v. Türkei).
31 EGMR, Application no. 43835/11, 1.7.2014 (S.A.S. v. Frankreich).
32 EGMR, Application no. 30814/06, 18.3.2011, Rn. 63 ff. (Lautsi und andere v. Italien).
33 EGMR, Application no. 425/03, 23.9.2010, Rn. 49, 51 (Obst v. Deutschland); EGMR, Application no. 56030/07, 12.6.2014, Rn. 131 (Fernandez Martinez v. Spanien).
34 EGMR, Application no. 5493/72, 7.12.1976, Rn. 49 (Handyside v. UK): „offend, shock or disturb".
35 Vgl. z.B. EGMR, Application no. 15615/07, 16.7.2009, Rn. 58 ff. (Féret v. Belgien).
36 So z.B. in EGMR, Application no. 57325/00, 13.11.2007, Rn. 208 (D. H. und andere v. Tschechien).

se öffentliche Leistungen bestimmten Personengruppen ohne Grund versagt werden. Auch das Nichtbestehen von rechtlichen Regelungen, etwa strafrechtlichen Schutzmechanismen für bestimmte Personengruppen, wie etwa geistig behinderte Menschen, kann zu einer Diskriminierung führen.[37]

Auch Regelungen zu positiven Maßnahmen, die faktisch bestehende Benachteiligungen ausgleichen sollen (*affirmative action*), sind nach der Rechtsprechung des EGMR mit Art. 14 EMRK, aber auch Art. 1 des 12. Zusatzprotokolls vereinbar.[38]

42

Insgesamt hat die Rechtsprechung des EGMR etwa bei der Gleichstellung von Frauen, nicht-ehelich geborenen Kindern, Menschen mit Behinderungen, Menschen mit gleichgeschlechtlich orientierter sexueller Identität oder ethnischen Minderheiten in vieler Hinsicht einen wichtigen Beitrag zur Etablierung eines funktionierenden Diskriminierungsschutzes in Europa geleistet. Sie hat gleichzeitig ein wegweisendes Element einer internationalen Entwicklung in dieser Hinsicht gebildet. Diskriminierungsschutz ist aufgrund des Pluralismus und der Vielfalt der menschlichen Lebensformen in den Staaten Europas von entscheidender Bedeutung, um ein Zusammenleben ohne irrationale Ressentiments und Vorurteile zu ermöglichen und den spezifischen Eigenwert von Menschen angemessen zu schützen.

43

Von großer Bedeutung ist auch die Rechtsprechung zu den Justizgrundrechten, insbesondere Art. 6 EMRK, geworden. Die wesentlichen Grundelemente eines rechtsstaatlich strukturierten Verfahrens der Rechtsdurchsetzung werden dadurch grundrechtlich gewährleistet. Auch der Eigentumsschutz, garantiert durch Art. 1 des 1. Zusatzprotokolls, hat zu interessanter Rechtsprechung geführt. Der EGMR musste dabei zum Teil sehr schwierige Fragen beantworten, die sich aus der vollständigen Neustrukturierung der Eigentumsordnung nach dem Zusammenbruch der sozialistischen Staaten in verschiedenen Mitgliedstaaten ergaben. Hier hat der EGMR der politischen Gestaltung nach einem fundamentalen Systemwechsel, auch in Bezug auf die Eigentumsordnung, einen hinlänglich großen Spielraum eingeräumt.[39]

44

g) Beschränkung der Konventionsgrundrechte

Das Niveau des Grundrechtsschutzes, den eine bestimmte Grundrechtsordnung gewährleistet, bestimmt sich nicht nur durch den Schutzbereich, den die einzelnen Rechte erfassen. Von zentraler Bedeutung ist auch das Schrankenregime, das bestimmt, welche Arten von Beeinträchtigungen von Grundrechten erlaubt sein können. Grundrechtskataloge sehen verschiedene Formen von Schrankenregimen vor. Es kann horizontale Schrankenklauseln geben, die alle Grundrechte erfassen, wie etwa in Art. 52 Abs. 1 GrCh oder Art. 36 BV. Es können auch explizite Schrankenregelungen für einzelne Grundrechte vorgesehen werden, wie im Grundrechtskatalog des Grundgesetzes. Auch implizite, also nicht ausdrückliche, sich aber aus dem Normzweck durch Auslegung ergebende Schranken können anerkannt werden, wie etwa wiederum für die Grundrechte des GG.

45

---

37 Vgl. z.B. den Sachverhalt (kein strafrechtlicher Schutz in bestimmten Fällen von Menschen mit geistigen Behinderungen) im Fall EGMR, Application no. 8978/80, 26.3.1985, Rn. 27 ff. (X & Y v. Niederlande). Der EGMR hat diesen Fall bereits als Verletzung von Art. 8 EMRK eingestuft und deswegen Art. 14 EMRK nicht mehr geprüft, ebd. Rn. 32.
38 EGMR, Application no. 6268/08, 17.2.2011, Rn. 26, 46 ff. (Andrle v. Tschechien).
39 EGMR, Application no. 46720/99, 72203/01 und 72552/01, 30.6.2005, Rn. 113 (Jahn und andere v. Deutschland).

46 Die EMRK sieht Rechte ohne Schrankenregelung vor, etwa Art. 3 EMRK zum Verbot der Folter. Andere Rechte dagegen kennen ausdrückliche Schrankenregelungen. Beispiel dafür ist etwa die Regelung in Art. 8 Abs. 2 EMRK, in der festgehalten wird: „Eine Behörde darf in die Ausübung dieses Rechts nur eingreifen, soweit der Eingriff gesetzlich vorgesehen und in einer demokratischen Gesellschaft notwendig ist für die nationale oder öffentliche Sicherheit, für das wirtschaftliche Wohl des Landes, zur Aufrechterhaltung der Ordnung, zur Verhütung von Straftaten, zum Schutz der Gesundheit oder der Moral oder zum Schutz der Rechte und Freiheiten anderer."

47 Eingriffe sind deshalb nur dann gerechtfertigt, wenn sie auf einer gesetzlichen Grundlage erfolgen, ein legitimes Ziel verfolgen und in einer demokratischen Gesellschaft notwendig sind. Dabei spielt, wie in modernen Grundrechtsordnungen allgemein der Fall, das Verhältnismäßigkeitsprinzip, wie bereits vermerkt, eine zentrale Rolle. Der Eingriff muss geeignet sein, das entsprechende Ziel zu erreichen, er muss die geringste Belastung aller gleich wirksamen Maßnahmen bilden und in einer Güterabwägung im Verhältnis zu anderen Rechtspositionen keine übermäßige Belastung hervorrufen.

48 Das Verhältnismäßigkeitsprinzip hat in den letzten Jahrzehnten weltweit immer mehr an Bedeutung gewonnen und bildet heute einen fundamentalen Grundsatz des modernen Rechts, der eng mit grundlegenden Gerechtigkeitsprinzipien verbunden ist. Auch die Grundrechte des nationalen Rechts können nur unter Wahrung des Verhältnismäßigkeitsprinzips eingeschränkt werden (s. o. § 6 VII). Seine zunehmend wichtige Rolle im Schutzsystem der EMRK spiegelt insofern einen allgemeinen Zug entwickelter Rechtsordnungen der Gegenwart wider.

49 Die Konkretisierung der EMRK ist insgesamt ein eindrückliches Beispiel dafür, dass Rechtssysteme nicht einfach durch positives Recht gegeben sind, sondern ausgehend vom positiven Recht schwierige Konstruktionsleistungen von Gerichten und Rechtswissenschaft vollbracht werden müssen, z.B. um eine angemessene und überzeugend konkretisierte Grundrechtsordnung zu erzeugen. Rechtliche Grundweichenstellungen wie die methodische Orientierung des EGMR, der die EMRK als *living instrument* auffasst, das teleologisch in Hinblick auf möglichst große Wirksamkeit der Grundrechte ausgelegt werden müsse, die skizzierten Bestimmungen des Schutzbereichs von Grundrechten (z.B. Schutz von Meinungen, die „offend, shock or disturb" oder das Erfassen von nicht nur direkten, sondern auch indirekten Diskriminierungen), die Annahme von Schutzpflichten oder die inhaltliche Strukturierung des Verhältnismäßigkeitsgrundsatzes zeigen, auf welchem anspruchsvollen Niveau Rechtsauslegung sich vollzieht. Niemand, der die EMRK ohne spezielle Kenntnisse liest, wird aus ihrem Text diese Gehalte ohne Weiteres gewinnen können. Sie sind das Ergebnis theoretisch und nicht zuletzt rechtsethisch hochkomplexer Konstruktionsleistungen, die die Beschäftigung mit Recht zum möglichen Gegenstand von Wissenschaft erheben.

h) Geltungsrang der EMRK

50 Je nach Rechtssystem variiert der innerstaatliche Geltungsrang der EMRK. In Deutschland gilt die EMRK aufgrund seines dualistischen Systems (vgl. dazu u. § 7 V.4) im Rang eines Bundesgesetzes. Es kann also im Grundsatz durch ein Bundesgesetz von der EMRK abgewichen werden. Das Bundesverfassungsgericht hat allerdings die EMRK herangezogen, um Grundrechte zu konkretisieren und damit faktisch einen höheren

Geltungsrang der EMRK begründet.[40] Die EMRK kann auch mit Verfassungsrang gelten, so etwa in Österreich.[41]

Gerichten kann auch die Möglichkeit eingeräumt werden, den Verstoß gegen die EMRK festzustellen, ohne daran die Rechtsfolge zu knüpfen, dass das entsprechende Recht ungültig wird, so unter dem *Human Rights Act* von 1998 in Großbritannien.[42]

In der Schweiz besteht eine unklare Situation. Einerseits gilt die EMRK aufgrund der monistischen Orientierung der Schweiz (vgl. dazu u. § 7 V.4) unmittelbar als Landesrecht, da es sich bei ihr um *self-executing norms* handelt – d.h. um Normen, die inhaltlich hinreichend bestimmt und klar genug sind, um Rechte und Pflichten eines Einzelnen zu begründen. Nach Art. 190 BV besteht jedenfalls auch ein Vorrang gegenüber kantonalem Recht. Unklar ist das Verhältnis der EMRK gegenüber widersprechendem Bundesrecht, insbesondere Verfassungsrecht (vgl. dazu u. § 7 V.4). Dies ist auch eine praktisch relevante Frage, weil durch Instrumente der direkten Demokratie in der Schweiz Normen in die Bundesverfassung aufgenommen wurden, die gegen Grundrechte der EMRK verstoßen, etwa Art. 72 Abs. 3 BV, Verbot des Minarettbaus, der weithin für unvereinbar mit der Religionsfreiheit aus Art. 9 EMRK angesehen wird. Diese Regelungen zeigen, dass der Geltungsrang der EMRK nicht nur eine rechtliche, sondern auch eine politische Frage bildet, hinter der in letzter Instanz das Problem der grundrechtlichen Grenzen staatlicher Souveränität steht. Das weist auf ein fundamentales Problem von Rechtssystemen hin, nämlich auf die Frage, inwieweit legitimerweise auch Mehrheitsentscheidungen Grenzen gezogen werden können, um qualifizierte Grundrechtspositionen zu schützen. Dies ist eine Grundfrage der politischen Philosophie und der Rechtsphilosophie, die bereits im Rahmen der Bemerkungen zum zwingenden Recht angesprochen wurde (vgl. o. § 5 III.4). Dass auch (direktdemokratischen) Mehrheitsentscheidungen normative Grenzen gezogen sind, ist auch in der Schweiz im Grundsatz unstrittig, wie die bereits erwähnte Begrenzung der Verfassungsrevision durch die zwingenden Regeln des Völkerrechts illustriert (vgl. o. § 5 III.4). Die Frage ist nur, wo diese Grenzen legitimerweise verlaufen. Das Problem wird noch dadurch vertieft, dass Demokratie Grundrechten nicht einfach entgegengesetzt ist, sondern im Gegenteil Demokratie auf Grundrechten beruht. Die enge Verzahnung von Grundrechtsschutz und Demokratiebewahrung wurde bereits aufgezeigt (vgl. o. § 6 VIII.6). Eine weitere wichtige Frage, die sich stellt, ist, welchen Sinn internationaler Grundrechtsschutz eigentlich für Rechtsordnungen besitzt, die auf eine lange eigene Tradition von Grundrechtsschutz zurückblicken können. Diese Frage soll zunächst erörtert werden.

i) Der EGMR und der nationalstaatliche Grundrechtsschutz

Durch das System des Schutzes der EMRK wird durch den EGMR eine weitere gerichtliche Instanz geschaffen, um Grundrechte im Geltungsbereich der EMRK durchzusetzen. Dadurch wird für bestimmte Mitgliedstaaten faktisch im Grundrechtsbereich eine Verfassungsgerichtsbarkeit geschaffen, die sonst nicht besteht. Die Verfassungsgerichtsbarkeit kann im Grundrechtsbereich auch ergänzt werden, so etwa in der

---

40 BVerfGE 120, 180, 200 f.
41 Vgl. Art. II Ziff. 7 des Bundesverfassungsgesetzes vom 4. März 1964, mit dem Bestimmungen des Bundes-Verfassungsgesetzes in der Fassung von 1929 über Staatsverträge abgeändert und ergänzt werden, BGBl. 59/1964.
42 Human Rights Act (c. 42) vom 9. November 1998, sec. 4.

Schweiz, wo das Bundesgericht nur kantonale Erlasse und untergesetzliches Bundesrecht wie (mit Ausnahmen) Verordnungen auf seine Übereinstimmung mit der Bundesverfassung und den damit gewährleisteten Grundrechten überprüfen, nicht aber Bundesgesetze selbst aus diesem Grund für nichtig erklären kann, Art. 190 BV.

54 In anderen Ländern wird ein verfassungsgerichtlich umfassend gewährleisteter Grundrechtsschutz für alle Bereiche des nationalen Rechts auf internationaler Ebene vertieft, so etwa in Deutschland.

55 Diese Funktion wirft grundlegende Fragen auf, die auch andere Institutionen des internationalen Grundrechtsschutzes betreffen und die man exemplarisch am EGMR diskutieren kann. Die Frage ist: Welche Legitimität besitzen solche internationalen Gerichtshöfe oder – weiter gefasst – internationale Institutionen des Rechtsschutzes?[43] Aus der Sicht von Personen, die der Hoheitsgewalt von Staaten unterworfen sind, die einen geringen Grundrechtsstandard verwirklichen, ist die Antwort klar: Sie werden auf höherem Niveau geschützt, was in vielen Fallkonstellationen von existentieller Bedeutung sein kann. Auch für diese Staaten selbst kann diese erhöhte Bindung von Vorteil sein. Zentral ist die Einbindung in eine grundrechtsorientierte Staatengemeinschaft, die heute politisch für einen Staat unverzichtbar ist. Es illustriert, für wie hoch das politische Kapital veranschlagt wird, das aus der Mitgliedschaft in einer internationalen Organisation wie dem Europarat gewonnen werden kann, dass Staaten, für deren Regierung der Grundrechtsschutz kein glaubwürdiges Politikziel bildet, sich dennoch dem Regime der EMRK unterwerfen. Ein System des regionalen Grundrechtsschutzes schafft zudem die Möglichkeit, Anschluss an internationale Grundrechtsstandards zu finden.

56 Welcher Vorteil besteht aber für Länder, die bereits einen entwickelten nationalen Grundrechtsschutz besitzen? Warum Grundrechte mehrfach, auf verschiedenen Ebenen schützen? Welcher Vorteil besteht für diese Länder vor allem auch, wenn man bedenkt, dass internationale Gerichtshöfe so wenig wie andere Gerichtshöfe immer überzeugend entscheiden? Auch internationale Gerichtshöfe können irren. Die Rechtsprechung des EGMR etwa ist genauso wie die Rechtsprechung anderer Gerichte von Urteilen geprägt, die kritisiert werden, häufig mit guten Gründen. Die Rechtsprechung wird auch immer wieder fundamentalen Revisionen unterzogen, was impliziert, dass eine bisherige Rechtsprechungslinie Schwächen hatte. Welcher Gewinn wird also dadurch erzielt, dass eine weitere Instanz des Grundrechtsschutzes geschaffen wird, wenn nicht garantiert werden kann, dass diese immer besser als nationale Instanzen des Grundrechtsschutzes entscheidet?

57 Ein solcher Grund für Länder, die bereits einen entwickelten Grundrechtsschutz kennen, sich einem System einer internationalen Grundrechtskontrolle anzuschließen, besteht zunächst darin, einen Beitrag zu leisten, entwickelte Grundrechtsstandards allgemein sicherzustellen, sie also im Rahmen eines regionalen Schutzsystems wie der EMRK oder auch darüber hinaus zu universalisieren. Um dieses Ziel zu erreichen, um gerade diejenigen Menschen in den Genuss eines genügenden Grundrechtsschutzes zu bringen, die einen solchen Schutz bisher nicht kennen, ist es auch für die Staaten mit gut entwickeltem Grundrechtsschutz wichtig, sich an die Maßstäbe, die von einem Gerichtshof wie dem EGMR entwickelt werden, zu halten. Nur wenn sie sich in sol-

---

43 Vgl. zur Legitimität internationaler Gerichte allgemein A. v. Bogdandy/I. Venzke, In wessen Namen? Internationale Gerichte in Zeiten globalen Regierens, 2014.

III. Europarat

cher Weise orientieren, kann von anderen Staaten erwartet werden, sich ebenfalls an diesen Maßstäben messen zu lassen und so allmählich einen international akzeptierten Grundrechtsschutz zu entwickeln.

Der Gewinn eines solchen universalisierten Grundrechtsstandards, nicht nur für die Menschen, deren Rechte überstaatlich besser als staatlich gesichert werden, ist offensichtlich. Es ist ein Vorteil für jeden Staat und seine Bürgerinnen und Bürger, in einen politischen und rechtlichen Staatenraum integriert zu sein, in dem fundamentale Rechtspositionen geachtet werden. Solche Ordnungen zeichnen sich nicht zuletzt durch Stabilität und Berechenbarkeit aus. Die Legitimität einer Ordnung ist ein wichtiger politischer Stabilitätsfaktor. Andauernde Rechtsverletzungen können zu politischen Umwälzungen führen, die für andere Staaten schwerwiegende Folgen haben können. Kollabierte Staatsordnungen wie in Libyen haben neben vielen anderen Übeln etwa zu einer Situation für Flüchtlinge geführt, die politisch und menschenrechtlich gänzlich inakzeptabel ist und die europäischen Staaten, inklusive der Schweiz oder Deutschlands, vor ganz erhebliche Probleme stellt. 58

Die Bürger und Bürgerinnen eines in eine internationale Grundrechtsordnung integrierten Staates gewinnen zudem unmittelbar, wenn sie sich in einem solchen grundrechtsgesicherten Freiraum bewegen können. Missbrauch der Hoheitsgewalt von Staaten kann auch Nicht-Bürger treffen – als Reisende, im Rahmen wirtschaftlicher Aktivitäten im Ausland, aber auch durch Ausübung von Hoheitsgewalt jenseits von Landesgrenzen, z.B. im Rahmen der Kommunikationsüberwachung. 59

Auch für entwickelte Grundrechtsordnungen kann eine internationale Kontrolle der eigenen Urteile darüber hinaus eine wichtige Funktion haben. Die nationale Perspektive wird hier überschritten, bestimmte, im nationalen Rahmen womöglich unangefochtene Ansichten werden in Frage gestellt und einer internationalen Prüfung unterworfen. Es besteht inzwischen im Grundrechtsbereich ein differenzierter internationaler Diskurs, der durch seine Internationalität die entsprechenden Fragen auf hohem Niveau behandelt und dabei partikulare nationale Perspektiven häufig überschreiten kann. Internationale Gerichtshöfe liefern insofern einen Beitrag zur vertieften Rationalisierung der Grundrechtskonkretisierung. 60

Ein System transnationalen Grundrechtsschutzes kann keine prinzipiell höhere Legitimation beanspruchen als nationale Institutionen des Grundrechtsschutzes. In letzter Instanz kann sich die Legitimation des Grundrechtsschutzes nicht aus der normhierarchischen Stufe der Grundrechtsordnung, sondern nur durch die inhaltlich überzeugende Praxis der Grundrechtskonkretisierung ergeben. Gerade die EMRK zeigt, dass eine internationale Rechtsintegration keineswegs zu einer Verringerung des Schutzniveaus führen muss. Sie zeigt, dass die Selbstbestimmungsmöglichkeit von einzelnen Staaten durch solche Grundrechtsordnungen im Einzelfall zwar beschränkt werden mag, dies aber geschieht, um bestimmte legitime Grundrechtspositionen zu verwirklichen, die die Staaten, die die EMRK abgeschlossen haben, gerade schützen wollen. Viele Urteile des EGMR mögen Grund zur Kritik liefern. Insgesamt hat der EGMR aber bewiesen, dass eine internationale Rechtsprechungspraxis hohen Legitimationsanforderungen genügen kann. 61

Es kann schließlich weder Staaten insgesamt noch ihren Bevölkerungen politisch und ethisch gleichgültig sein, wenn in anderen Staaten Grundrechte verletzt werden, wie es ihnen auch nicht gleichgültig sein kann, wenn in anderen Staaten Menschen aufgrund von Bürgerkrieg oder Naturkatastrophen Hilfe benötigen. Die Hilfsmöglichkei- 62 ten sind in all diesen Fällen in vieler Hinsicht sehr beschränkt. Es gibt auch keine politische Verantwortung dafür, das Wohlergehen der Bevölkerung anderer Staaten zu gewährleisten oder gar ihren Grundrechtsschutz sicherzustellen. Darum geht es aber bei der Beteiligung an internationalen Systemen des Grundrechtsschutzes nicht. Es geht nur um einen Beitrag, solche Systeme mit Leben zu erfüllen, der u.a. darin besteht, hinzunehmen, dass nicht anders als in nationalen Systemen zwangsläufig nicht jede Entscheidung überzeugen wird und ein gewisses Maß an pragmatischer Kompromissbereitschaft Voraussetzung dafür ist, eine internationale Ordnung des Rechts aufzubauen. Eine Pflicht, einen solchen begrenzten Beitrag zur Etablierung einer internationalen Ordnung des Rechts zu leisten, lässt sich in Anbetracht der zentralen Rechtsgüter, um die es für Menschen geht, rechtsethisch ohne Zweifel begründen.

63 Die Beteiligung an internationalen Grundrechtsschutzsystemen ist deshalb politisch schon aus nüchternen Eigeninteressen alternativlos, ein sinnvolles Mittel rechtlicher Rationalisierung und ein ethisch eigentlich selbstverständlicher Akt internationaler Unterstützung derjenigen, die Opfer von Rechtsverletzungen werden.

64 Die EMRK wird deswegen zu Recht heute als ein zentrales Beispiel einer geglückten grundrechtsorientierten, internationalen Rechtsintegration angesehen. Andere regionale Systeme des Grundrechtsschutzes wie das Interamerikanische Menschenrechtssystem zeigen die Bedeutung solcher anspruchsvollen Rechtsstrukturen auch in anderen Teilen dieser Welt.

IV. Die supranationale Ordnung der EU

1. Politische Integration mit wirtschaftlichen Mitteln

65 Trotz einiger Ansätze in der Zeit zwischen den Weltkriegen (etwa die Gründung der *Paneuropa-Union* 1922 durch *Graf Richard Nikolas Coudenhove-Kalergi* (1894–1972), der Freihandelsbewegung, von Pazifisten und Internationalisten, das Briand-Memorandum[44]), kam es erst nach dem Zweiten Weltkrieg zur Institutionalisierung der europäischen Integration. In seiner Zürcher Rede von 1946 forderte *Winston Churchill* (1874–1965) eine „Neubegründung der europäischen Familie" durch eine Art „Vereinigter Staaten von Europa" sowie die Überwindung des deutsch-französischen Antagonismus. Das Vereinigte Königreich sollte allerdings seine Eigenständigkeit bewahren – eine politische Weichenstellung, die die Haltung gegenüber der europäischen Integration lange bestimmte und die Brexit-Entscheidung beeinflusste. Der damalige französische Außenminister *Robert Schuman* (1886–1963) sowie sein Mitarbeiter *Jean Monnet* (1888–1979) entwickelten, ebenfalls aufgrund der Erfahrungen des Zweiten Weltkrieges, einen Plan zur europäischen Kontrolle der wirtschaftlichen und militärischen Schlüsselindustrien Kohle und Stahl. Dieser Schuman-Plan mündete am 18. April 1951 in die Unterzeichnung des *Vertrags zur Gründung der Europäischen Gemeinschaft für Kohle und Stahl* (*EGKS*, sog. *Montanunion*). Gründungsmitglieder waren neben Deutschland und Frankreich Italien, Belgien, die Niederlande sowie Luxemburg. Da der Vertrag auf 50 Jahre befristet war, ist er inzwischen außer Kraft getreten; der Montansektor ist in den Anwendungsbereich des EG-Vertrags (den heuti-

---

44 Das Briand-Memorandum stellt einen ersten Entwurf einer europäischen Union dar. Verfasst von *Aristide Briand* (1862–1932), dem französischen Aussenminister in den Jahren 1925–1929, und *Alexis Leger* (1887–1975), handelt es sich um die Absichtserklärung vom 1. Mai 1930, einen Staatenbund von 27 europäischen Staaten, welche auch dem Völkerbund angehörten, zu errichten.

gen Vertrag über die Arbeitsweise der Europäischen Union, AEUV) übergeleitet worden.

Das Scheitern einer verstärkten *politischen* Integration in der Folgezeit (insbesondere durch die Ablehnung des Vertrags über eine Europäische Verteidigungsgemeinschaft von 1952 durch die französische Nationalversammlung 1954) führte zur Konzentration auf den schrittweisen Ausbau *wirtschaftlicher* Kooperation: So wurde mit den sog. *Römischen Verträgen* 1957 die Gründung der *Europäischen Wirtschaftsgemeinschaft (EWG)* sowie der *Europäischen Atomgemeinschaft (EAG)* beschlossen. Gründungsmitglieder waren – wie schon bei der Montanunion – Deutschland, Frankreich, Italien, Belgien, die Niederlande sowie Luxemburg. Während die EAG die friedliche Nutzung der Kernenergie als weiterer Schlüsselindustrie sicherstellen sollte, handelte es sich bei der EWG (ab 1992 einfach „EG") um eine Zollunion mit dem Ziel eines gemeinsamen Marktes durch die Verwirklichung des freien Waren-, Personen-, Dienstleistungs- sowie Kapitalverkehrs (die sog. vier Grundfreiheiten). 66

Mit dem *Abkommen über gemeinsame Organe für die Europäischen Gemeinschaften* vom 25. März 1957 sowie dem *Fusionsvertrag* vom 8. April 1965 wurden die „Europäischen Gemeinschaften" – wie die drei Einzelgemeinschaften fortan bezeichnet wurden – institutionell verklammert: Ein Europäisches Parlament (seit 1979 direkt gewählt), ein Gerichtshof, ein Rat sowie eine Kommission (und ab 1977 ein Rechnungshof) waren somit für alle drei Regelungsbereiche zuständig. 67

In der *ersten Erweiterungsrunde* (sog. Norderweiterung) traten 1973 Dänemark, das Vereinigte Königreich sowie Irland den Europäischen Gemeinschaften bei. 68

Mit dem Beitritt Griechenlands 1981 sowie Spaniens und Portugals 1986 (*zweite Erweiterungsrunde*, sog. Süderweiterung) wuchs die Gemeinschaft auf 12 Mitglieder an. 69

Die *Einheitliche Europäische Akte* vom 17. Februar 1986 beinhaltete im Wesentlichen institutionelle Reformen: Neben einer Stärkung des Europäischen Parlaments, der Errichtung des Gerichts erster Instanz und der Einführung des Europäischen Rates, durch den die Konferenzen oder Gipfel der Staats- und Regierungschefs institutionalisiert wurden, wurden auch neue Gemeinschaftskompetenzen (z.B. Förderung der wissenschaftlichen und technologischen Grundlagen, Wirtschaftsentwicklung, Umweltschutz) geregelt sowie das Ziel der Schaffung eines einheitlichen Binnenmarkts (d.h. eines Raums des freien Personen- und Warenverkehrs) in den EWG-Vertrag aufgenommen. 70

Seine weitgehend bis zum Inkrafttreten des Vertrags von Lissabon im Dezember 2009 bestehende Gestalt erhielt das europäische Integrationsprojekt am 7. Februar 1992 mit dem *Vertrag von Maastricht*: Dieser begründete die *Europäische Union* als Dachorganisation der drei Europäischen Gemeinschaften („erste Säule" der EU) sowie der Gemeinsamen Außen- und Sicherheitspolitik („zweite Säule") und der sog. intergouvernementalen Zusammenarbeit in den Bereichen polizeilicher und justizieller Zusammenarbeit in Strafsachen („dritte Säule"). Im Bereich der intergouvernementalen Zusammenarbeit werden keine Hoheitsrechte auf die Gemeinschaften übertragen. Obgleich der Unionsvertrag als „Dach" einheitliche Institutionen für die drei „Säulen" vorsah, unterschieden sie sich doch hinsichtlich des Integrationsgrades erheblich: So waren die Gemeinschaftsorgane Parlament und Kommission innerhalb der ersten Säule in weitaus größerem Maß in die Entscheidungsfindung eingebunden als in den beiden übrigen 71

Säulen, die weitgehend der einstimmigen Beschlussfassung der Mitgliedstaaten im Rat unterlagen. Der Europäische Gerichtshof war vorwiegend für die Auslegung der Gemeinschaftsverträge (erste Säule) zuständig, erlangte aber auch beschränkte Zuständigkeiten im intergouvernementalen Bereich.

72 Im Maastrichter Unionsvertrag wurde zudem die Achtung der Grundrechte (gewonnen aus den gemeinsamen Verfassungsüberlieferungen der Mitgliedstaaten sowie der EMRK) als „allgemeine Grundsätze des Gemeinschaftsrechts" festgeschrieben. Damit wurde im Unionsvertrag die entsprechende Rechtsprechung des Europäischen Gerichtshofes (EuGH) verankert, der gemeinschaftsrechtliche Grundrechte durch richterliche Rechtsfortbildung entwickelt hat. Die Europäische Wirtschaftsgemeinschaft (EWG) wurde in Europäische Gemeinschaft (EG) umbenannt. Entscheidend ist schließlich die Schaffung einer Währungsunion, wie sie seitdem verwirklicht wurde.

73 In der *dritten Erweiterungsrunde* traten der EU 1995 Österreich, Schweden und Finnland bei. Norwegen lehnte einen Beitritt aufgrund einer Volksabstimmung dagegen ab.

74 Die *Verträge von Amsterdam* (2. Oktober 1997) sowie *Nizza* (26. Februar 2001) sahen vorwiegend institutionelle Reformen vor: So wurde die Stellung des Europäischen Parlaments im Kompetenzgefüge der Union ausgebaut, das Einstimmigkeitsprinzip im Rat in einigen Bereichen aufgehoben und die Zahl der Kommissionsmitglieder begrenzt – Maßnahmen, die insbesondere auch der Wahrung der Handlungsfähigkeit der Union nach der damals anstehenden EU-Osterweiterung dienen sollten. Anlässlich des EU-Gipfels von Nizza wurde zudem die *Charta der Grundrechte der Europäischen Union* proklamiert – ihre rechtliche Geltung wurde allerdings erst mit Inkrafttreten des Vertrags von Lissabon im Dezember 2009 vertraglich festgeschrieben.

75 Die *vierte Erweiterungsrunde* im Jahr 2004 war mit dem EU-Beitritt von zehn Staaten aus Mittel- und Osteuropa (Estland, Lettland, Litauen, Malta, Polen, Slowakei, Slowenien, Tschechische Republik, Ungarn und Zypern) die bislang größte in der Unionsgeschichte. Mit dem Beitritt von Bulgarien und Rumänien im Jahr 2007 wurde die sog. Osterweiterung der EU (vorerst) abgeschlossen. Mit dem Beitritt von Kroatien 2013 zählt die EU heute 27 Mitgliedstaaten. Der sog. "Brexit" wurde nach jahrelangen, quälenden politischen Auseinandersetzungen in Grossbritannien zum 31.1.2020 vollzogen.

76 Um die in den verschiedenen Verträgen niedergelegten Bestimmungen in einem Text zusammenzufassen, die komplizierten Strukturen der EU zu vereinfachen sowie die Entscheidungsfähigkeit der erweiterten Union zu gewährleisten, wurde von einem Konvent unter Vorsitz des früheren französischen Staatspräsidenten *Valéry Giscard d'Estaing* (*1926) der *Vertrag über eine Verfassung für Europa* entworfen und von den Staats- und Regierungschefs der EU-Mitgliedstaaten im Jahr 2004 unterzeichnet. Aufgrund eines ablehnenden Referendums in Frankreich und einer Volksbefragung in den Niederlanden trat der Verfassungsvertrag jedoch nie in Kraft.

77 In einem neuen Anlauf sollten die wesentlichen (institutionellen) Reformelemente des gescheiterten Verfassungsvertrags in einen Änderungsvertrag, in dem jegliche Verfassungssymbolik vermieden wurde, überführt werden. Nach äußerst zähen Verhandlungen wurde der sog. *Vertrag von Lissabon* schließlich am 13. Dezember 2007 von den europäischen Staats- und Regierungschefs unterzeichnet. Zwar wurde der Ratifizierungsprozess durch ein ablehnendes Referendum in Irland im Juni 2008 zunächst verzögert, doch stimmten die irischen Wähler der Reform bei erneuter Vorlage im Okto-

ber 2009 zu, so dass der Vertrag von Lissabon schließlich am 1. Dezember 2009 in Kraft treten konnte.

Inhaltlich bedeutet der Vertrag von Lissabon eine tiefgreifende Reform und Vereinfachung der (noch immer) komplexen Strukturen der Union: So wurde die „Drei-Säulen-Architektur" des Vertrags von Maastricht zugunsten einer Europäischen Union als einheitlicher und rechtsfähiger Organisation aufgegeben, in die sämtliche Politikbereiche (mit Ausnahme der Atompolitik) der vormaligen EG integriert wurden. Die frühere „dritte Säule" der EU, die polizeiliche und justizielle Zusammenarbeit in Strafsachen, wurde weitgehend „vergemeinschaftet" (d.h. u.a., dass für die Beschlussfassung hier nicht mehr Einstimmigkeit erforderlich ist); die Gemeinsame Außen- und Sicherheitspolitik (ehemals die „zweite Säule" der EU) bleibt dagegen weiterhin intergouvernemental organisiert, d.h., die einzelnen Mitgliedstaaten behalten in diesem Bereich ihre Veto- und damit auch Souveränitätsrechte.

Weitere Veränderungen betreffen das Institutionengefüge der EU: So wird der Europäische Rat nicht nur offiziell ein Organ der EU, sondern erhält auch – an Stelle des vormals halbjährlich rotierenden Vorsitzes – einen auf zweieinhalb Jahre gewählten Präsidenten. Mit dem weiteren neuen Amt des „Hohen Vertreters der Union für Außen- und Sicherheitspolitik" soll durch Zusammenlegung der Positionen des Vorsitzes über den EU-Außenministerrat sowie des Vize-Präsidenten der Kommission die außenpolitische Repräsentanz und Handlungsfähigkeit der Union gestärkt werden. Schließlich wurde auch versucht, durch eine stärkere Berücksichtigung der Bevölkerungsverhältnisse durch das sog. Prinzip der „doppelten Mehrheit" (nämlich der Anzahl von Mitgliedstaaten im Rat sowie der von ihnen repräsentierten Bevölkerungen) bei Abstimmungen im Rat der Europäischen Union ebenso wie durch eine Stärkung des Europäischen Parlaments im Rechtsetzungsprozess das oft bemängelte „Demokratiedefizit" innerhalb der Union teilweise zu beheben.

2. Rechtsnatur

Die EU ist durch einen völkerrechtlichen Vertrag errichtet worden und mit eigenen Organen ausgestattet, die einen von den Mitgliedstaaten unabhängigen Willen formen können. Die EU bildet eine internationale Organisation. Art. 47 EUV schafft die eigene Rechtspersönlichkeit der EU. Die EU ist deshalb auch ein Völkerrechtssubjekt. Sie ist ein Träger eigener völkerrechtlicher Rechte und Pflichten und kann deswegen als Rechtssubjekt völkerrechtliche Verträge mit Staaten und anderen internationalen Organisationen abschließen. Die Europäische Kommission ist zur Vertretung der Europäischen Union im völkerrechtlichen Verkehr befugt, es sei denn, es geht um die Außen- und Sicherheitspolitik, wo die Vertretung bei dem Hohen Vertreter für Außen- und Sicherheitspolitik liegt, Art. 27 Abs. 2 EUV, sowie in anderen Ausnahmefällen, Art. 17 Abs. 1 S. 6 EUV. Internationale Übereinkünfte, d.h. völkerrechtliche Verträge nach Art. 216 ff. AEUV, bedürfen eines Zustimmungsbeschlusses des Rates, wobei dem Europäischen Parlament qualifizierte Mitspracherechte zukommen, Art. 218 AEUV.

3. Die Institutionen der Europäischen Union

In der Europäischen Union hat sich eine differenzierte Ordnung von Organen entwickelt. Diese Organe dienen einerseits dazu, die Politiken der Europäischen Union zu verwirklichen, und andererseits, den Ausgleich der Interessen der Mitgliedstaaten gegenüber der Union, aber auch untereinander zu befördern. Das institutionelle System der EU kennt gewaltenteilende Elemente, was das Problem der Zuordnung der Organkompetenzen erzeugt. Dieses ist nicht nur institutioneller und normativer, sondern auch politischer Art. In der Auseinandersetzung um Organkompetenzen spiegelt sich die politische Auseinandersetzung von Einflusssphären der Mitgliedstaaten, aber auch ihrer Organe, nicht zuletzt ihrer Parlamente, und der EU. Art. 13 Abs. 2 S. 2 EUV verpflichtet die Organe dabei auf loyale Zusammenarbeit. Ein grundsätzliches Problem, das die Diskussion um die europäische Integration im Rahmen der EU begleitet, ist ihre demokratische Legitimation. Diese demokratische Legitimation ergibt sich einerseits abgeleitet aus derjenigen der im Rahmen der EU handelnden Organe der Mitgliedstaaten, etwa der demokratisch gewählten Regierungen. Sie ergibt sich andererseits aber auch direkt aus den Strukturen der Europäischen Union, etwa durch die Wahl des Europaparlaments, Art. 10 Abs. 2 EUV. Es gibt Ansätze für direktdemokratische Mechanismen auf EU-Ebene, etwa die Bürgerinitiative, Art. 11 Abs. 4 EUV. Die Organe der Europäischen Union sind nach Art. 13 Abs. 1 EUV das Europäische Parlament, der Europäische Rat, der Rat der Europäischen Union, die Europäische Kommission, der Gerichtshof, die Europäische Zentralbank und der Rechnungshof.

4. Kompetenzen der wichtigsten Organe der EU

a) Europäischer Rat

82 Dem *Europäischen Rat*, der seit dem Vertrag von Lissabon offiziell ein Organ der EU darstellt, obliegt die politische Leitung der Union, Art. 15 EUV. Hier werden die allgemeinen politischen Ziele und Prioritäten der EU formuliert, die von den übrigen Organen konkretisiert und verfolgt werden. Der Europäische Rat besteht aus den Staats- oder Regierungschefs der jeweiligen EU-Mitgliedstaaten, dem auf zweieinhalb Jahre gewählten Präsidenten des Europäischen Rates und dem Präsidenten der Kommission; ein Teilnahmerecht hat der Hohe Vertreter für Außen- und Sicherheitspolitik. Der Europäische Rat tritt zweimal pro Halbjahr zusammen, es können aber auch außerordentliche Tagungen einberufen werden. Beschlüsse müssen in diesem Organ – mit wenigen Ausnahmen, etwa bei der Ernennung des Hohen Vertreters der Union für Außen- und Sicherheitspolitik – einstimmig gefasst werden. Neben den politischen Aufgaben stehen dem Europäischen Rat eine Reihe von Entscheidungs- und Ernennungsrechten zu, u.a. über das Rotationsverfahren innerhalb der Kommission.

b) Rat der Europäischen Union

83 Der *Rat der Europäischen Union* („Ministerrat", offiziell nur „Rat") setzt sich – nach Ressorts untergliedert in verschiedene „Räte" – aus Regierungsvertretern der Mitgliedstaaten zusammen, Art. 16 EUV; z.B. tagen die Außenminister im Rat „Auswärtige Angelegenheiten" und die Finanz- und Wirtschaftsminister im Rat „Wirtschaft und Finanzen". Der Vorsitz im Rat rotiert – mit Ausnahme des Rates „Auswärtige Angelegenheiten", dem der Hohe Vertreter für Außen- und Sicherheitspolitik vorsitzt – zwischen den Mitgliedstaaten: So wird er je für 18 Monate von einer Gruppe von drei sich gegenseitig unterstützenden Mitgliedstaaten (also pro Mitgliedstaat 6 Monate lang) wahrgenommen. Im institutionellen Gefüge der Union kommen dem Rat eine zentrale Position sowie zahlreiche Kompetenzen zu. Außerdem fungiert er als Bindeglied zwischen den Mitgliedstaaten und der Union. Die wichtigsten Befugnisse des Rates sind: Rechtsetzung; Mitgestaltung der Außenbeziehungen (z.B. beim Abschluss völkerrechtlicher Verträge); Haushaltskompetenzen (zusammen mit dem Parlament); Exekutivbe-

fugnisse (z.B. Gewährung von Ausnahmen vom Beihilfeverbot); Kreationsbefugnisse (z.B. Ernennung der Mitglieder des Rechnungshofes).

c) Kommission

Die *Kommission* ist dasjenige politische Organ der Union, in dem die Willensbildung am deutlichsten von den Partikularinteressen der Mitgliedstaaten gelöst und am Wohl der Union orientiert ist, Art. 17 EUV. Zusammen mit dem Gerichtshof stellt sie somit die klarste Ausprägung des Gedankens der Supranationalität innerhalb der EU dar. Die Kommission bildet den Kern der Exekutive der EU, ist aber auf Exekutivfunktionen nicht beschränkt. Die derzeitige Kommission (seit November 2019) setzt sich aus je einem Mitglied pro EU-Mitgliedstaat zusammen; ab 2014 hätte ihre Zahl auf zwei Drittel der Mitgliedstaaten begrenzt werden sollen, wenn der Rat nichts anderes beschlossen hätte.[45] Die Kommissionsmitglieder haben jeweils ein Fachressort, für das sie zuständig sind. Aufgrund ihrer Initiativrechte wird die Kommission häufig als „Motor der Integration" und wegen ihrer Kontrollrechte auch als „Hüterin der Verträge" bezeichnet. Ihre wichtigsten Befugnisse sind: Mitwirkung an der Rechtsetzung (insbesondere Einbringung von Vorschlägen, sog. Initiativrecht); Erlass von sog. Durchführungsbestimmungen (Konkretisierung von generelleren unionsrechtlichen Normen) nach Ermächtigung des Rates; Außenvertretung der Union (z.B. bei Aushandlung völkerrechtlicher Verträge, Beziehungen zu internationalen Organisationen) mit Ausnahme des Bereichs der Gemeinsamen Außen- und Sicherheitspolitik; Exekutivbefugnisse (z.B. Verwaltungsvollzug im Wettbewerbsrecht, Erteilung von Genehmigungen); Kontrollaufgaben (z.B. Einleitung von Verfahren gegen einen Mitgliedstaat wegen Verletzung des Unionsrechts).

84

d) Europäisches Parlament

Das *Europäische Parlament* ist das demokratische Repräsentativorgan der EU, Art. 14 EUV. 705 Parlamentarier vertreten derzeit rund 447 Millionen EU-Bürger. Sie werden unmittelbar von den Bürgern der EU-Mitgliedstaaten alle fünf Jahre bei den Europawahlen gewählt und schließen sich zu – die Grenzen ihrer Herkunftsländer überschreitenden – Fraktionen zusammen (z.B. „Fraktion der Europäischen Volkspartei", „Fraktion der Progressiven Allianz der Sozialdemokraten im Europäischen Parlament"). Die Kompetenzen des Parlaments waren lange Zeit auf Anhörungs- und Kontrollbefugnisse beschränkt. Diese beschränkten Befugnisse des Parlaments bilden Gründe für die Kritik eines „Demokratiedefizits" der EU. Dieses Defizit besteht in vieler Hinsicht tatsächlich. Im Zuge der verschiedenen Vertragsrevisionen wurden die Kompetenzen des Parlaments immerhin kontinuierlich in Richtung echter Mitentscheidungsbefugnisse bei der Rechtsetzung ausgebaut; durch den Vertrag von Lissabon wurde das Mitentscheidungsverfahren zum „ordentlichen Gesetzgebungsverfahren", also zum Regelfall, erhoben. Die wesentlichen Befugnisse des Europäischen Parlaments sind (neben der Repräsentation): Mitwirkung an der Rechtsetzung; Haushaltskompetenzen (zusammen mit dem Rat); Zustimmung zur Aufnahme neuer Mitglieder; Zustimmung bei bestimmten völkerrechtlichen Abkommen; Kreationsfunktion (Wahl des vom Europä-

85

---

[45] Am 22. Mai 2013 beschloss der Europäische Rat, dass die Anzahl der Kommissionsmitglieder auch nach dem 1. November 2014 weiterhin der Anzahl der Mitgliedstaaten entsprechen soll (Beschluss des Europäischen Rates vom 22.5.2013 über die Anzahl der Mitglieder der Europäischen Kommission (2013/272/EU)). Dieser Entscheid soll später überprüft werden.

ischen Rat vorgeschlagenen Kommissionspräsidenten); Kontrollfunktionen (Misstrauensvotum gegen die Kommission; Einsetzung von Untersuchungsausschüssen).

e) Gerichtshof der Europäischen Union

86 Der *Gerichtshof der Europäischen Union*, bestehend aus dem Gerichtshof, dem „Gericht" (EuG, ehemals das „Gericht erster Instanz") und den Fachgerichten, stellt das gemeinsame Rechtsprechungsorgan der Union dar.

87 Er kontrolliert Rechtsakte der anderen EU-Organe sowie das Verhalten der Mitgliedstaaten auf ihre Konformität mit dem Unionsrecht hin (z.B. im Rahmen der sog. Vertragsverletzungsverfahren) und sichert somit „die Wahrung des Rechts bei der Auslegung und Anwendung der Verträge" (Art. 19 Abs. 1 S. 2 EUV). Der Gerichtshof der EU übernimmt Zuständigkeiten, die in nationalen Rechtsordnungen verschiedenen Zweigen der Gerichtsbarkeit zugeordnet sind (z.B. als „Verfassungsgericht" sowie „Verwaltungsgericht"). Durch die Auslegung der Verträge und niederrangigen Unionsrechts bildet er nicht selten das Recht fort und wird somit selbst rechtsschöpferisch tätig. Mit den EU-Grundrechten wurde ein wichtiges Beispiel bereits genannt. Dem EuGH gehört je Mitgliedstaat ein Richter an sowie insgesamt elf Generalanwälte. Die Generalanwälte bereiten die Entscheidungen des Gerichtshofes vor und haben dadurch faktisch einen großen Einfluss auf die Rechtsentwicklung. Zur Entlastung des EuGH wurde 1988 das Gericht (EuG) mit zwei Richtern je Mitgliedstaat geschaffen.

88 Es gibt verschiedene Instrumente des Rechtsschutzes im Recht der Union. Wichtig ist zunächst das Vertragsverletzungsverfahren nach Art. 258 AEUV, nach dem die Kommission, wenn sie der Meinung ist, dass ein Mitgliedstaat gegen die Verpflichtungen aus den Verträgen verstoßen hat, gegen den Staat den EuGH anrufen kann. Das gleiche Recht hat nach Art. 259 AEUV auch ein anderer Mitgliedstaat. Nach Art. 263 AEUV können Rechtsakte der Organe der Europäischen Union der Nichtigkeitsklage unterworfen werden. Diese Klage kann ein Mitgliedstaat, das Europäische Parlament, der Rat oder die Kommission erheben. Wenn es um die Wahrung der Rechte dieser Institutionen geht, ist der Gerichtshof auch für Klagen der Europäischen Zentralbank und des Ausschusses der Regionen zuständig. Natürliche oder juristische Personen können gegen die an sie gerichteten oder sie unmittelbar und individuell betreffenden Handlungen sowie gegen Rechtsakte mit Verordnungscharakter, die sie unmittelbar betreffen und keine Durchführungsmaßnahmen nach sich ziehen, Klage erheben. Die Untätigkeitsklage ist auf Feststellung einer Vertragsverletzung durch Untätigkeit gerichtet, Art. 265 AEUV. Praktisch von zentraler Bedeutung ist das Vorabentscheidungsverfahren, wonach der EuGH nach Art. 267 AEUV über die Auslegung der Verträge sowie über die Gültigkeit und die Auslegung der Handlungen der Organe und sonstigen Stellen der Union entscheidet, wenn ein Gericht eines Mitgliedstaates eine entsprechende rechtliche Problematik dem EuGH vorlegt. Eine solche Vorlage bildet eine Pflicht des betreffenden Gerichts, wenn seine Entscheidungen nicht mehr mit Rechtsmitteln des innerstaatlichen Rechts angefochten werden können. Praktisch ist das Vorabentscheidungsverfahren das wichtigste Element der Rechtsfortentwicklung durch den EuGH.

5. Grundbegriffe des Unionsrechts

89 Das Unionsrecht umfasst Primärrecht und Sekundärrecht. Primärrecht ist das Recht, das durch die Unionsverträge selbst geschaffen wird. Auch die Europäische Grund-

rechtscharta hat den Geltungsrang von Primärrecht, Art. 6 Abs. 1 EUV. Das Primärrecht bestimmt die Grundstrukturen der EU und ihre Kompetenzen, schafft ihre Organe und gestaltet die Verfahren des Unionshandelns. Durch das Primärrecht werden die wesentlichen materialen Inhalte des Unionsrechts bestimmt, nicht zuletzt die zentralen Grundrechte der Unionsbürger. Es bildet insofern das Verfassungsrecht der Union.

Das Sekundärrecht ist das Recht, das von den Organen der EU geschaffen wird. Handlungsformen sind Verordnungen, Richtlinien, Beschlüsse, Empfehlungen und Stellungnahmen, Art. 288 AEUV. Verordnungen haben allgemeine Geltung, sind in allen Teilen verbindlich und gelten unmittelbar in jedem Mitgliedstaat, Art. 288 Abs. 2 AEUV. Die Richtlinie ist für jeden Mitgliedstaat, an den sie gerichtet ist, nur hinsichtlich des zu erreichenden Zwecks verbindlich, überlässt jedoch den innerstaatlichen Stellen die Wahl der Form und Mittel, Art. 288 Abs. 3 AEUV. Beschlüsse sind verbindlich und können nur an bestimmte Adressaten gerichtet sein, denen gegenüber sie dann allein verbindlich sind, Art. 288 Abs. 4 AEUV. Empfehlungen und Stellungnahmen sind nicht verbindlich, Art. 288 Abs. 5 AEUV.

Zwei zentrale Begriffe des Unionsrechts sind „unmittelbare Wirkung" sowie „Anwendungsvorrang".

a) Unmittelbare Wirkung

„Unmittelbare Wirkung" entfaltet das Unionsrecht gegenüber den einzelnen Bürgern der EU-Mitgliedstaaten; d.h., dass das Recht der EU nicht nur die Regierungen der Mitgliedstaaten zur Umsetzung von europarechtlichen Vorgaben in nationale Gesetze verpflichtet, sondern auch ohne einen solchen Umsetzungsakt verbindlich ist. Damit begründet das Unionsrecht – sowohl vor nationalen Gerichten als auch dem Gerichtshof der Europäischen Union – einklagbare Rechte der einzelnen Bürger der EU-Mitgliedstaaten. Unmittelbare Wirkung entfalten die Regelungen, die inhaltlich unbedingt und hinreichend bestimmt sind. Dieses Prinzip begründete der EuGH 1963 in seiner Entscheidung *Van Gend & Loos gegen Niederländische Finanzverwaltung*:

> „Das Ziel des EWG-Vertrages ist die Schaffung eines gemeinsamen Marktes, dessen Funktionieren die der Gemeinschaft angehörigen Einzelnen unmittelbar betrifft; damit ist zugleich gesagt, dass dieser Vertrag mehr ist als ein Abkommen, das nur wechselseitige Verpflichtungen zwischen den vertragschließenden Staaten begründet. [...] Aus alledem ist zu schließen, dass die Gemeinschaft eine neue Rechtsordnung des Völkerrechts darstellt, zu deren Gunsten die Staaten, wenn auch in begrenztem Rahmen, ihre Souveränitätsrechte eingeschränkt haben, eine Rechtsordnung, deren Rechtssubjekte nicht nur die Mitgliedstaaten, sondern auch die Einzelnen sind. Das von der Gesetzgebung der Mitgliedstaaten unabhängige Gemeinschaftsrecht soll daher den Einzelnen, ebenso wie es ihnen Pflichten auferlegt, auch Rechte verleihen. [...] Der Wortlaut[46] von Artikel 12 enthält ein klares und uneingeschränktes Verbot, eine Verpflichtung, nicht zu einem Tun, sondern zu einem Unterlassen. Diese Verpflichtung ist im Übrigen auch durch keinen Vorbehalt der Staaten eingeschränkt, der ihre Erfüllung von einem internen Rechtssetzungsakt abhängig machen würde. Das Verbot des Artikels 12 eignet sich seinem Wesen nach vorzüglich dazu, unmittelbare Wirkung in den Rechtsbeziehungen zwischen den

---

46 Art. 12 des EWG-Vertrags lautete in der damals gültigen Fassung: *„Die Mitgliedstaaten werden untereinander weder neue Einfuhr- oder Ausfuhrzölle oder Abgaben gleicher Wirkung einführen, noch die in ihren gegenseitigen Handelsbeziehungen angewandten erhöhen."*

Mitgliedstaaten und den ihrem Recht unterworfenen Einzelnen zu erzeugen. [...] Aus den vorstehenden Erwägungen ergibt sich, dass nach dem Geist, der Systematik und dem Wortlaut des Vertrages Artikel 12 dahin auszulegen ist, dass er unmittelbare Wirkungen erzeugt und individuelle Rechte begründet, welche die staatlichen Gerichte zu beachten haben."[47]

b) Anwendungsvorrang

93 Der „Anwendungsvorrang" besagt, dass das Unionsrecht im Kollisionsfall dem innerstaatlichen Recht immer vorgeht. Das nationale Recht verliert seine Geltung nicht, ist aber im Kollisionsfall nicht anzuwenden. Dies gilt auch für Verfassungsrecht. Der EuGH begründete die Notwendigkeit dieses Prinzips in seiner Entscheidung *Flaminio Costa gegen E.N.E.L.* aus dem Jahr 1964:

> „Zum Unterschied von gewöhnlichen internationalen Verträgen hat der EWG-Vertrag eine eigene Rechtsordnung geschaffen, die bei seinem Inkrafttreten in die Rechtsordnungen der Mitgliedstaaten aufgenommen worden und von ihren Gerichten anzuwenden ist. Denn durch die Gründung einer Gemeinschaft für unbegrenzte Zeit, die mit eigenen Organen, mit der Rechts- und Geschäftsfähigkeit, mit internationaler Handlungsfähigkeit und insbesondere mit echten, aus der Beschränkung der Zuständigkeit der Mitgliedstaaten auf die Gemeinschaft herrührenden Hoheitsrechten ausgestattet ist, haben die Mitgliedstaaten, wenn auch auf einem begrenzten Gebiet, ihre Souveränität beschränkt und so einen Rechtskörper geschaffen, der für ihre Angehörigen und sie selbst verbindlich ist. Diese Aufnahme der Bestimmungen des Gemeinschaftsrechts in das Recht der einzelnen Mitgliedstaaten und, allgemeiner, Wortlaut und Geist des Vertrages haben zur Folge, dass es den Staaten unmöglich ist, gegen die von ihnen auf der Grundlage der Gegenseitigkeit angenommene Rechtsordnung nachträgliche einseitige Maßnahmen ins Feld zu führen. Solche Maßnahmen stehen der Anwendbarkeit der Gemeinschaftsrechtsordnung daher nicht entgegen. [...] Der Vorrang des Gemeinschaftsrechts wird auch durch Artikel 189 bestätigt; ihm zufolge ist die Verordnung ‚verbindlich' und ‚gilt unmittelbar in jedem Mitgliedstaat'. Diese Bestimmung, die durch nichts eingeschränkt wird, wäre ohne Bedeutung, wenn die Mitgliedstaaten sie durch Gesetzgebungsakte, die den gemeinschaftsrechtlichen Normen vorgingen, einseitig ihrer Wirksamkeit berauben könnten. Aus alledem folgt, dass dem vom Vertrag geschaffenen, somit aus einer autonomen Rechtsquelle fließenden Recht wegen dieser seiner Eigenständigkeit keine wie immer gearteten innerstaatlichen Rechtsvorschriften vorgehen können, wenn ihm nicht sein Charakter als Gemeinschaftsrecht aberkannt und wenn nicht die Rechtsgrundlage der Gemeinschaft selbst in Frage gestellt werden soll."[48]

6. Wesentliche Inhalte des Unionsrechts

a) Die Grundrechtsordnung der Europäischen Union

94 Das europäische Primärrecht sah zunächst keine rechtlichen Verbürgungen von Grundrechten vor. Nachdem der Vorrang und die unmittelbare Wirkung des Gemeinschaftsrechts vom EuGH etabliert und damit eine supranationale Ordnung geschaffen worden war, schien einige Jahre lang ein unionsrechtlicher Grundrechtsschutz als unvereinbar mit dem damit etablierten Gemeinschaftsrecht. Ein solcher Grund-

---

47 EuGH, Rs. C-26/62, Slg. 1963, 1, 24 ff. (Van Gend & Loos).
48 EuGH, Rs. C-6/64, Slg. 1964, 1251, 1269 f. (Costa/E.N.E.L.).

rechtsschutz schien die Durchsetzungskraft des Gemeinschaftsrechts zu schwächen. Nachdem nationale mitgliedstaatliche Verfassungsgerichte diese Haltung des EuGH herausgefordert hatten, hat der EuGH in richterlicher Rechtsfortbildung einen Katalog von ungeschriebenen Grundrechten geschaffen. Diese Grundrechte wurden über Jahre entwickelt und umfassten zuletzt alle Standardschutzgüter, die in modernen Grundrechtskatalogen regelmäßig gefunden werden. Als Rechtsquellen dieser Grundrechte galten die allgemeinen Rechtsgrundsätze des Unionsrechts, als Rechtserkenntnisquellen dienten die verfassungsstaatlichen Traditionen der Mitgliedstaaten sowie internationale Abkommen, zu denen die Mitgliedstaaten gehörten, insbesondere die EMRK. Die Mitgliedstaaten messen diese Grundrechtsordnung nicht mehr an eigenem Recht. Paradigmatisch dafür ist die Rechtsprechung des BVerfG, das in ständiger Rechtsprechung auf eine Kontrolle der Rechtsakte der EU verzichtet, solange in der Rechtsordnung der EU ein ausreichender, dem Schutzniveau des GG entsprechender Grundrechtsschutz gewährleistet wird.[49]

1999 wurde vom Europäischen Rat beschlossen, eine *Charta der Grundrechte der Europäischen Union* zu entwerfen, um „die überragende Bedeutung der Grundrechte und ihrer Tragweite für die Unionsbürger sichtbar zu verankern."[50]

Am 7. Dezember 2000 wurde nach einem Prozess der Erarbeitung durch einen Konvent mit verschiedenen Möglichkeiten der öffentlichen Mitarbeit die *Charta der Grundrechte der Europäischen Union* feierlich proklamiert. Im Vertrag von Lissabon ist die Charta der Grundrechte zum Teil des Primärrechts geworden. Sie gilt rechtlich gleichrangig neben den Verträgen, Art. 6 Abs. 1 EUV. Die bisherigen Grundsätze, die sich aus der Europäischen Konvention zum Schutz der Menschenrechte sowie aus den gemeinsamen Verfassungsüberlieferungen der Mitgliedstaaten ergeben, gelten weiter als allgemeine Grundsätze des Unionsrechts, Art. 6 Abs. 3 EUV. Schließlich sieht der EUV vor, dass die Union der Europäischen Konvention zum Schutz der Menschenrechte und Grundfreiheiten beitritt, Art. 6 Abs. 2 EUV. Damit gibt es eine dreifach geschichtete Grundrechtsordnung des Unionsrechts: Die erste Schicht bilden die Grundrechte der Europäischen Grundrechtscharta, die zweite die durch Rechtsprechung entwickelten Grundrechte als Teil der Grundsätze des Unionsrechts und die dritte, nach Beitritt zur EMRK, der Schutz, der sich aus dieser Konvention ergibt.

Dieser komplexe Grundrechtsschutz lässt sich vor allem historisch, aber auch politisch erklären. Bei der Neuschaffung der Verträge bestand offensichtlich der politische Wunsch, auf keine der genannten Ebenen des Grundrechtsschutzes zu verzichten. Damit werden allerdings komplexe Fragen der Koordinierung dieses Grundrechtsschutzes aufgeworfen, die im Einzelnen keineswegs beantwortet sind. Die Gestaltung des Grundrechtsschutzes der EU illustriert, dass Recht nicht nur nach Maßstäben rechtlicher Rationalität geformt wird, sondern konkrete Regeln durch die politischen Kräfte und Kompromisse, die sie erzeugten, weiter geprägt bleiben.

Grundrechte können auf dem Klageweg mit dem Mittel der Nichtigkeitsklage durch die allerdings besonders qualifizierten Klageberechtigten durchgesetzt werden, Art. 263 Abs. 1 und 2 AEUV, sowie durch das praktisch sehr wichtige Vorabentscheidungsverfahren, Art. 267 AEUV.[51]

---

49 Vgl. sog. Solange-Rspr. BVerfGE 37, 271; BVerfGE 73, 339; BVerfGE 89, 155; BVerfGE 123, 267.
50 Beschluss des Europäischen Rates vom 4.6.1999, Schlussfolgerung des Vorsitzes, Ziff. 44 ff. und Anhang 4.
51 Vgl. auch *M. Mahlmann*, 1789 Renewed? Prospects of the Protection of Human Rights in Europe, Cardozo Journal of International and Comparative Law, 11 (2004), S. 903 ff.

99 Die Europäische Grundrechtscharta regelt Kernbereiche moderner Grundrechtskataloge, wobei durchaus innovative Akzente gesetzt werden. Zentrale Norm ist Art. 1 GrCh, der die Würde des Menschen für unantastbar erklärt. Sie sei zu achten und zu schützen. Mit dieser Verankerung der Menschenwürde als zentralem Grundrecht in der Grundrechtscharta wird eine fundamentale Weichenstellung vollzogen, die an die Grundentscheidungen anknüpft, die in der UN-Charta, der Allgemeinen Erklärung der Menschenrechte vom 10. Dezember 1948 und vielen Einzelverfassungen von Staaten getroffen wurden: Der gleiche, unverlierbare Wert jedes einzelnen Menschen wird unübersehbar zum höchsten Rechtswert der Rechtsordnung der EU erhoben.[52]

100 Art. 2 GrCh sichert das Recht auf Leben, Art. 3 GrCh das Recht auf körperliche und geistige Unversehrtheit. Art. 4 GrCh enthält das Verbot der Folter und der unmenschlichen oder erniedrigenden Strafe oder Behandlung. Art. 5 GrCh schafft ein Verbot der Sklaverei und Zwangsarbeit. In Art. 6 ff. GrCh werden fundamentale Freiheiten gesichert, wie die Achtung des Privat- und Familienlebens, Datenschutz, die Freiheit, eine Familie zu gründen und eine Ehe einzugehen, Gedanken-, Gewissens- und Religionsfreiheit, die Meinungs- und Informationsfreiheit, die Versammlungs- und Vereinigungsfreiheit, die Kunst- und Wissenschaftsfreiheit, die Berufsfreiheit, die Unternehmensfreiheit oder die Achtung des Eigentumsrechts.

101 In Art. 27 ff. GrCh geht es um soziale Rechte, etwa im Bereich der Arbeit, des Sozialschutzes, des Gesundheitsschutzes oder des Umwelt- und Verbraucherschutzes. Dabei wird regelmäßig die Verbürgung in Form von Zielen formuliert und Bezug genommen auf bereits bestehende Rechtsstandards im existierenden Unionsrecht. Es werden also keine neuen sozialen subjektiven Rechte geschaffen, die über das wesentlich hinausweisen würden, was heute rechtlich verankert ist.

102 In Art. 39 ff. GrCh werden Bürgerrechte festgehalten, insbesondere das Wahlrecht auf europäischer Ebene, Rechte in Bezug auf gute Verwaltung oder Zugang zu Dokumenten und Petitionsrecht, zur Freizügigkeit und diplomatischem und konsularischem Schutz.

103 Art. 47 ff. GrCh regelt justizielle Rechte. In Art. 51 ff. GrCh werden horizontale, für alle Grundrechte geltende Regelungen geschaffen, die den Anwendungsbereich, die Tragweite, die Auslegung der Grundrechte und ihr Schutzniveau betreffen. Auch eine Norm zum Verbot des Missbrauchs der Rechte ist in Art. 54 GrCh enthalten. Rechtsträger sind natürliche Personen, aber auch juristische Personen, je nach Art des Grundrechts.

104 Die Schranken der Rechte ergeben sich aus Art. 52 Abs. 1 GrCh, wonach Einschränkungen auf einer gesetzlichen Grundlage beruhen müssen, der Wesensgehalt unangetastet sowie der Verhältnismäßigkeitsgrundsatz gewahrt bleiben müssen. Dabei müssen von der Union anerkannte, dem Gemeinwohl dienende Zielsetzungen verfolgt werden – ein Prüfungsprogramm, das bereits bekannt ist (vgl. o. § 6 VII). Die Grundrechtsadressaten sind die Organe, Einrichtungen und sonstige Stellen der Union. Die Mitgliedstaaten sind an die Unionsgrundrechte allein bei der Durchführung des Rechts der Union gebunden. Dies gilt auch, wenn sie Ausnahmeregelungen des Unionsrechts in Anspruch nehmen.

---

52 Vgl. zum Hintergrund M. Mahlmann, Human Dignity and Autonomy in Modern Constitutional Orders, in: M. Rosenfeld/A. Sajó (eds.), The Oxford Handbook of Comparative Constitutional Law, 2012, S. 370 ff.; ders., The Good Sense of Dignity: Six Antidotes to Dignity Fatigue in Ethics and Law, in: C. McCrudden (ed.), Understanding Human Dignity, 2013, S. 593 ff.

Der EuGH hat in grundlegenden Urteilen, etwa zum Recht auf Achtung des Privatlebens, Art. 7 GrCh, und zum Datenschutz, Art. 8 GrCh, begonnen, den Grundrechten der Grundrechtscharta nachdrücklich weitreichende Wirkung zu verleihen, indem Einzelne gegen Missbräuche von persönlichen Daten durch staatliche Stellen bzw. Private geschützt werden, konkret bei der Vorratsdatenspeicherung[53] und bei der Verwendung von persönlichen Daten in Suchmaschinen.[54] Damit hat er eine klassische, individualschützende verfassungsgerichtliche Rolle übernommen, die auch die Ungültigkeitserklärung von Rechtsakten der EU wegen Grundrechtsverstößen umfasst.[55]

105

b) Grundfreiheiten

aa) Grundfreiheiten und Unionsbürgerschaft

Die Grundfreiheiten bilden ein zentrales Element des Rechts der Europäischen Union. Die Zählung variiert, regelmäßig werden vier Grundfreiheiten angegeben: der freie Verkehr von Waren, Personen, Dienstleistungen und Kapital (Art. 26 Abs. 2 AEUV). Zu diesen Grundfreiheiten tritt die Freiheit des Zahlungsverkehrs, die auch als fünfte Grundfreiheit angesehen wird.

106

Grundlage für den freien Warenverkehr ist Art. 34 AEUV, wonach Mengenbeschränkungen sowie alle Maßnahmen gleicher Wirkung zwischen den Mitgliedstaaten verboten sind. In Art. 45 AEUV wird die Freizügigkeit der Arbeitnehmer, in Art. 49 AEUV die Niederlassungsfreiheit innerhalb der Union gewährleistet. In Art. 56 AEUV werden Beschränkungen des freien Dienstleistungsverkehrs innerhalb der Union für Angehörige der Mitgliedstaaten im Rahmen nachfolgender Bestimmungen verboten. Art. 63 AEUV regelt schließlich den freien Kapital- und Zahlungsverkehr. Die Freiheit des Verkehrs von Personen gliedert sich in die Freizügigkeit von Arbeitnehmern sowie von Unternehmern zur Gründung von Unternehmen in den Mitgliedstaaten.

107

Die Grundfreiheiten konstituieren den Binnenmarkt innerhalb der Union und damit den Kernbereich ihrer ökonomischen Zweckbestimmung. Sie dienen der wirtschaftlich effizienten Nutzung von Ressourcen, haben aber auch darüber hinausgehende grundrechtliche Funktionen. Der Binnenmarkt wird dabei nicht allein durch die Grundfreiheiten geschaffen, er wird auch durch ergänzende Normen strukturiert, etwa zum diskriminierungsfreien Zugang zu Arbeit oder Dienstleistungen innerhalb dieses Bereichs. Dies geschieht etwa durch ein differenziertes System von Sekundärrechtsakten im Bereich des Schutzes vor Diskriminierung.[56] Damit werden wichtige Elemente eines modernen Grundrechtsschutzes Teil der rechtlichen Struktur der ökonomischen Ordnung der Europäischen Union. Wie noch näher zu erläutern sein wird, sind die Grundfreiheiten selbst im Licht von anderen Normen zu entfalten (vgl. u. § 7 IV.6. b) dd)). Dabei spielen die Grundrechte eine besondere Rolle. Einschränkungen der Grundfreiheiten können durch Grundrechte legitimiert werden, die Grundrechte können aber auch Grenzen für die Beschränkung von Grundfreiheiten, sog. Schranken-Schranken der Grundfreiheiten, bilden.

108

---

53 EuGH, Rs. C-293/12 und C-594/12 (Digital Rights Ireland).
54 EuGH, Rs. C-131/12 (Google/AEPD).
55 EuGH, Rs. C-293/12 und C-594/12 (Digital Rights Ireland).
56 Vgl. etwa RL 2000/43/EG vom 29. Juni 2000 zur Anwendung des Gleichbehandlungsgrundsatzes ohne Unterschied der Rasse oder der ethnischen Herkunft und RL 2000/78/EG vom 27. November 2000 zur Festlegung eines allgemeinen Rahmens für die Verwirklichung der Gleichbehandlung in Beschäftigung und Beruf.

109 Die Staatsangehörigen der Mitgliedstaaten der Europäischen Union werden zudem im Recht der EU nicht allein als Subjekte wirtschaftlicher Betätigung erfasst – sie sind nicht nur „Marktbürger und -bürgerinnen", ihr Bürgerschaftsstatus ist in einer umfassenderen Weise ausgestaltet. Nicht zuletzt die Rechtsprechung des EuGH hat die Unionsbürgerschaft in einer Weise weiterentwickelt, dass die Staatsangehörigen der Mitgliedstaaten verstärkt, wenn auch nicht ausreichend, zu Subjekten einer umfassenden wirtschaftlichen, politischen, rechtlichen und sozialen Ordnung der EU werden. Dabei spielt die Personenfreizügigkeit nach Art. 21 AEUV eine wichtige Rolle, die in differenzierter Weise gewährleistet wird.

bb) Normativer Gehalt der Grundfreiheiten

110 Die Grundfreiheiten unterscheiden sich in ihrem Regelungsbereich in vieler Hinsicht. Die Rechtsprechung und die Rechtswissenschaft haben aber Grundlinien einer einheitlichen Interpretation der Grundfreiheiten entwickelt. Zentral ist dabei, dass sie nicht nur *Diskriminierungs-*, sondern auch *Beschränkungsverbote* schaffen. Ein Diskriminierungsverbot richtet sich auf die Sicherstellung der Gleichbehandlung von Personen, Waren, Dienstleistungen und Kapital aus verschiedenen Mitgliedstaaten. Ein Beschränkungsverbot geht darüber hinaus und schützt vor Regelungen, die die Freizügigkeit ungerechtfertigt beschränken, ohne eine Diskriminierung, d.h. eine ungerechtfertigte Ungleichbehandlung von Staatsangehörigen, Waren, Dienstleistungen oder Kapital verschiedener Mitgliedstaaten zu implizieren. Ein gutes Beispiel für eine solche Konstellation ist der Fall *Bosman*, in dem es um Transferregelungen europäischer Fußballverbände ging, die als unzulässige Beschränkung der Personenfreizügigkeit vom EuGH angesehen wurden, obwohl es keine Ungleichbehandlung Staatsangehöriger verschiedener Staaten gab.[57]

111 Die Grundfreiheiten erfassen sachlich die durch die verschiedenen Verbürgungen geregelten Lebensbereiche, also die Freiheit des Verkehrs der Waren, Dienstleistungen, Personen und des Kapitals. Sie gelten für natürliche Personen, aber auch Personenmehrheiten. Träger der Niederlassungs- und Dienstleistungsfreiheit sind gemäß Art. 54 AEUV etwa auch Gesellschaften. Die Waren- und Verkehrsfreiheit wird auch auf Personenmehrheiten angewandt. Selbst die Arbeitnehmerfreizügigkeit wurde vom EuGH auf Gesellschaften erstreckt.[58]

112 Beeinträchtigungen der Grundfreiheiten können auf verschiedene Weise erfolgen. Beeinträchtigungen liegen etwa vor, wenn Maßnahmen existieren, die die Ausübung der durch den Vertrag garantierten Freiheiten behindern oder weniger attraktiv machen können. Die Rechtsprechung des EuGH hat in dieser Hinsicht bestimmte Leitformeln geprägt: Nach der für die Warenverkehrsfreiheit entwickelten *Dassonville*-Formel bildet eine Beeinträchtigung „jede Handelsregelung der Mitgliedstaaten, die geeignet ist, den innergemeinschaftlichen Handel unmittelbar oder mittelbar, tatsächlich oder potenziell zu behindern."[59]

113 Diese Formel wurde vom EuGH allmählich auf alle Grundfreiheiten übertragen. Sie erfasst nicht die sog. Inländerdiskriminierung, d.h. die unterschiedliche Behandlung von Angehörigen eines Mitgliedstaates durch diesen Mitgliedstaat selbst. Ein grenzüber-

---

57 EuGH, Rs. C-415/93, Slg. 1995, I-4921 (Bosman).
58 Vgl. EuGH, Rs. C-350/96, Slg. 1998, I-2521, Rn. 19 (Clean Car Autoservice).
59 EuGH, Rs. C-8/74, Slg. 1974, 837, Rn. 5 (Dassonville).

schreitender Sachverhalt ist nötig, um den Anwendungsbereich der Grundfreiheiten zu eröffnen.

Die zweite zentrale Entscheidung, die erneut im Rahmen der Entfaltung des Bedeutungsgehaltes der Warenverkehrsfreiheit ergangen ist, ist die Entscheidung *Cassis-de-Dijon*.[60] Danach ist eine Beeinträchtigung der Grundfreiheit gegeben, wenn die Einfuhr von Waren, die in einem anderen Staat rechtmäßig hergestellt und in den Verkehr gebracht worden sind, be- oder verhindert wird. Auch dieses Prinzip wurde auf andere Grundfreiheiten wie die Personenfreizügigkeit erstreckt. Als Grenze des damit begründeten Herkunftslandprinzips wird festgehalten, dass „Hemmnisse für den Binnenhandel der Gemeinschaft, die sich aus den Unterschieden der nationalen Regelungen über die Vermarktung dieser Erzeugnisse ergeben", hingenommen werden müssen, „soweit diese Bestimmungen notwendig sind, um zwingenden Erfordernissen gerecht zu werden."[61] Damit werden Rechtfertigungsgründe geschaffen, um Einschränkungen möglich zu machen, die durch die Rechtsprechung des EuGH zu einem differenzierten Schrankenregime entwickelt wurden, das den Mitgliedstaaten substantielle Gestaltungsmöglichkeiten belässt. In der Entscheidung *Keck und Mithouard*[62] hat der EuGH eine Ergänzung dieser *Cassis-de-Dijon*-Rechtsprechung entwickelt, um die Dassonville-Formel einzuschränken. Danach werden vertriebsbezogene Regelungen oder auch Verkaufsmodalitäten nur dann als Beeinträchtigung behandelt, wenn dadurch der Absatz ausländischer Erzeugnisse im Vergleich zu inländischen Erzeugnissen erschwert wird. Produktbezogene Regelungen, die Vorschriften zu den Waren selbst enthalten, werden dagegen grundsätzlich weiterhin als Beeinträchtigung behandelt.

Eine Diskriminierung kann entweder direkt oder indirekt erfolgen. Eine direkte Diskriminierung knüpft unmittelbar an die Herkunft einer Ware oder einer Person, von Dienstleistungen oder von Kapital an. Eine indirekte Diskriminierung ist dagegen eine scheinbar neutrale Regelung, die aber überproportional Waren, Personen, Dienstleistungen oder Kapital aus einem anderen Mitgliedstaat benachteiligt. Beispiel ist etwa der Fall, der der *Cassis-de-Dijon-Regel* zu Grunde lag. Es ging dabei darum, dass der Likör Cassis de Dijon nicht in Deutschland verkauft werden sollte, weil er nicht den geforderten Alkoholgehalt von 32 Prozent für Liköre aufwies. Diese Regelung bildet keine direkte Diskriminierung, weil sie nicht unmittelbar an das Herkunftsland des Likörs anknüpft. Sie ist aber indirekt diskriminierend, weil sie überwiegend solche alkoholischen Produkte erfasst, die aus einem bestimmten Herstellungsland stammen, in dem sie aufgrund der dort geltenden Regeln als Likör verkauft werden können. Zwingende Erfordernisse für eine solche Normierung hat der EuGH nicht gesehen.

Der Begriff der direkten bzw. indirekten Diskriminierung ist auch in anderen Rechtsbereichen geläufig, wie das bereits behandelte Beispiel der EMRK zeigt (vgl. o. § 7 III.3.f.)). Er bildet einen allgemeinen dogmatischen Begriff des Gleichbehandlungsrechts.

Diskriminierungen können jedenfalls durch spezielle Normen gerechtfertigt werden, die im Bereich der Grundfreiheiten existieren. In Art. 36 AEUV wird für den Warenverkehr etwa festgehalten, dass Einfuhr-, Ausfuhr- und Durchfuhrverbote oder -beschränkungen erlaubt sind, die aus Gründen der öffentlichen Ordnung und Sicherheit, zum Schutz der Gesundheit und des Lebens von Menschen, Tieren oder Pflanzen, des

---

60 EuGH, Rs. C-120/78, Slg. 1979, 649 (Rewe/Bundesmonopolverwaltung für Branntwein).
61 EuGH, Rs. C-120/78, Slg. 1979, 649, Rn. 8 (Rewe/Bundesmonopolverwaltung für Branntwein).
62 EuGH, Rs. C-267/91 und C-268/91, Slg. 1993, I-6097 (Keck und Mithouard).

nationalen Kulturgutes von künstlerischem, geschichtlichem oder archäologischem Wert oder des gewerblichen und kommerziellen Eigentums gerechtfertigt sind. Indirekte Diskriminierungen können durch anerkannte Gründe des Allgemeinwohls gerechtfertigt werden. Beschränkungen und Diskriminierungen können in jedem Fall nur unter Wahrung des Verhältnismäßigkeitsgrundsatzes gerechtfertigt werden. In der Berufung auf Rechtfertigungsgründe liegt regelmäßig die Darlegungslast bei den Mitgliedstaaten.

118 In bestimmten Bereichen wurde das Recht der Mitgliedstaaten harmonisiert, d.h., es gibt rechtliche Standards des EU-Rechts, die von den Mitgliedstaaten erfüllt werden müssen. Wo dies nicht der Fall ist, bleibt den Mitgliedstaaten ein relativ breiter Spielraum bei der Rechtfertigung von Beschränkungen der Grundfreiheiten. In jedem Fall muss das System aber kohärent und systematisch gestaltet werden. Ein interessantes Beispiel für eine Verletzung dieses Maßstabes ist eine Entscheidung des EuGH zu einer Regelung, nach der in Ungarn das Pensionsalter von Angehörigen des Justizdienstes gesenkt wurde, um in der gleichen Regelung nach wenigen Jahren wieder angehoben zu werden. Hintergrund der Regelung bildet das politische Bemühen der Regierung Ungarns, ihr kritisch gegenüberstehende Personen aus dem Justizdienst zu entfernen. Diese Regelung wurde vom EuGH als ein Verstoß gegen dieses Gebot einer kohärenten und einheitlichen Normierung verstanden.[63]

119 Die Grundfreiheiten wirken durch diese Art von Schutzfunktion einerseits abwehrrechtlich, d.h., sie schützen vor Beschränkungen und Diskriminierungen, die nicht gerechtfertigt werden können, sie etablieren aber auch Schutzpflichten bei den Unionsorganen und den Mitgliedstaaten, die darauf gerichtet sind, die Verwirklichung der Grundfreiheiten zu befördern. Die Schutzpflichten haben dabei auch eine prozedurale Dimension bei der Schaffung von Verfahrensrechten.

cc) Adressaten der Grundfreiheiten

120 Adressaten der Grundfreiheiten sind die Mitgliedstaaten sowie die Unionsorgane. Darüber hinaus haben die Grundfreiheiten einen horizontalen, drittwirkenden Effekt. Diese horizontale Drittwirkung wurde vom EuGH in seiner Rechtsprechung entwickelt. Dabei wurden einerseits private Dritte einbezogen, die in besonderer Weise soziale Macht ausüben – etwa Verbände gegenüber den ihrer Satzungsgewalt unterworfenen Einzelnen. Beispiel ist dafür der bereits erwähnte Fall *Bosman*, bei dem es um Fußballverbände und deren regulative Macht ging. Es wurden aber auch andere private Dritte in diese horizontale Drittwirkung einbezogen. Grund dafür ist, den Grundfreiheiten eine möglichst weitgehende Wirkung zu verschaffen.[64]

dd) Grundfreiheiten und Grundrechte

121 Man kann mit guten Gründen die Grundfreiheiten als Grundrechte oder zumindest grundrechtsähnliche Rechte ansehen. Die Grundfreiheiten sind subjektive, öffentliche Rechte, die sich auf den Schutz von grundlegenden Interessen von Menschen und anderen Rechtsträgern beziehen. Die übliche Begrifflichkeit unterscheidet aber zwischen Grundfreiheiten und Grundrechten im Recht der EU. Wie verhalten sich diese beiden Rechtsgruppen zueinander? Grundrechte können eine Schranke von Grundfreiheiten

---

63 EuGH, Rs. C-286/12, Slg. 2012, Rn. 66 ff. (Kommission v. Ungarn).
64 EuGH, Rs. C-281/98, Slg. 2000, I-4139, Rn. 30 ff. (Roman Angonese v. Cassa di Risparmio di Bolzano SpA).

bilden. Ein Beispiel ist der folgende Fall: Eine Demonstration behindert die Auslieferung von Waren, die aus einem anderen Mitgliedstaat stammen. Sie wird von den Behörden des betreffenden Staates nicht untersagt. Diese Beschränkung des Warenverkehrs durch ein Unterlassen der Behörden eines Mitgliedstaates ist gerechtfertigt, weil die Meinungsfreiheit der Demonstranten im konkreten Fall schwerer wiegt.[65] Dabei kann ein Rechtsbegriff des Unionsrechts aus der Sicht des EuGH durch nationale Grundrechte in spezifischer Weise konkretisiert werden. Dies wurde sogar für den zentralen Rechtsbegriff der Menschenwürde angenommen.[66]

Grundrechte können auch eine sogenannte Schranken-Schranke bilden, d.h., mögliche Beschränkungen einer Grundfreiheit begrenzen. Das Recht auf Familienleben kann etwa die Personenfreizügigkeitsrechte stärken, indem Einschränkungen, die sich negativ auf das Familienleben auswirken, ausgeschlossen werden.[67]

ee) Weitere Rechtsgebiete

Das Recht der Union umfasst weitere Rechtsgebiete, wobei die Union nach dem Prinzip der begrenzten Einzelermächtigung nur diejenigen Zuständigkeiten besitzt, die ihr übertragen worden sind, Art. 4 sowie Art. 5 Abs. 1 EUV. Aufgrund des Subsidiaritätsprinzips. kann die Union nur dann tätig werden, sofern und soweit die Ziele der in Betracht gezogenen Maßnahmen von den Mitgliedstaaten weder auf zentraler noch auf regionaler oder lokaler Ebene ausreichend verwirklicht werden können, sondern vielmehr wegen ihres Umfangs oder ihrer Wirkung auf der Unionsebene besser zu verfolgen sind, Art. 5 Abs. 3 EUV. Die Union wird in vielen Bereichen tätig, von der Umweltpolitik bis zum Verbraucherschutz. Besonders wichtige Bereiche sind das Wettbewerbsrecht sowie die Regelungen zum freien Personenverkehr jenseits der Grundfreiheiten, zu Asyl und Einwanderung.

7. Mitgliedschaft und bilaterale Assoziation

Staaten wirken in der EU durch Mitgliedschaft mit. Die Mitgliedschaft wird für neue Mitglieder durch Aufnahme vermittelt, ein rechtlich und politisch komplexer Prozess, dem jahrelange Verhandlungen vorhergehen. Deutschland ist seit der Gründung Mitglied in der EU. Politisch ist ein Ausscheiden aus der EU schwer vorstellbar geworden, weil die Mitgliedschaft in der EU mit fundamentalen politischen und wirtschaftlichen Interessen, aber auch zentralen Werten der deutschen Politik verbunden ist, was sich auch verfassungsrechtlich niedergeschlagen hat, Art. 23 GG.

Neben der Mitgliedschaft bildet eine weitere Form der Teilnahme an der europäischen Integration die bilaterale Assoziation mit der EU. Diesen Weg geht die Schweiz.[68] Auch sie ist offensichtlich in vielfacher Hinsicht in die europäische Staatenwelt eingebunden. Wirtschaftlich sind die Staaten der EU die wichtigsten Handelspartner – 48 % der schweizerischen Exporte etwa gingen 2020 in EU-Staaten, 66 % der Importe ka-

---

65 EuGH, Rs. C-112/00, Slg. 2003, I-5659 (Schmidberger).
66 EuGH, Rs. C-36/02, Slg. 2004, I-9609, Rn. 32 ff. (Omega).
67 EuGH, Rs. C-60/00, Slg. 2002, I-6279 (Carpenter).
68 Vgl. näher *T. Cottier/N. Diebold/I. Kölliker/R. Liechti-McKee/M. Oesch/T. Payosova/D. Wüger*, Die Rechtsbeziehungen der Schweiz und der Europäischen Union, 2014.

men aus EU-Staaten.[69] Kulturell gehört die Schweiz zum europäischen Raum. Politisch sind die Verbindungen ebenfalls eng.

126 Um dieser weitreichenden ökonomischen, kulturellen und politischen Einbindung ein rechtliches Gerüst zu verschaffen, hat die Schweiz sich mit einer Vielzahl – über hundert – bilateraler Abkommen mit der EU und den Mitgliedstaaten der EU verbunden.[70] Einige dieser Abkommen sind mit einer sogenannten „Guillotine-Klausel" miteinander verbunden: Wenn eines gekündigt wird, werden auch die anderen beendigt.[71] Der Grund hierfür ist, dass diese Abkommen ein Gesamtpaket bilden, in dem verschiedene Kompromisse eine Gesamteinigung möglich gemacht haben und deswegen nicht

---

69 Vgl. dazu die Daten der EZV <https://www.eda.admin.ch/content/dam/europa/de/documents/faq/schweiz-eu-in-zahlen_de.pdf>.
70 Vgl. z.B. Bilaterale I:
 - Abkommen zwischen der Schweizerischen Eidgenossenschaft einerseits und der Europäischen Gemeinschaft und ihren Mitgliedstaaten andererseits über die Freizügigkeit vom 21. Juni 1999 (Freizügigkeitsabkommen, FZA)
 - Abkommen zwischen der Schweizerischen Eidgenossenschaft und der Europäischen Gemeinschaft über die gegenseitige Anerkennung von Konformitätsbewertungen vom 21. Juni 1999 (Abkommen über technische Handelshemmnisse)
 - Abkommen zwischen der Schweizerischen Eidgenossenschaft und der Europäischen Gemeinschaft über bestimmte Aspekte des öffentlichen Beschaffungswesens vom 21. Juni 1999 (Beschaffungsabkommen)
 - Abkommen zwischen der Schweizerischen Eidgenossenschaft und der Europäischen Gemeinschaft über den Handel mit landwirtschaftlichen Erzeugnissen vom 21. Juni 1999 (Agrarabkommen)
 - Abkommen zwischen der Schweizerischen Eidgenossenschaft und der Europäischen Gemeinschaft über den Güter- und Personenverkehr auf Schiene und Strasse vom 21. Juni 1999 (Landverkehrsabkommen)
 - Abkommen zwischen der Schweizerischen Eidgenossenschaft und der Europäischen Gemeinschaft über den Luftverkehr vom 21. Juni 1999 (Luftverkehrsabkommen)
 - Übereinkommen über wissenschaftlich-technische Zusammenarbeit zwischen der Europäischen Gemeinschaft und der Europäischen Atomgemeinschaft einerseits und der Schweizerischen Eidgenossenschaft andererseits vom 8. Januar 1986
 - Abkommen zwischen der Schweizerischen Eidgenossenschaft und der Europäischen Wirtschaftsgemeinschaft betreffend die Direktversicherung mit Ausnahme der Lebensversicherung vom 10. Oktober 1989 (Versicherungsabkommen)
 Vgl. ebenfalls Bilaterale II:
 - Abkommen zwischen der Schweizerischen Eidgenossenschaft, der Europäischen Union und der Europäischen Gemeinschaft über die Assoziierung dieses Staates bei der Umsetzung, Anwendung und Entwicklung des Schengen-Besitzstands vom 26. Oktober 2004 (Schengen-Assoziierungsabkommen, SAA)
 - Abkommen zwischen der Schweizerischen Eidgenossenschaft und der Europäischen Gemeinschaft zur Änderung des Abkommens zwischen der Schweizerischen Eidgenossenschaft und der Europäischen Wirtschaftsgemeinschaft vom 22. Juli 1972 in Bezug auf die Bestimmungen über landwirtschaftliche Verarbeitungserzeugnisse vom 26. Oktober 2004
 - Abkommen zwischen der Schweizerischen Eidgenossenschaft und der Europäischen Gemeinschaft im audiovisuellen Bereich zur Festlegung der Voraussetzungen und Bedingungen für die Beteiligung der Schweizerischen Eidgenossenschaft am Gemeinschaftsprogramm MEDIA 2007 vom 11. Oktober 2007 (Media-Abkommen)
 - Abkommen zwischen der Schweizerischen Eidgenossenschaft und der Europäischen Gemeinschaft über die Beteiligung der Schweiz an der Europäischen Umweltagentur und dem Europäischen Umweltinformations- und Umweltbeobachtungsnetz vom 26. Oktober 2004 (Umweltabkommen)
 - Abkommen zwischen der Schweizerischen Eidgenossenschaft und der Europäischen Gemeinschaft über die Zusammenarbeit im Bereich der Statistik vom 26. Oktober 2004 (Statistikabkommen)
 - Abkommen über die Zusammenarbeit zwischen der Schweizerischen Eidgenossenschaft einerseits und der Europäischen Gemeinschaft und ihren Mitgliedstaaten andererseits zur Bekämpfung von Betrug und sonstigen rechtswidrigen Handlungen, die ihre finanziellen Interessen beeinträchtigen, vom 26. Oktober 2004 (Betrugsbekämpfungsabkommen)
 - Abkommen zwischen dem Schweizerischen Bundesrat und der Kommission der Europäischen Gemeinschaften zur Vermeidung der Doppelbesteuerung von in der Schweiz ansässigen ehemaligen Beamten der Organe und Agenturen der Europäischen Gemeinschaften vom 26. Oktober 2004 (Doppelbesteuerungsabkommen).
71 So die Bilateralen I-Abkommen (vgl. dazu Art. 25 Abs. 4 FZA).

einzeln aufgeschnürt werden können. Das Freihandelsabkommen wurde bereits 1972[72] abgeschlossen und bildet bis heute ein fundamentales Element des bilateralen Weges. Ein Beitrittsgesuch des schweizerischen Bundesrates zur EU wurde 1992 gestellt, nach der EWR-Abstimmung aber nicht weiterverfolgt; inzwischen wurde vom National- und Ständerat beschlossen, das Gesuch zurückzuziehen.[73] Eine Volksabstimmung verhinderte 1992 den Beitritt zum EWR.

Ein weiteres Element des Einflusses des EU-Rechts auf das schweizerische Recht ist der „autonome Nachvollzug" von Recht. Ohne dazu rechtlich verpflichtet zu sein, integriert die Schweiz in vielen Bereichen EU-Recht in das eigene Recht, weil diese Regelungen häufig sinnvoll sind und es gute, pragmatische Gründe gibt, sich als Staat mit etwa 8 Millionen Einwohnern den Regeln eines Rechtsraums von etwa 447 Millionen Einwohnern anzupassen. Gemeinsame Regeln erleichtern nicht zuletzt den ökonomischen Austausch, aber auch die politische und kulturelle Zusammenarbeit. Dies gilt für die Schweiz nicht weniger als für die anderen europäischen Staaten, die im europäischen Rechtsraum integriert sind. Auch die Rechtsprechung der Schweiz berücksichtigt EU-Recht in vieler Hinsicht. Aus ähnlichen Gründen wie denen für den autonomen Nachvollzug selbst wird das nationale Recht insbesondere im Zweifel europarechtskonform ausgelegt.[74]

Politisch sind die Beziehungen zu Europa umstritten. Die Schweiz ist faktisch vielfach und unabhängig von bilateralen Abkommen europäisch integriert. Sie hat das legitime Anliegen, Selbstständigkeit zu bewahren und nicht zuletzt die Tradition direkter Demokratie zu erhalten. Gleichzeitig wirkt sie politisch bisher bei der Schaffung von Regeln, die am Ende auch für sie von großer Bedeutung sind, nicht mit. Diese Interessenlagen müssen kreativ in rechtliche Beziehungen zur EU überführt werden.

Die Schweiz ist zudem seit 1960 – mit Liechtenstein, Norwegen und Island – Mitglied der EFTA. Die übrigen früheren EFTA-Mitglieder sind inzwischen der EU beigetreten.

8. Warum Europa?

Der Europarat und die EU sind internationale Organisationen, die verschiedene Mängel aufweisen. Sie liefern damit manche Beispiele für die vielfältigen Unvollkommenheiten politischer Ordnungen – von der begrenzten Durchsetzungsstärke der Maßnahmen des Europarates bis zu den Problemen der demokratischen Rückbindung von Entscheidungen der EU. Kritik ist deshalb notwendig und die Voraussetzung für die laufende Verbesserung der bestehenden Strukturen. Bei dieser Kritik sollten aber auch die Leistungen dieser Organisationen nicht zu klein veranschlagt werden, um ein verzerrtes Bild zu vermeiden. Die Gründe für die europäische Integration sind dabei vielfältig.

Der Europarat dient der Friedenssicherung und europäischen Kooperation mit politischen und rechtlichen Mitteln mit dem Ziel, bestimmte Grundwerte zu verwirklichen. Die Grundrechtsordnung der EMRK ist dabei von zentraler Bedeutung, indem sie rechtliche Mindeststandards für jede politische Ordnung in Europa formuliert und mit

---

72 Abkommen zwischen der Schweizerischen Eidgenossenschaft und der Europäischen Wirtschaftsgemeinschaft vom 22. Juli 1972 (Freihandelsabkommen).
73 AB 2016 N 46, AB 2016 S 529.
74 Vgl. BGE 125 II 293 E. 4e, S. 306 f.

den Mitteln des Rechts bewehrt, wie bereits dargelegt wurde. Die politische Ordnung des Europarates wird durch die EU in wichtigen Hinsichten ergänzt.

132   Moderne Volkswirtschaften sind auf internationalen Austausch angewiesen. Die europäische Integration durch die EU ist insofern ein wichtiges Element effizienten Wirtschaftens, wobei die Bestimmung der leitenden Prinzipien der Organisation des europäischen Wirtschaftsraumes eine demokratisch auszuhandelnde und viele Fragen aufwerfende politische Aufgabe bleibt. Nicht zuletzt die Bewahrung demokratischer Beteiligung und sozialer Gerechtigkeit unter den Bedingungen wirtschaftlicher Krisen stellt dabei eine große Herausforderung dar.[75] Es ist wichtig, zu erinnern, dass die europäische Integration durch die EU zudem seit ihrem Beginn ein politisches Projekt verfolgt, dessen Motive über wirtschaftliche Ziele hinausreichen. Eine zentrale Intention der Schaffung der EU war die Konfliktprävention durch wirtschaftliche und politische Integration. Europas Geschichte ist durch Kriege gekennzeichnet, die nicht zuletzt aus nationalistischen Gegensätzen geboren wurden. Im 20. Jahrhundert haben zwei verheerende Weltkriege die Schaffung dauerhafter und belastbarer Strukturen der Friedenssicherung unabdingbar gemacht. Durch die Verzahnung der europäischen Volkswirtschaften sowie die zunehmende politische und rechtliche Verbindung europäischer Staaten in der EU soll erreicht werden, dass aufgrund letztlich geteilter Interessen und gemeinsamen Handelns Konflikte bestimmter Qualität gar nicht erst entstehen. Gerade die Einbindung des politischen und wirtschaftlichen Potentials Deutschlands in einen europäischen Rahmen ist durch dieses Interesse bedingt. Frieden ist im 21. Jahrhundert in Europa für Viele selbstverständlich geworden. Man sollte aber nicht übersehen, dass zu den Voraussetzungen dieses Friedens auch die neuen Formen der Kooperation gehören, die die EU geschaffen hat. Die jüngere europäische Geschichte illustriert im Übrigen durch die Tragödien des Bosnienkriegs oder den Angriff der Russischen Föderation auf die Ukraine ebenso wie die vielen blutigen Konflikte in anderen Regionen der Welt, dass Frieden in der gegenwärtigen Epoche auch in Europa keine unerschütterliche Gegebenheit geworden, sondern ein gefährdetes zivilisatorisches Gut geblieben ist. Die Friedenssicherungsfunktion der EU ist deshalb in keiner Weise historisch geworden. Ein weiteres Motiv der europäischen Integration in der EU bildet die Schaffung eines eigenständigen politischen Gewichts Europas gegenüber anderen Machtblöcken. Auch mittelgroße Staaten wie Frankreich, Italien, England oder Deutschland können ihre Interessen im internationalen Rahmen allein nur schwer durchsetzen und sind deshalb auf gemeinsames Handeln angewiesen. Schließlich besteht für Viele eine Lehre aus den Schrecken des Ersten und Zweiten Weltkrieges darin, einen ethischen Universalismus ernst zu nehmen, für den die Schaffung internationaler Ordnungen des Rechts ohne Alternative ist. Die europäische Integration ist aus dieser Perspektive Teil eines größeren zivilisatorischen Projekts, dessen wesentlicher Teil das Völkerrecht ist.

V. Völkerrecht

1. Begriff des Völkerrechts

133   Völkerrecht regelt die Beziehungen von Staaten zueinander. In der klassischen Auffassung von Völkerrecht waren nur Staaten Rechtssubjekte des Völkerrechts. In der

---

[75] Vgl. *M. Mahlmann*, Recht und die Gerechtigkeit der Europäischen Integration, in: S. Kadelbach/K. Günther (Hrsg.), Europa: Krise, Umbruch und neue Ordnung, 2014, S. 177 ff.

V. Völkerrecht

Gegenwart wurde diese Auffassung erweitert. Heute zählen auch internationale Organisationen und natürliche Personen zu den Völkerrechtssubjekten. Die Rechtssubjektivität von natürlichen Personen im Völkerrecht ist ein Produkt einer der wichtigsten Entwicklungen des modernen Völkerrechts, der steigenden Bedeutung von Menschenrechten.

2. Geschichte

Schon in der Antike wurden die Verhältnisse von einzelnen Gemeinschaften durch Verträge geregelt (z.B. die Beziehungen der antiken griechischen Stadtstaaten). Der Beginn der Entwicklung des Völkerrechts als eigenständige Rechtsordnung wird aber gemeinhin in der Neuzeit (16./17. Jahrhundert) angesetzt. Ein problematischer Aspekt der traditionellen Völkerrechtsgeschichte ist dabei die alleinige Aufmerksamkeit auf die europäische Entwicklung, die die Geschichte anderer Rechtskulturen vernachlässigt.[76] Immerhin hat die europäische Völkerrechtstradition faktisch überragende Bedeutung für die Völkerrechtsentwicklung insgesamt gehabt, weswegen sie hier knapp umrissen sein soll. Damit wird aber in keiner Weise impliziert, dass durch diesen Einfluss nicht wichtige Beiträge anderer Rechtskulturen bedauerlicherweise zurückgedrängt worden sein könnten. Die Zukunft des Völkerrechts wird im Übrigen in jedem Fall von allen menschlichen Rechtskulturen geprägt werden.

134

Die Neukonzeption des europäischen Völkerrechts ist in die Naturrechtstradition eingebunden (z.B. bei *Hugo Grotius* (1583–1645)). Aus einer naturrechtlich orientierten Sicht ist Rechtsquelle das von den Menschen erkennbare, aber nicht von ihnen geschaffene natürliche Recht.[77] Im Zuge der Entwicklung wurde die Staatenpraxis als Rechtsquelle allerdings immer bedeutender und verdrängte das Naturrecht. Die Zustimmung der souveränen Staaten – ausdrücklich in Verträgen oder konkludent in ihrer Praxis – wurde stattdessen als Hauptquelle von verbindlichem Völkerrecht angesehen.

135

Eine erste zentrale Station der modernen Völkerrechtsgeschichte bildet der *Westfälische Friede*, der den Dreißigjährigen Krieg (1618–1648) beendete und einen vertraglichen Interessenausgleich der europäischen souveränen Staaten schuf. Die Entstehung dieser Staaten vom 15.–17. Jahrhundert und nicht zuletzt ihre rivalisierenden Machtansprüche bilden einen wichtigen Hintergrund der Entwicklung des (europäischen) Völkerrechts. Das Vertragswerk regelte die Beziehungen von Katholizismus und Protestantismus und schuf das sog. Westfälische System. Dabei handelt es sich um die Ordnung der internationalen Beziehungen einer Vielzahl souveräner Einzelstaaten aufgrund von ihnen selbst geschaffenen Rechts ohne eine ihnen übergeordnete Autorität.

136

Die *Schlussakte des Wiener Kongresses* (1815) bedeutete das formelle Ende der napoleonischen Kriege. Sie schuf ein differenziertes, multilaterales System der Regelung der Beziehungen der europäischen Staaten, das bis zum Ersten Weltkrieg (1914–1918) fortwirkte („Konzert der Mächte"). Das System diente politisch dem Schutz des monarchischen Prinzips und der Abwehr von demokratischen Bestrebungen in Frankreich, Österreich, Russland und den deutschen, aber auch anderen europäischen Staaten.

137

---

76 Zu verschiedenen regionalen Perspektiven vgl. z.B. *B. Fassbender/A. Peters/S. Peter/D. Högger* (eds.), The Oxford Handbook of the History of International Law, 2012, Kap. 16–24.
77 *H. Grotius*, Drei Bücher über das Recht des Krieges und Friedens. Bd. I, Einleitung, § 9.

138 Die europäischen Großmächte und die USA verkehrten miteinander auf der Grundlage der souveränen Gleichheit. Gegenüber anderen Staaten oder politischen Gemeinschaften (in Asien, Afrika und Südamerika) wurde diese Gleichheit nicht gewahrt. Im Gegenteil, die Vorherrschaft der europäischen Staaten und der USA wurde völkerrechtlich mit verschiedenen Mitteln gesichert (z.B. durch Verträge, die Sonderrechte für Ausländer schufen, oder rechtliche Instrumente zur Absicherung der Kolonisation).

139 Der *Völkerbund* (1920–1946) wurde mit dem Versailler Friedensvertrag errichtet. Der Völkerbund bildete den Versuch, durch eine internationale Organisation zwischenstaatliche Streitigkeiten beizulegen und kriegerische Auseinandersetzungen zu verhindern. Ein Verbot von Kriegen oder gar allgemein von Gewalt sah das Völkerbundsystem aber nicht vor. Mit ihm wird ein wichtiges Kapitel für das Recht der internationalen Organisationen geschrieben, das heute einen wesentlichen Teil des Völkerrechts ausmacht. Durch den Völkerbund wurde der Ständige Internationale Gerichtshof (StIGH) und damit das erste internationale Gericht geschaffen, das alle Staaten zur Beilegung von Streitigkeiten anrufen konnten. Die Instrumente des Minderheitenschutzes in Ost- und Südosteuropa und die Überwachung nicht selbstständiger Territorien (Mandate) werden als Anfänge eines völkerrechtlichen Menschenrechtsschutzes interpretiert.

140 Der Völkerbund hat nicht verhindert, dass der Zweite Weltkrieg ausbrach, was weithin als Versagen seiner Strukturen interpretiert wird. Man sollte bei solchen Bewertungen allerdings die Grenzen jeder Rechtsordnung, auch der gelungensten, bedenken. Keine rechtliche Struktur hätte einen aggressiven, jedes internationale Recht verachtenden Staat wie das Deutsche Reich unter der Herrschaft des Nationalsozialismus allein von seinen zerstörerischen, nicht nur Europa in die Katastrophe führenden Handlungen abhalten können. Bei der Beurteilung des Völkerbundes darf zudem nicht vergessen werden, dass er immerhin einen bedeutenden Versuch bildete, neue Formen der internationalen Kooperation zu schaffen.

141 Die *Vereinten Nationen* (*United Nations*, UN) wurden 1945 gegründet. Sie bilden eine internationale Organisation, der heute 193 Staaten angehören (zur Struktur s. u. § 7 V.5. b)). Die Bundesrepublik Deutschland wurde ebenso wie die Deutsche Demokratische Republik 1973, die Schweiz 2002 Mitglied der UN.

142 Mit der Dekolonisation der Nachkriegszeit veränderte sich das Kräfteverhältnis der internationalen Gemeinschaft, da neue Staaten begannen, diese mitzuprägen. Der Kalte Krieg führte bis 1989 zu Polarisierungen und tiefen Konflikten. Seit dem Ende des Kalten Krieges hat der völkerrechtliche Menschenrechtsschutz manche Stärkung erfahren, nicht zuletzt durch den vergrößerten Einfluss von Nichtregierungsorganisationen, die für die Rechte von Individuen eintreten. Auch andere Elemente der Völkerrechtsordnung wurden ausgebaut. Allerdings wird das multilaterale System der Vereinten Nationen durch unilaterale Akte von einzelnen Staaten geschwächt (z.B. der Krieg der USA im Irak oder der Angriff der Russischen Föderation auf die Ukraine). Der sog. „War on Terror" stellt die Völkerrechtsordnung vor große Herausforderungen, vor allem, Sicherheit zu gewährleisten, ohne die Errungenschaften erreichter Menschenrechtsstandards aufzugeben. Der Völkerrechtsordnung werden von manchen Beobachtern konstitutionelle Züge zugesprochen. Im Spannungsverhältnis dazu stehen Analysen, die

gerade die Fragmentierung des Völkerrechts, seine Zersplitterung in eine Vielzahl von heterogenen Rechtskreisen, festhalten.[78]

3. Rechtsquellen des Völkerrechts

Die Rechtsquellen des Völkerrechts werden in Art. 38 Abs. 1 IGHSt aufgelistet (vgl. dazu auch o. § 5 II):

- internationale Übereinkünfte allgemeiner oder besonderer Natur, in denen von den streitenden Staaten ausdrücklich anerkannte Regeln festgelegt sind (lit. a);
- das internationale Gewohnheitsrecht als Ausdruck einer allgemeinen, als Recht anerkannten Übung (lit. b);
- die von den Kulturvölkern anerkannten allgemeinen Rechtsgrundsätze (lit. c).

Es ist strittig, ob diese Liste abschließend ist oder ob noch andere Rechtsquellen herangezogen werden können, z.B. einseitige Akte. Die in Art. 38 Abs. 1 lit. d IGHSt genannten richterlichen Entscheidungen und Lehrmeinungen der fähigsten Völkerrechtler der verschiedenen Nationen bilden keine Rechtsquellen, sondern Rechtserkenntnisquellen. Es sind Hilfsmittel, um festzustellen, ob eine bestimmte Norm Teil des Völkerrechts ist.

4. Monismus und Dualismus

Monismus und Dualismus bilden zwei Grundkonzeptionen des Verhältnisses von Völkerrecht und nationalem Recht. Der Monismus geht davon aus, dass Völkerrecht und nationales Recht eine Einheit bilden. Völkerrechtliche Normen bedürfen in monistischen Systemen keiner Übertragung in das innerstaatliche Recht. Sie sind unmittelbar anwendbar. In einem dualistischen System müssen die völkerrechtlichen Normen dagegen erst in innerstaatliches Recht umgesetzt werden, um Verbindlichkeit zu erlangen. Die Schweiz besitzt ein monistisches, Deutschland ein dualistisches System. Praktische, rechtlich relevante Unterschiede ergeben sich daraus aber kaum.

Auch in einem monistischen System können schwierige Fragen zum Verhältnis von Völkerrecht und innerstaatlichem Recht auftauchen. Dazu hat das schweizerische Bundesgericht eine differenzierte Rechtsprechung entwickelt, die von exemplarischem Interesse für dieses Verhältnis ist. In einer frühen Entscheidung (sog. Schubert-Praxis) hat es festgehalten, dass es zu vermuten sei, „dass der eidgenössische Gesetzgeber sich an Vorschriften der ordnungsgemäß abgeschlossenen Staatsverträge halten wollte, es wäre denn, er hätte einen allfälligen Widerspruch zwischen einer Bestimmung des Landesrechts und dem internationalen Recht bewusst in Kauf genommen."[79]

Die Rechtsprechung hat die Anwendung der „Schubert-Praxis" im Falle eines Widerspruchs zu Menschenrechtskonventionen verneint,[80] die Frage in einem Einzelfall aber

---

78 Vgl. Fragmentation of International Law: Difficulties arising from the diversification and expansion of International Law, Report of the Study Group of the International Law Commission, Finalized by *M. Koskenniemi*, General Assembly, A/CN.4/L.682, 13.4.2006.
79 BGE 99 Ib 39 E. 3 f., S. 43 ff. (Schubert-Praxis) sowie BGE 125 II 417 E. 4d, S. 425 (PKK), BGE 133 V 367 E. 11.1.1, S. 387 und BGE 136 III 168 E. 3.3.4, S. 172 f.
80 BGE 125 II 417 E. 4d; BGE 131 II 352 E. 1.3.1, S. 355; BGE 136 II 241 E. 16.1, S. 255.

auch offengelassen.⁸¹ In einem neueren Entscheid hat das Bundesgericht dann festgehalten:

> „Besteht ein echter Normkonflikt zwischen Bundes- und Völkerrecht, so geht grundsätzlich die völkerrechtliche Verpflichtung der Schweiz vor; dies gilt selbst für Abkommen, die nicht Menschen- oder Grundrechte zum Gegenstand haben. Der dargelegte Vorrang besteht auch gegenüber späteren, d.h. nach der völkerrechtlichen Norm in Kraft getretenen Bundesgesetzen; die Lex-posterior-Regel kommt im Verhältnis zwischen Völker- und Landesrecht nicht zur Anwendung. Die Schweiz kann sich nicht auf ihr innerstaatliches Recht berufen, um die Nichterfüllung eines Vertrags zu rechtfertigen (Art. 5 Abs. 4 BV; Art. 27 der Wiener Konvention über das Recht der Verträge). Entsprechend bleibt eine dem Völkerrecht entgegenstehende Bundesgesetzgebung regelmäßig unanwendbar."⁸²

148 Dieser Vorrang, jedenfalls der EMRK, gelte auch für eine später erlassene Verfassungsbestimmung, die mit der EMRK nicht vereinbar sei.⁸³

149 In Deutschland sind die „allgemeinen Regeln des Völkerrechts" nach Art. 25 GG Bestandteil des Bundesrechts, gehen den Gesetzen vor und erzeugen Rechte und Pflichten unmittelbar für die Bewohner des Bundesgebietes. Die allgemeinen Regeln des Völkerrechts erfassen das Völkergewohnheitsrecht sowie allgemeine völkerrechtliche Rechtsgrundsätze, nicht aber das Völkervertragsrecht. Völkervertragsrecht wird durch ein parlamentarisches Zustimmungsverfahren nach Art. 59 Abs. 2 GG in innerstaatliches Recht transformiert. Die EMRK gilt insofern normhierarchisch auf der Stufe eines Bundesgesetzes, hat aber in der Rechtsprechung des BVerfG eine faktisch quasi-verfassungsrechtliche Rolle angenommen, da sie zur Auslegung der Grundrechte des Grundgesetzes herangezogen wird.⁸⁴

150 Diese Rechtsprechung illustriert erneut die bereits angesprochenen Schwierigkeiten, die die Rechtsanwendung in Mehrebenensystemen zu bewältigen hat, und die Tendenz, im Ergebnis materiellen Rechtsgehalten, konkret dem Schutz von Grundrechten und den aus ihnen letztlich abgeleiteten fundamentalen Rechtsprinzipien, entscheidendes Gewicht bei der Lösung von Normkonflikten zuzumessen und in diesem Sinne bedingte Rechtshierarchien zu erzeugen (s. o. § 7 III.3. g)).

5. Internationale Organisationen und die Vereinten Nationen
a) Begriff und Gestalt

151 Internationale Organisationen sind regelmäßig Völkerrechtssubjekte, die durch einen völkerrechtlichen Vertrag begründet werden und unmittelbar dem Völkerrecht unterstehen. Sie haben einen bestimmten Zweck, der durch eine spezifische institutionelle Ordnung verwirklicht werden soll. Dazu gehören ein Exekutivorgan, wie etwa ein Sekretariat, ein Plenarorgan sowie Organe zur Beilegung von Streitigkeiten. Mitglieder von internationalen Organisationen sind in den meisten Fällen Staaten oder andere internationale Organisationen, jedenfalls aber andere Völkerrechtssubjekte. Non-governmental organizations (NGOs), die häufig sehr wirksam global tätig sind, wie etwa

---

81 BGE 136 III 168 E. 3.3.4.
82 BGE 139 I 16 E. 5.1, S. 28 f.
83 BGE 139 I 16 E. 5.2 f., S. 29 ff.
84 S. o. § 7 III.3. h) m.H. auf BVerfGE 120, 180.

Greenpeace oder *Amnesty International*, sind selbst keine Völkerrechtssubjekte, sie unterliegen innerstaatlichem Recht.

Heute existiert eine Vielzahl internationaler Organisationen. Das ist nicht verwunderlich, weil ein großes Bedürfnis besteht, Probleme, die nicht nur einzelne Staaten betreffen und deren Lösung nicht von einzelnen Staaten geleistet werden kann, sinnvoll in einer kollektiven Interessen gewidmeten Institution zu bewältigen. Man denke etwa an Probleme des internationalen Handelsverkehrs und der Finanzströme, an globale Umweltprobleme, wie die Erderwärmung, oder die globalen Folgen von lokalen Umweltkatastrophen, wie die der Reaktorschmelze in Fukushima. Die Covid-19 Pandemie hat die Bedeutung einer international abgestimmten Gesundheitspolitik dramatisch in Erinnerung gerufen.

152

Die Zweckbestimmung, die konkreten Kompetenzen und ihre institutionelle Ordnung hängen von den Aufgaben ab, die die internationalen Organisationen wahrzunehmen haben. Sie werden aber auch durch das Grundproblem internationaler Integration geprägt, einerseits wirksame Institutionen zu bilden, andererseits aber der Zurückhaltung zu entsprechen, mit der Staaten weiterhin Hoheitsrechte auf internationale Organisationen übertragen.

153

Die Zwecke können sich auf technisch-funktionale Ziele beziehen, wie etwa bei den beiden ersten internationalen Organisationen: der Internationalen Telegraphen Union, jetzt Internationalen Fernmeldeunion (gegründet 1865) und dem Weltpostverein (gegründet 1874, mit Sitz in Bern). Internationale Organisationen können aber auch universale politische Ambitionen entfalten, wie etwa die Vereinten Nationen.

154

b) Die Vereinten Nationen

Die *Vereinten Nationen* (*United Nations*, UN) wurden am 24. Oktober 1945 in San Francisco gegründet. Die UN bildet eine universelle internationale Organisation: In ihr sollen alle Staaten institutionell erfasst werden. Tatsächlich ist die ursprüngliche Mitgliederzahl von 51 auf heute 193 angewachsen, so dass, außer Sonderfälle wie Taiwan oder der Vatikan, alle unabhängigen Staaten Mitglieder der Vereinten Nationen sind. Die UN ist aber auch eine universelle Organisation in dem Sinne, dass sich ihre Zielsetzungen auf Fragen von allgemeiner Bedeutung für die Staatenwelt richten.

155

Die Ziele umfassen nach Art. 1 UNCh insbesondere die Bewahrung des internationalen Friedens und Sicherheit, die Entwicklung der freundschaftlichen Beziehung der Nationen untereinander, wobei Respekt für gleiche Rechte und die Selbstbestimmung der Völker leitend sein sollen, und die Entwicklung der internationalen Kooperation, um ökonomische, soziale, kulturelle oder humanitäre Probleme zu lösen und Menschenrechte ohne Ansehen von Rasse, Geschlecht, Sprache oder Religion zu verwirklichen. Dabei sind zwei Prinzipien von zentraler Bedeutung: Erstens die Bewahrung der gleichen Souveränität der Mitgliedstaaten (Art. 2 Ziff. 1 UNCh) und zweitens das Gewaltverbot (Art. 2 Ziff. 4 UNCh). Die UN-Charta bildet die Verfassung der Organisation und einen multilateralen, rechtsetzenden Vertrag, wobei die Regelungen der Charta nach Art. 103 UNCh einen Vorrang gegenüber anderem Recht genießen.

156

aa) Organe

157 Die Organe der UN sind die Generalversammlung, der Sicherheitsrat, der Wirtschafts- und Sozialrat (ECOSOC), das Sekretariat, der Internationale Gerichtshof und der Treuhandrat.

(1) Generalversammlung

158 In der Generalversammlung sind alle Mitgliedstaaten der UN vertreten und stimmberechtigt (Art. 9 UNCh). Die Resolutionen der Generalversammlung besitzen den Charakter von Empfehlungen, sie sind also nicht rechtlich bindend. Eine Bindungswirkung besteht nur in bestimmten Ausnahmefällen, etwa bei Haushaltsfragen und der Regelung von internen Angelegenheiten (Art. 10, 14 und 17 UNCh). Nach Art. 18 Abs. 2 UNCh werden sogenannte wichtige Fragen mit Zweidrittelmehrheit der anwesenden, abstimmenden Mitgliedstaaten beschlossen, bei anderen Fragen reicht eine einfache Mehrheit.

(2) Sicherheitsrat

159 Der Sicherheitsrat besteht nach Art. 23 UNCh aus 15 Mitgliedern der Vereinten Nationen. China, Frankreich, Russland, das Vereinigte Königreich und die USA sind ständige Mitglieder des Sicherheitsrates. Die übrigen Mitglieder werden für zwei Jahre gewählt, wobei eine Repräsentation der verschiedenen Regionen der Welt durch den Auswahlmodus sichergestellt werden soll. Der Sicherheitsrat besitzt nach Art. 24 UNCh die primäre Verantwortung, international Frieden und Sicherheit sicherzustellen. Die Entscheidungen des Sicherheitsrates sind dabei nach Art. 25 UNCh bindend. Eine Nichtbeachtung bildet eine Verletzung der Charta, die den Rechtsgrund für Sanktionen nach Art. 41 f. UNCh bilden kann, die unter Umständen auch militärische Gewalt umfassen können. Nach Art. 27 Abs. 3 UNCh besitzen die ständigen Mitglieder des Sicherheitsrates ein Vetorecht für alle Fragen, die nicht das Verfahren betreffen. Dabei besteht sogar ein sogenannt doppeltes Veto, weil die Entscheidung, ob eine Frage zum Verfahren gehört, nicht gegen den Widerstand eines ständigen Mitglieds des Sicherheitsrates bejahend beantwortet werden kann. Enthaltung oder Abwesenheit von ständigen Mitgliedern bilden nach der Praxis des Organs kein Veto, obwohl Art. 27 Abs. 3 UNCh dem Wortlaut nach etwas anderes vorsieht.

160 Die Struktur des Sicherheitsrates spiegelt die Machtverhältnisse nach dem Zweiten Weltkrieg in der internationalen Staatengesellschaft wider. Sie ist das Produkt historischer und politischer Kompromisse und verkörpert aufgrund des Ungleichgewichts verschiedener Staaten keineswegs die Prinzipien einer legitimen Rechtsordnung. Sie ist deshalb ein herausgehobenes Beispiel für die unvollkommene Struktur der UN.

(3) Wirtschafts- und Sozialrat (ECOSOC)

161 Der Wirtschafts- und Sozialrat besteht aus 54 Mitgliedern, die auf drei Jahre gewählt werden, Art. 61 UNCh. Der Wirtschafts- und Sozialrat hat zahlreiche Nebenorgane geschaffen, die die wirtschaftlichen, sozialen und humanitären Ziele, die er verfolgt, unterstützen und verwirklichen sollen.

(4) Sekretariat

Der Generalsekretär wird auf Empfehlung des Sicherheitsrates von der Generalversammlung gewählt, Art. 97 UNCh. Er hat eine administrative Aufgabe, aber auch ein politisches Mandat. Nach Art. 99 UNCh kann der Generalsekretär die Aufmerksamkeit des Sicherheitsrates auf jeden Gegenstand lenken, der aus seiner Sicht den internationalen Frieden und die internationale Sicherheit gefährden könnte. Damit besteht ein politisches Initiativrecht, das dem Generalsekretär eine wichtige politische Funktion im System der Vereinten Nationen zuweist.

(5) Internationaler Gerichtshof

Der Internationale Gerichtshof ist das zentrale Rechtsprechungsorgan der Vereinten Nationen (s. u. § 7 VIII).

(6) Treuhandrat

Der Treuhandrat, Art. 86 ff. UNCh, der der Administration kolonialer Gebiete diente, hat mit dem Prozess der Dekolonisation seine Funktion eingebüßt.

bb) Organgefüge und völkerrechtliche Institutionalisierung

Eine entwickelte Rechtsordnung kennt Organe zur Rechtserzeugung, eine Exekutive und Rechtsprechungsorgane. Eine entwickelte internationale Rechtsordnung würde diese Strukturen auf internationaler Ebene aufweisen. Dies ist bei der UN nicht der Fall.

Die Befugnisse der Organe sind in vieler Hinsicht begrenzt. Der Sicherheitsrat kann etwa zwar bindende Beschlüsse fällen, ist dabei aber auf die Wahrung des Weltfriedens und der internationalen Sicherheit beschränkt. Er besitzt also damit keine Allgemeinbefugnisse, rechtsetzend tätig zu werden. Die Zuständigkeit der Generalversammlung ist weiter gefasst, sie kann aber im Regelfall keine bindenden Beschlüsse fällen. Nichtsdestotrotz hat gerade die Generalversammlung wichtige Beiträge zur Entwicklung des Völkerrechts geleistet. Nach Art. 13 Abs. 1 lit. a UNCh kann die Generalversammlung Untersuchungen veranlassen und Empfehlungen abgeben, um die fortschreitende Entwicklung des Völkerrechts sowie seine Kodifikation zu begünstigen. Ein Schritt, um dieser Aufgabe gerecht zu werden, war die Gründung der *International Law Commission (ILC)* 1947, ein internationales Expertengremium, in dem verschiedene multilaterale Konventionen entworfen wurden, etwa das Wiener Übereinkommen über das Recht der Verträge (Wiener Vertragsrechtskonvention, WVK) oder das Wiener Übereinkommen über diplomatische Beziehungen (WÜD). Die Menschenrechtspakte sowie das Abkommen zur Verhinderung der Rassendiskriminierung wurden von der Generalversammlung angenommen und zur Unterzeichnung aufgelegt. Die Generalversammlung kann diplomatische Konferenzen mit dem Ziel der Rechtsetzung oder diese Rechtsetzung selbst unmittelbar veranlassen. Auch durch Resolutionen kann die Generalversammlung bei der allmählichen Entwicklung von Völkerrecht eine wichtige Rolle spielen. Einige Beschlüsse sind auch zu Völkergewohnheitsrecht geworden, das bedeutendste Beispiel ist dabei die *Allgemeine Erklärung der Menschenrechte*, die nach überwiegender Ansicht zumindest in Teilen zu solchem Völkergewohnheitsrecht erstarkt ist und damit ihren bloß empfehlenden Charakter verloren hat. Diese Prozesse sind Beispiele für Arten der Rechtserzeugung außerhalb klassischer formaler legislativer Kompetenzen. Auch die Gerichtsbarkeit ist nur teilweise entwickelt (vgl. näher u. § 7 VIII). Diese Strukturen zeigen den dynamischen und schrittweisen, im Einzelnen sehr schwierigen Entwicklungsgang der internationalen Rechtsordnung.

6. Menschenrechte
a) Die Aporie der Menschenrechte?

167 Wenn man aus weiterer historischer Perspektive eine spezifische Epoche 1945 mit dem Ende des Zweiten Weltkrieges anheben lässt, so kann diese nicht zuletzt durch die besondere Rolle charakterisiert werden, die der Schutz von Menschenrechten gewonnen hat. Diese Entwicklung ist keine Selbstverständlichkeit, wie die Skepsis *Hannah Arendts* (1906–1975) illustriert, die von einer *Aporie der Menschenrechte* gesprochen hat. Die Menschenrechte würden zwar für alle Menschen dem Anspruch nach garantiert werden, vor dem nackten Menschsein, so zeige die politische Geschichte, hätten politische Gewalten jedoch keinerlei Respekt.[85] Ein wirksamer Schutz von Menschenrechten sei daher lediglich als Mitglied einer konkreten politischen Gemeinschaft durch diese Gemeinschaft denkbar.[86]

168 Die Entwicklung der letzten Jahrzehnte hat Hannah Arendts Skepsis gegenüber der Idee einer wirksamen universalen Menschenrechtsordnung in vielerlei Hinsicht widerlegt, was sie ohne Zweifel gefreut hätte. Im Gegensatz zu Hannah Arendts Erwartung ist der Schutz von Menschenrechten heute nicht mehr alleine abhängig von der Mitgliedschaft in einer konkreten politischen Gemeinschaft, etwa einem Staat durch die Staatsangehörigkeit. Vielmehr sind verschiedene Schutzmechanismen eines solchen universalen Menschenrechtsschutzes entstanden, im Rahmen der UN-Charta durch spezifische Konventionen, aber auch durch Regelungen in nationalstaatlichen Verfassungen, die, wie Art. 7 BV oder Art. 1 Abs. 1 GG im Fall der Menschenwürde, grundlegende Rechte für alle Menschen unabhängig von ihrer Staatsangehörigkeit garantieren.

169 Die Idee von universalen Menschenrechten, die sich in den letzten Jahrzehnten in bemerkenswerter Weise in rechtlichen Regelungen und Institutionen verkörpert hat, hat dabei tiefe Wurzeln sowohl in der Ideen- als auch in der politischen Realgeschichte. Es ist keineswegs so, dass diese Idee eine wäre, die sich erst in der Zeit nach 1945 oder im Nachgang zu den Bürgerlichen Revolutionen in Amerika 1776 und Frankreich 1789 oder gar erst im 20. Jahrhundert[87] entwickelt hätte. Man kann mit guten Gründen Elemente von normativen Grundrechtspositionen in der antiken Gerechtigkeits- und Staatstheorie wiederfinden.[88] Die Religions- und Glaubensfreiheit hat in der Geschichte schon sehr früh eine Rolle gespielt und keineswegs nur im sogenannten Okzident.[89] Auch in klassischen Werken des Naturrechts. sind Elemente dieser Idee zu finden.[90]

---

85 *H. Arendt*, Elemente und Ursprünge totaler Herrschaft, 17. Aufl., 2014, S. 601 ff.
86 *H. Arendt*, Elemente und Ursprünge totaler Herrschaft, S. 616.
87 Vgl. gegen solche Thesen etwa bei *S. Moyn*, The Last Utopia, 2010, *C. McCrudden*, Human Rights Histories, Oxford Journal of Legal Studies, 35 (2015), S. 179 ff.
88 Vgl. z.B. *G. Vlastos*, The Rights of Persons in Plato's Conception of the Foundations of Justice, in: ders., Studies in Greek Philosophy. Vol. II: Socrates, Plato, and Their Tradition, 1995, S. 104 ff.
89 Vgl. z.B. *A. Sen*, The Idea of Justice, 2009, S. 36 ff.
90 Vgl. z.B. *H. Grotius*, Drei Bücher über das Recht des Krieges und Friedens. Bd. II, hrsg. v. J. H. Kirchmann, 1889, Buch II, Kap. XX, XL, § 1, zur Berechtigung einer universalen Strafgewalt bei Bruch von Naturrecht, das u.a. Individuen schützt.

V. Völkerrecht

In der rechtlichen Entwicklung sind nicht nur die berühmten Menschenrechtskataloge wichtig, sondern auch andere Elemente, die die Idee der Menschenrechte ausdrücken. Ein Beispiel ist die allmähliche Entwicklung eines *ius in bello*, eines humanitären Kriegsvölkerrechts, im 19. Jahrhundert. Auch das sogenannte „Fremdenrecht" ist ein klassisches Beispiel, wobei der Schutz des Einzelnen gegenüber Akten der Hoheitsgewalt eines Staates, zu dessen Staatsangehörigen dieser Einzelne nicht zählte, als Reflex des Schutzes der Rechte des Staates, dem er angehörte, verstanden wurde, als Konsequenz der klassischen Konzeption des Völkerrechts, das sich auf das Recht von Staaten untereinander bezog. Der Minderheitenschutz im Rahmen des Völkerbundsystems nach Ende des Ersten Weltkrieges ist ein weiteres Beispiel, wie auch die Mandatssysteme des Völkerbundes, die zu einem gewissen Grade dem Schutz der Bevölkerung von Gebieten, die kolonialisiert waren, dienten, oder die Entwicklung von Schutzmechanismen von Arbeitnehmern im Namen der *International Labour Organization (ILO)*. Dass solche konkreten Regelungen personal und sachlich beschränkt waren, schließt nicht aus, dass ihre Legitimationsbasis in einer universalen Vorstellung von Menschenrechten lag, die sich zumindest partiell in solchen Regelungen konkretisierte, wenn es auch noch viele andere Gründe für derartige Regelungen gab, zum Beispiel zweckrationale oder machtpolitische. 170

In Art. 1 Ziff. 3 UNCh wird ausdrücklich auf die Achtung von Menschenrechten und Grundfreiheiten für alle und ohne Unterschied der Rasse, des Geschlechts, der Sprache oder der Religion Bezug genommen. In Art. 13 Abs. 1 lit. b UNCh ist die gleiche Idee als eines der Ziele genannt, denen die Untersuchungen und Empfehlungen der Generalversammlung zu dienen haben. In Art. 55 lit. c UNCh ist schließlich festgehalten, dass die Vereinten Nationen die Achtung und Verwirklichung der Menschenrechte und Grundfreiheiten ohne Diskriminierung zu fördern haben. In Art. 56 UNCh ist festgehalten, dass die Mitgliedstaaten die Verpflichtung haben, untereinander und mit der UN zusammenzuarbeiten, um dieses Ziel zu erreichen. In Art. 62 Abs. 2 UNCh wird die Kompetenz des Wirtschafts- und Sozialrates geschaffen, Empfehlungen abzugeben, die der Achtung und Verwirklichung der Menschenrechte und Grundfreiheiten förderlich sind. Damit wird die UN als internationale Organisation auf die Förderung der Menschenrechte verpflichtet. Gleichzeitig besteht diese Pflicht nach Art. 55 lit. c UNCh i.V.m. Art. 56 UNCh auch für die Mitgliedstaaten. 171

Diese abstrakten Verpflichtungen, die in der UN-Charta festgelegt sind, haben sich in einer Reihe von konkreten rechtlichen Regelungen und Institutionen verkörpert, wobei die *Allgemeine Erklärung der Menschenrechte* Ausgangspunkt und Kernstück bildet.[91] 172

Die Allgemeine Erklärung der Menschenrechte wird als authentische Interpretation der UN-Charta in Bezug auf Menschenrechte und Grundfreiheiten verstanden. Sie bildet als UN-Resolution kein bindendes Recht, ist aber nach weit verbreiteter Ansicht mindestens in Teilen verbindliches Völkergewohnheitsrecht geworden, etwa in Bezug auf das Verbot von Folter, Sklaverei oder Rassendiskriminierung. 173

Die Charta enthält einen Katalog von bürgerlichen und politischen und daneben von wirtschaftlichen, sozialen und kulturellen Rechten. Sie umfasst damit das, was gemeinhin die erste und zweite Generation von Rechten genannt wird, da bürgerliche und politische Rechte die klassische Form von Rechtsverbürgungen bilden, die durch wirtschaftliche, soziale und kulturelle Rechte ergänzt wurden. Eine dritte Generation 174

---

[91] UNO, A/RES/3/217 vom 10.12.1948.

von Rechten bezieht sich auf kollektive Rechte von Gruppen. Die Natur und Existenz solcher Rechte ist aber im Detail sehr umstritten.

175 Die Allgemeine Erklärung der Menschenrechte enthält in Art. 29 Abs. 2 eine allgemeine Schrankenregelung.

176 Die Allgemeine Erklärung der Menschenrechte wurde durch die beiden UN-Pakte ergänzt, den *Internationalen Pakt über bürgerliche und politische Rechte* vom 16. Dezember 1966 sowie den *Internationalen Pakt über wirtschaftliche, soziale und kulturelle Rechte* vom 16. Dezember 1966, die 1976 in Kraft getreten sind, nachdem 35 Staaten diese Pakte ratifiziert hatten.[92]

177 Der Internationale Pakt über bürgerliche und politische Rechte (IPbpR, in der Schweiz UNO Pakt II) umfasst klassische Rechte zum Schutz der Integrität und Freiheit der Person, während der Internationale Pakt über wirtschaftliche, soziale und kulturelle Rechte (IPwskR, in der Schweiz UNO Pakt I) soziale Grundrechtspositionen erfasst. Die konkreten rechtlichen Verpflichtungen, die beide Übereinkommen für die Vertragsstaaten schaffen, unterscheiden sich. Während der Internationale Pakt über bürgerliche und politische Rechte die Vertragsstaaten verpflichtet, die gesicherten Rechte zu achten und zu gewährleisten (Art. 2 IPbpR), verpflichtet der Internationale Pakt über wirtschaftliche, soziale und kulturelle Rechte die Vertragsstaaten dazu, die angegebenen Rechte mit geeigneten Mitteln unter dem Vorbehalt ihrer Möglichkeiten allmählich zu verwirklichen (Art. 2 IPwskR). Die Verpflichtung aus Letzterem ist insofern schwächer und spiegelt das allgemeine Problem wider, dass soziale Rechte nur in dem Masse gewährleistet werden können, wie tatsächlich entsprechende Mittel gegeben sind. Zwar setzt auch die Gewährleistung von bürgerlichen und politischen Rechten Ressourcen voraus, zum Beispiel die Fähigkeit, ein entwickeltes Gerichtssystem zu finanzieren, die durchaus beträchtlich sein können. Die Verwirklichung von sozialen Rechten mobilisiert aber Ressourcen über diese Kernfunktion von Staatlichkeit hinaus. Wie die Rechtsprechung von Gerichten, die mit solchen sozialen Rechten befasst sind, illustriert, heißt dies aber keineswegs, dass soziale Rechte nicht mit einem rechtlich durchsetzbaren Kern versehen wären. Ein interessantes Beispiel dazu liefert die Rechtsprechung des südafrikanischen Verfassungsgerichtshofes zu den sozialen Rechten, die in der südafrikanischen Verfassung positiviert wurden.[93]

178 Zu diesen Menschenrechtspakten sind verschiedene weitere Abkommen getreten, die einen differenzierten Schutz von Menschenrechten gewährleisten. Eine erste Konvention, die den Pakten sogar vorausliegt, ist die Konvention über die Verhütung und Bestrafung des Völkermordes von 1948[94]. Weitere Konventionen sind beispielsweise die Internationale Konvention zur Beseitigung aller Formen der Rassendiskriminierung von 1965[95], das Übereinkommen zur Beseitigung jeder Form von Diskriminierung der Frauen von 1979[96], das Übereinkommen gegen Folter und andere grausame, un-

---

92 UNO, A/RES/21/2200 vom 16.12.1966.
93 Vgl. z.B. den ersten Fall zu diesem Rechtsbereich Constitutional Court of South Africa, 2001 (1) SA 46 (CC), 4.10.2000 (Government of the Republic of South Africa and others v. Grootboom and others).
94 UNO, A/RES/260A vom 9.12.1948, Convention on the Prevention and Punishment of the Crime of Genocide.
95 UNO, A/RES/2106 (XX) vom 21.12.1965, International Convention on the Elimination of All Forms of Racial Discrimination (ICERD).
96 UNO, A/RES/34/180 vom 18.12.1979, Convention on the Elimination of All Forms of Discrimination against Women (CEDAW).

menschliche oder erniedrigende Behandlungen oder Strafen von 1984[97], das Übereinkommen über die Rechte des Kindes von 1989[98] oder das Übereinkommen zum Schutz der Rechte von Menschen mit Behinderungen von 2006.[99]

Auch Sonderorganisationen der Vereinten Nationen, wie die ILO oder die UNESCO, haben durch ihre Aktivitäten die Differenzierung des Menschenrechtsschutzes unterstützt.

b) Durchsetzung von Menschenrechten

Die Positivierung von Menschenrechten ist ein wichtiger Schritt, ihren effektiven Schutz zu gewährleisten. Letztendlich hängt ihre praktische Bedeutung aber von wirksamen Mechanismen ihrer Durchsetzung ab. Das ist die zentrale Einsicht, die man aus Hannah Arendts skeptischer Beobachtung zur Aporie der Menschenrechte ohne Zweifel gewinnen kann. Es kommt für den Menschenrechtsschutz entscheidend darauf an, dass Mechanismen bestehen, die den Respekt vor „dem nackten Menschsein" praktisch sicherstellen. Ohne ihn bleibt die Positivierung von Grundrechten symbolische Politik und politische Rhetorik in der täuschenden Form des Rechts.

Ein wesentliches Element des internationalen Menschenrechtsschutzes bilden Mechanismen, die auf der UN-Charta basieren, sowie solche, die aus völkerrechtlichen Verträgen erwachsen.

aa) Charta-basierte Durchsetzungsmechanismen

Zu den Organen, die Menschenrechte sicherstellen sollen und die auf der Charta basieren, gehören zunächst die zentralen UN-Organe, also die Generalversammlung, der Sicherheitsrat, der Generalsekretär sowie der Internationale Gerichtshof. Letzterer hat allerdings bis in die 90er Jahre hinein keine zentrale Rolle bei der Entwicklung von Menschenrechten gespielt. Einige wichtige Entscheidungen haben dies aber seitdem geändert (vgl. u. § 7 VIII). Schließlich gibt es seit 1993 den Hochkommissar für Menschenrechte.

Die Generalversammlung kann die Durchsetzung von Menschenrechten vor allem durch kritische Stellungnahmen befördern sowie durch die Schaffung weiterer Sicherungsmechanismen. Ein Beispiel für einen Versuch in dieser Hinsicht bildet die Schaffung des Menschenrechtsrates, der als Nebenorgan der Generalversammlung die Menschenrechtskommission 2006 ablöste. Der Menschenrechtsrat besteht aus 47 gewählten Staaten. Ein Ziel war dabei, die Menschenrechtskontrolle nicht von Staaten vornehmen zu lassen, die selbst Menschenrechtsverletzungen begehen. Dieses Ziel wurde aber in der Praxis nicht ausreichend erreicht. Der Menschenrechtsrat hat verschiedene wesentliche Funktionen: Er ist mit Individualschutz befasst, da er bei Verletzungen von Menschenrechten, namentlich systematisch angelegten, Empfehlungen abgeben soll. Eine weitere wichtige Aufgabe besteht darin, normative Standards zu entwickeln. Die Menschenrechtskommission als Vorgängerinstitution hat dieser Aufgabe durch einen ersten Entwurf der Allgemeinen Erklärung der Menschenrechte oder der Ausarbeitung der zwei Menschenrechtspakte entsprochen. Auch der Menschenrechtsrat hat entspre-

---

97 UNO, A/RES/39/46 vom 10.12.1984, Convention against Torture and Other Cruel, Inhuman or Degrading Treatment (CAT).
98 UNO, A/RES/44/25 vom 20.11.1989, Convention on the Rights of the Child (CRC).
99 UNO, A/RES/61/106 vom 13.12.2006, Convention on the Rights of Persons with Disabilities (CRPD).

chende Maßnahmen ergriffen, etwa durch die Annahme des Internationalen Übereinkommens zum Schutz von Personen vor dem Verschwindenlassen von 2006[100] und andere Instrumente. Er soll präventiv tätig werden und durch Bildung, Kapazitätsaufbau und Verankerung in allen Tätigkeitsbereichen der UN den Menschenrechtsschutz verbessern. Dazu werden im *Universal Periodic Review* alle Staaten einer gegenseitigen Überprüfung unterzogen. Thematische Reporte von Sonderberichterstattern widmen sich einzelnen Sachfragen, länderspezifische Berichte einzelnen Ländern. Individuelle Beschwerden werden ebenfalls behandelt, aber nicht im Sinne einer quasi-gerichtlichen Entscheidungsfindung. Ergebnis können allein die Entscheidung zu weiterer Beobachtung der Situation oder Empfehlungen zum Aufbau von Strukturen bilden, die die Grundrechtsverletzungen verhindern sollen. Dieses Verfahren knüpft an entsprechende Befugnisse der Menschenrechtskommission an.[101] Da das Verfahren vertraulich ist, ist wenig über seine Effektivität bekannt, es wird aber weithin als ineffizient angesehen. Die Arbeit des Menschenrechtsrates wird als stark politisiert wahrgenommen und hat deswegen bisher nicht die Autorität einer zentralen Instanz des Menschenrechtsschutzes gewinnen können. Die Russische Föderation hat ihren Rückzug aus dem Gremium 2022 erklärt, nachdem seine Mitgliedschaft wegen des Angriffs auf die Ukraine suspendiert worden war.[102]

184 Der UN-Hochkommissar für Menschenrechte bildet seit 1993 ein weiteres Organ des Menschenrechtsschutzes, das in den letzten Jahren ein zunehmendes Gewicht gewonnen hat.

185 Auch der Sicherheitsrat ist im Rahmen seiner Kompetenzen mit Menschenrechtsfragen befasst. Nach dem Genozid in Ruanda und den Massenmorden in Bosnien hat sich die Diskussion verstärkt, ob der Sicherheitsrat auch zu humanitären Interventionen autorisieren darf. Im Rahmen des Kosovo-Konflikts wurde diese Diskussion zugespitzt, wobei eine Sicherheitsratsresolution die militärischen Maßnahmen nicht ausdrücklich autorisierte.[103] Die NATO griff trotzdem zu militärischen Mitteln mit der Begründung, Menschenrechte zu schützen. In der Nachfolge hat sich die Diskussion um humanitäre Interventionen erweitert und auf die Frage zugespitzt, ob eine sogenannte *responsibility to protect*, eine Schutzverantwortung der Staatengemeinschaft für die Bürger eines Staates, die Menschenrechtsverletzungen erleiden, besteht.[104] Im Jahr 2011 wurde vor diesem Hintergrund die Durchsetzung einer Flugverbotszone über Libyen vom Sicherheitsrat autorisiert,[105] die die Grundlage des militärischen Eingreifens von NATO-Streitkräften wurde. Es ist allerdings umstritten, ob dieses Eingreifen von der Sicherheitsratsresolution gedeckt war oder nicht. Versuche, eine Sicherheitsratsentscheidung zum Bürgerkrieg in Syrien herbeizuführen, scheiterten am Veto von Russland und China. Auch der Umgang mit dem Ukrainekrieg illustriert die strukturellen Schwächen der Sicherheitsarchitektur der UN.

186 Der Generalsekretär schließlich kann vor allem politisch für die Durchsetzung von Menschenrechten wirken.

---

100 UNO, A/RES/61/177 vom 20.12.2006, International Convention for the Protection of All Persons from Enforced Disappearance (ICPPED).
101 Sog. 1503 Verfahren, ECOSOC Resolution 1503 vom 27.5.1970.
102 Die Abstimmung erfolgte am 7. April, wobei 93 Staaten für und 24 gegen den Ausschluss stimmten bei 58 Enthaltungen, vgl. https://news.un.org/en/story/2022/04/1115782.
103 Vgl. UNO, S/RES/1199 vom 23.9.1998.
104 Vgl. World Summit Outcome, UNO, A/RES/60/1 vom 16.9.2005.
105 Vgl. UNO, S/RES/1973 vom 17.3.2011.

bb) Vertragsbasierte Durchsetzungsmechanismen

Neben den Organen, die auf der UN-Charta beruhen, gibt es solche, die durch die Menschenrechtskonventionen geschaffen werden. Dazu gehört insbesondere der Menschenrechtsausschuss des Internationalen Paktes für bürgerliche und politische Rechte, ergänzt durch das Erste Fakultativprotokoll[106] zu diesem Pakt. Dieser Ausschuss ist durch 18 unabhängige, von den Vertragsstaaten gewählte Experten besetzt. Er verfasst Staatenberichte, allgemeine Kommentare (*general comments*) und behandelt zwischenstaatliche Beschwerden, Art. 40 f. IPbpR. Für Staaten, die das Erste Fakultativprotokoll ratifiziert haben – wie Deutschland, nicht aber die Schweiz –, können auch Einzelbeschwerden untersucht werden, Art. 1 des Ersten Fakultativprotokolls. In diesem Verfahren – das erst angestrengt werden kann, wenn der innerstaatliche Rechtsweg ausgeschöpft ist – wird dem betroffenen Staat Gelegenheit zur Stellungnahme gegeben. Die Entscheidung des Ausschusses wird den Parteien zugestellt und veröffentlicht. Auch über die Wiedergutmachung wird vom Ausschuss entschieden. Sind die Maßnahmen des betroffenen Staates unzureichend, kann ein Nachfolgeverfahren eingeleitet werden, um den Staat zu angemessenen Reaktionen zu bewegen. Die Entscheidungen des Ausschusses stellen autoritativ eine Rechtsverletzung fest und erzeugen gewisse normative Wirkungen, wenn sie auch nicht ausdrücklich Rechtsverbindlichkeit besitzen.[107] Sie sind damit feststellende rechtliche Entscheidungen, zu deren Rechtsfolgen keine unzweideutige Verpflichtung von Staaten oder Sanktionen gehören, die aber nicht ohne normative Wirkungen sind und jedenfalls rechtlich vermitteltes, politisches Gewicht entfalten.

Ähnliche Mechanismen, nämlich Staatenberichte und Beschwerdeverfahren, sehen auch andere vertragsbasierte Organe vor, etwa der UN-Ausschuss für Wirtschaftliche, Soziale und Kulturelle Rechte, der durch eine Resolution des ECOSOC etabliert wurde[108] und in einem Fakultativprotokoll vom 10. Dezember 2008 auch ein individuelles Beschwerdeverfahren vorsieht,[109] der UN-Ausschuss gegen die Diskriminierung der Frau,[110] der UN-Ausschuss gegen die Rassendiskriminierung,[111] der UN-Ausschuss gegen Folter,[112] der UN-Ausschuss für die Rechte des Kindes[113] oder der UN-Ausschuss für die Rechte von Menschen mit Behinderungen.[114]

Insbesondere die Etablierung von individuellen Beschwerdeverfahren gibt diesen Durchsetzungsmechanismen eine gerichtsähnliche Struktur, wenn ihnen auch die unmittelbare Verbindlichkeit regelmäßig fehlt.

cc) Durchsetzungsmechanismen und die vielfältigen Grundlagen von Recht

Die geschilderten Durchsetzungsmechanismen sind nicht nur von Interesse, um ihren konkreten Gegenstand, die Formen der Sicherung von Menschenrechten im internatio-

---

106 UNO, A/RES/21/2200 vom 16.12.1966.
107 Vgl. Human Rights Committee, General Comment no. 33, UN Doc. CCPR/C/GC33 (2008), insbesondere para. 11–15, 20.
108 ECOSOC Resolution 1985/17 vom 28.5.1985.
109 Optional Protocol to the International Covenant on Economic, Social and Cultural Rights, UNO, A/RES/63/117 vom 10.12.2008; weder die Schweiz noch Deutschland haben das Protokoll unterzeichnet.
110 UNO, A/RES/34/180 vom 18.12.1979.
111 UNO, A/RES/2106 (XX) vom 21.12.1965.
112 UNO, A/RES/39/46 vom 10.12.1984.
113 UNO, A/RES/44/25 vom 20.11.1989.
114 UNO, A/RES/61/106 vom 13.12.2006.

nalen Rahmen, zu erläutern. Sie halten auch Lehren von allgemeiner Bedeutung für das Verständnis von Recht bereit. Diese differenzierten Durchsetzungsmechanismen veranschaulichen verschiedene Stufen der Institutionalisierung von Recht, vielleicht sogar des allmählichen Übergangs von Normen in Rechtsnormen im eigentlichen Sinne. Sie zeigen die verschiedenen institutionellen Möglichkeiten auf, Recht durchzusetzen, die keineswegs auf gerichtliche Formen begrenzt sind, und illustrieren gerade durch ihre vielen Beschränkungen, wie soziokulturell und politisch voraussetzungsreich ein effektives Rechtssystem eigentlich ist. Die Selbstverständlichkeit, mit der auf nationaler Ebene von der Existenz eines entwickelten Rechtssystems ausgegangen wird, sollte diese fundamentale Einsicht in den Voraussetzungsreichtum eines Rechtssystems nicht verdecken.

c) Der Einzelne als Subjekt des Völkerrechts

191   Eine weitere wichtige Entwicklung des modernen Menschenrechtsschutzes besteht darin, dass nicht mehr allein Staaten, sondern Individuen selbst zu Rechtssubjekten des Völkerrechts geworden sind. Eine Folge dieser Konzeption ist etwa die Auseinandersetzung um humanitäre Interventionen oder die *responsibility to protect*, die letztendlich darauf beruht, dass Menschen zu schützende Subjekte des Völkerrechts bilden. Die Menschenrechte werden damit zu einer Grundbedingung einer internationalen Rechtsordnung.[115] Diese Entwicklung wird in den Zusammenhang einer sogenannten, oben erwähnten Konstitutionalisierung der internationalen Ordnung gebracht, d.h. der Schaffung einer Rechtsordnung, die Autorität und Wirkungskraft einer Verfassung auf der Ebene der internationalen Gemeinschaft besitzt. Ob beim gegenwärtigen Stand der Völkerrechtsentwicklung von einer solchen Konstitutionalisierung gesprochen werden kann und ob dieses Ziel überhaupt erstrebenswert ist, ist allerdings äußerst umstritten.

d) Die politischen und ethischen Wurzeln einer Menschenrechtskultur

192   Die UN-Charta hat die UN und die Einzelstaaten zur Förderung von Menschenrechten verpflichtet. Die UN hat entsprechende Maßnahmen angeregt und mit ihren Organen verwirklicht. Die differenzierte moderne Menschenrechtskultur konnte an diese Regelungen anknüpfen. Diese völkerrechtlichen Regelungen bilden aber genauso wenig die Ursache der Entwicklung hin zu einem differenzierten Menschenrechtsschutzsystem, wie andere rechtliche Regelungen, die etwa auf einzelstaatlicher Ebene existieren und die staatliche Gewalt an Grund- und Menschenrechte binden, allein verantwortlich wären, dass auf staatlicher Ebene eine effektive Grundrechtskultur verwirklicht wird. Solche Normen könnten toter Buchstabe bleiben, halbherzig oder nur scheinbar, als symbolische Politik oder Rechtsrhetorik verwirklicht werden, ohne einen harten, durchsetzbaren rechtlichen Gehalt zu besitzen. Es ist ja auch durchaus nicht so, dass auf internationaler Ebene nach 1945 die Aufgabe entschlossen und einmütig von der Staatengemeinschaft aufgenommen worden wäre, Menschenrechte zu verwirklichen. Es darf auch nicht vergessen werden, dass die politische Situation nach 1945 keineswegs geprägt war von einer allgemeinen, praktisch wirksamen Bindung an Menschenrechtsverpflichtungen. In der Nachkriegszeit herrschte im Herrschaftsbereich der Sowjetunion eine stalinistische und dann poststalinistische Diktatur, die schwerste Menschenrechtsverletzungen beging. Auch die Politik der anderen Großmacht, der

---

115 Vgl. z.B. *P. Kunig*, Das Völkerrecht als Recht der Weltbevölkerung, Archiv des Völkerrechts, 41 (2003), S. 327 ff.

USA, war trotz aller Errungenschaften für die Entwicklung von Grundrechten durch die amerikanische Verfassung keineswegs durch eine konsequente Verwirklichung von Menschenrechten geprägt, wie etwa innerstaatlich das Beispiel der andauernden Rassensegregation illustriert. Auch nach außen wurden schwere Grundrechtsverletzungen begangen, etwa im Krieg in Vietnam oder durch die Unterstützung autoritärer Regime etwa in Mittel- oder Südamerika. Ein die internationale Rechtsordnung noch vor Kurzem beschäftigendes Beispiel dafür war die Unterstützung des Regimes von Pinochet in Chile. Auch jenseits der Machtblöcke des Kalten Krieges haben wichtige Staaten Menschenrechte keineswegs konkret geachtet, wie etwa China oder Indien. Auch in Europa war die Situation nicht anders. Bis in die 60er Jahre hinein wurden koloniale Reiche unterhalten, die zu schweren Auseinandersetzungen führten, wie etwa der Algerienkrieg Frankreichs oder sein Engagement in Südostasien beispielhaft deutlich machen mögen. In Spanien herrschte bis 1975 eine faschistische Diktatur.

Die Entwicklung der Menschenrechtskultur ist deswegen ein Beispiel für einen komplexen gesellschaftlichen Prozess der internationalen Normbildung. Dieser Prozess kannte verschiedene Akteure: Institutionelle Akteure, wie zum Beispiel Richter oder Richterinnen, haben in nationalen oder internationalen Gerichtshöfen die Grundrechte entfaltet und ihnen zur Wirksamkeit verholfen. Wissenschaftliche Akteure haben die geistigen Fundamente der Menschenrechte mitentwickelt. Dazu gehören Rechtswissenschaftler und Rechtswissenschaftlerinnen genauso wie Philosophen, Politikwissenschaftler oder Theologen, um nur einige Beispiele zu nennen. Auch politische Akteure spielen eine zentrale Rolle, seien es solche mit formalen Exekutivbefugnissen oder zivilgesellschaftliche Akteure, die auf die Menschenrechtsentwicklung einen bedeutenden Einfluss genommen haben, etwa NGOs wie *Amnesty International*. Auch kulturelle Faktoren sollten nicht vergessen werden. Die Literatur etwa hat wichtige Impulse gegeben, die Ideen, die den Menschenrechten letztendlich zu Grunde liegen – in letzter Instanz die Anerkennung des gleichen Wertes von Menschen und ihre Selbstzweckhaftigkeit –, in der internationalen Kultur zu verankern. Welche Gründe es für eine solche Anerkennung geben könnte, wird in der ästhetischen Anschauung auch ohne einen ausdrücklichen Bezug auf Menschenrechte häufig deutlicher als in theoretischen Traktaten. Auch für andere Kunstformen, etwa die bildende Kunst, gilt Ähnliches.[116]

Die Entwicklung der Menschenrechte als derartig breit verankerter, komplexer politischer, kultureller und rechtlicher Prozess ist von großem historischem Gewicht. Sie hat Bedeutung für das Verständnis der Vergangenheit und die Bestimmung der Art von Hoffnungen, die sie erlaubt. Die menschliche Geschichte ist voller Katastrophen. Menschen haben sich großes Leid zugefügt. Sie haben sich bekriegt, erobert, unterworfen, vergewaltigt, gefoltert, versklavt, kolonialisiert, im Elend verkommen lassen, obwohl Hilfe möglich war, und Ordnungen tiefer und offensichtlicher Ungerechtigkeit erhalten. Es gibt deshalb nicht den geringsten Grund für einen anthropozentrischen Gattungsnarzissmus, eine selbstverliebte Feier der eigenen humanen Herrlichkeit.

Die Entwicklung einer Kultur, die sich ernsthaft darauf richtet, gewisse Grundinhalte der Rechte von Menschen zu schützen, weist aber auf eine andere Eigenschaft von Menschen hin, nämlich ihre Fähigkeit, Ordnungen anzustreben und zu errichten, die sich an fundamentalen moralischen Maßstäben und Forderungen der Gerechtigkeit

---

116 *M. Mahlmann*, „Le Chariot" – Bemerkungen zu den Grundlagen des Rechts, ZSR, 131 (2012), S. 123 ff.

orientieren. Die Menschenrechtskultur ist deswegen etwas, was einem Geschichtszeichen im kantischen Sinne ähnelt.[117] Aus Kants Sicht gibt es keine Beweise dafür, dass die Welt im Begriffe sei, zum Besseren fortzuschreiten. Es gebe aber Hinweise in der menschlichen Geschichte auf bestimmte Grundeigenschaften vom Menschen, die eine Grundlage zu der Hoffnung bilden könnten, dass ein ethisch orientierter Fortschritt möglich sei. Für Kant war ein solches Geschichtszeichen nicht die Französische Revolution selbst in ihrem, etwa in der „terreur" schrecklich verkörperten Verlauf. Sie war es aber sehr wohl in Bezug auf die Anteilnahme, die die Ideale der französischen Revolution bei vielen Menschen hervorriefen, auch bei ihm selbst. Die Menschenrechtskultur und ihre Grundlage in der Überzeugung vieler Menschen kann in ähnlicher Weise als ein Anzeichen dafür dienen, dass jedenfalls das Potential der Menschen existiert, eine zivilisierte Ordnung menschlichen Lebens nicht nur in territorial sehr begrenztem Umfang zu verwirklichen.

196 Was ist der letzte Grund für eine solche Hoffnung? Woher kommt die Anziehungskraft der Menschenrechte? Welches ist der Grund des humanen Charmes der Menschenrechtsidee? Diese Frage wird aufgegriffen werden, um die These zu verteidigen, dass diese Anziehungskraft der Menschenrechtsidee nicht aus politischer Romantik oder einer kontingenten kulturellen Geprägtheit bestimmter Menschengruppen erwächst, sondern tiefere Gründe hat: Diese Anziehungskraft der Menschenrechtsidee ist eine, die ethische Einsicht gebiert. Die historischen Erfahrungen gerade des 20. Jahrhunderts zeigen dabei durch die manifestierte und tödliche Verachtung des Menschseins, dass die Menschenrechte nicht zuletzt aus der anschaulichen Entsetzlichkeit ihrer Verneinung heraus begründet werden können. Diese Einsicht in die Gründe für Menschenrechte ist allen Menschen zugänglich, nicht nur bestimmten Gruppen, etwa „Weißen" oder Männern. Die Wohlbegründetheit von Menschenrechten bezwingt die menschliche Einsicht langsam, aber bisher zunehmend, wenn auch durchaus bedroht und durch nichts garantiert.

VI. Internationales Strafrecht

197 Als internationales Strafrecht wird heute überwiegend neben strafrechtlichen Normen, die dem Völkerrecht entspringen, dem Völkerstrafrecht, auch supranationales Strafrecht sowie nationales Strafrecht, das Auslandsbezüge aufweist, verstanden.[118] Für die internationale Rechtsordnung ist insbesondere der Anspruch von Interesse, bestimmte universell geltende Normen mit strafrechtlichen Mitteln durchzusetzen.

198 Die Vorstellung, dass es universell geltende Rechtsnormen gibt, die für alle Gemeinschaften verbindlich sind, hat eine lange Tradition, die in die Antike zurückreicht. In der *Stoa* wird ein entsprechender Naturrechtsbegriff z.B. differenziert entwickelt. In der Naturrechtstradition wurde daraus auch die Schlussfolgerung einer Strafgewalt aufgrund von Verletzungen von solchen Normen in anderen Staaten oder Gemeinschaften gezogen. Klassisches Beispiel sind dafür Hugo Grotius' Gedanken zur Rechtfertigung von kriegerischen Handlungen durch Verletzungen von bestimmten qualifizierten Naturrechtsnormen.[119]

---

[117] *I. Kant*, Streit der Fakultäten, in: ders., Kant's gesammelte Schriften. Herausgegeben von der Königlich Preußischen Akademie der Wissenschaften. Bd. VII, 1917, S. 84.
[118] Vgl. zum Begriff *G. Werle/F. Jeßberger*, Völkerstrafrecht, 5. Aufl., 2020, Rn. 172 ff.
[119] Vgl. *H. Grotius*, Drei Bücher über das Recht des Krieges und Friedens. Bd. II, Buch II, Kap. XX, XL; dazu *M. Mahlmann*, Der Schutz von individuellen Rechten, Strafe und Krieg in der Naturrechtstheorie von Hugo

VI. Internationales Strafrecht

Solche Überlegungen können eine ambivalente Natur besitzen, weil sie auch als Rechtfertigung für machtpolitisch begründete Interventionen in anderen Gemeinschaften missbraucht werden können – ein gerade für viele europäische Staaten in Anbetracht ihrer Geschichte von Kolonialismus und Imperialismus zu erinnernder Sachverhalt.

199

Die Vorstellung legitimerweise universell durchsetzbarer Normen ist Vorläufer gegenwärtiger Überlegungen zur Rechtfertigung von Maßnahmen, die Menschenrechtsverletzungen durch Staaten verhindern sollen. Die Idee einer *responsibility to protect* wurde bereits erwähnt (vgl. o. § 7 V.6. b) aa) und c)).

200

Eine andere Konsequenz der Annahme universell geltender und von allen Staaten zu beachtender und durchzusetzender Rechtsprinzipien ist die Idee eines international geltenden, auch völkerrechtlich fundierten Strafrechts. Die Entwicklung eines internationalen Strafrechts hat dabei erst im Laufe des 20. Jahrhunderts rechtlich konkrete Gestalt angenommen.

201

Ein Vorläufer, wenn auch kein Vorbild der Entwicklung, waren die Leipziger Prozesse nach dem Ersten Weltkrieg 1921, nachdem ein im Versailler Vertrag vorgesehener internationaler Gerichtshof zur Aburteilung von Kriegsverbrechen nicht eingesetzt wurde. Diese Prozesse wurden nach deutschem Strafrecht vor dem Reichsgericht wegen behaupteter Kriegsverbrechen durchgeführt. Eine wirkliche strafrechtliche Verfolgung von strafwürdigen Taten wurde dabei nicht erreicht.[120]

202

Auch der Völkermord an den Armeniern 1915 im Osmanischen Reich zog – entgegen entsprechenden Verlautbarungen der Alliierten – keine rechtlichen Konsequenzen für die Verantwortlichen nach sich.[121]

203

Eine Reaktion auf die Verbrechen, die im Rahmen des Zweiten Weltkrieges begangen wurden, waren die Nürnberger und Tokioter Prozesse. Dass es zu einer derartigen rechtsförmigen Reaktion auf die Untaten der unterlegenen Mächte während des Zweiten Weltkrieges kam, ist keine Selbstverständlichkeit. In Anbetracht der Verwüstungen durch den Angriffskrieg, der Art der Kriegsführung und der im Dritten Reich begangenen Massenmorde ist es nicht verwunderlich, dass Manche keineswegs der Meinung waren, die Täter hätten einen rechtsförmigen Prozess verdient, sondern, wie Winston Churchill, für summarische Exekutionen plädierten.[122] *Robert H. Jackson* (1892–1954) als Chefankläger des Internationalen Militärgerichtshofes im Prozess würdigte diese Entscheidung deshalb zurecht als eine Selbstbegrenzung der in diesem historischen Moment praktisch unbeschränkten Macht der Sieger über die Besiegten im Dienste von Rechtsprinzipien und deswegen als Tribut der Macht an die Vernunft:

204

> „That four great nations, flushed with victory and stung with injury, stay the hand of vengeance and voluntarily submit their captive enemies to the judgement of the law is one of the most significant tributes that power ever has paid to Reason."[123]

Grundlage der Nürnberger Prozesse war ein völkerrechtlicher Vertrag zwischen den USA, der Sowjetunion, Frankreich und Großbritannien (Londoner-Agreement vom

205

Grotius, in: T. Altwicker/F. Cheneval/O. Diggelmann (Hrsg.), Völkerrecht in der Frühaufklärung, 2015, S. 199ff.
120 Vgl. im Überblick *G. Werle/F. Jeßberger*, Völkerstrafrecht, Rn. 10ff.
121 *G. Werle/F. Jeßberger*, Völkerstrafrecht, Rn. 14.
122 *B. F. Smith*, The Road to Nuremberg, 1981, S. 47.
123 *Secretariat of the Military Tribunal of Nuremberg*, Trial of Major War Criminals before the International Military Tribunal. Vol. 2, 1947, 2nd day, S. 99.

8. August 1945). Der Internationale Militärgerichtshof wurde errichtet, der Hauptkriegsverbrecher zur Verantwortung ziehen sollte. Das Statut des Internationalen Militärgerichtshofes (IMG-Statut) legte Verfahren und Straftatbestände fest.

206 Dazu gehörten nach Art. 6 IMG-Statut Verbrechen gegen den Frieden, Kriegsverbrechen und Verbrechen gegen die Menschlichkeit. Bei Letzteren musste allerdings in der Auslegung des Gerichtshofes eine Verbindung zu den Verbrechen gegen den Frieden oder Kriegsverbrechen bestehen, weswegen verschiedene Verbrechen, die vor dem Ausbruch des Krieges begangen wurden, nicht geahndet wurden.[124] Das Urteil wurde im Herbst 1946 verkündet.[125] Von den Angeklagten wurden zwölf zum Tode, drei zu lebenslänglicher Haft, vier zu langen Gefängnisstrafen verurteilt und drei freigesprochen.

207 Ein ähnliches Statut wie das IMG-Statut war die Grundlage für die Tokioter Prozesse (1946–1948), das durch einen Erlass des Oberbefehlshabers der alliierten Streitkräfte in Kraft gesetzt wurde. Es enthielt insbesondere die gleichen Tatbestände.[126]

208 Das Urteil von Nürnberg bildet als Fundament des Völkerstrafrechts einen Meilenstein der Völkerrechtsentwicklung und der modernen Rechtskultur. Auch wenn die abgeurteilten Verbrechen vorher nicht ein unstreitiger Teil der Völkerrechtsordnung waren, wurde von den Siegermächten zu Recht in Anspruch genommen, damit fundamentale Rechtsprinzipien zu verwirklichen. Die Legitimität dieses Vorgehens steht heute außer Frage.[127] Einwände bezogen sich vor allem auf zweierlei: Erstens lautete ein Vorwurf, dass hier „Siegerjustiz" geübt werde, weil alliierte Kriegsverbrechen nicht einbezogen wurden. Zweitens wurde die Verletzung des Rückwirkungsverbots gerügt. Beide Einwände können die Legitimität des Verfahrens aber nicht in Zweifel ziehen. Die Tatsache, dass eigene Kriegsverbrechen der Alliierten nicht einbezogen wurden, ändert nichts daran, dass es berechtigt war, jedenfalls die Verbrechen Deutschlands und seiner Verbündeten zu verfolgen. Der Vorwurf der Siegerjustiz würde nur zutreffen, wenn Handlungen strafrechtlich sanktioniert worden wären, die gar kein strafwürdiges Unrecht bildeten, sondern nur bestraft wurden, um die Machtinteressen der Siegermächte durchzusetzen. Das war aber gerade nicht der Fall. Das Rückwirkungsverbot ist seinem Sinn nach ein rechtsstaatliches Schutzinstrument gegenüber der Strafgewalt des Staates zum Zwecke der Freiheitssicherung durch Vertrauensschutz. Dieser Zweck schließt nicht aus, für derartige Verbrechen, wie in Nürnberg verfolgt, Ausnahmen vorzusehen und das Rückwirkungsverbot deswegen aus rechtsprinzipiellen Gründen zu lockern. Die Verfolgung dieser Straftaten sollte ja gerade dem Schutz der Rechte von Menschen, nicht zuletzt dem Freiheitsschutz, dienen, der den Grund des Rückwirkungsverbots bildet.[128]

209 Die Nürnberger Prozesse haben – wie jede andere Strafgerichtsbarkeit auch – das unglaubliche Leid nicht ungeschehen gemacht, das die von ihnen zu beurteilenden

---

124 Vgl. Das Urteil von Nürnberg 1946 Mit einem Vorwort v. J. Friedrich, 6. Aufl., 2005, S. 135.
125 Das Urteil von Nürnberg 1946, S. 17.
126 Vgl. *G. Werle/F. Jeßberger*, Völkerstrafrecht, Rn. 30 ff.
127 Vgl. zur Diskussion z.B. *C. Tomuschat*, The Legacy of Nuremberg, Journal of International Criminal Justice, 4 (2006), S. 830 ff.
128 Vgl. zur Diskussion um die Bedingungen der Möglichkeit der Lockerung des Rückwirkungsverbots im Rahmen der Mauerschützenprozesse BVerfGE 95, 96. Dort wird argumentiert, dass das Rückwirkungsverbot absolut und formal interpretiert werden muss, um seine rechtsstaatliche Funktion zu erfüllen. Eine Ausnahme gelte aber, wenn die Staatsmacht schwerstes Unrecht veranlasst, da dann Vertrauensschutz nicht schutzwürdig sei.

VI. Internationales Strafrecht

Taten verursacht haben, und auch neues Leid nicht verhindert. Sie sind aber, und das ist der Kern ihrer Bedeutung – bei allen zeit- und umstandsbedingten Grenzen –, ein rechtszivilisatorischer Zeuge für den durch die Schrecken des 20. Jahrhunderts ethisch unhintergehbaren Anspruch der Menschheit an sich selbst, bestimmte materiale Prinzipien, die letztlich in der Achtung vor dem Wert menschlicher Personen wurzeln, zu verteidigen, nicht nur, aber eben auch mit den Mitteln des Rechts.

Aufgrund des Kontrollratsgesetzes Nr. 10 wurden in den Besatzungszonen weitere Prozesse geführt, insbesondere die weiteren Nürnberger Nachfolgeprozesse. Das Kontrollratsgesetz Nr. 10 verlangte keine Verbindung der Verbrechen gegen die Menschlichkeit mit den anderen Verbrechen und erweiterte so die Anwendbarkeit dieses Straftatbestandes, die bis heute fortwirkt. Die strafrechtliche Verfolgung von während des Dritten Reiches begangenen Verbrechen blieb allerdings in vieler Hinsicht unzureichend. Im Kalten Krieg veränderte sich die Politik der Weltalliierten, so dass die Verfolgung gegenüber der Westintegration der Bundesrepublik Deutschland in den Hintergrund trat. Die westdeutsche Justiz verfolgte diese Verbrechen nur allmählich und über Jahrzehnte mit wechselndem Nachdruck.[129]

210

Die International Law Commission hat in der Nachfolge Kodifikationsversuche des internationalen Strafrechts unternommen, die aber ohne Erfolg blieben, weil die Entwicklung eines internationalen Strafrechts und die Etablierung einer entsprechenden Strafgerichtsbarkeit in den Zeiten der politischen Konfrontation des Kalten Krieges keine Chance hatten.

211

Einen wichtigen weiteren Meilenstein bildet der Prozess gegen Adolf Eichmann in Jerusalem 1961, in dem Israel den Anspruch manifestierte, ihn in einem gerichtsförmigen Verfahren für seine Menschenrechtsverletzungen zu verfolgen. Dieser Prozess hat viele Diskussionen veranlasst, bildet aber ein weiteres Beispiel für den Versuch eines rechtsstaatlichen Umganges mit schwersten Menschenrechtsverletzungen.[130]

212

1993 hat der UN-Sicherheitsrat dann als Reaktion auf die Menschenrechtsverletzungen im Krieg in Jugoslawien ein Ad-hoc-Tribunal, gestützt auf Kapitel VII der UN-Charta, errichtet, weil schwere Verletzungen des humanitären Völkerrechts eine Bedrohung des Weltfriedens und der internationalen Sicherheit bildeten. Nach diesem Muster wurde 1994 ein zweites Ad-hoc-Tribunal als Reaktion auf die Menschenrechtsverletzungen in Ruanda geschaffen. Diese Entwicklung gab den Bemühungen, die sich auf die Schaffung eines ständigen Internationalen Strafgerichtshofes richteten, neuen Auftrieb. Am 17. Juli 1998 wurde das Statut des Internationalen Strafgerichtshofes (IStGH), das sogenannte Römer[131] oder Römische Statut, unterzeichnet. Es trat am 1. Juli 2002 in Kraft. Gegenwärtig haben 123[132] Staaten das Statut ratifiziert. Die USA haben es allerdings lediglich unterzeichnet, nicht aber ratifiziert. Das Statut des Internationalen Strafgerichtshofes reguliert die Errichtung des Gerichtshofes, die Gerichtsbarkeit, Zulässigkeit von Klagen und das anwendbare Recht. Es bestimmt allgemeine Grundsätze des internationalen Strafrechts wie etwa *nullum crimen sine lege* (Art. 22 IStGH-Statut) oder *nulla poena sine lege* (Art. 23 IStGH-Statut) und bestimmt die Zusammensetzung und Verwaltung des Gerichtshofes, enthält Regelungen zu Er-

213

---

129 Ein beeindruckendes Beispiel bildet dabei der hessische Generalstaatsanwalt *Fritz Bauer* (1903–1968) und seine Rolle im epochemachenden Auschwitzprozess 1963.
130 Zur Diskussion vgl. H. Arendt, Eichmann in Jerusalem. Ein Bericht von der Banalität des Bösen, 1965.
131 So in der Schweiz.
132 Stand Juni 2022.

mittlung und Strafverfolgung und zum weiteren Verfahrensgang, zur internationalen Zusammenarbeit und Rechtshilfe sowie zur Vollstreckung und Finanzierung neben anderen Regeln.

214   Es definiert auch die strafbaren Handlungen. Dies sind Völkermord (Art. 6 IStGH-Statut), Verbrechen gegen die Menschlichkeit (Art. 7 IStGH-Statut), Kriegsverbrechen (Art. 8 IStGH-Statut) sowie das Verbrechen der Aggression. Das Verbrechen der Aggression wurde nachträglich definiert und bildet nun Teil des Statuts (Art. 8bis). Ein Staat, der Vertragspartei des Statuts ist, erkennt die Gerichtsbarkeit des Gerichtshofes für diese Verbrechen an (Art. 12 Abs. 1 IStGH-Statut). Voraussetzung der Ausübung der Gerichtsbarkeit ist, dass der Staat, in dessen Hoheitsgebiet das fragliche Verhalten stattgefunden hat, oder, sofern das Verbrechen an Bord eines Schiffes oder Luftfahrzeuges begangen wurde, der Staat, in dem diese registriert sind, oder der Staat, dessen Staatsangehörigkeit die des Verbrechens beschuldigte Person besitzt, entweder Vertragspartei des Statuts ist oder die Gerichtsbarkeit des Gerichtshofes anerkannt hat (Art. 12 Abs. 2 lit. a und b IStGH-Statut). Art. 27 IStGH-Statut regelt, dass keine Immunität für Staats- und Regierungschefs und andere Amtsträger existiert.

215   Praktisch von Bedeutung ist die Regelung zum Handeln aufgrund von Anweisungen von Vorgesetzten und gesetzlicher Vorschriften. Damit wird das Problem des sog. Befehlsnotstandes aufgegriffen, also des Begehens von strafwürdigem Unrecht aufgrund der durch einen Befehl geschaffenen Zwangslage. Schon das IMG-Statut hielt in Art. 8 fest, dass das Handeln auf Befehl nur einen Strafmilderungsgrund, keinen Rechtfertigungs- oder Entschuldigungsgrund bilde. Im IStGH-Statut wird festgehalten, dass Anweisungen und gesetzliche Vorschriften den Täter nicht der strafrechtlichen Verantwortlichkeit entheben, es sei denn, der Täter war gesetzlich verpflichtet, den Anordnungen der betreffenden Regierung oder des betreffenden Vorgesetzten Folge zu leisten, der Täter wusste nicht, dass die Anordnung rechtswidrig war und die Anordnung war nicht offensichtlich rechtswidrig. Dabei wird klargestellt, dass Anordnungen zur Begehung von Völkermord oder von Verbrechen gegen die Menschlichkeit im Sinne dieses Artikels offensichtlich rechtswidrig sind (Art. 33 Abs. 2 IStGH-Statut). Damit werden die Delikte des Völkermordes und der Verbrechen gegen die Menschlichkeit zu Normen erhoben, die auch durch Anordnung oder gesetzliche Regelung nicht aufgehoben werden können. Es wird folglich angenommen, dass die Rechtsentwicklung einen Stand erreicht hat, in dem es für alle Rechtsunterworfenen weltweit so offensichtlich geworden ist, dass diese Taten nicht gerechtfertigt werden können, dass eine strafrechtliche Verfolgung an eine Begehung solcher Taten auch dann geknüpft werden kann, wenn diese Taten auf Anordnung oder aufgrund von gesetzlicher Grundlage erfolgen. Diese Regel ist ein Beispiel für den substantiellen materialen Gehalt der internationalen Rechtsordnung, der durch abweichendes positives Recht nicht seiner Wirksamkeit beraubt werden kann.

216   Der Internationale Strafgerichtshof wird nur tätig, sofern eine entsprechende Strafverfolgung nicht auf nationaler Ebene erfolgt (Art. 17 Abs. 1 IStGH-Statut). Es ist bemerkenswert, dass anders als bei den Nürnberger und Tokioter Prozessen, wo zu den Sanktionen gerade auch die Todesstrafe gehörte, die auch vollstreckt wurde, sowohl für die Ad-hoc-Tribunale in Jugoslawien und Ruanda als auch für den Internationalen Strafgerichtshof die Todesstrafe als möglicherweise verhängte Sanktion nicht vorgesehen ist. Dies spiegelt die allgemeine Tendenz der internationalen Rechtsentwicklung wider, die die Todesstrafe in den letzten Jahrzehnten immer weiter zurückgedrängt hat,

wenn sie auch in vielen Staaten eine Realität bildet, mit im Jahr 2021 etwa 579 vollzogenen Todesstrafen (ohne China).[133] Mit der internationalen Strafgerichtsbarkeit wurde ein wichtiges Mittel zur Durchsetzung von Menschenrechten gewonnen, wenn ihre Praxis bisher auch noch in den Anfängen steckt.

Auch in nationalen Rechtssystemen gibt es strafrechtliche Instrumente, die dem internationalen Menschenrechtsschutz dienen und als Teil des internationalen Strafrechts verstanden werden. Bestimmte Delikte wie Völkermord, Verbrechen gegen die Menschlichkeit und Kriegsverbrechen werden in verschiedenen Rechtssystemen nach dem Weltrechtsprinzip verfolgt, d.h. unabhängig davon, ob die Tat durch Täter oder Opfer einen personalen oder durch Ausführungshandlung und Ausführungs- oder Erfolgsort einen territorialen Bezug zum betreffenden Staat hatte oder nicht. Der Schutz der entsprechenden Rechtsgüter wird mithin als Aufgabe jeder Gemeinschaft aufgefaßt, die Ahndung einer Verletzung in anderen Teilen der Welt also als wichtiges eigenes Anliegen jedes Staates verstanden (vgl. Art. 264*m* StGB-CH, § 1 VStGB).

217

VII. Internationales Wirtschaftsrecht

Die wirtschaftliche Entwicklung der Neuzeit ist durch unterschiedliche ökonomische und politische Grundkonzepte geprägt, wobei Protektionismus in verschiedenen Formen eine idealtypische Handlungsoption bildet, freier Handel dagegen eine andere. In der klassischen Nationalökonomie wurde der freie Handel durch die Theorie des sog. *comparative advantage*, des komparativen Vorteils,[134] sowie Vorstellungen des freien Marktes und seiner Wirkungen allgemein begründet.[135] Danach lässt freier Handel jeden beteiligten Staat von den jeweils gegebenen ökonomischen Stärken verschiedener Volkswirtschaften in besonderer Weise profitieren. Wirtschaftsgeschichtlich ist die Entwicklung einer erfolgreichen Volkswirtschaft nicht notwendig mit Freihandel verbunden, wie etwa die Wirtschaftsgeschichte mancher Staaten, auch der USA, illustriert, in der Freihandel begrenzt war, solange und soweit entsprechende wirtschaftliche Produkte nicht konkurrenzfähig waren. Auch heute bedienen sich viele Staaten weiterhin spezifischer Instrumente, um bestimmte Wirtschaftsbereiche zu stützen und zu fördern, in Europa etwa in großem Umfang im Agrarbereich. Dass wirtschaftliche Verhältnisse auch im internationalen Rahmen in vielfältiger Weise von ungleichen Machtverhältnissen und selbstsüchtigen Interessen geprägt sind, war auch bedeutenden Moralphilosophen und Wirtschaftstheoretikern wie *Adam Smith* (1723–1790) deutlich, der keineswegs einen naiven Begriff der Wirtschaftsstrukturen seiner Zeit unterhielt, in der eine „invisible hand" des Marktes alles notwendig zum Guten wendet und den Wohlstand der Nationen fördert. Im Gegenteil hatte Smith einen klaren Sinn für die Schattenseiten der internationalen Wirtschaft und des internationalen Handels:

218

> „But what all the violence of the feudal institutions could never have effected, the silent and insensible operation of foreign commerce and manufactures gradually brought about. These gradually furnished the great proprietors with something for which they could exchange the whole surplus produce of their lands, and which they could consume themselves without sharing it either with tenants or retainers. All for ourselves and

---

133 *Amnesty International*, Todesstrafen-Bericht 2021, abrufbar unter <https://www.amnesty.ch/de/themen/todesstrafe/dok/weltweite-bilanz-2021>.
134 *D. Ricardo*, On the Principles of Political Economy and Taxation, Neudruck der Ausgabe von 1817, 1987.
135 *A. Smith*, An Inquiry into the Nature and Causes of the Wealth of Nations, Neudruck der Ausgabe von 1789, 1986.

nothing for other people, seems, in every age of the world, to have been the vile maxim of the masters of mankind."[136]

219 Das internationale Wirtschaftsrecht ist deshalb mit der schwierigen Frage konfrontiert, in einem Geflecht mächtiger Interessen Wege zu finden, die ökonomische Handlungsfreiheit zu erhalten, wichtige Rechtsprinzipien zu wahren und gemeinwohlsensibel zu bleiben.

220 Völkergewohnheitsrechtlich gibt es keine Verpflichtung zu Handel. Es gibt aber eine differenzierte rechtliche, internationale Wirtschaftsordnung, die verschiedene Elemente besitzt. Ausgangspunkt waren die Vereinbarungen von Bretton Woods (1944), in denen die Entscheidung getroffen wurde, auf verschiedenen Pfeilern neue Strukturen der Weltwirtschaftsordnung zu errichten: Dem *Internationalen Währungsfond* (*IWF*), der *Weltbank* sowie einer internationalen Handelsorganisation. Der IWF sollte der Währungsregulierung und Währungsstabilisierung dienen. Heute ist er insbesondere durch die an spezifische volkswirtschaftliche Bedingungen geknüpfte Kreditvergabe im internationalen Wirtschaftsleben aktiv, prominent etwa in Europa in der Griechenlandkrise. Weiter wurde eine Weltbank gegründet, die der Entwicklung von Staaten durch Kreditvergabe (Bürgschaften usw) dienen soll. Zur Gründung einer Welthandelsorganisation wie vorgesehen kam es zunächst nicht, weil die sog. Havanna-Charta nicht zuletzt am Widerstand des amerikanischen Kongresses 1948 scheiterte. Das internationale Handelsrecht wurde deswegen lange Zeit durch das Allgemeine Zoll- und Handelsabkommen (*General Agreement on Tariffs and Trade*, GATT) beherrscht. Das Abkommen wurde 1994 in das Regime der *WTO* (*World Trade Organisation*) überführt. Dieses bildet eine differenzierte Regelung des internationalen Handels und liefert wirksame Verfahren und Institutionen, um bestehende Streitigkeiten zu schlichten. Die WTO ist eine internationale Organisation mit Rechtspersönlichkeit, deren Aufgabe es ist, die Durchführung und Weiterentwicklung der Vertragsregelungen des internationalen Handelsrechts sicherzustellen. Das WTO-Regime besteht heute aus 18 Verträgen, wobei 16 multilateral für alle Mitglieder gelten. Die wichtigsten sind dabei das reformierte GATT-Abkommen (GATT 1994), das Abkommen über den internationalen Dienstleistungshandel (*General Agreement on Trades in Services*, GATS) sowie das Abkommen über handelsrelevante Aspekte geistiger Eigentumsrechte (*Agreement on Trade-Related Aspects of Intellectual Property Rights*, TRIPS). Weitere Verträge sind für Signatarstaaten verbindlich.

221 Der Öffnung und Liberalisierung des Welthandels dienen die Grundprinzipien des Welthandelsrechts. Hervorzuheben sind dabei insbesondere erstens das Prinzip der Meistbegünstigung nach Art. I GATT: „Alle Vorteile, Vergünstigungen, Vorrechte oder Befreiungen, die von einem Vertragspartner für ein Erzeugnis gewährt werden, das aus irgendeinem anderen Land stammt oder für irgendein anderes Land bestimmt ist, werden sofort und bedingungslos auch auf jedes gleichartige Erzeugnis ausgedehnt, das aus den Gebieten anderer Vertragspartner stammt oder für sie bestimmt ist." Jeder Vorteil, der also einem Drittstaat gewährt wird, muss auch anderen Vertragspartnern eingeräumt werden. Das zweite zentrale Prinzip ist das Prinzip der Inländerbehandlung, Art. III Abs. 1, 2, 4 GATT. Damit wird sichergestellt, dass eingeführte Waren im Inland wie inländische Waren behandelt werden, eine Diskriminierung also unterbleibt. Das Prinzip der Gegenseitigkeit oder Reziprozität soll sicherstellen, dass die

---

136 A. *Smith*, An Inquiry into the Nature and Causes of the Wealth of Nations, Book Three, Chap. IV, S. 512.

Handelsvorteile der Staaten untereinander annäherungsweise in einem Gleichgewicht stehen. Das Prinzip des Fair Trade beinhaltet, dass keine Wettbewerbsverzerrungen begünstigt werden. Die *tariff-only*-Klausel schließlich bezieht sich darauf, dass handelshemmende Maßnahmen auf Zölle begrenzt bleiben sollen. Sog. nichttarifäre Handelshemmnisse, wie zum Beispiel Ein- und Ausfuhrkontingente, sollen damit ausgeschlossen werden. Gleichzeitig sind verschiedene Regelungen vorgesehen, um andere Güter und Interessen zu sichern, etwa die wirtschaftlichen Interessen von sich entwickelnden Staaten, Interessen des Umweltschutzes, des Kulturgüterschutzes oder auch der Menschenrechte. Eine zentrale Regelung in dieser Hinsicht ist Art. XX GATT, in dem Ausnahmetatbestände von allgemeinen Regelungen aufgeführt werden, zu denen etwa Maßnahmen zum Schutz des Lebens und der Gesundheit von Menschen, Tieren und Pflanzen, zum Schutz nationaler Kulturgüter oder zur Erhaltung von Kulturschätzen gehören. Weitere Sonderregelungen betreffen etwa die sich entwickelnden Volkswirtschaften, Art. XVIII GATT.

Es ist ein praktisch außerordentlich bedeutsames und im Einzelnen strittiges und ungelöstes Problem, welche Arten von Ausnahmen von den allgemeinen Regelungen des Welthandelsrechts zulässig sind. Dabei spielen weitere Abkommen eine praktisch sehr wichtige Rolle, insbesondere das Übereinkommen über die Anwendung gesundheitspolizeilicher und pflanzenschutzrechtlicher Maßnahmen vom 15. April 1994 (*SPS Agreement*) und das Übereinkommen über technische Handelshemmnisse vom 15. April 1994 (*TBT Agreement*). In der Praxis der Anwendung des GATT wurden etwa Importbeschränkungen von Zigaretten, die gesundheitspolitisch gerechtfertigt wurden, nicht mit den GATT-Regelungen für vereinbar angesehen.[137] Auch Importverbote von auf umweltschädliche Weise gefangenem Thunfisch oder für Garnelen zum Schutz bestimmter Schildkrötenarten wurden als Verstoß gegen internationales Handelsrecht gesehen.[138] Ein anderer strittiger Bereich ist etwa die Begrenzung des Marktes gegenüber gentechnisch modifizierten Organismen.[139]

222

Dabei ist zu beobachten, dass die Auslegung und Anwendung des GATT-Regimes gerade bei Fragen, die die Verfolgung von Gemeinwohlbelangen betreffen, z.B. eine umweltschutzrechtliche Dimension besitzen, in vielfältiger, auch grundsätzlicher Weise umstritten sind. Eine Frage, die in vieler Hinsicht ungelöst ist, betrifft dabei etwa das Verhältnis von Wirtschafts- und Umweltvölkerrecht, die ähnliche Materien in bestimmten Fällen keineswegs immer nach vereinbarten Prinzipien regeln. Insgesamt ist das WTO-Regime in Entwicklung begriffen, wobei Gemeinwohlbelangen wie Gesundheits- oder Umweltschutz in den letzten Jahren tendenziell ein größeres Gewicht beigemessen wird.[140]

223

Überzeugende Maßstäbe für gerechtfertigte Handelsbeschränkungen zu formulieren, bildet ein strukturelles Problem auch anderer Formen des Wirtschaftsrechts. Im Europarecht etwa wurde ein differenziertes Instrumentarium der gerechtfertigten Begrenzung von Grundfreiheiten entwickelt, die Beschränkungen aus Gemeinwohlinteressen

224

---

137 WTO, Thailand – Restrictions on the Importation of and Internal Taxes on Cigarettes, Report of the Panel of November 7, 1990, DS10/R-37S/200.
138 WTO, United States – Import Prohibition of Certain Shrimp and Shrimp Products, Report of the Panel of May 15, 1998, WT/DS58/R, abgedruckt in ILM 37 (1998), S. 834 ff.; WTO, Report of the Appellate Body of October 12, 1998, WT/DS58/AB/R, abgedruckt in ILM 38 (1998), S. 118.
139 Vgl. z.B. WTO, European Communities – Measures Affecting the Approval and Marketing of Biotech Products, Report of the Panel of September 29, 2006, WT/DS291/R, WT/DS292/R, WT/DS293/R.
140 Vgl. z.B. *P. Sands/J. Peel*, Principles of International Environmental Law, 4th ed., 2018, S. 868 ff.

erfassen können, sofern sie insbesondere dem Verhältnismäßigkeitsprinzip entsprechen und nicht diskriminierend wirken (s. o. § 7 III.3. g) und IV.6. b)). Dieses flexible Regime gibt Gemeinwohlzielen einigen entwicklungsoffenen Raum und liefert insofern ein konstruktives Beispiel, wie das Ziel freien Handels, der allen nützt und nicht nur wirtschaftlich Stärkeren, mit weiteren hochrangigen Gemeinwohlbelangen rechtlich vereinbart werden kann.

225 Ein wesentliches Element der WTO-Struktur bildet die Schaffung von institutionalisierten Streitbeilegungsmechanismen. Dabei ist zunächst ein diplomatisches Streitbeilegungsverfahren vorgesehen. Wenn dieses zu keinem Ergebnis führt, kann ein Panel mit der Streitsache befasst werden. Der entsprechende Panelbericht wird durch den *Dispute Settlement Body* (*DSB*) angenommen, es sei denn, er wird nach dem Prinzip des *reverse consensus* deswegen abgelehnt, weil alle Parteien dagegen stimmen. Gegen einen Panelbericht kann Berufung vor dem *Appellate Body* eingelegt werden. Das definitive Urteil des *Dispute Settlement Body* ist von den Streitparteien zu befolgen. Erfolgt dies nicht, kann der obsiegende Vertragsstaat gegenüber dem unterlegenen Staat Sanktionen verhängen, zum Beispiel Strafzölle auf bestimmte Produkte.

VIII. Internationale Streitbeilegung und Gerichtsbarkeit

226 Art. 33 UNCh hält fest, dass zu den Mitteln, die Staaten zur Beilegung ihrer Streitigkeiten zur Verfügung stehen, „Verhandlung, Untersuchung, Vermittlung, Vergleich, Schiedsspruch, gerichtliche Entscheidung, Inanspruchnahme regionaler Einrichtungen oder Abmachungen oder andere friedliche Mittel eigener Wahl" gehören. Damit wird einerseits auf klassische Mittel der Streitbeilegung in den internationalen Beziehungen Bezug genommen, gleichzeitig aber auch deutlich gemacht, dass der internationale Ausgleich auf diese Mittel keineswegs beschränkt ist. Verhandlungen auf diplomatischer Ebene dienen dazu, Streitigkeiten durch informalen Interessenausgleich beizulegen. Die Untersuchung, zum Beispiel durch unabhängige und unparteiliche Dritte, die einen für die Streitigkeit relevanten Sachverhalt feststellen, etwa eine internationale Untersuchungskommission, kann einen wichtigen Beitrag dafür leisten, Streitigkeiten zu bereinigen. Die Guten Dienste von Drittstaaten gegenüber den Konfliktparteien können sich auf die Anregung von Verhandlungen oder praktische Unterstützung, wie etwa die Bereitstellung eines Konferenzortes, beziehen. Die Vermittlung geht einen Schritt weiter. Hier wird ein Drittstaat aktiv, etwa durch eigene Konfliktlösungsvorschläge oder Stellungnahme zu den Positionen der Parteien. Eine solche Vermittlung ist nur auf ausdrücklichen Wunsch der Parteien denkbar. Die Schlichtung ist dann möglich, wie bereits erläutert wurde, wenn die Parteien darin übereinstimmen, eine Schlichtungsstelle einzurichten, um sie über die Streitigkeit befinden zu lassen (vgl. o. § 6 XI). Das Ergebnis sind Empfehlungen ohne verbindlichen Charakter. Ein Schiedsverfahren ist ein quasi-gerichtlicher Konfliktlösungsmechanismus, in dem bindende Entscheidungen ergehen. Schiedsverfahren sind im Völkerrecht zum Beispiel im Rahmen von Investitionsschutzabkommen sehr bedeutsam. Wenn nicht spezifisches nationales Recht aufgrund der Verabredung der Parteien angewandt wird, wird aufgrund von Völkerrecht entschieden.

227 Internationale Gerichtshöfe existieren noch nicht seit langer Zeit. Erste derartige Institution war der Zentralamerikanische Gerichtshof zwischen 1907–1918, der auch das erste Gericht war, das über Verfahren zu entscheiden hatte, die von Individuen gegen

VIII. Internationale Streitbeilegung und Gerichtsbarkeit

Staaten angestrengt wurden.[141] Der Internationale Gerichtshof (IGH) ist ein ständiger Gerichtshof, der die Nachfolge des Ständigen Internationalen Gerichtshofes angetreten hat, der 1922 seine Tätigkeit aufnahm und bis 1946 fortführte. Der IGH ist gemäß Art. 92 UNCh das Hauptrechtsprechungsorgan der UN, das 1945 geschaffen wurde. Alle Mitglieder der UN sind auch Vertragsstaaten des IGH, was aber nicht heißt, dass sie auch seiner Gerichtsbarkeit umfassend und gegen ihren Willen unterworfen wären. Es ist ein Charakteristikum internationaler Gerichtsbarkeit, dass ihr Staaten gerade nicht automatisch unterliegen, sondern ihre Zustimmung dazu nötig ist. Hierin unterscheiden sich internationale Gerichtshöfe von den Gerichtshöfen eines Staates, in denen die Gerichtsbarkeit gegenüber den Bürgerinnen und Bürgern und anderen Rechtssubjekten, die der Hoheitsgewalt des Staates unterstehen, gerade unabhängig von der Zustimmung im Einzelfall existiert.

Die Unterwerfung unter die internationale Gerichtsbarkeit kann durch einen Schiedskompromiss erfolgen, Art. 36 Abs. 1 erste Alternative IGHSt, durch bi- oder multilaterale Abkommen oder, nach der sog. Fakultativklausel, Art. 36 Abs. 3 IGHSt, durch eine allgemeine Unterwerfungserklärung. Die Schweiz hat sich 1948, Deutschland 2008 der Gerichtsbarkeit des IGH in dieser Form unterworfen. Parteifähig sind alle Mitglieder der UN, Art. 93 Abs. 1 UNCh. Wer nicht Mitglied der Vereinten Nationen ist, kann auch nach Art. 93 Abs. 2 UNCh Parteifähigkeit erwerben. Dies war der Fall für die Schweiz vor ihrem Beitritt zur UN. Nach Art. 34 Abs. 1 IGHSt sind nur Staaten Parteien. Das heißt, Individuen oder nichtstaatliche Personenverbindungen oder auch andere Völkerrechtssubjekte besitzen keine Parteifähigkeit. Es besteht keine Pflicht, den IGH bei Streitigkeiten anzurufen.

228

Der IGH besteht aus 15 Richtern, die durch die Generalversammlung und den Sicherheitsrat auf neun Jahre bei einer Wiederwahlmöglichkeit gewählt werden. Hauptverfahrensarten sind die streitige Gerichtsbarkeit (*contentious cases*) sowie die Gutachtenerstattung (*advisory opinions*). Da es sich um einen ständigen Gerichtshof und nicht allein um eine Schiedsgerichtsbarkeit handelt, haben die Parteien keinen Einfluss auf die Richterauswahl, die Verfahrensordnung oder das anzuwendende Recht. Die Urteile gelten für die beteiligten Parteien *inter partes*, Art. 59 IGHSt, wobei der UN-Sicherheitsrat nach Art. 94 Abs. 2 UNCh den Urteilen Wirksamkeit verschaffen kann. Faktisch besitzen die Urteile des IGH aber rechtliche Autorität über die *inter partes*-Wirkung hinaus.

229

Die Rechtsprechungstätigkeit des IGH wird unterschiedlich bewertet. Die Anzahl der Fälle bis in die Gegenwart ist beschränkt.[142] Viele Urteile beziehen sich auf Detailfragen des Völkerrechts. Zunehmend hat der IGH aber auch zu fundamentalen Fragen Stellung bezogen, etwa zu Menschenrechten,[143] Immunitätsfragen von Regierungsmitgliedern,[144] Grundfragen internationaler Konflikte wie etwa zur Errichtung einer Mau-

230

---

141 Vgl. Art. III der Convención para el Establecimiento de una Corte de Justicia Centroamericana; das Gericht trat jedoch von den 10 Klagen, welche von Individuen initiiert wurden, nur auf eine ein (Bermúdez y Núñez v. Costa Rica, 7.4.1914; vgl. auch *A. Peters*, Jenseits der Menschenrechte. Die Rechtsstellung des Individuums im Völkerrecht, 2014, S. 20 f. m.w.H.).
142 Anzahl vorgetragener Fälle (inkl. Gutachten) vor dem IGH bis Juni 2022: 183.
143 Vgl. z.B. IGH, Armed activities on the territory of the Congo (Democratic Republic of the Congo v. Uganda), Urteil vom 19.12.2005, ICJ Reports 2005, S. 168 ff.
144 IGH, Arrest Warrant of 11 April 2000 (Democratic Republic of the Congo v. Belgium), Urteil vom 14.2.2002, ICJ Reports 2002, S. 3 ff., abgedruckt in ILM 41 (2002), S. 536 ff.

er im Konflikt zwischen Israel und Palästina[145] oder zu Verbrechen des Genozids auch im Zusammenhang mit dem Ukrainekrieg.[146] Darüber hinaus gibt es spezialisierte Gerichtsbarkeiten, etwa den Internationalen Seegerichtshof oder den Internationalen Strafgerichtshof (s. o. § 7 VI).

---

145 IGH, Legal consequences of the construction of a wall in the occupied Palestine territory, Gutachten vom 9.7.2004, ICJ Reports 2004, S. 136 ff.
146 IGH, Application of the convention on the prevention and punishment of the crime of genocide (Bosnia and Herzegovina v. Serbia and Montenegro), Urteil vom 26.2.2007, ICJ Reports 2007, S. 43 ff., abgedruckt in ILM 46 (2007), S. 185 ff.; IGH, Allegations of Genocide Under the Convention on the Prevention and Punishment of the Crime of Genocide (Ukraine v. Russian Federation), Verfügung vom 16.3.2022, General List No. 182.

§ 8 Methoden der Rechtswissenschaft

Literatur: *P. Forstmoser/R. Ogorek/B. Schindler*, Juristisches Arbeiten. Eine Anleitung für Studierende, 6. Aufl., 2018; *E. A. Kramer*, Juristische Methodenlehre, 6. Aufl., 2019; *K. Larenz*, Methodenlehre der Rechtswissenschaft, 6. Aufl., 1991; *K. Larenz/C.-W. Canaris*, Methodenlehre der Rechtswissenschaft, 4. Aufl., 2018; *T. M. J. Möllers*, Juristische Arbeitstechnik und wissenschaftliches Arbeiten, 10. Aufl., 2021; *F. Müller/R. Christensen*, Juristische Methodik. Bd. I: Grundlagen für die Arbeitsmethoden der Rechtspraxis, 11. Aufl., 2013; *H.-M. Pawlowski*, Einführung in die juristische Methodenlehre. Ein Studienbuch zu den Grundlagenfächern Rechtsphilosophie und Rechtssoziologie, 2. Aufl., 2000; *B. Rüthers/C. Fischer/A. Birk*, Rechtstheorie und Juristische Methodenlehre, 12. Aufl., 2022; *C. R. Sunstein*, A Constitution of Many Minds. Why the Founding Document Doesn't Mean What It Meant Before, 2009.

I. Norm und Verständnis

Der Gegenstand der Rechtswissenschaft, das Recht, ist in wesentlicher Hinsicht sprachlich verfasst: Die Normen, die eine Rechtsordnung ausmachen, treten in sprachlicher Form auf. In der Gegenwart wird das Recht überwiegend positiviert und deswegen verschriftlicht. Auch für andere Rechtsbereiche als das positive Recht ist die Sprachlichkeit des Rechts von zentraler Bedeutung: Gewohnheitsrecht existiert zwar nicht als positiv gesetzte, schriftlich explizit gemachte Normen. Aber auch das Gewohnheitsrecht muss in vermittelbare Formulierungen, generell-abstrakte Normausdrücke gebracht werden, um angewandt werden zu können: Es gibt keine positive Norm des Völkerrechts, dass das Folterverbot *ius cogens* bildet (wenn es auch ein positivrechtliches Folterverbot in der entsprechenden völkerrechtlichen Konvention und eine positivrechtliche Definition des *ius cogens* gibt). Soll aber in einem konkreten Fall erwogen werden, ob das völkerrechtliche Folterverbot als *ius cogens* von Relevanz ist, muss es (offensichtlich) zunächst sprachlich formuliert werden. Ein Fallrecht, z.B. das *common law*, wird nicht nur sprachlich vermittelt, sondern prägt häufig präzise, regelhaft gefasste Formulierungen mit großer Ausstrahlungskraft. 1

Die sprachliche, heute schriftliche Form von Normen hat den ersichtlichen Sinn, Klarheit und Sicherheit über den Inhalt des geltenden Rechts zu verschaffen. Bewusst gewählte, genau gefasste Formulierungen sind ein wichtiger Schritt, Normen aus der Unbestimmtheit des Nichtformulierten, mündlich Tradierten, bloß in Handlungen implizit Verkörperten zu befreien. Die sprachliche, feststehende, genaue Formulierung von Normen durch die Kodifizierung von Recht bedeutet deshalb einen wichtigen Fortschritt einer Rechtskultur, ohne die in der Gegenwart kein Rechtssystem mehr auskommt, wenn auch Fallrecht weiterhin eine große Rolle spielt, nicht nur in den *common law*-Systemen. 2

Die Verschriftlichung von rechtlichen Normen kann in verschiedenen Formen erfolgen. Gesetze können in großer Länge Regelungen detailliert ausführen oder knapper gefasst auf höherem Abstraktionsgrad angesiedelt sein. In jedem Fall müssen die schriftlich verfassten Normen verstanden, ihre Bedeutung, ihr Sinn ermittelt werden. Dieses Verständnis anzuleiten und die Bedeutungsermittlung rational zu strukturieren, ist die Aufgabe der kritischen Reflexion juristischer Methoden, die in der Methodenlehre oder Methodentheorie betrieben wird. 3

Die Aufgabe der Auslegung von sprachlich gefassten Normen stellt sich unausweichlich, weil sprachliche Ausdrücke, wenn es sich nicht um solche einer neu geschaffenen 4

Kunstsprache, wie etwa ein formales logisches Kalkül, handelt, niemals klar und unzweideutig sind. Die Bedeutung eines sprachlichen Ausdrucks, der gedanklich erfassbare Inhalt, sein Sinn muss deshalb genauer erschlossen werden. Die Bedeutung, der Sinn, der Inhalt der Norm kann dabei durch verschiedene sprachliche Ausdrücke vermittelt werden. Das Tötungsverbot als Sinn einer Norm kann etwa durch die Formulierung (wie in Art. 111 StGB-CH) „Wer vorsätzlich einen Menschen tötet [...], wird mit Freiheitsstrafe nicht unter fünf Jahren bestraft", durch „Wer einen Menschen tötet, ohne Mörder zu sein, wird als Totschläger mit Freiheitsstrafe nicht unter fünf Jahren bestraft" (wie in § 212 StBG-D), durch „Das Töten von Menschen ist verboten..." oder andere Formulierungen gefasst werden, ohne dass sich der Sinn der verschiedenen sprachlichen Ausdrücke in Bezug auf das Aufstellen eines Tötungsverbots unterscheiden würde.

5   Damit ist das erste zentrale Problem der Methodentheorie formuliert: Das Problem der Auslegung ist durch die Sprachlichkeit des Rechts unmittelbar und notwendig gesetzt. Es kann kein sprachlich verfasstes Recht ohne Auslegung, Interpretation, die Ermittlung seiner Bedeutung geben.

6   Ein zweites wichtiges Problem ergibt sich daraus, dass Recht im Wesentlichen generell-abstrakt formuliert wird, aber auf konkrete Einzelfälle angewendet werden muss. Die gegebenen rechtlichen Normen geben die Lösung von konkreten rechtlichen Fällen nicht vor, diese muss im Prozess der Rechtsanwendung vielmehr für die spezifische Fallkonstellation ermittelt werden. Dabei spielen die beiden grundlegenden Operationen der Rechtsanwendung, Subsumtion und Abwägung, eine zentrale Rolle. Der Sachverhalt des konkreten Falles muss unter die Tatbestandsmerkmale der (womöglich) anzuwendenden Norm subsumiert werden. Abwägung wird nötig, weil das Recht verschiedene Rechtsgüter von verschiedenen Personen schützt, die in konkreten Konflikten in einen Ausgleich gebracht werden müssen. Das Verfahren der Subsumtion stellt das Bedeutungsproblem sprachlicher Ausdrücke in spezifischer Weise: Der Sinn der Norm für den konkreten Fall und nicht nur ihr abstrakter Gehalt muss ermittelt werden. Abwägung setzt Gewichtung der abzuwägenden verschiedenen normativen Positionen in der konkreten Fallkonstellation voraus. Auch das jeweilige Gewicht muss durch die Auslegung des Sinns der betroffenen Normen gewonnen werden.

7   Ein drittes wichtiges Problem ergibt sich aus Folgendem: Was Auslegung, Interpretation, Bedeutungsermittlung eines sprachlichen Ausdrucks allgemein und konkret in Bezug auf sprachlich gefasste Rechtsnormen heißt, ist selbst theorieabhängig. Es ist nicht einfach klar und selbstverständlich, wie ein sprachlicher Ausdruck methodisch richtig zu verstehen ist. Die Frage der Bedeutung von sprachlichen Ausdrücken ist ein klassisches Kernproblem gerade der Sprachtheorie der Gegenwart, zu dem sehr unterschiedliche Ansichten vertreten werden.[1] Haben sprachliche Ausdrücke objektiv feststehende, von Sprecherintentionen und dem Zusammenhang der Ausdrucksverwendung unabhängige, vielleicht sogar überzeitlich feststehende Bedeutungsinhalte? Oder zählen die Absichten der Sprecher? Ist vielleicht der Verständnishorizont der Empfänger entscheidend? Zählt der Kontext der Sprachverwendung? Ergibt sich die Bedeutung eines Ausdrucks aus einer Praxis? Wie ist es mit einem fein ziselierten Kulturgebilde wie dem Recht? Welche Kriterien gibt es hier? Welche Besonderheiten gelten

---

[1] Vgl. z.B. *N. Chomsky*, New Horizons in the Study of Language and Mind, 2000, S. 46 ff.; zur Vertiefung *M. Mahlmann*, Rechtsphilosophie und Rechtstheorie, § 32.

für das Verständnis von Normen, die ja ein Sollen schaffen? Wie subsumiert man richtig? Wie ergibt sich das Gewicht von Rechtsgütern in konkreten Konfliktlagen?

Es ist deshalb wenig überraschend, dass die Frage nach überzeugenden Auslegungsmethoden gerade auch im Recht höchst strittig ist – in der Gegenwart nicht weniger als in der langen Geschichte wissenschaftlich reflektierten Rechts. Die Methoden, die über die Auslegung bestimmen, und ihr relatives Gewicht zueinander sind deswegen nicht einfach gegeben. „There is nothing that interpretation just is", wie zutreffend festgehalten wurde.[2] Auslegungsmethoden sind vielmehr selbst das Objekt einer normativ angeleiteten und deswegen zu reflektierenden Entscheidung.

Die Bedeutung dieses dritten Grundproblems wird noch dadurch erhöht, dass die Methoden der Auslegung nicht einfach eine technische Detailfrage betreffen. Im Gegenteil: Die Art der Auslegung bestimmt entscheidend das Ergebnis der Auslegung. Da es im Recht um die autoritative Festlegung von Rechten und Pflichten von Individuen oder juristischen Personen geht, auch der Staaten selbst, die Gegenstände von existentiellem Gewicht für Individuen und politische Gemeinschaften insgesamt betreffen können und die im Zweifel durch das Gewaltmonopol des Staates oder anderer Träger hoheitlicher Gewalt durchgesetzt werden, ja sogar Kriege rechtfertigen können, ist die Methodendiskussion entsprechend politisch aufgeladen. Implizit ist dies immer der Fall. Der politische Charakter der Methodenfragen tritt manchmal aber auch offen in rechtspolitischen Auseinandersetzungen um die Rolle von gesellschaftlichem Wandel, Demokratie- oder Rechtsstaatsprinzip, Rechtssicherheit oder von Ideen der Gerechtigkeit für die Bestimmung konkreter Gehalte rechtlicher Regelungen und – natürlich nicht zuletzt – um die Macht der Gerichte zu Tage.

Es gibt mithin kein Recht ohne Auslegung, keine Auslegung ohne Methode, keine Methode ohne Methodenwahl und keine Methode und Methodenwahl ohne Theorie, die die Bildung der Methoden bestimmt und die Wahl der Methoden normativ anleitet. Die Methodentheorie muss sich ihrer eigenen normativen Ansprüche deshalb bewusst bleiben, um sie transparent machen und kritisch reflektieren zu können.

Das Recht der Einzelstaaten ist heute nicht nur in der Schweiz und in Deutschland in vieler Hinsicht internationalisiert. Eine zeitgemäße und den tatsächlichen praktischen Herausforderungen gewachsene Methodendiskussion muss sich dieser internationalen Dimension stellen.

II. Die Vagheit der Sprache, die Unvollkommenheit und Lückenhaftigkeit des Rechts

Eine zentrale Einsicht der modernen Sprachtheorie besteht in der Erkenntnis, dass ein und derselbe sprachliche Ausdruck Unterschiedliches bedeuten kann, je nach Zusammenhang, in dem er gebraucht wird: Sprachliche Ausdrücke sind deshalb nicht nur aufgrund von unklaren Formulierungen, sondern notwendig vage. Recht ist zudem unvollkommen. Normen werden über die unausweichliche Vagheit der Sprache hinaus unklar gefasst und stehen womöglich im Widerspruch zu anderen Regelungen des Rechts. Das Recht ist außerdem lückenhaft. Es regelt nicht jeden denkbaren Sachverhalt, sondern nur einen Ausschnitt menschlichen Handelns. Ein großer Teil des fragmentarischen Charakters des Rechts beruht auf bewussten, im Gesetzestext verkörperten Entscheidungen des Gesetzgebers, bestimmte Sachverhalte eben nicht zu regeln. In

---

2 C. R. Sunstein, A Constitution of Many Minds. Why the Founding Document Doesn't Mean What It Meant Before, 2009, S. 19 ff.

Art. 115 StGB-CH wird beispielsweise nur die „selbstsüchtige" Anstiftung oder Beihilfe zum Selbstmord unter Strafe gestellt. Anstiftung oder Beihilfehandlungen, für die das nicht gilt, bleiben straffrei. In Deutschland ist (wie in der Schweiz) der Selbstmord straffrei und deswegen auch jede Beihilfe oder Anstiftung zum Selbstmord. Eine solche vom Gesetzgeber bewusst geschaffene und im Gesetz ausgedrückte Regelungslücke wird auch *qualifiziertes.* oder *beredtes Schweigen* genannt: Das Schweigen des Gesetzgebers ist durch die Intention und ihre Verwirklichung im Gesetz qualifiziert, den betreffenden Sachverhalt nicht zu regeln. Solche bewussten, gewollten Lücken im Gesetz sind von der Auslegung zu respektieren, da sie die demokratisch legitimierte Entscheidung des Gesetzgebers nicht überspielen darf.

13 Der Gesetzgeber kann es auch bewusst Gerichten überlassen, für eine Frage eine rechtliche Antwort zu finden, was aus sehr unterschiedlichen Motiven erfolgen kann – aus Vertrauen in den Sachverstand der Gerichte etwa oder weil der politische Wille und die politische Kraft fehlen, eine eigene Regelung zu finden. Manchmal bleibt sogar ein ganzes Rechtsgebiet ungeregelt – etwa lange Zeit die Grundrechtsordnung der EU. Auch in der Schweiz war bis zum Erlass der neuen Bundesverfassung der Grundrechtskatalog überwiegend richterrechtlich geprägt.

14 Es gibt aber auch Regelungen, bei denen wenigstens unklar ist, ob sie sich auf einen betreffenden Sachverhalt beziehen, das Gesetz sich aber je nachdem, wie es zu verstehen ist, auf sie beziehen müsste. Solche Regelungen werden traditionell *offene Lücken* oder Lücken *praeter legem* genannt. Art. 8 Abs. 1 BV regelt die Rechtsgleichheit ausdrücklich nur für „Menschen". In Bezug auf juristische Personen existiert eine Lücke, da es dem Sinn der Norm widerspricht, juristische Personen vom Genuss der grundrechtlich gewährten Rechtgleichheit auszuschließen. Die Norm wird deswegen – entgegen dem Wortlaut – allgemein auch als auf juristische Personen anwendbar angesehen. Art. 4 GG regelt die Glaubens- und Gewissensfreiheit ohne Schrankenregelung. Dennoch wird allgemein angenommen, dass Eingriffe in dieses Grundrecht doch, und zwar durch verfassungsimmanente Schranken, gerechtfertigt werden könnten.

15 Solche Lücken können im Gesetz angelegt sein, sich aber auch dadurch ergeben, dass neue Sachverhalte – etwa durch die technische Entwicklung – entstehen, die durch eine Norm nicht geregelt werden, weil das Problem zu ihrer Entstehung noch nicht bestand.

16 Ein Gesetz kann auch zu weit gefasst sein und Sachverhalte erfassen, die gerade nicht geregelt werden sollen. Dann fehlt eine Regelung in Bezug auf die fälschlicherweise erfassten Sachverhalte, da die bestehende auf sie sinnvollerweise nicht angewandt werden kann. Eine Ausnahmeregelung für diese Sachverhalte ist vielmehr geboten. Hier wird häufig von einer *verdeckten Lücke* gesprochen, weil das Gesetz den Sachverhalt regelt – nur eben so, dass die Anwendung der Regelung nicht sinnvoll erscheint. Der Normsinn kann dann durch eine sog. *teleologische Reduktion* verengt und die Lücke durch Auslegung geschlossen werden. Ein Beispiel für das Verfahren der teleologischen Reduktion liefert eine gesetzliche Regelung des Kantons Bern, die vorsah, dass ein Regierungsstatthalter im Amtsbezirk seinen Wohnsitz haben musste. Das Bundesgericht hat erwogen, ob dieses Erfordernis, das ausschloss, dass ein Regierungsstatthalter in einem anderen Amtsbezirk wohnte, in Hinblick auf den Zweck der Norm zu weit sei und deswegen teleologisch reduziert werden müsse, etwa für Fälle eines Doppelmandats. Die Notwendigkeit einer solchen Reduktion und die Schaffung einer entsprechenden Ausnahmeregelung wurden aber verneint. Zwingende Gründe, warum eine solche,

etwa mit Amtserfordernissen und der Notwendigkeit von Kontakt zur Bevölkerung des Amtsbezirks begründete Regelung nicht sachlich gerechtfertigt erscheine, gäbe es nicht. Eine verdeckte Lücke läge nicht vor, eine teleologische Reduktion scheide aus.[3] Ein klassisches Beispiel bildet § 181 BGB, der Geschäfte eines Vertreters eines anderen mit sich selbst untersagt. Diese Norm wird teleologisch reduziert, so dass Rechtsgeschäfte nicht erfasst werden, die rechtlich lediglich vorteilhaft für den Vertretenen sind, im Regelfall etwa Schenkungen an den Vertretenen, bei denen dieser nur einen Anspruch erwirbt, aber keine Verpflichtungen eingeht.

Recht ist voller abstrakter, unbestimmter Rechtsbegriffe. Auch hier wird zuweilen von einer Lücke gesprochen (Lücke *intra legem*, *Delegationslücke*). Diese Terminologie drängt sich nicht auf. Da die Norm hier eine Regelung enthält (nur eben eine abstrakte), liegt eine Lücke gerade nicht vor. Eine abstrakte Regelung sollte vom Fehlen einer Regelung unterschieden werden.

Die Rede von Lücken im Gesetz ist eine traditionell weitverbreitete. Es gibt noch weitere Unterscheidungen, die man in dieser Hinsicht antrifft, was hier aber nicht vertieft werden kann (etwa die (ältere) Unterscheidung von „echten" und „unechten" (rechtspolitischen) Lücken).

Die Feststellung von offenen oder verdeckten Lücken bildet nur ein Element im Prozess der Auslegung, an deren Ende ein Verständnis des Gesetzes stehen kann, in dem die Lücke gerade nicht mehr existiert. Das Füllen von derartigen Lücken oder eben – beim qualifizierten Schweigen – ihre Respektierung setzt voraus, dass klar ist, welches der Sinn der betreffenden Norm ist. Das Gleiche gilt aber auch schon für die Identifikation von Lücken: Auch diese ist nur möglich, wenn die Bedeutung einer Norm ermittelt wurde und sich diese zumindest *prima facie* als lückenhaft erwies. Diese wird mit vier klassischen Interpretationsperspektiven bestimmt, die nunmehr skizziert werden sollen.

III. Der Kanon der Auslegung

In der Methodenlehre werden traditionell vier zentrale Interpretationsweisen von Normen unterschieden: erstens die Auslegung nach dem *Wortlaut*, die grammatische oder grammatikalische Interpretation von Normen, zweitens die *historische*, drittens die *systematische* und viertens die *teleologische* Auslegungsmethode.

1. Wortlaut

Ausgangspunkt der grammatischen Auslegung ist der Wortlaut einer Norm. Trotz aller Probleme der Bedeutungsermittlung von sprachlichen Ausdrücken ist dieser häufig in vieler Hinsicht klar und eindeutig. Art. 10 Abs. 1 S. 2 BV bestimmt „Die Todesstrafe ist verboten", Art. 102 GG „Die Todesstrafe ist abgeschafft". Keine methodisch noch so geschickte Argumentation wird plausibel machen können, dass der Wortlaut dieser Normen tatsächlich die Norm ausdrückt: „Die Todesstrafe ist erlaubt". Wie das Beispiel des Art. 8 Abs. 1 BV oder Art. 4 GG illustriert, ist der Wortlaut aber keine absolute Grenze der Auslegung einer Norm. Eine Norm muss manchmal entgegen ihrem Wortlaut ausgelegt werden. Der Wortlaut wird deswegen aber nicht unerheblich. Er ist der notwendige und sorgfältig in seinem Inhalt zu bestimmende Ausgangspunkt der In-

---

3 Vgl. BGE 128 I 34 E. 3, S. 40 ff.

terpretation. Soll vom Wortlaut abgewichen werden, bedarf es starker Argumente, die manchmal existieren – wie bei Art. 8 Abs. 1 BV oder Art. 4 GG –, manchmal aber auch nicht – wie bei Art. 10 Abs. 1 S. 2 BV oder Art. 102 GG. Der Wortlaut schafft insofern eine Begründungslast für jede weitere Interpretation.

2. Historische Auslegung

22 Im Rahmen der historischen Auslegung wird der Blick auf die Entstehungsgeschichte einer Norm gerichtet. Eine subjektiv-historische Auslegung fragt nach dem Willen des historischen Gesetzgebers bei der Frage nach der Bedeutung einer Norm, eine objektiv-historische nach dem objektiven Bedeutungsgehalt zu ihrer Entstehungszeit. Ein zentrales Argument für eine historische Auslegung ist in einer Demokratie der Respekt vor dem Willen des demokratischen Gesetzgebers. Dennoch ist die Bedeutung der historischen Auslegung in vieler Hinsicht in der Gegenwart beschränkt und im Völkerrecht sogar explizit als nachrangig geregelt (s. u. § 8 V.). Wichtige Gründe sind dabei folgende: Es ist häufig nicht möglich, den Willen des Gesetzgebers oder die objektive Bedeutung einer Norm zum Entstehungszeitpunkt wirklich zu bestimmen. Im Übrigen muss für den Normgehalt der Sinn maßgeblich sein, der sich im Normtext tatsächlich verkörpert – nur dieser gewinnt rechtliche Geltung. In diesem Normtext muss sich ein etwaiger Wille des Gesetzgebers nicht notwendig niederschlagen. Nur so wird zudem das Vertrauen der Rechtsadressaten in den gegebenen Normtext hinreichend geschützt. Das Verständnis dieses Sinns kann zeitabhängig sein, etwa weil sich neue Probleme überhaupt erst nach Normerlass gestellt haben oder weil sich das Verständnis von einer Norm zugrundeliegenden, in ihr verkörperten Rechtsprinzipien gegenüber der Entstehungszeit vertieft und geschärft hat.

3. Systematische Auslegung

23 In der systematischen Auslegung wird eine Norm in Hinblick auf einen Regelungszusammenhang ausgelegt. Dieser kann sich auf alle Untereinheiten des Rechts beziehen – andere Teile der auszulegenden Norm, andere Normen desselben Gesetzes, andere Gesetze, die Rechtsordnung insgesamt usw Überschriften, Gesetzesgliederungen, Marginalien können hier Hinweise geben. Häufig wird eine äußere von einer inneren Systematik unterschieden. Die äußere Systematik bezeichnet äußere Kennzeichen der Normordnung, wie die genannten Überschriften usw, die innere Systematik den in den Normen verkörperten Sinnzusammenhang des Regelungsbereichs. Auf der Stufe der inneren Systematik ist der Übergang zur teleologischen Auslegung bereits gemacht. Eine verfassungskonforme Auslegung besteht in der Auslegung von Rechtsnormen in Übereinstimmung mit der Verfassung. Praktisch bedeutsam sind dabei nicht zuletzt die Grundrechte. Aufgrund des Geltungsrangs der Verfassung ist die verfassungskonforme Auslegung ein wichtiges Auslegungselement. Auch transnationale Rechtsschichten können in die Auslegung einbezogen werden, etwa in der völkerrechts- oder europarechtskonformen Auslegung.

4. Teleologische Auslegung

24 Die teleologische Auslegung richtet sich darauf, den Sinn einer Norm aus ihrem Zweck herzuleiten. Der Zweck von Art. 8 Abs. 1 BV ist die Sicherung von bestimmten Gleichheitsverhältnissen bei der Behandlung von privaten Rechtssubjekten durch den Staat und in bestimmtem Umfang – durch indirekte Drittwirkung – untereinander. Es ist

kein Grund ersichtlich, dass in Anbetracht dieses Zwecks juristische Personen grundsätzlich vom Gleichheitsschutz ausgeschlossen sein sollten. Der Zweck, das *telos*, der Norm gebietet es also, sie in den Regelungsbereich der Norm einzubeziehen.

Die teleologische Interpretation ist bei der Rechtsauslegung der Gegenwart von entscheidender Bedeutung. Am Ende entscheidet der Zweck der Norm, ob es bei dem Sinn bleibt, den ein klarer Wortlaut vermittelt, oder was den Sinn einer unklaren Norm bildet. Er entscheidet auch, wann eigentlich eine Lücke vorliegt und wie mit ihr umzugehen ist: Dass es sich bei einer Regelung um qualifiziertes Schweigen handelt, ist nur durch Berücksichtigung des Sinns der Regelung zu ermitteln – z.B. des Sinns von Art. 115 StGB-CH, Beihilfe oder Anstiftung zum Selbstmord, die nicht selbstsüchtig ist, nicht zu pönalisieren. Wie eine offene Lücke geschlossen wird, ergibt sich ebenfalls nur in Hinblick auf den Sinn der Norm, wie anhand von Art. 8 Abs. 1 BV oder Art. 4 GG erläutert wurde. Gleiches gilt für verdeckte Lücken.

Der Sinn einer Norm muss aus dem gesetzlichen Material abgeleitet werden. Auslegung kann nicht von freier Zweckschöpfung eines Einzelnen in der Interpretation angeleitet werden. Es ist allerdings häufig keineswegs leicht zu ermitteln, welches der spezifische Sinn von rechtlichen Regelungen ist. Spezialgesetze enthalten oftmals allgemeine Regelungen, die umschreiben, welchen Zweck das Gesetz verfolgt. Wie einzelne Regeln in diesem allgemeinen Rahmen zu verstehen sind, bleibt durch solche Normen in vielen Fällen unbestimmt. Die Zweckbestimmung von Rechtsnormen hat deshalb immer wieder ein wertendes Element: Dabei sind die Zweckbestimmungen vorzugswürdig, die bestimmte, in der Rechtsordnung verkörperte Grundwerte konkretisieren, die in der Gegenwart insbesondere aus der Grundrechtsordnung der Verfassung und internationalen Menschenrechtsordnungen gewonnen werden. Der Inhalt dieser Grundwerte – die Idee der Menschenwürde oder persönlichen Autonomie, der Gleichheit der Rechtssubjekte oder die Bedeutung ihrer Freiheit – kann allerdings selbst ohne grundsätzliche normative Überlegungen nicht gesichert werden. Dass das Verbot der Todesstrafe nicht entgegen dem Wortlaut (wie in anderem Zusammenhang Art. 8 Abs. 1 BV entgegen dem Wortlaut ausgelegt wird), etwa durch eine teleologische Reduktion, so verstanden wird, dass die Todesstrafe beispielsweise in Kriegszeiten erlaubt ist, ergibt sich nicht zuletzt aus dem Sinn der Normen, die in Art. 7 BV bzw. Art. 1 GG geschützte Menschenwürde gegen eine spezifische Verletzung in jeder Form zu sichern. Dass die Todesstrafe die Menschenwürde verletzt, ergibt sich aber nur aus einer substantiellen Theorie, was die Menschenwürde ausmacht – mit dem Ergebnis etwa, dass man sie auch durch Schwerstkriminalität nicht verlieren kann.

Die Auslegung von Normen führt deswegen notwendig in den Bereich grundsätzlicher normativer Theorie. Es gibt keine wissenschaftlich gesicherte Auslegung von Recht ohne rechtstheoretische und -philosophische Orientierung.[4]

5. Auslegung von Rechtsakten

Nicht nur Normen, auch andere Rechtsakte, insbesondere Rechtsgeschäfte, müssen manchmal ausgelegt werden. Was ist genau mit einer verwaltungsrechtlichen Verfügung, einem Verwaltungsakt gemeint? Wie ist ein Vertrag zu verstehen? Gerade im Vertragsrecht gibt es dazu Spezialregelungen wie Art. 18 Abs. 1 OR, wonach insbesondere der „wirkliche Wille" der Parteien entscheidend ist, oder § 157 BGB, wonach Ver-

---

4 Vgl. genauer *M. Mahlmann*, Elemente einer ethischen Grundrechtstheorie.

träge, wie Treu und Glauben mit Rücksicht auf die Verkehrssitte es erfordern, auszulegen sind.

6. Argumentationsformen und Auslegung

29 In juristischen Argumentationen findet man häufig den Bezug auf bestimmte Schlussformen wie Umkehr-, Analogie- oder auch Erst-Recht-Schlüsse. Diese Schlussformen bezeichnen bestimmte Argumentationsweisen: Ein Umkehrschluss (*argumentum e contrario*) bedeutet, dass aus der Nichtregelung eines Sachverhalts gefolgert wird, dass diese Nichtregelung der richtig bestimmten Bedeutung der Norm entspricht. Durch einen Analogieschluss wird eine Regelung auf einen von ihr nicht erfassten Sachverhalt erstreckt. Durch einen Erst-Recht-Schluss (*argumentum a fortiori*) wird von der Regelung des weniger gewichtigen Falles auf die Regelung des gewichtigeren Falles (*argumentum a minore ad maius*) oder von der Regelung des gewichtigeren Falles auf die Regelung des weniger gewichtigen Falles geschlossen (*argumentum a maiore ad minus*).

30 Die Anwendbarkeit einer solchen Schlussform setzt aber die interpretatorische Sinnermittlung der Norm voraus: Es muss Gründe geben, anzunehmen, dass beispielsweise ein Umkehrschluss (und nicht ein Analogieschluss) angezeigt ist, was sich nur mithilfe der genannten Auslegungsgesichtspunkte ermitteln lässt.

7. Methodenhierarchie oder Methodenpluralismus?

31 Existiert eine Hierarchie dieser Interpretationsperspektiven? Es gibt auch in der Gegenwart Standpunkte, die dies behaupten. Gängig ist aber in vielen Rechtssystemen und so auch in der Schweiz und in Deutschland ein Methodenpluralismus,[5] in dem es keine festgelegte Hierarchie der Interpretationsgesichtspunkte gibt, sondern je nach Fallkonstellation die verschiedenen Perspektiven unterschiedliches Gewicht im Rahmen einer plausiblen Gesamtinterpretation einer Norm besitzen. Diese Position impliziert selbst eine methodologische Weichenstellung, die theoretisch abgesichert werden muss: Man muss begründen, warum man nicht prinzipiell einem Interpretationsgesichtspunkt den Vorrang einräumt. Diese Frage kann rechtspolitisch geladen sein, weil die Gewichtung der Interpretationsgesichtspunkte – wie erwähnt – das Auslegungsergebnis determiniert.

IV. Probleme der Rechtsfortbildung

32 Die Grenzen zwischen dem, was gemeinhin Auslegung, Lückenfüllung und Rechtsfortbildung genannt wird, sind fließend. Bildet die genannte erweiternde Interpretation von Art. 8 Abs. 1 BV zum Einbezug von juristischen Personen in den personalen Schutzbereich des verfassungsrechtlichen Gleichheitssatzes ein Beispiel von Auslegung, Lückenfüllung oder Rechtsfortbildung? Wie ist es mit der Idee verfassungsimmanenter

---

5 Vgl. z.B. BGE 131 V 305 E. 4.4, S. 312; vgl. für Deutschland z.B. bereits BVerfGE 1, 299, 312; BVerfGE 11, 126, 130f., wo festgehalten wird, dass für die Auslegung einer Gesetzesvorschrift der in dieser zum Ausdruck kommende objektivierte Wille des Gesetzgebers maßgebend ist, so wie er sich aus dem Wortlaut der Gesetzesbestimmung und dem Sinnzusammenhang ergibt, und „daß der Entstehungsgeschichte einer Vorschrift für deren Auslegung nur insofern Bedeutung zukommt, als sie die Richtigkeit einer nach den angegebenen Grundsätzen ermittelten Auslegung bestätigt oder Zweifel behebt, die auf dem angegebenen Weg allein nicht ausgeräumt werden können." In BVerfGE 88, 145, 167, wird festgehalten: „Eine bestimmte Auslegungsmethode (oder gar eine reine Wortinterpretation) schreibt die Verfassung nicht vor."

IV. Probleme der Rechtsfortbildung

Schranken? Ist vielleicht jede Auslegung im Grunde Rechtsfortbildung, weil die Auslegung den Sinn der Norm erst originär schafft? Manche moderne Methodentheorien argumentieren so. Dies gilt auch für zentrale positivistische Theorien: Einer ihrer Hauptvertreter, *H. L. A. Hart*, hat betont, dass freies richterliches Ermessen dort herrsche, wo das positive Recht keine Antwort auf eine Rechtsfrage liefere. Dies bildet einen der Ansatzpunkte der einflussreichen Kritik *Ronald Dworkins* (1931–2013) an dieser Theorie.[6]

Auch die Arten der Rechtsfortbildung werfen Fragen auf, etwa, ob es sinnvoll ist, von einer Rechtsfortbildung im Rahmen des Gesetzes und einer über diesen Rahmen hinaus zu sprechen und sie womöglich unterschiedlichen Regeln zu unterwerfen.

Im Hintergrund der Frage nach der Zulässigkeit und Grenzen der Rechtsfortbildung in ihren verschiedenen Erscheinungsformen steht ein zentrales normatives Problem: Wann trifft ein Gericht eine Entscheidung, die funktional nicht mehr legitim ist? Wann tritt es, ohne dazu berechtigt zu sein, wie ein Gesetzgeber auf? Wann usurpiert die Judikative hinter der Fassade der Rechtsanwendung politische Macht, die ihr von der rechtlichen Grundordnung nicht zugewiesen wurde?

Dass es eine Grenze gerichtlicher Entscheidungsmacht gibt, folgt aus der Idee der Gewaltenteilung und dem Demokratieprinzip. Politische Leitentscheidungen liegen danach im Grundsatz beim Gesetzgeber, nicht bei anderen Gewalten. In modernen Verfassungsstaaten mit einer jedenfalls partiell ausgebildeten Verfassungsgerichtsbarkeit oder der Einbettung in ein internationales System des Menschenrechtsschutzes wie der EMRK wird durch die Befugnis, Grundrechte zu konkretisieren, ein Teil wesentlicher Entscheidungsbefugnisse des Gesetzgebers allerdings eingeschränkt und die Bewahrung der grundrechtlich gezogenen Grenzen Gerichten anvertraut. Die Entscheidungsmacht einer (womöglich beschränkten) Verfassungsgerichtsbarkeit oder von internationalen Menschenrechtsgerichtshöfen ist mit der Etablierung dieser – heute weithin selbstverständlich gewordenen – Rechtsschutzmechanismen notwendig verbunden. Im Völkerrecht haben der IGH, der EGMR oder der EuGH, aber auch andere Gerichtshöfe, etwa die internationalen Strafgerichtshöfe, wesentlich auch durch Rechtsfortbildung zu einer Rechtsentwicklung beigetragen, die neben spezifischen rechtlichen Innovationen ganz grundsätzlich durch die Stärkung von Menschenrechten in vieler Hinsicht als Fortschritt angesehen werden kann. Der EuGH hat über Jahrzehnte hinweg durch Rechtsfortbildung eine ganze Grundrechtsordnung geschaffen, ebenso das Bundesgericht der Schweiz. Auch in anderen Rechtsbereichen ist die Entscheidungsmacht von Gerichten häufig sehr groß.

Die grundsätzliche Legitimität der Rechtsfortbildung steht dabei außer Frage, wobei das Verbot der Rechtsverweigerung eine wichtige Rolle spielt: Gerichte können nicht unter Berufung auf die Unklarheit von Normen eine Entscheidung verweigern. Art. 1 Abs. 2 ZGB fordert Gerichte sogar ausdrücklich zur Lückenfüllung wie ein Gesetzgeber auf.

Die richtige Balance zwischen legitimer Gestaltungsmacht von Judikative und Legislative zu finden, verlangt viel rechtliches, aber auch rechtspolitisches Augenmaß der Gerichte. Gesetzgeber können korrigierend eingreifen, wenn Gerichte ihnen nicht zugewiesene Entscheidungskompetenzen in Anspruch nehmen. Auch im internationalen Bereich, wenn auch unter sehr viel schwierigeren Bedingungen, ist Ähnliches denk-

---

6 Vgl. *H. L. A. Hart*, Postscript, in: ders., The Concept of Law, 3rd ed., S. 238 ff.; *R. Dworkin*, Law's Empire.

bar, etwa durch Änderung oder Ergänzung völkerrechtlicher Verträge. Entscheidend ist in jedem Fall eine demokratische Rechtskultur, die Respekt vor rechtsstaatlicher Gerichtsbarkeit mit kritischer Reflexion verbindet, ob die Gerichte sich im ihnen zugewiesenen Rahmen angemessen bewegen – ihre legitimen Befugnisse nicht unausgeschöpft lassen, aber auch nicht überschreiten.

V. Methodentheorie und die Internationalisierung des Rechts

38 Nationale Rechtsordnungen sind heute in vielfältiger Weise in internationale Rechtszusammenhänge eingebettet. Aufgrund der bereits angedeuteten, weit entwickelten Interdependenz moderner Rechtsordnungen spielen die methodischen Nuancierungen im internationalen Bereich auch für die Anwendung nationalen Rechts eine wichtige Rolle. Eine völkerrechtskonforme Auslegung von Recht setzt voraus, dass das Völkerrecht selbst zutreffend ausgelegt wird. Auch die Methodentheorie kommt ohne internationale Perspektiven deswegen nicht aus. Einige Hinweise zu Grundaspekten völkerrechtlicher Rechtsauslegung und zum europäischen Rechtssystem sollen illustrieren, worum es dabei geht.

39 Für die völkerrechtliche Auslegung von Vertragsrecht enthält Art. 31 Abs. 1 WVK die Regel: „Ein Vertrag ist nach Treu und Glauben in Übereinstimmung mit der gewöhnlichen, seinen Bestimmungen in ihrem Zusammenhang zukommenden Bedeutung und im Lichte seines Zieles und Zweckes auszulegen." Damit werden die klassischen Auslegungsperspektiven von Wortlaut, Systematik und Teleologie genannt. Auch spätere Übereinkünfte und Übungen der Vertragsstaaten sowie jeder in den Beziehungen zwischen den Vertragsparteien anwendbare einschlägige Völkerrechtssatz sind zu berücksichtigen. Eine historische Auslegung, die Berücksichtigung der *travaux préparatoires*, kann nach Art. 32 WVK wie die Umstände des Vertragsschlusses zur Bestätigung des mit den übrigen Methoden gefundenen Ergebnisses herangezogen oder benutzt werden, um die Bedeutung zu bestimmen, wenn die Auslegung nach Art. 31 den Sinn einer Regelung mehrdeutig oder dunkel lässt oder zu einem offensichtlich sinnwidrigen oder unvernünftigen Ergebnis führt.

40 Neben den klassischen Auslegungsperspektiven und völkerrechtlichen Auslegungsgrundsätzen betont der EGMR besonders, dass die EMRK ein „living instrument", ein mit der Zeit sich entwickelndes Rechtsregime sei.[7] Der EGMR betont weiter, dass die Normen so ausgelegt werden müssten, dass sie „practical and effective" seien.[8] Damit wird eine Absage an ein statisches, womöglich auf die Horizonte der Entstehungszeit beschränktes Menschenrechtsschutzsystem erteilt. Das wurde bereits erläutert. Diese Weichenstellung wird von anderen Menschenrechtsgerichtshöfen, etwa dem *Inter-American Court of Human Rights*, übrigens ausdrücklich geteilt, ist aber kein selbstverständliches Gemeingut, wie die Diskussion im US-amerikanischen Verfassungsrecht deutlich macht, worauf ebenfalls schon hingewiesen wurde.

41 In ähnlicher Weise spielt bei der Auslegung des Rechts der Europäischen Union der Gedanke des *effet utile* eine herausgehobene Rolle. Unionsrechtliche Normen werden im Zweifel so ausgelegt, dass ihre Anwendung die Wirkungskraft des Europarechts erhöht. Der *effet utile* bedeutet eine europarechtsspezifische Konkretisierung teleologischer Interpretation. Allgemein wird als ein Zweck des Europarechts seine tatsächliche

---

7 EGMR, Application no. 5856/72, 25.4.1978, Rn. 31 (Tyrer v. UK).
8 EGMR, Application no. 6289/73, 9.10.1979, Rn. 24 (Airey v. Ireland).

Wirksamkeit bestimmt. Dieser Zweck wird dann zur Auslegung spezifischer Rechtsinhalte herangezogen. Der Gedanke des *effet utile* hat wichtige Elemente der Rechtsfortbildung durch den EuGH angeleitet, etwa zur unmittelbaren Anwendbarkeit von Richtlinien oder zur Staatshaftung.

Der EGMR berücksichtigt auch das Rechtsverständnis internationaler Akteure: „The Court, in defining the meaning of terms and notions in the text of the Convention, can and must take into account elements of international law other than the Convention, the interpretation of such elements by competent organs, and the practice of European States reflecting their common values."[9] In der Rechtsprechung des EuGH ist eine ähnliche völkerrechtsfreundliche Perspektive zu finden.

VI. Methode und kritische juristische Argumentation

Der Überblick über Fragen der Methodenlehre hat gezeigt, dass sich überzeugende Antworten auf Auslegungsfragen nicht mechanisch durch die Anwendung bestimmter Auslegungstechniken ergeben. Es kommt vor allem im Rahmen von teleologischen Argumenten auf bestimmte wertende Urteilsakte an. Die Methodenwahl selbst setzt zudem eine auch normativ begründbare Entscheidung darüber voraus, welches Gewicht die einzelnen Argumente besitzen. Diese Wertentscheidungen können durch grundlegende, von der Rechtsordnung selbst formulierte Wertentscheidungen angeleitet werden, in modernen Verfassungsstaaten vor allem durch die nationalen und internationalen Grundrechtsordnungen. Aber auch diese selbst werfen schwierige Auslegungsfragen auf, die wieder nicht ohne Wertungen gelöst werden können. Die Rechtsanwender können diesen Wertungen also nicht entgehen. Damit stellt sich die Frage, was die Basis dieser Werturteile bilden kann.

Häufig fällt in diesem Zusammenhang der Begriff des Vorverständnisses. Dieser Begriff stammt aus der Philosophie *Martin Heideggers* (1889–1976) und *Hans-Georg Gadamers* (1900–2002), von wo er Eingang in die Rechtswissenschaft gefunden hat.[10] Dieser Begriff entstammt einer bestimmten theoretischen Perspektive, die historisierend ausgerichtet ist: Das Vorverständnis sei grundsätzlich und unhintergehbar historisch geprägt. Diese Perspektive ist keineswegs unproblematisch, weil historisch geprägte Einstellungen kritisch überwunden werden können – dies ist beinahe ein Alltagsgeschäft moderner Rechtssysteme in vielen Bereichen des menschlichen Lebens. Man denke nur an das fundamentale Beispiel des Geschlechterverhältnisses. Traditionelle Auffassungen von der Stellung von Männern und Frauen in der Gesellschaft wurden in den letzten Jahrzehnten fundamental in Frage gestellt. Menschliche Geschichte ist eine sich weiter entwickelnde Geschichte, weil Menschen dasjenige, was die Vergangenheit geprägt hat, weiterführen, aber auch in Neues, manchmal sogar Besseres verwandeln können. Der Begriff des Vorverständnisses bezeichnet deshalb nur dann einen wichtigen Sachverhalt, wenn man von diesem spezifisch theoretisch-historisierenden Rahmen absieht, aus dem der Begriff stammt. Man kann seinen Inhalt dann so fassen: Jede Auslegung erfolgt vor dem Hintergrund einer Gesamtheit von potenziell entscheidungsleitenden Einstellungen einer konkreten, eine Norm auslegenden Person, seien sie rechtswissenschaftlich-professionell, politisch, religiös, historisch-sozial oder moralisch geprägt.

---

9 EGMR, Application no. 34503/97, 12.11.2008, Rn. 85 (Demir and Baykara v. Türkei).
10 *H.-G. Gadamer*, Wahrheit und Methode, 7. Aufl., 2010; *J. Esser*, Vorverständnis und Methodenwahl in der Rechtsfindung, 2., durchgesehene und ergänzte Aufl., 1972.

45 In Anbetracht dieser Sachlage gehört es zur verantwortungsbewussten rechtswissenschaftlichen und juristisch-praktischen Arbeit, die eigenen Einstellungen zu hinterfragen und grundsätzlich zu bedenken. Es reicht nicht aus, eigene Ansichten, ob sie nun im Einklang mit Mehrheitsmeinungen oder im Widerspruch mit dem sozial und historisch Überkommenen stehen, zur Grundlage von Wertungen zu machen, wenn diese Einstellungen nicht das Produkt kritischer, systematischer Reflexionen und der offenen Auseinandersetzung mit anderen Vorstellungen bilden. Wie im Rahmen der Erläuterung des Begriffs der Dogmatik bereits angedeutet, bedarf es für überzeugende juristische Argumentationen guter Gründe für eine vertretene Position. Diese Notwendigkeit besteht auch und gerade für die grundlegenden Wertungen, die die Auslegung anleiten. Auch diese müssen, so gut es gelingen kann, durch nachvollziehbare Gründe abgesichert werden, die eine partikulare individuelle Perspektive überschreiten.

46 Die Methodenlehre führt deswegen zur Erkenntnis, dass die Rechtsanwendung auf die Reflexion der normativen Fundamente eines Rechtssystems angewiesen bleibt. Diese normative Reflexion ist der Gegenstandsbereich von Rechtsphilosophie und -theorie, deren wissenschaftliche Aufgabe gerade darin besteht, über den Inhalt von begründbaren Wertungen aufzuklären. Dieses Ergebnis unterstreicht die Bedeutung von Rechtsphilosophie und -theorie als reflexive Kernbereiche der Rechtswissenschaft.

47 Zwei konkrete Beispiele für die Auseinandersetzung mit den Grundlagen von Wertungen – Fragen der Gerechtigkeit und der Menschenrechte – werden noch erläutert werden (s. u. §§ 14, 15). Zuvor wird auch noch ein weiteres wichtiges Problem angeschnitten, das in diesem Zusammenhang zu lösen ist: Können bewertende Urteilsakte mehr als eine relative, von der konkreten Person und der Kultur, in der sie sich bewegt, abhängige Grundlage haben? Gibt es also überhaupt eine Basis für einen rationalen rechtswissenschaftlichen Argumentationsprozess, wenn es um Wertungsfragen geht? Diese Fragen können nur beantwortet werden, wenn man die Wissenschaftlichkeit der Rechtswissenschaft klärt (s. u. § 13).

§ 9 Jura als Beruf

Eine wichtige Frage, die sich stellt, wenn man vor der Entscheidung steht, ob man ein rechtswissenschaftliches Studium ergreift, lautet: Was ist eigentlich der Sinn der juristischen Arbeit? Die Bedeutsamkeit dieser Frage ist nicht nur auf diese Entscheidungssituation beschränkt, sie stellt sich in einem langen juristischen Leben immer wieder, denn es ist ja nicht ausgeschlossen, einen einmal eingeschlagenen Weg nicht zu Ende zu gehen, sondern zu neuen Ufern aufzubrechen, die vielleicht fruchtbarer und verlockender sind als die manchmal etwas steinigen und rauen Küstenstreifen der rechtlichen Welt.

Ein Grund, warum ein juristischer Lebensweg eingeschlagen werden kann, ist schlicht und ergreifend die materielle Perspektive, die sich auf diesem Weg auftut. Als Jurist gibt es viele Möglichkeiten, die materiell sehr attraktiv sein können. Ein weiterer Grund kann ein spezieller Berufswunsch bilden, etwa der Traum, als Richterin Konflikte zu schlichten, als Anwalt Interessen erfolgreich durchzusetzen oder als Angehöriger der Verwaltung das gesellschaftliche Leben mitzugestalten. Die juristische Ausbildung liefert jedem zudem eine Vielfalt von Möglichkeiten, die auch für andere Berufswege interessante Perspektiven eröffnen können, etwa im Journalismus, in der Politik oder im wirtschaftlichen Bereich.

Im Recht geht es um große und wichtige Fragen, in letzter Instanz um die normativ gerechtfertigte Ausrichtung individuellen Handelns und gesellschaftlicher Strukturen. Eine weitere Überlegung, die deshalb eine wichtige Rolle für die Entscheidung spielen kann, sein Leben mit dem Recht zu verbringen, ist eine intrinsische Motivation, am schwierigen und anspruchsvollen Projekt des Aufbaus einer humanen Rechtskultur aktiv teilzunehmen. Das Bewusstsein dieser fundamentalen Sinndimension der rechtlichen Tätigkeit bildet eine Grundlage für das, was man ohne die Peinlichkeit übertriebenen Pathos den Ethos rechtlicher Tätigkeit nennen kann.

Dabei geht es um verschiedene Dinge: Wichtig ist zunächst die Selbstbindung an rechtliche Argumente, um den Selbststand des Rechts zu wahren. Dies muss auch dann gelten, wenn rechtliche Argumente zu Schlussfolgerungen führen, die eigenen politischen und vielleicht auch ethischen Vorstellungen widersprechen können. Diese Bindung an rechtliche Argumente erwächst nicht aus einem unterwürfigen Untertanengeist, aus einem autoritären Charakter, der Gebot und Regel an sich anbetet, sondern aus dem Respekt vor der Idee einer Rechtsordnung und dem in ihr verkörperten demokratisch gebildeten Willen sowie den ihr zugrunde liegenden fundamentalen Wertvorstellungen. Respekt vor dem Recht ist Respekt vor den anderen Menschen, deren autonome Entscheidungen sich in einer Demokratie im Recht verkörpern, und Respekt vor zivilisatorischen Einsichten in Grundwerte der Humanität, für die in der Geschichte ein hoher Preis bezahlt worden ist (vgl. Demokratie o. § 6 VIII.4).

Diese Art von Haltung macht kritische Reflexion in keiner Weise überflüssig. Im Gegenteil ist eine kritische Haltung zentral, um im Rahmen des Auslegungsspielraums, den Normen eröffnen, gerechtfertigt zu entscheiden, was den Bezug auf begründbare ethische Grundannahmen zur Gerechtigkeit und Menschenwürde, zu menschlicher Freiheit, Gleichheit und Solidarität einschließt.

Sie ist auch nötig, weil in letzter Instanz nicht rechtliche Gebote, sondern ethische Maximen über das individuelle Handeln entscheiden müssen. Diese Verantwortung nimmt einem auch eine demokratisch gesetzte Rechtsordnung nicht ab. Denn auch Mehrheiten können irren und das Gerechtfertigte verfehlen. In entwickelten Rechtsstaaten gibt es vielfältige Möglichkeiten, auf die Gestaltung von Rechtsnormen Einfluss zu nehmen und sich gerichtlich gegen Verletzungen von eigenen Rechtsgütern zu wehren. Es ist aber keineswegs ausgeschlossen, dass die Legitimität von Rechtsbrüchen plötzlich zur Debatte steht, etwa durch zivilen Ungehorsam. Die USA besaßen demokratisch erzeugte Gesetze zur Rassendiskriminierung – war Martin Luther Kings Aufruf zum zivilen Ungehorsam in dieser Situation nicht legitim?

7   Die Frage nach dem „Warum" der Beschäftigung mit Recht ist nicht unbedeutend. Es handelt sich immerhin um einen wesentlichen, den zeitlich vielleicht sogar umfangreichsten Teil des eigenen Lebens und für zu kleine Münze sollte man diese Lebenszeit nicht eintauschen. Die Perspektive eines anspruchsvollen ethischen Sinns der Rechtsordnung beantwortet diese Frage am überzeugendsten. Es geht im Recht nicht nur darum, ein Instrument der Machterhaltung oder -erweiterung oder Wohlstandsmehrung zu gebrauchen, sei es für Individuen, auch einen selbst, einzelne Interessengruppen oder Gesellschaften insgesamt. Es geht vielmehr um ein anspruchsvolleres Ziel, nämlich eine legitime Ordnung zu errichten, zu gestalten und zu erhalten, die ethisch gerechtfertigt ist, und gerade so eine Tätigkeit zu entfalten, die das Geschenk der Erfahrung von Sinn im Leben in vielleicht überraschend höherem Maße bereit hält als bloßer Wohlstand oder die kleinlicheren Vergnügen der Macht.

§ 10 Geschichte(n) und Zivilisationen des Rechts

Literatur: *W. Frotscher/B. Pieroth*, Verfassungsgeschichte, 19. Aufl., 2021; *H. P. Glenn*, Legal Traditions of the World, 5th ed., 2014; *I. Kant*, Idee zu einer allgemeinen Geschichte in weltbürgerlicher Absicht, in: ders., Kant's gesammelte Schriften. Herausgegeben von der Königlich Preußischen Akademie der Wissenschaften. Bd. VIII, 1923, S. 15 ff.; *A. Kley*, Verfassungsgeschichte der Neuzeit. Grossbritannien, die USA, Frankreich, Deutschland und die Schweiz, 4. Aufl., 2020; *M. Senn*, Rechtsgeschichte, 4. Aufl., 2007; *U. Wesel*, Geschichte des Rechts. Von den Frühformen bis zur Gegenwart, 5. Aufl., 2022.

I. Recht und Rechtszivilisationen in der Geschichte

Recht gehört zu den Kernelementen menschlicher Kultur. Wenn man einen Rechtsbegriff anlegt, der nicht zu eng gefasst ist und auch nichtstaatlich gesetztes Recht umfasst, kann man mit guten Gründen annehmen, dass es Recht im Sinne einer jedenfalls rudimentär sozial institutionalisierten, normativen Ordnung schon in nichtstaatlichen, akephalen, prähistorischen Gesellschaften gab.[1] Dafür sprechen jedenfalls menschliche Gesellschaften, deren Lebensformen mit prähistorischen Existenzweisen noch verwandt sind und in denen solche normativen Ordnungen existieren. Ausdrückliche Rechtssammlungen sind ebenfalls sehr alt und reichen ins dritte Jahrtausend vor unserer Zeitrechnung zurück, etwa der *Codex Ur-Numma*. Diese Rechtssammlungen sind bereits sehr differenziert ausgestaltet, wenn auch heute geschiedene Rechtsmaterien wie Strafrecht und Zivilrecht nicht getrennt wurden. 1

In der Geschichte haben sich verschiedene Rechtszivilisationen ausgebildet, die ebenso interessante Unterschiede wie Gemeinsamkeiten kennen. Das Recht des Hinduismus, das als erstes Beispiel genannt werden soll, geht auf die *Veden*, wahrscheinlich aus dem 2. Jahrtausend v. Chr., zurück. Es wurde in *Sutras* von Brahmanen im ersten Jahrtausend v. Chr. entwickelt. Von etwa 200 v. Chr. bis 400 n. Chr. wurden große Rechtsbücher, *dharmasastras*, verfasst, etwa das des Manu (*manusmriti*).[2] Die Auslegung des Hindu-Rechts wurde danach bis in die Gegenwart fortgesetzt. Das Recht befasst sich mit verschiedenen Rechtsmaterien. Die berühmten 18 Titel des Manu, die Klagemöglichkeiten betreffen, entwickeln Regeln zu Darlehen, Verwahrung, Verkauf ohne Eigentum, Personenvereinigungen, Schenkung, nicht bezahltem Lohn, Vertragsbruch, Rücktritt vom Kauf und Verkauf, Streit zwischen Herr und Diener, Grenzstreitigkeiten, Beleidigung, Körperverletzung, Diebstahl, Gewalttaten, sexuell motivierte Verbrechen gegen Frauen, Eherecht, Erbschaft sowie Spiel und Wette.[3] Mit der Kolonialisierung Indiens wurden die Anwendungsbereiche dieses Rechts neu bestimmt und durch andere Rechtsregelungen, insbesondere der Kolonialmacht, überlagert. Im modernen indischen Recht wurde die Tradition teilweise in Gesetzesrecht überführt. Zentrale Bedeutung hat in der Gegenwart im Übrigen die indische Verfassung, die einen allgemeinen Rahmen für die Rechtsentwicklung bildet und Ausdruck modernen Konstitutionalismus ist. 2

In Ostasien ist die ebenfalls sehr alte, seit der zweiten Hälfte des ersten Jahrtausends v. Chr. konfuzianisch geprägte chinesische Rechtstradition von großer Bedeutung, die 3

---

1 Vgl. z.B. *U. Wesel*, Frühformen des Rechts in vorstaatlichen Gesellschaften, 1985.
2 Manu's Code of Law, ed. by P. Olivelle, 2005.
3 Vgl. im Überblick Manu's Code of Law, S. 14.

durch die kommunistische Machtübernahme und die folgende Entwicklung in neue Richtungen gelenkt wurde.

4   Eine weitere sehr alte Rechtstradition ist das jüdische Recht, das seit dem 2. Jahrtausend v. Chr. existiert. Seine Grundlage bilden die *Thora* (die ersten fünf Bücher Mose der christlichen Bibel) und der *Talmud*. Zentral sind die 613 Gebote, *Mitzwot*, zu denen auch die Zehn Gebote gehören, sowie die mündliche, religiöse Überlieferung, die *Mischna*, und der *Gemara*, der Kommentar der Gelehrten. Mischna und Gemara wurden im Jerusalemer Talmud im 4. Jahrhundert n. Chr. und dann im Babylonischen Talmud im 5. Jahrhundert n. Chr. zusammengefasst.[4] Die *Halacha* bildet die rechtliche Überlieferung im Talmud, die *Aggada* die erzählende Literatur, die keine Gesetze festhält. Der Talmud fasst eine Vielzahl von unterschiedlichen, sich widersprechenden und kritisierenden Meinungen zusammen, die die Vielschichtigkeit dieses Rechtsdenkens illustrieren, das menschliches Leben in vielen Hinsichten bestimmten Regelungen unterwirft. In Israels Rechtssystem ist dieses religiöse Recht heute vor allem im Ehe- und Scheidungsrecht maßgeblich. Das Rechtssystem insgesamt wird durch unterschiedliche Einflüsse bestimmt. Es gibt wegen der britischen Mandatszeit einen starken Einfluss des *common law*, das bis 1980 verbindlich war. Die Rechtsordnung ist weiter stark durch internationale Rechtsentwicklungen gerade im Grundrechtsbereich geprägt.

5   Das islamische Recht beruht auf dem *Koran*. Hinzu treten weitere Rechtsquellen: Die *Sunna* als Praxis des Propheten, die übereinstimmende Rechtsansicht von Gelehrten, *Idschma*, sowie rechtswissenschaftliche Auslegungen durch Analogie, *Qiya*. Die *Scharia* ist die Gesamtheit der so gewonnenen Rechtsregeln, die nicht nur religiöse Gegenstände, sondern auch andere Rechtsmaterien, insbesondere des Privat- und Strafrechts, erfasst. In der Geschichte des Islam hat die Scharia eine wechselhafte Entwicklung durchgemacht, die sich in den sehr unterschiedlichen islamisch geprägten Staaten zudem in vielfältiger Weise ausgeprägt hat. Oft wurde das religiöse Recht dabei in seinem Geltungsbereich beschränkt. Es ist in seiner Gestalt auch manchem Wandel ausgesetzt gewesen, wie andere Rechtsmaterien auch, wobei in der Gegenwart radikale Strömungen, die zu offensichtlich menschenrechtswidrigen Verständnissen des Gebotenen kommen, reformerischen, gerade auch grundrechtsorientierten Ansätzen konfliktreich gegenüberstehen. Die Revolutionen des Arabischen Frühlings sind nicht zuletzt Auseinandersetzungen über die demokratische und grundrechtliche Ausformung der Rechtsordnungen verschiedener, islamisch geprägter Staaten.[5]

6   Im antiken Recht Griechenlands und dann Roms erreicht das Recht insbesondere, aber nicht nur, im Privatrecht ebenfalls einen hohen Differenzierungsgrad. Das römische Recht bildet für die weitere Rechtsentwicklung beispielhaft ein an Eigentum und Vertrag orientiertes Privatrecht aus. Rechtsbegriffe wie Rechtssubjekt, Familie, Eigentum, Vertrag und Delikt werden zu Grundelementen der rechtlichen Lösung von Konflikten entwickelt. Als eine Art Gründungsereignis wird nicht selten das Zwölftafelgesetz, um 450 v. Chr., angesehen, das die Quelle des ganzen öffentlichen und privaten römischen Rechts gewesen sein soll.[6] Kern der Rechtsentwicklung waren aber nicht Gesetzgebungsakte, sondern die Edikte des Prätors, eines Beamten, der einmal

---

4   Der Babylonische Talmud, übersetzt v. L. Goldschmidt, 2002.
5   Vgl. dazu z.B. *G. Krämer*, Demokratie im Islam, 2011.
6   *Liv.* 3.34.6: „fons omnis publici privatique iuris" („die Quelle allen öffentlichen und privaten Rechts", Übersetzung nach *T. Livius*, Römische Geschichte. Buch I–III, Lateinisch und Deutsch hrsg. v. H. J. Hillen, 2. Aufl., 1997).

I. Recht und Rechtszivilisationen in der Geschichte

im Jahr bekanntgab, welche Rechtsbegehren verfolgt werden konnten. Das römische Recht wurde aktionenrechtlich, aus der Klage, der *actio*, entwickelt. Der Prätor formulierte, welchen Fall der Richter, der *iudex*, zu entscheiden hatte. Der *iudex* war ein Laienrichter, rekrutiert aus der Aristokratie, später auch aus anderen Angehörigen der obersten Gesellschaftsschichten. Durch die Edikte war der Zugang zum Rechtsweg beschränkt. Erst in der römischen Spätzeit wurde er weiter geöffnet. Die Rechtsauslegung, die den *iudex* anleitete, lag bei Rechtsgelehrten, *iuris consulti*. Die Antworten der Rechtsgelehrten auf gestellte Rechtsfragen bewirkten die Entwicklung des Rechts in seiner differenzierten Gestalt. Das Zitiergesetz von Kaiser *Theodosius II* (401–450 n. Chr.) und Kaiser *Valentian III* (419–455 n. Chr.), das festlegte, welche juristischen Autoritäten zählten, wurde 426 n. Chr. geschaffen, um Auslegungsstreitigkeiten zu beenden. Das römische Recht wurde 533 im *Corpus Iuris Civilis* des *Justinian* (482–565) zusammengefasst: Die Institutionen bilden ein Anfängerlehrbuch, orientiert am Beispiel eines Werks des Juristen *Gaius* (2. Jahrhundert n. Chr.). Die Digesten (oder Pandekten) sind eine Sammlung von Ausschnitten römischer rechtswissenschaftlicher Literatur von ungefähr 40 Juristen der sog. klassischen Zeit (100–250 n. Chr.). Der Codex enthält als dritten Teil sog. Konstitutionen, d.h. Entscheidungen der römischen Kaiser von Hadrian bis Justinian. In den Novellen werden noch einige spätere Entscheidungen gesammelt.

Das römische Recht erlebte dann einen Niedergang, bis es seit dem 11. Jahrhundert wiederentdeckt und neu durchdacht wurde, in der gleichen Zeit, in der auch die griechische Philosophie durch Vermittlung der hoch entwickelten arabischen Kultur wiederentdeckt wurde. Die neu entstehenden Universitäten spielten dabei eine entscheidende Rolle. Rechtsgelehrte wie *Irnerius* (1050–1130) oder *Accursius* (1182/85–1260/63) sammelten die Quellen zum römischen Recht und schrieben Anmerkungen (Glossen, deswegen Glossatoren), die das Recht weiterentwickelten. Kommentatoren wie *Bartolus* (1313–1357) und *Baldus* (1327–1400) verfassten umfassendere Erläuterungen von Rechtsgedanken, die das so entstehende *ius commune* weiter prägten.

Die Rezeption des römischen Rechts im Mittelalter hat die Entwicklung des europäischen Rechts wesentlich bestimmt, wenn auch der Grad des Einflusses in verschiedenen Regionen uneinheitlich ist. Neben dem römischen Recht entwickelte sich das kanonische Recht der katholischen Kirche. *Gratians* (gest. vor 1160) *Concordia disconcordantium canonum* oder kurz *Decretum Gratiani* (um 1140) formt einen Höhepunkt dieser Rechtsliteratur. Das kanonische Recht bildete nicht nur eine eigene Rechtsmaterie, sondern hat das Recht insgesamt in vieler Hinsicht beeinflusst.

Aber auch andere Rechtstraditionen haben sich in Europa entwickelt, etwa die germanischen Stammesrechte, die vor der Rezeption des römischen Rechts bestimmend waren.

Nach der Eroberung Englands durch die frankophonen Normannen 1066 entwickelte sich in England das *common law*, das neben seinem Ursprungsland bis heute eine Vielzahl von Staaten rechtlich prägt, die dem britischen Empire assoziiert waren. Dieses Recht wurde durch die königlichen Gerichte entwickelt, mit Berufsrichtern und einer Jury (von französisch *juré*), die die Entscheidung des Rechtsfalles traf. Voraussetzung eines Gerichtsverfahrens war seine Eröffnung im spezifischen Fall durch formale Rechtsschutzmöglichkeiten, die *writs*, vergleichbar mit den Edikten des Prätors im römischen Recht. Nur im Rahmen dieser Rechtsschutzinstrumente konnte sich das *common law* entwickeln. Diese Entwicklungen waren dabei weitreichend: Aus der *writ of trespass* etwa, die sich zunächst auf Schäden aus direkten Rechtsverletzungen bezog, wurde mit der Zeit ein Instrument, das auch schuldrechtliche Verpflichtungen einbezog. Im Laufe der Zeit wurde das Recht auch systematisch bearbeitet: in den *Inns of Court* das *common law*, in den Universitäten von Oxford und Cambridge das römische und kanonische Recht.

11 Das *common law* entwickelte sich langsam zu einem Recht der Präzedenzfälle. Im 19. Jahrhundert übernahmen die Richter die Rolle, substantielles Recht zu entwickeln, das wie rechtliche Regeln band. *Stare decisis*, d.h. die Bindung an vorhergehende Entscheidungen eines Gerichts, hat das *common law* nur allmählich geprägt, bis das Prinzip im 19. Jahrhundert bestimmend wurde. Eingebettet war die Präzedenzbildung in die systematische Bearbeitung von Recht etwa an den Universitäten. Ab 1832 wurde das Erfordernis der formalen Gewährung einer *writ* durch die Kanzlei aufgehoben, wodurch die Gerichte sich Rechtsschutzbegehren weiter öffneten. 1875 wurde eine Rechtsmittelinstanz geschaffen, so dass, mit dem *House of Lords* (jetzt *Supreme Court*), ein dreistufiger Rechtsmittelzug etabliert war.

12 Ergänzt wurde das *common law* durch den *Court of Admiralty*, der mit Angelegenheiten befasst war, die mit den Meeren zu tun hatten, und den *Court of Equity*, der eigene Rechtsprinzipien anwandte, die nicht zuletzt zivilistisch geprägt waren.

13 Das *common law* wurde auch für die USA wichtig. Hier trat aber eine weitere Rechtsentwicklung von dann epochaler Bedeutung hinzu: die Schaffung der Verfassung und der *Bill of Rights*. Damit wurde ein normativer Rahmen der Staats- und Rechtsordnung formuliert, der die Bedeutung des *common law* grundsätzlich begrenzt.

14 In der Gegenwart wird das *common law* durch eine rege Gesetzgebung ergänzt, die zunehmend differenziertes Gesetzesrecht schafft.

15 Die Naturrechtstradition hat das Rechtsdenken über Jahrhunderte in wesentlichen Zügen, nicht zuletzt im Völkerrecht und Staatsrecht, wesentlich bestimmt, worauf schon hingewiesen wurde. Im 18. Jahrhundert setzte eine für die Gegenwart entscheidende Entwicklung ein, der moderne Konstitutionalismus, der durch die Amerikanische und Französische Revolution vorangetrieben wurde. Grundideen, insbesondere die, dass Menschen natürliche Rechte besitzen, sind gerade im naturrechtlichen Denken entwickelt worden. Diese Ideen machen heute den Kern der Rechtsordnungen moderner Verfassungsstaaten aus.

16 Im 19. und 20. Jahrhundert wurden wichtige Kodifikationen im Privat- und Strafrecht geschaffen, insbesondere der epochemachende *Code civil* (CC, 1804) *Napoléons* (1769–1821). Das *Allgemeine Bürgerliche Gesetzbuch* Österreichs (ABGB, 1812), das deutsche *Bürgerliche Gesetzbuch* (BGB, 1896) und das *Schweizerische Zivilgesetzbuch* (ZGB, 1907) bilden weitere Meilensteine dieser Entwicklung.

17 Das 20. Jahrhundert wurde durch die Entwicklung von Verfassungsstaatlichkeit und dann von Grundrechten entscheidend geprägt. Ein ausdifferenziertes, rechtsstaatlich motiviertes Verwaltungsrecht entstand. Das Völkerrecht hat sich wesentlich verändert, die Internationalisierung des Rechts ist heute eine seiner wichtigen Eigenschaften, wie bereits erläutert wurde. Der historische Rückblick macht dabei deutlich, dass der interkulturelle Rechtsdialog keine neue Entwicklung markiert, sondern ein Grundelement der Rechtsevolution ist, das nicht nur die europäische Rechtskultur tief prägt.

II. Das Recht im Nachdenken über Geschichte – ein Beispiel

Das 20. Jahrhundert war gleichzeitig ein Jahrhundert von schrecklichen Regressionen, die barbarische Folgen hatten, etwa durch den Rechtsnihilismus des Nationalsozialismus oder den totalitären Missbrauch von Recht im Stalinismus.

Auch andere Kulturen in Afrika, Südamerika oder Australien haben eigene Rechtstraditionen geformt, die durch den Kolonialismus europäischer Mächte z.T. zurückgedrängt wurden, weil dieser auch mit der Implementierung von Recht einherging. Diese indigenen Traditionen können mit anderen Traditionen in interessanten und wichtigen Aspekten konvergieren.[7]

II. Das Recht im Nachdenken über Geschichte – ein Beispiel

Die Geschichte der verschiedenen Rechtszivilisationen ist also vielschichtig und von großem Reichtum. Das Recht ist ein in vieler Hinsicht kulturprägendes Phänomen. Die Rolle von Recht in der Geschichte wurde immer wieder zum Anlass genommen, grundsätzlich darüber nachzudenken, welche Bedeutung die Stellung von Recht in der Entwicklung der menschlichen Gesellschaften für ein tieferes Verständnis menschlicher Zivilisation besitzen könnte. Ein klassisches und in vieler Hinsicht lehrreiches Beispiel für das Nachdenken über die Geschichte der rechtlichen Kultur liefert *Immanuel Kant* in seiner Idee zu einer allgemeinen Geschichte in weltbürgerlicher Absicht. Er hält dort fest:

> „Das größte Problem für die Menschengattung, zu dessen Auflösung die Natur ihn zwingt, ist die Erreichung einer allgemein das Recht verwaltenden bürgerlichen Gesellschaft. Da nur in der Gesellschaft und zwar derjenigen, die die größte Freiheit, mithin einen durchgängigen Antagonism ihrer Glieder und doch die genauste Bestimmung und Sicherung der Grenzen dieser Freiheit hat, damit sie mit der Freiheit anderer bestehen könne, – da nur in ihr die höchste Absicht der Natur, nämlich die Entwicklung aller ihrer Anlagen, in der Menschheit erreicht werden kann, die Natur auch will, dass sie diesen sowie alle Zwecke ihrer Bestimmung sich selbst verschaffen solle: so muss eine Gesellschaft, in welcher Freiheit unter äußeren Gesetzen im größtmöglichen Grade mit unwiderstehlicher Gewalt verbunden angetroffen wird, d. i. eine vollkommen gerechte bürgerliche Verfassung, die höchste Aufgabe der Natur für die Menschengattung sein, weil die Natur nur vermittelst der Auflösung und Vollziehung derselben ihre übrigen Absichten mit unserer Gattung erreichen kann. In diesen Zustand des Zwanges zu treten, zwingt den sonst für ungebundene Freiheit so sehr eingenommenen Menschen die Noth; und zwar die größte unter allen, nämlich die, welche sich Menschen unter einander selbst zufügen, deren Neigungen es machen, dass sie in wilder Freiheit nicht lange neben einander bestehen können."[8]

Die Aufgabe, die damit gestellt ist, ist aus Kants Sicht besonders schwierig, weil damit klar ist, dass Menschen der Herrschaft bedürfen, um eine gerechtfertigte Ordnung zu errichten, in der die einzelnen Rechtspositionen der Menschen unter einem universalen Gesetz der Würde und Freiheit koordiniert existieren können. Die Frage taucht dann

---

7 Ein interessantes Beispiel dazu ist etwa die Herleitung des Kernbegriffs moderner Grundrechtsordnungen, der Menschenwürde, aus der Vorstellung von *Ubuntu* in der Rechtsprechung des südafrikanischen Verfassungsgerichtshofes, vgl. *M. Mahlmann*, Human Dignity and Autonomy in Modern Constitutional Orders.
8 *I. Kant*, Idee zu einer allgemeinen Geschichte in weltbürgerlicher Absicht, 5. Satz, S. 22.

aber auf, wie der Mensch diese Herrschaft ausüben können und wie diese Herrschaft organisiert sein solle. Er schreibt dazu:

> „Wo nimmt er aber diesen Herrn her? Nirgend anders als aus der Menschengattung. Aber dieser ist ebenso wohl ein Thier, das einen Herrn nöthig hat. Er mag es also anfangen, wie er will; so ist nicht abzusehen, wie er sich ein Oberhaupt der öffentlichen Gerechtigkeit verschaffen könne, das selbst gerecht sei; er mag dieses nun in einer einzelnen Person, oder in einer Gesellschaft vieler dazu auserlesenen Personen suchen. Denn jeder derselben wird immer seine Freiheit missbrauchen, wenn er keinen über sich hat, der nach den Gesetzen über ihn Gewalt ausübt. Das höchste Oberhaupt soll aber gerecht für sich selbst und doch ein Mensch sein. Diese Aufgabe ist daher die schwerste unter allen; ja ihre vollkommene Auflösung ist unmöglich: aus so krummem Holze, als woraus der Mensch gemacht ist, kann nichts ganz Gerades gezimmert werden. Nur die Annäherung zu dieser Idee ist uns von der Natur auferlegt."[9]

22   Damit wird die Notwendigkeit der inhaltlichen Ausrichtung der historischen Entwicklung einer Rechtsordnung betont und gleichzeitig anthropologische Skepsis formuliert. Es ist aus Kants Sicht keineswegs sicher, dass Menschen in der Lage sind, diese Aufgabe zu lösen. In jedem Falle wird keine vollkommene Lösung zu erwarten sein, sondern nur eine Annäherung an das eigentlich zu Erstrebende, da Menschen mit ihren vielen Schwächen und Grenzen den Weg zu vollkommenen Lösungen wohl nicht finden werden können. Diese Perspektive ist wichtig, weil Unvollkommenheiten im nationalen oder im internationalen Rechtskreis das moderne Rechtssystem weiterhin prägen, wie bisher schon verschiedentlich vermerkt wurde. Die Durchsetzungsmechanismen der wichtigsten Normen, die Rechtssysteme kennen, die Grundrechte, sind etwa in vieler Hinsicht unterentwickelt. Auf schwerste Menschenrechtsverletzungen gibt es keine rechtliche Antwort. Diese Unvollkommenheiten werden in einem wichtigen Sinn relativiert, wenn man sie in ein Verhältnis zum menschlich wohl allein Möglichen rückt. Man wird keine gerechte Bewertung dieser Unvollkommenheiten liefern können, wenn man nicht bedenkt, wer das Subjekt der rechtlichen Entwicklung in letzter Instanz ist, und das sind die in vieler Hinsicht unvollkommenen Menschen. Auch diesem Wesen sollte zweifellos sehr viel mehr als das bisher Erreichte möglich sein. Die Lücken im Menschenrechtsschutz sind in keiner Weise menschliches Schicksal, eine anthropologische Notwendigkeit, die man resigniert seufzend hinnehmen müsste. Für einen rechtspolitischen Quietismus aus dem Geiste pessimistischer Anthropologie gibt es keine Veranlassung. Die Defizite des modernen Rechtssystems, etwa beim Grundrechtsschutz, sind vielmehr in mancher Hinsicht ein politischer Skandal, der zu entschiedenem politischen Handeln auffordert. Gleiches gilt für andere unbefriedigende Elemente des Rechts. Die Errungenschaften des modernen Rechts aber an einer Eschatologie des Vollkommenen zu messen, würde dem zivilisatorisch Erreichten nicht gerecht werden und womöglich dazu verführen, klein zu achten, was in manchem Respekt verdient.

III. Entwicklungslinien des Rechts

23   Das Recht hat eine, wie angedeutet, lange und gewundene Geschichte. Das Bewusstsein der Komplexität dieser Geschichte ist insbesondere unausweichlich, wenn man Perspektiven überwindet, die sich auf die Rechtsgeschichte Europas und Nordamerikas

---

9   *I. Kant*, Idee zu einer allgemeinen Geschichte in weltbürgerlicher Absicht, 6. Satz, S. 23.

beschränken, und andere Kulturen miteinbezieht. Auch außereuropäische wie etwa indische, chinesische, japanische oder afrikanische Kulturen besitzen eine Geschichte rechtlicher Institutionen, die es wert ist, untersucht und verstanden zu werden. Dies wurde exemplarisch skizziert. Interessant ist auch die Kenntnis von Frühformen rechtlicher Regelungen, die weit über die klassische Antike zurück zum Beginn menschlicher Gemeinschaften führen. Auch Stammeskulturen der Gegenwart kennen interessante Mechanismen der normativen Regulierung des Gemeinschaftslebens, die – wie erwähnt – zudem Aufschlüsse über den Beginn rechtlicher Kultur geben können, weil sie frühe Praktiken womöglich widerspiegeln.

Die Geschichte des Rechts wurde trotz dieser komplexen Erscheinungen in der Vergangenheit immer wieder als Ausdruck bestimmter, auf ein Ziel gerichteter, notwendig ablaufender historischer Prozesse verstanden (z.B. von *Georg Wilhelm Friedrich Hegel* oder *Karl Marx* (1818–1883)). Gegen diese Annahme spricht die Vielfalt der historischen Entwicklungen, die zudem keineswegs einen ungebrochenen Fortschritt zum Besseren verkörpern. In der Neuzeit wurde etwa die moderne Freiheitsphilosophie begründet und in rechtlichen Formen allmählich durchgesetzt und gleichzeitig der Sklavenhandel auch rechtlich abgesichert. Im 19. Jahrhundert entwickelte sich die Verfassungsstaatlichkeit und zur gleichen Zeit dienten rechtliche Regelungen dem Kolonialismus der europäischen Mächte. Das Dritte Reich illustrierte dann im 20. Jahrhundert drastisch, wie eine entwickelte Rechtskultur in Unmenschlichkeit umschlagen kann. 24

Diese Zwiespältigkeit der menschlichen Rechtsgeschichte zeigt: Die historische Entwicklung auch in der Zeit nach Kants Überlegungen hat seine skeptische und berühmte Schlussfolgerung, dass „aus so krummem Holze, als woraus der Mensch gemacht ist, […] nichts ganz Gerades gezimmert werden" könne, sicher nicht widerlegt. 25

Nun gibt es aber immerhin gewisse Tendenzen der Entwicklung, die man festhalten kann, ohne mit ihnen grundlegende geschichtsteleologische Vorstellungen zu verbinden. Eine Entwicklungslinie besteht in der auch institutionellen Unterscheidung von Recht, Moral, Politik und Religion, eine weitere in der Tendenz zur Kodifizierung und Institutionalisierung von Recht. Die normativen Grundlagen menschlicher Gesellschaft haben in der Geschichte aus der ungeschiedenen Einheit von Herkommen, konventionell Üblichem und formlos Gegebenem in die feste Form in bestimmten Verfahren gesetzten, geschriebenen Rechts, das institutionell gesichert wird, weithin gefunden. Recht ist heute mit (zunehmend international eingebundener) Staatlichkeit verknüpft, mit der eine Monopolisierung der Gewaltausübung in einer Gesellschaft einhergeht. Die Rechtsetzung und Rechtsanwendung wurden im Grundsatz rationalisiert. Die charismatische, auf die persönliche Anziehungskraft einer Person setzende, traditionale oder autoritäre Rechtsfindung bildet heute zu Recht jedenfalls kein ohne Weiteres akzeptiertes Leitbild der Rechtsfindung mehr, wenn die Realität auch manchmal eine andere sein mag. Stattdessen zählen kritisch hinterfragbare Argumente und der demokratische Prozess. 26

Eine weitere bekannte These lautet, dass die Rechtsentwicklung vom Status zum Kontrakt geführt habe.[10] Während in der Vergangenheit die Rechtsbeziehungen durch einen Rechtsstatus bestimmt worden seien (z.B. die durch Geburt vermittelte Stellung 27

---

10 *H. Maine*, Ancient Law, 1861.

in einer Gesellschaft), würden in der modernen Welt die Rechtsbeziehungen durch Vertrag und damit auf Grundlage der Autonomie der Einzelnen begründet.

28 Diese These fängt einige Entwicklungen der Rechtsgeschichte ein, erklärt andere dagegen schlecht. Die moderne Verfassungsstaatlichkeit ist etwa durch die Absicherung der grundlegenden Rechte des Einzelnen gekennzeichnet. Auch das Völkerrecht der Gegenwart ist durch die gestiegene praktische Bedeutung der Menschenrechtsidee gekennzeichnet, wie bereits deutlich wurde (s. o. § 7). Der Kern der Menschenrechtsidee besteht aber darin, bestimmte normative Kernpositionen wie z.B. die Würde der Menschen in jedem Fall zu schützen, also gerade neue und nunmehr für alle Menschen gleiche Statusrechte zu begründen.

29 Diese Entwicklung der modernen Menschenrechtskultur ist eine bemerkenswerte Errungenschaft. In Anbetracht der vielen Probleme, die in diesem Bereich in der Gegenwart bestehen, ist sie zwar auch kein Hinweis auf einen notwendigen Fortschritt in der Rechtsgeschichte, aber immerhin eine Erinnerung, dass die Tür zum rechtszivilisatorisch Besseren historisch offensteht.

IV. Geschichte, Tradition und Geltung

30 Rechtsgeschichtliche Kenntnisse sind von zentraler Bedeutung für die Orientierung im Recht. Ohne Kenntnis des Herkommens der Elemente modernen Rechts kann Recht nicht begriffen und vernünftig gestaltet werden. Der Blick sollte dabei nicht nur auf eine Rechtszivilisation fallen. Grundkenntnisse der manchmal überraschend direkt zum erstrebten Ziel führenden, manchmal verwirrend verschlungenen Wege, die von verschiedenen Rechtszivilisationen beschritten wurden, sind von großer Bedeutung. Sie zeigen zunächst einmal, wie weit die Welt des Rechts ist. Sie illustrieren mit welchem, über Jahrtausende hinweg anhaltendem, langem Atem Rechtsvorstellungen gebildet, ausgelegt, gepflegt, weiterentwickelt, verändert und auch aufgegeben werden, manchmal mit guten Gründen, manchmal aus Wahn, Irrglauben und Illusion. Das Werden und Vergehen von Recht, voll bewundernswerter Einsicht und bedrückendem Irrtum, ist ein großes welthistorisches Drama, weil es die Chancen und Umstände der Verwirklichung der Lebensansprüche von Menschen bestimmt, schützt oder ohne Ausweg zerstört.

31 Vertrautheit mit der historischen Genese und Vielfalt der Rechtsvorstellungen beugt zudem unnötig engen Perspektiven vor und schützt vor unbedachter Überhöhung bestimmter Rechtskulturen als allein maßgeblich, nicht zuletzt natürlich der jeweils eigenen. Sie kann konstruktive und systematisch wertvolle Informationen zu möglichen Lösungswegen für Probleme liefern, die mehr als eine Kultur beschäftigt haben und beschäftigen. Sie schärft auch den Blick für das, was an einem Rechtssystem erhaltenswert und besser gelungen als anderswo oder – durch Anschauung des Überzeugenderen – eben auch kritikwürdig ist.

32 Das Bewusstsein der oft langen Geschichte von rechtlichen Vorstellungen, ihrem häufig langsamen Entstehen, kann Respekt vor rechtlichen Zivilisationen anregen, in letzter Instanz aus Achtung vor den Menschen, für die bestimmte rechtliche Vorstellungen, religiösen oder auch innerweltlichen Ursprungs, zu ihrer Identität gehören können.

33 Geschichtliche Rekonstruktionen können aber keine Antworten auf Wertungs- und Geltungsfragen liefern, wie manchmal in gegenwärtigen Diskussionen angenommen

IV. Geschichte, Tradition und Geltung

wird.[11] Dass eine bestimmte Vergangenheit des Rechts existiert, dass eine Rechtsvorstellung tief in der Zivilisationsgeschichte einer Kultur verankert ist, dass eine bestimmte Tradition entwickelt und gepflegt wurde, sagt nichts darüber aus, welche Inhalte das Recht der Gegenwart und Zukunft gerechtfertigt besitzen *soll*. Dass das römische Recht keinen entwickelten Begriff von Grundrechten besaß,[12] heißt offensichtlich nicht, dass Grundrechte durch den modernen Konstitutionalismus zu Unrecht zu Zentralnormen moderner Rechtsordnungen gemacht wurden, die auch den Rahmen der Privatrechtsordnung schaffen. Dass Frauen in einer bestimmten Tradition (wie in der europäischen Rechtszivilisation für lange Zeit) weniger Rechte in bestimmten Bereichen besitzen als Männer, liefert keinen Grund, solche Regelungen auch in der Zukunft beizubehalten. Die Vergangenheit hält viele Lehren bereit und manches Überkommene verdient, bewahrt zu werden. Anderes muss aber auch gerade verändert werden, weil die Gründe für seine Existenz nicht überzeugen. Die dabei entscheidenden Geltungsfragen müssen aufgrund von Geltungskriterien beantwortet werden, die Geschichte und Traditionen nicht liefern können, sondern allein eine normative Legitimationstheorie des Rechts. Keine Autorität, weder religiös noch aus Herkommen geboren, kann sich dieser Frage nach der Begründbarkeit ihrer Gehalte entziehen. Recht muss Menschen überzeugen können: Das ist die Grundbedingung der Einlösung des Vernunftanspruchs des modernen Rechts.

---

11 Vgl. z.B. zur Idee einer affirmativen Genealogie H. *Joas*, Die Sakralität der Person, 3. Aufl. 2012.
12 Zur Diskussion um menschenrechtliche Rudimente vgl. z.B. *T. Honoré*, Ulpian. Pioneer of Human Rights, 2nd ed., 2002.

§ 11 Recht als soziale Tatsache

Literatur: *S. Baer*, Rechtssoziologie, 4. Aufl., 2021; *E. Ehrlich*, Grundlegung der Soziologie des Rechts, durchgesehen und hrsg. v. M. Rehbinder, 4. Aufl., 1989; *N. Luhmann*, Soziale Systeme, 1984; *ders.*, Das Recht der Gesellschaft, 1995; *M. Mahlmann* (Hrsg.), Gesellschaft und Gerechtigkeit. Festschrift für Hubert Rottleuthner, 2011; *ders.*, Rechtsphilosophie und Rechtstheorie, 7. Aufl., 2022, § 21; *T. Raiser*, Grundlagen der Rechtssoziologie, 6. Aufl., 2013; *M. Rehbinder*, Rechtssoziologie, 8. Aufl., 2014; *H. Rottleuthner*, Rechtstheorie und Rechtssoziologie, 1981; *ders.*, Einführung in die Rechtssoziologie, 1987; *M. Weber*, Wirtschaft und Gesellschaft, 5. Aufl., 1972.

I. Normen als soziale Tatsachen

1   Das Recht besteht aus Normen. Normen sind keine körperlichen Gegenstände, sondern Bedeutungsgehalte, die sprachlich vermittelt und geistig erfasst werden können. Normen formulieren dabei Aussagen über ein *Sollen*: Sie richten sich auf Gebote, Verbote und Erlaubnisse und sind deshalb *präskriptiv*. Tatsachen werden dagegen durch beschreibende, *deskriptive* Behauptungen erfasst. Dass im Recht der Ausschnitt der Realität, der rechtlich etwa für die Subsumtion von Bedeutung ist, durch die Normen, insbesondere ihre Tatbestandsmerkmale, festgelegt wird, ändert nichts daran, dass die dabei relevanten Tatsachen selbst keine normative Wirkung entfalten. Normen und Tatsachen sind insofern deutlich voneinander unterschieden. Normen können aber auch anders, nämlich als soziale Tatsachen angesehen werden. Damit dies möglich wird, muss ein Perspektivenwechsel vorgenommen werden. Es geht dann nicht mehr um ihren präskriptiven Gehalt aus der Perspektive eines Normadressaten oder Norminterpreten, sondern um einen Blickwinkel von „außen", aus der sog. Beobachterperspektive. Normen werden dann als empirische Gegebenheiten betrachtet, als Teil der gesellschaftlichen Realität, als faktisch wirksame Bestimmungsgründe menschlichen Handelns.

2   Dies gilt für die Handlungsnormen von Einzelnen, aber auch für die Institutionen, die normativ geschaffen werden. Ein Staat beispielsweise wird heute regelmäßig durch die Normen einer Verfassung konstituiert und strukturiert. Man kann den normativen Gehalt des Verfassungsrechts entfalten, wie es im Staatsrecht geschieht, den Staat aber auch als soziale Tatsache untersuchen. Gefragt wird aus diesem Blickwinkel beispielsweise, ob eine Norm tatsächlich in der sozialen Wirklichkeit eine Rolle spielt, sie beeinflusst und gestaltet oder völlig unberührt lässt. Wird ein Grundrecht tatsächlich respektiert oder steht es nur auf dem Papier? Wird die politische Macht in einem Staat gemäß der in der Verfassung verankerten Kompetenzen ausgeübt oder auf ganz andere Weise? Solche Befunde können normative Fragen, etwa in Hinblick auf die Vereinbarkeit der sozialen Wirklichkeit mit verfassungsrechtlichen Prinzipien, aufwerfen. Ist es beispielsweise mit demokratischen Grundprinzipien vereinbar, wenn die politischen Meinungen verschiedener Bürger und Bürgerinnen faktisch ein ganz unterschiedliches Gewicht bei der politischen Entscheidungsfindung haben? Dies kann etwa der Fall sein, wenn politische Akteure durch ihren faktischen Einfluss auf die öffentliche Meinungsbildung durch bestimmte, von ihnen kontrollierte Medien oder finanziell besonders schlagkräftige Kampagnen besonderes Gewicht bei politischen Entscheidungsfindungen finden. Die Bedrohung von demokratischer Willensbildung

durch finanzstarke Interessenvertretungen ist entsprechend ein wichtiges Thema einer soziologisch aufgeklärten Verfassungsrechtswissenschaft und Demokratietheorie.[1]

Ein weiterer wichtiger Bereich solcher Fragestellungen betrifft die Entstehung von Normen. Es wird hier untersucht, wie bestimmte politische, kulturelle oder ökonomische Entwicklungen auf die Normen einwirken – welche Inhalte werden Normen in einer bestimmten Gesellschaft gegeben, wie entstehen sie, wie verändern sie sich und aus welchen Gründen?

Normen als soziale Realitäten zu betrachten, bildet ein wichtiges Element rechtswissenschaftlicher Arbeit, da nur so deutlich wird, welche tatsächliche Rolle Normen in der Gesellschaft spielen, ob sie die ihnen zugedachte Funktion erfüllen oder auch verfehlen. Die Rechtswissenschaft verlässt mit diesen Perspektiven den Bereich der reinen normativen Argumentationen und stellt sich der gesellschaftlichen Realität ihres Objekts.

II. Aspekte und Bedeutung der Rechtssoziologie

Die Normen und Institutionen des Rechts als soziale Tatsachen zu betrachten, bildet den Gegenstandsbereich der *Rechtssoziologie*. Der Begriff des Rechts, der sinnvollerweise zu Grunde gelegt wird, ist dabei höchst umstritten. Es ist auch aus sozialwissenschaftlicher Perspektive alles andere als klar, was Recht eigentlich ausmacht. Wenn die soziale Realität des Rechts im Vordergrund stehen soll, liegt es nahe, insbesondere die Institutionalisierung von Recht, wie paradigmatisch in Webers Rechtsbegriff verkörpert, als Identifikationskriterium heranzuziehen. Wichtig ist dabei die Abgrenzung von bloßen Regelmäßigkeiten und normativen Regeln. Dass von vielen Menschen in kurzen Abständen kontrolliert wird, ob neue Nachrichten auf ihrem Telefon eingegangen sind, bildet eine Regelmäßigkeit des Verhaltens, keine Regel: Es ist nicht normativ geboten, es zu tun. Die normative Dimension einer Regel ist deswegen auch für die Rechtssoziologie von entscheidender Bedeutung, da ohne sie nicht identifiziert werden kann, wann eigentlich eine Norm vorliegt.

Verschiedene Elemente einer differenzierten Rechtsordnung sind für die Rechtssoziologie wichtig: Interessant sind zunächst die Normen, die diese Rechtsordnung bilden, und die sozialen Prozesse, die diese Normen erzeugen, also etwa Gesetze und Gesetzgebung, normativ wirkende Verwaltungsentscheidungen oder Normen, die durch Verträge geschaffen werden. Die Anwendung dieses Normbestandes ist ebenfalls von Bedeutung, etwa durch die Justiz, aber auch durch die Verwaltung. Schließlich darf das rechtsbezogene soziale Handeln von Einzelnen nicht vergessen werden, sei es, dass Recht angewandt, genutzt oder gerade verletzt wird, etwa durch den Bruch einer Strafrechtsnorm.

Rechtssoziologische Forschung ist in verschiedener Hinsicht von großer Bedeutung für die Rechtswissenschaft. Sie liefert zunächst Informationen für die Praxis. Sie informiert über sogenannte Rechtstatsachen, d.h. solche Sachverhalte, die rechtlich relevant sind. Die Organe der Gesetzgebung werden etwa durch ihre Forschungsergebnisse darüber informiert, welche Gesetze wirksam und welche unwirksam sind, welche Folgen be-

---

1 Vgl. o. § 6 V., VIII. Ein viel diskutiertes Beispiel bildet die Entscheidung des *US Supreme Court* 588 U.S. 310 (2009) (Citizens United v. Federal Election Commission). In diesem Urteil hat der *US Supreme Court* entschieden, dass finanzielle Grenzen bei der Unterstützung von Wahlkämpfen gegen die Meinungsäußerungsfreiheit verstoßen. Diese Entscheidung wurde vielfach kritisiert, nicht zuletzt weil sie ausblende, welche Effekte der unbegrenzte Einfluss finanzstarker Akteure auf den demokratischen Willensbildungsprozess habe.

stimmte Gesetze haben oder ob sie Akzeptanz genießen und warum dies der Fall oder gerade nicht der Fall ist. Rechtssoziologische Erkenntnisse können politische Auseinandersetzungen versachlichen, indem strittige Tatsachenfragen geklärt werden. Auch für die Rechtsprechung kann sie Informationen zu bewertenden Sachverhalten liefern. Gerade hier liegt eine sehr wichtige Funktion der rechtssoziologischen Forschung. Gesetzgeberischen oder anderen rechtlichen, insbesondere gerichtlichen Entscheidungen können „Alltagstheorien" zu Grunde liegen. Alltagstheorien sind ohne kritische und wissenschaftlich abgesicherte Prüfung gebildete Annahmen über Zustände und Zusammenhänge in der Welt. Solche Alltagstheorien sind unvermeidlich, weil nicht jede Annahme über Sachverhalte und Zusammenhänge in der Welt wissenschaftlich überprüft werden kann. Dies gilt gerade für soziale Fragen. Diese Alltagstheorien können, müssen aber nicht zutreffen. Die Rechtssoziologie kann helfen, in methodisch abgesicherter Form zu überprüfen, ob dies der Fall ist oder gerade nicht. Eigene Alltagstheorien kritisch zu reflektieren, zu überprüfen, welche wissenschaftlichen Erkenntnisse eigentlich vorliegen, und, wenn nötig und möglich, entsprechendes Wissen durch Untersuchungen, etwa Sachverständigengutachten, zu beschaffen, gehört zur Grundverantwortung der Entscheidenden in Gesetzgebung, Rechtsprechung und anderen rechtlichen Entscheidungsprozessen. Im Recht finden sich auch Verweise auf soziale Praktiken.[2] Auch hier kann die Rechtssoziologie helfen, die sozialen Realitäten richtig zu erfassen.

8 Die Rechtssoziologie hat aber nicht nur eine in diesem Sinne der Rechtsetzung und Rechtsanwendung dienende Funktion. Sie ist viel mehr als eine Hilfswissenschaft. Sie ist ein wichtiges Element des wissenschaftlichen Verständnisses des Rechts und damit eine Voraussetzung dafür, ein Kernanliegen der Rechtswissenschaft tatsächlich zu erreichen. Man kann Recht nicht begreifen, ohne so genau wie möglich zu erfassen, welche gesellschaftliche Realität es besitzt.

9 Die Rolle der Rechtssoziologie für das Verständnis von Recht führt zu einem weiteren Grund für die Bedeutung dieser rechtswissenschaftlichen Perspektive. Das Recht ist ein wesentlicher Teil der Struktur menschlichen Zusammenlebens. Ohne eine Analyse gerade des Beitrags des Rechts zur Gestaltung und zum Funktionieren einer Gesellschaft kann man nicht verstehen lernen, wie Gesellschaften strukturiert sind, wie sie entstanden sind, was sie zusammenhält und was ihre Weiterentwicklung bedingt. Die rechtssoziologische Forschung ist deswegen ein wichtiger Teil einer umfassenden Theorie menschlicher Gesellschaft. Entsprechend wurde sie von ihren wichtigsten Vertretern verstanden und entwickelt. Sie dient damit einem Erkenntnisinteresse von herausragender Bedeutung.

III. Entstehung der Rechtssoziologie

10 Die Frage, wie menschliches Zusammenleben in Gesellschaften funktioniert, begleitet die Menschen schon lange. Entsprechende Überlegungen waren schon in der Antike selbstverständlich. Ein klassisches Beispiel dafür bieten etwa die Überlegungen von Platon oder Aristoteles zu den Bedingungen der Erhaltung, der Stabilität oder auch des Verfalls politischer Ordnungen. Im weiteren Sinne gesellschaftswissenschaftliche Perspektiven bilden also keine neue Fragestellung. Die Soziologie im modernen Sinn

---

[2] In Deutschland verweist § 346 HGB etwa auf den Handelsbrauch, also die Usancen unter Kaufleuten zur Auslegung insbesondere von Willenserklärungen: „Unter Kaufleuten ist in Ansehung der Bedeutung und Wirkung von Handlungen und Unterlassungen auf die im Handelsverkehr geltenden Gewohnheiten und Gebräuche Rücksicht zu nehmen." In der Schweiz gibt es eine entsprechende Regelung nicht.

III. Entstehung der Rechtssoziologie

wird dennoch häufig mit dem 19. Jahrhundert und insbesondere *Auguste Comte* (1798–1857) in Verbindung gebracht, der eine Theorie der in seiner Zeit entstehenden industriellen Gesellschaft vorzulegen versuchte.[3] Er orientierte sich dabei an einem wissenschaftspositivistischen Programm, das wie eine Naturwissenschaft durch Beobachtung und Formulierung allgemein geltender Gesetze die soziale Wirklichkeit erklären wollte. Die Erkenntnisse sollten dabei in eine auf objektiver wissenschaftlicher Grundlage beruhende Gesellschaftsplanung einfließen. Ein anderer wichtiger Autor ist *Herbert Spencer* (1820–1903), der die Gesellschaft als Organismus auffasste, als ein strukturiertes, funktionales und differenziertes Ganzes, das mehr sei als nur die Summe der Individuen, die in einer Gesellschaft zusammengeschlossen sind.[4] Die gesellschaftliche Evolution wird dabei als Prozess sozialer Differenzierung aufgefasst: Auf die einfache und die militärische folge die industrielle Gesellschaftsform.

Die Erkenntnis der Bedeutung einer Betrachtung von Rechtsnormen als soziale Tatsachen führte zur Entwicklung der modernen *Rechtssoziologie*. Das genannte Beispiel der antiken politischen Theorie, gerade auch der Staatstheorie, zeigt, dass auch hier die Wurzeln der entscheidenden Fragen tief in die Ideengeschichte zurückreichen. Andere, weithin als Vorläufer gegenwärtiger rechtssoziologischer Fragestellungen betrachtete Theoretiker sind *Montesquieu* oder *Karl Marx*. Montesquieu erklärte etwa den Charakter von politischen Ordnungen durch rechtsexterne Faktoren. Der „Geist der Gesetze" wird aus seiner Sicht durch viele Faktoren, etwa Geografie oder Klima, bestimmt.[5] Marx sah Recht als Ausdruck von ökonomischen Entwicklungen, worauf noch näher einzugehen ist, wenn das Verhältnis von Recht und Ökonomie skizziert wird (vgl. u. § 12 I.1. a)).

Ein weiterer wichtiger Theoretiker ist *Émile Durkheim* (1858–1917). Er strebte an, eine Theorie der „sozialen Tatsachen" zu entwickeln, also gesellschaftlicher Strukturen, die unabhängig von einzelnen Gesellschaftsmitgliedern existierten. Die zentrale Frage, mit der er sich dabei befasste, bezieht sich auf die Entwicklung arbeitsteiliger Gesellschaften,[6] die Ursachen und Erscheinungsformen sozialer Anomie, also der Auflösung gesellschaftlicher Ordnung.[7] Er stellt die These auf, dass Gesellschaften durch unterschiedliche Solidaritätsformen ausgezeichnet seien. Eine „mechanische Solidarität" sei Ausdruck von Gemeinschaftswerten. Die „organische Solidarität" sei dagegen Ausdruck von Individualität und Arbeitsteilung, die die Freiheit und die Bewegungsfreiheit der Gesellschaft insgesamt vergrößere. Erkenntnismittel ist dabei das Recht: Durkheim meint, dass je mehr das Strafrecht eine Gesellschaft bestimme, desto wichtiger die mechanische Solidarität in einer solchen Gesellschaft sei. Sei dagegen das „restitutive" Recht, insbesondere das Zivilrecht, von größerer Bedeutung, sei die organische Solidarität entscheidend. Das dabei herangezogene Recht ist das geschriebene Recht, wie es sich in den entsprechenden Rechtssystemen findet.

Durkheim bildet mit der Verbindung von Solidaritätsformen mit Rechtsformen ein Beispiel für die Einbettung von rechtssoziologischen Analysen in allgemeine Gesellschaftstheorien. Methodisch ist sein Vorgehen allerdings überholt: Aus dem geschriebenen Recht allein lassen sich keine Aufschlüsse über reale Solidaritätsformen (nimmt man

---

3 *A. Comte*, Rede über den Geist des Positivismus, 1994.
4 *H. Spencer*, The Principles of Sociology. Vol. I–III, 1898.
5 *Montesquieu*, De l'Esprit des Lois.
6 *É. Durkheim*, De la division du travail social, 1893.
7 *É. Durkheim*, Le suicide, 1897.

ihre Existenz denn an) gewinnen: Das positive Recht kann solche Formen ausdrücken, aber auch durch ganz andere Faktoren bestimmt sein und Solidaritätsformen deshalb gerade nicht widerspiegeln.

14 Im 20. Jahrhundert hat sich die Rechtssoziologie dann als selbstständige Disziplin endgültig etabliert. Zwei zentrale Autoren waren dabei *Eugen Ehrlich* (1862–1922) und *Max Weber*, die bis heute eine wesentliche Rolle in den internationalen Diskussionen um das sozialwissenschaftliche Verständnis von Recht spielen.

1. Eugen Ehrlich
a) Rechtssoziologie und lebendes Recht

15 Aus der Sicht vieler bildet das Werk *Eugen Ehrlichs* die Geburtsstunde der modernen Rechtssoziologie. Grundlegend ist aus Ehrlichs Sicht die Erkenntnis, dass Recht ein Produkt der Gesellschaft sei.[8] Denn die Gesellschaft sei es, die die entscheidende Instanz für die Entwicklung des Rechts bilde. Gesetzgebung, Rechtslehre und Rechtsanwendung sind aus Ehrlichs Sicht Sekundärphänomene, denn „der Schwerpunkt der Rechtsentwicklung liegt auch in unserer Zeit, wie zu allen Zeiten, weder in der Gesetzgebung noch in der Jurisprudenz oder in der Rechtsprechung, sondern in der Gesellschaft selbst."[9] Die wahre Rechtswissenschaft ist für Ehrlich deswegen die Rechtssoziologie, die das „lebende Recht" in seiner Gestalt empirisch beschreibend erforsche, um zu einer „Morphologie der rechtlichen Gestaltungen des gesellschaftlichen Lebens" vorzudringen.[10] Die klassische Rechtswissenschaft, die Gesetze und gerichtliche Entscheidungen für ihren einzigen Gegenstand halte, verkenne einen wichtigen Aspekt ihrer wissenschaftlichen Aufgabe: „Da das Recht eine gesellschaftliche Erscheinung ist, so gehört jede Art der Jurisprudenz den Gesellschaftswissenschaften an, aber die eigentliche Rechtswissenschaft ist ein Teil der theoretischen Gesellschaftswissenschaft, der Soziologie. Die Soziologie des Rechts ist die wissenschaftliche Lehre vom Rechte."[11]

16 Ehrlich kritisiert die Vorstellung, dass alles Recht staatliches Recht sei. Entscheidend ist dabei seine Unterscheidung verschiedener Arten von Normen. Die „Regel menschlichen Handelns" erfasst die tatsächlich geübten Verhaltensweisen, die eine normative Dimension besitzen. „Rechtsnormen" erfassen entsprechend die tatsächlich in einem Verband geübten Praktiken. Ihnen stehen „Rechtssätze" gegenüber. Rechtssätze sind keine Handlungsnormen, die gegebene, normativ verstandene Übungen wiedergeben, sondern die von Rechtswissenschaft und Gerichten gebildeten Normen, um Streitfälle zu entscheiden, und damit „Entscheidungsnormen".

17 Er hält fest, dass die „Regel des menschlichen Handelns und die Regel, nach der die Richter Rechtsstreitigkeiten entscheiden"[12] unterschiedliche Dinge sein könnten. Juristen wendeten einen weiten Begriff des Rechts, der die „Regel menschlichen Handelns" aller Rechtsanwender erfasse, unwillkürlich in der Rechtsgeschichte an oder wenn die rechtlichen Praktiken anderer Völker studiert würden. Für das eigene Rechtssystem

---

8 *E. Ehrlich*, Grundlegung der Soziologie des Rechts.
9 *E. Ehrlich*, Grundlegung der Soziologie des Rechts, Vorrede.
10 *E. Ehrlich*, Grundlegung der Soziologie des Rechts, S. 402.
11 *E. Ehrlich*, Grundlegung der Soziologie des Rechts, S. 33.
12 *E. Ehrlich*, Grundlegung der Soziologie des Rechts, S. 21.

werde dieser Rechtsbegriff aber aufgegeben und deswegen verkannt, dass Recht nicht notwendig allein Entscheidungsnormen für die Gerichte bereitstelle:

> „Ganz unbewusst, gewissermaßen unter der Hand, wird aus der Regel, nach der die Menschen handeln, eine Regel, nach der die Handlungen der Menschen von Gerichten und anderen Behörden beurteilt werden sollen. Das ist allerdings auch eine Regel des Handelns, aber doch nur für einen kleinen Bruchteil des Volkes, für die zur Rechtsanwendung berufene Behörde, nicht, wie die frühere, für die breite Allgemeinheit. An Stelle der wissenschaftlichen Betrachtung ist eben die praktische, auf den richterlichen Beamten zugeschnittene getreten, und der Beamte will doch vor allem die Regel kennen lernen, nach der er selbst vorgehen soll. Die Juristen halten allerdings auch diese Regeln für Regeln des Handelns, aber dahinter steckt offenbar ein Gedankensprung. Sie meinen damit, die Regeln, nach denen die Gerichte entscheiden, seien die Regeln, nach denen die Menschen handeln *sollen*; und dazu gesellt sich die dunkle Vorstellung, dass sich die Menschen mit der Zeit doch nach den Regeln einrichten werden, nach denen die Gerichte erkennen. Nun ist eine Regel des Handelns selbstverständlich eine Regel, nach der nicht nur in der Regel gehandelt wird, sondern auch gehandelt werden soll; aber es ist eine ganz unzulässige Annahme, dass über dieses Sollen ausschließlich oder auch nur überwiegend die Gerichte bestimmen: schon die tägliche Erfahrung lehrt das Gegenteil. Dass gerichtliche Entscheidungen auf das tatsächliche Handeln des Menschen von Einfluß sind, wird gewiss nicht bestritten, aber man müsste doch erst untersuchen, wie weit das zutrifft und von welchen Umständen es abhängt."[13]

Gesellschaftliches Recht, gebildet aus Regeln des Handelns und Rechtsnormen, müsse also von Juristen- und staatlichem Recht mit seinen Rechtssätzen, die Entscheidungsnormen formulierten, unterschieden werden. Das gesellschaftliche Recht ist dem staatlichen Recht aus Ehrlichs Sicht vorgelagert und bedingt wesentlich seine Entwicklung. Seine soziale Wirksamkeit ist höher als die des staatlichen Rechts und für das Funktionieren einer Gesellschaft von entscheidender Bedeutung: „In der Tat, das Leben müsste zur Hölle werden, wäre es sonst durch nichts geregelt als durch das Recht."[14] Das gesellschaftliche Recht setze damit auch der Wirksamkeit von staatlichem Recht eine Grenze.[15]

18

Recht werde auch nicht notwendig durch staatlichen Zwang durchgesetzt. Es gebe vielfältige Gründe für die Befolgung von Rechtsnormen in Ehrlichs weitem Sinn, insbesondere die Akzeptanz der Rechtsordnung durch die Normadressaten: „Die Ordnung in der menschlichen Gesellschaft beruht darauf, dass Rechtspflichten im Allgemeinen erfüllt werden, nicht darauf, dass sie klagbar sind."[16]

19

Recht ist mithin weder notwendig staatlich, noch stellt es vor allem Entscheidungsnormen für die Justiz bereit, noch wird es notwendig durch staatlichen Zwang durchgesetzt. Recht ist aus Ehrlichs Sicht vielmehr die naturwüchsige Ordnung eines Verbandes. Ehrlich sieht die Gesellschaft dabei aus einer Vielzahl von Verbänden zusammengesetzt:

20

> „Die Gesellschaft, das ist die Gesamtheit der menschlichen Verbände, die miteinander in Fühlung stehen. Und diese Verbände, die die Gesellschaft bilden, sind sehr verschiedener

---

13 E. Ehrlich, Grundlegung der Soziologie des Rechts, S. 21 f.
14 E. Ehrlich, Grundlegung der Soziologie des Rechts, S. 60.
15 E. Ehrlich, Grundlegung der Soziologie des Rechts, S. 319.
16 E. Ehrlich, Grundlegung der Soziologie des Rechts, S. 31.

Art. Staat, Volk, die völkerrechtliche Staatengemeinschaft, die weit über Staat und Volk hinausgreifende politische, wirtschaftliche, geistige und gesellige Gemeinschaft der gesitteten Völker der Erde, die Religionsgemeinschaften und die einzelnen Kirchen, Sekten und religiösen Richtungen, die Körperschaften, Klassen, Stände, politischen Parteien im Staate, die Familien im engsten und weitesten Sinne, die gesellschaftlichen Klüngel und Cliquen, diese ganze Welt verschlungener Ringe und sich kreuzender Kreise setzt soweit eine Gesellschaft zusammen, als eine Wechselwirkung zwischen ihnen überhaupt denkbar ist."[17]

21 Diese gelebten Verbandsordnungen seien der Kern des Rechts. „Die innere Ordnung der menschlichen Verbände ist nicht nur die ursprüngliche, sondern auch bis in die Gegenwart die grundlegende Form des Rechts."[18] Einzelne würden dabei von diesen Ordnungen geprägt: „Die gesellschaftlichen Normen gestalten die individuelle Eigenart."[19] Auch ihre subjektiven Rechte würden durch diese Verbandsordnungen festgelegt und bestimmt, sind der Verbandsordnung also nicht, womöglich begrenzend, vorgelagert: „Für das Recht ist der einzelne Mensch immer nur als Glied eines der unzähligen Verbände vorhanden, in die er durch das Leben eingereiht worden ist."[20]

22 Vier Tatsachen des Rechts lägen der Entwicklung von Recht zu Grunde:[21] Übung (der regelmäßige Handlungsvollzug in einer Gesellschaft); die Herrschaft; der (tatsächliche) Besitz und die Willenserklärung.[22] Aus diesen Tatsachen würde Recht eigentlich entstehen. Rein juristisch orientierte Rechtsquellenlehren griffen deswegen zu kurz und verkennten den wirklichen, gesellschaftlichen Ursprung der wesentlichen Rechtsinstitute.

23 Damit stellt sich die Frage, wie gesellschaftliches, lebendes Recht von anderen Normarten wie Moral oder Konventionen abgegrenzt werden kann. Das ist ein Problem des Begriffs des Rechts (vgl. o. § 4). Aus Ehrlichs Sicht sei das durch Rückgriff auf „Gefühlstöne" beim Regelbruch möglich: Der Bruch von Recht rufe einen spezifischen „Gefühlston", nämlich Empörung, hervor.[23]

b) Rechtssoziologie und Rechtsanwendung

24 Ehrlich geht es um eine empirische Beobachtung und Analyse der Wirklichkeit des lebenden Rechts. Gleichzeitig sollten die Ergebnisse der Rechtssoziologie der praktischen Rechtsanwendung aber unmittelbar dienen. Ehrlich war auch – zusammen mit *Hermann Kantorowicz* (1877–1940)[24] – einer der Hauptvertreter der sog. Freirechtsbewegung.[25] Die Freirechtsbewegung kritisierte die Vorstellung, dass eine Rechtsordnung ein lückenloses Ganzes sei, das Regelungen für jeden möglichen Fall bereithalte. Die Entscheidung eines Falles sei nicht das Produkt einer logischen Deduktion aus bestimmten Begriffen und Regelungen des Rechts, sondern häufig eine kreative Leistung des Rechtsanwenders. Dies sei deutlich zu machen und nicht durch scheinbar

---

17 *E. Ehrlich*, Grundlegung der Soziologie des Rechts, S. 34.
18 *E. Ehrlich*, Grundlegung der Soziologie des Rechts, S. 43.
19 *E. Ehrlich*, Grundlegung der Soziologie des Rechts, S. 78.
20 *E. Ehrlich*, Grundlegung der Soziologie des Rechts, S. 48.
21 *E. Ehrlich*, Grundlegung der Soziologie des Rechts, S. 81 ff.
22 *E. Ehrlich*, Grundlegung der Soziologie des Rechts, S. 82.
23 *E. Ehrlich*, Grundlegung der Soziologie des Rechts, S. 146.
24 *H. Kantorowicz*, Der Kampf um die Rechtswissenschaft.
25 *E. Ehrlich*, Freie Rechtsfindung und freie Rechtswissenschaft, 1903.

zwingende Deduktionen zu verschleiern. Die Entscheidung ist aus Ehrlichs Sicht aber durchaus gebunden und steht nicht völlig im Belieben des Rechtsanwenders. Einer genauen, nicht zuletzt historischen Auslegung der Norm kommt dabei besondere Bedeutung zu. Wenn das positive Recht keine Antwort bereithalte, spielten soziale Normen eine Rolle, nicht zuletzt, weil grundlegende normative Vorstellungen wie Gerechtigkeit abhängig von der historischen Entwicklung und den gegebenen gesellschaftlichen Verhältnissen seien.[26] Entscheidend sei aber letztlich die verantwortliche Entscheidung des Rechtsfinders. Der freien Rechtsschöpfung lägen die „schöpferischen Gedanken einer großen Individualität"[27] zu Grunde. Damit wird aber nicht Willkür zur Auslegungsmaxime erhoben: Gerade in der Rechtswissenschaft gehe es um die Auseinandersetzung, „welche Entscheidung die gerechtere, die zweckmäßigere sei."[28]

c) Lebendes Recht und normative Orientierung

Ehrlichs Überlegungen bedeuten eine wesentliche Erweiterung der rechtswissenschaftlichen Perspektiven. Hinter seine Fragen zur gesellschaftlichen Realität von Recht kann keine ernstzunehmende Rechtswissenschaft zurückgehen. Seine Überlegungen werfen aber auch Probleme auf. Ein grundlegendes betrifft seinen Rechtsbegriff. Dass man Recht von anderen Normarten durch Gefühlstöne unterscheiden könnte, ist ein wenig überzeugender Vorschlag, schon wenn man an die verschiedenen Rechtsmaterien denkt, die ganz unterschiedliche Bedeutung besitzen und entsprechend unterschiedliche Reaktionen bei einem Bruch hervorrufen. Recht kann man auch nicht einfach aus den genannten Tatsachen gewinnen: Soziale Praktiken sind eine Sache, ihr Gesolltsein eine ganz andere. Zweifelhaft ist auch Ehrlichs Theorie des Vorrangs von Sozialverbänden vor individuellen Rechtspositionen: Das moderne Recht geht jedenfalls von einem umgekehrten Verhältnis aus, da Grundrechte jeder möglichen Form von Sozialverbänden normative Grenzen setzen. Schließlich ist in Ehrlichs Werk sehr deutlich die Spannung von gesellschaftlichen Realitäten und normativen Fragen angelegt. Dies wird nicht zuletzt in seinen methodischen Überlegungen deutlich. Diese Frage begleitet die rechtssoziologische Forschung als wichtige Methodenfrage. Eine klare Theorie der maßgeblichen normativen Prinzipien hat Ehrlich dabei nicht entwickelt.

2. Max Weber

a) Methode und Begriff

Max Webers Werk ist bis heute einer der zentralen Bezugspunkte der internationalen Diskussionen um das Verständnis moderner Gesellschaftsstrukturen. Er ist begrifflich und methodisch zentral für die Bildung moderner Sozialwissenschaft. Seine Analysen haben den Begriff der Moderne entscheidend geprägt. Weber war auch politisch aktiv. Leitend war dabei ein bürgerlicher Liberalismus, ein auch machtpolitisch ausgeprägter Nationalismus, gerade in früheren Schriften mit imperialistischen Zügen und völkischen Untertönen,[29] sowie demokratische Überzeugungen, für die charismatische

---

26 *E. Ehrlich*, Freie Rechtsfindung und freie Rechtswissenschaft, S. 28 f.
27 *E. Ehrlich*, Freie Rechtsfindung und freie Rechtswissenschaft, S. 29.
28 *E. Ehrlich*, Freie Rechtsfindung und freie Rechtswissenschaft, S. 38.
29 Vgl. z.B. die berühmte Antrittsrede *M. Weber*, Der Nationalstaat und die Volkswirtschaftspolitik. Akademische Antrittsrede, in: ders., Gesamtausgabe. Bd. I/4,2: Landarbeiterfrage, Nationalstaat und Volkswirtschaftspolitik. Reden 1892–1899, hrsg. v. W. J. Mommsen in Zusammenarbeit mit R. Aldenhoff, 1993, S. 548, wo unterschiedliche Siedlungsmuster von Deutschen und Polen mit der These erklärt werden, dass solche Unterschiede Anlass geben, an eine „auf physischen und psychischen Rassenqualitäten beruhende Ver-

Persönlichkeiten in einer pluralistischen Gesellschaft eine zentrale Rolle spielen. Weiter ist seine Kritik am Ersten Weltkrieg und seine Rolle bei der Gründung der Weimarer Republik hervorzuheben.

27 Weber verfolgte eine historische Sozialwissenschaft, die sich geschichtlichen Einzelsachverhalten zuwendet, aber auch nach verallgemeinerbaren Erkenntnissen strebt. Er hat die Idee einer verstehenden Soziologie geprägt. Die Soziologie muss aus seiner Sicht die Motivation der Menschen für bestimmte soziale Verhaltensweisen aus der internen Sicht der Handelnden nachvollziehen. Das Verstehen des Sinns von sozialen Handlungen ist eine Voraussetzung des Erklärens gesellschaftlicher Phänomene. Es gibt aus seiner Sicht kein wissenschaftliches Verständnis von sozialen Verhältnissen, ohne die Gründe zu analysieren, die Menschen zum Handeln bewegen.

28 Das soziale, sinnhafte Handeln von Einzelnen ist für Weber damit die Basis jeder gesellschaftlichen Gestaltung. Anders als Durkheim sind vom Handeln Einzelner unabhängige soziale Tatsachen bei Weber keine unhintergehbaren Strukturelemente von Gesellschaften. Im Gegenteil, eine genaue Analyse kann deutlich machen, dass scheinbar unabhängige soziale Strukturen tatsächlich durch soziales Handeln von Einzelnen geschaffen werden.

29 Weber hat für die Wertfreiheit der Sozialwissenschaft geworben.[30] Das heißt nicht, dass nicht auf verschiedenen Stufen der Theoriebildung Wertungen zwangsläufig einfließen, nicht zuletzt bei der Auswahl des Untersuchungsgegenstandes, die ja voraussetzt, dass gerade dieser und kein anderer als wichtig angesehen wird. Das bedeutet auch nicht, dass sich Wissenschaftler Wertungen enthalten sollten. Weber rät nur dazu, diese Wertungen nicht als wissenschaftliche Erkenntnisse auszugeben. Sie bildeten Bekenntnisse, nicht Erkenntnisse.[31] Er ist deshalb an einem Wertskeptizismus orientiert, der an der Begründbarkeit von Wertaussagen – anders als etwa die Tradition der Vernunftethik von Plato bis Kant – zweifelt. Weber hat die Gesinnungsethik von der Verantwortungsethik unterschieden: Bei Ersterer steht das Verfolgen einer ethischen Leitvorstellung im Vordergrund, bei Letzterer die Verantwortungsübernahme für die Konsequenzen einer Handlung. Aus Webers Sicht muss politisches Handeln beide Perspektiven so weit wie möglich vereinigen.

30 Weber hat zudem Grundbegriffe der soziologischen Analyse mit großer Schärfe geprägt.[32] Zentral ist der Begriff des Idealtypus. Ein Idealtypus ist nach Weber eine wissenschaftliche Begriffsbildung, die eine bestimmte Auswahl von Eigenschaften eines Phänomens zu Grunde legt, die in der Realität nicht notwendig alle zusammen vorkommen müssen, um mit diesem Mittel die Wirklichkeit besser zu erkennen.[33]

31 Soziales Handeln bestehe danach darin, sich in seinem sinnhaften Handeln auf das erwartete Handeln von anderen zu beziehen. Einen Wahlakt zu vollziehen ist soziales Handeln, weil erwartet wird, dass andere Stimmberechtigte sich ebenfalls an diesem Wahlakt beteiligen und sich (wie man selbst) an das Resultat gebunden fühlen. Weber hat eine Typologie sozialen Handelns entwickelt: Soziales Handeln könne affektuell,

---

schiedenheit der *Anpassungsfähigkeit* der beiden Nationalitäten an die verschiedenen ökonomischen und sozialen Existenzbedingungen zu glauben".
30 M. *Weber*, Die Objektivität sozialwissenschaftlicher und sozialpolitischer Erkenntnis, in: ders., Gesammelte Aufsätze zur Wissenschaftslehre, hrsg. v. J. Winckelmann, 7. Aufl., 1988, S. 146 ff.
31 M. *Weber*, Wissenschaft als Beruf.
32 Vgl. zu den soziologischen Grundbegriffen M. *Weber*, Wirtschaft und Gesellschaft, S. 1 ff.
33 M. *Weber*, Die Objektivität sozialwissenschaftlicher und sozialpolitischer Erkenntnis.

also gefühlsmotiviert, erfolgen. Es könne traditional orientiert sein, d.h., sich an Überkommenem orientieren. Es könne zweckrational erfolgen, also effiziente Mittel für gegebene Zwecke einsetzen. Es könne schließlich wertrational erfolgen und sich an Werten einer Ethik oder Religion orientieren.

Weber hat eine Macht- und Herrschaftssoziologie skizziert. Macht bedeute die Chance, in einem abgrenzbaren Kreis von Menschen den eigenen Willen auch gegenüber Widerstrebenden durchsetzen zu können. Herrschaft sei Macht, die bei angebbaren Personen Gehorsam findet, weil sie von einer Vorstellung der Legitimität der Machtausübung begleitet werde. Legitimität könne sich dabei traditional, durch Herkommen; wertrational, durch Orientierung an bestimmten Werten; legal, durch Bindung an Gesetze (wie oben bereits angeführt, vgl. o. § 5 II.8) oder charismatisch, also aufgrund des Glaubens an außerordentliche Fähigkeiten einer Person, herleiten. 32

Die Analyse von rechtlichen Phänomenen spielt in Webers Theorie eine Schlüsselrolle. Für Weber ist das zentrale Charakteristikum der Moderne die *Rationalisierung der sozialen Welt*. Die Entwicklung des Rechts ist in diese Entwicklung sozialer Rationalität eingebettet und bedingt sie mit. Die Rationalisierung sei dabei prägend für die westliche Welt und unterscheide sie von anderen Kulturen. Sie sei dabei von universalgeschichtlicher Bedeutung: In ihr präge sich eine fundamentale Möglichkeit menschlicher Gesellschaftsbildung paradigmatisch aus. 33

Neben dem Recht sei eine gesetzesgebundene Bürokratie, die kapitalistische Wirtschaftsform mit dem rational organisierten, gewinnorientierten Betrieb und eine mathematisierte, technisch angewandte Naturwissenschaft für rational strukturierte Gesellschaftsformen konstitutiv. Die kapitalistische Wirtschaftsform sei dabei selbst durch verschiedene Faktoren bedingt, nicht zuletzt durch bestimmte Wertüberzeugungen (Erwerbsstreben über Subsistenz oder „standesgemäßes Leben" hinaus, innerweltliche Askese), für die Weber Ursachen in durch den Protestantismus, genauer den Calvinismus, geformten Mentalitäten der Menschen sieht.[34] 34

Diese epochale Rationalisierung der Welt schaffe effiziente Gesellschaften, die wirtschaftlich großen Wohlstand produzieren und wichtige Lebensgüter von Menschen verwirklichen. Die Wissenschaft ermögliche für die Menschen ein neues, tiefes Verständnis der Welt und eröffne die Möglichkeit, dieses Verständnis für nützliche technische Errungenschaften zu nutzen. Die Rationalisierung bilde aber nicht einfach eine Fortschrittsgeschichte. Die Rationalisierung hat für Weber vielmehr einen ambivalenten Charakter. Ihr Preis ist die „Entzauberung der Welt". Die Welt verliere durch wissenschaftliche Erklärung und Beherrschung ihren Zauber, ihre Magie. Die Gesellschaften seien durch die Unterwerfung unter eine mächtige Bürokratie bedroht, die bedeutungsvolle Demokratie erschwere. 35

Für Weber muss die Entwicklung des Rechts durch eine Vielzahl von politischen, sozialen und kulturellen Kausalfaktoren erklärt werden. Es gibt in seinem Ansatz nicht nur einen Faktor mit dominantem Einfluss auf die Entwicklung des Rechts, sei es das Klima, die zugeschriebene (faktisch natürlich nicht existierende) „Rasse", die Wirtschaft oder andere derartige Faktoren, die in dieser Hinsicht erwogen wurden. 36

Der Rationalisierungsprozess, der sich aufgrund dieser vielfältigen Faktoren und keineswegs zwangsläufig vollzieht, durchläuft aus Webers Sicht vier Stufen: Auf der 37

---

34 Vgl. *M. Weber*, Die protestantische Ethik und der Geist des Kapitalismus, in: ders., Die protestantische Ethik I. Eine Aufsatzsammlung, hrsg. v. J. Winckelmann, 1981.

ersten Stufe stehe ein formal irrationales Recht, in dem Rechtsfindung an magische Prozeduren geknüpft werde. Auf der zweiten Stufe stehe material irrationales Recht, das auf Einzelwertungen aufbaue. Material rationales Recht, die dritte Stufe, verkörpere generell-abstrakte Prinzipien etwa der Ethik oder der Religion. Formal rationales Recht sei ein systematisch durchgebildetes, konsistentes, auf abstrakten Begriffsbildungen beruhendes Recht, das die vierte und höchste Stufe der Rationalisierung bedeute.

38 Die Rationalität des Rechts ist in Webers Analyse mit der Rationalität der Gesellschaftsorganisation verbunden. Eine effiziente, gesetzesgebundene Bürokratie setze konsistentes, systematisch durchgebildetes Recht ebenso voraus wie die kapitalistische Wirtschaft, die auf die Berechenbarkeit staatlichen Handelns und auf sie anwendbaren Rechts angewiesen sei.

39 Webers Begriff des sozialen Handelns und seine Herrschaftssoziologie sind für die Soziologie des Rechts ebenfalls von Bedeutung: Webers Staats- und Verfassungssoziologie fasst Staat und Verfassungsordnung als Produkte von sozialem Handeln von Individuen auf, die die Verfassungsordnung befolgen, ihre Steuern zahlen, Entscheidungen von Staatsorganen respektieren usw Die Herrschaftssoziologie liefert Thesen zu den Gründen der Legitimität des Staates.

b) Weber und die Theorie der Moderne

40 Weber formuliert wesentliche Hilfestellungen für eine differenzierte sozialwissenschaftliche Begriffs- und Theoriebildung. Von großer Bedeutung ist die Rückführung sozialer Institutionen und Strukturen auf das soziale Handeln von Individuen. Hinter diese Einsicht sollte die sozialwissenschaftliche Forschung nicht zurückgehen, da keine sozialen Institutionen und Strukturen ohne solches Handeln existieren würden. Der Staat oder die Wirtschaftsordnung erhalten sich, weil Menschen sich entsprechend sozial bezogen verhalten. Fällt dieses soziale Handeln weg, existieren auch die entsprechenden Institutionen und Strukturen nicht mehr. Dies zeigen anschaulich die historischen Beispiele des Zusammenbruchs von Sozialordnungen, etwa im Rahmen der friedlichen Revolutionen gegen den autoritären Staatssozialismus oder des sog. Arabischen Frühlings. Selbstverständlich existieren gesellschaftliche Strukturen und Institutionen, in die Menschen hineinwachsen, die ihnen Handlungsmöglichkeiten eröffnen, sie aber auch beengen, ja unterdrücken können, unabhängig von jeweils konkreten Individuen. Sie bestehen aber nicht unabhängig vom sozialen Handeln Anderer schlechthin – wenn nicht hinlänglich viele Individuen durch ihr soziales Handeln eine Institution oder Struktur aufrecht erhalten, kann diese andere auch nicht prägen, weil sie zerfällt. Das ist der zentrale Ansatzpunkt für gesellschaftliche Gestaltung und Kritik.

41 Webers fundamentale Rationalisierungsthese ist von zentraler Bedeutung für die Analyse der Moderne geworden. Gerade die Ambivalenz ihres Gehalts steht mit guten Gründen im Mittelpunkt. Weber unterschätzt dabei allerdings die Wichtigkeit wertrationaler Orientierungen und die erkenntnistheoretische Möglichkeit ihrer Begründbarkeit.

42 Weber hat durch seine Untersuchungen zur sozialen und historischen Herkunft von Normen Maßstäbe der notwendigen Vielschichtigkeit von rechtssoziologischen Theorien geliefert, wenn auch viele Einzelanalysen nicht das letzte Wort der Theoriebildung geblieben sind. Gerade im modernen Recht ist Wertrationalität von entscheidender Bedeutung: Modernes Recht richtet sich – in Webers Terminologie – an wertrationalen

Prinzipien aus. Das ist der Kern einer an Grund- und Menschenrechten orientierten, deswegen demokratisch strukturierten Gesellschaft.

Webers Theorie der Moderne wirft eine epochale, in keiner Weise beantwortete Frage auf: Kann man das Projekt der Moderne von seiner Ambivalenz befreien? Wie kann man die Gewinne der Rationalisierung erhalten und gleichzeitig ihren Schattenseiten entgehen? Kann man etwa eine effiziente und freiheitliche Wirtschaftsordnung organisieren, ohne Grundprinzipien sozialer Gerechtigkeit zu verletzen und ohne – z.B. durch die ökologischen Folgen wie die Klimaerwärmung – langfristig die menschliche Zivilisation und damit natürlich auch den erwirtschafteten Wohlstand zu gefährden? Kann eine rationale Staatsorganisation, heute mit Notwendigkeit aufgrund der internationalen Verflechtung von Wirtschaft und Gesellschaft mit internationalen Dimensionen, gelingen, ohne eine Demokratie, die den Namen verdient, in Frage zu stellen? Ist eine gerechte internationale Ordnung realisierbar? Webers Theorie führt so zur Frage einer in einem weiteren Sinne als von ihm konzipiert vernünftigen Ordnung, die normativ legitim und gleichzeitig praktisch möglich ist.

3. Funktionalismus und Systemtheorie: Von Parsons zu Luhmann

Talcott Parsons (1902–1979) hat die Systemtheorie in eine im 20. Jahrhundert sehr einflussreiche Form gebracht. Rahmen ist ein funktionalistisches Verständnis von Gesellschaft: Einzelne Elemente einer Gesellschaft, auch Untergliederungen, ihre Subsysteme, dienten dem Funktionieren der Gesamtgesellschaft. Vier Funktionen bewirkten dabei die Erhaltung des Gesamtsystems: Seine Anpassung an die Umwelt, insbesondere durch wirtschaftliches Handeln, die Erreichung von Zielen, insbesondere durch politisches Handeln, die Integration der Gesellschaft durch die gesellschaftliche Gemeinschaft sowie die Normerhaltung durch die Kultur.[35]

Niklas Luhmann (1927–1998) hat im Anschluss an Parsons die Systemtheorie geprägt, die in der Gegenwartsdiskussion großen Einfluss hat. Seine Grundthese lautet, dass das Recht ein *autopoietisches System* bilde. Das System sei autopoietisch, weil es seine Elemente durch eigene Operationen erzeuge. Das Recht bestimme selbst, was als Recht gelte, z.B. durch bestimmte Kompetenzregeln in der Verfassung. Andere Faktoren – politische, moralische, soziale – seien für den Rechtscharakter des Rechts unerheblich. Insofern bewegt sich Luhmann in positivistischen Bahnen. Das moderne Recht habe sich aus der Gesellschaft ausdifferenziert: Es sei von anderen Systemen unterschieden, wie der Politik, der Religion oder der Wirtschaft, die selbst autopoietisch geschlossene Systeme bildeten.[36]

Eine weitere These, die mit Luhmanns Perspektive verbunden ist, bildet die Betonung der Steuerungsschwierigkeiten von Recht. Weil Recht anderen Systemgesetzlichkeiten als Systeme wie Politik und Wirtschaft folge, könne es nur begrenzt auf diese einwirken. Die optimistische Annahme, mit Recht könne eine Gesellschaft politisch weitreichend gestaltet werden, sei deshalb rechtssoziologisch verfehlt.

Schließlich betont Luhmann die fehlenden inhaltlichen Maßstäbe für Recht. Die Inhalte von Recht ergäben sich aus den Funktionen, die Recht innerhalb einer Gesellschaft erfülle. Sie seien zudem durch den historischen Entwicklungsgang bedingt. Es gebe keine jenseits solcher funktionalen Zusammenhänge stehenden, gerechtfertigten Rechtsin-

---

35 *T. Parsons*, The Social System. 1951.
36 *N. Luhmann*, Das Recht der Gesellschaft.

halte und deswegen keine begründeten Ansprüche irgendwelcher Rechtsnormen, auch nicht der Menschenrechte, auf inhaltliche Legitimität.

48 Alle diese Thesen Luhmanns können mit guten Gründen bestritten werden: Recht ist kein autopoietisches System, weil es etwa im Rahmen der Auslegung, aber auch der Rechtsetzung durch andere Einflüsse, wie die der Politik oder der Moral, bestimmt ist. Recht ist vielmehr das Produkt komplexen sozialen Handelns, das letztlich rechtliche Institutionen und Strukturen erzeugt. Das Absehen von diesem sozialen Handeln schafft nicht nur die Gefahr einer analytisch unzureichenden Theorie, sondern auch der Verdeckung der Rolle der realen, vielfältig motivierten Akteure gesellschaftlicher und gerade auch rechtlicher Entwicklungen. Ohne klare Begriffe der Rolle solcher Akteure kann Recht als soziales Phänomen nicht erklärt und die Legitimität solchen Handelns nicht beurteilt werden.

49 Recht ist auch durchaus in der Lage, auf die Gesellschaft einzuwirken, wenn auch sicher in einem komplexen Prozess. Bei der Erörterung des Verhältnisses von Recht, Wirtschaft und Politik wird das näher erläutert werden.[37] Dass Rechtsinhalte nur funktional erklärt werden könnten, ist wenig plausibel. Gerade Menschenrechte setzen der funktionalen Bestimmung einer Gesellschaftsstruktur eine Grenze. Welche rechtlichen Regelungen auch für das Operieren einer Gesellschaft funktional sein mögen – Menschenrechte dürfen sie legitimationstheoretisch und weithin auch rechtlich jedenfalls nicht verletzen.

4. Ambivalenz des Rechts: Habermas und die Theorie des kommunikativen Handelns

50 Ein weiterer, auch international viel diskutierter Theoretiker ist *Jürgen Habermas* (*1929). Habermas hat eine philosophische Theorie kommunikativer Vernunft entwickelt, die vielfältige rechtssoziologische Konsequenzen besitzt.[38] Der Begriff der kommunikativen Vernunft ersetzt in seiner Konzeption die Vernunft einzelner menschlicher Subjekte in der Aufklärungsphilosophie. Vernunft ist aus seiner Sicht nicht das Produkt eines subjektiven Denkvermögens, sondern verkörpere sich in sozialen Kommunikationsstrukturen. In diesen gehe es um verständigungsorientiertes Handeln, also um das Gewinnen von geteilten, auf Gründen beruhenden Handlungszielen im herrschaftsfreien Diskurs, nicht darum, eigene Ziele ohne Verständigung mit anderen durchzusetzen. Grundlage solchen anspruchsvollen, verständigungsorientierten Handelns seien Lebenswelten, also hinreichend stabile kulturelle Praktiken, in denen entsprechende Werte bestimmend seien und gelebt würden.

51 Habermas greift Webers zentrale Fragestellung nach den Gründen und der Struktur von Rationalisierungsprozessen der Moderne auf. Zentral ist für ihn die Differenzierung von „System" und „Lebenswelt". Das System werde durch Markt und Bürokratie gebildet, in denen Geld bzw. Macht entscheidend seien. In der Moderne sei eine „Kolonialisierung der Lebenswelt" zu beobachten. Die verständigungsorientierten Strukturen der Lebenswelt würden der Rationalität von Markt und Bürokratie unterworfen. Eine auch normativ vernünftige Ordnung könne aber nur verwirklicht werden, wenn verständigungsorientiertes Handeln maßgeblich sei.

---

37 S. u. § 12.
38 Vgl. insbesondere *J. Habermas*, Theorie des kommunikativen Handelns. Bd. 1 und 2, 4. Aufl., 1988; ders., Faktizität und Geltung.

Das Recht hat dabei eine ambivalente Position. Es wird als zentrales Mittel der Gesellschaftsbildung begriffen: Es kompensiere die Instabilität der naturwüchsigen lebensweltlichen Gesellschaft. Moral allein sei unzureichend für die Gesellschaftsbildung, weil sie unbestimmt, nicht institutionalisiert und nicht mit hinreichender Durchsetzungskraft ausgestattet sei. In vier „Verrechtlichungsschüben" sei in der Moderne erst der bürgerliche Staat, dann der bürgerliche Rechtsstaat, der demokratische Rechtsstaat und schließlich der demokratische und soziale Rechtsstaat entstanden. Das Recht habe dabei einerseits Imperativen des Systems gehorcht, schütze aber andererseits lebensweltliche Strukturen. 52

Habermas' Theorie hat wichtige Beiträge zum Verständnis der kulturellen Bedeutung von demokratischen Auseinandersetzungen geliefert. Die Bedeutung des Einbezugs der Einzelnen wird von ihm mit Recht unterstrichen. In Bezug auf das Recht stellt sich die Frage, ob lebensweltliche Praktiken nicht selbst bestimmte normative Prinzipien voraussetzen, die sich dann u.a. im Recht ausprägen, z.B. den Respekt vor anderen. Die Frage stellt sich dann nach dem Ursprung und den Gründen der Überzeugungskraft solcher Prinzipien, eine Frage auf die zurückgekommen wird (vgl. u. §§ 14, 15). 53

IV. Recht und Machtanalyse

Ein wichtiges Thema der Rechtssoziologie ist die Analyse von gesellschaftlicher Machtausübung, die legitim oder illegitim sein kann. Eine Rechtsordnung schafft und begrenzt legitime Macht und ist zur Durchsetzung rechtlicher Regelungen auf Zwangsgewalt angewiesen. Das Gewaltmonopol eines Staates ist ein wesentliches Element der Friedensfunktion des Rechts. Max Weber liefert in seiner Herrschaftssoziologie ein Beispiel für eine Theorie der Legitimität von Macht. 54

Die Existenz und Ausübung illegitimer Macht ist rechtssoziologisch von ebenso großem Interesse. Dabei kann es um offene Machtstrukturen gehen, etwa einer politischen Diktatur, aber auch um andere, versteckte Macht und damit einhergehend Benachteiligungsstrukturen, etwa im Geschlechterverhältnis, zwischen Gruppen von Menschen verschiedener Hautfarbe und sog. „Rassen", zwischen sozialen Schichten oder im globalen Zusammenhang als Folgen der Kolonialisierung in einer „post-kolonialen" Welt. Das Recht spielt in diesen Analysen eine wichtige Rolle, da es solche illegitimen Machtstrukturen widerspiegeln und absichern, aber auch herausfordern und delegitimieren kann. Entsprechende Analysen greifen dabei auf ein vielfältiges theoretisches Reservoir mit unterschiedlicher Überzeugungskraft zurück, etwa *Pierre Bourdieus* (1930–2002) gegenüber Marx erweiterte Klassenanalyse,[39] *Michel Foucaults* (1926–1984) Archäologie von Machtformationen,[40] feministische,[41] postkoloniale[42] oder dekonstruktivistische[43] Theorien. 55

V. Rechtspluralismus

Ein wichtiges Forschungsthema der Gegenwart der Rechtssoziologie ist der Rechtspluralismus. Rechtsordnungen formen aus dieser Sicht keine Einheit, die durch Normenhierarchien hergestellt wird, sondern werden aus einer Vielfalt unterschiedlicher 56

---

39 Vgl. z.B. *P. Bourdieu*, La distinction. Critique sociale du jugement, 1979.
40 Vgl. z.B. *M. Foucault*, Surveiller et Punir, 1975.
41 Vgl. z.B. *C. A. MacKinnon*, Women's lives – Men's laws, 2005.
42 Vgl. z.B. *E. Said*, Orientalism, 1978.
43 *J. Derrida*, Force of Law: The "Mystical Foundation of Authority".

Ordnungen gebildet, die gleichberechtigt nebeneinander bestehen und in jeweils eigenständiger Art das gesellschaftliche Leben beeinflussen. Dies gelte für nationale Ordnungen ebenso wie für das internationale Recht. Neben staatliches Recht träten andere Rechtskreise, wie supranationales und internationales Recht, die in keinem eindeutigen Rangverhältnis zueinander stünden. Insbesondere gäbe es keine übergeordnete Norm, die die Einheit dieser Rechtsordnungen schaffen würde. Dazu träten gesellschaftlich gebildete Rechtsformen – vom Recht indigener Völker bis zu den rechtlichen Übungen des internationalen Handelsverkehrs –, die ebenfalls faktische Wirksamkeit entfalten würden.

57 Diese Analysen haben eine normative Dimension, denn wesentliche Prinzipien stehen auf dem Spiel: Die Rechtsgleichheit wird in Frage gestellt, wenn auf gleiche Fälle unterschiedliche Rechtsprinzipien angewandt werden. Die demokratische und in Verfahren gesicherte Rückbindung der Rechtsbildung ist ebenso gefährdet wie die materielle Legitimität wirksamen Rechts, das etwa grundrechtlichen Kontrollmaßstäben nicht mehr unterworfen wird.

58 Zentral ist am Ende die Frage, welche normativen Prinzipien im Falle der Kollision von Rechtsordnungen entscheidend sind. Hier werden Grund- und Menschenrechte eine entscheidende Rolle spielen. Tun sie dies, wie es auch in rechtspluralistischen Theorien regelmäßig geschieht, scheint eine durch diese Prinzipien jedenfalls geschaffene Einheit des Rechts wieder auf.

VI. Theoretische, empirische und normative Rechtssoziologie

59 Ehrlich, Weber, Luhmann oder Habermas liefern Beispiele für klassische und aktuelle Ansätze der Rechtssoziologie. Sie bilden gleichzeitig Beispiele für theoretische Perspektiven auf Recht als soziales Phänomen. Neben solchen theoretischen Perspektiven gibt es eine empirisch orientierte Rechtssoziologie, die auch als Rechtstatsachenforschung bezeichnet wird. Die Forschungsinteressen der empirischen Rechtssoziologie umfassen eine Vielzahl von Themen – von der Frage, welche Konflikte in einer Gesellschaft eigentlich *rechtlich* gelöst werden, bis hin zum Funktionieren von Gesetzgebung und Verwaltung.

60 In der empirischen Rechtssoziologie werden die Methoden der empirischen Sozialforschung angewandt. Dazu gehört eine klare und identifizierbare Hypothesenbildung. Diese Hypothesen werden durch Datenerhebungen überprüft, etwa durch Befragung, Beobachtung von Verhalten, Inhaltsanalyse von Dokumenten (z.B. Gerichtsurteilen), Experimente oder Diskursanalyse. Diese Datenerhebungen können quantitativ, aber auch qualitativ erfolgen. Erstere betrifft die Erhebung einer Vielzahl von Daten, die aber regelmäßig nur relativ undifferenziert erhoben werden können. Letztere überprüft eine bestimmte Hypothese vertieft in wenigen individuellen Fällen.

61 Das Beispiel der Richtersoziologie kann den Gehalt der empirischen Rechtssoziologie erläutern. Eine klassische These der Untersuchung richterlichen Entscheidungsverhaltens, die bis heute diskutiert wird, lautet, dass Richter durch ihre soziale Herkunft bestimmt seien. Der Soziologe *Ralf Dahrendorf* (1929–2009) etwa meinte, dass Richter vorwiegend aus oberen Gesellschaftsschichten stammten, im Strafverfahren häufig über Angeklagte aus unteren Gesellschaftsschichten zu Gericht säßen und aufgrund ihrer sozialen Herkunft diesen Angeklagten nicht das Verständnis entgegenbrächten, das zur gerechten Urteilsfindung nötig sei.

Diese Thesen wurden empirischen Untersuchungen unterzogen, d.h., es wurde versucht, zu ermitteln, ob tatsächlich, wenn konkrete Gerichtsverfahren analysiert werden, ein Zusammenhang zwischen sozialer Herkunft von Richtern und Entscheidungsverhalten gegeben ist. Als Ergebnis dieser Untersuchungen kann festgehalten werden, dass ein solcher Zusammenhang nicht nachgewiesen werden konnte. Dieses Ergebnis überrascht im Grunde nicht, denn maßgeblich für die Entscheidungsfindung ist in einem funktionierenden Rechtssystem der Gegenwart zunächst einmal das gegebene Recht, das durch Rechtsprechung und Rechtswissenschaft konkretisiert wird. Was an richterlichem Entscheidungsspielraum verbleibt, wird vor allem durch die Wertungen der entscheidenden Personen bestimmt. Diese stehen aber in einer pluralistischen Gesellschaft der Gegenwart mit sozialer Mobilität in keiner notwendigen Beziehung zur sozialen Herkunft der Betreffenden, sondern sind abhängig vom je individuellen Prozess der Bildung grundlegender Wertüberzeugungen. Diese können von den Ansichten einer sozialen Gruppe geprägt sein, diese aber auch durch eigene, unabhängige Überlegung überschreiten. Schließlich bilden soziale Schichten keine klaren Einstellungsmuster aus – jedenfalls nicht in einer pluralistischen Gesellschaft.

Eine grundlegende Frage der Rechtssoziologie lautet, ob sie sich Werturteilen und normativen Fragen enthalten soll oder nicht. Hintergrund dieses Streits ist die Frage, ob sich mit wissenschaftlichem Anspruch zu normativen Fragen eigentlich Aussagen treffen lassen oder nicht.[44] Diese Frage ist eine im Kern rechtsphilosophische zu den Bedingungen der Erkenntnis von Recht, auf die noch eingegangen werden wird (s. u. § 13).

VII. Alternativen zum Recht

Ein interessantes Thema der Rechtssoziologie ist die Erforschung von Alternativen zum Recht, denn Konflikte von Menschen werden nicht nur mit den Mitteln des Rechts gelöst. Es gibt eine Vielzahl von informalen Mitteln zur Klärung von Streitigkeiten – Gespräche, Verhandlungen, Kompromisse usw Die Nutzung dieser Mittel kann für die Betroffenen attraktiv sein, weil sie so vermeiden, die Nachteile rechtlicher Lösungen von Konflikten zu spüren, nicht zuletzt ihre Kosten.

In der Gegenwart hat diese informale Konfliktlösung in spezifischer Form unter dem Begriff der *Mediation* Aufschwung genommen. Bei der Mediation versucht ein Dritter, der Mediator, zwischen den Konfliktparteien zu vermitteln und eine Lösung zu finden, ohne dabei mit einer formalen Entscheidungsgewalt wie ein Richter ausgestattet zu sein. Die Kosten des Gerichtsverfahrens entfallen, wenn auch der Mediator regelmäßig zu entlohnen ist. Ein weiterer Vorteil kann sein, dass die Eskalation eines Streits unterbleibt, die vor Gericht manchmal eintritt.

Dieses Beispiel zeigt, dass auch in einem entwickelten Rechtssystem das Bedürfnis nach Konfliktlösungsmechanismen jenseits des Rechts weiterbesteht. Das Recht hat wichtige Funktionen in einer Gesellschaft, zur Befriedigung, zur Verwirklichung bestimmter Ziele wie Schutz von Grundrechten oder Gerechtigkeit. Es ist aber – man sollte es aus juristischer Bescheidenheit nicht vergessen – nicht die einzige gesellschaftliche Instanz, die Konflikte in dieser Hinsicht löst.

---

44 Vgl. zum Werturteilsstreit *M. Weber*, Die Objektivität sozialwissenschaftlicher und sozialpolitischer Erkenntnis, und zum zweiten Positivismusstreit in der deutschen Soziologie zwischen Adorno, Habermas, Popper und Albert *T. W. Adorno* et al., Der Positivismusstreit in der deutschen Soziologie, 1978.

VIII. Recht und gesellschaftlicher Wandel

67 Gesellschaften werden durch jeden Tag vollzogenes soziales Handeln von Menschen gebildet. Sie sind deshalb keine statischen Gebilde, sondern verändern sich ständig. Das Recht ist Teil der gesellschaftlichen Ordnung und deswegen mit diesen Veränderungsprozessen in verschiedener Weise verwoben. Das Recht spielt dabei eine politisch-sozial ambivalente Rolle. Es kann sozialen Wandel gestalten, vorantreiben und sogar anstoßen, ihn aber auch behindern. Dies kann durch Gesetzgebung, aber auch durch richterliche Entscheidungen geschehen.

68 Klassisches Beispiel für die ambivalente Rolle von Rechtsvorstellungen ist das Naturrecht: Es war einerseits Mittel zur Verteidigung einer überkommenen, monarchistischen Ordnung im Zeitalter der sog. Atlantischen oder auch Bürgerlichen Revolutionen in den USA und Frankreich, andererseits aber ein Grund der Kritik dieser Ordnungen und Legitimationsquelle des revolutionären Konstitutionalismus dieser Epoche.

69 Aber auch der soziale Wandel selbst ist ambivalent. Dass es wenig Grund gibt, geschichtsphilosophischem Fortschrittsglauben anzuhängen, wurde bereits bedacht. Gesellschaftlicher Wandel kann deswegen auch schädlich sein, im Recht für gesichert gehaltene Positionen erfassen, erodieren und das rechtliche Zivilisationsniveau senken. Rechtssoziologische Theorien, die Zivilisationsbrüche wie etwa den Nationalsozialismus mit ihrem begrenzten theoretischen Instrumentarium nicht erfassen können, leiden deswegen an einem entscheidenden Mangel.[45]

70 Was Rechtsfortschritt dabei genau ausmacht, ist keineswegs offensichtlich.[46] Wenn man sich an Grundprinzipien wie Demokratie und Menschenrechten orientiert, können aber immerhin gewisse Maßstäbe formuliert werden, um überzeugende Weiterentwicklungen des Rechts zu identifizieren und nicht gerechtfertigte Veränderungen zu kritisieren. Dass Recht gesellschaftlichen Wandel behindern kann, muss nicht schlecht sein, wenn dieser Wandel diese Prinzipien in Frage stellt. Es führt deswegen kein Weg darum herum, genau zu untersuchen und normativ zu bewerten, welche Richtung gesellschaftliche Veränderungen nehmen und welche Rolle Recht dabei spielen soll.

IX. Recht und gesellschaftliche Integration

71 Wie der geschichtliche Rückblick gezeigt hat, bildet Recht aus der Sicht sehr unterschiedlicher Theorien ein zentrales Mittel der Bildung und Strukturierung von menschlichen Gesellschaften. Es wirkt daran mit, aus einer unverbundenen Vielzahl von Individuen und ihrem Handeln eine in ihren Grundzügen geordnete Gesellschaft zu erzeugen, in der das Handeln der Einzelnen aufeinander zweckgerichtet abgestimmt ist. Es ist ein Kerninstrument gesellschaftlicher Integration. Bei der näheren theoretischen Analyse dieses Befundes kann eine funktionale Betrachtung des Rechts im Vordergrund stehen. Entscheidend ist aus dieser Sicht, dass überhaupt eine soziale Integration durch Recht gelingt und dass sich die Gesellschaftsbildung auf einem Differenzierungsniveau vollzieht, das dem Entwicklungsstand der Gesellschaft entspricht, nicht aber, dass die gesellschaftliche Integration entsprechend bestimmten normativen Prinzipien gelingt. Solche vor allem funktionalen Perspektiven sind bei Spencer oder

---

45 Das gilt etwa für systemtheoretische Analysen des Nationalsozialismus, vgl. dazu *M. Mahlmann*, Katastrophen der Rechtsgeschichte und die autopoietische Evolution des Rechts, ZfRSoz 21 (2000), S. 247 ff.
46 *H. Rottleuthner*, Gibt es einen Rechtsfortschritt?, in: I. Czeguhn (Hrsg.), Recht im Wandel – Wandel des Rechts. Festschrift für Jürgen Weitzel zum 70. Geburtstag, 2014, S. 617 ff.

IX. Recht und gesellschaftliche Integration

Luhmann bestimmend. Zu einem gewissen Grade gilt das auch für Foucault, bei dem eine zentrale Funktion des Rechts in der sozialen Kontrolle liegt. Recht ist für ihn wesentlich ein Herrschaftsinstrument, das die Selbstbefreiung von Subjekten von gesellschaftlichen Kontrollmechanismen verhindert.[47]

Derartige funktionale Analysen besitzen aber nur beschränkte Erklärungskraft, wie sich bereits angedeutet hat. Der zentrale Grund dafür ist die beharrliche, sperrige, normative Eigenständigkeit des Rechts. Recht dient nicht nur irgendeiner Form von gesellschaftlicher Integration. Es ist in der Gegenwart an bestimmten materialen Prinzipien ausgerichtet, insbesondere Leitideen wie denen der Demokratie und Menschenrechte. Der Charakter von demokratischen Strukturen kann auch soziologisch nicht begriffen werden, wenn nicht die normative Bedeutung von Demokratie in Betracht gezogen wird. Demokratie muss keineswegs notwendig zu gelingender gesellschaftlicher Integration führen: Der Pluralismus der Meinungen, die Schwierigkeiten der Entscheidungs- und Konsensfindung, die Unvernunft mancher Entscheidungen, deren Möglichkeit zu den wesentlichen Elementen einer demokratischen Ordnung gehört, können die gesellschaftliche Integration, das Zusammenführen der Menschen zu einer Handlungseinheit, gerade behindern, manchmal sogar unmöglich machen. Das Gleiche gilt für Menschen- und Grundrechte. Die geschützten Rechtssphären, die sie schaffen, nicht zuletzt die Freiheitsbereiche, können und werden für Handlungen genutzt, die keineswegs hilfreich für die gesellschaftliche Integration sein müssen. Die Meinungsfreiheit erlaubt etwa auch Meinungsäußerungen, die schädlich für den gesellschaftlichen Zusammenhalt sind.

Der Grund dafür, diese Schwierigkeiten in Kauf zu nehmen, liegt in den normativen Ideen, die sich in Demokratie und Menschenrechten verkörpern. Das anspruchsvolle Projekt einer demokratischen und durch Grundrechte geprägten Ordnung dient der Verwirklichung von Würde, Freiheit und Gleichheit der Menschen. Gesellschaftliche Integration steht in einer solchen Ordnung unter der Bedingung, dass diese normativen Prinzipien nicht verletzt werden. Gleichzeitig können diese Prinzipien selbst helfen, einen sozialen Verband zu schaffen und zu erhalten. Die Legitimität einer Ordnung ist, wie Weber richtig angemerkt hat, ein wichtiger Faktor ihrer Stabilität. Dabei ist es keineswegs so, dass jede rechtsethische Ausrichtung, werden ihre Postulate nur für hinlänglich sicher gehalten, diese Rolle spielen kann. Vielmehr haben gerade Ideen wie Demokratie und Menschenrechte eine besondere Anziehungskraft auf Menschen. Das wurde schon als wesentliches Element der gegenwärtigen Rechtsepoche angemerkt. Dieses Phänomen kann trotz der dauernden Existenz von autoritären Systemen festgehalten werden, da diese häufig genug vor allem auf Gewalt beruhen. Die Überzeugungskraft einer legitimen Rechtsethik ist nun auch eine gesellschaftstheoretische Kategorie, weil sie erklären hilft, warum demokratische und an Grundrechten orientierte Ordnungen entstehen und eine bestimmte Form von Stabilität genießen können. Nur gewisse Gründe sind gute Gründe und gute Gründe können weitreichende historische und soziale Folgen haben, wenn Menschen bereit und in der Lage sind, ihnen in ihrem sozialen Handeln Relevanz zu geben. Demokratie und Menschenrechte sind solche sehr gut gerechtfertigte normative Ideen, von deren Richtigkeit sich Menschen deshalb immer wieder überzeugen können. Diese Legitimationsvorstellungen gehen in die soziale Entwicklung ein, in den letzten zwei Jahrhunderten mit zunehmender Kraft, die demokratische Verfassungsstaaten in vielen Teilen der Welt etabliert hat.

---

47 Vgl. z.B. M. *Foucault*, Surveiller et Punir.

74 Weber hat die Frage nach der Bedeutung von Recht für die Rationalität einer Zivilisation aufgeworfen. Das ist eine wichtige Frage. In der Gegenwart wird aus unterschiedlichen Gründen nicht selten Zurückhaltung gegenüber dem Begriff der Rationalität geübt. Es ist für manche fraglich geworden, was Rationalität eigentlich bedeutet. Die Kritik an bestimmten Fassungen von Rationalität kann auch durchaus notwendig und angemessen sein, etwa an einem Rationalitätsbegriff, der nur zweckrationale Effizienzüberlegungen, nicht aber normative Kriterien kennt. Dennoch sollte man die Idee, die dieser Begriff zu erfassen sucht, nicht aufgeben. Es geht im Kern darum, bestimmte Maßstäbe vernünftiger gesellschaftlicher Ordnung zu benennen, um sie verwirklichen zu können. Mit Ideen wie Demokratie und Menschenrechten werden wichtige Inhalte solcher Maßstäbe benannt.[48]

---

[48] Vgl. näher *M. Mahlmann*, Widerständige Gerechtigkeit – Der Angriff auf Demokratie, Verfassungsstaat und Menschenrechte und die Gesellschaftstheorie des Rechts, 2018.

§ 12 Recht, Wirtschaft, Politik, Religion

Literatur: *M. Mahlmann*, Rechtsphilosophie und Rechtstheorie, 7. Aufl., 2022, § 23; *K. Marx*, Zur Kritik der Politischen Ökonomie, in: ders./F. Engels, Ausgewählte Schriften. Bd. I, 33. Aufl., 1988; *F. Müller*, Ökonomische Theorie des Rechts, in: S. Buckel/R. Christensen/A. Fischer-Lescano (Hrsg.), Neue Theorien des Rechts, 2. Aufl., 2009, S. 351 ff.; *J. P. Müller*, Der politische Mensch – Menschliche Politik, 1999; *R. Posner*, Economic Analysis of Law, 9th ed., 2014; *H.-B. Schäfer/C. Ott*, Lehrbuch der ökonomischen Analyse des Zivilrechts, 6. Aufl., 2020; *R. H. Thaler/C. R. Sunstein*, Nudge. Improving Decisions about Health, Wealth and Happiness, 2009; *M. Weber*, Die protestantische Ethik und der Geist des Kapitalismus, in: ders., Die protestantische Ethik I. Eine Aufsatzsammlung, hrsg. v. J. Winckelmann, 1981, S. 27 ff.

I. Recht und Wirtschaft

1. Drei Ansätze zum Verhältnis von Wirtschaft und Recht

a) Ökonomische Bestimmtheit des Rechts

Eine klassische These zum Verhältnis von Wirtschaft und Recht wurde von *Karl Marx* formuliert. Danach bestimmt die Wirtschaft, die ökonomische „Basis", den „Überbau" aus Recht und Staat. In einer berühmten Passage führt Marx programmatisch aus:

> „In der gesellschaftlichen Produktion ihres Lebens gehen die Menschen bestimmte, notwendige, von ihrem Willen unabhängige Verhältnisse ein, Produktionsverhältnisse, die einer bestimmten Entwicklungsstufe ihrer materiellen Produktivkräfte entsprechen. Die Gesamtheit dieser Produktionsverhältnisse bildet die ökonomische Struktur der Gesellschaft, die reale Basis, worauf sich ein juristischer und politischer Überbau erhebt und welcher bestimmte gesellschaftliche Bewusstseinsformen entsprechen. Die Produktionsweise des materiellen Lebens bedingt den sozialen, politischen und geistigen Lebensprozess überhaupt. Es ist nicht das Bewusstsein der Menschen, das ihr Sein, sondern umgekehrt ihr gesellschaftliches Sein, das ihr Bewusstsein bestimmt."[1]

Materielle Produktivkräfte sind dabei die technischen Fertigkeiten, die eine bestimmte Kultur erreicht hat: Ein Pflug bildet eine Produktivkraft für eine agrarische Kultur, die Dampfmaschine eine für die frühe industrielle Revolution, Informationstechnologien eine in der gegenwärtigen Zeit, um nur einige Beispiele zu nennen. Die Produktionsverhältnisse bezeichnen dagegen die sozialen Umstände, unter denen eine Wirtschaft Waren und Dienstleistungen erzeugt. Zu den Produktionsverhältnissen gehört etwa die Regulierung der Verfügbarkeit von Arbeitskraft. In einer Patrimonialgesellschaft kann die Arbeitskraft von einzelnen Personen an die Herrschaft einer konkreten Person, z.B. innerhalb von Dienstverhältnissen, gebunden sein. Industriegeschichtlich musste diese Art von Bindung aufgelöst werden, um eine moderne Erwerbsgesellschaft zu ermöglichen. Die Arbeitskraft musste zu einem frei verfügbaren Produktionsfaktor, konkret zum Gegenstand von frei abschließbaren Arbeitsverträgen, werden. Dieser Prozess hat sich im 18. und 19. Jahrhundert vollzogen und damit die Grundlage einer modernen Erwerbsgesellschaft geschaffen. Ein weiteres Element der Produktionsverhältnisse bil-

---

[1] *K. Marx*, Zur Kritik der Politischen Ökonomie, in: ders./F. Engels, Ausgewählte Schriften. Bd. I, 33. Aufl., 1988, S. 393.

det etwa die Eigentumsordnung einer Gesellschaft, da sie die Verfügungsrechte der Rechtsordnung festlegt.

3   Aus Marx' Sicht treten Produktivkräfte und Produktionsverhältnisse in ein Spannungsverhältnis, was dazu führt, dass die Produktionsverhältnisse den Bedürfnissen einer effizienten Nutzung der Produktivkräfte angepasst werden und so die gesellschaftliche und geschichtliche Entwicklung vorangetrieben wird. Die juristischen, politischen und auch kulturellen Eigenheiten einer Gesellschaft sind Teil des sogenannten „Überbaus", der durch die materielle Basis der Produktivkräfte und Produktionsverhältnisse bestimmt wird. In diesem Sinne ist es nicht das Bewusstsein der Menschen, das ihr Sein, sondern umgekehrt ihr gesellschaftliches Sein innerhalb dieser materiellen Produktionsbedingungen, das ihr Bewusstsein, ihre Vorstellungen, ihre kulturellen Entwürfe und letztlich auch ihr Recht bestimmt.

4   Damit wird eine klassische These formuliert, die – trotz vieler Qualifikationen innerhalb der marxistischen Theorie – eine im Wesentlichen monokausale Erklärung des Verhältnisses von Wirtschaft und Gesellschaft liefert. Die Wirtschaft ist dabei der entscheidende Faktor, der auf das Recht einwirkt sowie die Inhalte und Institutionen des Rechts in letzter Instanz bestimmt. Ein fundamentales Problem dieser Ansicht ist, neben anderen Fragen, dass das Recht selbst offensichtlich Teil der sogenannten „ökonomischen Basis" ist, indem es etwa die vertraglich geregelten Arbeitsverhältnisse, die Eigentumsordnung oder die staatlichen Strukturen bestimmt, in denen wirtschaftliche Tätigkeiten eingebettet sind. Damit wird dieser Erklärungsrahmen bereits gesprengt.[2]

b) Komplexe Beziehungen von Recht und Wirtschaft

5   Eine andere idealtypisch modellierte These stammt von *Max Weber*. Aus Webers Sicht ist die Ökonomie von zentraler Bedeutung für die rechtliche Entwicklung. Recht garantiere aber durchaus unterschiedliche Interessen und nicht nur solche ökonomischer Art. Weber begründet das komplexe Verhältnis von Recht und Wirtschaft durch verschiedene Beobachtungen. Er hält fest, dass auch bei veränderter Wirtschaftsordnung eine Rechtsordnung unverändert weiter bestehen bleiben könne. Klassisches Beispiel dafür ist die Rezeption römischrechtlicher Regelungen und ihre Anwendung und Weiterentwicklung unter sehr unterschiedlichen wirtschaftlichen Bedingungen von der Antike bis in die Neuzeit. Verschiedene juristische Konstruktionen könnten auch durchaus gleiche wirtschaftliche Folgen haben. Ein Beispiel dafür sind unterschiedliche Konstruktionen, etwa zu vertraglichen Pflichten von Verkäufern im *common law* oder im *civil law*, die ökonomisch doch zu ähnlichen Ergebnissen führen. Rechtliche Regelungen hätten auch durchaus unklare wirtschaftliche Konsequenzen. Es sei keineswegs offensichtlich, in welcher Weise rechtliche Regelungen wirtschaftliche Folgen herbeiführten. Schließlich, so Weber, verlange der Markt ein staatlich garantiertes, also kalkuliertes, funktionierendes Recht. Insofern beförder der Markt die Staatsbildung. Die Staatsbildung ist aus Webers Sicht jedoch auch eine Bedingung der Existenz des Marktes.

6   Weber vertritt zudem eine Position, die gerade sozialen Mentalitätsmustern eine fundamentale und sogar epochale Wirkungskraft zuschreibt. Klassisches Beispiel ist seine Studie zur Entstehung des Kapitalismus aus dem Geist des Protestantismus,[3] also

---

[2] Vgl. näher zur marxistischen Theorie *M. Mahlmann*, Rechtsphilosophie und Rechtstheorie, § 13.
[3] *M. Weber*, Die protestantische Ethik und der Geist des Kapitalismus.

die These, dass bestimmte Wirtschaftsformen gerade nicht zu erklären seien ohne Rückgriff auf religionspsychologische Faktoren. Ob diese These im konkreten Fall zutrifft, mag hier dahinstehen. Jedenfalls deutet sie auf eine wichtige Erkenntnis hin, nämlich dass Wirtschaftsformen von derartigen Einstellungsmustern abhängen. Eine moderne Konsumgesellschaft setzt eine bestimmte Haltung zum Leben voraus, für die Konsum von erwerbbaren Waren ein wichtiges Element von Lebensqualität bildet. Die Wirtschaftsformen sind insofern komplexe kulturelle Erscheinungen, die nicht selbst allein die kulturelle Entwicklung, nicht zuletzt auch des Rechts, bestimmen können.

c) Die ökonomische Analyse des Rechts

In der Gegenwart hat die ökonomische Analyse des Rechts ein sehr großes theoretisches Gewicht gewonnen.[4] In Nordamerika ist sie ohne Zweifel das einflussreichste Forschungsparadigma, das diskutiert wird; in Europa wird sie zurückhaltender rezipiert. Die ökonomische Analyse des Rechts geht von einem zweckrational motivierten Menschen aus, dem sog. *homo oeconomicus*. Dieses Menschenbild beruht auf der Annahme, dass menschliche Motivation auf die Maximierung der Erfüllung von Präferenzen ausgerichtet sei, für die rationale (d.h. effiziente, wirksame) Mittel gewählt würden. Im Prinzip ist dieses Konzept offen für altruistische Präferenzen der Menschen. Im Regelfall der Analysen aber wird implizit oder explizit eine eigennützige Motivation der Handelnden angenommen. Die ökonomische Analyse des Rechts geht von der *Präferenzautonomie* der Menschen aus. Diese legten ihre Präferenzen eigenverantwortlich fest, wobei die Präferenzen individuell in eine wertende Stufenfolge von wichtigeren und weniger wichtigen gebracht werden könnten, sich aber zu interpersonellen Vergleichen nicht eigneten.

Eine effiziente Verteilung von Gütern werde erreicht, wenn die Präferenzen in einer Gesellschaft in der bestmöglichen Weise erfüllt würden. Da es absolute Maßstäbe für die Bewertung einer Güterverteilung nicht gebe, komme es dabei auf in Gedankenexperimenten durchgeführte Austauschverträge an: Eine Güterverteilung ist aus dieser Sicht effizient, wenn sie sich unter der Bedingung der Möglichkeit freien Güteraustausches durch das Handeln der Akteure einstellen würde. Keiner der Akteure hält in dieser Situation mehr ein Gut, für das ein anderer einen Preis zahlen würde, für den dieses Gut abgegeben würde.

Rechtliche Regelungen sollen aus Sicht der ökonomischen Analyse des Rechts die Herstellung dieser effizienten Güterverteilung bewirken. Diese Forderung setzt voraus, dass Rechtspositionen frei handelbar sind und das Recht marktmäßige Lösungen simulieren soll. Recht gewinnt damit eine instrumentelle Rolle bei der Herstellung von ökonomischer Effizienz und zwar potenziell für alle Rechtsgebiete. Vor allem in den USA erfasst die Diskussion über das Zivilrecht hinaus auch das öffentliche Recht und das Strafrecht. Strafe wird z.B. als Steuer oder Preis eines bestimmten Verhaltens, wie der Verletzung eines Menschen, verstanden. Es wird dabei angenommen, dass sich Menschen auch gegenüber Normen effizienzorientiert verhielten. Werde etwa eine Sanktion verringert, steige die Begehungsrate des betreffenden Delikts, werde die Sanktion erhöht, verringere sich diese Rate. Die ökonomische Analyse des Rechts verfolgt deshalb nicht nur ein analytisches, sondern auch ein präskriptives Programm. Sie richtet sich an den Gesetzgeber, der ökonomisch effiziente Gesetze erlassen soll, und

---

4 Vgl. näher *R. Posner*, Economic Analysis of Law; *M. Mahlmann*, Rechtsphilosophie und Rechtstheorie, § 23.

an Gerichte, die Normen ökonomisch effizient auslegen sollen. Neben die klassische ökonomische Analyse des Rechts ist die verhaltensökonomisch orientierte Analyse des Rechts getreten, die die faktischen Formen menschlicher Entscheidungen und ihre Bedeutung für das Recht untersucht. Grundthese lautet dabei, dass menschliche Entscheidungsfindung in wichtigen Bereichen nicht rational erfolge und diese begrenzte Rationalität bei der Gestaltung von Recht berücksichtigt werden müsse.[5]

10   Ein Grundproblem der klassischen ökonomischen Analyse des Rechts sind nicht handelbare Güter, wie etwa Freiheiten. Zentrale Wertungsfragen können deswegen ohne eine rechtsethische Theorie nicht beantwortet werden, die über die ökonomische Analyse des Rechts hinausführt. Für die verhaltensökonomische Analyse ist die rechtsethische Orientierung ebenfalls unverzichtbar. Denn gerade unter der Annahme beschränkter menschlicher Rationalität stellt sich die Frage, wie gerechtfertigte rechtliche Regelungen aussehen sollen.

2. Die Ordnung von Wirtschaft durch Recht

11   Die wirtschaftlichen Beziehungen einer modernen Gesellschaft werden in vielfältiger Form durch das Recht bestimmt: Das Privatrecht schafft etwa vertragliche Handlungsmöglichkeiten, reguliert Haftungsfragen und stellt Organisationsformen wirtschaftlichen Handelns zur Verfügung. Das Strafrecht zieht auch wirtschaftlichem Handeln seine Grenzen, nicht nur durch das Wirtschaftsstrafrecht, sondern auch durch andere Normen. Das öffentliche Recht schafft den staatlichen und heute auch überstaatlichen Rahmen, in dem sich die wirtschaftlichen Akteure bewegen können.

a) Das Beispiel Wettbewerbsrecht

12   Ein wichtiges Beispiel für die Bedeutung von Recht für wirtschaftliche Beziehungen ist das Wettbewerbsrecht. Der Wettbewerb dient verschiedenen Zwecken: Wirtschaftlicher Effizienz, einer flexiblen Wirtschaft, die auf die Bedürfnisse der Menschen zügig reagiert und in der die Marktteilnehmer die Möglichkeit haben, Angebote mit dem besten Preis-Leistungs-Verhältnis wählen zu können. Voraussetzungen sind dabei wirtschaftliche Freiheitsrechte und nicht zuletzt eine Garantie von Eigentum, die nur in dem Maße, aber selbstverständlich so weit eingeschränkt werden können, wie es wichtige andere Gemeinwohlbelange unter der Herrschaft des Verhältnismäßigkeitsprinzips rechtfertigen.

13   Die Ziele einer Wettbewerbsordnung – tiefe Herstellungskosten und Preise, hohe Qualität der Güter bei einem vielfältigen Angebot, das den Wünschen der Nachfrager entspricht, eine sich kontinuierlich weiterentwickelnde Wirtschaft durch Verdrängung nichteffizienter Unternehmen sowie eine dezentrale und deswegen innovative Unternehmensstruktur – sollen durch Wettbewerbsrecht gesichert werden. Dieses bildet eine rechtliche Rahmenordnung für das Agieren der Wettbewerbsteilnehmer. Heute gibt es eine Tendenz zur internationalen Angleichung staatlicher Wettbewerbsbeschränkungen, etwa im Rahmen der EU oder des internationalen Wirtschaftsrechts (s. o. § 7). Es gibt verschiedene Arten von Vorschriften gegen private Wettbewerbsbeschränkungen, die sich insbesondere auf die Verhinderung von Abreden und Kartellbildung, den Missbrauch einer marktbeherrschenden Stellung sowie auf die Kontrolle von Unternehmenszusammenschlüssen richten.

---

5   Vgl. z.B. *R. H. Thaler/C. R. Sunstein*, Nudge. Improving Decisions about Health, Wealth and Happiness.

I. Recht und Wirtschaft

Hinter der rechtlichen Strukturierung von Märkten steht die Einsicht, dass die Marktordnung selbst nicht durch Marktmechanismen allein gewährleistet werden kann. Die globale Finanzkrise des Jahres 2008 hat diese Grundeinsicht einmal mehr plastisch vor Augen geführt. Die Existenz einer effizienten Marktordnung ist nicht das letzte und höchste Ziel einer gesellschaftlichen Ordnung. Sie ist ein Mittel, bestimmte Effizienzziele zu erreichen. Es geht darüber hinaus auch um die Sicherung sozialer, ökologischer und menschenrechtlicher Standards, die letztendlich auch durch Recht garantiert werden müssen.

b) Menschenrechte und Ökonomie

Die genannten Beispiele zeigen bereits, dass Recht die wirtschaftliche Ordnung normativ konstituiert. Dies wird noch deutlicher, wenn ein weiteres, die anderen normativ fundierendes Moment in den Blick rückt. Wie andere soziale Verhaltensweisen muss auch wirtschaftliches Handeln in modernen Rechtsordnungen die Grundrechte der Menschen respektieren. Das wird grundrechtsdogmatisch durch Formen der vor allem indirekten, aber auch direkten Drittwirkung von Grundrechten und Schutz- und Leistungspflichten, die aus Grundrechten gewonnen werden, abgesichert. Dies gilt für die nationalen Rechtsordnungen ebenso wie für den internationalen Zusammenhang. Die Bedeutung der Grundrechte ist im Prinzip normativ unstreitig, aber gerade in internationaler Perspektive in keiner Weise eine soziale Realität. In vielen Entwicklungs- oder Schwellenländern zeigen Phänomene wie Kinderarbeit oder lebensgefährliche Arbeitsbedingungen für viele Beschäftigte dies eindringlich. Auch die Ausnutzung von asymmetrischen Machtverhältnissen zwischen wirtschaftlichen Akteuren aus den entwickelten und den sich entwickelnden Ländern ist hier zu nennen. Vorfälle wie in Bhopal, einer der größten industriellen Katastrophen der letzten Jahrzehnte, illustrieren in drastischer und tragischer Weise das Problem: Ein amerikanischer Chemiekonzern betrieb einen Chemiebetrieb in Indien, einem Land mit niedrigen Löhnen und geringen Sicherheitsstandards. 1984 kam es zur Freisetzung hochgiftiger Chemikalien, die wohl bei tausenden, vielleicht sogar bei hunderttausenden von Menschen zu Tod oder Verletzungen führte. Die genauen Ursachen sind bis heute strittig, unzureichende Sicherungsmaßnahmen aus Kostengründen scheinen aber eine entscheidende Rolle gespielt zu haben. Der Konzern zahlte nach langen Auseinandersetzungen einige hundert Millionen Dollar als Ausgleich an den indischen Staat, die die Opfer allerdings nur in geringem Umfang erreichten.

Auch die Art der Verfolgung von eigenen wirtschaftlichen Interessen der entwickelten Staaten kann erhebliche Folgen haben. Die Agrarsubventionen z.B. der EU führen zu Marktverzerrungen, die Produzenten von landwirtschaftlichen Produkten außerhalb von Europa große Probleme bereiten.

Eine moderne Wirtschaftsordnung wird also durch Recht konstituiert und orientiert sich normativ dabei in letzter Instanz an den Grundrechten der Menschen, wie immer unvollkommen das auch bisher gelungen sein mag. Dieser Befund liefert gleichzeitig Orientierung bei der Bewertung der genannten drei theoretischen Positionen. Er spricht zunächst gegen die Determinationsthese von Marx. Menschenrechte sind ein zentrales Beispiel für rechtliche Normen, die über ökonomische Zweckerwägungen hinausgehen und diese gerade begrenzen. Sie sind nicht bloß die Widerspiegelung der ökonomischen Verhältnisse, sondern schaffen gerade deren mehr oder minder zivilisierte Struktur. Menschenrechte können dagegen durchaus als vereinbar mit Webers komplexem Bild des Verhältnisses von Recht und Wirtschaft gedacht werden. Sie bilden aber ein Phänomen, das über seine Überlegungen hinausreicht. Eine soziologische Analyse der Menschenrechte wurde bei Weber nicht systematisch entwickelt. Menschenrechte zeigen schließlich exemplarisch die Grenzen der ökonomischen Analyse des Rechts auf, die bereits angedeutet wurden. Menschenrechte sind zentrale Beispiele für Normen, die sich nicht auf effiziente Güterallokationsmechanismen reduzieren lassen. Sie sind auch im Gedankenexperiment nicht handelbar, weil ihr Kernbestand der Verfügungsmacht von Menschen rechtlich entzogen ist. Auch wenn ein Akteur A für die Meinungsfreiheit eines anderen (z.B. eines Kritikers B) bereit wäre, einen hohen Preis zu zahlen, hat dies unstreitig nicht zur Folge, dass die Rechtsordnung das Recht des B auf Meinungsfreiheit zugunsten des A aus Effizienzgesichtspunkten einschränken dürfte. Menschenrechte haben eine andere Quelle als ökonomische Effizienzüberlegungen. Ihre Integrität sichert eine moderne Rechtsordnung deshalb normativ in jedem Fall.

II. Recht und Politik

1. Ein nüchterner Begriff des Politischen

18 Um das Verhältnis von Recht und Politik zu analysieren, muss zunächst klar sein, was Politik eigentlich ausmacht. Berühmt ist bis heute der Begriff des Politischen von *Carl Schmitt*, der Politik als Freund-Feind-Schema auffasst: In der Politik stehen sich aus seiner Sicht die Akteure als Freund oder Feind gegenüber, wobei dazu sogar die Bereitschaft gehöre, den Feind in der Auseinandersetzung zu töten.[6]

19 Dies ist keine überzeugende, weil zu vereinfachende Analyse. In der Politik geht es um strittige Grundentscheidungen über Organisation, Art und Ziel des menschlichen Zusammenlebens einer sozialen Gemeinschaft. Politische Auseinandersetzungen richten sich auf Sachfragen und ihre unterschiedlichen Lösungsmöglichkeiten, ohne dass die jeweiligen Vertreter und Vertreterinnen unterschiedlicher Meinungen in dieser Hinsicht zu „Feinden" oder (notwendig) zu „Freunden" würden. Sie bleiben Menschen mit einer in einer bestimmten Hinsicht möglicherweise geteilten oder eben auch abgelehnten Meinung zu bestimmten Problemkreisen. Es bilden sich auch nicht einfach antagonistische politische Lager in einer modernen Gesellschaft, sondern vielfältig aufeinander bezogene Gruppen, die manche Anliegen teilen, bei anderen unterschiedliche Ziele verfolgen.

20 Es gibt in der Geschichte und auch heute Situationen, in denen sich ein politischer Konflikt so verschärft, dass sich Gruppen feindlich gegenüberstehen. Das ist aber nicht der Normalfall des Politischen, sondern eine Krisensituation, deren gewaltsame Zuspitzung gerade vermieden werden muss, wenn man keiner gefährlichen Romantik der Gewalt anhängt, die in manchen politischen Strömungen der Geschichte (wie z.B. dem Nationalsozialismus, dem Schmitts Sympathien, wie bereits erwähnt, in entscheidenden Momenten galten), aber auch in der Gegenwart kultiviert wird.

2. Recht als Grenze der Politik

21 Diesem Ziel der Kanalisierung von politischen Konflikten in friedlichen, einen Ausgleich findenden Bahnen dient eine Rechtsordnung, insbesondere die Verfassungsord-

---

6 *C. Schmitt*, Der Begriff des Politischen, 1934, S. 26–28.

nung eines demokratischen Staates. Die Verfassung richtet rechtliche Grenzen der Politik auf. Politische Entscheidungen müssen in den von ihr entwickelten Verfahren getroffen werden und die in ihr niedergelegten Grundentscheidungen über die Ordnung der Gesellschaft akzeptieren. Dabei spielen Grundrechte eine wiederum zentrale Rolle, weil sie den politischen Gestaltungsmöglichkeiten eine Grenze setzen, die auch politische Mehrheitsentscheidungen nicht einfach überschreiten können. Die durch Art. 190 BV erzeugte schweizerische Besonderheit anwendbaren verfassungswidrigen Rechts modifiziert diesen Befund zu einem gewissen Grade, wird aber durch andere rechtliche Mechanismen wiederum in ihren Effekten auf die Grundrechtsgeltung beschränkt, z.B. durch das Regime der EMRK. In anderen Verfassungsordnungen führt der Verstoß eines Gesetzes gegen Grundrechte zur Nichtigkeit dieses Rechtsaktes, auch wenn es sich um Bundesrecht handelt, die formale Wirkungskraft der Grundrechte ist also noch größer (z.B. USA, Deutschland).

Institutionell wird die Begrenzung von Politik durch Recht durch unabhängige Gerichte gesichert. Das historische Musterbeispiel ist dabei der *US Supreme Court*, der die gerichtliche Überprüfung von demokratischen Mehrheitsentscheidungen am Maßstab der Verfassung und damit die Einschränkung der politischen Gestaltungsbefugnisse durch Recht in der berühmten Entscheidung *Marbury v. Madison* (1803) begründet hat.[7] Heute wird diese Verfassungsgerichtsbarkeit von obersten Gerichten (wie in den USA und in beschränktem Umfang auch in der Schweiz) oder durch spezialisierte Verfassungsgerichte (wie in Deutschland) ausgeübt (vgl. auch o. § 6 V.5).

3. Recht als Ausdruck von Politik

Die rechtlichen Grenzen der Politik sind selbst das Produkt politischer Entscheidungen, der Grundentscheidungen nämlich über die Verfassungsordnung. Verfassungen sind – wie auch anderes Recht – sedimentierte, zur Form des Rechts geronnene Politik. Diese politischen Entscheidungen richten sich darauf, bestimmte Fragen wie die Form der demokratischen Willensbildung oder den Schutz der Grundrechte politisch für geklärt zu halten und bis zu einer Verfassungsänderung nicht mehr in Frage zu stellen. Die Grundentscheidungen über die Verfassung sind selbst durch viele Einflüsse bedingt, etwa historische Erfahrungen, Interessen der Akteure oder bestimmte rechtsethische Prinzipien. Verfassungen sind normativ orientierte, praktisch ausgerichtete Schlussfolgerungen aus existentiellen Gegebenheiten menschlichen Lebens.[8]

Auch im alltäglichen Prozess der Rechtserzeugung ist Recht Ausdruck von politischen Entscheidungen – von der Gestaltung der Strafbarkeit bestimmter menschlicher Handlungen bis zur Steuergesetzgebung.

Schließlich kann man nach den politischen Einflüssen auf die Rechtsprechung fragen. Diese können durch die Bindung an das Recht und den Respekt vor getroffenen demokratischen Entscheidungen beschränkt werden. Sie müssen auch begrenzt bleiben, wenn die Integrität der Rechtsordnung geschützt werden soll, deren Kern ja gerade ist,

---

7 5 U.S. 137 (1803) (Marbury v. Madison).
8 Vgl. *J. Madison*, in: ders./A. Hamilton/J. Jay, The Federalist Papers, LI, S. 319 f.: „But what is government itself but the greatest of all reflections on human nature? If men were angels, no government would be necessary. If angels were to govern men, neither external nor internal controls on government would be necessary. In framing a government which is to be administered by men over men, the great difficulty lies in this: you must first enable the government to control the governed; and in the next place oblige to control itself. A dependence on the people is, no doubt, the primary control on the government; but experience has taught mankind the necessity of auxiliary precautions."

dass nicht aufgrund von politischen Meinungen, sondern von rechtlichen Regelungen entschieden wird (s. o. § 6 VIII.6).

26 Allerdings ist spätestens auf dem Niveau der Verfassungsgerichtsbarkeit (wie auch immer institutionell verwirklicht) eine politische Dimension der Rechtsprechung unvermeidlich, weil Leitentscheidungen für die Gesellschaft insgesamt getroffen werden. Diese ist nicht zu verschweigen, sondern offen zu reflektieren, um im Prozess der Kritik der Verfassungsrechtsprechung die Herrschaft des Rechts zu sichern.

III. Recht und Religion

1. Die Vielfalt der Beziehungen von Recht und Religion

27 Die Neuzeit ist durch die Entwicklung moderner Verfassungsstaatlichkeit, durch die allmähliche Trennung von Recht und Religion sowie von Staat und Formen organisierter Religion, im christlichen Rahmen der Kirche, ausgezeichnet. Bis heute bestehen allerdings viele Verbindungen und gerade das Verhältnis von Staat und Religion wird von Land zu Land in sehr unterschiedlicher Form gestaltet. In der Schweiz ist die Regelung des Verhältnisses von Staat und Kirche nach Art. 72 Abs. 1 BV eine Sache der Kantone, die z.T. eine klare Trennung von Staat und Kirche vorsehen, z.T. aber auch bestimmte religiöse Bekenntnisse bevorzugen. In Deutschland wird durch die Verfassung die religiöse Neutralität des Staates geregelt, die vorschreibt, von staatlicher Seite keine Religion zu bevorzugen oder zu benachteiligen. Sie wird offen interpretiert, d.h., sie steht der Präsenz von Religionen in der staatlichen Sphäre (z.B. Schulen) nicht entgegen, solange der Grundsatz der Gleichbehandlung gewahrt wird.[9] In den USA gilt der Grundsatz, dass der Kongress kein Gesetz erlassen darf, das die Einrichtung einer Religion betrifft.[10] Eine strikte Trennung von Staat und Religion wird also vorgeschrieben. Wie das Beispiel USA illustriert, bedeutet eine verfassungsrechtliche Regelung der Trennung von Staat und Religion keineswegs, dass auch tatsächlich keine Einflüsse von Religionen auf den Staat existieren – diese sind in den USA so stark wie in kaum einem anderen Staat der westlichen Welt.

28 In der islamischen Welt existieren Beispiele für enge Verbindungen von Staat und Religion (z.B. Iran, Saudi-Arabien). Für andere Staaten mit überwiegend muslimischer Bevölkerung gilt dies nicht in gleichem Maße (z.B. Türkei, wenn auch das überkommene System zunehmend in Frage gestellt wird). Historisch gibt es verschiedene Beispiele, wie politische Herrschaft und Islam getrennt wurden. Die Problematik von Recht und Religion existiert auch für andere Religionen als Christentum und Islam, wie die Rolle des Judentums in Israel oder des Hinduismus in Indien deutlich macht.

2. Gründe für die Trennung von Recht und Religion

29 Die Tendenz zur Trennung von Recht und Religion hat verschiedene Gründe und geschichtliche Wurzeln. Ein bis heute wichtiger historischer Grund ist die Erfahrung von religiösen Auseinandersetzungen und Kriegen. Letztere haben Europa über Jahrhunderte hinweg verheert. Diesen Konflikten kann dadurch vorgebeugt werden, dass Ordnungsinstanzen geschaffen werden, die keiner bestimmten Religion verpflichtet sind, sondern unabhängig von Religionen existieren. Diese Ordnungsinstanzen sind

---

9 Dies wird aus dem Zusammenhang verschiedener Normen hergeleitet, Art. 3 Abs. 3 S. 1, Art. 4 Abs. 1, Art. 33 Abs. 3, Art. 140 GG i.V.m. Art. 136 Abs. 1, 2, 4, Art. 137 Abs. 1 WRV.
10 US Constitution, First Amendment.

das Recht und der Staat. Damit gewinnen beide auch Legitimationsgrundlagen, die jenseits einer spezifischen Religion im Bedürfnis der Menschen liegen, eine säkular begründete Friedensordnung zu schaffen, in der verschiedene religiöse Bekenntnisse Raum finden. Die Trennung von Recht und Religion ist deshalb auch mit der Glaubensfreiheit als Grundrecht verbunden, die gerade diesen Raum der Entfaltung unterschiedlicher Religionen, aber auch nicht-religiöser Perspektiven garantiert.

Ein zweiter wichtiger Grund der Trennung von Recht und Religion speist sich aus der philosophischen Religionskritik, die nicht erst seit der Aufklärung im 18. Jahrhundert bestreitet, dass aus religiösen Überzeugungen unmittelbar rechtliche Inhalte gewonnen werden können. Auch stellt die Erfahrung der erbitterten und oft blutigen Auseinandersetzungen um solche Inhalte – sogar innerhalb derselben Religion – einen Grund dar, diese Skepsis zu ermutigen. Gleichzeitig wird den Menschen zunehmend zugetraut, aufgrund ihres eigenen Urteilsvermögens Rechtsinhalte auch ohne religiöse Führung bestimmen zu können. Das ist die Wurzel der Idee moderner demokratischer Volkssouveränität, die die Autonomie des Einzelnen politisch und rechtlich organisiert.

Keiner der genannten Gründe ist mit einer Absage an Religiosität überhaupt verbunden. Es geht allein darum, ob Religion für die Bestimmung des Inhalts von Recht die entscheidende Instanz sein soll oder ob auf andere Mechanismen vertraut wird, wie etwa den demokratischen Prozess und die menschliche praktische Urteilsfähigkeit.

3. Recht als säkularisierte Religion?

Im Rahmen der Erörterung der Souveränitätsproblematik wurde die These erörtert, Souveränität sei ein verweltlichter Begriff göttlicher Allmacht. Souveränität sei deshalb ein Beispiel für politische Theologie (vgl. o. § 6 III.4). Derartige Thesen zur politischen Theologie besitzen eine gewisse theoretische Anziehungskraft, weil sie ein Stück Aufklärung zu bieten versprechen. Scheinbar ursprünglich rechtswissenschaftliche Begriffsbildungen werden als säkularisierte Theologie analysiert und es wird damit beansprucht, eine erhellende Ursprungsbeziehung aufzudecken.

Derartige Thesen haben analytische Defizite. Ein staatsrechtlicher Souveränitätsbegriff besitzt, wie erläutert, ganz andere Gehalte als eine göttliche Allmachtvorstellung. Wie herausgearbeitet, wird Souveränität als Rechtsbegriff durch Normen geschaffen, die u.a. die Souveränitätsansprüche verschiedener Souveränitätssubjekte in eine gerechte Ordnung bringen müssen – das ist der Kern der Idee des klassischen Völkerrechts. Gottes Allmacht unterliegt keinen solchen Gesetzen zur Koordinierung seiner Macht mit anderen Göttern, schon weil es andere nicht gibt, jedenfalls im Monotheismus. Dieses Beispiel zeigt gleichzeitig die Gefahr dieses analytischen Defizits: Elemente der theologischen Begriffe wandern insgeheim in die rechtlichen Begriffsbildungen ein, womöglich gar als notwendige Elemente, mit der Folge, dass beispielsweise Souveränität schrankenlos gedacht wird, weil Gottes Allmacht ja auch schrankenlos sei. Aus rechtlicher Sicht spricht für schrankenlose Souveränitätsvorstellungen aber, wie erörtert, nichts.[11] Ähnliches gilt für die Verbindung von Souveränität mit einer *creatio ex nihilo*, einer Schöpfung von Normen aus dem Nichts. Auch dies mystifiziert einen weltlichen politischen Prozess wie die Verfassungsgebung unnötig. Diese Vorstellung vernachlässigt insbesondere die durchaus gegebenen normativen Prinzipien, die die

---

11 Wobei eine klassische Frage der Theologie lautet, ob Gott das Böse wollen kann, seine Allmacht also durch moralische Gesetze begrenzt ist, vgl. M. Mahlmann, Rechtsphilosophie und Rechtstheorie, § 2 Rn. 18 ff.

Verfassungsgebung anleiten müssen, soll sie denn Legitimität gewinnen. Das Bewusstsein ihrer Weltlichkeit schützt rechtliche Begriffe vor Überhöhung und öffnet das Tor für Verbesserung und Kritik.

34   Eine ähnliche Problematik ergibt sich aus folgendem Gedanken: In der Gegenwart wird häufig die These vertreten, dass moderne rechtliche Systeme auf kulturellen Voraussetzungen aufbauten, die das Recht nicht selbst schaffe.[12] Dies ist eine zutreffende und wichtige These. Eine Rechtsordnung, die keinen Rückhalt mehr bei den Menschen hat, deren Leben sie regelt, kann nicht weiterexistieren. Dies wurde für den grundrechtsgebundenen, demokratischen Rechts- und Verfassungsstaat versucht, sichtbar zu machen.

35   Über diese richtige Grundthese hinaus wird aber von manchen zusätzlich behauptet, dass die kulturellen Voraussetzungen des modernen demokratischen Verfassungsstaates gerade mit einer bestimmten Religion zusammenhingen. In Europa wird dabei vor allem die christliche, manchmal auch die sog. jüdisch-christliche Tradition genannt. Konkret soll dies etwa für den Begriff der Menschenwürde wichtig sein, der jüdischen und christlichen Vorstellungen entspringe. Ein Blick in die Ideengeschichte lehrt allerdings, dass diese, wie auch andere Rechtsideen, vielfältige Wurzeln hat, die über den europäischen Kulturkreis und spezifische religiöse Ursprünge hinausreichen.[13]

36   Zentrale Rechtsideen können zudem auch ohne Rückgriff auf religiöse Vorstellungen begründet werden. Die Legitimationslast des Rechts muss und kann die praktische Urteilskraft des Menschen in letzter Instanz allein tragen.[14] Nur wenn dies geschieht, können diese Ideen ihrer Friedensfunktion in einer Gesellschaft im Übrigen wirklich genügen, weil diese – wie erläutert wurde – gerade davon abhängt, dass sie keiner bestimmten Religion allein verpflichtet sind.[15]

37   Die notwendige legitimationstheoretische Säkularität des Rechts bedeutet aber nicht, dass nicht das große kulturelle und moralische Potential von Religionen zentrale Rechtsideen wie Menschenrechte, Rechtsstaatlichkeit und Demokratie zusätzlich stützen könnte, wie es heute denn auch tatsächlich häufig und von unterschiedlichen religiösen Standpunkten aus mit zivilisierendem Nachdruck geschieht.

---

12   Vgl. *E. Cassirer*, The Myth of the State, 1974; *E.-W. Böckenförde*, Die Entstehung des Staates als Vorgang der Säkularisation, in: ders., Staat, Gesellschaft, Freiheit, 1991, S. 112 f.
13   Vgl. *M. Mahlmann*, Elemente einer ethischen Grundrechtstheorie.
14   Vgl. *I. Kant*, Die Religion innerhalb der Grenzen der bloßen Vernunft, Akademie Ausgabe Bd. VI, S. 3. Vgl. u. §§ 14, 15.
15   Vgl. *H. Dreier*, Säkularisierung und Sakralität, 2013, S. 112: „Der moderne, freiheitliche Verfassungsstaat bedarf keiner sakralen Aura und keines Mythos. Beides schadet eher, weil es den Blick darauf verstellt, daß es sich bei dieser fragilen Gestalt um Menschenwerk handelt, das der beständigen Annahme, Belebung und Erneuerung durch seine Bürgerinnen und Bürger bedarf."

§ 13 Die Wissenschaftlichkeit der Rechtswissenschaft

Literatur: *H. Albert*, Traktat über kritische Vernunft, 5. Aufl., 1991; *P. Feyerabend*, Against Method, 4th ed., 2010; *J. v. Kirchmann*, Über die Wertlosigkeit der Jurisprudenz als Wissenschaft, 1874, Nachdruck 1999; *T. S. Kuhn*, The Structure of Scientific Revolutions, 4th ed., 2012; *M. Mahlmann*, Rechtsphilosophie und Rechtstheorie, 7. Aufl., 2022, § 40; *K. Popper*, Logik der Forschung, 11. Aufl., 2005.

I. Die Herausforderung

Dass die Rechtswissenschaft gar keine Wissenschaft sei, wird nicht nur in der Gegenwart behauptet. Bekannt ist ein Vortrag aus dem Jahr 1847 von *Julius v. Kirchmann* (1802–1884), einem praktischen Juristen und Politiker mit philosophischen Interessen, über „Die Wertlosigkeit der Jurisprudenz als Wissenschaft". Kirchmann bestreitet darin den Wissenschaftscharakter der Rechtswissenschaft und plädiert stattdessen für die unmittelbare Geltung des Naturrechts., das durch juristische Laien am besten angewandt werde. Zu den Gründen, die Kirchmann gegen die Wissenschaftlichkeit der Rechtswissenschaft anführt, gehört die Veränderlichkeit des positiven Rechts:

> „Was ist der Inhalt all jener Kommentare, Exegesen, jener Monographien, Quästionen, Meditationen, jener Abhandlungen und Rechtsfälle? Nur ein kleiner Teil davon hat das natürliche Recht zu seinem Gegenstand; neun Zehntel und mehr haben es nur mit den Lücken, Zweideutigkeiten, Widersprüchen, mit dem Unwahren, Veralteten, Willkürlichen der positiven Gesetze zu tun. Die Unkenntnis, die Nachlässigkeit, die Leidenschaft des Gesetzgebers ist ihr Objekt. Selbst das Genie weigert sich nicht, dem Unverstand zu dienen; zu dessen Rechtfertigung all seinen Witz, all seine Gelehrsamkeit aufzubieten. Die Juristen sind durch das positive Gesetz zu Würmern geworden, die nur von dem faulen Holz leben; von dem gesunden sich abwendend, ist es nur das kranke, in dem sie nisten und weben. Indem die Wissenschaft das Zufällige zu ihrem Gegenstand macht, wird sie selbst zur Zufälligkeit; drei berichtigende Worte des Gesetzgebers und ganze Bibliotheken werden zu Makulatur."[1]

Die abschließende Bemerkung von den „drei berichtigenden Worten des Gesetzgebers" ist zur Losung eines skeptischen Bildes der Rechtswissenschaft geworden, der man vielleicht eine gewisse praktische Bedeutung zumessen mag, die aber keinen wissenschaftlichen Ansprüchen genüge.

II. Der wissenschaftstheoretische Rahmen

In der Gegenwart wird diese Ansicht im Rahmen der verschiedenen Ansätze der Wissenschaftstheorie, d.h. der systematischen Erfassung der Methoden und des Gehalts der Wissenschaft, diskutiert. Ausgangspunkt der modernen Diskussion ist der *Logische Positivismus*, der zu Beginn des 20. Jahrhunderts formuliert wurde. Der Logische Positivismus geht davon aus, dass die Methode der empirischen Naturwissenschaften darüber entscheidet, was als Wissenschaft gilt und was nicht. Die empirischen Naturwissenschaften seien auf empirische Beobachtungen und die Gesetze der Logik gegründet. Soweit Theorien auf empirische Beobachtungen und logische Beziehungen zurückgeführt werden könnten, handele es sich deshalb um Wissenschaften, ansonsten

---

1 *J. v. Kirchmann*, Über die Wertlosigkeit der Jurisprudenz als Wissenschaft, 1874, Nachdruck 1999, S. 20 f.

nicht. Im Hintergrund dieser methodischen Weichenstellung stehen die großen Erfolge der Naturwissenschaften, die sie notwendig zum Muster von wissenschaftlicher Theoriebildung zu erheben scheinen.

4   Gemessen an diesen Maßstäben ist Rechtswissenschaft in ihrer dogmatischen Dimension als Entfaltung des Sinns von Rechtsnormen keine Wissenschaft, denn der Sinn einer Rechtsnorm ist kein empirisch nachweisbares Faktum der Welt. Man kann nicht durch empirische Beobachtungen einen juristischen Auslegungsstreit entscheiden, etwa ob die Meinungsfreiheit aus Art. 16 Abs. 1 f. BV, Art. 5 Abs. 1 GG oder Art. 10 EMRK auch Werbung erfasst oder nicht. Gerade „Werte" und „Wertungen", die in der rechtswissenschaftlichen Arbeit immer wieder eine Rolle spielen, können aus dieser Sicht keinen wissenschaftlichen Anspruch erheben. Sie bilden vielmehr persönliche Stellungnahmen des Wertenden und bilden „Bekenntnisse", nicht Erkenntnisse, wie *Max Weber* einflussreich formulierte.[2] Wie auch andere Zweige dessen, was als Wissenschaft galt, z.B. die Ethik oder Ästhetik, erscheint die Rechtswissenschaft von diesem wissenschaftstheoretischen Ausgangspunkt aus nicht als Wissenschaft. Ausnahme können nur empirische Perspektiven auf das Recht bilden, etwa die Rechtssoziologie, die Normen ja gerade als soziale Tatsachen betrachtet, die empirischer Untersuchung fähig sind.

5   Bestärkt wird diese Einsicht durch den *Non-Kognitivismus* der Moralphilosophie, der ebenfalls zu Beginn des 20. Jahrhunderts formuliert wurde, wenn er auch wichtige ideengeschichtliche Vorläufer hat und der bis heute von großer Bedeutung ist. Auch der Non-Kognitivismus betont, dass Wertungen Ausdruck von subjektiven Gefühlen des Wertenden seien und deswegen keinen Anspruch auf Wissenschaftlichkeit erheben könnten. Der Kognitivismus, der behauptet, dass auch in moralischen Urteilen objektive Erkenntnis erzielt werden könne, sei deshalb philosophisch nicht haltbar.

6   Der Logische Positivismus wurde zunächst durch den *Kritischen Rationalismus Karl Poppers* (1902–1994) weiterentwickelt. Popper betont, dass es bei der Theoriebildung nicht auf den Beweis von Theorien, sondern ihre Widerlegung ankomme. Vollständig beweisen könne man keine Theorie, weil diese immer nur auf eine begrenzte Menge von empirischen Tatsachen zurückgeführt werden könne. Induktionsschlüsse lieferten keine Erkenntnisse über diese Tatsachenmenge hinaus: Dass sich die Erde bisher um die Sonne bewegt hat, heißt nicht, dass sie es notwendig auch nächste Woche tut. Wissenschaft bestehe deshalb darin, gehaltvolle Hypothesen aufzustellen, die falsifiziert, d.h. widerlegt, werden könnten. Auch aus dieser Sicht ist Rechtswissenschaft als Sinnentfaltung von Normen keine Wissenschaft, weil sie solche empirisch widerlegbaren Hypothesen nicht formuliert.

7   Der Bindung des Wissenschaftsbegriffs an die Methoden der Naturwissenschaft wird wissenschaftstheoretisch allerdings in verschiedener Form widersprochen. Positionen der Gegenwart speisen sich aus verschiedenen Quellen. Traditionell ist die Trennung der *Natur-* von den *Geisteswissenschaften*. Erstere seien auf das Erklären von Kausal-, letztere auf das Verstehen von Sinnzusammenhängen ausgerichtet. Die systematische Erschließung von Sinnzusammenhängen bilde aber auch Wissenschaft. Es bedeutete eine Verarmung des Wissenschaftsbegriffs, dies zu übersehen. Heute wird der Begriff der Geisteswissenschaften durch den Begriff der *Kulturwissenschaften* abgelöst, die auf einer ähnlichen wissenschaftstheoretischen Weichenstellung beruhen. Auch hier wird bestritten, dass Wissenschaft sich auf empirisch fundierte Theorien begrenzen lasse.

---

2   *M. Weber*, Wissenschaft als Beruf, S. 598 ff.

Auch bestimmte philosophische Theorien der Gegenwart haben einigen Einfluss, die den naturwissenschaftlichen Zugang zur Welt für eine sekundäre, abgeleitete und nicht entscheidende Art der Erkenntnis der Welt halten. Zentral sind hier die Philosophie *Edmund Husserls* (1859–1938) und die Überlegungen *Martin Heideggers*, die auf Theorien von die moderne Diskussion prägenden Philosophen wie *Jürgen Habermas* großen Einfluss genommen haben. Primär sei der alltägliche, lebensweltliche Zugang zu den Dingen, zu dem auch normative Sinnzusammenhänge gehörten. Naturwissenschaftliche Theorien bildeten dagegen eine sekundäre Form des Weltverständnisses, die keinen Vorrang vor anderen Formen menschlichen Verstehens besitze.

Noch in einer weiteren Weise wird der Anspruch der Naturwissenschaften, die eigentlichen Wissenschaften zu sein, in der Gegenwart erschüttert. Es wird nicht nur behauptet, dass auch andere Zugänge zur Welt den Anspruch auf Wissenschaft erheben könnten, sondern auch, dass der Anspruch der Naturwissenschaften selbst auf tönernen Füssen stehe, häufig mit Bezug auf Überlegungen *Thomas S. Kuhns* (1922–1996) zur *Struktur wissenschaftlicher Revolutionen*.[3] Kuhn hat die These aufgestellt, dass die wissenschaftliche Entwicklung durch den Wandel grundlegender Forschungsperspektiven, sog. Paradigmen, gekennzeichnet sei. Vor allem in der *postmodernen* Diskussion der Gegenwart wird dabei in Frage gestellt, dass irgendein Forschungsparadigma beanspruchen könne, anderen überlegen zu sein. Denn keines liefere objektive Wahrheit, sondern nur an bestimmte kulturelle Weichenstellungen und Überlieferungszusammenhänge gebundene („Erzählungen"), unterschiedliche, von Menschen konstruierte Weltsichten. In der Systemtheorie *Niklas Luhmanns* wird zu ähnlichen Ergebnissen gelangt: Das autopoietische System der Wissenschaft produziere bestimmte Weltbezüge, die aber nur gesellschaftliche, historisch bedingte Konstruktionen, keine objektiven Wahrheiten bildeten.[4]

Die Rechtswissenschaft teilt aus dieser postmodernen und systemtheoretischen Sicht kein anderes Schicksal als andere Wissenschaften – auch diese können keinen Anspruch auf die objektive Wahrheit ihrer Theorien erheben.

III. Rationalitätsansprüche der Rechtswissenschaft

Auch in der Wissenschaftstheorie gehen die Meinungen also weit darüber auseinander, was eine Wissenschaft überhaupt ausmacht und wie weit der jeweilige Erkenntnisanspruch reicht. Wenn man bestimmte, oben genannte, moderne Ansätze ernst nimmt und ihre Konsequenzen zieht, trifft das Verdikt der Wertlosigkeit nicht nur die Rechtswissenschaft, sondern die Wissenschaft überhaupt.

Festzuhalten ist aber entgegen derartigen Tendenzen, dass es keineswegs ein zwingendes Ergebnis der modernen Wissenschaftstheorie ist, dass es keinerlei Maßstäbe menschlicher Erkenntnis gibt. Die genauen Maßstäbe für bessere oder schlechtere wissenschaftliche Theorien sind schwer zu bestimmen und das Bild ist ohne Zweifel komplizierter, als es etwa dem Logischen Positivismus erschien, z.B. in Hinblick auf den Ursprung und die Bedingungen kreativer Leistungen wie der Bildung leitender Forschungshypothesen. Dennoch liefern Kriterien wie Konsistenz, explanative Tiefe der Theorie, Kohärenz mit anderen theoretischen Annahmen, empirische Fundierung

---

3 *T. S. Kuhn*, The Structure of Scientific Revolutions, 4th ed., 2012.
4 *N. Luhmann*, Die Gesellschaft der Gesellschaft. Bd. 1 und 2, 1998; ders., Die Wissenschaft der Gesellschaft, 1990.

usw Ansatzpunkte der Bewertung. Die These des antiken Philosophen *Anaximander* (611–546 v. Chr.), dass die Erde ein Zylinder sei, dessen Durchmesser dreimal so groß sei wie seine Höhe, bildet deshalb eine schlechtere Theorie als die moderne Auffassung von der Form der Erde.

12 Man sollte auch durchaus den Naturwissenschaften mit Respekt begegnen, die in der Tat bemerkenswerte Leistungen erbracht haben, die mehr sind als der Ausdruck zufälliger „Erzählungen". Dieser Respekt heißt nun aber nicht, dass andere systematische geistige Bemühungen, die aufgrund ihres Gegenstandes auf andere Methoden verwiesen sind, nur Spiel und Willkür wären. Auch in der Rechtswissenschaft (wie in anderen Wissenschaften jenseits der Naturwissenschaften) gibt es intellektuelle Standards, die ihren Wissenschaftsanspruch fundieren. Dazu gehören formale Standards wie Konsistenz und Kohärenz der Argumentationen mit Wortlaut, Historie, Systematik und Teleologie. Dazu gehört auch die Differenzierung und Vielschichtigkeit der Argumentation, die sich mit Gegenpositionen begründet auseinandersetzt. Mit einem gegebenen normativen Material sind zwar regelmäßig verschiedene Auslegungen vereinbar, aber häufig nicht gleich gut. Manchmal ist eine Auslegung auch in keiner Weise juristisch begründbar. Um ein bereits erwähntes Beispiel erneut zu bemühen: Dass das Verbot der Todesstrafe in Art. 10 Abs. 1 BV oder Art. 102 GG mit der Erlaubnis einer Exekution als Sanktion für eine Straftat vereinbar sei, kann auch durch scharfsinnige juristische Argumentationen nicht plausibel gemacht werden.

13 Zur rechtswissenschaftlichen Rationalität gehört zudem ein materiales Element, nämlich ein nachvollziehbarer Bezug auf grundlegende Werturteile. Weil es solche grundlegenden Urteile gibt, ist die Aussage, dass Gleiches gleich behandelt werden solle, z.B. eine überzeugendere Konkretisierung von Prinzipien der Gerechtigkeit, als dass Gleiches ungleich zu behandeln sei. Diese Werturteile bilden neben anderen Elementen die Grundlage für komplexere normative Prinzipien, die die Rechtsordnungen strukturbildend durchziehen. Das für viele Auslegungsfragen maßgebliche Prinzip der Rechtsstaatlichkeit ist etwa nicht zuletzt durch gleiche Autonomieansprüche von Menschen motiviert, deren Verwirklichung die voraussehbare Gestaltung der Sozialverhältnisse durch Recht verlangt.

14 Die Frage, wie diese grundlegenden Werturteile fundiert sind und was ihre genauere Gestalt ist, führt zu klassischen Problemen der Rechtsphilosophie und Rechtstheorie, die hier sehr unterschiedliche Antworten geben. Es gibt aber jedenfalls ernstzunehmende Theorien, die diese grundlegenden Werturteile in einer Weise fassen, die sie zu mehr machen als einem bloßen Ausdruck von subjektivem Belieben, z.B. durch ihre Einbettung in die moderne Theorie des menschlichen Geistes und menschlicher moralischer Urteilsfähigkeit. In jedem Fall sind sie die materialen Konstituenzien rechtswissenschaftlicher Rationalität. Ein Rechtssystem, das etwa das Gleichheitsprinzip verletzen würde, könnte keinen begründeten Anspruch auf juristische Vernünftigkeit erheben.[5]

15 Bei der Beantwortung der Frage nach der Wissenschaftlichkeit der Rechtswissenschaft spielt die Veränderlichkeit ihres Gegenstandes eine wichtige Rolle, wie sie schon Kirchmann betont hat. Es gehört ohne Zweifel zu den Eigenschaften rechtswissenschaftlicher Tätigkeit, Mühen auf Normen aufzuwenden, die durch Gesetzgebungsakte verändert oder aufgehoben werden können. Diese Mühen sind aber deswegen nicht notwendig umsonst. Diese Normen haben regelmäßig Konsequenzen für Menschen,

---

[5] Vgl. näher *M. Mahlmann*, Rechtsphilosophie und Rechtstheorie, § 34 Rn. 7.

III. Rationalitätsansprüche der Rechtswissenschaft

die die für die Auslegung aufgewandte Arbeit allein schon legitimieren. Im Übrigen kann die Veränderlichkeit des positiven Rechts durchaus zu ein wenig juristischer Selbstironie und Bescheidenheit Anlass geben, die die Grenzen der eigenen Tätigkeit wahrnehmen.

Allerdings ist nicht nur die Veränderlichkeit des Rechts bemerkenswert, sondern auch die Unveränderlichkeit bestimmter Rechtsvorstellungen. Das gilt für solche Phänomene wie die Analyse gerechtfertigter Zurechnung von Handlungen in der klassischen griechischen Philosophie oder das römische Recht, das über Jahrtausende einen Bezugspunkt der Diskussion gebildet hat. Das gilt aber auch für andere Rechtsinhalte. Der Gesetzgeber könnte manches im positiven Recht ändern, es geschieht aber nicht, weil es bleibende gute Gründe für eine bestimmte Regelung gibt. Die systematische dogmatische Entfaltung einer Rechtsmaterie besitzt deshalb Wert über den Tag hinaus. Die verschiedenen Rechtsmaterien des Zivilrechts., Strafrechts. oder öffentlichen Rechts werden fortwährend modifiziert. Das ändert aber nichts daran, dass diese Änderungen sich in einem bestimmten entwickelten rechtswissenschaftlichen Rahmen bewegen, den ein Gesetzgeber nicht einfach ignorieren kann. Die Einzelheiten etwa der Regelung eines Vertragsschlusses, der Zurechnung von Handlungen oder der Inhalte von Menschenrechtskatalogen mögen sich ändern. Damit wird aber nicht das rechtswissenschaftliche Verständnis des Vertragsschlusses, strafrechtlicher Zurechnung oder der Struktur von Menschenrechten entwertet, im Gegenteil. Es ist die notwendige Basis jeder legitimen gesetzgeberischen Neukonzeption.

16

§ 14 Gerechtigkeit

Literatur: *Aristoteles*, Nikomachische Ethik, auf der Grundlage der Übersetzung v. E. Rolfes hrsg. v. G. Bien, 1985; *S. Gosepath*, Gleiche Gerechtigkeit, 2004; *H. Kelsen*, Das Problem der Gerechtigkeit, in: ders., Reine Rechtslehre, 2. Aufl., 1960, S. 357 ff.; *M. Mahlmann*, Rechtsphilosophie und Rechtstheorie, 7. Aufl., 2022, § 19; *J. Rawls*, A Theory of Justice. Revised Edition, 1999; *A. Sen*, The Idea of Justice, 2009.

I. Gerechtigkeitserfahrung und Zweifel am Gerechtigkeitsbegriff

1   Gerechtigkeit ist die ethische Grundidee und der zentrale Leitbegriff des Rechts. Inhaltlich ist Gerechtigkeit eng mit Gleichheit verbunden.[1] Schon bei einfachen Verteilungsfragen scheint das offensichtlich zu sein. Wenn unter Freunden der eigenen Kinder bestellte Pizza verteilt wird, ist klar, dass alle ein gleich großes Stück erhalten. Auf den zweiten Blick scheint die Lage aber komplizierter zu sein. Wenn einer der Freunde besonders großen Hunger hat, ein anderer dagegen nur wenig Appetit – ist es dann nicht gerecht, dem einen ein größeres, dem anderen ein kleineres Stück zu geben? Wenn das eine Kind sich von einer Krankheit erholt – kann man ihm dann nicht, ohne Gerechtigkeitsprinzipien zu verletzen, ein größeres Stück geben? Wie ist es mit dem Kind, das geholfen hat, die Pizza zu holen – hat es eine Belohnung verdient?

2   Kann deswegen nicht zumindest in bestimmten Fällen Gleichheit ungerecht und Ungleichheit gerecht sein? Diese Fragen verschärfen sich bei politisch umstrittenen Verteilungsfragen einer Gesellschaft. Sind ungleiche Einkommen bei ungleichen Leistungen nicht gerecht? Zählen Bedürfnisse nicht unterschiedlich in Systemen sozialer Sicherheit? Wäre es gerecht, Nichtbedürftige ebenso zu unterstützen wie Menschen mit echten Bedürfnissen? Ist es nicht gerecht, Menschen mit höherem Einkommen durch eine Steuerprogression höheren steuerlichen Belastungen auszusetzen als Menschen mit geringerem Einkommen?

3   Es geht mithin um wichtige politische, soziale, kulturelle und rechtliche Fragen, die mit großer Leidenschaft diskutiert werden. Das gilt für die Gegenwart nicht weniger als für die Ideengeschichte. Diese Geschichte ist lang und vielfältig – Menschen streiten mit größter Leidenschaft seit Jahrtausenden um den Gehalt und die politischen und rechtlichen Folgen von Gerechtigkeitsideen. *Platon* z.B. entwickelt in seinem Entwurf eines Idealstaates die Idee, dass jeder das Seine zu leisten, aber auch zu bekommen habe, und verbindet Gerechtigkeit auf komplexe Weise mit Gleichheit.[2] *Aristoteles* führt diese Ideen weiter und prägt klassische Bestimmungen der allgemeinen Gesetzesgerechtigkeit, der austeilenden Gerechtigkeit (*iustitia distributiva*) und ausgleichenden Gerechtigkeit (*iustitia commutativa*).[3] Gleichheitsprobleme sind in den Gesellschaftsvertragstheorien, in der kantischen Ethik, dem Utilitarismus oder dem Marxismus von zentraler Bedeutung und jeweils zumindest implizit in diesen Theorien mit Ge-

---

[1] *S. Gosepath*, Gleiche Gerechtigkeit, 2004, S. 463, resümiert programmatisch: „Gleichheit ist der Inbegriff der Gerechtigkeit".
[2] *Platon*, Politeia, 367e ff., 433a-e, 558c; ders., Nomoi, 757a.
[3] *Aristoteles*, Nikomachische Ethik, 1129a ff.

I. Gerechtigkeitserfahrung und Zweifel am Gerechtigkeitsbegriff

rechtigkeitsfragen verbunden.[4] In der Gegenwart sind *John Rawls'* (1921–2002) zwei Prinzipien der Gerechtigkeit ein zentraler Bezugspunkt der Diskussion.[5]

Es gibt aber auch grundlegenden Zweifel am Begriff der Gerechtigkeit. Aus dieser skeptischen Sicht ist Gerechtigkeit ein hohler Begriff ohne Inhalt, geeignet für emotionale Appelle und politische Rhetorik, aber ohne sachlichen Gehalt.

Ein berühmtes Beispiel für diesen Gerechtigkeitsskeptizismus ist *Kelsen*. Gerechtigkeit sei in der Geschichte mit verschiedenen Formeln konkretisiert worden, die alle aber nicht bestimmten, was konkret im Einzelfall gerecht sei und was nicht. Durch die einzelnen Versuche, den Inhalt von Gerechtigkeit zu bestimmen, werde die Inhaltslosigkeit dieses Begriffs deshalb nur noch deutlicher. Der Inhalt von Gerechtigkeit könne auch gar nicht bestimmt werden, weil solche Inhaltsbestimmungen subjektiv blieben und nur Ausdruck einer bestimmten ethischen Position seien, die keinen Anspruch auf Allgemeingültigkeit erheben könne.[6]

Radbruch hält den Zusammenhang von Gerechtigkeit und Gleichheit für wichtig, meint aber, dass die Bestimmung dessen, was gleich sei und welche Behandlung aus der Gleichheit folge, nicht objektivierbar sei.[7] Ähnlich argumentiert *Luhmann*: Gerechtigkeit sei nichts weiter als eine „Kontingenzformel", die beliebig benutzt werden könne, um die Geschlossenheit des Systems zu gewährleisten, die aber inhaltlich keinen allgemeinen oder gar objektiv bestimmbaren Gehalt habe.[8]

Der Zweifel am klaren Sinn von Gerechtigkeit überrascht nicht. Was Gerechtigkeit in konkreten Fällen heißt, ist, wie bereits angedeutet, sehr umstritten. Ein Weg, mit diesem Befund umzugehen, besteht darin, die Idee aufzugeben, dass Gerechtigkeit einen bestimmbaren Gehalt besitzt, der den Anspruch erheben könnte, mehr zu sein als eine persönliche Meinung. Gerechtigkeit ist aus diesen Perspektiven umstritten, weil diese Idee keinen solchen allgemeingültigen Gehalt besitzt.

Dieser Weg ist der einfachste, mit den Problemen der Gerechtigkeit umzugehen. Er ist aber vielleicht zu einfach. Denn Gerechtigkeit ist zwar in vieler Hinsicht umstritten, in mancher aber auch nicht. Es gibt z.B. sehr wohl Ungerechtigkeitserfahrungen, die allgemein geteilt werden und zwar aus guten, und wie es scheint, belastbaren Gründen. Wäre es nicht ungerecht, bestimmte Menschengruppen von Grundrechten auf Würde, Leben oder Freiheit auszuschließen? Ist es wirklich nur eine subjektive Meinung ohne Anspruch auf allgemeine Begründbarkeit, dass Frauen wie Männer ein Stimmrecht in einer Demokratie genießen sollten? Kann man tatsächlich begründen, dass es gerecht wäre, das Einkommen und Vermögen einer Gesellschaft aufgrund von Geburt in eine aristokratische Klasse zu verteilen? Wäre es gerecht, Noten in Universitätsprüfungen nach der sozialen Stellung der Eltern der Studierenden zu vergeben? Ließen sich dafür irgendwelche Gründe finden, die auch nur im Ansatz überzeugend wären?

Wenn es sich der Gerechtigkeitsskeptizismus aber wohl zu einfach macht – was ist dann der Kern der Gerechtigkeit? Wie sich nun zeigen soll, kann man durchaus eini-

---

4 Vgl. *M. Mahlmann*, Rechtsphilosophie und Rechtstheorie, §§ 5, 9, 12, 13.
5 *J. Rawls*, A Theory of Justice. Revised Edition, 1999. Zur neueren Gerechtigkeitstheorie jenseits von Rawls neben den dort genannten Beispielen vgl. z.B. *S. Gosepath*, Gleiche Gerechtigkeit; *D. v. d. Pfordten*, Rechtsethik; *W. Kersting*, Kritik der Gleichheit, 2002.
6 *H. Kelsen*, Das Problem der Gerechtigkeit, in: ders., Reine Rechtslehre, 2. Aufl., 1960, S. 357 ff.
7 *G. Radbruch*, Rechtsphilosophie, in: ders., Rechtsphilosophie Studienausgabe, hrsg. v. R. Dreier/S. L. Paulson, 2. Aufl., 2003, S. 211 ff., vgl. u. § 14 II.
8 *N. Luhmann*, Das Recht der Gesellschaft, S. 214 ff.

ge klare Gehalte der Gerechtigkeitsidee bestimmen. Die lange, große Tradition der Gerechtigkeitsreflexion von Sokrates, Platon oder Aristoteles bis in die Gegenwart war keineswegs nur das drollige Spiel mit hübsch schillernden Seifenblasen, die beim kleinsten Stich der Kritik spurlos zerplatzen.

II. Gerechtigkeit als Gleichheit

10 Gerechtigkeitsurteile sind normativ. Sie schaffen eine Verpflichtung zu Handlungen und einen Anspruch oder ein Recht auf eine gerechte Behandlung. Sie beanspruchen Geltung und damit, mehr zu sein als eine Laune oder Vorliebe. Die bewerteten Objekte von Gerechtigkeitsurteilen sind Handlungsintentionen und Handlungen, davon abgeleitet Handlungsdispositionen von Menschen (wie Charaktere) oder durch menschliche Handlungen letztendlich konstituierte Institutionen, etwa eine Staatsordnung, die Güter in bestimmter Weise verteilt. Mit einem Gerechtigkeitsurteil wird regelmäßig eine Handlung bewertet, die andere Personen betrifft.[9]

11 Der materiale Kern der Gerechtigkeit als normatives Prinzip ist nun trotz der Tatsache, dass Gerechtigkeit gerade Ungleichbehandlung gebieten kann, Gleichheit. Denn hinter dieser Ungleichbehandlung stehen konstitutive Gleichheitsbeziehungen, die man aufzeigen kann. Wenn dies gelingt, ist der Knoten aus Gerechtigkeit, Gleichheit und Ungleichbehandlung theoretisch im Grundsatz gelöst.

12 Gleichheit spielt in zweifacher Hinsicht eine Rolle in Gerechtigkeitsurteilen. Gleichheit ist ein Verhältnis von Dingen, eine Relation. Gleichheitsrelationen müssen nun in verschiedener Hinsicht gewahrt bleiben, wenn eine gerechte Handlung vollzogen werden soll. Erstens ist Gleichheit zwischen der Handlung, die der bewertete Gegenstand des Gerechtigkeitsurteils ist, im Verhältnis zum Anlass der Handlung zu wahren. Zweitens ist Gleichheit im Verhältnis zwischen zwei Adressaten einer Handlung für das Gerechtigkeitsurteil konstitutiv. Die erste Beziehung soll personal nicht-relationale, die zweite personal relationale Gleichheit heißen. Dabei ist weiter zwischen der Verteilung von materiellen und immateriellen Gütern (z.B. Lebenschancen, Freiheiten) auf der einen und der Wiederherstellung einer gestörten Verteilung auf der anderen Seite zu unterscheiden.

13 Als Beispiel für eine gerechte Verteilung von Gütern soll die Benotung dienen. Eine Benotung bildet selbst ein Gut und ist regelmäßig mit weiteren Gütern verknüpft. Ein guter Universitätsabschluss kann z.B. bestimmte Lebenschancen eröffnen, ein schlechter solche verschließen. Anlass und Kriterium einer Benotung ist die erbrachte Leistung in der Prüfung. Wenn eine Studentin alle Fragen einer Prüfung richtig beantwortet hat, ist es gerecht, ihr die beste mögliche Note zu geben. Eine Gleichheitsrelation ist zwischen der Benotung als Handlung, die Gegenstand des Gerechtigkeitsurteils bildet, und der in der Prüfung erbrachten Leistung als Anlass und Kriterium dieser Handlung zu wahren. Wenn dies z.B. durch Vergabe der Bestnote erfolgt, ist die Handlung (die Bewertung) gerecht. Die Gerechtigkeit der Handlung ist dabei nicht abhängig von der Behandlung anderer Menschen. Es ist ohne Rücksicht auf die Benotung anderer Studierender und selbst für den Fall, dass nur eine Person die Prüfung ablegt, gerecht, die Bestnote zu vergeben, wenn die bestmögliche Leistung erbracht wurde. Das Ge-

---

[9] Vgl. *Aristoteles*, Nikomachische Ethik, 1138a ff., mit einer allerdings differenzierten Analyse, die der Sache nach Pflichten gegen sich selbst zulässt; *T. v. Aquin*, Summa theologica, Complete English Edition in five Volumes, translated by the Fathers of the English Dominican Province, Vol. Three, II^a IIae QQ. 1–148, 1948, II-II, q. 58, 2.

II. Gerechtigkeit als Gleichheit

rechtigkeitsurteil ergibt sich direkt aus dem Verhältnis von Anlass und Handlung, der Leistung und der Benotung. Gerecht ist es, hier eine Äquivalenzbeziehung zu erhalten.

Für das Gerechtigkeitsurteil kann es aber auch auf die Gleichbehandlung von Personen ankommen. Dies kann sich indirekt ergeben, wenn eine Handlung verhältnismäßig gleich sowohl in Bezug auf Anlass A als auch in Bezug auf Anlass B ist: Zwei Studierende beantworten alle Fragen einer Prüfung richtig und erhalten deshalb beide die Bestnote. Sie werden gleich behandelt, ohne dass ihre Leistungen dazu verglichen werden müssten (es sind z.B. Studierende verschiedener Kurse, die eine zentral gestellte, von unterschiedlichen Korrektoren bewertete Aufgabe gelöst haben). Die gleiche Benotung ergibt sich hier schon aus dem Verhältnis von Leistung und Note, da die gleiche Leistung erbracht wurde und folglich die gleiche Note vergeben wird.

Die Gleichheit der Behandlung von Personen kann für ein Gerechtigkeitsurteil auch in diesen Fällen bedeutsam sein, um die Einhaltung von Verteilungsstandards zu kontrollieren. Eine Benotung ist etwa nur gerecht, wenn proportionale Gleichheit zwischen der Leistung verschiedener Studierender und ihren jeweiligen Noten gewahrt wird. Wenn A eine doppelt so gute Leistung wie B erbringt, muss sich dies in der Art der Bewertung widerspiegeln, wenn sich dies praktisch auch nur höchst annäherungsweise wird verwirklichen lassen.

Gerechtigkeitskriterien können zudem nicht nur verletzt werden, weil die Anwendung von bestimmten Handlungsmaßstäben Gleichheitsrelationen verletzt, z.B. die Vergabe einer schlechten Note für eine gute Leistung oder eine im Verhältnis zu B schlechte Note für A, wenn A eine im Vergleich zu B gute Leistung erbracht hat. Es ist auch ungerecht, ungleiche Standards auf verschiedene Personen anzuwenden. Wenn bei einer Studierenden die Notenvergabe aufgrund der hohen sozialen Stellung ihrer Eltern in der betreffenden Gesellschaft erfolgt, bei anderen aber aufgrund der erbrachten Prüfungsleistung, ist die Anwendung dieser verschiedenen Standards ungerecht, unabhängig davon, ob tatsächlich gemäß dieser Standards gehandelt wird oder nicht. Die relevanten Maßstäbe müssen gleich sein, weil die Personen, die Adressaten der unter Gerechtigkeitsgesichtspunkten zu beurteilenden Handlungen sind, in relevanter Hinsicht gleich sind. Es gibt zudem Fälle, in denen keine besonderen Verteilungskriterien existieren. Dies ist insbesondere dann der Fall, wenn Güter knapp sind und diejenigen, die an der Verteilung teilhaben, einen möglichst großen Anteil an den Gütern erlangen wollen. Dies gilt für materielle Güter ebenso wie für immaterielle, wie Freiheiten oder Lebenschancen.

Als einfaches Beispiel hierfür kann wieder die Verteilung der Pizza dienen. Wenn es keine besonderen Gründe für eine Abweichung (wie etwa das Bedürfnis eines Hungernden) gibt, sondern alle, an die verteilt werden soll, die Pizza gleich gerne verspeisen möchten, ohne dass alle so viel abbekommen können, wie sie gerne verzehren möchten, dann ist eine gleiche Verteilung an alle gerecht. Die Gerechtigkeit dieser gleichen Verteilung ergibt sich nur aus dem Vergleich verschiedener Adressaten der Verteilung, zwischen denen verhältnismäßige Gleichheit hergestellt werden muss. Da im genannten, einfachen Fall davon ausgegangen wird, dass keine besonderen Verteilungskriterien wie das Bedürfnis einschlägig sind, besteht eine solche verhältnismäßig gleiche Verteilung in einer quantitativ gleichen Verteilung des Gutes (der Pizza), weil die Adressaten in Hinsicht auf die Verteilung keine relevanten Unterschiede aufweisen. Niemand hat ein größeres Pizzastück verdient als andere.

18   Im Rahmen des Rechts ist die Verteilung von Freiheiten in einer Gesellschaft ein wichtiges Beispiel für eine solche Konstellation. Freiheiten sind in einer Gesellschaft ein knappes Gut. Es mag dem individuellen Freiheitsverlangen etwa entsprechen, morgens um 3.00 Uhr in einem Wohnviertel eine Spontanstraßenparty zu veranstalten. Unter den Bedingungen sozialen Zusammenlebens muss diese Freiheit begrenzt werden, konkret so, dass die Freiheit des einen mit der Freiheit anderer vereinbar ist. Freiheit unter Gerechtigkeitsprinzipien ist eine universalisierbare Freiheit, also für jede Person gleich weit reichende Freiheit. In Grundrechtssystemen wird dies durch Schutzbereichsbestimmungen und durch das Schrankenregime, insbesondere den Verhältnismäßigkeitsgrundsatz, erreicht. Die Freiheit, nächtliche Spontanstraßenpartys zu veranstalten, kann deswegen legitimen Grenzen unterworfen werden.

19   Gleichheit der Behandlung ist nicht nur in quantitativer, sondern auch in qualitativer Hinsicht wichtig. Ein Hochschullehrer, der den Studierenden für gute Leistungen gleich schlechte Noten gibt, handelt nicht gerecht.

20   Bisher ging es um die Maßstäbe der Gerechtigkeit von Güterverteilungen. Auch die Wiederherstellung oder Bewahrung von gerechten Zuständen bildet eine Gerechtigkeitsfrage, die klassischerweise der ausgleichenden Gerechtigkeit zugerechnet wird. Paradigmatischer Fall ist die Restitution: Nach einem schädigenden Ereignis muss aus Gerechtigkeitsgründen der Schaden behoben oder entsprechender Schadensersatz geleistet werden. Neben Schadensersatz sind Austauschgeschäfte im weiteren Sinne, also Tausch, Kauf, Miete usw, und Strafe die klassischen Beispiele ausgleichender Gerechtigkeit. Austauschgeschäfte wurden lange als echte Äquivalenzbeziehungen angesehen, bei denen der Wert von Leistung und Gegenleistung sich zu entsprechen hatte. Heute wird hier im Regelfall nicht auf einen objektiv gerechten Preis, sondern auf eine Äquivalenzbeziehung von Angebot und Nachfrage zurückgegriffen. Bei der Strafe ist Gleichheit heute ein Strafzumessungsprinzip: Die Strafe muss schuldangemessen sein.

21   Damit ergibt sich als erster wesentlicher Inhalt des Gerechtigkeitsbegriffs Folgendes: Gerechtigkeit besteht, allgemein gefasst, in der Bewahrung von Gleichheitsrelationen. Sie besteht darin, wesentlich Gleiches gleich und wesentlich Ungleiches ungleich zu behandeln. Genauer formuliert setzt Gerechtigkeit erstens voraus, gleiche Verteilungsstandards auf in wesentlicher Hinsicht gleiche Adressaten der Verteilung anzuwenden. Aufgrund der Wertgleichheit von Menschen heißt dies, dass alle Personen nach gleichen Prinzipien behandelt werden müssen.[10] Bei der Verteilung von knappen Gütern und dem Fehlen eines speziellen Verteilungskriteriums ist zweitens eine gleiche Verteilung unter Personen gerecht. Drittens setzt Gerechtigkeit Gleichheit bei der Anwendung von Verteilungsmaßstäben voraus. Zwischen dem Maß der Gegebenheit des Verteilungskriteriums (z.B. der Qualität der Leistung) bei verschiedenen Adressaten der Verteilung (z.B. der Studierenden) und dem Maß des jeweils verteilten Gutes (z.B. der Noten) muss eine Äquivalenzbeziehung gewahrt werden. Auch eine einzelne Studierende hat bei guter Leistung eine gute Note verdient. Beim Ausgleich von gestörten

---

10   Mit dieser Aussage sind Bevorzugungen bestimmter Personengruppen wie z.B. beim Mutterschaftsurlaub vereinbar. Das Prinzip, dass auf besondere Bedürfnisse durch Recht unter bestimmten Umständen eingegangen werden kann, ist auf alle Menschen anwendbar. Nicht alle Menschen haben aber die spezifisch notwendigen besonderen Bedürfnisse, Männer z.B. nicht in Bezug auf die Belastungen einer Schwangerschaft. Zu Reaktionen auf Belastungen durch Kinderbetreuung ist dadurch noch nichts gesagt.

Verteilungsverhältnissen ist viertens eine Äquivalenzbeziehung zwischen Störung und Ausgleich zu erhalten, etwa zwischen Schaden und Schadensersatz.[11]

III. Gerechtigkeit und Ungleichheiten

Angenommen, die vorstehende Analyse trifft etwas Richtiges. Warum streitet man dann so intensiv um Gerechtigkeitsfragen? Wenn man diese Auseinandersetzungen näher analysiert, zeigt sich ein interessanter Sachverhalt, der hilft, diese Frage zu beantworten. Bei genauerem Hinsehen ergibt sich nämlich, dass in diesen Auseinandersetzungen nicht über die festgehaltenen Gleichheitsrelationen gestritten wird, sondern um ganz andere Gegenstände. Es geht vor allem darum, welche Aspekte eines bewerteten Gegenstandes für die Feststellung von bewahrter Gleichheit und damit für das Gerechtigkeitsurteil relevant sind und welche Konsequenzen sich daraus ergeben. Eine wichtige Frage der historischen Auseinandersetzungen betraf etwa die Frage, ob alle Menschen gleichwertig seien und deswegen die gleichen Rechte hätten oder ob bestimmte Gruppen – z.B. Männer – mehr Rechte hätten als andere Menschengruppen – z.B. Frauen. In diesen Diskussionen hat niemand argumentiert, Männer und Frauen seien gleich, auf beide Gruppen müssten aber dennoch unterschiedliche Maßstäbe der Zuteilung von Rechten angewandt werden. Niemand hat auch behauptet, Männer und Frauen seien zwar gleich, es müssten auch die gleichen Maßstäbe der Zuteilung von Rechten angewandt werden, beide hätten aber dennoch unterschiedliche Rechte, weil es gerecht sei, Gleiches ungleich zu behandeln. Es wurde vielmehr ganz anders argumentiert: Die Ungleichheit der Geschlechter wurde (und wird z.T. noch heute) behauptet, z.B. in Hinblick auf die Fähigkeit zur autonomen Selbstbestimmung als Maßstab der Verteilung von Rechten, und daraus die Schlussfolgerung der legitimen Ungleichverteilung der Rechte von Männern und Frauen gezogen. Die Prinzipien bewahrter Gleichheitsrelationen als Kern der Gerechtigkeit wurden also angewandt, allerdings unter der falschen Prämisse der Ungleichheit von Männern und Frauen in Hinblick auf ihre Fähigkeit zur autonomen Selbstbestimmung. Heute steht die Gleichwertigkeit aller Menschen, die auf den Rechtsbegriff der Menschenwürde gebracht wurde (vgl. u. § 15 III.3), dagegen außer Frage und deswegen auch die Gleichheit ihrer Rechte.

Die Wertgleichheit der Menschen führt zur Rechtfertigungsbedürftigkeit von Ungleichbehandlungen. Eine Rechtfertigung von Ungleichbehandlungen ist dabei dann möglich, wenn es Unterschiede zwischen den ungleich behandelten Sachverhalten gibt, die dazu führen, dass eine Gleichbehandlung Gleichheitsrelationen gerade verletzen würde.

Wenn etwa aus einer gegebenen Menge Nahrung einem Verhungernden genauso viel gegeben wird wie einem Nichtverhungernden, ist diese scheinbare Gleichbehandlung durch die Zumessung der gleichen Menge Nahrung tatsächlich eine Ungleichbehandlung, weil die relevante Ungleichheit übersehen wird – hier begründet durch das unterschiedliche Bedürfnis nach Nahrung. Es liegt deshalb eine Ungerechtigkeit vor.

Auch die Kriterien der Verteilung für bestimmte Güter und Verteilungssphären und ihre konkrete Bedeutung können zu Meinungsverschiedenheiten Anlass geben. Welche Bedeutung hat Leistung z.B. bei der Verteilung von materiellen Vorteilen? Welche Bedürfnisse? Wenn hierüber Einigkeit erzielt wird, ergeben sich weitere, nicht leicht zu

---

11 Selbstverständlich kann es für ein Recht andere Gesichtspunkte für die Bemessung von Schadensersatz geben, z.B. Strafzwecke bei *punitive damages*.

beantwortende Fragen. Was zählt eigentlich als Leistung? Zählt nur die Erwirtschaftung materieller Güter? Wie ist es mit anderen Leistungen, deren Wert sich in Geld nicht ausdrücken lässt, z.b. der fürsorglichen Krankenpflege oder der Erziehung von Kindern? Inwieweit kann man bei der Bemessung von Leistung die von den Einzelnen unbeeinflussbare Verteilung der natürlichen Talente von Menschen unberücksichtigt lassen?

26 Der Streit um diese Fragen setzt voraus, dass die Bewahrung von Gleichheitsrelationen den Kern der Gerechtigkeit ausmacht. Die Auseinandersetzungen drehen sich auf dieser Grundlage darum, welches Verteilungskriterium für welches Gut die Verteilung bemisst. Wenn Einigkeit darüber besteht, dass Leistung für eine Verteilung zählt und klar ist, dass eine größere Leistung vorliegt, dann bezweifelt niemand, dass es gerecht ist, dies bei der Verteilung zu berücksichtigen, z.b. bei der Benotung.

27 Bei allen Auseinandersetzungen wurde in mancher Hinsicht in Bezug auf diese Fragen auch Einigkeit erzielt. Leistung ist beispielsweise für bestimmte (und sogar besonders wichtige) Güter unstreitig kein Verteilungskriterium, etwa für die politischen Mitwirkungsrechte. In einer modernen Demokratie werden besonders politisch wohl informierte oder urteilssichere Staatsbürger und -bürgerinnen nicht mit einem höheren Gewicht ihrer Stimmen belohnt. Im Sozialstaat haben Bedürfnisse von Menschen in bestimmtem Umfang (unstreitig bis zum Existenzminimum, plausiblerweise auch darüber hinaus) bei der Güterverteilung Vorrang vor anderen Verteilungskriterien. Das Rechtssystem kann auch bestimmte Kriterien für die Behandlung von Menschen verbieten – die Diskriminierungsverbote des Art. 8 Abs. 2 BV oder Art. 3 Abs. 3 GG sind Beispiele hierfür.

28 Die Diskriminierungsverbote verkörpern Übereinstimmung darüber, was jedenfalls keinen Grund für Ungleichbehandlungen bilden kann für die hoheitliche Gewalt und in gewissem Umfang auch für Private. Diese historisch gewonnenen Einsichten können ermutigen, den Gerechtigkeitsbegriff nicht vorschnell zu den Akten zu legen. Sie zeigen, dass konkrete Gerechtigkeitsfragen zwar umstritten, aber nicht prinzipiell unlösbar sind.

29 Einen weiteren wichtigen Gesichtspunkt bildet eigenverantwortliches Handeln von Einzelnen. Ungleichheiten, die auf eigenverantwortliches Handeln zurückzuführen sind, verstoßen regelmäßig nicht gegen Gerechtigkeitsprinzipien. Wenn eines der Kinder sein Pizzastück aus Spaß an die Wand wirft, wäre es kein Gebot der Gerechtigkeit, es auf Kosten der anderen mit einem neuen zu versorgen. Der Grund hierfür und die Grenzen dieses Grundsatzes werden deutlicher, wenn man einen Blick auf die Objekte von Verteilungsmechanismen in einer Gesellschaft wirft.

IV. Verteilungsgegenstände

30 Es wird intensiv darüber debattiert, was eigentlich den zentralen Gegenstand von Verteilung auf gesellschaftlicher Ebene bildet.

31 Wohlfahrtstheorien ziehen die Gleichheit des tatsächlichen Wohlergehens der Menschen, etwa gemessen durch den Grad der Erfüllung der eigenen Wünsche oder Präferenzen, heran. Problematisch ist an diesem Ansatz, dass das Wohlergehen von Menschen schwer zu sichern ist. Alle Wünsche oder Präferenzen können auch nicht den gleichen Anspruch haben, befriedigt zu werden. Bestimmte Luxusgüter, z.b. eine Yacht auf dem Mittelmeer, können die Bedingung des Glücks bestimmter Personen

sein. Dennoch wäre es nicht gerechtfertigt, diesem Wunsch das gleiche Gewicht zu geben wie dem Bedürfnis nach Grundgütern des Lebensunterhalts.

Aus anderer Perspektive sind Chancen entscheidend. Diese Chancen werden dabei weithin als reale Möglichkeiten verstanden: Chancen bestehen nur dann, wenn Menschen tatsächlich in der Lage sind, ihre persönlichen Ziele zu verfolgen. Es hat sich dabei ein breiter Konsens entwickelt, dass dazu bestimmte zufällige, nicht auf eigenen Entscheidungen beruhende Nachteile ausgeglichen werden müssen, etwa eine körperliche Behinderung.[12] Im Einzelnen werden dabei unterschiedliche Wege verfolgt.[13]

Voraussetzung der Stellungnahme zu diesen Debatten ist, dass man menschliche Güter in ihrer Wichtigkeit allgemeingültig bewerten kann. Dass dies möglich ist, ist keineswegs offensichtlich, da sich die Vorlieben der Menschen unterscheiden. Gewisse Güter haben allerdings universale und unstrittige Bedeutung für Menschen. Das gilt für materielle wie Nahrungsmittel nicht weniger als für immaterielle wie Freiheiten, wobei eine Werttheorie der Freiheit darüber aufklärt, warum dies so ist (vgl. u. § 15).

Chancen als Grundgüter der Verteilung öffnen die Gerechtigkeitstheorie für das Verantwortungsprinzip. Wenn es für Gerechtigkeitsfragen auf die Verteilung von Chancen ankommt, dann sind Ungleichheiten, die sich aus der selbst zu verantwortenden Nutzung der Chancen ergeben, nicht ungerecht.

Es gibt aber auch Grenzen der Bedeutung der Chancengleichheit, wie das Beispiel der Garantie des Existenzminimums illustriert. Auch eigenverantwortlich verursachte Bedürftigkeit beseitigt diesen Anspruch nicht, weil er letztlich auf der gleichen Würde der Menschen beruht.

V. Arten der Gleichheit

Es gibt verschiedene Arten von Gleichheit. Gewöhnlich wird mindestens zwischen formaler Gleichheit, Chancen- sowie Ergebnisgleichheit differenziert. Formale Gleichheit bedeutet Gleichbehandlung gemäß bestimmten Regeln, z.B. des Rechts. Formale Gleichheit wird deshalb etwa gewahrt, wenn jeder bei einer bestimmten Qualifikation Zugang zu bestimmten Berufen erhält. Chancengleichheit, die mehr als nur formale Gleichheit ist, besteht, wenn sichergestellt wird, dass jeder die tatsächliche Möglichkeit hat, bestimmte Güter zu erwerben. Chancengleichheit setzt etwa voraus, dass für jeden die reale Möglichkeit besteht, die Qualifikationen zu erwerben, die Voraussetzung der Einstellung bilden. Ergebnisgleichheit besteht in faktisch gleichen Verteilungen. Das kann gegen das Prinzip der Eigenverantwortung verstoßen. Dennoch ist Ergebnisgleichheit in zweifacher Weise bedeutsam für Gerechtigkeit. Ergebnisungleichheit kann erstens Anzeichen für verletzte Chancengleichheit bilden. Wenn etwa nur sehr wenige Frauen den Weg in bestimmte Berufe finden, kann dies ein Ausdruck persönlicher Entscheidungen sein, weil die Frauen andere Berufe vorziehen. Es kann aber auch ein Problem der Chancengleichheit vorliegen, weil die Frauen beispielsweise nicht für befähigt gehalten werden oder aufgrund von Qualifikationsbarrieren die nötigen Voraussetzungen nicht erwerben können, um diese Berufe zu ergreifen. Ergebnisgleichheit ist zweitens wegen der bereits angesprochenen grundlegenden Wertgleichheit der

---

12 Z.B. repräsentativ R. Dworkin, Sovereign Virtue, 2000, S. 297. Zu Rawls vgl. o. § 14 I.
13 Vgl. zur Debatte R. Dworkin, Sovereign Virtue, S. 285 ff.; A. Sen, Inequality Reexamined, 1992, S. 33, 39 f.; ders., The Idea of Justice.

Menschen für eine Gerechtigkeitstheorie wichtig, die etwa die Gleichheit der Rechte, aber auch Forderungen sozialer Gerechtigkeit letztlich begründet.

VI. Gerechtigkeitstheorie und Praxis

37 Mithilfe dieses skizzierten Gerechtigkeitsbegriffs können Probleme der sozialen und rechtlichen Praxis angegangen werden. Dabei stellen sich vielfältige Fragen, die häufig nicht leicht zu beantworten sind. Ein Begriff der Gerechtigkeit liefert aber durchaus griffige Leitlinien, um diese Fragen zu beantworten. Ein besonders wichtiges Beispiel bilden Grundrechte, die Fundamentalnormen moderner Rechtsordnungen. Die folgenden Bemerkungen sollen deshalb zeigen, warum Grundrechte ein unverzichtbares Element konkreter Gerechtigkeit sind. Diese Befunde strahlen dabei auf die Beantwortung weiterer Fragen aus. Grundrechte sind der Kern der Maßstäbe von Rechtsstaatlichkeit. Grundrechte sichern die Autonomieansprüche von Personen, deren staatsstrukturelle und politische Ausdrucksform die Demokratie ist. Rechtsstaatlichkeit und Demokratie sind deswegen ebenfalls Formen konkreter Gerechtigkeit. Aber auch andere Fragen, z.B. nach den Maßstäben sozialer Gerechtigkeit, lassen sich ohne diese Prinzipien nicht beantworten.

§ 15 Menschenrechte und der ethische Anspruch des Rechts

Literatur: R. *Alexy*, Theorie der Grundrechte, 1985; C. *Beitz*, The Idea of Human Rights, 2009; I. *Berlin*, Liberty, ed. by H. Hardy, 2002; J. *Finnis*, Natural Law and Natural Rights, 2nd ed., 2011; A. *Gewirth*, The Community of Rights, 1996; S. *Gosepath/G. Lohmann* (Hrsg.), Philosophie der Menschenrechte, 2010; J. *Griffin*, On Human Rights, 2008; J. *Habermas*, Faktizität und Geltung, 1992; L. *Hunt*, Inventing Human Rights, 2007; M. *Mahlmann*, Elemente einer ethischen Grundrechtstheorie, 2008; ders., Rechtsphilosophie und Rechtstheorie, 7. Aufl., 2022, §§ 9, 33–36; J. *Rawls*, The Law of Peoples, 1999; J. J. *Thomson*, The Realm of Rights, 1990.

I. Recht und Ungerechtigkeit

Das Recht war der Diener vieler Herren. Rechtsordnungen haben barbarische Ungerechtigkeiten aufrechterhalten, wie etwa die Sklaverei in der antiken Welt oder in Amerika, oder die politische Macht bestimmter Weniger über die schwächeren Vielen gesichert, wie in den feudalistischen Systemen Europas. Auch heute ist Recht Teil des Kampfes um die Durchsetzung von Interessen und Einflusssphären, im Großen der politischen Auseinandersetzungen, manchmal immer noch mit kriegerischer Gewalt, wie im Kleinen der alltäglichen innerstaatlichen Politik. Beispiele für all diese Seiten des Rechts wurden im Gang dieser Überlegungen immer wieder genannt. Die Geschichte und Wirklichkeit des Rechts lädt keineswegs zu erbaulichen Betrachtungen über zivilisatorischen Anstand und Gerechtigkeit ein.

Diese Wirklichkeit des Rechts lässt aber den Anspruch des Rechts unberührt, in wie auch immer unvollkommener Art der Idee der Gerechtigkeit zu dienen. Man würde die existierenden Rechtsordnungen und ihre Leistungen unterschätzen, wenn man die vielfältigen Formen durchaus realer, konkreter Gerechtigkeit, die sich in ihnen trotz aller Mängel verkörpern, übersehen würde. Dass kann im Einzelnen nicht nachgezeichnet werden, weil dazu eine genaue Analyse der verschiedenen Rechtsregelungen und Institute sowie des Zusammenhangs, in dem sie stehen, erfolgen müsste, die tief in schwierige und umfangreiche Rechtsmaterien hineinführen. Im Folgenden soll deshalb nur abschließend hinlänglich klar erkennbar gemacht werden, was mit der These gemeint ist, dass Recht in seinen besten und überzeugendsten Formen konkreter Gerechtigkeit dient. An einigen Stellen wurde dazu schon etwas gesagt. Warum grundrechtsgebundene demokratische Rechts- und Verfassungsstaatlichkeit im Kern einer Gerechtigkeitsforderung durch Sicherung der gleichen Autonomie und Würde aller Menschen dient, wurde etwa umrissen. Das ist nicht wenig für das Verständnis des modernen Rechts, denn wie erläutert, bildet diese Organisationsform ein Leitmodell der politischen Assoziation der Gegenwart. Zusätzlich soll nun das Beispiel der Grund- und Menschenrechte noch einmal aufgenommen werden, um genauer zu verdeutlichen, dass die Verbindung einer Grund- und Menschenrechtsordnung mit konkreter Gerechtigkeit nicht nur eine schöntönende, aber leere Phrase ist, sondern den entscheidenden Kern des Anspruchs des Rechts erfasst.

II. Grundrechte zwischen positivem Recht und ethischer Orientierung

Der Begriff der Menschenrechte ist in der Gegenwart zu einem Synonym für die grundlegenden Rechte von Menschen insgesamt geworden. Menschenrechte sind zunächst die Rechte, die unabhängig von der Staatsangehörigkeit Menschen qua Menschsein zukommen und vom nationalen, supranationalen und internationalen Recht entsprechend geschützt werden. Sie werden von den Rechten unterschieden, die traditionell nur die Bürgerinnen und Bürger eines Staates genießen (z.B. Wahlrecht). Diese politischen Rechte können aber auch als Menschenrechte aufgefasst werden: Jeder Mensch hat das Recht, jedenfalls in einer politischen Gemeinschaft, diese Rechte auszuüben (vgl. entsprechend z.B. Art. 25 IPbpR).

4   Menschenrechte spielen dabei nicht nur im positiven Recht von Verfassungsordnungen und internationalen Kodifikationen eine bedeutende Rolle. Sie bilden auch einen zentralen Begriff der politischen Ethik über viele politische, religiöse und kulturelle Unterschiede hinweg.

5   Die Dichte der rechtlichen Regelung hat dabei in den letzten Jahrzehnten ganz erheblich zugenommen. Das gilt zunächst für die verschiedenen Ebenen, auf denen Grundrechte von Menschen geschützt werden. Demokratische Verfassungsstaatlichkeit impliziert heute die rechtliche Integration von Menschenrechten in die Verfassungsordnung. Aber nicht nur einzelstaatliche, auch supranationale Ordnungen wie die EU kennen einen differenzierten Grundrechtsschutz, der selbst in völkerrechtliche Mechanismen eingebettet ist. Auch institutionell wurde die Durchsetzbarkeit der Rechte gestärkt, nicht zuletzt durch den Ausbau der Gerichtsbarkeit, wie etwa im Fall des EGMR.

6   Schließlich hat auch die praktische Wirkung von Grundrechten manche Erweiterung erfahren. Grundrechte sind heute mehr als nur Abwehrrechte gegen staatliches Handeln. Sie wirken in die Rechtsverhältnisse von Privaten durch indirekte (mittelbare) oder sogar direkte (unmittelbare) Drittwirkung hinein. Sie etablieren Schutzpflichten des Staates, die diesen zum Handeln verpflichten können. Sie gewähren Leistungs- und Teilhaberechte und leiten die Gestaltung von rechtlichen Verfahren an. Sie formulieren zudem Wertentscheidungen, die bei der Auslegung von Recht eine wichtige Rolle spielen können. Grundrechte durchdringen moderne Rechtsordnungen in einer Weise, dass von der Konstitutionalisierung der Rechtsordnungen gesprochen wird – ihre Gestalt wird durch die Verfassung, vor allem den Grundrechtsteil, in maßgeblicher Hinsicht geprägt. Diese Entwicklungen wurden bereits in verschiedenen Zusammenhängen skizziert.

7   Die moralische und politische Auseinandersetzung um Grundrechte steht der rechtlichen Differenzierung nicht nach. In praktischen moralischen und politischen Konflikten bilden Grundrechte einen entscheidenden Bezugspunkt der Argumentation – vom Problem der Folter bis zu den Rechten der Menschen im syrischen Bürgerkrieg. Auch in theoretischer Hinsicht ist die Debatte lebhaft und kontrovers. Eine Fülle von Ansätzen existiert, die versuchen, Menschenrechte theoretisch zu erfassen.[1]

8   Dass Menschenrechte zu respektieren sind, wird heute auch im internationalen Rahmen kaum noch bestritten. Der Streit hat sich politisch und rechtlich zur Frage hin verlagert, welche Inhalte diese Rechte konkret besitzen. Auf dieser Ebene wird die Auseinandersetzung aber nicht weniger intensiv geführt als zuvor im Rahmen des prinzipiellen Streits um ihre Geltung. Dies illustrieren Beispiele wie die Debatten um die Fragen, ob Folter unter allen Umständen verboten ist, ob Menschen in Guantánamo Bay ohne Rechtsschutz festgehalten werden können oder ob die Meinungs- und

---

1 Vgl. als Einführung z.B. die Aufsatzsammlungen in R. Cruft/S. M. Liao/M. Renzo (eds.), Philosophical Foundations of Human Rights, 2015; G. Ernst/J.-C. Heilinger (eds.), The Philosophy of Human Rights. Contemporary Controversies, 2011; S. Gosepath/G. Lohmann (Hrsg.), Philosophie der Menschenrechte, 2010; H. Brunkhorst/W. R. Köhler/M. Lutz-Bachmann (Hrsg.), Recht auf Menschenrechte, 1999.

Pressefreiheit auch die Freiheit zu Karikaturen des Propheten Mohammed umfasst, deutlich genug.

III. Freiheit, Gleichheit, Menschenwürde und Solidarität

Die rechtlichen Regelungen von Grundrechten haben heute eine differenzierte Gestalt angenommen. Die modernen Grundrechtskataloge kreisen aber nicht weniger als die klassischen Verbürgungen um die Rechtswerte der Freiheit, der Gleichheit, der Menschenwürde und der humanen Solidarität. Diesen Rechtswerten dienen natürlich nicht nur die Grundrechte, sondern das komplexe Gefüge des Rechts insgesamt mit seinen vielfältigen Instrumenten. Die prinzipiellen Gehalte des menschenrechtlichen Schutzes dieser Rechtswerte und die Gründe für ihre Legitimität sollen nun kurz skizziert werden. Das ist kein müßiges Unterfangen, denn die historische Erfahrung zeigt, dass auch festgefügt scheinende Rechtsstrukturen erschüttert und sogar zerstört werden können, wenn das Bewusstsein ihres Sinns verfliegt.[2]

1. Freiheit

a) Der Begriff der Freiheit

Der Begriff der menschlichen Freiheit kann Verschiedenes bedeuten. Er kann sich auf die menschliche Willensfreiheit beziehen, also die Fähigkeit, unbestimmt durch andere Ursachen einen eigenen Entschluss zu bilden. Diese Art von Freiheit wird von Freiheitsrechten vorausgesetzt, wenn ihre Realität auch heute insbesondere durch die Hirnforschung und Kognitionswissenschaften intensiv diskutiert wird. Menschliche Freiheit kann sich weiter auf die Möglichkeit beziehen, einmal gebildeten Willensbestimmungen auch folgen zu können. Diese äußere Handlungsfreiheit ist die Freiheit, auf die sich Freiheitsrechte in ihrem Inhalt beziehen. Denn Freiheitsrechte sichern genau diese Möglichkeit ab, indem staatlich gesetzten Hindernissen der Freiheitsausübung eine Grenze gezogen wird. Das ist der Kern der klassischen Abwehrfunktion von Grundrechten. Sie bewirken, dass die hoheitliche Gewalt eine Meinungsäußerung nicht ohne Weiteres verbieten kann. Dies gilt auch für die Entscheidung, eine Handlung nicht zu vollziehen, also für ein Unterlassen, z.B. eine Meinung zu einer bestimmten Frage nicht zu äußern. Heute wird dieser Freiheitsschutz zudem durch Formen der Drittwirkung von Grundrechten auch im Verhältnis von Privaten zueinander verankert.

Diese Art von Freiheit wird häufig im Anschluss an *Isaiah Berlin* (1909–1997) negative Freiheit genannt, die von einer positiven Freiheit unterschieden wird.[3] Der Kern der negativen Freiheit ist, dass sie den Einzelnen einen Freiraum einräumt, den sie so nutzen können, wie es den eigenen jeweiligen Wünschen entspricht. Die Freiheit, die geschützt wird, ist also nicht von vornherein auf die Verfolgung bestimmter Ziele festgelegt. Diese Ziele werden vielmehr vom Einzelnen selbst bestimmt. Eine derartig konzipierte Meinungsfreiheit fordert also beispielsweise nicht, dass der rechtlich geschützte Freiraum für sinnvolle, durchdachte, gemeinwohlfördernde und abgewogene Äußerungen genutzt wird. Auch sinnlose, unbegründete, schädliche und einseitige Verlautbarungen werden vielmehr in gleichem Umfang geschützt.

---

2 Vgl. als Beispiel für einen historischen Menschenrechtsrevisionismus *S. Moyn*, The Last Utopia.
3 *I. Berlin*, Two Concepts of Liberty, in: ders., Liberty, ed. by H. Hardy, 2002, S. 166 ff.

12 Eine positive Freiheit bezeichnet dagegen eine Freiheit, die von vornherein in bestimmter Weise – moralisch, religiös, politisch, rechtlich – gebunden ist. Hier wird der Freiheitsgebrauch also nicht ins Belieben der Individuen gestellt, sondern ursprünglich auf bestimmte Ziele ausgerichtet.

13 Aus menschenrechtlicher Perspektive ist ein negativer Freiheitsbegriff überzeugend. Die Pointe von Freiheitsrechten ist der Schutz menschlicher personaler Autonomie, also der Fähigkeit, tatsächlich selbst den eigenen Entscheidungen gemäß handeln und leben zu können. Es geht gerade um die Schaffung eines Raumes, in dem die Einzelnen wirkliche Bewegungsfreiheit genießen, in dem die Einzelnen ihren eigenen Wünschen folgen können. Positive Freiheit impliziert die Gefahr der Bevormundung und des Paternalismus, in dem diese Freiheit genommen wird.

14 Negative Freiheit bedeutet nun allerdings nicht schrankenlose Selbstherrlichkeit, die Dritte schädigen kann. Die Verwirklichung der eigenen Entscheidungen kann aufgrund von deren Rechtsansprüchen nicht zulasten anderer erfolgen. Die grundrechtlich geschützte Freiheit umfasst etwa die Freiheit, sinnlose Meinungen zu äußern. Sie umfasst aber nicht die Freiheit, die körperliche Integrität eines anderen zu gefährden. Wo hier die Grenzen im Einzelnen zu ziehen sind, ist keine leicht und allgemein zu beantwortende Frage. Die Schranken von einzelnen Grundrechten sind entsprechend für viele Einzelfälle umstritten und können nur durch sensible Abwägung der verschiedenen betroffenen Rechtspositionen bestimmt werden, die versucht, die Freiheit von Personen zu bewahren, aber auch nicht verkennt, dass die Freiheitsausübung des Einen eine empfindliche Freiheitsbeschränkung eines Anderen bilden kann. In diesem Licht wird deutlich, warum der Grundansatz des EGMR, auch solche Meinungsäußerungen zuzulassen, die „offend, shock or disturb", überzeugt (s. o. § 7 III.3. f.).), wenn man auch über einzelne Entscheidungen in diesem Rahmen füglich streiten mag.

b) Der Gehalt von Freiheitsrechten

15 Moderne Grundrechtskataloge auf den verschiedenen Ebenen ihrer Verbürgung unterscheiden sich in vielen Aspekten. Die klassischen Freiheitsrechte (etwa Handlungs-, Meinungs-, Religions-, Versammlungs-, Vereinigungsfreiheit, Schutz von Eigentum, Ehe und Familie) werden aber im Grundsatz in den meisten Positivierungen verbürgt. Die Rechtsprechung zieht dabei durch ihre Interpretation die Grenzen der einzelnen Rechte immer wieder neu. Nicht nur Verfassungsgeber, auch die Rechtsprechung selbst schafft sogar bisher nicht existierende Rechte durch Richterrecht.

16 Der Inhalt dieser Rechtsgarantien wird dabei durch historische und aktuelle Problemlagen bestimmt. Meinungs- oder Religionsfreiheit sind etwa klassische Freiheitsrechte, weil historisch die freie Meinungsäußerung und die ungehinderte Ausübung der eigenen Religion in hohem Masse von hoheitlichen Gewalten beschränkt wurden. Der Datenschutz ist in vielen Systemen zu einem Grundrecht geworden (vgl. z.B. Art. 13 Abs. 2 BV, Art. 8 GrCh, in Deutschland ein von der Rechtsprechung neu gebildetes „Recht auf informationelle Selbstbestimmung"), weil Datenmissbrauch ein großes Problem der Gegenwart bildet.

17 Ähnliches gilt auch für andere Rechte als Freiheitsrechte, etwa Gleichheits- und Statusrechte (z.B. Schutz des Lebens). Menschenrechtskataloge sind deshalb keine abgeschlossenen, unveränderbaren Gegebenheiten, sondern historisch und durch Probleme der Gegenwart bedingte, sich wandelnde Versuche, die zentralen Rechtssphären der Menschen gegenüber den erfahrungsgemäß wichtigsten Bedrohungen zu schützen.

c) Der Sinn der Freiheit

Freiheitsschutz durch Grundrechte hat mindestens zwei Legitimationsgründe. Der erste Legitimationsgrund ist der instrumentale Wert der Freiheit. Hiernach wird Freiheit geschützt, weil durch Freiheit andere Werte für die einzelnen Menschen und die Gesellschaft befördert werden. Klassisches Beispiel ist die Meinungsfreiheit. Die Meinungsfreiheit führt zu einem ungehinderten Austausch von Gedanken. Dadurch besteht die Möglichkeit, neue und überzeugendere Ideen zu vertreten und andere, unbegründete zu kritisieren. Diese Freiheit ist für alle Bereiche geistiger Auseinandersetzungen wichtig. Politisch beruht eine Demokratie auf ihrer Realität. Sie wird dabei von der Vorstellung geleitet, dass der freie Meinungsaustausch langfristig die überzeugendsten, weil in der kritischen Auseinandersetzung erprobte Entscheidungen hervorbringen wird. In diesem Prozess ist keine Äußerung überflüssig, auch wenn sie sich als sachlich unhaltbar erweist. Denn die genauere Kenntnis und das Bewusstsein der Gründe für ihre Unhaltbarkeit sind für die Meinungsbildung ein wichtiger Gewinn.[4]

Ähnliche Argumentationen können für andere Freiheiten formuliert werden, z.B. für die positiven Folgen wirtschaftlicher Freiheiten. Eine weitere wichtige Folge von Freiheit sind die Auswirkungen auf die Menschen, die in Freiheit oder Unfreiheit leben. Es gibt bemerkenswerte Beispiele bewahrten Charakters unter autoritären, selbst diktatorischen Regimen. Für viele Menschen bedeuten solche Ordnungen aber korrumpierende Anpassung, Selbstbeschneidung und den Verlust einer aufrechten Haltung.

Neben diesen instrumentalen Wert der Freiheit tritt als zweite Legitimationsquelle der intrinsische Wert von Freiheit. Freiheit wird von Menschen nicht nur um anderer Zwecke willen erstrebt, die durch Freiheit befördert werden, sondern ist selbst ein eigener Zweck. Dieser Aspekt des Werts der Freiheit zeigt sich schon im Alltag: Manchmal zählt bei einer Entscheidung mehr, dass sie die eigene, als dass sie wirklich die sachlich sinnvollste ist. Allgemein gehört es zu den Grunderfahrungen menschlicher Existenz, dass die Möglichkeit der Selbstbestimmung unmittelbar ein Gut ist – die Momente erlebter Autonomie beweisen es ebenso wie das Leiden unter Unterdrückung und Fremdbestimmung.

2. Gleichheit

a) Dimensionen des grundrechtlichen Gleichheitsschutzes

Alle wichtigen Menschenrechtskataloge enthalten Regelungen zur menschlichen Gleichheit. Diese Gleichheit kann sich nicht auf die faktische Gleichheit von Menschen beziehen, denn Menschen unterscheiden sich offensichtlich in vielfältiger und willkommener Weise. Der Schutz menschlicher Gleichheit bezieht sich daher auf den gleichen Wert und die daraus erwachsenen legitimen Ansprüche von Menschen.

Menschliche Gleichheit in diesem Sinn wird heute grundrechtlich in verschiedenen Dimensionen geschützt. Menschen haben zunächst den Anspruch, dass gegebenes Recht in der gleichen Weise auf sie wie auf andere angewandt wird. Diese *Gleichheit vor dem Gesetz* ist eine alte Mindestforderung an jede rechtsstaatlich orientierte Ordnung. Darüber hinaus wird heute auch die Rechtsetzung einer Kontrolle nach Gleichheitsgesichtspunkten unterworfen. Auch der Gesetzgeber muss sich prinzipiell an Grund-

---

4 Vgl. dazu J. S. Mill, On Liberty, S. 5 ff.

sätzen der Gleichheit orientieren, wobei die Dichte der Kontrolle in verschiedenen Rechtssystemen und Bereichen unterschiedlich bestimmt wird.

23 Eine weitere Dimension besteht in der Abwehr von Diskriminierungen aufgrund bestimmter Merkmale, etwa Rasse, Geschlecht, Behinderung usw (vgl. z.B. Art. 8 Abs. 2 BV oder Art. 3 Abs. 2 f. GG). Wie man Menschen behandeln soll, mag umstritten sein. Klar ist aber – das drücken diese Diskriminierungsverbote aus –, dass bestimmte Merkmale keine Rolle bei der Bestimmung von Behandlungsformen spielen dürfen. Auch in diesen Katalogen von Diskriminierungsverboten schlagen sich historische Erfahrungen und aktuelle Problemlagen nieder. Diese Verbote werden in Grundrechtskatalogen ausdrücklich niedergelegt, weil die Erfahrung lehrt, dass oftmals gerade aufgrund der genannten Merkmale eine Ungleichbehandlung von Menschen erfolgt.

24 Schließlich werden durch Grundrechtsnormen auch positive Gleichstellungsaufträge formuliert, die auf die Herstellung tatsächlicher Gleichheit zielen (z.B. Art. 8 Abs. 3 S. 2 BV, Art. 3 Abs. 2 S. 2 und Abs. 3 S. 2 GG). Das Recht beschränkt sich damit nicht mehr nur auf die Abwehr von Ungleichbehandlungen, sondern verlangt aktive Maßnahmen, mit welchen Gleichheit verwirklicht wird.

b) Formen der Gleichheit

25 Der Gleichheitsschutz wirft die Frage nach der Art der Gleichheit auf. Verschiedene Formen der Gleichheit können unterschieden werden, wie bereits erwähnt wurde. Diese Unterscheidungen sind nicht nur für die Gerechtigkeitstheorie, sondern unmittelbar für das positive Recht relevant und müssen deswegen in diesem Zusammenhang noch einmal aufgenommen werden (vgl. o. § 14 V). Die erste ist die *formale Gleichheit*. Formale Gleichheit besteht dann, wenn zwei Gegenstände in gleicher Weise behandelt werden. Formale Gleichheit wird häufig kritisiert, weil sie tatsächliche Unterschiede unberücksichtigt lässt. Das Verbot, unter Brücken zu schlafen, kann für Reiche und Arme sehr unterschiedliche Dinge bedeuten, wie unter Rückgriff auf ein Zitat von *Anatole France* (1844–1924) gelegentlich illustrierend angemerkt wird. Dennoch ist formale Gleichheit, wenn man ihre Problematik im Blick behält, eine wichtige Eigenschaft von Recht. Wie bei den Freiheitsrechten etwa deutlich wurde, ist es eine zentrale Funktion von Recht, von konkreten Gegebenheiten eines Sachverhaltes gerade zu abstrahieren und Rechtsfolgen in jedem Fall eintreten zu lassen, wenn der Tatbestand der Norm erfüllt ist. Deswegen sind Meinungen zu schützen, auch wenn sie einen wenig überzeugenden Inhalt haben, weil die Qualität des Geäußerten keine Voraussetzung des Grundrechtsschutzes bildet. Nur so ist Rechtssicherheit und Freiheitsschutz möglich.

26 Zur zweiten erwähnten Form der Gleichheit, der *Chancengleichheit*, die bedeutet, dass Personen die gleichen Möglichkeiten besitzen, bestimmte Handlungswünsche zu verwirklichen: Heute ist – wie angemerkt – selbstverständlich geworden, dabei nicht nur rechtliche Positionen, sondern auch faktische Voraussetzungen der Nutzung von Chancen zu bedenken. Denn wenn eine Gruppe von Menschen rechtlich die Möglichkeit hat, bestimmte Ämter zu bekleiden, aber nicht die Möglichkeit, die Qualifikationen zu erwerben, die Voraussetzung der Bekleidung eines Amtes bilden, besteht keine wirkliche Chancengleichheit. Nicht zuletzt um den Ausgleich solcher Ungleichheiten geht es Gleichstellungsaufträgen und -erlaubnissen in Grundrechtsnormen (z.B. Art. 8 Abs. 3 S. 2 BV, Art. 3 Abs. 2 S. 2 GG).

III. Freiheit, Gleichheit, Menschenwürde und Solidarität

Chancengleichheit bildet einen zentralen Aspekt menschlicher Gleichheit, weil sie das Autonomieprinzip respektiert. Menschen wählen ungleiche Wege, deren Offenheit für alle die Chancengleichheit garantiert. *Ergebnisgleichheit*, die letzte Form der Gleichheit, bildet deswegen kein allgemeines Ziel von rechtlichen Gleichheitsverbürgungen. Ungleiche Ergebnisse können das Produkt autonomer Entscheidungen von Menschen sein und müssen dann von der Rechtsordnung respektiert werden. In zwei Hinsichten ist aber auch Ergebnisgleichheit wichtig, wie dargelegt wurde. Ergebnisungleichheit kann erstens einen Indikator für fehlende Chancengleichheit bilden. In diesem Fall kann eine Rechtsordnung aufgerufen sein, diese Hindernisse zu beseitigen, um Chancengleichheit herzustellen.

Ergebnisgleichheit muss zweitens in Bezug auf den grundsätzlichen Wert eines Menschen in der Gesellschaft gewahrt bleiben. Denn eine menschenrechtsorientierte Rechtsordnung garantiert nicht nur die Chance auf menschliche Würde, sie garantiert diese Würde selbst.

3. Menschenwürde und Solidarität

Modernen Grundrechtskatalogen fehlt selten ein Bezug auf menschliche Würde (vgl. Art. 1 AEMR, Art. 7 BV, Art. 1 Abs. 1 GG, Art. 1 GrCh). Was menschliche Würde ausmacht, ist im Einzelnen allerdings höchst umstritten.[5] Die Diskussionen um Menschenwürde werden gerade in der Gegenwart in Bezug auf Problemfelder wie Bioethik oder Folter deshalb mit besonderem Nachdruck, manchmal sogar erbittert, geführt.

Menschliche Würde bezeichnet den spezifischen Eigenwert von Menschen als Menschen, unabhängig von anderen Eigenschaften wie Geschlecht, ethnischer Herkunft, Behinderung, sexueller Orientierung usw. Zwei zentrale Fragen sind in Hinsicht auf diesen Eigenwert zu beantworten, um die Legitimation und den Gehalt von Menschenwürdegarantien zu erfassen: Was ist der normative Gehalt der Menschenwürde? Und: Wieso besitzen Menschen einen solchen Eigenwert?

Die normativen Folgen, die sich aus menschlicher Würde ergeben, und damit die Antwort auf die erste formulierte Leitfrage, hat Kant in einer Weise auf den Begriff gebracht, die bis heute die Auslegung von Menschenwürdegarantien grundlegend beeinflusst. Kants Moralphilosophie mündet in die Bildung eines moralischen Gesetzes, den kategorischen Imperativ. Dieser kategorische Imperativ wird in drei verschiedenen Fassungen formuliert, eine ist die für den Inhalt von Menschenwürde maßgebliche. Sie lautet: „Handle so, daß du die Menschheit sowohl in deiner Person, als in der Person eines jeden anderen jederzeit zugleich als Zweck, niemals bloß als Mittel brauchst."[6] Menschenwürde zu besitzen, heißt danach, ein Selbstzweck zu sein. Menschen dürfen aufgrund dieses Wertes nicht auf ein Mittel zur Erreichung irgendwelcher Zwecke anderer reduziert werden, die Verwirklichung ihrer Personalität muss ein Ziel menschlichen Handelns bleiben. Sklaverei ist ein klassisches Beispiel für die Verletzung menschlicher Würde, weil durch sie ein Mensch aufhört, selbst ein Zweck zu sein, und zum belebten Werkzeug zur Erfüllung der Wünsche des Sklavenhalters gemacht wird.

Dass jeder Mensch einen Selbstzweck bildet, verbietet aber nicht nur Instrumentalisierung, sondern auch die Verletzung von Achtungsansprüchen, die jeder Mensch als

---

5 Vgl. M. Mahlmann, The Good Sense of Dignity: Six Antidotes to Dignity Fatigue in Ethics and Law.
6 I. Kant, Grundlegung zur Metaphysik der Sitten, in: ders., Kant's gesammelte Schriften. Herausgegeben von der Königlich Preußischen Akademie der Wissenschaften. Bd. IV, 1911, S. 429.

Mensch erheben kann. Erniedrigende, demütigende oder diskriminierende Behandlungen sind deshalb Verletzungen der Würde eines Menschen.

33 Entsprechend wird auch bei der Konkretisierung einer Menschenwürdegarantie wie Art. 7 BV darauf Bezug genommen, dass die Menschenwürde die „eigene Werthaftigkeit" der Menschen sowie auch den Anspruch schütze, ein Subjekt im Staat zu bilden und nicht zum bloßen Objekt behördlichen Handelns gemacht zu werden.[7] In Deutschland wird aus der Menschenwürdegarantie des Art. 1 Abs. 1 GG ebenfalls das Gebot hergeleitet, den Subjektstatus von Menschen zu respektieren.[8] Ähnliches gilt für andere Grundrechtsregime, in denen ein Menschenwürdeschutz existiert.[9]

34 In der Ideengeschichte reicht die Diskussion über den Eigenwert des Menschen bis in die Antike zurück. Man findet ihre Spuren in verschiedenen Weltreligionen und kulturellen Zusammenhängen. Als roter Faden zieht sich durch die Überlegungen, dass bestimmte spezifische Eigenschaften von Menschen ihre Würde begründen. Dies ist auch in der Tat der vielversprechendste Ansatz, um die gestellte zweite Begründungsaufgabe zu bewältigen. Für die Begründung menschlicher Würde sind die geistigen Fähigkeiten von Menschen, ihre Vernunft, ihre moralische Orientierungsfähigkeit, Bewusstsein, Empfindungsfähigkeit und ihr Vermögen zur freien Selbstbestimmung entscheidend. Entsprechend wird an diese Eigenschaften in der Ideengeschichte auch gerade angeknüpft, besonders an Vernunft, Moralität und Freiheit. Menschen sind aufgrund dieser Eigenschaften die bewussten und empfindenden, verantwortlichen Subjekte ihres Lebens, die den objektiven Eigenwert besitzen, den Würde ausdrückt. Menschen ist ihr Leben zudem ein selbstverständlicher Zweck. Kein Leben genießt in Bezug auf diese Zweckstellung unter Gerechtigkeitsprinzipien einen Vorrang. Die Selbstzweckhaftigkeit jedes Menschen ist deswegen ein universales Recht.

35 Man muss dabei im Auge behalten, dass mit einer Begründung des Eigenwertes von Menschen noch nichts darüber ausgesagt wird, welchen Wert andere Lebewesen haben mögen. Eine Begründung eines hohen Eigenwertes von Menschen aufgrund ihres Menschseins bedeutet deshalb keinen Anthropozentrismus.

36 Das Verständnis der Menschen als Selbstzweck, der Schutz ihrer so interpretierten Würde durch das Recht, besitzt eine wichtige Konsequenz: Sie machen einen rechtsethischen Humanismus zu einer Leitvorstellung der Rechtszivilisation der Gegenwart. Die Würde der Menschen ist nicht folgenlos. Ihre würdebegründete Subjektstellung muss durch rechtsstaatliche Strukturen geschützt werden. Die rechtliche Realisierung ihrer Autonomieansprüche verlangt demokratische Strukturen, die sie zu politischen Subjekten machen, traditionell auf nationaler Ebene, heute auch auf transnationalem Niveau, wie schwer hier die Demokratisierung auch zu bewältigen ist. Schließlich ist eine Folge der menschlichen Selbstzweckhaftigkeit ein Mindestmaß an mitmenschlicher Solidarität und entsprechender Rechte.

IV. Relativismus oder Universalismus der Menschenrechte?

37 Menschenrechte haben sich in der Neuzeit legitimationstheoretisch von konkreten politischen Gemeinschaften gelöst. Dieses Begründungsniveau wurde in der Aufklärung

---

[7] Vgl. z.B. BGE 127 I 6 E. 5b, S. 13 f.; BGE 132 I 49 E. 5.1, S. 54 f.; vgl. *M. Mahlmann*, Die Garantie der Menschenwürde in der Schweizerischen Bundesverfassung, AJP, 22 (2013), S. 1307 ff.
[8] Vgl. *M. Mahlmann*, Elemente einer ethischen Grundrechtstheorie, S. 179 ff.
[9] Vgl. im Überblick *M. Mahlmann*, Human Dignity and Autonomy in Modern Constitutional Orders.

IV. Relativismus oder Universalismus der Menschenrechte?

ideengeschichtlich endgültig erreicht, wenn es auch keineswegs ein Monopol dieser Epoche bildet. Aus der Sicht der Aufklärung vermittelt praktische Vernunft Einsichten, nicht nur schwankende Meinungen und damit die Möglichkeit der Kritik der ethischen Orientierung. Jeder Mensch besitzt dabei in gleichem Umfang wie jeder andere eine moralische Urteilskraft, deren Gebote den Willen richtungsgebend als Handlungsgrund (nicht als mechanische Handlungsbestimmung) berühren.[10]

Alle diese Antworten sind bis heute das Objekt intensiver ethischer Debatten. Die Idee der praktischen Vernunft der Aufklärung ist auch sicher nicht das letzte Wort der praktischen Philosophie. Es ist selbstverständlich nötig, ihre Schwächen und Grenzen nicht zu übersehen und sie theoretisch weiterzuentwickeln. Sie markiert aber ein Mindestmaß an Einsichten, das nur zum Schaden des Niveaus der praktischen Reflexion unterschritten werden kann. Keine Kritik dieser Positionen – wie wichtig und produktiv ihr Beitrag auch für das genauere Verständnis der Ethik sein mag – kann plausibel machen, dass eine Konzeption der Moral vorzugswürdig ist, die wertnihilistisch, elitär, handlungstheoretisch belanglos oder auf die Beförderung des Glücks der Wenigen gerichtet ist.

Die Wurzel einer legitimationstheoretischen Menschenrechtskonzeption liegt von diesem Ausgangspunkt aus in Folgendem: Wie bereits erwähnt, spricht *Hannah Arendt* im Rahmen ihrer Auseinandersetzung mit den Schrecken des Zweiten Weltkrieges und des Holocausts vom bloßen Menschsein, vor dem die Welt in der Zeit der Krise keinerlei Respekt gezeigt habe (vgl. o. § 7 V.6. a)). Dieses „Auch-ein-Mensch-sein" kann als erster Anhaltspunkt dienen, Menschenrechte durch die Erfahrung seiner radikalen Negation zu legitimieren. Denn die Bedeutung der Menschenrechte zeigt sich häufig am deutlichsten im Moment ihrer Verletzung. Bis heute sind deshalb die großen humanen Katastrophen die zwingendsten Argumente gegen normativen Skeptizismus und Menschenrechtsnihilismus.

Damit ist ein Anfang gemacht, der nach begrifflicher Rekonstruktion und reflektierter Absicherung verlangt. Denn es muss auch bewusst werden, worum es positiv beim „Auch-ein-Mensch-sein" geht. Den Kern dieser Idee bilden das von allen Menschen in gleicher Weise geteilte Interesse am eigenen Leben, der Wunsch, das eigene Glück, wenn schon nicht notwendig zu erreichen, doch verfolgen zu können und – wie bei der Erörterung des Begriffs der Menschenwürde deutlich wurde – der gleiche Wert der je eigenen Existenz als sich in sich selbst beschließender Selbstzweck für jeden Menschen, der geachtet und geschützt werden muss, und zwar aus Gründen der Gerechtigkeit in gleicher Weise. Freiheits- und Gleichheitsrechte, aber auch soziale Rechte sind die legitimationstheoretische Folge der gleichen Selbstzweckhaftigkeit jedes Menschen. Die Menschenrechte sind damit das Produkt der Anwendung der moralischen Urteilsfähigkeit der Menschen auf die eigene kreatürliche Lage. Eine moderne Erkenntnistheorie ethischer Urteile kann dabei den fallibeln, aber belastbaren Richtigkeitsanspruch der Behauptung der Legitimität der Menschenrechte absichern.[11] Die Menschenrechte bilden deshalb zu Recht die kritischen Maßstäbe und normativen Grundlagen der politischen und rechtlichen Ordnung der Gegenwart.

---

10 Programmatisch *I. Kant*, Die Religion innerhalb der Grenzen der bloßen Vernunft, Akademie Ausgabe Bd. VI, S. 3.
11 Vgl. *M. Mahlmann*, Rechtsphilosophie und Rechtstheorie, § 37 und 39; *J. Mikhail*, Moral Grammar and Human Rights. Some Reflections on Cognitive Science and Enlightenment Rationalism, in: R. Goodman/D. Jinks/A. K. Woods (eds.), Understanding Social Action, Promoting Human Rights, 2012, S. 160 ff.

41 Damit ergibt sich eine universalistische Perspektive: Die Menschenrechte gelten nicht nur für bestimmte Kulturen, sondern jeder Mensch kann sie berechtigt beanspruchen, denn ihre Begründung knüpft an keine Faktoren an, die nur in bestimmten Kulturen anzutreffen wären. Dieses Ergebnis ist allerdings sehr strittig. Denn die These ist weit verbreitet, dass Menschenrechte im Gegenteil gerade das Produkt der westlichen, vor allem europäischen Zivilisation seien und in anderen Kulturen keine Geltung beanspruchen könnten. Dies zu verkennen bedeute, in einer eurozentristischen Perspektive verhaftet zu bleiben und sich womöglich sogar in Kulturimperialismus zu verstricken, wenn die eigenen, kulturrelativen Wertvorstellungen anderen aufgezwungen würden.

42 Ein Menschenrechtsuniversalismus führt aber nicht zwangsläufig zu eurozentristischem Paternalismus oder gar Kulturimperialismus. Es ist schon historisch-genetisch eine unzutreffende Rekonstruktion des Werdens der Menschenrechtsidee, sie mit der europäischen oder westlichen Kultur zu identifizieren. Nicht nur die Verfasser der Menschenrechtserklärung von 1789 waren Europäer, sondern auch Monarchen wie *Louis XIV* (1638–1715) oder *Napoléon* (1769–1821), *Alexander II* (1818–1881) oder *Friedrich Willhelm IV* (1795–1861), die diese Rechte verletzten. Die Menschenrechte wurden entsprechend nicht aus einer dominanten Kultur der Menschenrechte Europas und des Westens geboren, sondern im Gegenteil gegen einflussreiche Teile der Kultur Europas und des Westens erkämpft und durchgesetzt.

43 Dies ist schwer übersehbar, wenn man an die Amerikanische Revolution denkt. Hier wurden Ideen der Sozialphilosophie aufgegriffen, die in Europa in jener Zeit in keiner Weise politisch realisierbar waren, wenn sie natürlich auch bereits formuliert und bedacht wurden – wie die begeisterte Aufnahme der Amerikanischen Revolution bei Zeitgenossen in Europa ebenso illustriert wie die Tatsache, dass sie für die demokratischen, konstitutionellen Bewegungen des 19. Jahrhunderts in Europa (und in mancher Hinsicht darüber hinaus) beispielgebend wurde. Selbst diese Rechtsordnung aber legalisierte lange die Sklaverei.

44 Erst recht wird man Menschenrechte nicht für eine irgendwie europäische oder westliche Idee halten können, wenn man den Blick von außen nicht vergisst. Aus der Perspektive der Ureinwohner Amerikas, der Bewohner von vielen Teilen von Afrika, Australien und Asien, die ihr Leben verloren, versklavt oder kolonialisiert wurden, hat die Menschenrechtsidee sicher für lange Zeit keinen Wesenszug der westlichen Welt gebildet.

45 Weiter darf der Diskurs um die westliche Natur der Menschenrechte die Beiträge anderer Kulturen nicht übersehen. Dabei muss beachtet werden, dass Menschenrechte auch dann behandelt werden können, wenn sie nicht in explizite Erklärungen gegossen werden. Aus dieser Perspektive ist eine von Europa unabhängige Reflexion der ethisch-juridischen Gehalte der Menschenrechte durch andere Kulturen als die westlich-europäische ein Gebiet, das manche Entdeckung bereithält.

46 Der Kulturrelativismus gewinnt auch nicht an Plausibilität, wenn man seine Konsequenzen an der konkreten Realität misst. Häufig ist die These anzutreffen, Menschenrechte in Asien würden kollektivistisch, nicht individualistisch konzipiert. Die Frage ist nun aber, ob diese Konzeption tatsächlich gewählt würde, wenn Menschen in autoritären Regimen wie in Nordkorea oder China die Möglichkeit hätten, über ihre eigenen Rechtspositionen frei zu entscheiden. Proteste, wie z.B. in China oder Tibet, legen eine andere Schlussfolgerung nahe. Diese Art von Argumentation hilft deswegen vor

IV. Relativismus oder Universalismus der Menschenrechte?

allem den autoritären Regimen, ihre eigene Herrschaft mit einer kulturrelativistischen Begründung zu legitimieren, die sie denn auch selbst immer wieder aufgreifen.

Dass Universalismus nicht dazu führt, anderen eigene Werte aufzwingen zu wollen, ergibt sich schon aus dem Inhalt der universalistisch konzipierten Rechte: Eine ihrer Kernvorstellungen ist ja gerade Autonomie und damit die Freiheit zur eigenen Wahl. Die Frage der Durchsetzung und praktischen Verankerung von Rechten ist im Übrigen eine pragmatisch-politische Frage. Die Erfahrung in Europa lehrt, dass die Etablierung eines wirksamen Menschenrechtsschutzes einen langen politischen, rechtlichen und kulturellen Prozess voraussetzt, der nicht einfach übersprungen werden kann. Aus universalistischer Perspektive spricht aber jedenfalls legitimationstheoretisch nichts gegen die Sicht jener Vielen in allen Teilen der Welt, die meinen, dass Menschenrechte auch von ihnen, nicht nur von Europäern oder Nordamerikanern, beansprucht werden können, und sich in den Ländern, die unter Menschenrechtsverletzungen leiden, für einen wirksamen Grundrechtsschutz einsetzen, wie er anderswo bereits verwirklicht ist. 47

Im Übrigen sollten nicht Genese und Geltung von Normen verwechselt werden, wie bereits angedeutet wurde (vgl. o. § 10 IV). Es gibt eine gewisse Tendenz, die Geltungsfrage von normativen Phänomenen durch die Rekonstruktion der historischen Genese zu ersetzen. Fragen der historischen Genese sind von hohem, eigenständigem Interesse. Sie dienen dem Abbau der ideengeschichtlichen Naivität und der Steigerung des wichtigen Bewusstseins des kulturellen Voraussetzungsreichtums normativer, gerade auch rechtlicher Phänomene. 48

Die Tatsache – unterstellt, dies lässt sich erweisen –, dass eine bestimmte normative Vorstellung, etwa die Idee eines spezifischen Eigenwertes jedes Menschen, im Rahmen der Religion X oder Kultur Y das erste Mal formuliert wurde, impliziert aber in keiner Weise, dass die Norm in ihrer Geltung und Begründbarkeit von dieser Religion X oder Kultur Y abhängig wäre und ohne Rückgriff auf sie nicht gebildet werden könnte. Religion X oder Kultur Y können nur das Kleid sein, das die menschliche Geschichte für die Erscheinung der Norm gewebt hat, müssen aber nicht die geltungstheoretische Grundlage ihrer Legitimität sein und können sogar wegen ihrer Kontingenz und Erschütterbarkeit im Rahmen der Reflexion dazu gerade überhaupt nicht taugen. Die geltungstheoretische Reflexion ist deshalb unhintergehbar und durch historische Genealogie nicht ersetzbar. 49

Ein Menschenrechtsuniversalismus führt auch nicht notwendig zu einer Haltung, die in eigenen kulturellen Vorurteilen verhaftet bleibt, diese aber als allgemein-menschliche Eigenschaften missversteht. Menschenrechte gehen unausweichlich von einem Kern des Menschlichen aus, der das Objekt des Schutzes durch rechtliche Instrumente bildet. Meinungsfreiheit – um ein zentrales Menschenrecht wieder als Beispiel heranzuziehen – impliziert notwendig, dass der freie Ausdruck des Gedachten und Empfundenen ein menschliches Grundbedürfnis ist. Wer Meinungsfreiheit als Menschenrecht akzeptiert, hat – ganz und gar plausibel – eine Aussage über einen schützenswerten Kern des Menschseins ausgesprochen. Dieser Zusammenhang gilt für alle zentralen Menschenrechte. Es gibt keine überzeugende Theorie der Menschenrechte ohne substantielle philosophische und über die Philosophie hinaus wissenschaftlich orientierte Anthropologie. Der Menschenrechtsrelativismus ist mithin legitimations- und erkenntnistheoretisch von geringer Überzeugungskraft. Kernaspekte menschlichen 50

Lebens werden durch Menschenrechte geschützt – nicht zuletzt, damit sich die Vielgestaltigkeit humaner Zivilisation entfalten kann.

V. Gerechtigkeit jenseits der Menschenrechte

51 Grund- und Menschenrechte zeichnen den Umriss einer anständigen Gesellschaft in den politischen Raum. Grund- und Menschenrechte sind aber nicht das Ganze des Rechts. Andere Elemente eines Rechtssystems sind ebenfalls der Gerechtigkeit verpflichtet. Es lohnt sich deshalb, die vielfältigen Gebiete des Rechts von Gerechtigkeitsprinzipien her zu durchdenken – so wie Platon es für den Staat versucht und damit durch seine Irrtümer und Einsichten ein Beispiel gesetzt hat, das viele nach ihm angespornt hat, auf diesem Feld voranzukommen. Das heißt nicht, dass man aus abstrakten Gerechtigkeitsprinzipien ganze Gesetzbücher deduzieren könnte, denn mehr als nur Gerechtigkeitsprinzipien gehen in die Substanz von Recht ein. Es geht lediglich darum, einen kritischen und Rechtfertigungen liefernden Maßstab des Rechts nicht zu vergessen.

52 Um einige Andeutungen zu machen: Das Staats- und Verfassungsrecht entfaltet die Bindungen der Ausübung öffentlicher Gewalt, insbesondere durch die Rechte der Bürgerinnen und Bürger. Wie diese Rechte mit Gerechtigkeit verbunden sind, wurde gerade umrissen. Auch im Verwaltungsrecht sind diese Maßstäbe bei der Schaffung von Rechtsgrundlagen und ihrer Konkretisierung in der Praxis relevant – vom Interessenausgleich im öffentlichen Baurecht bis zu den Prinzipien eines Asylrechts, das überzeugende Lösungen auf die Frage bereit hält, welche Verfahren und Ansprüche eine (wohlhabende) Gesellschaft Menschen in Not eigentlich schuldet.

53 Das Strafrecht der Gegenwart ist Schuldstrafrecht. Die Strafe soll der Schuld des Täters oder der Täterin entsprechen oder, genauer, über diese Schuld jedenfalls nicht hinausgehen. Der Gerechtigkeitsanspruch von Strafsanktionen ist deshalb sowohl auf der Ebene der gesetzlichen Regelung als auch auf der Ebene der konkreten Rechtsanwendung offensichtlich. Dies gilt auch für einzelne Elemente der Strafrechtsdogmatik. Auch hier ein Beispiel: Die Notwehr- und Notstandsdogmatik und die darin vollzogenen Abwägungen von Rechtsgütern, die positivrechtlich weitgehend indeterminiert sind, müssen Gleichheitsprinzipien entsprechen – indem gleiche Rechtsgüter gleich gewertet werden oder keine übermäßigen Rechtsgutsverletzungen zugelassen werden, die die Gleichheit der Rechtssubjekte verletzen würden. Ein Mittel, das zu erreichen, sind beispielsweise Einschränkungen des Notwehrrechts durch bestimmte qualifizierte Verhältnismäßigkeitserwägungen.

54 Im Privatrecht sind klassische Bereiche Vertrag und Delikt. Ein Grundprinzip des Vertragsrechts ist die Privatautonomie. Privatautonomie heißt aber nicht Selbstherrlichkeit, sondern persönliche Freiheit unter verallgemeinerbaren, alle als gleiche Rechtssubjekte achtenden Rechtsgesetzen. Der Ausgleich in Vertragsverhältnissen, die Bewältigung von Rechtsfragen, die Abschluss und Beendigung von Verträgen betreffen, von Irrtümern, Willensmängeln oder Leistungsstörungen werfen eine sehr große Zahl von Einzelfragen auf. Schon die gesetzlichen Grundlagen, die zur Lösung dieser Probleme dienen, müssen der Gleichheit der Rechtssubjekte und entsprechenden Gleichbehandlungsprinzipien entsprechen, um legitim zu sein. Auch die Auslegung des Rechts wird sich in Zweifelsfällen von diesen Prinzipien leiten lassen, um einen überzeugenden Interessenausgleich zu erreichen. Eine Lösung eines strittigen Problems des Verzugs wird etwa nicht überzeugen, wenn den Interessen der einen Seite ein übermäßiges

V. Gerechtigkeit jenseits der Menschenrechte

Gewicht zulasten der anderen eingeräumt würde. Das Deliktsrecht richtet sich darauf, bestimmte Rechtspositionen von Rechtssubjekten gegen anderen Personen zurechenbare Schädigungen zu schützen sowie Ausgleichsmechanismen vorzusehen, und konkretisiert damit unmittelbar eine klassische Dimension der Gerechtigkeitsidee.

Dies sind nicht mehr als äußerst knappe Skizzen, die aber sichtbar machen, dass auch für andere Teile des Rechts gilt, was für Grund- und Menschenrechte, Demokratie, Rechts-, Sozial- und Verfassungsstaatlichkeit oder bestimmte Teile der internationalen Rechtsordnung genauer herausgearbeitet wurde: Wozu immer Recht in der Vergangenheit und Gegenwart verwandt und nicht selten missbraucht wurde – seinem innersten Kern nach ist Recht ein Gerechtigkeitsprojekt.

§ 16 Das Recht in der Kunst

1   Das Recht ist eine soziale Praxis von enormem Gewicht. Es beschäftigt eine sehr große Zahl von hochqualifizierten Experten. Hinter ihm steht das Monopol hoheitlicher Gewalt des Staates, um die verbindlichen Entscheidungen, die die rechtlichen Institutionen hervorbringen, durchzusetzen, notfalls mit physischer Gewalt. Das Recht wirkt tief in die Leben aller Menschen ein. Menschen orientieren sich bewusst oder unbewusst an rechtlichen Regeln in allen Bereichen ihres Lebens: Sie beachten, brechen oder umgehen das Recht. Recht ist dabei häufig von existentiellem Gewicht. Es ist eine mächtige Instanz. Es erfasst nicht nur schwache, einflusslose, einzelne Menschen, es bändigt sozial, politisch oder wirtschaftlich bedeutende Akteure mit großem Einfluss und legt selbst Staaten in mancher Hinsicht Banden an.

2   Das Recht ist dabei mit dem Anspruch verbunden, nicht nur eine zweckrationale Veranstaltung nüchternen Charakters zu sein (wenn auch viele Normen allein solchen Zielen dienen), sondern zentralen Werten menschlichen Lebens zu dienen, nicht zuletzt Würde, Freiheit und Gerechtigkeit.

3   Es ist deshalb kein Wunder, dass auch für die Kunst das Recht keine Nebensache geblieben ist. Das Recht ist wichtig für das menschliche Leben und die Kunst, die dieses Leben im ästhetischen Schein ins Neue und Offene spiegelt, befasst sich deswegen nicht überraschenderweise nachdrücklich und seit alters her mit der Sphäre des Rechts.

4   Recht ist dabei schon in der Alltags- und Populärkultur allgegenwärtig – von Vorabendserien über Anwälte und Anwältinnen, die chic gekleidet in letzter Sekunde der Gerechtigkeit zum Sieg verhelfen, bis zu den Filmdramen über Gerichtsverfahren. Juristen und Juristinnen waren manchmal selbst Künstler wie *Johann Wolfgang von Goethe* (1749-1832), *Heinrich Heine* (1797-1856), *E. T. A. Hoffmann* (1776-1822) oder *Franz Kafka* (1883-1924). Recht erscheint sogar zuweilen als verwandt mit Kunst. So wird z.B. in bestimmten Strömungen der Beschäftigung mit Recht und Literatur das Recht als Literatur angesehen.[1] Das mag einen nicht überzeugen, denn Recht als normativer Sinnzusammenhang ist qualitativ unterschieden von den fein gesponnenen Gebilden des Kunstschönen. Recht ist aber jedenfalls allgegenwärtig in der Kunst und wird in seiner ganzen Vielfalt in der Kunst behandelt, befragt und kritisch bedacht.

5   In Aeschylos' *Orestie* geht es etwa um die Befriedung einer Gesellschaft durch den Ausgleich alter Streitigkeiten durch ein Gericht, den Areopag. In Sophokles' *Antigone* wird die Frage gestellt, welches Recht eigentlich in letzter Instanz gültig ist: das positive, menschengemachte Recht oder ein anderes, überpositives, womöglich göttliches Recht. Eine verwandte Frage wird in Kleists *Prinz Friedrich von Homburg* aufgeworfen. Die Menschenrechte, die in seiner Zeit revolutionäre Bedeutung gewannen, hallen in Schillers *Wilhelm Tell* oder *Don Carlos* mit berückender Gewalt nach. Das Gerichtsverfahren wird zum Ort der Auseinandersetzung um die Bedeutung von Rechtsakten in Shakespeares *Kaufmann von Venedig*, die sich zu einer beklemmenden Darstellung der Not einer religiösen Minderheit voller Abgründe weitet.

6   In Kleists *Zerbrochenem Krug* wird ein korrupter Richter zum Symbol für eine Menschheit, die sich immer wieder und ohne Mühe selbst in Schuld verstrickt.

---

[1] Vgl. *A. Kilcher/M. Mahlmann/D. Müller-Nielaba* (Hrsg.), „Fechtschulen und phantastische Gärten": Recht und Literatur, 2013.

In *Der Fremde* von Camus ist das Gerichtsverfahren eine Chiffre für die Heuchelei und Verlogenheit einer Epoche, in der der gleichgültige Mörder Meursault der einzige Christus ist, den seine Zeit verdient („le seul christ que nous méritons"[2]). Dostojewski fragt in *Verbrechen und Strafe* nach den Möglichkeiten, nach schwerer Schuld und verhängter Strafe zurück in ein menschliches Leben zu finden. Gibt es nach Schuld noch Gnade?

Das Recht bildet auch immer wieder das Objekt von Satire und bissiger Belustigung über die in der Tat betrüblich beträchtlichen komischen Seiten von Recht und Juristen. Shakespeare spottet etwa genüsslich über senile Aufschneider wie Richter Shallow in *Heinrich IV*, Goethe im *Faust* über Aspiranten der Rechtsgelehrsamkeit, die Hohlköpfe sind, Heine in *Jehuda ben Halevy* über die rechtliche Welt, die engstirnig und mit wichtiger Miene lächerliche Fragen wälzt.

Die Beschäftigung mit Recht in der Kunst ist vielschichtig, so reich und wunderbar wie das Reich der Kunst eben ist. Das Recht ist aber noch in einer anderen Weise mit der Kunst verbunden. Kunst ist für das Recht nicht nur wichtig, wenn Recht unmittelbar in der Kunst dargestellt wird. Recht lebt von kulturellen Grundlagen, von fundamentalen, existentiell wichtigen Wertüberzeugungen derjenigen, die es als kulturelle, soziale und politische Realität erhalten. Wenn die Überzeugung schwindet, dass Grundrechte eine unverzichtbare Errungenschaft zivilisierter menschlicher Gesellschaften sind, werden die Grundrechtsordnungen der Gegenwart nicht dauerhaft bestehen können. Wenn das anspruchsvolle und schwierige Projekt der Selbstbestimmung von Menschen in demokratischen Formen nur noch ein Achselzucken wert ist, werden auch scheinbar festgefügte Demokratien untergehen. Wenn Rechtsstaatlichkeit verachtet wird und schnelle, einfache Lösungen ohne Ballast von normativer Bändigung und Kontrolle den behutsamen Wegen des Rechts vorgezogen werden, wird das hohe Gut der Rechtsstaatlichkeit nicht bestehen können. Wenn das Bewusstsein aus Kurzsichtigkeit oder Eigennutz verfliegt, dass Menschen sich in verschiedenen Gemeinschaften organisieren, aber Bürger und Bürgerinnen einer Welt sind, die aufeinander angewiesen sind, um die vielen ungelösten Probleme des Lebens auf dem Planeten Erde anzugehen, von denen einige sogar die Existenz menschlichen Lebens überhaupt in Frage stellen und deswegen gemeinsam bewältigt werden müssen, nicht zuletzt mit den Mitteln des Rechts, wenn in träge Vergessenheit gerät, dass sich Menschen als Mitmenschen Fürsorge und gerechte Behandlung schulden, dann wird die zerbrechliche Ordnung internationalen Rechts nicht bestehen können und die schlechte, leidgesättigte Vergangenheit einer antagonistisch zersplitterten Menschheit womöglich ihre Zukunft sein.

Die Kunst ist ein Ort, in dem menschliche Werte, die Rechtswerte bilden, anschaulich werden. Das gilt nicht nur für die Literatur, sondern auch für andere Kunstformen, die in der ästhetischen Anschauung deutlich machen können, worum es bei Würde, Freiheit oder Gerechtigkeit eigentlich geht und welches kreatürliche Band Menschen ohne sentimentalen Kitsch tief und dauerhaft verbinden kann. Das Gedichtete ist das Leben, hält *Walter Benjamin* (1892-1940) fest,[3] und das gilt nicht nur für Dichtung, sondern für die Kunst insgesamt. Die Kunst erinnert behutsam und unwiderstehlich an dasjenige, dem das Recht letzten Endes dienen soll: einem menschlichen Leben,

---

2 A. *Camus*, L'Étranger, Préface à l'édition universitaire américaine, in: ders., Œuvres complètes. Tome I: 1931–1944, 2006, S. 216.
3 W. *Benjamin*, Zwei Gedichte von Friedrich Hölderlin, in: ders., Aufsätze, Essays, Vorträge. Gesammelte Schriften. Bd. II.1, hrsg. v. R. Tiedemann/H. Schweppenhäuser, 1991, S. 107.

das zu sich selbst auf der Höhe der eigenen Möglichkeiten findet. Das Recht kann sich deswegen in der Kunst orientieren und sich des humanen Bodens vergewissern, auf dem es als gelingendes zwangsläufig Halt suchen muss. Umgekehrt ist aber auch das Recht die Verkörperung von Wichtigem, das der Kunst dienen kann, Charakter und Substanz nicht zu verlieren, denn es ist in seinen besten Teilen das aus Normen und Institutionen geformte, keineswegs entzauberte, merkwürdig anziehende Antlitz bestimmt gewordener, konkreter Gerechtigkeit.

Literaturverzeichnis

Adorno, T. W. et al., Der Positivismusstreit in der deutschen Soziologie, 1978.
Agamben, G., Homo sacer. Die souveräne Macht und das nackte Leben, 2002.
Albert, H., Traktat über kritische Vernunft, 5. Aufl., 1991.
Alexy, R., Theorie der Grundrechte, 1985.
– Begriff und Geltung des Rechts, 1992.
Alston, P./Goodman, R., International Human Rights. The Successor to International Human Rights in Context, 2013.
Amnesty International, Todesstrafen-Bericht 2021, abrufbar unter <https://www.amnesty.ch/de/themen/todesstrafe/dok/weltweite-bilanz-2021>.
Arendt, H., Eichmann in Jerusalem. Ein Bericht von der Banalität des Bösen, 1965.
– Über die Revolution, 1974.
– Elemente und Ursprünge totaler Herrschaft, 17. Aufl., 2014.
v. Aquin, T., Summa theologica. Complete English Edition in five Volumes, translated by the Fathers of the English Dominican Province, Vol. Three, II^a II^{ae}QQ. 1–148, 1948.
Aristoteles, Politik, übersetzt und mit erklärenden Anmerkungen versehen v. E. Rolfes, mit einer Einleitung v. G. Bien, 4. Aufl., 1981.
– Nikomachische Ethik, auf der Grundlage der Übersetzung v. E. Rolfes hrsg. v. G. Bien, 1985.
– The Athenian Constitution, in: ders., The Athenian Constitution, The Eudemian Ethics, On Virtues and Vices with an English Translation by H. Rackham, 2004, S. 1 ff.
Auden, W. H., Collected Poems, 1991.
Augustinus, Bekenntnisse. Elftes Buch, in: ders., Bekenntnisse. Lateinisch und Deutsch, eingeleitet, übersetzt und erläutert v. J. Bernhart, 1987, S. 601 ff.
Der *Babylonische Talmud*, übersetzt v. L. Goldschmidt, 2002.
Baer, S., Rechtssoziologie, 4. Aufl., 2021.
Barak, A., Proportionality, 2012.
Behrends, O./Knütel, R./Kupisch, B./Seiler, H. H. (Hrsg.), Corpus Iuris Civilis. Text und Übersetzung auf der Grundlage der von T. Mommsen und P. Krüger besorgten Textausgaben. Bd. I: Institutionen, 2. Aufl., 1997; Bd. II: Digesten 1–10, 1995.
Benjamin, W., Zwei Gedichte von Friedrich Hölderlin, in: ders., Aufsätze, Essays, Vorträge. Gesammelte Schriften. Bd. II.1, hrsg. v. R. Tiedemann/H. Schweppenhäuser, 1991, S. 105 ff.
Berlin, I., Nationalism, Past Neglect and Present Power, in: ders., Against the Current. Essays in the History of ideas, ed. by H. Hardy, 1989, S. 333 ff.
– Two Concepts of Liberty, in: ders., Liberty, ed. by H. Hardy, 2002, S. 166 ff.
Besson, S./Breitenmoser, S./Petrig, A./Sassòli, M./Ziegler, A. R., Völkerrecht – Droit international public, 3. Aufl., 2019.
Biaggini, G./Gächter, T./Kiener, R. (Hrsg.), Staatsrecht, 3. Aufl., 2021.
Die *Bibel*, Einheitsübersetzung, 1980.
Bickenbach, W., Gerechtigkeit für Paul Grüninger, 2009.
Bieber, R./Epiney, A./Haag, M./Kotzur M., Die Europäische Union. Europarecht und Politik, 14. Aufl., 2021.
Blackstone, W., Commentaries on the Laws of England in Four Books. Vol. 1, ed. by T. M. Cooley, 3rd ed., 1884.
Bleicken, J., Die athenische Demokratie, 4. Aufl., 1995.
Bloch, E., Naturrecht und menschliche Würde, 1985.
Böckenförde, E.-W., Die Entstehung des Staates als Vorgang der Säkularisation, in: ders., Staat, Gesellschaft, Freiheit, 1991, S. 92 ff.
– Die verfassungsgebende Gewalt des Volkes – ein Grenzbegriff des Verfassungsrechts, in: ders., Staat, Verfassung, Demokratie, 1991, S. 90 ff.
Bodin, J., Les Six Livres de la République, Nachdruck der Ausgabe von 1583, 1977.

v. Bogdandy, A./Venzke, I., In wessen Namen? Internationale Gerichte in Zeiten globalen Regierens, 2014.
du Bois, F./du Bois-Pedain, A. (eds.), Justice and Reconciliation in Post-Apartheid South Africa, 2009.
Boller, M., Rechtsstaat und Rechtsweggarantie, 2016.
Bourdieu, P., La distinction. Critique sociale du jugement, 1979.
Braun, J., Einführung in die Rechtswissenschaft, 4. Aufl., 2011.
Brunkhorst, H./Köhler, W. R./Lutz-Bachmann, M. (Hrsg.), Recht auf Menschenrechte, 1999.
Camus, A., L'Étranger, Préface à l'édition universitaire américaine, in: ders., Œuvres complètes. Tome I: 1931–1944, 2006, S. 215 f.
Cassese, A., International Criminal Law, 3rd ed., 2013.
Cassirer, E., The Myth of the State, 1974.
Chomsky, N., New Horizons in the Study of Language and Mind, 2000.
Cole, D., The Torture Memos. Rationalizing the Unthinkable, 2009.
- The Three Leakers and What to Do About Them, The New York Review of Books vom 6.2.2014.
- Must Counterterrorism Cancel Democracy?, The New York Review of Books vom 8.1.2015.
Coleman, J., The Practice of Principle, 2001.
Comte, A., Rede über den Geist des Positivismus, 1994.
Condorcet, J., Essai sur l'application de l'analyse à la probabilité des décisions rendues à la pluralité des voix, 1785.
Cottier, T./Diebold, N./Kölliker, I./Liechti-McKee, R./Oesch, M./Payosova, T./Wüger, D., Die Rechtsbeziehungen der Schweiz und der Europäischen Union, 2014.
Craig, P./de Búrca, G., EU Law, 7th ed., 2020.
Crawford, J., Brownlie's Principles of Public International Law, 9th ed., 2019.
Cruft, R./Liao, S. M./Renzo, M. (eds.), Philosophical Foundations of Human Rights, 2015.
Derrida, J., Force of Law: The „Mystical Foundation of Authority", in: D. Cornell/M. Rosenfield/D. G. Carlson (eds.), Deconstruction and the Possibility of Justice, 1992, S. 3 ff.
Dicey, A. V., Introduction to the Study of the Law of the Constitution, 8th ed., 1915.
Dickens, C., Oliver Twist, 2008.
Diggelmann, O./Altwicker, T., Is There Something Like a Constitution of International Law?, ZaöRV, 68 (2008), S. 623 ff.
Dreier, H., Säkularisierung und Sakralität, 2013.
Dreier, R., Der Begriff des Rechts, NJW, 39 (1986), S. 890 ff.
Durkheim, É., De la division du travail social, 1893.
- Le suicide, 1897.
Dworkin, R., Taking Rights Seriously, 1977.
- Law's Empire, 1986.
- Sovereign Virtue, 2000.
- The Decision That Threatens Democracy, The New York Review of Books vom 13.5.2010.
- Justice for Hedgehogs, 2011.
Ehrlich, E., Freie Rechtsfindung und freie Rechtswissenschaft, 1903.
- Grundlegung der Soziologie des Rechts, durchgesehen und hrsg. v. M. Rehbinder, 4. Aufl., 1989.
Engisch, K., Einführung in das juristische Denken, 12. Aufl., 2018.
Ernst, G./Heilinger, J.-C. (eds.), The Philosophy of Human Rights. Contemporary Controversies, 2011.
Esser, J., Vorverständnis und Methodenwahl in der Rechtsfindung, 2., durchgesehene und ergänzte Aufl., 1972.
Fassbender, B./Peters, A./Peter, S./Högger, D. (eds.), The Oxford Handbook of the History of International Law, 2012.
Feinberg, J., The Moral Limits of the Criminal Law. Vol. I: Harm to Others, 1984.

Feyerabend, P., Against Method, 4th ed., 2010.
Finnis, J., Natural Law and Natural Rights, 2nd ed., 2011.
Forstmoser, P./Ogorek, R./Schindler, B., Juristisches Arbeiten. Eine Anleitung für Studierende, 6. Aufl., 2018.
Forstmoser, P./Vogt, H.-U., Einführung in das Recht, 5. Aufl., 2012.
Foucault, M., Surveiller et Punir, 1975.
Frotscher, W./Pieroth, B., Verfassungsgeschichte, 19. Aufl., 2021.
Fuller, L., The Morality of Law, 2nd ed., 1969.
Gadamer, H.-G., Wahrheit und Methode, 7. Aufl., 2010.
Gailhofer, P., Rechtspluralismus und Rechtsgeltung, 2016.
Gellner, E., Nations and Nationalism, 1983.
Gewirth, A., The Community of Rights, 1996.
v. Gierke, O., Die Genossenschaftstheorie und die deutsche Rechtsprechung, 1887.
– Personengemeinschaften und Vermögensbegriffe in dem Entwurfe eines Bürgerlichen Gesetzbuches für das Deutsche Reich, 1889.
Glenn, H. P., Legal Traditions of the World, 5th ed., 2014.
v. Goethe, J. W., Über Kunst und Altertum. Sechsten Bandes erstes Heft, 1827, in: ders., Werke. Hamburger Ausgabe. Bd. 12: Schriften zur Kunst und Literatur. Maximen und Reflexionen, textkritisch durchgesehen und kommentiert v. H. J. Schrimpf, S. 361 ff.
Gosepath, S., Gleiche Gerechtigkeit, 2004.
Gosepath, S./Lohmann, S. (Hrsg.), Philosophie der Menschenrechte, 2010.
Grabenwarter, C./Pabel, K., Europäische Menschenrechtskonvention, 7. Aufl., 2021.
Greenwald, G., No Place to Hide, 2014.
Griffin, J., On Human Rights, 2008.
Grimm, D., Types of Constitutions, in: M. Rosenfeld/A. Sajó (eds.), The Oxford Handbook of Comparative Constitutional Law, 2012, S. 98 ff.
Grotius, H., Drei Bücher über das Recht des Krieges und Friedens. Bd. I und II, hrsg. v. J. H. Kirchmann, 1869.
Habermas, J., Theorie des kommunikativen Handelns. Bd. 1 und 2, 4. Aufl., 1988.
– Faktizität und Geltung, 1992.
Häfelin, U./Haller, W./Keller, H./Thurnherr, D., Schweizerisches Bundesstaatsrecht, 10. Aufl., 2020.
Hart, H. L. A., Essays on Bentham. Studies in Jurisprudence and Political Theory, 1982.
– The Concept of Law, 3rd ed., 2012.
– Postscript, in: ders., The Concept of Law, 3rd ed., 2012, S. 238 ff.
Hayek, F. A., The Constitution of Liberty, 1960.
– The collected works of F. A. Hayek. Vol. 2: The Road to serfdom, ed. by B. Caldwell, 2008.
Hegel, G. W. F., Grundlinien der Philosophie des Rechts, 1986.
Held, D., Models of Democracy, 3rd ed., 2006.
Heller, H., Die Souveränität. Ein Beitrag zur Theorie des Staats- und Völkerrechts, in: ders., Gesammelte Schriften. Bd. 2, 1971, S. 31 ff.
– Staatslehre, 6. Aufl., 1983.
Herdegen, M., Europarecht, 23. Aufl., 2022.
– Völkerrecht, 21. Aufl., 2022.
Hobe, S., Einführung in das Völkerrecht, 11. Aufl., 2020.
Hobbes, T., Leviathan, ed. by C. B. Macpherson, 1985.
Hofmann, H., Legitimität gegen Legalität, 6. Aufl., 2020.
– Einführung in die Rechts- und Staatsphilosophie, 5. Aufl., 2011.
Hohfeld, W. N., Fundamental Legal Conceptions as Applied in Legal Reasoning, Nachdruck der Ausgabe von 1964, 2004.
Honoré, T., Ulpian. Pioneer of Human Rights, 2nd ed., 2002.
Horn, N., Einführung in die Rechtswissenschaft und Rechtsphilosophie, 6. Aufl., 2016.

Hunt, L., Inventing Human Rights, 2007.
Huntington, S. P., The Clash of Civilizations and the Remaking of World Order, 1998.
Ipsen, K.(Hrsg.), Völkerrecht, 7. Aufl., 2018.
Jaspers, K., Schicksal und Wille. Autobiographische Schriften, 1967.
Jellinek, G., System der subjektiven öffentlichen Rechte, 2. Aufl., 1905.
- Allgemeine Staatslehre, 3. Aufl., 1914, Nachdruck 1959.

v. Jhering, R., Geist des römischen Rechts auf den verschiedenen Stufen seiner Entwicklung. Teil III, 1924.
Joas, H., Die Sakralität der Person, 3. Aufl., 2012.
Kahneman, D., Thinking, Fast and Slow, 2011.
Kälin, W./Künzli, J., Universeller Menschenrechtsschutz, 4. Aufl., 2019.
Kant, I., Grundlegung zur Metaphysik der Sitten, in: ders., Kant's gesammelte Schriften. Herausgegeben von der Königlich Preußischen Akademie der Wissenschaften. Bd. IV, 1911, S. 385 ff.
- Die Religion innerhalb der Grenzen der bloßen Vernunft, in: ders., Kant's gesammelte Schriften. Herausgegeben von der Königlich Preußischen Akademie der Wissenschaften. Bd. VI, 1914, S. 1 ff.
- Die Metaphysik der Sitten, in: ders., Kant's gesammelte Schriften. Herausgegeben von der Königlich Preußischen Akademie der Wissenschaften. Bd. VI, 1914, S. 203 ff.
- Streit der Fakultäten, in: ders., Kant's gesammelte Schriften. Herausgegeben von der Königlich Preußischen Akademie der Wissenschaften. Bd. VII, 1917, S. 1 ff.
- Idee zu einer allgemeinen Geschichte in weltbürgerlicher Absicht, in: ders., Kant's gesammelte Schriften. Herausgegeben von der Königlich Preußischen Akademie der Wissenschaften. Bd. VIII, 1923, S. 15 ff.
- Zum Ewigen Frieden, in: ders., Kant's gesammelte Schriften. Herausgegeben von der Königlich Preußischen Akademie der Wissenschaften. Bd. VIII, 1923, S. 341 ff.

Kantorowicz, H. (unter dem Pseudonym *Gnaeus Flavius*), Der Kampf um die Rechtswissenschaft, 1906.
Keller, G., Der Grüne Heinrich, hrsg. v. T. Böning und G. Kaiser, 2004.
Keller, S., Grüningers Fall, 5. Aufl., 2013.
Kelsen, H., Diskussionsbeitrag, VVDStRL Bd. 3 (1927), S. 53 ff.
- Das Problem der Souveränität und die Theorie des Völkerrechts, 2. Aufl., 1928.
- Reine Rechtslehre, 1. Aufl., 1934; 2. Aufl., 1960.
- Das Problem der Gerechtigkeit, in: ders., Reine Rechtslehre, 2. Aufl., 1960, S. 357 ff.
- Vom Wesen und Wert der Demokratie (2. Aufl. 1929), in: ders., Verteidigung der Demokratie, ausgewählt und hrsg. v. M. Jestaedt/O. Lepsius, 2006, S. 149 ff.
- Wissenschaft und Demokratie, in:, ders. Verteidigung der Demokratie, ausgewählt und hrsg. v. M. Jestaedt/O. Lepsius 2006, S. 238 ff.

Kennedy, D., A Critique of Adjudication (fin de siècle), 1997.
Kersting, W., Kritik der Gleichheit, 2002.
Kiener, R./Kälin, W./Wyttenbach, J., Grundrechte, 3. Aufl., 2018.
Kilcher, A./Mahlmann, M./Müller-Nielaba, D. (Hrsg.), „Fechtschulen und phantastische Gärten": Recht und Literatur, 2013.
Kingreen, T./Poscher, R., Grundrechte. Staatsrecht II, 37. Aufl., 2021.
v. Kirchmann, J., Über die Wertlosigkeit der Jurisprudenz als Wissenschaft, 1874, Nachdruck 1999.
Klabbers, J./Peters, A./Ulfstein, G., The Constitutionalization of International Law, expanded ed., 2011.
Kley, A., Verfassungsgeschichte der Neuzeit. Grossbritannien, die USA, Frankreich, Deutschland und die Schweiz, 4. Aufl., 2020.

Koskenniemi, M., The Gentle Civiliser of Nations. The Rise and Fall of International Law 1870–1960, 2001.
- From Apology to Utopia. The Structure of International Legal Argument, 2005.

Kramer, E. A., Juristische Methodenlehre, 6. Aufl., 2019.

Krämer, G., Demokratie im Islam, 2011.

Krieger, H., Verfassung im Völkerrecht – Konstitutionelle Elemente jenseits des Staates?, VVDStRL Bd. 75 (2016), S. 439 ff.

Krygier, M., Rule of Law, in: M. Rosenfeld/A. Sajó (eds.), Oxford Handbook of Comparative Constitutional Law, 2012, S. 233 ff.

Kuhn, T. S., The Structure of Scientific Revolutions, 4th ed., 2012.

Kunig, P., Das Völkerrecht als Recht der Weltbevölkerung, Archiv des Völkerrechts, 41 (2003), S. 327 ff.

Larenz, K., Methodenlehre der Rechtswissenschaft, 6. Aufl., 1991.

Larenz, K./Canaris, C.-W., Methodenlehre der Rechtswissenschaft, 4. Aufl., 2018.

Lenin, W. I., Staat und Revolution, 1917.

Livius, T., Römische Geschichte. Buch I–III, Lateinisch und deutsch hrsg. v. H. J. Hillen, 2. Aufl., 1997.

Locke, J., The Second Treatise, in: ders., Two Treatises of Government, ed. by P. Laslett, 1988, S. 265 ff.

Loewenstein, K., Militant Democracy and Fundamental Rights, American Political Science Review, 31 (1937), S. 417 ff., 638 ff.

Luhmann, N., Das Recht der Gesellschaft, 1995.
- Die Wissenschaft der Gesellschaft, 1990.
- Die Gesellschaft der Gesellschaft. Bd. 1 und 2, 1998.

MacIntyre, A., Is Patriotism a Virtue?, in: M. Daly (ed.), Communitarianism. A New Public Ethics, 1994, S. 307 ff.

MacKinnon, C. A., Women's lives – Men's laws, 2005.

Madison, J./Hamilton, A./Jay, J., The Federalist Papers, ed. by I. Kramnick, 1987.

Mahlmann, M., Katastrophen der Rechtsgeschichte und die autopoietische Evolution des Rechts, ZfRSoz, 21 (2000), S. 247 ff.
- Law and Force: 20th century radical legal philosophy, post-modernism and the foundations of law, Res Publica, 9 (2003), S. 19 ff.
- 1789 Renewed? Prospects of the Protection of Human Rights in Europe, Cardozo Journal of International and Comparative Law, 11 (2004), S. 903 ff.
- Gründungsmythos und Autonomie – Aspekte der Souveränität, in: T. Stein/H. Buchstein/C. Offe (Hrsg.), Souveränität, Recht, Moral. Die Grundlagen politischer Herrschaft, 2007, S. 270 ff.
- Elemente einer ethischen Grundrechtstheorie, 2008.
- Human Dignity and Autonomy in Modern Constitutional Orders, in: M. Rosenfeld/A. Sájo (eds.), The Oxford Handbook of Comparative Constitutional Law, 2012, S. 370 ff.
- „Le Chariot" – Bemerkungen zu den Grundlagen des Rechts, ZSR, 131 (2012), S. 123 ff.
- Conditioned Hierarchies of Law in Europe. Content, legitimacy and default lines, in: A. Epiney/S. Diezig (Hrsg.), Schweizerisches Jahrbuch für Europarecht 2012/2013, 2013, S. 395 ff.
- Die Garantie der Menschenwürde in der Schweizerischen Bundesverfassung, AJP, 22 (2013), S. 1307 ff.
- The Good Sense of Dignity: Six Antidotes to Dignity Fatigue in Ethics and Law, in: C. McCrudden (ed.), Understanding Human Dignity, 2013, S. 593 ff.
- Recht und die Gerechtigkeit der Europäischen Integration, in: S. Kadelbach/K. Günther (Hrsg.), Europa: Krise, Umbruch und neue Ordnung, 2014, S. 177 ff.

- Der Schutz von individuellen Rechten, Strafe und Krieg in der Naturrechtstheorie von Hugo Grotius, in: T. Altwicker/F. Cheneval/O. Diggelmann (Hrsg.), Völkerrecht in der Frühaufklärung, 2015, S. 199 ff.
- Der politische Moment der Rechtsphilosophie, in: Rechtswissenschaft, 2017, 8(2), S. 181–220.
- Rechtsphilosophie und Rechtstheorie, 7. Aufl., 2022.
- Widerständige Gerechtigkeit – Der Angriff auf Demokratie, Verfassungsstaat und Menschenrechte und die Gesellschaftstheorie des Rechts, 2018.

Maine, H., Ancient Law, 1861.
Mann, T., Der Zauberberg, 1924.
- Vom Beruf des deutschen Schriftstellers in unserer Zeit, in: ders., Gesammelte Werke. Bd. X: Reden und Aufsätze 2, 1990, S. 306 ff.
- Betrachtungen eines Unpolitischen, in: ders., Gesammelte Werke. Bd. XII: Reden und Aufsätze 4, 1990, S. 8 ff.

Manu's Code of Law, ed. by P. Olivelle, 2005.
Martinez, J. S., Horizontal Structuring, in: M. Rosenfeld/A. Sajó (eds.), The Oxford Handbook of Comparative Constitutional Law, 2012, S. 547 ff.
Marx, K., Zur Kritik der Politischen Ökonomie, in: ders./F. Engels, Ausgewählte Schriften. Bd. I, 33. Aufl., 1988, S. 391 ff.
Marx, K./Engels, F., Manifest der Kommunistischen Partei, MEW 4, 1977, S. 459 ff.
Maurer, H./Waldhoff C., Allgemeines Verwaltungsrecht, 20. Aufl., 2020.
Mazower, M., Governing the World. The History of an Idea, 2012.
McCrudden, C., Human Rights Histories, Oxford Journal of Legal Studies, 35 (2015), S. 179 ff.
McKim, R./McMahan, J. (eds.), The Morality of Nationalism, 1997.
Mikhail, J., Moral Grammar and Human Rights. Some Reflections on Cognitive Science and Enlightenment Rationalism, in: R. Goodman/D. Jinks/A. K. Woods (eds.), Understanding Social Action, Promoting Human Rights, 2012, S. 160 ff.
Milanović, M., Extraterritorial Application of Human Rights Treaties, 2013.
Mill, J. S., On Liberty, in: ders., On Liberty and other Essays, ed. by J. Gray, 1991, S. 5 ff.
Miller, D., On Nationality, 1995.
- National Responsibility and Global Justice, 2007.

Miščević, N., Nationalism and Beyond, 2001.
Mohl, R. V., Das Staatsrecht des Königreichs Württemberg. Erster Theil, das Verfassungrecht, 1829.
Mohnhaupt, H., Verfassung I. Konstitution, Status, Leges fundamentales von der Antike bis zur Aufklärung, in: ders./D. Grimm (Hrsg.), Verfassung, 2. Aufl., 2002, S. 1 ff.
Möllers, T. M. J., Juristische Arbeitstechnik und wissenschaftliches Arbeiten, 10. Aufl., 2021.
Mommendey, F., Einführung in die Rechtskunde, 12. Aufl., 2015.
Montesquieu, De l'Esprit des Lois, 1748.
Moyn, S., The Last Utopia, 2010.
Müller, F., Ökonomische Theorie des Rechts, in: S. Buckel/R. Christensen/A. Fischer-Lescano (Hrsg.), Neue Theorien des Rechts, 2. Aufl., 2009, S. 351 ff.
Müller, F./Christensen, R., Juristische Methodik. Bd. I: Grundlegung für die Arbeitsmethoden der Rechtspraxis, 11. Aufl., 2013.
Müller, I., Furchtbare Juristen. Die unbewältigte Vergangenheit unserer Justiz, 1987.
Müller, J. P., Der politische Mensch – Menschliche Politik, 1999.
Müller, J. P./Schefer, M., Grundrechte in der Schweiz, 4. Aufl., 2008.
Naphtali, F. (Hrsg.), Wirtschaftsdemokratie, 1928.
Parsons, T., The Social System. 1951.
Pascal, B., Pensées, 2010.
Paschukanis, E., Allgemeine Rechtslehre und Marxismus, 2. Aufl., 1966.

Literaturverzeichnis

Pawlowski, H.-M., Einführung in die juristische Methodenlehre. Ein Studienbuch zu den Grundlagenfächern Rechtsphilosophie und Rechtssoziologie, 2. Aufl., 2000.
Peters, A./Petrig, A., Völkerrecht. Allgemeiner Teil, 5. Aufl., 2020.
- Jenseits der Menschenrechte. Die Rechtsstellung des Individuums im Völkerrecht, 2014.
Peters, A./Altwicker, T., Europäische Menschenrechtskonvention, 2. Aufl., 2012.
v. d. Pfordten, D., Rechtsethik, 2. Aufl., 2011.
/
Platon, Apologia Sokratous (Des Sokrates Apologie), in: ders., Sämtliche Werke. Bd. 2, auf der Grundlage der deutschen Übersetzung v. F. Schleiermacher bearbeitet durch H. Hofmann und hrsg. v. G. Eigler, 2005, S. 1 ff.
- Politeia (Der Staat), in: ders., Sämtliche Werke. Bd. 4, auf der Grundlage der deutschen Übersetzung v. F. Schleiermacher bearbeitet durch D. Kurz und hrsg. v. G. Eigler, 2005.
- Nomoi (Gesetze), in: ders., Sämtliche Werke. Bd. 8, 1. und 2. Teil, auf der Grundlage der deutschen Übersetzung v. F. Schleiermacher bearbeitet durch K. Schöpsdau und hrsg. v. Gunther Eigler, 2005.
Popper, K., Logik der Forschung, 11. Aufl., 2005.
Posner, R., Economic Analysis of Law, 9th ed., 2014.
Radbruch, G., Gesetzliches Unrecht und übergesetzliches Recht, SJZ, 42 (1946), S. 105 ff.
- Einführung in die Rechtswissenschaft, 7./8. Auflage 1929, in: ders., Gesamtausgabe. Bd. 1: Rechtsphilosophie I, hrsg. v. A. Kaufmann 1987, S. 211 ff.
- Rechtsphilosophie, in: ders., Gesamtausgabe. Bd. 2: Rechtsphilosophie II, hrsg. v. A. Kaufmann, 1993, S. 206 ff.
- Rechtsphilosophie, in: ders., Rechtsphilosophie Studienausgabe, hrsg. v. R. Dreier/S. L. Paulson, 2. Aufl., 2003, S. 211 ff.
Rainey, B./McCormick, P./Ovey, C., Jacobs, White & Ovey: The European Convention on Human Rights, 8th ed., 2020.
Raiser, T., Grundlagen der Rechtssoziologie, 6. Aufl., 2013.
Randelzhofer, A., Staatsgewalt und Souveränität, in: J. Isensee/P. Kirchhof (Hrsg.), Handbuch des Staatsrechts der Bundesrepublik Deutschland. Bd. II: Verfassungsstaat, 3. Aufl., 2004, § 17.
Rawls, J., A Theory of Justice. Revised Edition, 1999.
- The Law of Peoples, 1999.
Raz, J., The Concept of a Legal System, 2nd ed., 1980.
- The Morality of Freedom, 1986.
- The Authority of Law, 2nd ed., 2009.
Rehbinder, M., Rechtssoziologie, 8. Aufl., 2014.
Renan, E., Qu'est-ce qu'une nation?, 2e éd., 1882.
Ricardo, D., On the Principles of Political Economy and Taxation, Neudruck der Ausgabe von 1817, 1987.
Röhl, K. F./Röhl, H. C., Allgemeine Rechtslehre, 4. Aufl., 2018.
Rosenfeld, M./Sajó, A. (eds.), The Oxford Handbook of Comparative Constitutional Law, 2012.
Ross, A., Theorie der Rechtsquellen, 1929.
Rüthers, B., Die unbegrenzte Auslegung. Zum Wandel der Privatrechtsordnung im Nationalsozialismus, 8. Aufl., 2017.
Rüthers, B./Fischer, C./Birk, A., Rechtstheorie und Juristische Methodenlehre, 12. Aufl., 2022.
Rottleuthner, H., Rechtstheorie und Rechtssoziologie, 1981.
- Einführung in die Rechtssoziologie, 1987.
- Gibt es einen Rechtsfortschritt?, in: I. Czeguhn (Hrsg.), Recht im Wandel – Wandel des Rechts. Festschrift für Jürgen Weitzel zum 70. Geburtstag, 2014, S. 617 ff.
Rousseau, J.-J., Du Contrat Social; ou, Principes du Droit Politique, in: ders., Œuvres complètes. Tome III: Du contrat social. Écrits politiques, 1964, S. 347 ff.
Said, E., Orientalism, 1978.

Sands, P./Peel, J., Principles of International Environmental Law, 4th ed., 2018.
v. Savigny, F. C., System des heutigen römischen Rechts. Bd. I und II, 1840, Nachdruck 1981.
Schäfer, H.-B./Ott, C., Lehrbuch der ökonomischen Analyse des Zivilrechts, 6. Aufl., 2020.
Schmitt, C., Die Diktatur, 2. Aufl., 1928.
– Verfassungslehre, 1928.
– Der Begriff des Politischen, 1934.
– Politische Theologie, 2. Ausgabe, 1934.
– Über die drei Arten rechtswissenschaftlichen Denkens, 1934.
– Der Nomos der Erde, 1950.
Schumpeter, J. A., Kapitalismus, Sozialismus, Demokratie, 8. Aufl., 2005.
Secretariat of the Military Tribunal of Nuremberg, Trial of Major War Criminals before the International Military Tribunal. Vol. 2, 1947.
Seelmann, K., Rechtsphilosophie, 7. Aufl., 2019.
Sen, A., Inequality Reexamined, 1992.
– The Idea of Justice, 2009.
Senn, M., Rechtsgeschichte, 4. Aufl., 2007.
Shaw, M. N., International Law, 9th ed., 2021.
Shklar, J. N., The Liberalism of Fear, in: dies., Political Thought and Political Thinkers, ed. by S. Hoffmann, 1998, S. 3 ff.
Sieyès, E.-J., Qu'est-ce que le Tiers état?, 3e éd. de 1789, 2002.
Smith, A., An Inquiry into the Nature and Causes of the Wealth of Nations, Neudruck der Ausgabe von 1789, 1986.
Smith, A. D., National Identity, 1991.
Smith, B. F., The Road to Nuremberg, 1981.
Smith, D. C., Sir Edward Coke and the Reformation of the Laws, 2014.
Spencer, H., The Principles of Sociology. Vol. I–III, 1898.
Stahl, F. J., Die Philosophie des Rechts, Bd. II/2, 1878, Nachdruck 2000.
Stein, L., Die Verwaltungslehre. Erster Theil: Die vollziehende Gewalt, 2. Aufl., 1869.
Stein, T./v. Buttlar, C./Kotzur, M., Völkerrecht, 14. Aufl., 2017.
Sternberger, D., Verfassungspatriotismus, 1990.
Sunstein, C. R., A Constitution of Many Minds. Why the Founding Document Doesn't Mean What It Meant Before, 2009.
Tamanaha, B. Z., On the Rule of Law, 2004.
Teubner, G., Constitutional Fragments. Societal Constitutionalism and Globalization, 2012.
Thaler, R. H./Sunstein, C. R., Nudge. Improving Decisions about Health, Wealth and Happiness, 2009.
Thoma, R., Rechtsstaatsidee und Verwaltungsrechtswissenschaft, in: M. Tohidipur (Hrsg.), Der bürgerliche Rechtsstaat. Bd. 2, 1978, S. 499 ff.
Thomson, J. J., The Realm of Rights, 1990.
Thornhill, C., A Sociology of Constitutions. Constitutions and State Legitimacy in Historical-Sociological Perspective, 2011.
Tomuschat, C., The Legacy of Nuremberg, Journal of International Criminal Justice, 4 (2006), S. 830 ff.
Tschentscher, A., Verfassung im Völkerrecht – Konstitutionelle Elemente jenseits des Staates?, VVDStRL Bd. 75 (2016), S. 407 ff.
Das *Urteil von Nürnberg 1946*. Mit einem Vorwort v. J. Friedrich, 6. Aufl., 2005.
Vitzthum, W., Begriff, Geschichte und Rechtsquellen des Völkerrechts, in: ders./A. Proelß (Hrsg.), Völkerrecht, 8. Aufl., 2019, S. 1 ff.
Vitzthum, W./Proelß, A. (Hrsg.), Völkerrecht, 8. Aufl., 2019.
Vlastos, G., The Rights of Persons in Plato's Conception of the Foundations of Justice, in: ders., Studies in Greek Philosophy. Vol II: Socrates, Plato, and Their Tradition, 1995, S. 104 ff.
Volkmann, U., Grundzüge einer Verfassungslehre der Bundesrepublik Deutschland, 2013.

Waluchow, W. J., Inclusive Legal Positivism, 1994.
Weber, M., Wirtschaft und Gesellschaft, 5. Aufl., 1972.
- Die protestantische Ethik und der Geist des Kapitalismus, in: ders., Die protestantische Ethik I. Eine Aufsatzsammlung, hrsg. v. J. Winckelmann, 1981, S. 27 ff.
- Die Objektivität sozialwissenschaftlicher und sozialpolitischer Erkenntnis, in: ders., Gesammelte Aufsätze zur Wissenschaftslehre, hrsg. v. J. Winckelmann, 7. Aufl., 1988, S. 146 ff.
- Wissenschaft als Beruf, in: ders., Gesammelte Aufsätze zur Wissenschaftslehre, hrsg. v. J. Winckelmann, 7. Aufl., 1988, S. 582 ff.
- Der Nationalstaat und die Volkswirtschaftspolitik. Akademische Antrittsrede, in: ders., Gesamtausgabe. Bd. I/4,2: Landarbeiterfrage, Nationalstaat und Volkswirtschaftspolitik. Reden 1892–1899, hrsg. v. W. J. Mommsen in Zusammenarbeit mit R. Aldenhoff, 1993, S. 543 ff.

Welcker, C. T., Letzte Gründe von Recht, Staat und Strafe, 1813.
Werle, G./Jeßberger, F., Völkerstrafrecht, 5. Aufl., 2020.
Wesel, U., Frühformen des Rechts in vorstaatlichen Gesellschaften, 1985.
- Geschichte des Rechts. Von den Frühformen bis zur Gegenwart, 5. Aufl., 2022.

Windscheid, B., Lehrbuch des Pandektenrechts. Bd. 1, 9. Aufl., bearbeitet durch T. Kipp, 1906, Neudruck 1963.
Wolff, C., Grundsätze des Natur- und Völkerrechts, 1754.

Stichwortverzeichnis

Die Angaben verweisen auf die Paragrafen des Buches (**fette Zahlen**) sowie die Randnummern innerhalb der einzelnen Paragrafen (magere Zahlen).
Beispiel: § 9 Rn. 10 = **9** 10

Adam Smith **7** 218
Allgemeine Rechtsgrundsätze **5** 12, 15
Aristoteles **6** 89, 230, **11** 10, **14** 3
Auguste Comte **11** 10
Auslegung **8** 4, 20
- Auslegung der EMRK **7** 20, **8** 40
- Auslegung des Rechts der Europäischen Union **7** 87, **8** 41
- grammatische Auslegung **8** 21
- historische Auslegung **8** 22
- systematische Auslegung **8** 23
- teleologische Auslegung **8** 24
- völkerrechtliche Auslegung **8** 39

Autonomie **1** 38, **3** 6, **5** 53, **6** 64 f., 68, 74 ff., 110, 123, 174, 199 ff., 220, 231 f., 270, **7** 36, **15** 13, 27
- Gemeindeautonomie **6** 260 f.
- Privatautonomie **3** 6, **5** 47, **6** 285

Beredtes Schweigen **8** 12 siehe qualifiziertes schweigen
Bilaterale Verträge **7** 3, 125

Carl Schmitt **6** 42
- Politik **12** 18
- Souveränität **6** 55 ff.
- Verfassung **6** 117

common law# **8** 1, **10** 4, 10

Delegationslücken **8** 17
Demokratie **1** 14, 20, 32, **4** 6, **5** 65, **6** 11, 60, 63, 116, 118, 123, 145, 172 ff., 206, **7** 9, 26, **8** 9, 22, **9** 4, **11** 72, **12** 37, **14** 27, **15** 18
- direkte Demokratie **6** 206
- repräsentative Demokratie **6** 206, 264
- Wahlrecht **6** 211

Demokratieprinzip **8** 35
Diskriminierung **7** 16, 40 f., 108, 110, 173, **15** 23
- direkte Diskriminierung **7** 115
- indirekte Diskriminierung **7** 115
- Inländerdiskriminierung **7** 113

Eigentum **5** 34, 46, **6** 292, **7** 44, **12** 2

Eugen Ehrlich **11** 14 f.
- Entscheidungsnormen **11** 16
- Lebendes Recht **11** 15

Europäische Menschenrechtskonvention (EMRK) **7** 13, 15, 18, 24, 94
Europäischer Gerichtshof für Menschenrechte (EGMR) **7** 12, 14, 23
Europäische Union **7** 65
- Anwendungsvorrang **7** 93
- Europäische Grundrechtscharta **7** 99
- Europäischer Rat **7** 82
- Europäisches Parlament **7** 85
- Gerichtshof der Europäischen Union (EuGH) **7** 86
- Grundfreiheiten **7** 66, 106, 108, 110 ff., 117 ff., 123, 224
- Kommission **7** 84
- Nichtigkeitsklage **7** 88, 98
- Primärrecht **7** 89
- Prinzip der begrenzten Einzelermächtigung **7** 123
- Rat der Europäischen Union **7** 83
- Sekundärrecht **7** 89
- unmittelbare Wirkung **7** 92

Europarat **1** 28, **7** 5, 9, 13, 30, 55, 131
Europarecht **1** 24, **5** 65, **6** 310, **7** 5, 26, 224, **8** 41

Föderalismus **6** 256
Formelles Recht **5** 54
Freiheit **15** 10
- Werttheorie der Freiheit **15** 18
Freiheitsrechte **5** 47, **6** 104, **12** 12, **15** 10, 13, 15 ff.
Freirechtsbewegung **11** 24

Georg Wilhelm Friedrich Hegel **6** 11, 70, 159, **10** 24
Gerechtigkeit **1** 13, 15 f., 32, 36, 38, **2** 1, **3** 6, **4** 8 f., 16, **5** 20, **6** 64, 84, 88 f., 213, **7** 195, **8** 9, 47, **9** 5, **10** 21, 33, **11** 66, **13** 13, **14** 1, 3, 6, 10 f., 13, 17, 19, 22, 36, **15** 25, 34, 40, **16** 2
- ausgleichende Gerechtigkeit **14** 3
- austeilende Gerechtigkeit **14** 3

Stichwortverzeichnis

Gesetz 5 55
- formelles Gesetz 5 8, 56
- materielles Gesetz 5 57

Gewaltenteilung 6 81, 262, 263, 265, 266, 7 26, 8 35
- Exekutive 5 13, 6 262
- Judikative 6 262, 8 37
- Legislative 5 56, 8 37

Gleichheit 15 9, 21
- Chancengleichheit 15 26
- Ergebnisgleichheit 15 27
- Formale Gleichheit 15 25
- Gleichheit vor dem Gesetz 6 163, 15 22

Grundrechte 2 3, 3 6, 8, 5 15, 33, 36, 51, 6 163, 169 ff., 279, 7 6, 9, 14 f., 22 f., 45, 49 f., 52 f., 56, 62, 72, 74, 89, 94 ff., 98, 103, 108, 121 f., 147, 193, 8 35, 10 22, 12 15, 21, 23, 15 3, 9, 10, 18, 16 9
- indirekte Drittwirkung 6 168, 8 24, 15 10

Gustav Radbruch 4 8, 14 6
- Radbruchformel 4 8

H. L. A. Hart 4 6, 8 32
- rule of recognition 4 6

Hans Kelsen 1 19, 4 2, 14 5
- Grundnorm 4 2
- Souveränität 6 49 ff.

Hermann Kantorowicz 11 24

Immanuel Kant 6 114, 10 20
- Kategorischer Imperativ 15 31

Instanzenzug 6 316

Interamerikanischer Menschenrechtsschutz 5 36, 6 167, 7 64
- Inter-American Court of Human Rights (IACHR) 7 20, 8 40

Interessentheorie 6 312

Internationaler Währungsfond (IWF) 7 220

Internationales Strafrecht 7 197
- Internationaler Strafgerichtshof 7 213
- Kriegsverbrechen 7 202, 206, 214
- Verbrechen gegen den Frieden 7 206
- Verbrechen gegen die Menschlichkeit 7 206, 210, 214
- Völkermord 5 51, 6 308, 7 178, 203, 214 f.
- Weltrechtsprinzip 6 308, 7 217

Internationales Wirtschaftsrecht 7 218

Isaiah Berlin 15 11
- negative Freiheit 15 11
- positive Freiheit 15 11

ius cogens# 5 51, 52, 8 1

Jürgen Habermas 11 50, 13 7

Juristische Dogmatik 5 62 f., 68

Karl Marx 2 3, 10 24, 12 1, 3, 17

Karl Popper 13 6
- Kritischer Rationalismus 13 6

Kognitivismus 13 5

Kompetenzhoheit 6 7, 46 f.

Kompetenznormen 5 40

Legalität 5 20 f.

Legitimität 5 20 f.

Logischer Positivismus 13 3

Lücken #praeter legem 8 14 siehe offene lücken

Lücken intra legem 8 17 siehe delegationslücken

Materielles Recht 5 54

Max Weber 1 22, 4 11, 5 21, 11 14, 26, 12 5, 13 4
- Rationalisierung 1 22, 11 33, 37

Meinungsfreiheit 1 24, 5 30, 32, 7 39, 121, 11 72, 12 17, 13 4, 15 11, 18, 50

Menschenrechte 1 14 f., 32, 38, 5 65, 6 48, 79, 164, 169, 7 12 ff., 20, 24, 27, 96, 99, 133, 156, 166 ff., 175 f., 178, 180, 182 ff., 190 ff., 196, 216, 221, 230, 8 35, 47, 11 47, 49, 73, 12 15, 17, 37, 13 16, 15 3 ff., 7, 29, 37, 39 ff., 44 ff., 50, 16 5
- Universalismus 15 37

Menschenwürde 1 35, 3 5 f., 10, 5 28, 37, 43, 6 114, 163, 199, 228, 251, 7 15, 99, 121, 8 26, 9 5, 12 35, 14 22, 15 9, 29, 31, 33, 40

Methodenlehre 5 68, 8 3, 5, 20, 38, 43, 46
- Methodenhierarchie/Methodenpluralismus 8 31, 39
- Vorverständnis 8 44

Methodentheorie 8 3 siehe methodenlehre

Montesquieu 6 264, 11 11

Naturrecht 4 2, 5 16, 7 135, 169, 198, 10 15, 11 68, 13 1

Niklas Luhmann 11 45, 71, 13 8
- Systemtheorie 11 45, 13 8

Non-Kognitivismus 13 5

Normenhierarchie 5 60, 7 26, 11 56

Stichwortverzeichnis

Normkollisionen 5 59
Nürnberger Prozesse 5 22, 7 204

Objektives Recht 5 28
Offene Lücken 8 14
Öffentliches Recht 6 275, 311 f., 12 9, 11
Ökonomische Analyse des Rechts 12 7

Person
- juristische Person 5 44, 7 88, 8 14, 24
- Natürliche Person 5 44, 7 103, 111, 133

Platon 2 1, 6 92, 203, 11 10, 14 3
Privatrecht 5 40, 44, 65, 6 281, 311 f., 10 6, 12 9, 11, 13 16
- Bereicherungsrecht 6 291
- Deliktsrecht 6 290
- Erbrecht 6 297
- Familienrecht 6 296
- Sachenrecht 6 292, 295
- Schuld 6 288, 290 f.

Qualifiziertes Schweigen 8 12, 25

Rechtsbegriff 4 1, 5 72, 7 121, 8 17
- Rechtspositivismus 4 2, 6, 5 20, 8 32, 11 45
- Verbindungstheoretischer Rechtsbegriff 4 8

Rechtserkenntnisquelle 5 10, 13, 7 94, 144
Rechtsethik 1 35, 38, 5 23, 11 73
Rechtsfortbildung 5 11, 8 32
Rechtsgeschäft 5 47, 8 28
Rechtsgeschichte 5 65, 10 23
Rechtsgüter 3 7, 5 53, 8 6 f.
Rechtsobjekt 5 44 f.
Rechtsphilosophie 8 46
Rechtspluralismus 11 56
Rechtsquellen 5 6
- Gewohnheitsrecht 5 9, 24, 8 1
- positives Recht 5 7
- Richterrecht 5 10, 24, 15 15

Rechtssicherheit 4 8 f., 5 25, 8 9, 15 25
Rechtssoziologie 11 1, 11
- Empirische Rechtssoziologie 11 60

Rechtsstaatlichkeit 1 32, 5 73, 6 1, 77 ff., 81, 94, 133, 145, 7 9, 12 37, 13 13
- formelle Elemente 6 94, 109
- materiale Elemente 6 111

Rechtssubjekt 5 44, 46, 6 168
Rechtstheorie 8 46

Rechtsverhältnis 5 46
Recht und
- Politik 1 29, 7 81, 11 48, 12 18
- Religion 1 29, 7 37, 10 26, 12 27
- Wirtschaft 1 29, 3 13, 6 292, 7 65, 108, 132, 218, 12 1

Religionsfreiheit 5 23, 6 163, 7 15, 37 f., 52, 100, 15 16
Römisches Recht 5 13, 71, 10 6
Ronald Dworkin 8 32
Rückwirkungsverbot 7 208
rule of law 6 79, 82, 101 ff.

Säkularisierung 6 57
Sokrates 2 5
Solidarität 3 6, 11 12 f., 15 9, 36
- Sozialstaat 3 9, 6 158

Souveränität 5 52, 6 7, 39 ff., 45 ff., 7 23, 52, 156, 12 32
- normative Prinzipien 6 68
- Volkssouveränität 6 48, 67, 72, 74, 122, 182, 12 30

Staat 6 5, 6, 7
- Bundesstaat 6 256
- Staatenbund 6 256
- Staatselemente 6 7
- Staatsräson 6 11
- Staat und Nation 6 14
- Staat und Religion 12 27 f.
- Staat und Volkssouveränität 6 72

Strafrecht 3 7, 5 15, 51, 65, 72, 6 299, 12 9, 11, 13 16
- Irrtum 6 307
- Rechtswidrigkeit 6 302, 305
- Schuld 5 72, 6 301, 306
- Strafzweck 6 308
- Vorsatz/Fahrlässigkeit 6 303

Subjektionstheorie 6 312 siehe subordinationstheorie
Subjektive Rechte 3 6, 5 28
Subordinationstheorie 6 312
Subsidiaritätsprinzip 7 123

Talcott Parsons 11 44

Überpositives Recht 5 20 siehe naturrecht

Verdeckte Lücken 8 16
Vereinte Nationen 7 141 f., 151, 154 f., 159, 162 f., 171, 179, 228
- Generalversammlung 7 157 f., 162, 166, 171, 182 f., 229

- Internationaler Gerichtshof 7 139, 157, 163, 182, 227
- Menschenrechtsrat 7 183
- Sekretariat 7 162
- Sicherheitsrat 7 157, 159, 166, 182, 185, 213, 229
- Wirtschafts- und Sozialrat (ECOSOC) 7 157, 161

Verfassung 3 18, 4 3, 5 8, 33, 36, 60, 6 279, 10 17

Verfassungsstaat 5 8, 6 2, 45, 120, 122 f., 161
- gerichtliche Kontrolle 6 146
- Verfassungsstaat und Demokratie 6 206

Verhältnismäßigkeitsprinzip 6 95 f., 167, 7 47 f., 104

Vertragsrecht 5 14, 47, 6 283, 289, 292, 8 28

Verwaltungsrecht 5 48, 6 280, 10 17

Völkerrecht 1 10, 32, 5 9, 14, 17, 22, 44, 51, 6 310, 7 2, 25, 133, 146 f., 151, 166, 226, 8 22, 35, 10 17, 28
- Rechtsquellen des Völkerrechts 7 143
- Verhältnis zum nationalen Recht 5 52, 6 240, 7 50, 145
- Völkerrechtssubjekte 7 151, 228

Vorrangregeln 5 59, 61

Willenstheorie 5 28

World Trade Organization (WTO) 7 220

Zivilrecht 6 281 siehe privatrecht

Zuordnungstheorie 6 312

Émile Durkheim 11 12, 28